Max-Planck-Institut für ausländisches öffentliches Recht und Völkerrecht

Beiträge zum ausländischen öffentlichen Recht und Völkerrecht

Begründet von Viktor Bruns

Herausgegeben von
Jochen Abr. Frowein · Rüdiger Wolfrum

Band 150

Beate Schulte zu Sodingen

Der völkerrechtliche Schutz der Wälder

– Nationale Souveränität, multilaterale Schutzkonzepte und unilaterale Regelungsansätze –

The International Legal Protection of Forests. National sovereignty, multilateral protection concepts, and unilateral approaches to regulation

(English Summary)

Springer-Verlag Berlin Heidelberg GmbH

ISSN 0172-4770
ISBN 978-3-642-62764-4

Die Deutsche Bibliothek – CIP-Einheitsaufnahme

Schulte zu Sodingen, Beate:
Der völkerrechtliche Schutz der Wälder : nationale Souveränität, multilaterale Schutzkonzepte und unilaterale Regelungsansätze / Beate Schulte zu Sodingen.

(Beiträge zum ausländischen öffentlichen Recht und Völkerrecht ; Bd. 150)
ISBN 978-3-642-62764-4 ISBN 978-3-642-56001-9 (eBook)
DOI 10.1007/978-3-642-56001-9

Ursprünglich erschienen bei Springer-Verlag Berlin Heidelberg New York 2002
Softcover reprint of the hardcover 1st edition 2002

Satz: Reproduktionsfertige Vorlagen vom Autor

97199 Ochsenfurt-Hohestadt
SPIN: 10862640 64/2202 x z – 5 4 3 2 1 0 – Gedruckt auf säurefreiem Papier

Für Wolfgang und Ferdinand

Vorwort

Die vorliegende Arbeit entstand während meiner Tätigkeit als wissenschaftliche Assistentin am Lehrstuhl für Völkerrecht von Prof. Dr. Dr. Rudolf Dolzer. Sie wurde im Sommersemester 1999 von der Juristischen Fakultät der Rheinischen Friedrich-Wilhelms-Universität zu Bonn als Dissertation angenommen. Die Aktualität und Komplexität des Themas hat eine ständige Überarbeitung der einzelnen Kapitel notwendig gemacht; Rechtsprechung und Literatur wurden für die Publikation bis Januar 2001 berücksichtigt.

Herr Prof. Dr. Dr. Dolzer, der die Arbeit anregte und mit besonderem Interesse und Engagement betreute, war stets auf meine Unterstützung bedacht. Für seine Förderung und für die lehrreiche und interessante Zeit an seinem Lehrstuhl bin ich ihm zu besonderem Dank verpflichtet. Mein Dank gilt auch Herrn Prof. Dr. Matthias Herdegen, der die Arbeit als Zweitberichterstatter bewertet hat.

Auch den Direktoren des Max-Planck-Instituts für ausländisches öffentliches Recht und Völkerrecht, Herrn Prof. Dr. Dr. h.c. Jochen Abr. Frowein und Herrn Prof. Dr. Rüdiger Wolfrum, die als Herausgeber der „Beiträge zum ausländischen öffentlichen Recht und Völkerrecht" die Aufnahme der Dissertation in diese Reihe ermöglicht haben, möchte ich hiermit danken. Die Drucklegung am Max-Planck-Institut haben Frau Dr. Philipp sowie Frau Soltau sachkundig betreut.

Herrn Prof. Dr. H. Ollman, Herrn Dr. T.W. Schneider und Herrn H.-J. Droste von der Bundesforschungsanstalt für Forst- und Holzwirtschaft in Hamburg, die durch zahlreiche Anregungen aus der forstpolitischen Praxis zur erfolgreichen Durchführung dieser Arbeit beigetragen haben, möchte ich an dieser Stelle ebenfalls meinen Dank aussprechen. Zahlreichen anderen Institutionen, insbesondere dem Environmental Law Centre der IUCN und der Deutschen Stiftung für internationale Entwicklung, möchte ich für ihre Hilfe bei der umfangreichen Literaturrecherche danken.

Große Unterstützung erfuhr ich nicht zuletzt von den derzeitigen und ehemaligen Mitarbeitern des Instituts für Völkerrecht, Frau Charlotte Kreuter-Kirchhof, Herrn Dr. Thomas Buß, Herrn Markus Rau, Frau Helga Drossard, Frau Doris Gassen und der Bibliothekarin Frau Marianne Lehrmann. Besonders danken möchte ich auch Frau Kornelia Panek, Frau Gundula Felten, Herrn Dr. Dieter Frey, Herrn Felix Bloch sowie meinen Schwestern Elke und Ulrike Schulte zu Sodingen für die umfangreichen Korrekturarbeiten.

Schließlich möchte ich meinem Mann Wolfgang Weber für seine Hilfsbereitschaft und seinen persönlichen Einsatz bei der zeitintensiven Erstellung der Abbildungen danken. Besonders danken möchte ich auch meinen Eltern, die mich während der Fertigstellung der Arbeit stets nach Kräften unterstützt haben.

Bonn, im Oktober 2001 *Beate Schulte zu Sodingen*

Inhaltsübersicht

Inhaltsverzeichnis

Verzeichnis der Abbildungen

Abkürzungsverzeichnis

AAA	Association des auditeurs et anciens auditeurs de l'Académie de Droit International de la Haye
Abb.	Abbildung
ABl.	Amtsblatt
Abs.	Absatz
AFDB	African Development Bank
AFZ	Allgemeine Forstzeitschrift
AJIL	American Journal of International Law
Anl.	Anlage
Anm.	Anmerkung
ARA	Arbeitsgemeinschaft Regenwald und Artenschutz
Art.	Artikel
ASDB	Asian Development Bank
ASEAN	Association of South-East Asian Nations
Aufl.	Auflage
AVR	Archiv des Völkerrechts
Bd.	Band
BGBl.	Bundesgesetzblatt
Bill.	Billionen
BIP	Bruttoinlandsprodukt
BISD	Basic Instruments and Selected Documents
BML	Bundesministerium für Ernährung, Landwirtschaft und Forsten
BMU	Bundesministerium für Umwelt, Naturschutz und Reaktorsicherheit
BMZ	Bundesministerium für wirtschaftliche Zusammenarbeit und Entwicklung
BRcg.	Bundesregierung
BSP	Bruttosozialprodukt

BT	Bundestag
°C	Grad Celsius
ca.	circa
CACF/PA	Central American Council of Forest and Protected Areas
CBD	Convention on Biological Diversity
CDM	Clean Development Mechanism
CIFOR	Center for International Forestry Research
CITES	Convention on International Trade in Endangered Species of Wild Flora and Fauna
COP	Conference of the Parties
CRCI	Costa Rica-Canada Initiative
CSA	Canadian Standards Association
CSD	Commission on Sustainable Development
CTE	Committee on Trade and Environment
DIW	Deutsches Institut für Wirtschaftsforschung
DSB	Dispute Settlement Body
DSW	Deutsche Stiftung Weltbevölkerung
DVBl	Deutsches Verwaltungsblatt
EA	Europa-Archiv
EC	European Commission
ECA	Economic Commission for Africa
ECE	Economic Commission for Europe
ECLAC	Economic Commission for Latin America and the Caribbean
ECOSOC	Economic and Social Council
EFI	European Forest Institute
EGV	Vertrag zur Gründung der Europäischen Gemeinschaft
EJIL	European Journal of International Law
EMAS	Eco-Management and Auditing Scheme
endg.	endgültig
ESCAP	Economic and Social Commission for Asia and the Pacific

ESCWA	Economic and Social Commission for Western Asia
ETC	European Working Group on Timber Chain of Custody
EU	Europäische Union
EuZW	Europäische Zeitschrift für Wirtschaftsrecht
e.V.	eingetragener Verein
FAG	Forestry Advisers Group
FAO	Food and Agriculture Organization
FAZ	Frankfurter Allgemeine Zeitung
Fn.	Fußnote
FPA	Forest Partnership Agreement
FRA	Forest Resources Assessment
FS	Festschrift
FSC	Forest Stewardship Council
GATS	General Agreement on Trade in Services
GATT	General Agreement on Tariffs and Trade
GEF	Global Environment Facility
Gt	Gigatonne
GTZ	Deutsche Gesellschaft für Technische Zusammenarbeit
GYIL	German Yearbook of International Law
ha	Hektar
HOAI	Honorarordnung für Architekten und Ingenieure
Hrsg.	Herausgeber
IADB	Inter-American Development Bank
IBRD	International Bank for Reconstruction and Development
ICRAF	International Center for Research in Agroforestry
ICTSD	International Centre for Trade and Sustainable Development
idR	in der Regel
IFF	Intergovernmental Forum on Forests

IfS	Institut für Stadtforschung und Strukturpolitik
IGH	Internationaler Gerichtshof
IHPA	International Wood Products Association
IIED	International Institute for Environment and Development
IISD	International Institute for Sustainable Development
ILC	International Law Commission
ILM	International Legal Materials
ILO	International Labour Organization
IMF	International Monetary Fund
insb.	insbesondere
Int.	International(e)
IPCC	Intergovernmental Panel on Climate Change
IPF	Intergovernmental Panel on Forests
ISCI	Intergovernmental Seminar on Criteria and Indicators for Sustainable Forest Management
ISO	International Organization for Standardization
ITTA	International Tropical Timber Agreement
ITTC	International Tropical Timber Council
ITTO	International Tropical Timber Organization
ITW	Initiative Tropenwald
IUCN	International Union for the Conservation of Nature (heute: World Conservation Union)
IUFRO	International Union of Forest Research Organiziations
IWGF	Intergovernmental Working Group on Forests
i.S.d.	im Sinne des
i.V.m.	in Verbindung mit
JI	Joint Implementation

JuS	Juristische Schulung
JWT	Journal of World Trade
Kap.	Kapitel
KAS	Konrad-Adenauer-Stiftung
KfW	Kreditanstalt für Wiederaufbau
KOM	Kommissionsdokument
LULUCF	Land-use, land-use change and forestry
MAB	Man and the Biosphere
MBl.	Ministerialblatt
Mio.	Millionen
Mrd.	Milliarden
m.w.N.	mit weiteren Nachweisen
NABU	Naturschutzbund
NGO	Non-Governmental Organization
Nr.	Nummer
NVwZ	Neue Zeitschrift für Verwaltungsrecht
OAS	Organization of American States
OECD	Organization for Economic Cooperation and Development
o.g.	oben genannt
o.V.	ohne Verfasser
Rdnr.	Randnummer
RECIEL	Review of European Community & International Environmental Law
RIW	Recht der Internationalen Wirtschaft
SBSTA	Subsidiary Body for Scientific and Technological Advice
SBSTTA	Subsidiary Body for Scientific, Technical and Technological Advice
SOFO	State of the World's Forests (FAO-Bericht)
sog.	sogenannt
SPM-Agreement	Agreement on Sanitary and Phytosanitary Measures
SZR	Sonderziehungsrechte

Einleitung

Die fortgesetzte Zerstörung der weltweiten Waldbestände stellt eines der größten globalen Umweltprobleme dar. Innerhalb der letzten Jahrhunderte sind schätzungsweise 60 % der europäischen, 30 % der nordamerikanischen und 35 % der Wälder der ehemaligen Sowjetunion gerodet worden. In den letzten vier Jahrzehnten ist ein kontinuierlicher und bisher nicht kontrollierter Prozeß der Waldvernichtung vor allem in den tropischen Gebieten der Erde zu registrieren. Seit 1960 ist mehr als ein Fünftel der Tropenwälder vernichtet worden. Satellitenaufnahmen der FAO bestätigen neuerdings eine leicht rückläufige Entwicklung der Entwaldungsrate in den Entwicklungsländern, die in den 90er Jahren um 20 % geringer war als noch 1995 angenommen worden war. Obwohl der Verlust der Tropenwaldfläche in den letzten Jahren leicht gebremst werden konnte, zeigt ein Blick auf zahlreiche Veröffentlichungen und Statistiken verschiedener Institutionen über Ursachen und Ausmaß der weltweiten Waldzerstörung, daß weiterhin jedes Jahr große Waldflächen gerodet oder degradiert werden und daher das Thema des internationalen Waldschutzes an Aktualität nichts verloren hat. Um auf das Tempo des Rückgangs der Tropenwaldfläche aufmerksam zu machen, wird das Ausmaß des Verlusts oftmals anschaulich in Fußballfeldern dargestellt: Danach verschwanden zwischen 1990 und 1995 in jeder Minute etwa 24 ha Wald, was einer Fläche von über 28 Fußballfeldern entspricht.

Beachtung in der Öffentlichkeit erfahren in der Regel nur Naturkatastrophen, wie etwa die großflächigen Waldbrände aus den Jahren 1997 und 1998 in Indonesien und Brasilien, die teilweise bewußt von Plantagenbesitzern und umgesiedelten Bevölkerungsgruppen entfacht und durch klimatische Verhältnisse unterstützt worden sind, oder aber die ungewöhnlich heftigen Waldbrände im Südwesten der USA im Sommer 2000, die mehr als 2,2 Mio. ha Land vernichtet und dabei 120 Mio. t Kohlendioxid emittiert haben; das entspricht etwa 2/3 der Emissionen des bundesdeutschen Straßenverkehrs eines Jahres.

Angesichts der vielfachen sozio-ökonomischen und ökologischen Folgen der weltweiten Waldzerstörung bemüht sich die internationale Gemeinschaft bereits seit längerem um eine globale Regelung zum internationalen Waldschutz. Nachdem auf der Umweltkonferenz der Vereinten Nationen im Juni 1997 in New York keine Einigung über die

Eröffnung von Regierungsverhandlungen für eine internationale Waldschutzkonvention zustande kam, ist bislang noch offen, ob zukünftig überhaupt eine entsprechende verbindliche Regelung im Waldbereich erarbeitet werden wird. Über diese Frage soll nun ein im Jahr 2000 eingesetztes UN Forum on Forests innerhalb von 5 Jahren entscheiden. Bis dahin wird das internationale Regelungssystem zum Waldschutz weiterhin aus einer Vielzahl von Instrumenten bestehen, die jeweils Teilbereiche der forstlichen Problematik ansprechen. Die zahlreichen regional unterschiedlichen Ursachen für die Waldzerstörungen lassen ebensowenig wie die vielfältigen Funktionen der Wälder eine einzige Patentlösung zu, die fortschreitende Vernichtung der Primär- oder Naturwälder vor allem in den Tropen aufzuhalten.

Große Aufmerksamkeit erregte die über einige Jahre hinweg hoch emotional geführte Tropenholzboykott-Kampagne in Westeuropa und in den USA, deren Auswirkungen auf die Handelsströme des internationalen Tropenholzmarktes zwar nur relativ gering waren, die dafür aber die Öffentlichkeit für die Problematik der drohenden Zerstörung der tropischen Regenwälder sensibilisierte und den Anstoß für Überlegungen zur Kennzeichnung von umweltverträglich gewonnenem Tropenholz gab. Die Zahl der Zertifizierungs- und Kennzeichnungsverfahren, einschließlich der Verwendung sog. Ökolabel für Holz und Holzprodukte aus nachhaltiger Forstbewirtschaftung, ist vor allem in den westlichen Industrienationen in letzter Zeit gestiegen. Die vereinzelt von staatlicher Seite, vielfach aber von privaten Organisationen vergebenen Umweltkennzeichen werfen im Hinblick auf ihre mögliche handelsbeschränkende Wirkung zahlreiche Fragen bezüglich der Vereinbarkeit mit einschlägigen Vorschriften des GATT/WTO-Regelwerks auf. Dies gilt ebenso für die von einigen Kommunen und vereinzelt auch auf Landes- sowie auf Bundesebene verhängten Verwendungsbeschränkungen für Tropenholz bzw. für Tropenholz aus nicht nachhaltiger Bewirtschaftung. Die Verzichtsbekundungen beschränken sich nicht nur auf Bauprojekte der öffentlichen Hand, sondern sind teilweise auch verbunden mit Empfehlungen an private Bauherren, kein Tropenholz zu kaufen und entsprechende Ersatzbaustoffe für tropische Hölzer zu verwenden.

Ziel der vorliegenden Untersuchung ist es, zum einen die maßgeblichen Aspekte der weltweiten Waldzerstörung in ökonomischer, ökologischer und sozialer Hinsicht aufzuzeigen, zum anderen sollen bestehende Maßnahmen zum internationalen Waldschutz ebenso wie zukünftige Instrumente vor dem Hintergrund der Diskussion um eine rechtlich verbindliche Waldschutzkonvention untersucht werden. Angesichts der weltwirtschaftlichen Verflechtungen des Forstsektors und des Holzhandels soll des weiteren geprüft werden, ob und inwieweit durch unilaterale außenhandelspolitische Instrumente in Form von Verwendungsbeschränkungen und Kennzeichnungsregelungen in völkerrechtlich zulässiger Weise Einfluß auf die Vernichtung der weltweiten Waldbestände ausgeübt werden kann und darf.

Im ersten Teil der Untersuchung werden zunächst die derzeitige Situation der weltweit wichtigsten Waldökosysteme, die unterschiedlichen Funktionen der Wälder sowie die regionalspezifischen Ursachen für den Waldverlust dargestellt. Schwerpunktmäßig wird dabei auf die forstwirtschaftliche Nutzung der Wälder und die Bedeutung des internationalen Holzhandels sowie die diesbezüglichen sozio-ökonomischen Rahmenbedingungen eingegangen. Die Untersuchung konzentriert sich nicht nur auf die gefährdeten Tropenwälder, sondern berücksichtigt auch die spezifischen Probleme der Wälder in den mittleren und nördlichen Breiten, wie z. B. das dort verstärkt auftretende Phänomen der Waldschäden infolge starker Luftverschmutzungen.

Sodann werden im zweiten Teil die derzeitigen politischen Prozesse und internationalen Instrumentarien zum Waldschutz unter Berücksichtigung der allgemeinen Entwicklung des Umweltvölkerrechts beschrieben. Berücksichtigt sind die maßgeblichen Entwicklungen bis Januar 2001. Als zeitliche „Eckpfeiler" dienen die bisherigen Umweltkonferenzen der Vereinten Nationen in Stockholm (1972), Rio de Janeiro (1992) und New York (1997). Die Jahre zwischen diesen bedeutsamen internationalen Umweltkonferenzen waren geprägt von zahlreichen Regelungsaktivitäten im Umweltbereich, bei denen das Prinzip der nachhaltigen Entwicklung (*sustainable development*) verstärkte Aufmerksamkeit erfahren hat. Die vorliegende Arbeit untersucht schwerpunktmäßig die waldpolitischen Aktivitäten nach der UN-Umweltkonferenz in Rio, die maßgeblich vom Intergovernmental Panel on Forests (IPF) sowie von dessen Nachfolgeorgan, dem Intergovernmental Forum on Forests (IFF), begleitet worden sind. Außerdem wird das erst im Oktober 2000 eingesetzte UN Forum on Forests (UNFF) als Nebenorgan des Entwicklungs- und Sozialrats der Vereinten Nationen mit seinen Aufgaben vorgestellt. Ausführlicher behandelt werden mit Blick auf den dritten Teil der Untersuchung das Internationale Tropenholzabkommen sowie die Internationale Tropenholzorganisation. Genauer untersucht wird des weiteren auch die Rolle der anläßlich der Rio-Konferenz verabschiedeten Konventionen (Biodiversitäts- und Klimarahmenkonvention) sowie die rechtlich unverbindliche Waldgrundsatzerklärung und das für den Waldschutz maßgebliche Kapitel

11 der Agenda 21. Schließlich werden Optionen für ein rechtsverbindliches Instrument zum Schutz der Wälder diskutiert und regelungsbedürftige Elemente einer zukünftigen Waldkonvention vorgestellt.

Der abschließende dritte Teil der vorliegenden Arbeit beschäftigt sich mit der rechtlichen Zulässigkeit handelspolitischer Maßnahmen, die primär Ziele des Waldschutzes verfolgen. Zunächst wird anhand eines kurzen geschichtlichen Rückblicks die Verknüpfung von Freihandel und Umweltschutz aufgezeigt. Nach einem Überblick über die umweltschutzrelevanten Bestimmungen im GATT/WTO-Vertragswerk sowie die Auslegung dieser Vorschriften durch die Streitschlichtungsausschüsse des GATT (sog. Panels) werden die umweltpolitischen Dimensionen des internationalen Holzhandels dargestellt, wobei mögliche unilaterale Handelsbeschränkungen bezüglich des Ex- und Imports von (Tropen-) Holzprodukten beschrieben werden.

In einem zweiten Schritt erfolgt die Überprüfung der völkerrechtlichen Zulässigkeit von nationalen Verwendungsverboten für Tropenholz sowie von obligatorischen und freiwilligen Kennzeichnungsregelungen für (Tropen-) Holzprodukte. Die Untersuchung der Verwendungsbeschränkungen erfolgt zunächst am Maßstab des Internationalen Tropenholzabkommens, sodann werden die Maßnahmen anhand des WTO-Abkommens über technische Handelshemmnisse überprüft; diesbezüglich wird insbesondere der nach wie vor ungelösten Frage nachgegangen, ob Herstellungs- und Produktionsmethoden, die sich nicht in der Qualität eines Produkts manifestieren, in den Anwendungsbereich dieses Abkommens fallen. Anschließend wird die Vereinbarkeit mit den maßgeblichen Vorschriften des GATT unter besonderer Berücksichtigung der Rechtfertigungsnorm des Art. XX GATT sowie unter Zugrundelegung der einschlägigen Panel-Praxis untersucht.

Schließlich wird das duale System der Holzzertifizierung, das sich durch seine möglicherweise importbeschränkende Wirkung auch als potentielles nichttarifäres Handelshemmnis erweisen kann, auf seine völkerrechtliche Zulässigkeit hin überprüft. Wie bei den zuvor untersuchten Verwendungsbeschränkungen ergeben sich parallele Problematiken in bezug auf die Vereinbarkeit mit dem GATT/WTO-Regelwerk. Zusätzlich taucht bei privaten Umweltkennzeichen die Frage auf, inwieweit sich eine völkerrechtliche Verantwortlichkeit des Staates für das Handeln Privater ergibt. In diesem Zusammenhang erfolgt eine Auseinandersetzung mit den Zurechnungskriterien im Völkerrecht unter Berücksichtigung der Entscheidungspraxis der GATT-Streitschlichtungsorgane.

Erster Teil

Ausmaß, Ursachen und Folgen der weltweiten Waldzerstörung unter besonderer Berücksichtigung der Vernichtung tropischer Wälder

I. Weltweite Verbreitung und Bedeutung der Wälder

1. Die Waldflächen der Erde: Verbreitung der Waldökosysteme

Wälder gehören zu den bedeutendsten Ökosystemen der Erde. Die weltweite Waldfläche wird derzeit auf 3,86 Mrd. ha geschätzt; damit ist knapp ein Drittel der gesamten Landoberfläche der Erde von Wäldern bedeckt[1]. Unter Einbeziehung anderer waldähnlicher Vegetationsfor-

---

1 Die Angaben zur weltweiten Waldflächenverbreitung beruhen im wesentlichen auf Basisdaten der FAO sowie der Wirtschaftskommission der Vereinten Nationen für Europa (UN-ECE). Daten zur globalen Waldfläche finden sich im „FAO Production Yearbook", Einzelheiten zur globalen Rundholznutzung und ihrer regionalen Gliederung im „FAO Yearbook of Forest Products", das seit 1974 einen unveränderten Datenaufbau hat. Die Erfassung und Bewertung der Waldbestände gehört zu den grundlegenden Mandaten der FAO (vgl. *Schmithüsen/Spinnler*, FAO Basisdaten zur Waldfläche der Erde und zur globalen Rundholznutzung). Bereits 1946 begann die FAO mit der Bewertung von Waldbeständen, ab 1963 verfolgte die FAO ein Konzept der regionalen Bestandsschätzungen. Besondere Bedeutung kam erstmals einer zwischen 1978 und 1981 gemeinsam mit UNEP durchgeführten Waldinventur in 76 tropischen Ländern zu (*FAO*, An Interim Report on the State of Forest Resources in the Developing Countries, 1988). 10 Jahre später wurde im Rahmen des „Forest Resources Assessment Project" die Weltforstinventur 1990 durchgeführt, die Ergebnisse finden sich in: *FAO*, Forest Resources Assessment (FRA) 1990 - Global Synthesis. Neuere Daten zur weltweiten Verbreitung der Waldbestände ergeben sich aus dem alle zwei Jahre erscheinenden FAO-Bericht „The State of the World's Forests (SOFO)". Der aktuelle Bericht aus dem Jahr 2001 enthält die Untersuchungsergebnisse des „Forests Resources Assessment 2000", kurz FRA 2000. Da der Bericht bei Drucklegung noch nicht vorlag, wurde für diese Arbeit auf die im Internet erhältlichen Daten des FRA 2000 zurückgegriffen (<http://www.fao.org/forestry/fo/fra/index.jsp>), Stand Januar 2001. Der Vorgängerbericht (*FAO*, SOFO 1999) bezieht sich noch auf eine Fortschreibung der Waldressourcenerfassung von 1990.

men[2] beträgt die heute noch existierende wald- und gehölzbedeckte Fläche der Erde ca. 5,3 Mrd. ha[3]. Nach Angaben der Ernährungs- und Landwirtschaftsorganisation der Vereinten Nationen (FAO) befinden sich 2,16 Mrd. ha und damit rund 56 % der weltweiten Waldfläche in Entwicklungsländern, und zwar überwiegend in den tropischen Regionen[4]. Mit rund 1,86 Mrd. ha sind fast die Hälfte der weltweiten Waldbestände in den tropischen Regionen gelegen, die übrigen Wälder mit einer Ausdehnung von etwa 2 Mrd. ha verteilen sich auf die gemäßigten Breiten (840 Mio. ha) und die kalt gemäßigten, sog. borealen Klimazonen[5] im Norden Europas, Asiens und Amerikas (1,15 Mrd. ha)[6]. Aus dieser quantitativen Aufteilung der drei Waldökosysteme wird bereits die Sonderstellung der tropischen Wälder ersichtlich.

---

[2] Waldähnliche Vegetationsformen, wie beispielsweise Buschland, bleiben in den nachfolgenden Ausführungen weitgehend unberücksichtigt; Untersuchungsgegenstand sind vielmehr die Wälder. Aufgrund uneinheitlicher Definitionen für „Wald" wird auf den von der FAO verwendeten Waldbegriff zurückgegriffen, der gleichermaßen für Industrie- als auch für Entwicklungsländer gilt (*FAO*, FRA 2000 - Terms and Definitions, 1998); danach wird unter „Wald" eine Landfläche mit Bäumen verstanden, deren Kronen mehr als 10 % einer Bodenfläche von mindestens 0,5 ha überschirmen. Die umfassende Waldinventur 1990 (FRA 1990) unterschied noch zwischen Wäldern in Entwicklungsländern (Kronenbedeckung von mind. 10 %) und Wäldern in Industrieländern (Kronenbedeckung von mind. 20 %, vgl. *FAO*, SOFO 1999, 116 f.). Danach ergab sich für 1990 eine Waldfläche von 3,51 Mrd. ha bzw. 1995 von 3,45 Mrd. ha, während nach den Ergebnissen des FRA 2000 nunmehr davon auszugehen ist, daß sich die globale Waldfläche 1990 über 3,95 Mrd. ha erstreckte. Dies entspricht einer Zunahme von 15 % gegenüber den früheren Berechnungen. Teilweise erhebliche Auswirkungen auf die Statistik hat die neue Definition der FAO insb. auf die Waldflächen einiger Industrieländer; so geht die FAO z.B. hinsichtlich der australischen Waldfläche im Jahr 1990 statt von bislang 40 Mio. ha von nunmehr 158 Mio. ha aus. Vgl. zur neuen Berechnungsmethode im FRA 2000: *Matthews*, Understanding the FRA 2000, World Resources Institute, Forest Briefing No. 1, März 2001 (<http://www.wri.org>).

[3] Berechnet nach <http://www.fao.org/forestry/fo/fra/index.jsp>, Tabelle 5 (Forest cover – latest national statistics).

[4] Siehe Anm. 3.

[5] Die borealen Wälder sind benannt nach „Boreas", der Personifikation des Nordwindes in der griechischen Mythologie, die mit Fruchtbarkeit und Wachstum assoziiert wird (vgl. *Poker*, Bestandsaufnahme und Gefährdung der borealen Wälder, 4).

[6] Vgl. Anm. 3; siehe auch *BReg.*, Gesamtwaldbericht 2001, 7, der sich auf die neuesten Angaben der FAO (FRA 2000) bezieht.

Abbildung 1

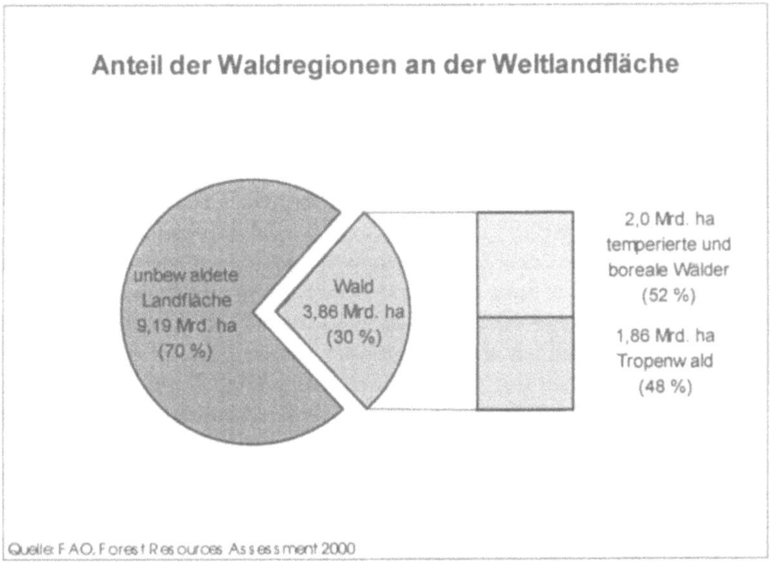

Im einzelnen bestehen über das Ausmaß der globalen Waldfläche sowie die regionale Verteilung der verschiedenen Waldtypen immer noch erhebliche Unsicherheiten. Die Ermittlung der Waldflächenentwicklung in den unterschiedlichen Klimazonen wird nicht nur durch unterschiedliche Definitionen des Begriffs „Wald", sondern zusätzlich durch methodische Schwierigkeiten bei der Erhebung erschwert[7], selbst wenn sich in den letzten Jahren die ständige globale Überwachung der Wald-

---

[7] Die regionalen Waldinventuren der letzten Zeit nutzen fast ausschließlich Satellitendaten, während sich die meisten Waldinventuren bis Anfang der 70er Jahre auf Luftbild- und Radaraufnahmen sowie Daten von nationalen Instituten stützten. Schwierigkeiten bereiten nach wie vor die teilweise unzuverlässigen Informationen über die nationalen Waldflächen in den Entwicklungsländern. Die Datenbasis in den Industriestaaten ist dagegen wesentlich ausführlicher, nicht nur in Hinblick auf die Waldfläche, sondern auch hinsichtlich der Angaben über das Holzvolumen, die Biomassevorräte und andere Waldparameter (vgl. *FAO*, SOFO 1997, 11). Die Forderung nach einer verbesserten Zustandserfassung und systematischen Beobachtung von Waldgebieten ist in Kapitel 11 der Agenda 21, die auf der Konferenz der Vereinten Nationen für Umwelt und Entwicklung in Rio de Janeiro 1992 verabschiedet wurde, besonders hervorgehoben worden (siehe näher zum „Umweltgipfel in Rio" die Ausführungen im 2. Teil, S. 185 ff.).

bestände mittels Satellitenaufnahmen verbessert hat[8]. Im übrigen gestaltet sich die Einordnung der Waldgebiete in die Kategorien tropische, boreale und temperierte Wälder als schwierig, da sich hinter dieser

---

[8] Um den Bestand tropischer Wälder zu erfassen und langfristig kontinuierlich zu überwachen, wurde 1990 in Zusammenarbeit von ESA (European Space Agency) und der Europäischen Gemeinschaft (Joint Research Centre, JRC) das Projekt TREES (Tropical Ecosystem Environment Observations by Satellites) initiiert, das den Zustand tropischer Waldökosysteme anhand einiger „hot spots" mit hoher Entwaldungsrate analysieren soll. Die Daten werden mit Hilfe von Satelliten der NOAA (National Oceanic and Atmospheric Administration), die vornehmlich in der Wettervorhersage eingesetzt werden, ermittelt. Durch die Aufnahmen des sog. Advanced Very High Resolution Radiometer (AVHRR) der NOAA-Satelliten können Unterscheidungen von bewaldeten und nicht bewaldeten Flächen sowie von ungestörten und gestörten Waldsystemen vorgenommen werden. Problematisch bei der Satellitenüberwachung gerade der feuchten Tropenwälder ist die ständige Wolkenbedeckung im Äquatorbereich sowie die im Tropenwaldbereich häufig anzutreffende Rauchüberdeckung infolge von Waldbränden. Seit 1994 ermöglicht das Radarsystem „Synthetik Aperture Radar" (SAR) die Beobachtung durch die Wolkenbildung hindurch. Mit Hilfe dieses Radarsystems wurde Anfang 2000 die Erde für die dreidimensionale Erfassung der Erdoberfläche vermessen (Shuttle Radar Topography Mission, SRTM).

Von weiterer Bedeutung für das Monitoring-System der Tropenwälder ist das seit 1994 ebenfalls im Rahmen des JRC laufende Projekt FIRE (Fire in Global Resources and Environmental Monitoring). Die durch TREES und FIRE gewonnenen Informationen fließen ein in das Tropical Forest Information System (TFIS). Die Satellitendaten sind zusammen mit den existierenden Länderdaten, die unter dem Forest Resources Information System (FORIS) einheitlich erfaßt und gespeichert werden, für die Weltforstinventur 2000 der FAO ausgewertet worden. Das World Conservation Monitoring Center (WCMC) entwickelt in Zusammenarbeit mit der FAO und dem Earth Resources Observation Systems (EROS) DATA Center eine „Global Forest Map". Des weiteren beschäftigt sich das World Resources Institute (WRI) im Rahmen seiner „Frontier Forests"-Initiative mit der globalen Erfassung noch bestehender Primärwälder (siehe hierzu auch die Studie des WRI: *Matthews/Payne/Rohweder/Murray*, Pilot Analysis of Global Ecosystems, 2000). Vgl. näher zur Fernerkundung der weltweiten Waldfläche: *Persson/Janz*, Assessment and monitoring of forest and tree resources, in: Proceedings of the XI. World Forestry Congress, Vol. 1, Area A, 17, 18 ff.; *Siegert/Eckhardt/Kuntz*, Radarsatelliten erkunden tropische Regenwälder, Geographische Rundschau 2/1998, 78 ff.; *FAO*, SOFO 1999, 5 ff.; siehe auch *Enquête-Bericht (1990)*, 210 ff. Informationen über die Monitoring-Projekte TREES und FIRE im Internet unter <http://www.mtv.sai.jrc.it/>.

Einteilung eine Vielzahl von äußerst heterogenen Ökosystemtypen verbirgt, die fließend ineinander übergehen[9].

Mit dem Sammelbegriff „Tropenwald“ wird die in den Tropen und Subtropen vorhandene Vielfalt unterschiedlicher Waldtypen und Ökosysteme umschrieben. Kernzonen sind der Amazonasraum, Westafrika, das Kongo-Becken sowie die südostasiatisch-pazifische Region[10]. Zu den temperierten Wäldern der gemäßigten Breiten zählen im wesentlichen die Laub- und Mischwälder Europas, Nordamerikas und Ostasiens sowie die subtropischen Waldformationen im Westen der USA und in Australien/Neuseeland. Die boreale, überwiegend aus Nadelbäumen bestehende Waldzone, die auch als „Taiga“ bezeichnet wird[11], reicht als geschlossener Waldgürtel von Alaska über Kanada und Nordeuropa bis nach Rußland.

Die größten Waldgebiete der Erde liegen mit 950 Mio. ha in Lateinamerika und der Karibik sowie mit über 850 Mio. ha in Rußland. In Asien/Ozeanien befinden sich noch ca. 750 Mio. ha Wald, in Afrika 650 Mio. ha bzw. 17 % der globalen Waldfläche. Auf die Waldflächen Nordamerikas entfällt ein Anteil von etwa 12 %; die europäischen Wälder machen mit ca. 190 Mio. ha (ohne Rußland) lediglich 4,9 % der Waldbestände der Erde aus[12].

---

[9] Vgl. hierzu die Übersicht über die verschiedenen ökologischen Waldzonen der Erde im Internet unter <http:www.fao.org/forestry/fo/fra/gez2000.htm>.

[10] *BMZ*, Tropenwalderhaltung und Entwicklungszusammenarbeit, 8.

[11] Der Begriff Taiga stammt aus dem turksprachigen Raum und bedeutete ursprünglich „baumlose Bergwildnis“. Heutzutage wird der Begriff Taiga uneinheitlich verwendet: Während in Rußland und Skandinavien damit vollständig mit Wald bedeckte Landschaften gemeint sind, stellt die Taiga nach kanadischer Definition eine Übergangszone zwischen borealem Wald und baumloser Tundra dar (vgl. *Robin Wood* [Hrsg.]), Boreale Wälder, 9).

[12] Vgl. Anm. 3. Vgl. zur Verteilung der Waldflächen 1995, jedoch mit anderen Ausgangsdaten (siehe Anm. 2) *FAO*, SOFO 1999, Annex 3, Tabelle 2 sowie hierzu die Zusammenfassung von *Lanly*, Forestry and woodland resources, in: Proceedings of the XI. World Forestry Congress, Vol. 1, Area A (Forest and tree resources), 3, 4 ff.

Abbildung 2

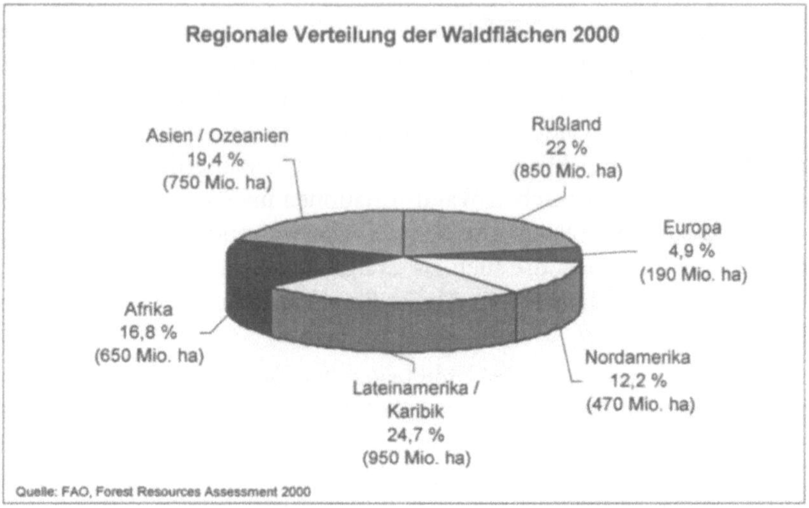

Nahezu 60 % der Waldfläche verteilt sich auf nur sieben Staaten: Rußland stellt mit 850 Mio. ha bzw. einem Anteil von 22 % das waldreichste Land der Erde dar, gefolgt von Brasilien (14 %), Kanada (6,3 %) und den Vereinigten Staaten (5,8 %); große Waldbestände befinden sich des weiteren in Australien, China und im Kongo (demokratische Republik, früher Zaire).

Abbildung 3

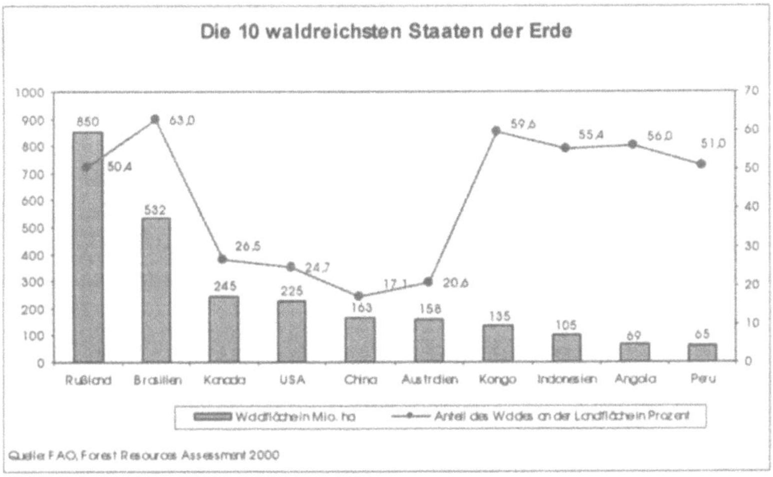

Auch der Waldanteil an der jeweiligen Landesfläche sowie die Waldfläche pro Einwohner sind regional sehr unterschiedlich verteilt. Von den 39 Ländern, in denen Wälder über die Hälfte der Landesfläche bedekken, befinden sich 32 Länder im Tropengürtel. Dagegen weisen 49 Länder und einige Regionen weniger als 10 % bewaldete Fläche auf. Besonders gravierend ist die Situation in Nordafrika oder im Nahen Osten, wo Wälder lediglich 1,1 % bzw. 3,3 % der Landfläche bedekken[13]. Zu den Staaten mit der größten Waldfläche pro Einwohner zählen Französisch-Guyana mit 47 ha und Surinam mit 34 ha. Im Vergleich dazu liegt die Waldfläche pro Kopf in Kanada bei 8 ha, in Brasilien bei 3,2 ha und in Deutschland lediglich bei 0,1 ha. Weltweit liegt der Durchschnitt bei 0,65 ha Wald je Einwohner[14].

---

13 Vgl. <http://www.fao.org/forestry/fo/fra/index.jsp>, Tabelle 3 (Forest cover 2000).

14 Siehe Anm. 13. Vgl. auch die Werte für 1995: *FAO*, SOFO 1999, 125 ff. Die Waldfläche pro Kopf stellt jedoch nur einen Ausgangspunkt für die genauere Betrachtung der Waldnutzung und der Verwendung der Holzressourcen sein; so verfügen Belgien und Indien zwar über eine in etwa ähnlich große Waldfläche pro Kopf, die Probleme im Zusammenhang mit dem Bedarf an Walderzeugnissen sind jedoch völlig verschieden, zumal in Indien Brennholz 90 % der gesamten Holzgewinnung ausmacht (*Gardner-Outlaw/Engelman*, Mensch, Wald!, 74).

2. Entwicklung der globalen Waldbestände

Ein Blick auf die historische Entwicklung und aktuelle Situation der Wälder zeigt, daß Ausdehnung und Zustand der Wälder in erheblichem Maße durch menschliche Aktivitäten beeinflußt wurden und werden.

Mit den Anfängen des Ackerbaus vor ca. 10.000 Jahren begannen erstmals starke Eingriffe in die Waldbestände. Schätzungen zufolge waren damals noch etwa 6,2 Mrd. ha Land und mithin 40 % der Erdoberfläche mit Wald bedeckt, während mittlerweile mehr als ein Drittel der ursprünglichen Waldfläche für die Ausweitung von Kulturland und Siedlungen sowie die Erschließung anderer Nutzflächen gerodet worden ist[15]. Auch die verbliebene Waldfläche von derzeit knapp 3,9 Mrd. ha - dies entspricht ungefähr der gesamten Fläche von Nord- und Südamerika - ist schon zum großen Teil durch menschliche Eingriffe mehr oder weniger stark verändert worden. Wälder in weitgehend unberührtem Zustand (sog. Natur- oder Primärwälder) sind mit einer Fläche von schätzungsweise rund 1,5 Mrd. ha fast nur noch in den Tropen und den borealen Wäldern der nördlichen Breiten vorhanden. Zu denjenigen Staaten, die noch über große, sich in natürlichem Zustand befindende Waldbestände verfügen, zählen Rußland, Kanada, Brasilien, Venezuela, Kolumbien, Surinam und Guyana[16]. Auch die verbliebenen Primärwälder werden zunehmend durch menschliche Aktivitäten bedroht; fast 40 % dieser Waldgebiete sind gefährdet durch Waldrodungen, Infrastrukturanlagen und die Ausweitung landwirtschaftlich genutzter Flächen[17].

Anders stellt sich die Situation in den Wäldern der gemäßigten Breiten dar. Aufgrund der hier früh eingesetzten kulturellen und zivilisatorischen Entwicklung finden sich heute nur noch vereinzelte Waldflächen in natürlichem Zustand. In Nord- und Westeuropa beträgt der Naturwaldanteil an der gesamten Waldfläche weniger als 1 %; Natur- oder Primärwälder finden sich v.a. noch in Schweden, Finnland und Norwegen[18]. War Mitteleuropa bis zum 7. Jahrhundert noch zu 70-80 % mit fast unberührtem Urwald bedeckt, wurden die Waldbestände für die Bedürfnisse einer wachsenden Bevölkerung insbesondere rund um das

---

15 *Myers*, The world's forests, Environmental Conservation 1996, 156.

16 *WRI*, The Last Frontier Forests, 20 ff.; *Abramovitz*, Taking a Stand, 17: Allein in Brasilien, Kanada und Rußland befinden sich 70 % aller Primärwälder.

17 *WRI*, World Resources 1998-99, 187.

18 *FAO*, SOFO 1997, 12 f.

Mittelmeer stark zurückgedrängt[19]. Großflächige Rodungen setzten sich bis zum Mittelalter in ganz Europa, im Mittleren Osten und in China fort. Insbesondere der vom 12. Jahrhundert an erhöhte Holzbedarf für den Erzbergbau, die Glasverhüttung und den Schiffsbau hatte eine erhebliche Reduzierung der Waldbestände zur Folge[20]. Mit der Besiedlung Nordamerikas durch die Europäer wurden auch dort die Waldbestände zugunsten von Landwirtschaft und Siedlungsfläche ab dem 17. Jahrhundert erheblich reduziert[21].

Da großflächige Abholzungen vor allem in Europa eine weitgehende Entwaldung verursachten und die wirtschaftliche Entwicklung maßgeblich zu beeinträchtigen drohten, entwickelte sich dort im Verlauf des 18. Jahrhunderts das System einer geregelten Forstwirtschaft unter Beachtung des Nachhaltigkeitsprinzips. Danach soll nicht mehr Holz eingeschlagen werden, als in den Wäldern laufend nachwächst[22]. Daher blieben die Waldflächen in der gemäßigten Zone im Verlauf dieses Jahrhunderts auch relativ konstant[23], während zwischen 1850 und 1980 die Wälder insgesamt weltweit um mehr als 15 % zurückgegangen sind. Von den Verlusten besonders betroffen waren die Waldbestände in Nordafrika, im Mittleren Osten und in China sowie in Südasien[24]. Nicht nur die Industrialisierung, auch der zunehmende Bedarf an

---

19 Vgl. ausführlich zur Entwicklung der mediterranen Waldbestände: *Boydak/Dogru*, The exchange of experience, in: Proceedings of the XI. World Forestry Congress, Vol. 6, Area H, Topic 38.3: Mediterranean forests, 179 ff.; *M'Hirit*, Mediterranean forests, Unasylva 197, 1999, 3 ff.

20 *Enquête-Bericht (1990)*, 74.

21 Vgl. *Donoso*, Perspectives on temperate forest management, Proceedings of the XI. World Forestry Congress, Vol. 6, Area H, Topic 38.2: Temperate forests, 153, 156.

22 *Hasel*, Zur Geschichte der Waldverwüstung in Deutschland, Zeitschrift für Wirtschaftsgeographie 2/1993, 117, 123 ff. Zur Entwicklung und heutigen Bedeutung des Nachhaltigkeitsbegriffs, der mittlerweile weit über seine ursprüngliche Bedeutung hinausgegangen ist und Eingang gefunden hat in viele (umwelt-) politische Bereiche, siehe die Ausführungen im 2. Teil, S. 181 ff.

23 Beispielhaft für diese Entwicklung ist Frankreich: Die Waldbestände gingen dort von ursprünglich 80 % auf 33 % im 15. Jahrhundert und bis auf 14 % im 17. Jahrhundert zurück. Zu Beginn des 20. Jahrhunderts setzte eine Trendwende ein; mittlerweile sind wieder 28 % der Fläche bewaldet (vgl. *Donoso*, Perspectives on temperate forest management, Proceedings of the XI. World Forestry Congress, Vol. 6, Area H, Topic 38.2: Temperate forests, 153, 157).

24 *Enquête-Bericht (1990)*, 74.

landwirtschaftlich nutzbaren Flächen hat die Wälder erheblich reduziert. Während die Waldbestände der Erde von 1700 bis 1980 um ein Fünftel gesunken sind, ist im gleichen Zeitraum die Anbaufläche von etwa 270 Mio. ha auf ca. 1,5 Mrd. ha angewachsen; dies entspricht einer Steigerung um 460 %[25].

In den größtenteils schwer zugänglichen borealen Wäldern Sibiriens, Alaskas und Kanadas setzte ein spürbarer Einfluß des Menschen auf die Wälder im 18. Jahrhundert ein. In Nordwestkanada und Alaska begannen die Nutzungen um 1880 zur Zeit des Goldrauschs. Bis 1960 hatten die Rodungen und sonstigen Eingriffe in die borealen Wälder überwiegend lokal spürbare Auswirkungen, erst allmählich dehnten sich im Zuge der infrastrukturellen Erschließung und der sich ausweitenden Forst- und Holzwirtschaft die genutzten Flächen durch Kahlschlagverfahren rapide aus. Heute zählen diese Wälder zu den weltweit wichtigsten Einschlaggebieten für Exportholz[26].

In den tropischen Waldregionen sind nennenswerte Rodungen erst im Zuge der Kolonialisierung registriert worden. Die Nutzung von Werthölzern aus Tropenwäldern hat aber schon eine lange Tradition[27]. Bereits im 17., vor allem aber im 18. Jahrhundert wurden tropische Edelhölzer wie Mahagoni, Palisander und Rosenholz in der Kunsttischlerei europäischer Staaten verwendet; allerdings waren die Holzmengen aufgrund des kostspieligen Einschlags und Transports sehr gering. Erst nach dem 2. Weltkrieg und vor allem nach der Unabhängigkeit der ehemaligen Kolonialgebiete begann die sprunghafte Entwicklung der Tropenwaldrodung[28]. Der fortschreitende Waldverlust in den Entwicklungsländern folgt dem gleichen Muster wie Jahrhunderte zuvor in Europa und anderen Regionen, jedoch unterschieden sich die Größenordnung die Geschwindigkeit des Bevölkerungswachstums wie auch des Waldverlusts erheblich davon. Allein im Zeitraum zwischen 1960 und 1990, in dem sich die Bevölkerung in den Entwicklungsländern von 2 auf 4 Mrd. Menschen verdoppelte, wurde die Tropenwald-

---

25 *UNEP*, Global Environment Outlook, 238; *WRI*, Weltressourcen 1994-95, 49.

26 *Poker*, Bestandsaufnahme und Gefährdung der borealen Wälder, 18 f.

27 Selbst der Name Brasilien wird von der Holzart „Pau Brasil" abgleitet, die schon kurz nach der Entdeckung Südamerikas nach Europa gebracht wurde und mit ihrem roten Farbstoff eine wichtige Rolle bei der Stoffärbung spielte (vgl. *Steinlin*, Tropenwälder, Freiburger Universitätsblätter Nr. 105, 23, 37).

28 *Steinlin*, Tropenwälder, Freiburger Universitätsblätter Nr. 105, 23, 38 ff.

fläche um 450 Mio. ha bzw. 20 % dezimiert. Dieser Tropenwaldverlust entspricht ungefähr dem Ausmaß der Waldfläche Nordamerikas im Jahre 1990[29]. Asien verlor im genannten Zeitraum sogar ein Drittel seiner Tropenwälder, in Afrika und Lateinamerika lagen die Verluste jeweils bei 18 %[30].

Obwohl sich nach den neuesten von der FAO vorgelegten Daten die globale Waldzerstörung seit 1990 leicht verlangsamt hat, ist sie weiterhin bedrohlich hoch. Von 1990 bis 2000 verringerte sich die weltweite Waldfläche insgesamt um 90,45 Mio. ha - dies entspricht in etwa der Fläche Frankreichs und Spaniens. Der durchschnittliche jährliche Netto-Rückgang der Wälder in diesem Zeitraum um 0,23 % bzw. 9 Mio. ha entspricht ungefähr der derzeitigen Waldfläche Deutschlands. Die Ergebnisse des Forest Resources Assessment (FRA 2000) der FAO gehen somit von einem 20 % geringerem Waldverlust in den 90er Jahren aus als bislang angenommen[31]. Die bisherigen Berechnungen ergaben für den Zeitraum 1990 bis 1995 einen jährlichen Netto-Rückgang der Wälder weltweit um 11,27 Mio. ha. In den Entwicklungsländern gingen danach sogar jährlich 13,73 Mio. ha Naturwald verloren (dies entspricht einem Rückgang um 0,7 % pro Jahr); dieser Verlust konnte partiell durch Aufforstungen in anderen Regionen ausgeglichen werden[32]. Im

29 *FAO*, FRA 1990/Global Synthesis, 8 f.

30 *WRI*, World Resources 1996-97, 205, 209.

31 Aufgrund der in den letzten Jahren stark gestiegenen Anlage von Plantagenwäldern inbesondere in den Tropen geht jedoch nunmehr auch die FAO in ihrer jüngsten Untersuchung von einem höheren Verlust an Naturwäldern aus, als dies die Nettobilanz der Gesamtwaldfläche derzeit zum Ausdruck bringt. Die Schätzungen der FAO beziffern den jährlichen Verlust mit rund 15 Mio. ha pro Jahr, vgl. hierzu auch *BReg.*, Gesamtwaldbericht 2001, 7.

32 Den Untersuchungen der FAO in den 90er Jahren zufolge lag der Waldverlust pro Jahr allein in den tropischen Entwicklungsregionen zwischen 1990 und 1995 bei 12,91 Mio. ha. Durch Aufforstungen und Forstplantagen in den asiatischen Entwicklungsregionen mit einer jährlichen Gesamtfläche von 700.000 ha konnte die stetige Abnahme der Waldbestände in den Entwicklungsländern nur leicht gebremst werden. Der Nettowaldverlust für die Entwicklungsländer betrug damit im genannten 5-Jahreszeitraum 13,03 Mio. ha pro Jahr bzw. 0,65 % (*FAO*, SOFO 1997, 18). Die Bilanz der weltweiten Waldzerstörung konnte sich durch eine Zunahme der bewaldeten Flächen in Europa, Nordamerika und auf dem Gebiet der früheren Sowjetunion verbessern. In den Industrienationen erhöhte sich die Waldfläche um insgesamt 8,8 Mio. ha; dies entspricht einer jährlichen Zunahme um 1,76 Mio. ha bzw. 0,12 % (*FAO*, SOFO 1997, 17, Annex 3, Tabelle 3).

Vergleich zur Dekade 1980 bis 1990 hat sich der Prozeß der großflächigen Waldzerstörung in den tropischen Entwicklungsregionen damit abgeschwächt. Innerhalb dieser zehn Jahre wurden jährlich noch 15,5 Mio. ha Wald in den Entwicklungsregionen mit einer Verlustquote von 0,8 % zerstört, davon 14,6 Mio. ha in den Tropen[33].

Abbildung 4

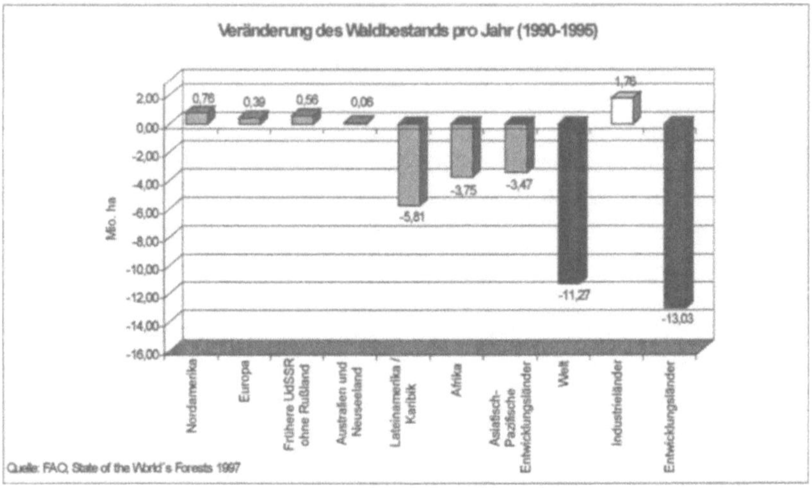

Betrachtet man nach der neuesten umfassenden Untersuchung der FAO (FRA 2000) die Entwicklung für den Zeitraum 1990 bis 2000, so waren die jährlichen Waldverluste am höchsten in Afrika (-0,8 % bzw. 5,3 Mio. ha) und in Lateinamerika/Karibik (-0,4 % bzw. 4,6 Mio. ha), während in Asien/Ozeanien der Rückgang von natürlichen Waldflächen durch den großflächigen Anbau von Plantagen weitestgehend kompensiert werden konnte; so stieg allein in China die Waldfläche um 1,8 Mio. ha pro Jahr an[34]. Eine jährliche Zunahme der Waldflächen wurde für Europa (ohne Russland) mit einem Anstieg um 0,4 % sowie für Nordamerika (+ 0,2 %) verzeichnet. Insgesamt gingen zwischen 1990 und 2000 in den Entwicklungsländern die Wälder um rund 103 Mio. ha zu-

---

[33] *FAO*, SOFO 1997, 18. Vgl. ausführlich zur Entwicklung der Tropenwaldzerstörung die nachfolgenden Ausführungen auf S. 91 ff.

[34] Vgl. <http://www.fao.org/forestry/fo/fra/index.jsp>, Tabelle 4 (Change in forest cover 1990-2000).

rück, in den Industriestaaten vergrößerte sich die Waldfläche dagegen um 13 Mio. ha[35].

Über die Hälfte der Waldverluste zwischen 1990 und 2000 in der Größenordnung von mehr als 90 Mio. ha ereigneten sich in nur 4 Ländern, und zwar in Brasilien, Indonesien, Myanmar und Mexiko. Allein in Brasilien gingen mehr als 23 Mio. ha Wald verloren, dies entspricht etwa 25 % aller weltweiten Waldverluste[36] in der vergangenen Dekade.

Abbildung 5

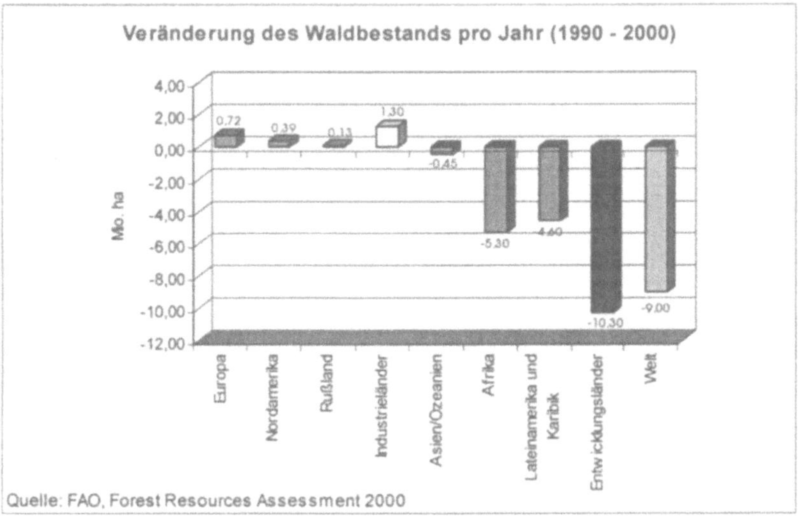

Trotz der derzeit leicht rückläufigen Tendenz in der weltweiten Waldvernichtung darf nicht übersehen werden, daß sich die Daten lediglich auf die Zerstörung von Naturwäldern beziehen. Zudem ist das Flächenausmaß einer zunehmenden Degradation der Wälder noch unbekannt; nach Schätzungen der FAO liegt es aber um ein Vielfaches höher als die Entwaldungsrate[37]. Außerdem sind die Ergebnisse aufgrund der

---

[35] Berechnet nach *FAO*, FRA 2000, vgl. Anm. 34; s. auch *BReg.*, Gesamtwaldbericht 2001, 61.

[36] Vgl. Anm. 34.

[37] Nachweis bei *WBGU*, Sondergutachten 1998, 23. Die im Jahr 2000 durchgeführte Weltforstinventur der FAO hat daher nicht nur die Veränderungen der Waldfläche, sondern vor allem auch die Qualität der Wälder verstärkt berücksichtigt. Siehe auch *Persson/Janz*, Assessment and monitoring of forest

Schwankungsbreite statistischer Erhebungen[38] noch nicht als eindeutiger Beweis für einen abnehmenden Zerstörungsprozeß in den Tropenwaldregionen zu werten, da sich die Waldzerstörung trotz einer geringen Verbesserung mit substantiellen regionalen Unterschieden weiter fortsetzt[39].

Während sich die Waldflächenverluste fast ausschließlich in den tropischen Regionen der Erde abspielen, ist in den Wäldern der industrialisierten Regionen der Erde zwar nominal kein Rückgang der Waldflächen festzustellen, dort werden aber die Waldbestände seit Mitte der siebziger Jahre und verstärkt seit Anfang der achtziger Jahre zunehmend durch sog. „neuartige" Waldschäden in erheblichem Umfang geschädigt. Luftschadstoffe, insbesondere Schwefeldioxid, Stickoxide, Ammoniak und Ozon belasten die Wälder in nicht unerheblichem Maße. Insbesondere die Wälder in Mittel- und Osteuropa sind vom „sauren Regen" und dem Waldsterben betroffen. Innerhalb der letzten 20 Jahre sind hierdurch ungefähr 100.000 ha Wald vernichtet worden[40]. Selbst wenn sich die negativen Prognosen der 80er Jahre bezüglich des Ausmaßes des Waldsterbens bisher nicht im vorausgesagten Umfang erfüllt haben, bleibt dennoch die Verschlechterung des Waldzustands ein ernsthaftes Problem in Europa und Nordamerika[41]. Nicht nur in den Industriestaaten, auch in den Entwicklungsländern werden angesichts der fortschreitenden Industrie- und Verkehrsentwicklung die durch Luftverschmutzung verursachten Waldschäden zukünftig ansteigen.

Die Ursachen für die anhaltenden Waldverluste hängen vor allem mit den wachsenden Bevölkerungszahlen und dem wirtschaftlichen Wachstum zusammen. Allein zwischen 1960 und 1995 verdoppelte sich

---

and tree resources, in: Proceedings of the XI. World Forestry Congress, Vol. 1, Area A, 17, 19).

38 So lagen der FAO bei der Untersuchung FRA 2000 nationale Statistiken zugrunde, die teilweise noch aus den 80er Jahren stammten, vgl. <http://www.fao.org/forestry/fo/fra/index.jsp>, Tabelle 5 (Forest cover – latest national statistics).

39 *BMZ*, Tropenwalderhaltung und Entwicklungszusammenarbeit, 9; *Thiele*, Wirtschaftspolitische Optionen zum Schutz tropischer Wälder, 8 f.

40 *FAO*, SOFO 1997, 21.

41 Siehe ausführlich zu den „neuartigen" Waldschäden S. 80 ff.

die Weltbevölkerung[42], die Weltwirtschaft stieg um das 3 ½-fache an[43]. Die unmittelbaren Auswirkungen des Bevölkerungs- und Wirtschaftswachstums auf die Nachfrage nach Nahrungsmitteln und Holzprodukten lassen sich daran ablesen, daß sich während des genannten Zeitraums nicht nur die weltweite Getreideproduktion[44], sondern auch der gesamte Rundholzverbrauch fast verdoppelte, in den Entwicklungsländern stieg der Bedarf an Brennholz sogar um das 2 ½-fache an[45]. Der Verbrauch von Holzpaneelen verdreifachte sich[46], der Papierbedarf erhöhte sich sogar weltweit um mehr als den Faktor vier[47].

Abbildung 6

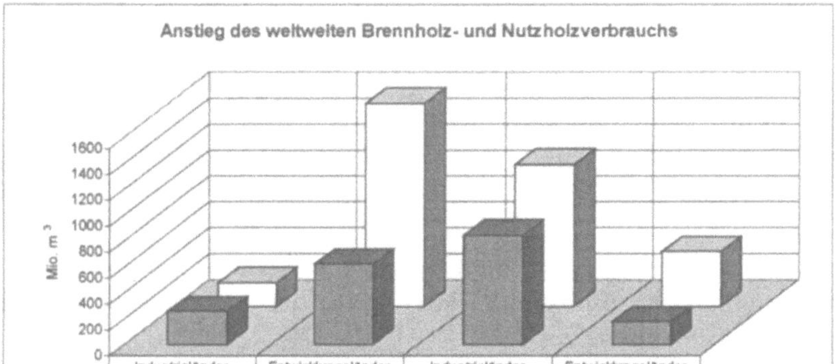

	Industrieländer Brennholz	Entwicklungsländer Brennholz	Industrieländer Nutzholz	Entwicklungsländer Nutzholz
1961	256	623	844	177
1998	186	1564	1098	423

Quellen: FAO, Forest Resources Assessment 1990 - Global Synthesis; FAO, Yearbook of Forest Products 1998

---

42 *FAO*, FRA 1990/Global Synthesis, 9. Vgl. näher zur Problematik des Bevölkerungswachstums die Ausführungen auf S. 105 ff.

43 *FAO*, SOFO 1997, 5.

44 *FAO*, SOFO 1997, 5.

45 *FAO*, FRA 1990/Global Synthesis, 12.

46 *FAO*, Provisional Outlook for Global Forest Products, 35.

47 *Taiga Rescue Network*, The Taiga Trade, 75.

Abbildung 7

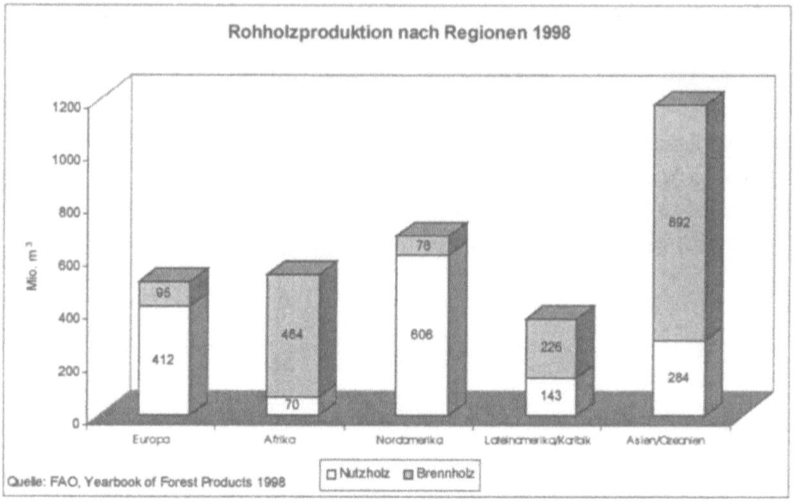

Für die Zeit bis 2010 sieht die FAO weitere Waldverluste in den Entwicklungsländern von rund 90 Mio. ha für die Umwandlung in landwirtschaftliche Fläche voraus[48].

Sollte die jetzige weltweite Entwaldungsrate vor allem in den tropischen Regionen der Erde ungebremst andauern, wird befürchtet, daß bereits in 50 Jahren von den zur Zeit noch rund 1,86 Mrd. ha nur noch etwa 600 Mio. ha Tropenwald vorhanden sein werden[49]. Negative Prognosen warnen sogar vor einer möglichen vollständigen Vernichtung der tropischen Regenwälder im Laufe des nächsten Jahrhunderts[50].

3. Bedeutung und Funktionen der Wälder

Wälder spielen aufgrund ihrer vielfältigen Nutz-, Schutz- und Erholungsfunktionen eine unverzichtbare Rolle für den Naturhaushalt und

---

48 *FAO*, SOFO 1997, 6.

49 *WBGU*, Jahresgutachten 1995, 185.

50 *Wicke*, Der Ökologische Marshallplan, 49; *Gore*, Wege zum Gleichgewicht, 131.

die Erhaltung der menschlichen Lebensgrundlagen[51]. Die wichtigsten wirtschaftlichen, sozialen und ökologischen Funktionen sollen nachfolgend kurz skizziert werden.

a) Wirtschaftliche Bedeutung

Die Forst- und Holzwirtschaft stellt in vielen Ländern, vor allem in den Tropen und den nördlichen Breiten, einen bedeutenden Wirtschaftssektor und eine wichtige Devisenquelle dar. Wälder bieten dem Menschen ein breites Angebot an Rohstoffen und Nahrungsmitteln und spielen im Hinblick auf die Holznutzung eine entscheidende ökonomische Rolle.

aa) Holzproduktion und Holzverbrauch

Der weltweite Verbrauch an Holz nimmt stetig zu. Innerhalb von 30 Jahren ist das Rundholzaufkommen von 2,2 Mrd. m^3 (1965) auf 3,27 Mrd. m^3 (1998) angestiegen[52], obwohl Holz seine über lange Zeit dominante Position als Rohstoff und Energieträger längst eingebüßt hat.

In den letzten 50 Jahren ist Rohholz in vielen Industriestaaten verstärkt als Industrierohstoff verwendet worden. Die USA, China, Indien, Brasilien und Kanada produzieren annähernd die Hälfte des weltweit benötigten Holzes[53].

---

[51] Einen kurzen Überblick über die vielfältige Rolle der Wälder in: *FAO*, The State of Food and Agriculture 1994, 279, 288; *Gardner-Outlaw/Engelman*, Mensch, Wald!, 14 ff.

[52] Vgl. zu statistischen Informationen über den Welthandel mit Holz und Holzerzeugnissen: *FAO*, Yearbook of Forest Products 1998 (2000) mit Daten für 1994-1998. Siehe auch im Internet die FAOSTAT Statistics Database unter <http://apps.fao.org>, die eine aktuelle und differenzierte Suche nach einzelnen Staaten und Produktgruppen ermöglicht.

[53] *FAO*, Yearbook of Forest Products 1998, 2 ff.

Abbildung 8

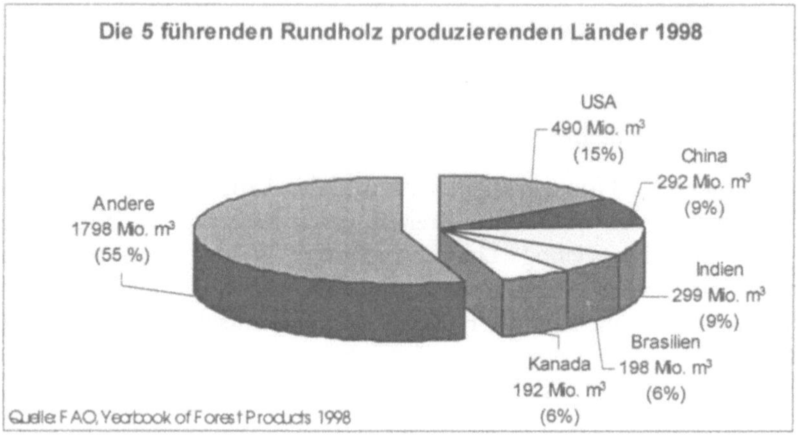

1998 wurden 1,75 Mrd. m^3 (54 %) als Energieholz und Holzkohle verbraucht; 1,52 Mrd. m^3 gingen als Nutzholz[54] in die industrielle Produktion[55]. Die Produktion von Energie- und Nutzholz ist in Entwicklungs- und Industrieländern[56] äußerst unterschiedlich verteilt, wie die nachfolgende Grafik verdeutlicht. In den Industrieländern wird nur ca. 15 % des Rohholzeinschlags als Brennholz verwendet[57].

---

[54] Mit Nutzholz ist das gesamte, für industrielle Zwecke eingeschlagene Rundholz gemeint, das in Form von Schnittholz, Grubenholz, Furnieren, Faser- und Restholz im Bauwesen, bei der Möbelherstellung, der Papierproduktion etc. verwendet wird (vgl. *Enquête-Bericht [1990]*, 271).

[55] *FAO*, Yearbook of Forest Products 1998, S. A-4; siehe auch *FAO*, Yearbook of Forest Products 1997, 13, 28 mit nur unwesentlichen Veränderungen.

[56] Den FAO-Daten gemäß zählen zu den Industrieländern sämtliche europäische Staaten einschließlich Rußland, Weißrußland und Ukraine sowie Südafrika, USA, Kanada, Australien, Neuseeland, Japan und Israel.

[57] In einigen Ländern Europas wird angesichts unzureichender Absatzmöglichkeiten von Rohholz eine Resubstitution fossiler Energieträger durch Holz diskutiert, die bereits teilweise staatlich gefördert wird (vgl. *Ollmann*, Weltmarkt Holz, 2).

Abbildung 9

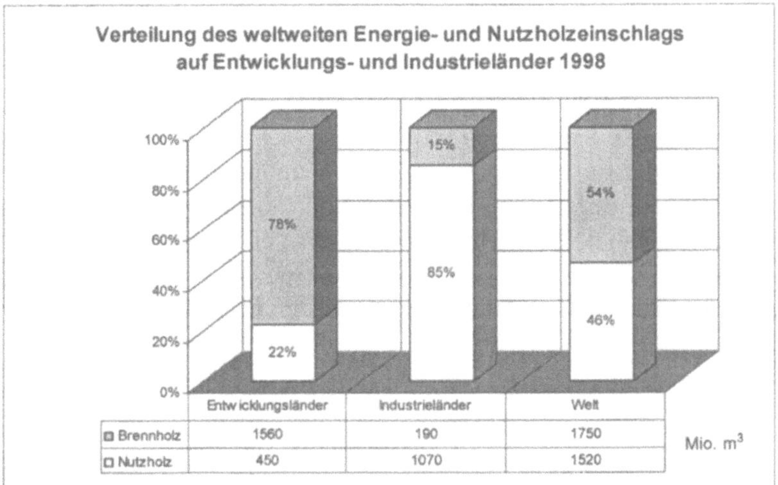

Berechnet nach: FAO, Yearbook of Forest Products 1998

Der Holzeinschlag verteilte sich Mitte der 90er Jahre wie folgt auf die einzelnen Waldregionen: In den Wäldern der gemäßigten und borealen Zonen wurden 1,73 Mrd. m^3 Holz eingeschlagen, in den Tropen lag die Menge bei 1,62 Mrd. m^3. Während jedoch in den nichttropischen Regionen der Nutzholzanteil mit 69 % gegenüber dem Brennholzanteil deutlich überwog, war der Brennholzanteil in den Tropen mit 82 % besonders hoch, in Afrika lag er sogar bei 91 %[58]. Dort spielt Brennholz, das einen Anteil von 58 % am gesamten Energieverbrauch hat, noch eine bedeutende Rolle für die Energieversorgung der Bevölkerung. Fast 3 Mrd. Menschen in den Entwicklungsländern sind überwiegend auf Holz als Energiequelle angewiesen.

Das statistisch verzeichnete Aufkommen und der tatsächliche Einschlag von Nutz- oder Brennholz sind aber nicht identisch. Das Brennholzaufkommen übersteigt den tatsächlichen Brennholzeinschlag, da neben dem direkt für die Verbrennung eingeschlagenen Holz zusätzlich Tot- und Restholz aus Nutzholzeinschlag und -verarbeitung verwendet werden. Beim Nutzholz wird jedoch nur der verwendbare Teil des Stammes statistisch erfaßt, dies sind im Durchschnitt nur 53 %. Das Einschlagvolumen liegt hier also entsprechend höher als das Holzaufkommen, zumal auch das im Rahmen der Infrastrukturanlage und

---

[58] *BReg.*, 6. Tropenwaldbericht, 5 sowie Abbildung 39, S. 114.

durch Schäden beim Holzrücken anfallende nicht verwendete Stammholz keine Berücksichtigung findet[59].

(1) Nutzholzproduktion und -verbrauch

Die industrielle Rundholzproduktion hat sich gegenüber 1965 um ein Drittel auf derzeit 1,5 Mrd. m^3 erhöht. Während die USA, Kanada und Rußland[60] seit über 40 Jahren zu den fünf führenden Produzenten von Nutzholz gehören, sind China und Brasilien erst in den 70er Jahren dazu gestoßen[61]. Diese fünf Länder produzieren über 57 % des industriell genutzten Rundholzes. Zu den weiteren führenden Produzenten zählen Indonesien, Indien, Schweden, Finnland, Deutschland und Frankreich[62].

Abbildung 10

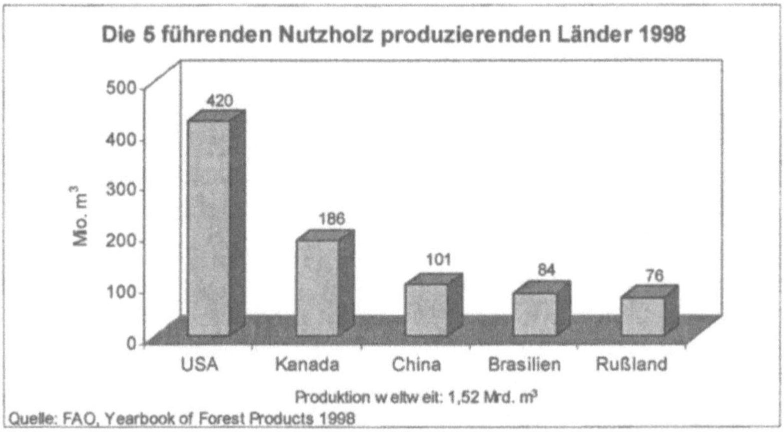

In Nord- und Zentralamerika wird mit Abstand das meiste Nutzholz verbraucht (40 %), gefolgt von Europa (27 %), Asien (18 %), und Süd-

---

59 *Enquête-Bericht (1990)*, 271; siehe dazu auch *Quadflieg*, Konzept zur Harmonisierung, 158 f.

60 Die industrielle Rundholzproduktion in Rußland ist allerdings seit 1992 (164 m^3) kontinuierlich gesunken (vgl. *FAO*, Yearbook of Forest Products 1996, 30; *dies.*, Yearbook of Forest Products 1998, 24).

61 *Abramovitz*, Taking a Stand, 25.

62 *FAO*, Yearbook of Forest Products 1998, 22 ff.

amerika (8 %). Der Verbrauch von industriellem Rundholz ist damit in den Industriestaaten, in denen 23 % der Weltbevölkerung leben, 2 ½ mal so hoch wie in den Entwicklungsländern. Die Liste der 5 Staaten, welche die größten Mengen an Nutzholz verbrauchen, führen mit Abstand die USA an, gefolgt von Kanada, China, Brasilien und Schweden[63].

Abbildung 11

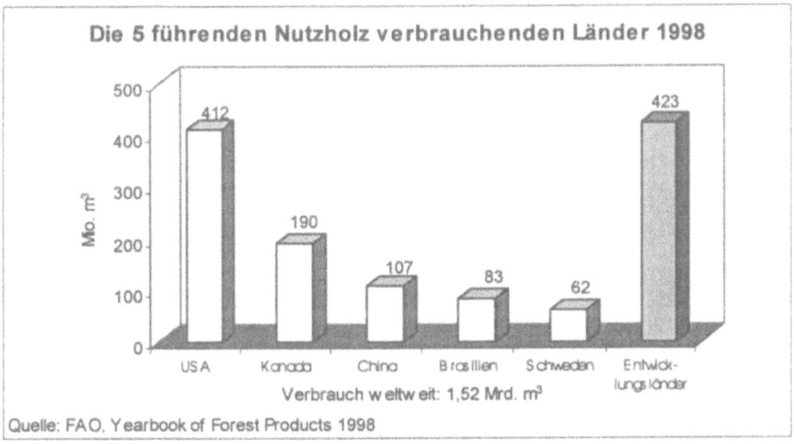

Bis zum Jahr 2010 wird für die Länder Asiens und Ozeaniens eine deutliche Steigerung des Verbrauchs von industriell genutztem Rundholz prognostiziert; ein nur leichtes Wachstum wird für Afrika und Lateinamerika sowie Nord- und Mittelamerika erwartet. Im Durchschnitt werden die Produktion und der Verbrauch von industriellem Rundholz um jährlich 1,7 % steigen[64]. Der Verbrauch von industriellem Rundholz wird sich von derzeit 1,52 Mrd. m³ bis zum Jahr 2010 auf 1,88 Mrd. m³ erhöhen, der Brennholzverbrauch wird auf über 2 Mrd. m³

---

63 Angaben für 1998 nach *FAO*, Yearbook of Forest Products 1998, S. A-7 sowie 22 ff.

Das FAO Yearbook of Forest Products sieht seit der Ausgabe 1996 keine gesonderten Daten mehr für Entwicklungs- und Industrieländer vor. Diese können aber in einer differenzierten Abfrage der FAOSTAT Statistics Database ermittelt werden, vgl. Anm. 52.

64 *FAO*, SOFO 1999, 48.

ansteigen[65]. Europa, Asien sowie Nord- und Mittelamerika werden auch im Jahre 2010 zu über 85 % die Nutzholzproduktion und zu über 90 % den Nutzholzverbrauch beherrschen[66]. Damit wird sich insgesamt der weltweite Rundholzverbrauch (also der gemeinsame Verbrauch an Energie- und Nutzholz) bis zum Jahr 2010 von derzeit knapp 3,3 Mrd. auf etwa 4 Mrd. m^3 erhöhen[67].

Abbildung 12

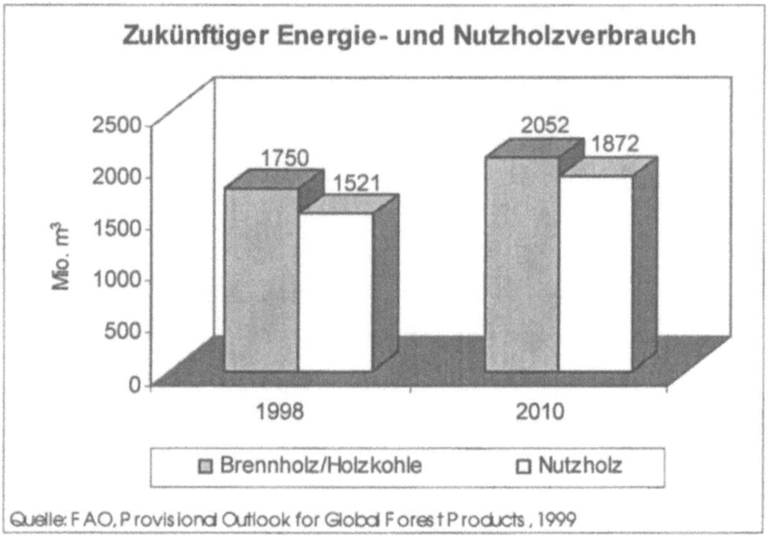

[65] *FAO*, SOFO 1999, 55; *FAO*, Global Forest Products, 124. Die Voraussagen der FAO von Ende 1998 hinsichtlich des zukünftigen Industrie- und Brennholzbedarfs im Jahre 2010 sind gegenüber zwei früheren Projektionen von 1991 und 1995 deutlich nach unten korrigiert worden. So prognostizierte die 1995er Untersuchung, die noch von optimistischeren Wachstumsaussichten ausgegangen war, einen Bedarf an Brennholz von 2,38 Mrd. m^3 und an Industrieholz von 2,28 Mrd. m^3 (*FAO*, Forestry statistics today for tomorrow, 13, 17; siehe hierzu auch *FAO*, SOFO 1997, 80). Vgl. zu weiteren Prognosen hinsichtlich des zukünftigen Holzverbrauchs im Jahr 2010: *Brooks*, Demand for wood and forest products, Proceedings of the XI. World Forestry Congress, Vol. 4, Area E, Topic 21, 93, S. 101: Die Schätzungen für den Brennholzverbrauch gehen von 1,5 Mrd. m^3 bis zu 4,25 Mrd. m^3 aus; für den Nutzholzverbrauch reicht die prognostizierte Spannbreite von 1,51 Mrd. m^3 bis zu 1,98 Mrd. m^3.

[66] *FAO*, SOFO 1999, 48.

[67] *FAO*, Global Forest Products, 42; *FAO*, Yearbook of Forest Products 1998, 2.

(2) Brennholzproduktion und -verbrauch

Der Brennholzverbrauch in den Entwicklungsländern ist mit 1,56 Mrd. m^3 fast um ein zehnfaches höher als in den Industriestaaten[68]. In den Entwicklungsländern wird im Jahr 2010 voraussichtlich sogar elfmal mehr Brennholz verbraucht werden als in den Industriestaaten[69]. Indien gehört neben China, Indonesien, Brasilien und Nigeria zu den führenden Produzenten von Brennholz und Holzkohle. In diesen Staaten wird auch der größte Anteil des Brennholzes im Land selbst verbraucht. In Afrika werden noch 35 % des gesamten Energiebedarfs durch Brennholz und Holzkohle gedeckt. In den Entwicklungsländern liegt der Anteil von Brennholz und Holzkohle an der Energieversorgung bei 15 %, in den Industrieländern bei lediglich 2 %[70].

Abbildung 13

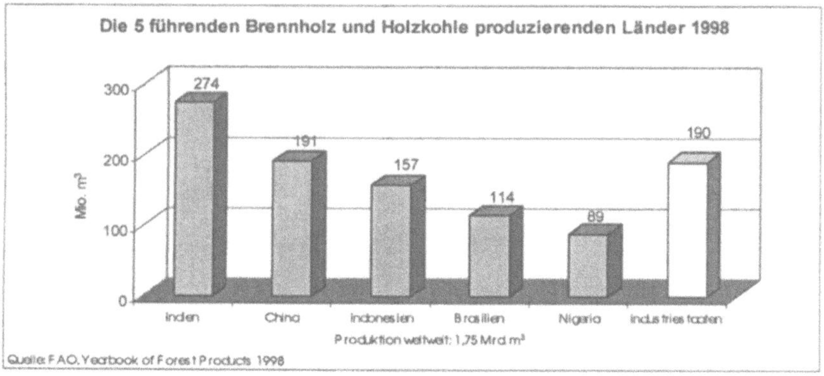

(3) Papierproduktion und -verbrauch

Der zunehmende Holzverbrauch wird im wesentlichen durch die steigende Nachfrage nach kurzlebigen Holzprodukten wie Papier und Pappe hervorgerufen[71]: Seit den 50er Jahren hat sich der Verbrauch be-

---

68 Berechnet nach *FAO*, Yearbook of Forest Products 1998, 14 ff.; siehe auch Abbildung 6.

69 *FAO*, Global Forest Products, 46.

70 *FAO*, SOFO 1999, 38.

71 Zur Produktion einer Tonne Zellstoff sind 3,8 m^3 Rundholz erforderlich (vgl. *Taiga Rescue Network*, The Taiga Trade, 79).

sonders in den Industrieländern drastisch erhöht, von 1980 bis Mitte der 90er Jahre ist der weltweite Verbrauch um jährlich 3,3 % angestiegen[72]. Zur Zeit gehen schon über 20 % des industriell genutzten Rundholzes in die Papierindustrie. Derzeit liegt der Weltjahresverbrauch bei knapp 300 Mio. t, für Verpackungsmaterial werden zusätzlich fast 100 Mio. t gebraucht[73].

Bis zum Jahr 2010 wird sich der Weltjahresverbrauch an Papier um jährlich 2,4 % auf über 390 Mio. m^3 erhöhen; dies entspricht einem Wachstum von annähernd 30 %[74], innerhalb der nächsten 30 Jahre wird sich der Papierverbrauch mehr als verdoppeln[75]. Während 1960 der durchschnittliche Pro-Kopf-Verbrauch weltweit erst bei 25 kg lag, waren es 1998 schon 49 kg; in den Industriestaaten wurden durchschnittlich 175 kg Papier pro Kopf benötigt. In Deutschland liegt der Verbrauch im Durchschnitt bei 205 kg Papier pro Einwohner. Deutlich höher sind die Verbrauchswerte für Finnland (420 kg), Kanada (317 kg), die USA (293 kg) und Japan (239 kg). In Brasilien liegt der Pro-Kopf-Verbrauch dagegen nur bei 40 kg, in China bei 31 kg[76]. Am unteren Ende der Skala steht Afrika mit durchschnittlich 6 kg Papier pro Einwohner[77].

---

72 *Abramovitz*, Taking a Stand, 28.

73 *FAO*, Yearbook of Forest Products 1998, 186 ff. sowie 214 f.

74 *FAO*, SOFO 1999, 50; *dies.*, Global Forest Products, 50.

75 *FAO*, Agriculture: towards 2015/30, 167.

76 Nach Angaben der China Paper Association stieg die Produktion von Papier und Pappe 1999 gegenüber 1998 nur geringfügig auf etwas 30 Mio. t an, demgegenüber nimmt die Papiernachfrage jährlich um 10 % zu. Bis zum Jahr 2015 wird mit einem Bedarf von 80 Mio. t gerechnet. Daher strebt China an, die Erzeugung von Papier und Pappe auf 70 Mio. t jährlich anzuheben (FAZ v. 17.7.2000). Zur weiteren Bedarfsdeckung ist China jetzt eine Vereinbarung mit Rußland eingegangen, in Sibirien 500.000 ha Holz einzuschlagen (vgl. <www.forests.org/recent/2000/chdefuel.htm>).

77 *FAO*, Yearbook of Forest Products 1998, 186.

Abbildung 14

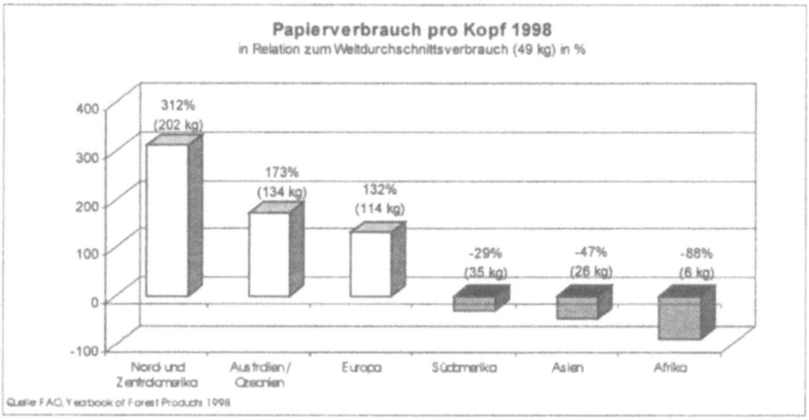

bb) Exkurs: Plantagenbewirtschaftung

Einhergehend mit dem gestiegenen Holzverbrauch in den letzten Jahren hat sich auch die Art der Waldnutzung hin zu einer vermehrten Plantagenbewirtschaftung geändert. Die Gesamtfläche der weltweiten Plantagenfläche wird von der FAO für das Jahr 2000 mit 187 Mio. ha angegeben[78]; dies sind mittlerweile fast 5 % der globalen Waldfläche. Die ausgedehntesten Waldplantagenflächen befinden sich mit knapp 130 Mio. ha in den Entwicklungsländern, 85 % der Plantagen sind allein in der asiatischen und pazifischen Region angepflanzt worden, davon 45 Mio. ha in China[79]. Auf einem Drittel der Plantagenfläche werden sog. Nichtholzprodukte wie Kokosnuß, Ölpalmen und Gummibäume angebaut[80]. Die restlichen Flächen sind für die industrielle

[78] Vgl. <http://www.fao.org/forestry/fo/fra/index.jsp>, Tabelle 6 (Forest plantations 2000). 1995 lag die Plantagenfläche noch bei annähernd 130 Mio. ha (vgl. *FAO*, SOFO 1999, 19 ff.).

[79] Siehe Anm. 78.

[80] *FAO*, SOFO 1999, 20 f. Zwischen 1990 und 1995 hat sich die Anbaufläche von Nichtholzprodukten in Plantagen fast verdoppelt. Diese Plantagen konzentrieren sich auf nur wenige Staaten: Die Mehrzahl der Kokosnußplantagen befindet sich in Indonesien und den Philippinen. Gummibäume werden v.a. in Indonesien, Thailand und Malaysia angebaut; Ölpalmen wachsen in Malaysia und Indien.

Holzproduktion vorgesehen; die meisten Hartholzplantagen sind mit Eukalyptusbäumen bepflanzt, gefolgt von Akazien und Teak.

Noch beherrschen Monokulturen die Plantagenbewirtschaftung; Erfahrungen mit gemischten Plantagen, die das Risiko der Anfälligkeit für Krankheiten und Waldbrände senken und die biologische Vielfalt erhöhen sollen, sind bislang begrenzt. In den Entwicklungsländern steigt der Anteil des Holzes, das aus der Plantagenbewirtschaftung stammt, um schätzungsweise 5 % pro Jahr. In einigen Staaten spielen Waldplantagen für die Deckung des industriellen Rundholzbedarfs bereits eine bedeutende Rolle: So stammte 1997 99 % des in Neuseeland produzierten Rundholzes aus Plantagen, in Chile lag der entsprechende Anteil bei 85 %, in Brasilien bei 62 % und in Sambia bei 50 %[81]. Insgesamt nimmt der Anteil des Plantagenholzes an der globalen industriellen Rundholzproduktion mittlerweile 22 % ein[82].

Abbildung 15

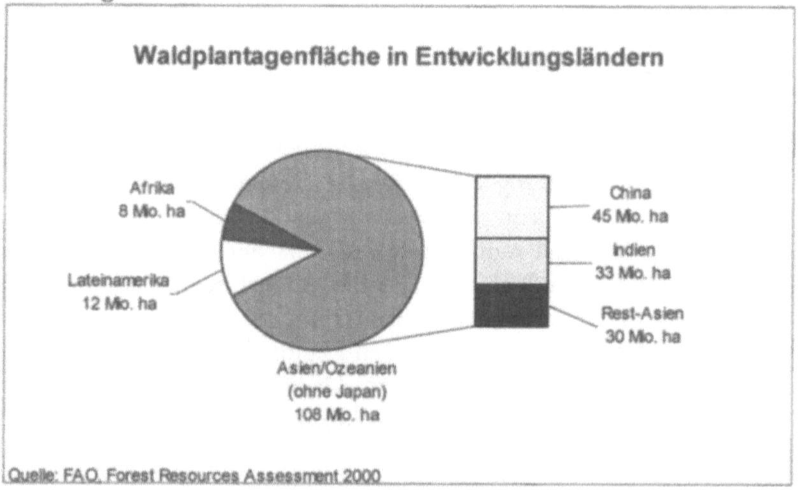

[81] *FAO*, SOFO 1999, 21 f.

[82] *FAO*, Agriculture: Towards 2015/30, 160.

Abbildung 16

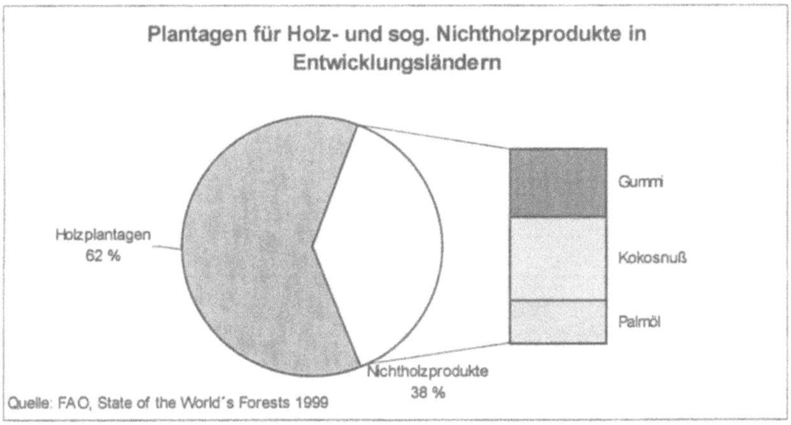

Waldplantagen in den Industriestaaten dienen nicht nur allein der Holzversorgung, sondern werden auch zum Schutz der Böden oder zum Windschutz angepflanzt. Ihre Fläche wird auf mehr als 60 Mio. ha geschätzt. Über die Hälfte dieser Fläche verteilt sich auf die europäischen Staaten (einschließlich 17 Mio. ha in Rußland), mehr als 16 Mio. ha Waldplantagen befinden sich in den USA. In Japan liegt der Anteil der insgesamt über 10 Mio. ha Plantagen bei mittlerweile 44 % der gesamten Waldfläche. In Neuseeland ist der Anteil der Waldplantagen an der gesamten Waldfläche des Landes mit 19 % ebenfalls sehr hoch[83].

---

[83] Berechnet nach <http://www.fao.org/forestry/fo/fra/index.jsp>, Tabelle 6 (Forest plantations 2000).

Abbildung 17

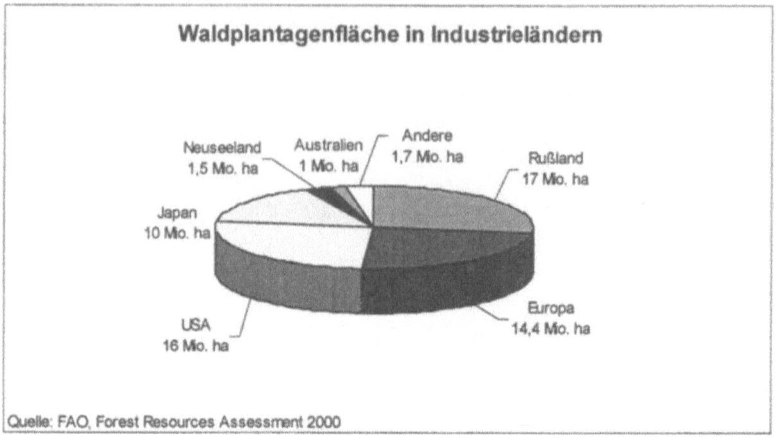

Theoretischen Überlegungen zufolge würden 200 Mio. ha hochproduktiver Holzplantagen ausreichen, um den gesamten Weltholzbedarf sowohl an Nutzholz als auch an Brennholz zu befriedigen, ohne daß zur Deckung des zukünftigen Rohholzangebots Primärwälder vernichtet werden müßten[84].

cc) Weltholzhandel: Exporte und Importe

Für die Einordnung des Stellenwerts von Holz in die weltwirtschaftliche Entwicklung ist die Struktur des Welthandels mit Holz und Holzerzeugnissen, der einen Anteil von ca. 3 % am gesamten Welthandel hat, näher zu betrachten[85]. Im Zeitraum von 1967 bis 1996 hat sich der Weltholzhandel mit Holzprodukten[86] wertmäßig gesehen vervierzehn-

---

[84] *Thoroe/Ollmann*, Holz in der Weltwirtschaft, 23, 31.

[85] *FAO*, SOFO 1997, 36. Der Anteil der Holzexporte am weltweiten Export von Produkten aus der Land- und Forstwirtschaft und dem Fischereiwesen lag Anfang der 90er Jahre bei 23 % (*FAO*, Agriculture: Towards 2010, 166).

[86] Da die FAO bei der Beobachtung der Weltholzmärkte nur Rohholz (Stammholz, Brennholz, Faserholz) und die wesentlichsten Halbwaren aus Holz berücksichtigt (Schnittholz, Furniere, Sperrholz, Spanplatten, Holzschliff, Zellstoff, Papier und Pappe), bleiben viele Halbfertig- und Fertigwaren aus Holz, wie etwa Bauelemente (Fenster, Parkett u.a.), Möbel und Papiererzeugnisse in den Außenhandelsdaten unberücksichtigt (vgl. *BReg.*, 6. Tropenwaldbericht, 6; *Thoroe/Ollmann*, Holz in der Weltwirtschaft, 23, 25).

facht auf über 140 Mrd. US-$, wobei ein erheblicher Teil dieser Steigerung eine Folge des allgemeinen Preisanstiegs war[87]. Mengenmäßig betrachtet hat der internationale Handel mit Holzprodukten in den letzten dreißig Jahren im Durchschnitt um 3,5 % pro Jahr zugenommen[88].

Innerhalb der vergangenen Jahrzehnte hat sich jedoch der Weltholzhandel hinsichtlich der Produktgruppenstruktur erheblich gewandelt. Wurden in den 60er Jahren noch verstärkt Rundholz und Schnittholz gehandelt, hat sich das Gewicht innerhalb von 30 Jahren zugunsten des Bereichs Zellstoff/Papier verschoben, der nunmehr mit ca. 45 % den gesamten Holzhandel dominiert. Insgesamt hat die Bedeutung von Rohstoffen und Halbwaren abgenommen, während der Anteil von Halbfertig- und Fertigwaren am internationalen Holzhandel deutlich angestiegen ist[89]. Der Anteil von Rundholz ist beträchtlich gesunken, auch Schnittholz hat wesentlich an Bedeutung verloren. Gestiegen ist hingegen der Anteil von Holzwerkstoffen und derjenige von Papier und Pappe.

Abbildung 18

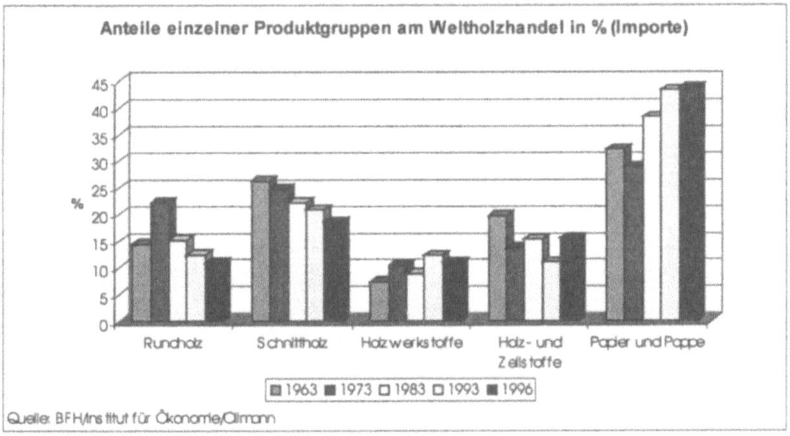

Der Welthandel mit Holz und Holzprodukten wird seit einigen Jahrzehnten von den Ländergruppen Westeuropas, Nordamerikas und Asi-

87 *Ollmann*, Weltmarkt Holz, 5.

88 *Ollmann*, Weltmarkt Holz, 5.

89 *Barbier*, Impact of the Uruguay Round, 2; *Thoroe/Ollmann*, Holz in der Weltwirtschaft, 23, 30.

ens (einschließlich pazifischer Raum) beherrscht. Auf diese Länder entfielen 1996 etwa 86 % der Weltexporte, bei den Importen lag ihr Anteil mit fast 90 % noch um einige Prozentpunkte höher.

Abbildung 19

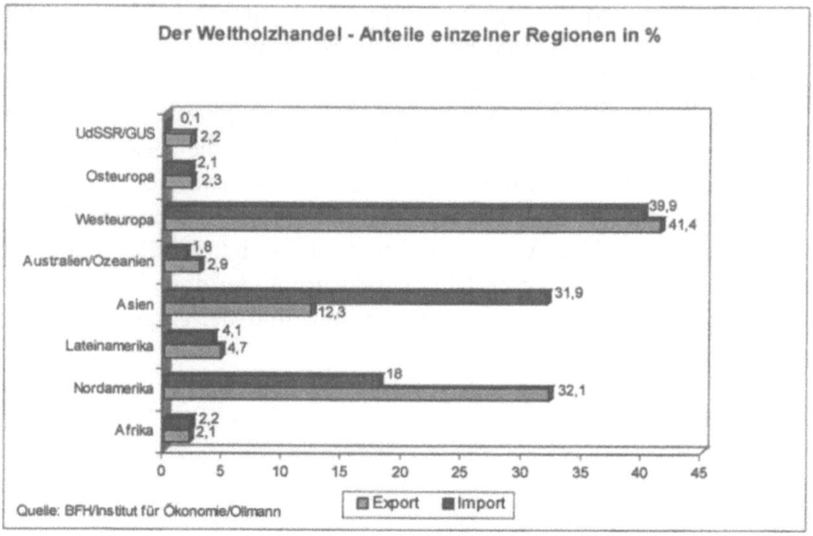

Zu den führenden Rundholzexporteuren der Welt gehören Rußland (20 Mio. m^3), die USA (12 Mio. m^3), Malaysia (5,7 Mio. m^3) sowie Deutschland (4,9 Mio. m^3) und Neuseeland mit 4,3 Mio. m^3. Damit stellt Malaysia gleichzeitig das größte Exportland von tropischen Rundhölzern dar[90].

[90] *FAO*, Yearbook of Forest Products 1998, 27 f., <http://apps.fao.org> mit leicht variierenden Angaben, die sich nur auf industriell genutztes Rundholz beziehen, da der Anteil von Brennholz und Holzkohle an der Holzexportmenge mit 5 % nur sehr gering ist.

Abbildung 20

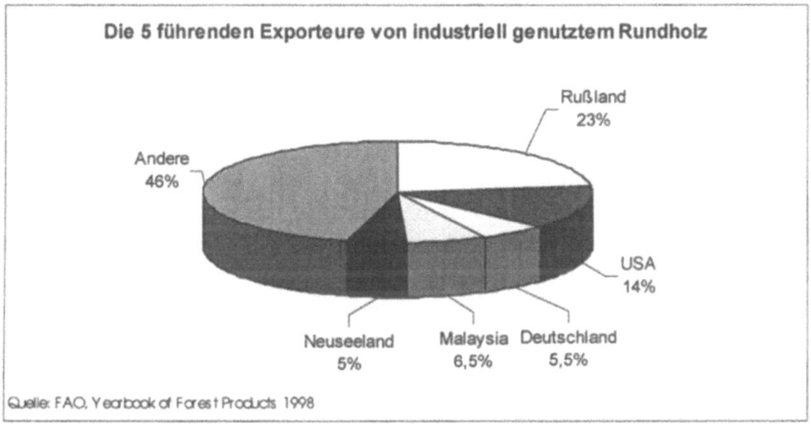

Asien als eine der führenden Holzexportregionen der Welt hat allerdings im Laufe der 90er Jahre hinsichtlich der Exportmenge von Rundhölzern stark an Bedeutung verloren. Gelangte 1990 aus dieser Region noch ein Fünftel der industriell genutzten Rundholzexportmenge auf den Weltmarkt (20 Mio. m^3), hat sich diese Menge bis zum Jahr 1998 mehr als halbiert (8 Mio. m^3). Relativ gleich geblieben ist dagegen die Menge der südamerikanischen Holzexporte von 1990 bis 1998 (ca. 3 Mio. m^3) [91]. Der drastische Rückgang der Rundholzexporte aus Asien ist v.a. auf ein Mitte der 80er Jahre verhängtes indonesisches Exportverbot für unverarbeitetes Tropenholz zurückzuführen. 1998 wurden aus Indonesien gerade noch 7.400 m^3 Rundholz exportiert (gegenüber 16 Mio. m^3 1980)[92]. Das Exportverbot bewirkte im Gegenzug aber eine deutliche Steigerung der exportierten Sperrholzmenge auf nunmehr 5,4 Mio. m^3. Damit liefert Indonesien heute ein Drittel des weltweit exportierten Sperrholzes[93]. Ähnlich sieht die Entwicklung auch in Malaysia aus. Dort fiel die Rundholzexportmenge von 15 Mio. m^3 (1980) auf 6

---

[91] Gegenüber dem Höchststand 1995 mit 5 Mio. m^3 ist nunmehr ein Rückgang der lateinamerikanischen Rundholzexporte zu verzeichnen (vgl. *FAO*, Yearbook of Forest Products 1995, 32, 82 sowie *FAO*, Yearbook of Forest Products 1998, 27).

[92] *FAO*, Yearbook of Forest Products 1998, 7; 1990 lag die Menge noch bei 45.000, 1985 bei 200.000 und 1982 bei 3,5 Mio m^3,vgl. <http://apps.fao.org>.

[93] *FAO*, Yearbook of Forest Products 1998, 116. 1997 wurden noch 8,5 Mio. m^3 Sperrholz von Indonesien exportiert.

Mio. m^3 (1998)[94]. Ein weiter leicht sinkender Trend wird für die Zeit bis 2010 vorausgesagt[95].

Hinsichtlich der Importe von industriell genutztem Rundholz entfällt mengenmäßig der größte Anteil mit 52 % auf die asiatischen Staaten, 40 % werden von Europa importiert. Der weltweit mit Abstand bedeutendste Holzimporteur ist Japan mit 15 Mio. m^3 (17 %), dahinter folgen Finnland und Schweden mit jeweils 9 Mio. m^3, China (7 Mio. m^3) und Kanada (6 Mio. m^3)[96]. In Asien übertrifft der Importanteil den Exportanteil deutlich um fast 20 Prozentpunkte[97].

Abbildung 21

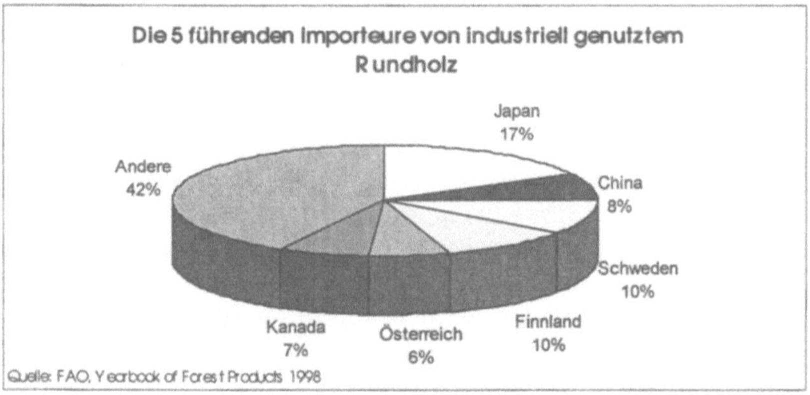

Vergleicht man die entsprechenden Ex- und Importmengen von industriell genutztem Rundholz in Industriestaaten und Entwicklungsländern miteinander, dominieren die Industrieländer die weltweiten Holzexporte mit einem Anteil von 78 % und die Holzimporte mit 81 %[98].

---

94 *FAO*, Yearbook of Forest Products 1998, 7; <http://apps.fao.org> (mit Angaben für 1980).

95 *FAO*, Global Forest Products, 263.

96 *FAO*, Yearbook of Forest Products 1998, S. A-5.

97 *Ollmann*, Weltmarkt Holz, 8.

98 *FAO*, Forestry statistics today for tomorrow, 51; *FAO*, Yearbook of Forest Products 1998, 25 ff.

Abbildung 22

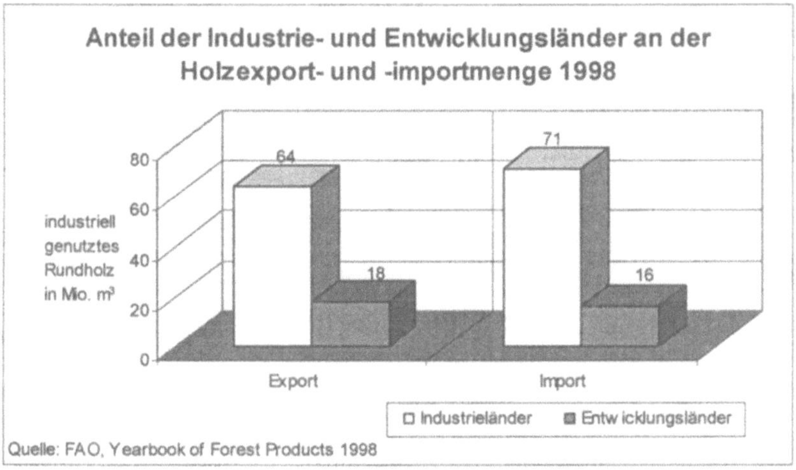

Hinsichtlich der Exporterlöse aus dem Handel mit Holzprodukten entfielen von den 1998 erwirtschafteten 133 Mrd. US-$ 85 % auf die Industriestaaten[99]. Der Trend einer relativ schwachen Beteiligung der Entwicklungsländer an den Exporterlösen hat sich damit seit den 80er Jahren unverändert fortgesetzt.

[99] *FAO*, Yearbook of Forest Products 1998, 226 ff. Die Angaben der FAO zu „forest products“ beziehen sich aber nur auf einen Teil des Gesamtproduktbereichs Holz und Papier. Unter Berücksichtigung der Außenhandelsdaten für Halbfertigwaren und Fertigwaren erreichen die Exporterlöse im Weltholzhandel eine Summe von knapp 250 Mrd. US-$ (vgl. *Ollmann*, Weltmarkt Holz, 10).

Abbildung 23

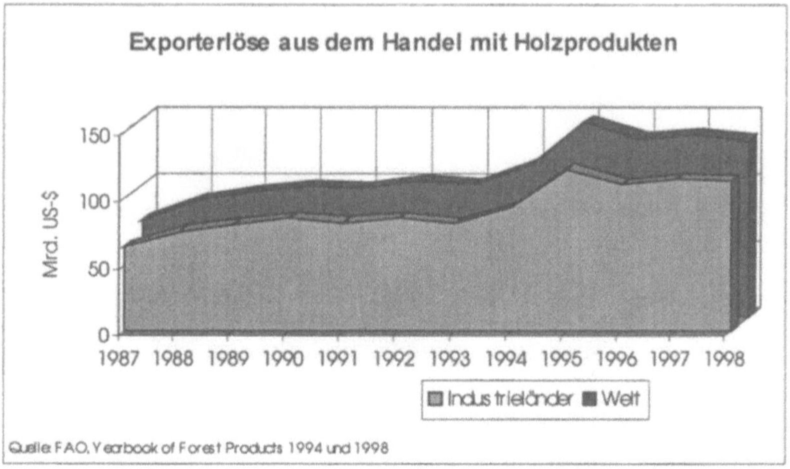

Gekennzeichnet ist der Weltholzhandel vielmehr von einem zunehmenden intraindustriellen Handel, d.h. die Exporte und Importe einer Warengruppe nehmen - länderweise betrachtet - gleichzeitig zu. Deutschland steht derzeit als Importland von Holz und Holzprodukten weltweit an zweiter Stelle (wertmäßig betrachtet) hinter den USA und ist zugleich auch Exportland Nummer 5 hinter Kanada, den USA, Finnland und Schweden[100].

[100] *FAO*, Yearbook of Forest Products 1998, 243.

Abbildung 24

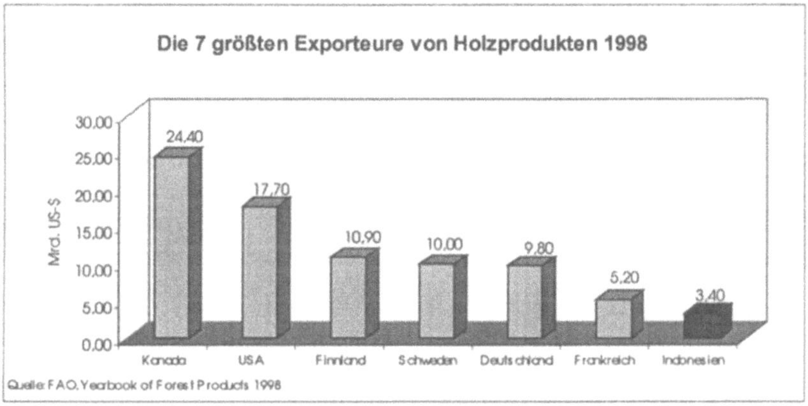

Abbildung 25

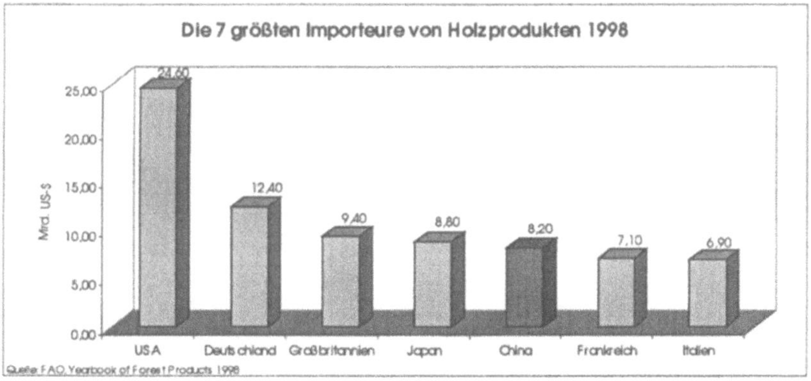

Die nächsten Jahre werden voraussichtlich durch eine Verschiebung gerade von Tropenholzangebot und -nachfrage geprägt sein, da einerseits die Holzvorräte in einigen Tropenholzexportnationen erschöpft sein werden, andererseits eine steigende Nachfrage in den Entwicklungsländern aufgrund des hohen Bevölkerungswachstums bestehen wird. Zukünftig dürfte vor allem der asiatische Raum, insbesondere China, seine Rolle als Nettoimporteur auf den Weltholzmärkten noch verstärken[101]. Angesichts einer allmählichen Abnahme der Holzexporte auf dem asia-

---

[101] *FAO*, SOFO 1999, 48.

tisch-pazifischen Markt wird für Lateinamerika und die Staaten der russischen Föderation ein deutlicher Ausbau der Exportposition auf dem Markt für industriell genutztes Rundholz vorhergesagt[102]. Die aus Südamerika exportierte Menge[103] soll sich bis zum Jahr 2010 mehr als verdoppeln[104]; dagegen wird sich die zukünftige Exportmenge von Industrierundholz v.a. aus den USA um etwa ein Drittel verringern[105].

Europa wird auch künftig neben den Staaten Nordamerikas seine Rolle als größter Exporteur von Papier und Papierprodukten behalten. Schon heute entfallen auf die Staaten der EU fast 50 % der weltweiten Papierexporte[106].

Abbildung 26

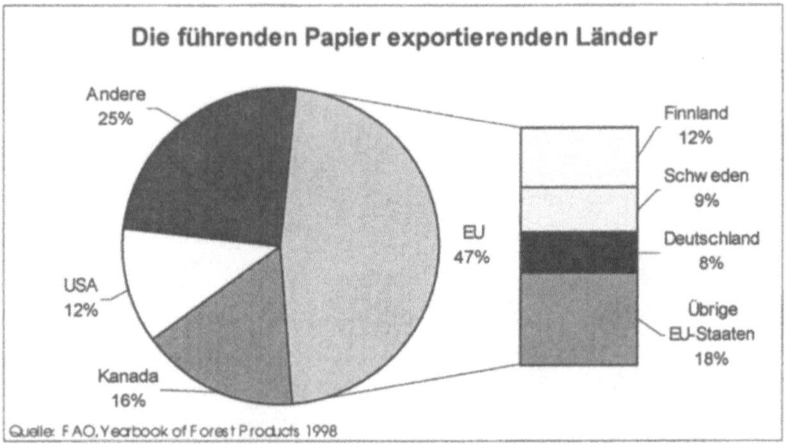

[102] *FAO*, Global Forest Products, 270, 272; so bereits *Thoroe/Ollmann*, Holz in der Weltwirtschaft, 23, 30.

[103] Vgl. *FAO*, Yearbook of Forest Products 1998, 33.

[104] *FAO*, Global Forest Products, 270: Allein für Brasilien wird ein Anstieg der Exportmenge um das 7-fache für den Zeitraum 1994 bis 2010 erwartet.

[105] *FAO*, Global Forest Products, 270; von der Tendenz her so auch schon die Prognosen im *Enquête-Bericht (1990)*, 289 f.

[106] *FAO*, Yearbook of Forest Products 1998, 192 f.

dd) Nichtholzprodukte

Neben dem Rohstoff Holz werden auch vielfältige Nichtholzprodukte der Wälder wirtschaftlich genutzt. Die Bedeutung von Nichtholzprodukten geht damit über die Versorgung der heimischen Bevölkerung mit Nahrungsmitteln, Arzneipflanzen und Baumaterialien hinaus. Sonstige Waldprodukte stellen für zahlreiche Entwicklungsländer eine wichtige Basis ihrer Exporteinnahmen dar. Zu den Rohstoffangeboten der Wälder zählen beispielsweise Kautschuk, Rattan, Bambus, Harze, Öle, Nüsse, Beeren, Gewürze, Farb- und Medizinalpflanzen. So werden z.B. Fasern der Kokosnuß als nachwachsende Rohstoffe für die Herstellung von Kopfstützen in der Automobilindustrie Brasiliens verwendet[107]. In Anbetracht der Vielzahl der Nichtholzprodukte ist ihr volkswirtschaftlicher Wert in offiziellen Statistiken nur selten erfaßt, da sie zumeist entweder direkt verbraucht oder über lokale Märkte gehandelt werden. Etwa 150 Nichtholzprodukte sind derzeit für den internationalen Markt von Interesse, ihr Wert liegt bei jährlich rund 11 Mrd. US-$[108]. Allein 60 % der Nichtholzprodukte werden von EU-Staaten, den USA und Japan importiert. China ist der bedeutendste Exporteur von Nichtholzprodukten; auch Indien, Indonesien, Malaysia, Thailand und Brasilien versorgen damit in großem Maße den Weltmarkt[109].

Angesichts neuer technologischer Möglichkeiten hat sich auch die Nachfrage nach den genetischen Ressourcen der Wälder erhöht. Die abnehmende biologische Vielfalt und die Anerkennung ihres Wertes haben in letzter Zeit zu einem ständig steigenden kommerziellen Interesse an medizinisch nutzbaren Pflanzen der Tropenwälder geführt. Allerdings sind Regelungen über den Zugang zu diesen Ressourcen, die Beteiligung der lokalen Bevölkerung und der Schutz ihres Wissens durch geistige Eigentumsrechte im Rahmen der seit einigen Jahren dis-

---

[107] Weitere Beispiele aus Kamerun und Ecuador bei *Schröder*, Waldprodukte und ihr Potential zur Erhaltung tropischer Feuchtwälder, Geographische Rundschau 1997, 39; siehe auch *Herkendell/Pretzsch*, Die Wälder der Erde, 21.

[108] Während einige Produkte nur in relativ geringen Mengen gehandelt werden, wurde 1995 weltweit Kork im Wert von fast 330 Mio. US-$ gehandelt, Gingseng-Wurzeln für 400 Mio. US-$ und Nüsse für 600 Mio. US-$ (vgl. *FAO*, SOFO 1997, 59).

[109] *FAO*, SOFO 1997, 58 f. In Indien machen die Waldnebenprodukte ¾ der Nettoexporteinkünfte aus der Waldnutzung aus, in Thailand beträgt der Wert der jährlichen Rattanproduktion 80 % des legalen Holzexports (vgl. *Abramovitz*, Vom Wert der Natur, in: Worldwatch Institute [Hrsg.], Zur Lage der Welt 1997, 136, 143 mit weiteren Beispielen).

kutierten Bioprospektierung und des Technologietransfers noch sehr umstritten[110].

Pharmakonzerne aus den Industrieländern engagieren sich immer stärker an der Prospektierung genetischer Ressourcen[111]. Inzwischen enthält schon jedes 4. Medikament, das in den Industrieländern neu entdeckt und entwickelt wird, einen pflanzlichen Wirkstoff. Mehr als 10.000 Pflanzenarten werden bereits für medizinische Zwecke genutzt[112]. Die meisten Pflanzen werden auf lokalen oder nationalen Märkten gehandelt; nur wenige Pflanzenarten sind auch für die internationalen Märkte von Bedeutung. Für mehr als 80 % der Bevölkerung in den Entwicklungsländern ist die traditionelle Medizin heute noch die

---

[110] Die umfangreiche Problematik des Zugangs zu genetischen Ressourcen und der möglichen Patentierbarkeit von biologischem Material sowie die Berücksichtigung der Souveränitätsrechte der Staaten über die biologische Vielfalt innerhalb ihrer Grenzen kann im Rahmen dieser Arbeit nicht ausführlich behandelt werden. Daher sei an dieser Stelle insbesondere auf folgende Ausführungen verwiesen: *Henne,* Genetische Vielfalt als Ressource. Die Regelung ihrer Nutzung, Baden-Baden 1998; *OECD*, Investing in Biological Diversity, Paris 1997; *Posey/Dutfield*, Beyond Intellecual Property - Toward Traditional Resource Rights for Indigenous Peoples and Local Communities, Ottawa 1996; *Walden,* Intellectual Property Rights and Biodiversity, in: Bowman/Redgwell (Hrsg.), International Law and the Conservation of Biological Diversity, 1996, 171 ff.; *Wolfrum/Stoll*, Der Zugang zu genetischen Ressourcen nach dem Übereinkommen über die biologische Vielfalt und dem deutschen Recht, Berlin 1996.

[111] Der Zugang zu genetischen Ressourcen wird zunehmend durch bilaterale Verträge über Bioprospektierung geregelt, die finanzielle und technische Leistungen als Ausgleich für die Entwicklungsländer vorsehen. So hat das amerikanische Pharmaunternehmen Merck, Sharp & Dome bereits 1991 mit dem privaten Instituto Nacional de Biodiversidad (INBio) aus Costa Rica einen Vertrag zur Erkundung und Bereitstellung von Biomaterial geschlossen. Dieses Pilotprojekt bemüht sich, die Nutzung von biologischer Vielfalt mit ihrer Erhaltung zu verbinden, zumal zwischen 1966 und 1989 die Waldfläche in Costa Rica um 28 % reduziert worden ist und dadurch bedingt jährlich 0,5 % der rund 500.000 Tier- und Pflanzenarten ausgestorben sind (vgl. näher zum INBio-Projekt: *WBGU*, Jahresgutachten 1995, 178 ff.; *UNEP*, Valuing the Global Environment, 80 f.). Vgl. zu andereren Projekten der Biosprospektierung *WBGU*, Erhaltung und nachhaltige Nutzung der Biosphäre, 79 f.

[112] *FAO*, SOFO 1999, 35; siehe auch *WBGU*, Erhaltung und nachhaltige Nutzung der Biosphäre, 71 ff.

primäre Form der Gesundheitsversorgung[113]. Der Marktwert der bislang für pharmazeutische Zwecke gehandelten Pflanzen aus ungefähr 100 Ländern belief sich 1995 auf etwa 880 Mio. US-$[114]. Asien führt hier, gefolgt von Nordamerika, den Markt an. Für die nächsten Jahre wird mit einer Ausweitung des Handels mit Medikamenten auf pflanzlicher Basis sowohl in Industrie- als auch in Entwicklungsstaaten gerechnet.

b) Soziale Bedeutung

Neben der wirtschaftlichen Bedeutung spielen Wälder auch im kulturellen und religiösen Leben vieler indigener Völker eine wichtige Rolle[115]. Der Bedeutung des indigenen Wissens für den Naturschutz, aber auch für die Nutzung der Ressourcen des Waldes wurde nicht zuletzt durch das Jahr der indigenen Völker 1993 Rechnung getragen[116]. Nicht nur in den Tropenwäldern[117], auch in den borealen Wäldern Sibiriens,

---

[113] *Woodliffe*, Biodiversity and Indigenous Peoples, in: Bowman/Redgwell (Hrsg.), International Law and the Conservation of Biological Diversity, 255, 257.

[114] *FAO*, SOFO 1999, 36.

[115] Für Begriffe wie indigene Völker, Waldvölker, Ethnien, u.a. fehlt eine einheitliche wissenschaftliche und politische Definition. Im Sinne einer streng historischen Definition stehen indigene Völker in einer unmittelbaren verwandtschaftlichen Kontinuität zu derjenigen Bevölkerung, die vor der Kolonialisierung in ihren Regionen oder Ländern wohnten. Einen Überblick über die Anzahl indigener Völker in verschiedenen Ländern geben: *Burger*, Die Wächter der Erde, 180 ff.; *Regenwälder-Kampagne*, Indigene Völker und Wald, 55 ff.; zur Definitionsproblematik „indigen" vgl. *Dömpke/Gündling/Unger*, Schutz und Nutzung biologischer Vielfalt und die Rechte indigener Völker, 9 ff.; *Hummer*, Schutz der indigenen Bevölkerung, in: Borsdorf (Hrsg.), Lateinamerika, 101, 102 ff.; *Stavenhagen*, Indigene Rechte, in: Cech/Mader/Reinberg (Hrsg.), TIERRA, 17, 22 ff.

[116] *Hilpold*, Indigene Völker und Regenwald, Journal für Entwicklungspolitik 1996, 31.

[117] Besonders hoch ist der Anteil der indigenen Völker an der Gesamtbevölkerung noch in folgenden Ländern: Bolivien (66 %), Peru (40 %), Ecuador (21 %), vgl. *Burger*, Die Wächter der Erde, 180 f. Vgl. allg. zur Bedeutung der Tropenwälder für die wirtschaftliche Existenz der indigenen Bevölkerung: *Byron/Arnold*, What Futures for the People of the Tropical Forests?, World Development 1999, 789 ff.

Alaskas und Kanadas leben indigene Volksstämme, die auf die Erhaltung des Naturraums Wald angewiesen sind[118]. Es herrscht große Unsicherheit über die Anzahl der sog. „forest-dependent people". Schätzungen zufolge werden allein die indigenen Völker tropischer Wälder auf ungefähr 50 Millionen Menschen beziffert, verteilt auf über 1000 verschiedene Ethnien[119]. Weitere 100 Mio. Menschen haben nach der Einwanderung in diese Gebiete ihre Lebensweisen denen der Ureinwohner bzw. der Waldökosysteme angepaßt. Zu den unmittelbaren Bewohnern der Tropenwälder sind weitere 150 Mio. Menschen hinzuzurechnen, die an den Waldrändern wohnen und deren Wirtschaftssysteme direkt von den Naturressourcen der Wälder abhängig sind[120].

Dieser natürliche Lebensraum vor allem der tropischen Wälder ist in den letzten Jahren ein beliebtes Ziel des Ökotourismus geworden. Kritiker warnen bereits vor negativen Auswirkungen auf die Natur und die Sozialstruktur der Wälder. Befürworter sehen dagegen wirtschaftliche Chancen für die lokale Bevölkerung und langfristig ein Instrument zur Erhaltung von Naturparks und Schutzgebieten[121]. In Asien und in der Pazifikregion sind schon 7 % des internationalen Tourismus dem Ökotourismus zuzuschreiben; dieser Anteil soll künftig um jährlich 10 % bis 25 % ansteigen[122]. Um traditionelle Kulturen und verbliebene

---

118 Allein in der russischen Taiga leben noch 26 indigene Volksstämme; auch in Kanada, Alaska und Lappland sind noch zahlreiche Stämme auf die Wälder unmittelbar angewiesen; die Konflikte um die Landnutzungsrechte verschärfen sich vor dem Hintergrund eines gestiegenen Selbstbewußtseins der Ureinwohner sowohl in Kanada als auch in der ehemaligen Sowjetunion (vgl. *Has/Zaochnaia*, Present Situation of Indigenous Peoples in Siberia, in: Bothe/Kurzidem/Schmidt [Hrsg.], Amazonia and Siberia, 269, 274 f.; siehe auch *Ludwig*, Bedrohte Völker, 154 ff.; *Poker*, Bestandsaufnahme und Gefährdung der borealen Wälder, 48 ff.).

119 *Woodliffe*, Biodiversity and Indigenous Peoples, in: Bowman/Redgwell (Hrsg.), International Law and the Conservation of Biological Diversity, 255, 257.

120 *BMZ*, Förderung von Waldvölkern, Ziff. 3.

121 Ausländische Touristen gaben Mitte der 90er Jahre in Entwicklungsländern jährlich rund 60 Mrd. US-$ aus. 12 Mrd. US-$ entfielen davon auf den Ökotourismus in den Tropenländern. Insofern ist der zunehmende Tourismus gerade auch für die Tropenwaldländer von nicht unerheblicher wirtschaftlicher Bedeutung (*Adelmann*, Verfehlte Reiseziele, Akzente 4/96, 28, 31). Vgl. zum Ökotourismus im Amazonasgebiet: *Fuchs*, Lösungsansätze für den Konflikt zwischen Ökonomie und Ökologie, 114 ff.

122 *FAO*, Towards 2015/30, 168.

Naturgebiete vor wachsenden touristischen Aktivitäten zu schützen, wurde im März 1997 anläßlich der internationalen Konferenz über biologische Vielfalt und nachhaltigen Tourismus eine politische Absichtserklärung, die sog. „Berliner Erklärung“ vereinbart, in welcher der Erhaltungsnotwendigkeit von Waldgebieten besondere Aufmerksamkeit geschenkt worden ist[123].

c) Ökologische Funktionen

Den Wäldern kommt neben der aufgezeigten wirtschaftlichen und sozialen Bedeutung auch ein besonderer Stellenwert hinsichtlich der Erhaltung des ökologischen Gleichgewichts der Erde zu. Wälder bieten einerseits Schutz vor Bodenerosionen[124], Überschwemmungen und Lawinen[125], beeinflussen aber auch in vielfältiger Weise das Klima[126].

---

[123] Die auch von Deutschland unterzeichnete Erklärung vom 8.3.1997 ist abgedruckt in *BMU*, Umwelt 5/1997, 191. Weitere internationale Initiativen im Tourismusbereich stellen die 1995 vom Umweltprogramm der Vereinten Nationen (UNEP) veröffentlichten Leitlinien für den Tourismus sowie die 1997 von der Welt-Tourismus-Organisation beschlossene Deklaration über nachhaltige Tourismusentwicklung dar (Nachweise bei: *Diefenbacher*, Ökotourismus, Blätter für deutsche und internationale Politik 8/1997, 1004 ff.; *WBGU*, Erhaltung und nachhaltige Nutzung der Biosphäre, 203 ff.).

[124] Der weltweite erosionsbedingte Verlust von Acker- und Weideland sowie die Degradation von Böden werden zu 35 % auf Überweidung, 30 % auf Rodung, 28 % auf den Ackerbau, 7 % auf Übernutzung und zu 1 % auf industrielles Einwirken zurückgeführt. Waldrodungen sind folglich eine der Hauptursachen von Erosionsschäden (Angaben nach *WBGU*, Jahresgutachten 1994, 104). Die Erosion bei der Brandrodungswirtschaft ist zehnmal so stark wie bei naturbelassenen Wäldern (vgl. *Gardner-Outlaw/Engelman*, Mensch, Wald!, 20).

[125] Wälder fördern durch die Durchwurzelung des Bodens die Humusbildung und vergrößern damit die Wasserspeicherkapazität. Sie dienen zum einen der Grundwasserregulierung und Wasserversorgung von Flüssen und Bächen, andererseits wird der Boden vor Erosionen geschützt. Durch die Blätter wird zudem die Fallgeschwindigkeit der Regentropfen gebremst und deren Erosionswirkung verringert; dies ist insbesondere bei den starken Regenfällen in den Tropen von Bedeutung. In den temperierten und borealen Zonen vermindern Wälder die Frosttiefe der Böden; somit kann Schmelzwasser leichter in den Boden eindringen und die Gefahr von Hochwassern verringert sich. In Gebirgen schützen Wälder zudem vor Erdrutschen und Lawinen (vgl. ausführlich: *Enquête-Bericht* [1990], 84 f.).

Als wichtigste Auswirkungen der Zerstörung oder Degradation ganzer Waldökosysteme sind die auch als „Sarawak-Syndrom“[127] bekannten Beeinträchtigungen zu nennen, zu denen die Reduzierung der biologischen Vielfalt, großflächige Verluste der nährstoffreichen Bodenschichten sowie Veränderungen im Wasserkreislauf zählen[128].

aa) Regionale und globale Klimaregulierung

Wälder spielen sowohl auf regionaler als auch auf globaler Ebene eine wichtige Rolle als Klimaregulatoren. Darüber hinaus dienen sowohl Bäume als auch Waldböden vor allem in den Industrienationen als wichtige Schadstoffilter. Global betrachtet kommt den Waldökosystemen eine besondere Bedeutung im Hinblick auf den Kohlenstoffhaushalt der Erde zu, da Wälder 46 % des gesamten terrestrischen Kohlenstoffs enthalten[129]; 39 % des Kohlenstoffs sind allein im Waldboden gespeichert. Etwa die Hälfte der Waldkohlenstoffmenge befindet sich in den borealen Wäldern Rußlands, Kanadas und Alaskas, in den tropischen Wäldern sind 37 % des Waldkohlenstoffs festgelegt. Tropische und boreale Wälder unterscheiden sich hinsichtlich der Kohlenstoffspeicherung dahingehend, daß in den borealen Wäldern etwa 85 % des Kohlenstoffs im Boden lagert, in den Tropen sind nur 50 % im Boden zu finden[130].

---

[126] Die Klimafunktion der Wälder ist erst seit der ersten umfassenden Tropenwaldinventur der FAO Anfang der 80er Jahre auf das Interesse von Wissenschaft und Öffentlichkeit gestoßen (vgl. *Hönerbach*, Verhandlung einer Waldkonvention, 9; *Enquête-Bericht [1994]*, 359).

[127] *WBGU*, Jahresgutachten 1994, 164: In Sarawak, einer Provinz Malaysias auf der Insel Kalimantan (Borneo), sind bereits weite Teile des einstmals reichlich vorhandenen Primärwaldes vernichtet worden.

[128] Siehe dazu ausführlich: *Enquête-Bericht (1990)*, 461 ff.

[129] Die Gesamtmenge der globalen terrestrischen Kohlenstoffvorräte wird auf ungefähr 2.200 Gt C geschätzt (vgl. *WBGU*, Sondergutachten 1998, 16). Vgl. hierzu auch *Totten*, Getting it Right: Emerging Markets for Storing Carbon in Forests, 16 ff.

[130] *WBGU*, Sondergutachten 1998, 15; *IPCC*, Land Use, Land-Use Change, and Forestry, Tabelle 1; teilweise erheblich differierende Werte bei *Brown*, Forests and Climate Change, in: Proceedings of the XI. World Forestry Congress, Vol. 1, Area A, Topic 4, 117, 119 ff.

Abbildung 27

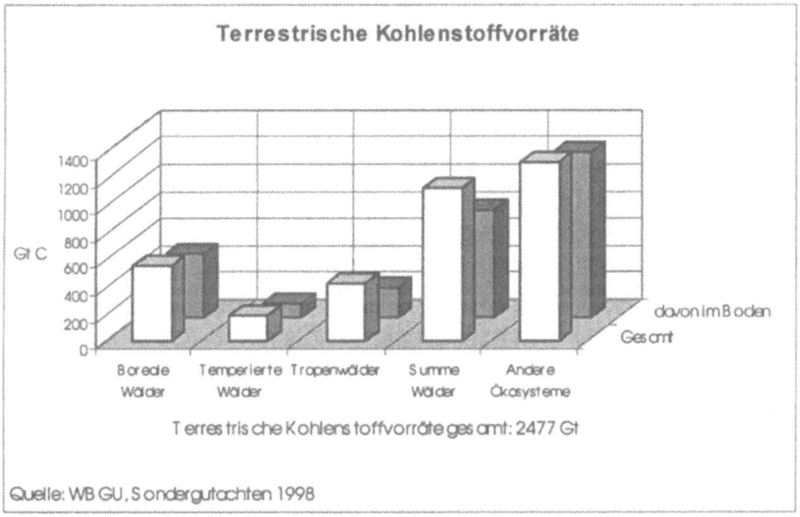

Durch den Prozeß der Photosynthese wird in der Biomasse normalerweise soviel Kohlendioxid (CO_2) aus der Luft absorbiert und als organisch gebundener Kohlenstoff gespeichert, wie durch Zersetzung abgestorbener Biomasse wieder freigesetzt wird[131]. Soweit die Aufnahme von Kohlenstoff durch die Bäume größer ist als die Veratmung und Entnahme von Kohlenstoff, stellen Wälder mithin eine sog. Senke für Kohlendioxid dar[132], da die Kohlenstoffvorräte in der Vegetation oder im Boden zunehmen. Werden Wälder aber vernichtet oder beschädigt,

---

[131] Die jährliche Bindungsmenge von Waldkohlenstoff pro Hektar wird für die boreale Zone mit 1 t, für die gemäßigten Breiten mit 2-7 t und für die Tropen mit 7-10 t angegeben. Gebietsweise werden noch erheblich höhere Speicherkapazitäten erreicht (vgl. *Burger*, Aufforstung und andere forstliche CO_2-Strategien, Entwicklung u. ländlicher Raum 1/1994, 11, 12; vgl. ausführlich zu den Kohlenstoffvorräten der Wälder in den unterschiedlichen Vegetationszonen: *WBGU*, Sondergutachten 1998, Anhang 1, Tabellen 1-10).

[132] Unter Senken werden entsprechend der Definition der UN-Klimarahmenkonvention (Art. 1 Ziff. 8) Vorgänge, Tätigkeiten oder Mechanismen verstanden, durch die Treibhausgase aus der Atmosphäre entfernt werden. Dementsprechend sind Quellen nach Art. 1 Ziff. 9 der Konvention Vorgänge oder Tätigkeiten, durch die ein Treibhausgas in die Atmosphäre freigesetzt wird. Vgl. zur Klimarahmenkonvention auch die Ausführungen im 2. Teil, S. 205 ff.

wird der gespeicherte Kohlenstoff zum größten Teil in Form von Kohlendioxid in die Atmosphäre freigesetzt. Die Freisetzung von Kohlendioxid aus dem Bestandsrückgang der tropischen Wälder wurde vom Zwischenstaatlichen Ausschuß über Klimaänderungen (IPCC)[133] für die achtziger Jahre auf etwa 1,6 ± 1,0 Gt C[134] pro Jahr geschätzt[135]. Dagegen nahm die terrestrische Vegetation im gleichen Zeitraum etwa 1,8 ± 1,6 Gt C pro Jahr auf, was vermutlich auf Wiederaufforstungen in den mittleren Breiten sowie Düngungs- und Klimaeffekte zurückzuführen ist. Die jährliche globale Kohlenstoffbilanz von 1980-1989 ergibt, daß die terrestrische Vegetation eine Netto-Kohlenstoffsenke im Umfang von 0,2 Gt C pro Jahr darstellt[136]. Die bestehenden Daten weisen darauf hin, daß die temperierten Wälder derzeit vermutlich die wohl größte terrestrische Senke - bezogen auf die Fläche - darstellen. Vollständige Daten über die tropischen Wälder liegen bislang nicht vor. In Zukunft werden aber erste Ergebnisse von internationalen Forschungsprojekten erwartet[137].

---

133 Das *Intergovernmental Panel on Climate Change* (IPCC) wurde 1988 unter der Schirmherrschaft von WMO und UNEP einberufen, um die verfügbaren wissenschaftlichen Informationen über Klimaänderungen auszuwerten, die sozio-ökonomischen Auswirkungen auf die Umwelt durch Klimaänderungen abzuschätzen und Reaktionsstrategien auszuarbeiten. Der von mehreren hundert Wissenschaftlern und Experten erarbeitete 1. Sachstandsbericht wurde vom IPCC 1990 veröffentlicht und bestätigte die wissenschaftlichen Grundlagen des Klimawandels (Climate Change: The IPCC Scientific Assessment, 1990). Erwähnung fanden auch die klimatischen Auswirkungen der zunehmenden Waldverluste in den Tropen und die damit einhergehende erhöhte Freisetzung von Treibhausgasen. Der Bericht diente als wesentliche Grundlage für die Verhandlungen der Klimarahmenkonvention der Vereinten Nationen. Der 2. Sachstandsbericht wurde im Dezember 1995 abgeschlossen (Climate Change 1995: The Science of Climate Change, 1996). Der 3. IPCC-Bericht wird im Herbst 2001 erscheinen (*IPCC*, Third Assessment Report); die Berichte der drei Arbeitsgruppen sind bereits veröffentlicht, vgl. <http://www.ipcc.ch>.

134 1 Gt C = 1 Milliarde Tonnen Kohlenstoff.

135 *IPCC*, Radiative Forcing of Climate Change, 11.

136 *WBGU*, Sondergutachten 1998, 21; vgl. ausführlicher zur Speicherung von Kohlenstoff in der Biosphäre: *Enquête-Bericht (1992)*, 116 ff.; *Enquête-Bericht (1994)*, 550 ff. mit teilweise abweichenden Zahlenangaben zum WBGU.

137 *WBGU*, Sondergutachten 1998, 20.

(1) Klima und Treibhauseffekt

Der Anstieg der CO_2-Emissionen in der Atmosphäre wird zu 20 % durch Landnutzungsänderungen verursacht, die in erster Linie auf die Vernichtung tropischer Wälder zurückzuführen sind[138]. Folge der zunehmenden CO_2-Konzentration in der Atmosphäre ist eine Verstärkung des natürlichen Treibhauseffekts, der hauptsächlich von den Spurengasen Kohlendioxid, Methan (CH_4), Ozon (O_3), Distickstoffoxid (N_2O) sowie von den industriell produzierten Fluorchlorkohlenwasserstoffen (FCKW) hervorgerufen wird[139]. Dieser anthropogene Treibhauseffekt, der für das Klima der Erde von elementarer Bedeutung ist, wird noch durch einen Anstieg des troposphärischen Ozons verstärkt[140]. Die bei weitem stärkste Wirkung unter den Treibhausgasen entfaltet CO_2, dessen Anteil am Treibhauseffekt bei 65 % liegt[141]. Die globalen Pro-Kopf-Emissionen von Kohlendioxid im jährlichen Durchschnitt infolge Verbrennung fossiler Brennstoffe betragen gegenwärtig rund 1,1 t, zusätzlich werden rund 0,2 t pro Kopf aufgrund von Entwaldung und Landnutzungsänderungen emittiert[142]. Global

---

138 *FAO*, SOFO 1999, 31.

139 *Enquête-Bericht (1992)*, 31 ff.: Das globale Klima der Erde wird entscheidend durch die genannten Spurengase bestimmt, die in der Atmosphäre in sehr geringer Konzentration vorkommen. Die Gase lassen die kurzwellige Sonnenstrahlung nahezu ungehindert durch die Atmosphäre zur Erdoberfläche vordringen, absorbieren aber die von der Erdoberfläche reflektierte Wärmestrahlung. Ein Teil dieser Strahlung wird zur Erdoberfläche zurückgestrahlt, wodurch die bodennahe Luftschicht erwärmt wird. Auf diese Weise entsteht die natürliche mittlere globale Temperatur an der Erdoberfläche von +15 °C; ohne die Spurengase läge der Wert bei -18 °C.

140 Vgl. zur Ozonentwicklung auf der Nord- und Südhemisphäre: *Enquête-Bericht (1992)*, 43 ff.; *Enquête-Bericht (1994)*, 32 ff.

141 *FAO*, SOFO 1997, 41.

142 *IPCC*, Zusammenfassung des 2. IPCC-Berichts, 12. An der Spitze der CO_2-Emittenten standen 1997 die USA mit einem jährlichen Ausstoß von 5,4 Mrd. t Kohlendioxid (24 %) bzw. 20,2 t pro Kopf, in Deutschland wurden 880 Mio. t CO_2 (4 %) bzw. 11 t pro Kopf emittiert. Damit steht Deutschland hinter China (3,1 Mrd. t), Rußland (1,5 Mrd. t) und Japan (1,2 Mrd. t) weltweit an fünfter Stelle der größten Verursacher energiebedingter CO_2-Emissionen, hinsichtlich des Pro-Kopf-Ausstoßes sogar an vierter Stelle hinter den USA, Kanada und Rußland: vgl. UN-Doc. FCCC/CP/1998/INF.9 v. 31.10.1998: Summary compilation of annual greenhouse gas emissions inventory data from Annex I Parties (der UN-Klimarahmenkonvention), 13; siehe auch Pressemitteilung anläßlich der 6. UN-Klimaschutzkonferenz in Den Haag 2000, <http://

betrachtet ist die energetische Nutzung der fossilen Energieträger Kohle, Erdöl und Erdgas einschließlich des Verkehrssektors für etwa 50 % des anthropogen bedingten Treibhauseffekts verantwortlich. Weiterhin tragen die Chemieproduktion und -anwendung, die Vernichtung der Tropenwälder sowie die Landwirtschaft und andere Bereiche mit abnehmender Bedeutung zum Treibhauseffekt bei[143].

Abbildung 28

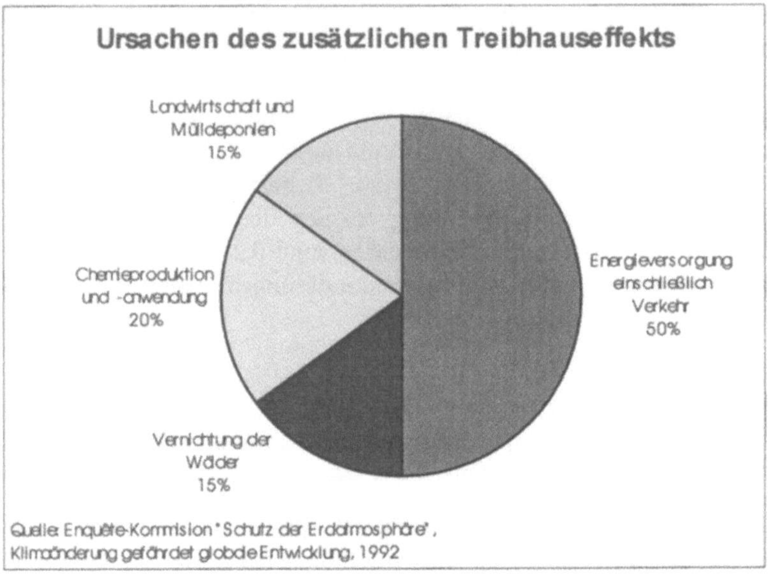

Quelle: Enquête-Kommision "Schutz der Erdatmosphäre", Klimaänderung gefährdet globale Entwicklung, 1992

Die Konzentration von Treibhausgasen in der Atmosphäre ist seit dem Beginn der industriellen Entwicklung stetig angestiegen. Seit 1750 hat die Konzentration von CO_2 um rund 30 % zugenommen, die Werte für Methan haben sich um 150 % und für Distickstoffoxid um 17 % erhöht[144]. Bemerkenswert ist der beschleunigte Anstieg für alle Gase von

---

cop6.unfccc.int/pdf/presskc6e.pdf> sowie *WRI*, World Resources 1998-99, 175 f.

[143] Vgl. *Enquête-Bericht (1992)*, 158.

[144] *IPCC*, Summary for Policymakers, Report of Working Group I („The Scientific Basis"), 7;, im Internet abrufbar unter <http://www.ipcc.ch>; siehe auch Zusammenfassung des 2. IPCC-Berichts, 25.

ca. 1950 an. In den frühen 1990er-Jahren waren allerdings die Zuwachsraten der Konzentration von CO_2, Methan und N_2O niedrig. Die Treibhausgasemissionen werden ohne bedeutende technologische Fortschritte und ohne Abschwächungspolitiken im Laufe des kommenden Jahrhunderts weiter steigen, zumal viele Treibhausgase über eine Verweildauer in der Atmosphäre von einigen Jahrzehnten bzw. sogar Jahrhunderten verfügen[145]. Nach einem „Business as Usual"-Szenariao der OECD werden sich ohne Reduktionsverpflichtungen allein die CO_2-Emissionen in den Jahren bis 2010 weltweit um jährlich 2,7 %, von 2010-2030 um 2,6 % und von 2030 bis 2050 um 2,3 % erhöhen[146]. Daher setzt schon eine Stabilisierung der Treibhausgasemissionen in der Atmosphäre auf dem heutigen Niveau eine erhebliche Reduktion der anthropogenen Emissionen voraus[147]. Durch die 1994 in Kraft getretene Klimarahmenkonvention der Vereinten Nationen wurde eine völkerrechtlich verbindliche Grundlage für den globalen Schutz des Klimas geschaffen. Erste Fortschritte in den Reduktionsbemühungen brachte das auf der 3. Vertragsstaatenkonferenz 1997 in Kyoto verhandelte Protokoll zum Klimaschutz. Darin verpflichten sich die Industrieländer, in der Zeit von 2008 bis 2012 die Emissionen von sechs Treibhausgasen um durchschnittlich 5,2 % zu senken[148].

Durch die Veränderung der Zusammensetzung und Konzentration der Treibhausgase in der Atmosphäre wird ein globaler Anstieg der Temperaturen bewirkt. Problematisch ist dabei die Tatsache, daß diese Veränderung in einer für erdgeschichtliche Dimensionen hohen Geschwindigkeit abläuft und nicht nur die Temperaturen selbst, sondern auch die Niederschlagsverhältnisse, die Klimazonen sowie die Häufigkeit und Intensität von ansonsten seltenen Klimaerscheinungen beeinflußt. Die mittlere globale Lufttemperatur nahm seit dem Ende des 19. Jahrhun-

---

[145] *Oberthür/Ott*, The Kyoto Protocol, 8.

[146] *OECD*, Action Against Climate Change, 27.

[147] Eine Stabilisierung der Konzentrationen von Methan und Distickstoffoxid setzt eine Reduktion um 8 % bzw. 50 % voraus. Für die CO_2-Konzentration wird nach Modellrechnungen eine Stabilisierung nur erreicht, wenn die globalen Kohlendioxid-Emissionen in etwa 40, 140 oder 240 Jahren unter den Wert von 1990 fallen und in der Zeit danach deutlich unter den Wert von 1990 gesenkt werden (*IPCC*, Zusammenfassung des 2. IPCC-Berichts, 25).

[148] Vgl. ausführlich zu Inhalt und Verpflichtungen des Kyoto-Protokolls die Ausführungen im 2. Teil, S. 239 ff.

derts um 0,6 °C zu[149]; der Meeresspiegel erhöhte sich im 20. Jahrhundert um 10-20 cm, was hauptsächlich dem Anstieg der mittleren globalen Lufttemperatur zuzuschreiben sein dürfte[150]. Bis zum Jahr 2100 wird mit einem Temperaturanstieg zwischen 1,4 und 5,8 °C gegenüber 1990 gerechnet; infolge der thermischen Ausdehnung der Ozeane und des Abschmelzens von Gletschern und Eismassen wird des weiteren ein Anstieg des gegenwärtigen Meeresspiegels von 9 bis 88 cm bis zum Jahr 2100 prognostiziert[151].

(2) Auswirkungen des Treibhauseffekts auf Waldökosysteme

Die zu erwartenden Veränderungen des Klimas und der chemischen Zusammensetzung der Atmosphäre werden sich deutlich in der räumlichen Verteilung und Zusammensetzung der natürlichen Ökosysteme

---

[149] *IPCC*, Summary for Policymakers, Report of Working Group I („The Scientific Basis"), 2 ff., <http://www.ipcc.ch>; bisher ließ sich die globale Erwärmung zwar noch nicht eindeutig auf den Anstieg der Treibhausgaskonzentrationen zurückführen, jedoch liegt die Wahrscheinlichkeit, daß die Erwärmung innerhalb der letzten 30 Jahre durch externe Einflüsse bedingt worden ist, insbesondere durch die Zunahme der Treibhausgasemissionen, bei 95 % (vgl. *Max-Planck-Institut für Meteorologie*, Pressemitteilung vom 7.11.1997). Der Einfluß des Menschen auf das weltweite Klimageschehen wird jetzt auch vom IPCC in seinem dritten Bericht von 2001 als „deutlich" bezeichnet („there is new and stronger evidence that most of the warming observed over the last 50 years is attributable to human activities").

[150] *IPCC*, Summary for Policymakers (Anm. 149), 4.

[151] Vgl. *IPCC*, Summary for Policymakers (Anm. 149), 13: Diese gegenüber vorherigen Prognosen erheblich revidierten Aussagen gab das IPCC bereits im Vorfeld der 6. Vertragsstaatenkonferenz zur Klimarahmenkonferenz in Den Haag im November 2000 bekannt (vgl. *IISD*, Earth Negotiations Bulletin, Vol. 12 No. 163, 27.11.2000, 3). Gegenüber dem IPCC Second Assessment Report aus dem Jahre 1995 haben sich die Vorhersagen hinsichtlich der zukünftigen Erderwärmung (damals ging das IPCC noch von 1 bis 3,5 °C) nahezu verdoppelt; vgl. *IPCC*, Zusammenfassung des 2. IPCC-Berichts, 27; siehe auch *BMU*, 2. Klimaschutzbericht, 31 f. Anders als das IPCC und die überwiegende Mehrzahl der Wissenschaftler gibt es auch vereinzelte Stimmen, die einen Zusammenhang zwischen dem CO_2-Anstieg der letzten Jahrzehnte und der Erwärmung der Erdatmosphäre ablehnen. Dem US-Physiker *Fred Singer* zufolge sei seit 1940 die Temperatur der Erdatmosphäre nicht mehr angestiegen; außerdem stelle CO_2 keine Gefahr für Mensch und Umwelt dar, sondern wirke sich im Gegenteil positiv auf die Forst- und Landwirtschaft aus, vgl. Wirtschaftswoche v. 28.9.2000.

niederschlagen, mit sowohl drastischen ökologischen als auch sozioökonomischen Folgen für die weltweiten Waldgebiete[152]. Schätzungsweise ein Drittel der Wälder der Erde wird aufgrund der globalen Erwärmung bedroht sein, dies gilt in besonders hohem Maße für die borealen Wälder[153]. Wie auch bei anderen Ökosystemen hängt die Auswirkung der Klimaveränderung auf Waldökosysteme vom Ausmaß und der Geschwindigkeit der Veränderung sowie vom Anpassungspotential der Wälder ab. Waldökosysteme verfügen in Abhängigkeit von ihren Wachstums- und Reproduktionszyklen über unterschiedliche maximale Wanderungsgeschwindigkeiten[154]. Aufgrund der Langlebigkeit des Baumbestandes sind Wälder relativ wenig anpassungsfähig an sich verändernde ökologische Bedingungen[155]. Bei einer mittleren globalen Erwärmung von ungefähr 1,5 bis 6° C im Laufe der nächsten 100 Jahre, die eine Verschiebung der Vegetationszonen um rund 150-500 Kilometer in Richtung der Pole bewirken würde, könnten einige Wälder ihr Verbreitungsgebiet nicht rasch genug erweitern, um mit den Grenzen der Vegetationszonen Schritt zu halten.

Innerhalb der nächsten Jahrzehnte dürfte sich daher die Fläche der unter ökologischem Streß stehenden Wälder drastisch erhöhen, es könnten sogar ganze Waldtypen verschwinden[156]. Es ist wahrscheinlich, daß die Anpassung der Waldökosysteme an künftige Klimaänderungen we-

---

[152] Vgl. zum Zusammenhang von Klimaänderung und Waldentwicklung: *Knabe*, Klimaänderung, Wälder und Forstwirtschaft, 55 ff.; *Salati u.a.*, Forests, Their Role in Global Change, in: Jäger/Ferguson (Hrsg.), Climate Change, 391 ff. *Ulrich/Puhe*, Auswirkungen der zukünftigen Klimaveränderung auf mitteleuropäische Waldökosysteme, 60 ff.

[153] *IPCC*, Zusammenfassung des 2. IPCC-Berichts, 7 f.; *IPCC*, Climate Chance 1995, 31 ff.; vgl. auch *Myers*, The world's forests, Environmental Conservation 1996, 156, 159.

[154] *Enquête-Bericht (1994)*, 525.

[155] *Enquête-Bericht (1992)*, 124 f.

[156] *IPCC*, Zusammenfassung des 2. IPCC-Berichts, 36 f. Angesichts der prognostizierten Erderwärmung müßten die borealen Waldbestände mit einer ökologisch unmöglichen Geschwindigkeit von 1,5 bis 5,5 Kilometer pro Jahr nach Norden ausweichen, um im gegenwärtigen Temperaturbereich zu verbleiben. Daher wird eine Reduktion der borealen Waldfläche auf 10-50 % ihres gegenwärtigen Ausmaßes befürchtet (vgl. *Bright*, Zur Ökologie der Klimaveränderung, in: Worldwatch Institute [Hrsg.], Zur Lage der Welt 1997, 107, 120). Der *Enquête-Bericht (1992)*, 127, geht von einer zukünftigen Verkleinerung der Zone der borealen Wälder um etwa 40 % aus.

niger als kontinuierlicher Prozeß, sondern eher in Sprüngen verlaufen wird. Insgesamt ist von komplexen Wirkungsketten auszugehen, die zu regionsspezifischen Veränderungen der Waldökosysteme führen werden[157].

Neueren Untersuchungen zufolge könnten sich zudem die als Kohlenstoffspeicher genutzten Wälder bei einer steten Klimaerwärmung schon ab dem Jahre 2050 in eine Kohlenstoffquelle wandeln. Durch die zunehmende Austrocknung der Vegetation und verstärkte Abbauprozesse im Boden könnten erhebliche Mengen an CO_2, die zuvor durch Aufforstungsmaßnahmen langfristig gebunden werden sollten, wieder freigesetzt werden[158].

Durch eine sich unter Umständen kurzfristig vollziehende Veränderung der Artenzusammensetzung und Struktur der Wälder droht auch eine Abnahme der globalen Artenvielfalt und hierdurch bedingt eine zunehmende Destabilisierung der Ökosysteme[159]. Die sich innerhalb der Waldbestände vollziehenden ökologischen Veränderungen werden sich auch negativ auf die Nutzbarkeit insbesondere der Wälder in der borealen Zone infolge verkürzter Erntezeiten auswirken[160]. Gefahren für die Forstwirtschaft gehen auch von der zu erwartenden Häufung von extremen Wetterereignissen aus[161]. Ein wichtiger Punkt wird auch die zunehmende Häufigkeit und Intensität von Waldbränden sowie ein verbreitertes Auftreten von Schädlingen sein[162].

(3) Beitrag des Forstwirtschaftssektors zur Reduzierung von Treibhausgasemissionen

Zur Reduktion der CO_2-Anreicherung in der Atmosphäre und zur Eindämmung weltweiter Klimaänderungen kann auch der Forstwirtschaftssektor beitragen. Nach Einschätzung des IPCC könnten bis zum Jahr 2050 weltweit etwa 12-15 % der erwarteten CO_2-Emissionen aus dem Verbrauch fossiler Brennstoffe durch forstwirtschaftliche Maßnahmen, u.a. durch eine Verlangsamung der Entwaldung, die Regenera-

---

157 *Enquête-Bericht (1994)*, 537 f.

158 Vgl. zur Studie des Hadley Centre (Großbritannien) FAZ v. 15.11.2000.

159 *Enquête-Bericht (1992)*, 121.

160 *Enquête-Bericht (1992)*, 127.

161 *Enquête-Bericht (1994)*, 533 f.

162 *IPCC*, Zusammenfassung des 2. IPCC-Berichts, 36 f.

tion von natürlichen Wäldern, die Vergrößerung der Plantagenflächen und die Förderung der Agroforstwirtschaft[163] kompensiert werden[164].

Es wird geschätzt, daß die Kosten für die Erhaltung und Bindung von Kohlenstoff in der Biomasse und in den Waldböden zwar sehr unterschiedlich sind, aber doch mit anderen Abschwächungsoptionen zur Verringerung von Treibhausgasemissionen konkurrieren können. Vor allem Aufforstungsprojekte sind mit einem erheblichen finanziellen Aufwand verbunden, zudem fällt ihre Erfolgsquote gebietsweise relativ gering aus[165]. Auf internationaler Ebene werden im Wege der durch die Klimarahmenkonvention vorgesehenen Möglichkeit der Gemeinsamen Umsetzung der Konventionsverpflichtungen in einer Pilotphase gemeinsam von Entwicklungs- und Industrieländern auch Aufforstungs- und weitere Walderhaltungsprojekte durchgeführt („Activities Implemented Jointly", AIJ)[166]. Von den derzeit über 140 sich in der Pilotphase befindlichen Projekten[167] zählen 15 Projekte zum Bereich Aufforstungen und Walderhaltungsmaßnahmen; allein die USA beteiligen sich an 13 Waldschutzprojekten in Bolivien, Chile, Ecuador, Costa Rica, Mexiko, Panama, Belize, Indonesien sowie in Rußland.

---

[163] Unter Agroforstwirtschaft wird ein in ein landwirtschaftliches Betriebssystem integrierter Plantagenanbau von Bäumen zur Erzeugung von Holz und anderen Walderzeugnissen verstanden (vgl. näher hierzu: *Current/Lutz/Scherr*, Costs, Benefits, and Farmer Adoption of Agroforestry, in: Weltbank (Hrsg.), Agriculture and the Environment, 1998, 323 ff.).

[164] *IPCC*, Zusammenfassung des 2. IPCC-Berichts, 15. Vgl. ausführlicher zu forst- und holzwirtschaftlichen Möglichkeiten der CO_2-Minderung: *Brown*, Management of Forests for Mitigation of Greenhaus Gas Emissions, in: IPCC, Climate Change 1995, 737, 784 ff.; siehe auch *Ulrich/Puhe*, Auswirkungen der zukünftigen Klimaveränderung auf mitteleuropäische Waldökosysteme, 152 ff.

[165] *Burger*, Aufforstung und andere forstliche CO_2-Strategien, Entwicklung und ländlicher Raum 1/1994, 11, 12; *Hartenstein/Schmidt*, Planet ohne Wälder, 111 f.

[166] Vgl. UN-Doc. FCCC/SBSTA/1998/INF.3 v. 20.5.1998: Activities Implemented Jointly (AIJ) under the Pilot Phase; siehe auch <http://www.unfccc.de/fccc/ccinfo/aijproj.htm>. Vgl. hierzu auch die Ausführungen im 2. Teil, S. 237 ff. Siehe näher zur Strategie der „Joint Implementation" im Forstbereich: *Banholzer*, Joint Implementation, 64 ff.; *BMU*, Gemeinsam umgesetzte Aktivitäten zur globalen Klimavorsorge, 6 f.; *Cullet/Kameri-Mbote*, Joint implementation and forestry projects, International Affairs 1998, 393 ff.

[167] Stand: September 2000, vgl. <http://www.unfccc.int/program/aij/aij proj.html>.

bb) Erhalt der biologischen Vielfalt

Wälder spielen eine bedeutende Rolle zum Erhalt der biologischen Vielfalt. Die biologische Diversität (kurz Biodiversität) umfaßt die Artenvielfalt von Pflanzen, Tieren und Mikroorganismen, die genetische Variabilität innerhalb dieser Spezies sowie die Vielfalt unterschiedlicher Landschafts- und Lebensräume sowie ökologischer Prozesse[168]. Während die tropischen Ökosysteme den weitaus größten Teil aller Tier- und Pflanzenarten beherbergen, zeichnen sich die borealen und temperierten Wälder durch eine hohe genetische Vielfalt aus[169].

Die Anzahl aller auf der Erde lebenden Arten wird in der Wissenschaft höchst unterschiedlich beurteilt: Vorsichtige Schätzungen gehen von 3 bis 12 Mio. existierender Arten aus, andere von 30 bis 50 Mio.[170]. Teilweise wird sogar die Zahl von 100 Mio. Arten angegeben[171]. Als annähernd realistischer Wert wird derzeit die Anzahl von 14 Mio. existierender Tier- und Pflanzenarten angesehen[172]. Davon sind weltweit etwa 1,75 Mio. Tier- und Pflanzenarten wissenschaftlich erfaßt und beschrieben; jährlich werden durchschnittlich etwa 12.000 neue Arten entdeckt. Als vergleichsweise sicher gelten die Werte für die über 45.000 bekannten Wirbeltiere und 250.000 Pflanzenarten[173]. Große Lücken gibt es hingegen vor allem bei den Insekten mit geschätzten 8 Mio. Spezies[174]. Daß noch große Unsicherheiten hinsichtlich der Erfassung der Biodiversität bestehen, zeigt nicht zuletzt eine neue Untersuchung über die

---

[168] *WBGU*, Erhaltung und nachhaltige Nutzung der Biosphäre, 12; siehe auch *Wolfrum/Stoll*, Der Zugang zu genetischen Ressourcen, 20 f.

[169] Vgl. ausführlich *UNEP/WCMC*, Global Biodiversity, 186 ff.

[170] *Weltbank*, Weltentwicklungsbericht 1992, 74; *Hauchler*, Globale Trends 1996, 298: Die Gesamtzahl der Arten wird danach auf über 33 Mio., die Anzahl der identifizierten Arten auf 1,4 Mio. geschätzt.

[171] Die deutlich differierenden Schätzungen beruhen zum Teil auf Mehrfachnennungen zahlreicher Arten (sog. Synonymproblem), vgl. *Lässig*, Biodiversität erhalten, AFZ 10/1995, 527.

[172] *UNEP/WCMC*, Global Biodiversity, 16; *WRI*, World Resources 1996-97, 248, unter Bezugnahme auf den umfassenden UNEP-Bericht zum Thema Artenvielfalt („Global Biodiversity Assessment", 1995, siehe dazu näher: *Suplie*, Globale Biodiversitätspolitik, in: Simonis [Hrsg.], Weltumweltpolitik, 119, 123).

[173] Siehe *Wolters*, Die Arche wird geplündert, in: ders. (Hrsg.), Leben und Leben lassen, 11, 13.

[174] *GEF*, Valuing the Global Environment, 69; *WRI*, World Resources 1996-97, 248.

Artenvielfalt in den USA, die von einer doppelt so hohen Anzahl von Arten ausgeht wie bislang angenommen[175].

Der weitaus überwiegende Teil dieser Artenvielfalt ist in den Wäldern der subtropischen und tropischen Regionen zu finden, obwohl diese nur 7 % der Erdoberfläche bedecken[176]. Die Artenfülle kann jedoch hinsichtlich der Unsicherheiten über die betreffende Größenordnung weltweit existierender Tier- und Pflanzenarten nur vage bestimmt werden. Auch hier variieren die geschätzten Zahlen. Es wird vermutet, daß 50 bis 75 % der insgesamt existierenden Arten, nach einigen Schätzungen sogar bis zu 90 % in den tropischen Wäldern heimisch sind[177].

Zu den besonders schützenswerten „Hotspots"-Arealen mit einer großen biologischen Vielfalt zählen das tropische Andengebiet, die atlantischen Gebirgsregenwälder Brasiliens und die tropischen Inseln, wie z.B. Mauritius, Dominikanische Republik, Fiji, Haiti und Jamaika[178]. Obwohl auf Madagaskar nur 1,9 % der Landfläche Afrikas fallen, wachsen z. B. auf dieser Insel mehr Orchideenarten als in ganz Afrika. Insgesamt

---

[175] Die Untersuchung wurde durchgeführt vom „Natural Heritage Network" und der „Association for Biodiversity Information" und ist unter folgendem Titel veröffentlicht worden: „Precious Heritage: The Status of Biodiversity in the United States", Hrsg. *Stein/Kutner/Adams*, März 2000.

[176] *Myers*, The world's forests, Environmental Conservation 1996, 156, 157. Vgl. ausführlicher zur Artenvielfalt in den Tropen: *Serôa da Motta*, The Economics of Biodiversity in Brazil, in: OECD (Hrsg.), Investing in Biological Diversity, 283, 285.

[177] *Botkin/Talbot*, Biological Diversity and Forests, in: Sharma (Hrsg.), Managing the World's Forests, 47, 56; *Lässig*, Biodiversität erhalten, AFZ 10/1995, 527. In 12 überwiegend tropischen Ländern der Erde sind 70 % der biologischen Vielfalt konzentriert. Es handelt sich bei diesen sog. „Mega diversity"-Ländern um Kolumbien, Ecuador, Peru, Brasilien, Mexiko, Dem. Rep. Kongo, Madagaskar, China, Indien, Malaysia, Indonesien und Australien (*Wolters*, Die Arche wird geplündert, in: ders. [Hrsg.], Leben und Leben lassen, 11, 20).

[178] Vgl. hierzu die Übersicht im TIME Magazine v. 14.12.1998. Die NGO „Conservation International" hat 24 Gebiete mit einer besonders hohen Biodiversität identifiziert. Nähere Angaben zu den gefährdeten Gebieten und geplanten Schutzmaßnahmen im Internet unter <http://www.conservation.org>. „Hotspots" werden auch gemeinsam von WCMC und IUCN („Centres of plant diverstiy") sowie vom WWF ermittelt (WWF-US's „Global 200 ecoregions"). Siehe *FAO*, SOFO 1999, 9 f. sowie *Engelhardt*, The End of Biodiversity, in: Dolzer/Thesing (Hrsg.), Protecting our Environment, 53, 56 ff.; vgl. zur Verteilung der Arten auf einzelne Staaten *UNEP/WCMC*, Global Biodiversity, 126 ff.

befinden sich sogar 25 % aller afrikanischen Pflanzenarten auf Madagaskar[179]. Als weiteres Beispiel läßt sich Borneo anführen, wo auf 10 ha Waldfläche etwa 700 Baumarten ausgemacht wurden, mehr als im gesamten nordamerikanischen Raum[180]. Vor allem die tropischen Feuchtwälder zeichnen sich durch einen hohen Anteil von Holzpflanzen aus. Während in Deutschland zur Flora nur 15 % Holzpflanzen gehören, liegt der entsprechende Anteil im Amazonasgebiet bei 88 %[181]. Die drohende Vernichtung großer Waldflächen in den Tropen geht folglich mit einem Verlust von mannigfaltiger, bisher noch unerforschter biologischer Vielfalt einher[182]. Die Schätzungen des Artenverlusts innerhalb der nächsten 50 Jahre liegen je nach der angewandten Methode zwischen 10 und 50 % der Gesamtartenzahl[183]. Der wahrscheinliche Artenverlust wird auf 1-130 Arten pro Tag prognostiziert[184].

Da die Vielfältigkeit der Lebensformen von Pflanzen und Tieren eine der grundlegenden Voraussetzungen für die Stabilität der Ökosysteme ist, ist ihr Erhalt für eine langfristige Sicherung des Nutzens, den die Wälder dem Menschen bieten, von herausragender Bedeutung. Wichtige Schritte zum Artenschutz sind in der Ausweitung nationaler Schutzsysteme zu sehen. Derzeit stehen ca. 5 % der weltweiten Landfläche unter Schutz, über 8 % der Wälder lassen sich weltweit als Schutzgebiete nach Maßgabe der IUCN-Schutzgebietskategorien I - VI einord-

---

179 *Succow*, Herausforderung Biologische Vielfalt, in: NABU (Hrsg.), Biologische Vielfalt in Deutschland, 7, 9.

180 *WBGU*, Erhaltung und nachhaltige Nutzung der Biosphäre, 164; bei einem Vergleich der Biodiversität in wald- und landwirtschaftlichen Ökosystemen auf Borneo hat sich auch gezeigt, daß in Wäldern ein deutlich höheres Niveau an Tier- und Pflanzenarten vorherrschend ist: So ist die Anzahl der Käferarten in Niederungswäldern mit über 6000 Arten mehr als sechsmal so hoch wie in Kokonußplantagen oder auf Reisfeldern (vgl. *Pagiola u.a.*, Biodiversität in den Vordergrund der Agrarentwicklung rücken, Finanzierung & Entwicklung, März 1998, 38, 40 f.).

181 *Enquête-Bericht (1990)*, 168.

182 *Knabe*, Klimaänderung, Wälder und Forstwirtschaft, 55 ff.

183 *WBGU*, Jahresgutachten 1995, 170 f.; *Hurrell*, Brazil and Amazonian Deforestation, in: Hurrell/Kingsbury (Hrsg.), The International Politics of the Environment, 398, 400.

184 *WBGU*, Erhaltung und nachhaltige Nutzung der Biosphäre, 13: Die natürliche Artensterberate beträgt schätzungsweise nur 1-3 Spezies pro Jahr.

nen[185]. In vielen Tropenwaldländern mit einem hohen Maß an Biodiversität sind in den letzten Jahren Schutzgebiete eingerichtet worden. So haben die Philippinen kürzlich ein Einschlagverbot für Primärwälder erlassen und diese unter Schutz gestellt. Angesichts der Flutkatastrophen 1998 hat die chinesische Regierung das Abholzen der Wälder entlang der größten Flüsse Chinas untersagt[186]. In Surinam sind 1,5 Mio. ha Wald, das entspricht einem Zehntel der Waldfläche des Landes, zum Naturschutzgebiet erklärt worden. Brasilien hat im April 1998 angekündigt, rund 25 Mio. ha Regenwald unter Schutz zu stellen. Des weiteren hat Brasilien neben Neuseeland, Sri Lanka, Thailand, Kambodscha und den USA die Rodung von Naturwald entweder ganz verboten oder zumindest stark eingeschränkt[187].

II. Bestand und Gefährdung der Wälder außerhalb der Tropen

Während in den letzten Jahren das Hauptaugenmerk des öffentlichen Interesses auf die Rodung der tropischen Regenwälder gerichtet war, gerät auch die spezifische Situation der Waldgebiete der mittleren und nördlichen Breiten sowie das Ausmaß der bereits stattgefundenen Zerstörung immer mehr in den Blickpunkt des öffentlichen Interesses[188].

1. Die borealen Wälder der kaltgemäßigten nördlichen Breiten

a) Geographische Verbreitung

Die boreale Waldzone umfaßt weite Teile der Nordhalbkugel der Erde und zieht sich in einem breiten Gürtel zwischen 50° und 70° nördlicher Breite durch den Norden Europas, Asiens und Amerikas. Im Norden grenzt sie an die baumlose Tundra, im Süden an die innerkontinentale

---

[185] Vgl. näher hierzu *WBGU*, Erhaltung und nachhaltige Nutzung der Biosphäre, 141 ff.; *UNEP/WCMC*, Global Biodiveristy, 205 f.: Allerdings unterfallen weniger als 4 % der weltweiten Wälder den strengsten Anforderungen, die an die Schutzgebiete der Kategorien I und II gestellt werden.

[186] *Gardner-Outlaw/Engelman*, Mensch, Wald!, 23.

[187] *FAO*, SOFO 1999, 13 f.

[188] Eine Einführung in die vegetationsgeographische Gliederung der borealen Wälder geben: *Enquête-Bericht (1994)*, 368 ff.; *Poker*, Bestandsaufnahme und Gefährdung der borealen Wälder, 4 ff.; *Kuusela*, The boreal forests, Unasylva 170, 1992, 3 ff.

Steppe und die Zone der sommergrünen Laubwälder[189]. Nach den Tropenwäldern stellen die borealen Wälder die zweitgrößte Vegetationszone der Erde dar. Ihre Gesamtfläche wird auf rund 1,2 Mrd. ha geschätzt[190]. Der weitaus größte Teil dieser Fläche entfällt auf die Wälder Kanadas und Rußlands[191]. 850 Mio. ha Wald befinden sich allein in Rußland[192], 245 Mio. ha in Kanada[193]. Die restlichen borealen Wälder verteilen sich auf die USA (Alaska), die skandinavischen Länder (Norwegen, Schweden und Finnland) sowie auf einige Regionen im Nordosten Chinas, in der Mongolei und im Norden Japans.

Mit Ausnahme der nordeuropäischen Wälder, die nur noch in geringem Maße aus ursprünglichen Waldgebiete bestehen[194], können in der bo-

---

[189] Nach Norden endet die Entwicklungsmöglichkeit für Bäume dort, wo gerade noch 30 Tage im Jahr eine mittlere Tagestemperatur von mindestens 10 °C erreicht wird. Die südliche Grenze der borealen Wälder liegt in Europa etwa auf der Höhe Stockholm - Helsinki - St. Petersburg. In Nordamerika und Asien reicht diese Grenze sehr viel weiter in den Süden bis hin zu Breitengraden, in denen in Europa bereits mediterrane Klimaverhältnisse vorherrschen (vgl. *Fenner*, Borealer Wald und Artenvielfalt, Ökozidjournal Nr. 7, 1994, 8, 15).

[190] Derzeit kann die von der borealen Waldzone eingenommene Fläche nur geschätzt werden, da die bei der letzten Waldressroucenerfassung von der FAO vorgenommene länderweise Erfassung im Rahmen des FRA 2000 vor allem für die Wälder in Rußland zu Unschärfen führt; vgl. näher zu diesem Problem *BReg.*, Gesamtwaldbericht 2001, 11.

[191] S. bereits *Poker*, Bestandsaufnahme und Gefährdung der borealen Wälder, 26; *FAO*, The State of Food and Agriculture 1994, 259.

[192] Vgl. die jüngsten Angaben der FAO unter <http://www.fao.org/ forestry/fo/fra/index.jsp>, Tabelle 3 (Forest cover 2000). Niedrigere Zahlen noch in *UN-ECE/FAO*, Forest Resources of Europe, CIS, North America, Australia, Japan and New Zealand, 62 (816 Mio. ha).

[193] *FAO*, SOFO 1997, 156: Die angegebenen 245 Mio. ha entsprechen der anfangs zitierten Walddefinition der FAO und umfassen nur produktive Waldflächen. Zusätzlich existieren in Kanada noch 173 Mio. ha nicht für den Holzeinschlag geeignete, sog. unproduktive Wälder, so daß sich die gesamte bewaldete Fläche Kanadas auf 418 Mio. ha (fast 45 % der Landfläche) beläuft (vgl. auch *Natural Resources Canada*, The State of Canada's Forests, 6 mit annähernd identischen Angaben).

[194] Der Primärwaldanteil in Skandinavien liegt nur noch bei 2-5 %. Einwirkungen des Golfstroms und die lange Waldbewirtschaftungstradition auf leicht zugänglichen und gut erschlossenen Waldflächen haben dazu geführt, daß der Waldzustand von dem der eurasischen und nordamerikanischen Waldregionen

realen Zone Nordamerikas und Rußlands noch über die Hälfte der Wälder als Primärwälder bezeichnet werden[195].

b) Natürliche und anthropogene Einflußfaktoren auf das boreale Vegetationssystem

In den waldreichen borealen Zonen spielen weniger Flächenverluste als vielmehr Veränderungen der Waldqualität eine wesentliche Rolle. Im Gegensatz zu den tropischen Regionen kommt in den borealen Waldgebieten der Umwandlung von Wald in andere Landnutzungsarten, wie etwa in Acker- und Weidefläche, nur eine untergeordnete Bedeutung zu, zumal es hier keinen mit den tropischen Ländern vergleichbaren Bevölkerungsdruck gibt. Daher ist die Größe der Waldfläche in den letzten Jahrzehnten auch weitgehend unverändert geblieben bzw. hat durch Aufforstungen leicht zugenommen.

Boreale Waldökosysteme sind durch eine geringe Anzahl von Baumarten gekennzeichnet, welche sich den schwierigen Wachstumsbedingungen der kalten Klimazone anpassen konnten[196]. Die weiten Flächen ökologisch relativ homogener Nadelwälder, die etwa 80 % des Waldbestands ausmachen, begünstigen großflächige Massenvermehrungen von Schädlingen. Neben dem Schädlingsbefall stellen natürliche Waldbrände den wichtigsten ökologischen Steuerungsprozeß in den borealen Waldökosystemen dar[197]. Die weltweit jährlich von Bränden betroffene Waldfläche ist schwer zu bestimmen, die Tendenz geht jedoch trotz der in den letzten Jahren verbesserten Brandschutz- und Überwachungsmethoden hin zu einer Erhöhung der durchschnittlichen Brandfläche

---

abweicht (vgl. *Hönerbach,* Verhandlung einer Waldkonvention, 10; *Poker,* Bestandsaufnahme und Gefährdung der borealen Wälder, 34 f.).

[195] *WRI*, The Last Frontier Forests, 21; *Robin Wood* (Hrsg.), Boreale Wälder, 6.

[196] Die biologische Vielfalt der borealen Wälder kommt - mit Ausnahme der Wälder entlang der Pazifikküste Kanadas und Alaskas - aufgrund ihrer spezifischen klimatischen und ökologischen Bedingungen weniger in der Anzahl der Tier- und Pflanzenarten als vielmehr in der hohen genetischen Vielfalt dieser Arten zum Ausdruck.

[197] Selbst wenn mittlerweile mehr als die Hälfte der Brände auf fahrlässiges Verhalten und mutwillige Brandstiftungen zurückzuführen sind, sind diese anthropogen verursachten Brände nur für etwa 20 % der Brandflächen verantwortlich (vgl. *Hartenstein/Schmidt*, Planet ohne Wälder, 51).

und zu einer schnelleren Ausbreitungsgeschwindigkeit der Feuer. Im Hinblick auf den klimatischen Effekt dieser borealen Waldbrände wird vermutet, daß die entstehenden Emissionen bereits einen höheren Aufwärmeffekt der Erdatmosphäre bewirken als die Emissionen aus Tropenwaldbränden[198].

Neben den natürlichen Einflußfaktoren führt zunehmend die sich als Ernteverfahren in den borealen Wäldern durchgesetzte Kahlschlagmethode zu weitreichenden ökologischen Folgen. Anhand des statistisch erfaßten Gesamteinschlagvolumens in den borealen Wäldern von jährlich etwa 430 Mio. m^3 Rundholz[199] beträgt die durch Kahlschlag abgeholzte Fläche mindestens 3 Mio. ha[200]. Die nachteiligen Auswirkungen der Kahlschläge auf das Mikroklima und die Bodenverhältnisse haben sich innerhalb der letzten Jahre durch die zunehmende Technisierung und die damit verbundene Vergrößerung der durchschnittlichen Kahlschlagflächen erhöht. Selbst wenn sich regional günstige Rahmenbedingungen für einen unproblematischen Kahlschlag finden lassen, hinterläßt diese Erntemethode vielfach ökologische Schäden, die die Wiederbewaldung auf den geschädigten Flächen beträchtlich erschweren[201].

Neben den Zerstörungen durch Kahlschläge wirkt sich auch die fortschreitende Erschließung der borealen Zone für die Gewinnung von Bodenschätzen und den Bau von Industrieanlagen und Transportsystemen negativ auf die Waldbestände aus[202]. Die mit der industriellen Entwicklung verbundenen steigenden Schadstoffemissionen sind vor allem in der ehemaligen Sowjetunion besorgniserregend hoch[203].

---

198 *Hönerbach*, Verhandlung einer Waldkonvention, 6.

199 *FAO*, Yearbook of Forest Products 1998, 2 ff. mit Werten für Kanada, Rußland, Finnland, Schweden und Norwegen.

200 *Enquête-Bericht (1994)* mit Werten von 1991. Damals betrug das offizielle Gesamteinschlagvolumen in den borealen Wäldern ca. 600 Mio. m^3. Zu berücksichtigen ist aber, daß sich in Rußland die Rundholzproduktion von 228 Mio. m^3 (1992) mittlerweile auf 115 Mio. m^3 (1998) halbiert hat, vgl. *FAO*, Yearbook of Forest Products 1998, 4.

201 *Hartenstein/Schmidt*, Planet ohne Wälder, 47. Vgl. ausführlich zu den Kahlschlagmethoden in den Ländern der borealen Waldzone: *Poker*, Bestandsaufnahme und Gefährdung der borealen Wälder, 69 ff.

202 Näher hierzu *Enquête-Bericht (1994)*, 393 ff.

203 Siehe dazu nachfolgend die Ausführungen auf S. 68 ff.

c) Bedeutung der borealen Wälder

aa) Einfluß der borealen Wälder auf das Klimageschehen

Erst in jüngster Zeit hat die überregionale und globale Bedeutung der borealen Wälder hinsichtlich ihrer Wirkung auf das Klima, den globalen Wasserhaushalt und die Biodiversität zunehmend an Interesse gewonnen und ist zum Gegenstand wissenschaftlicher Untersuchungen geworden. Bislang wurden diese Wirkungen und Leistungen vorrangig auf nationaler Ebene betrachtet[204]. Die borealen Wälder stellen bislang den größten biosphärischen Kohlenstoffspeicher dar[205]; ihr Beitrag zum Schutz der Erdatmosphäre vor dem Treibhauseffekt ist jedoch noch nicht ausreichend bekannt. Dieser Waldtyp übt derzeit noch die Funktion einer Kohlenstoffsenke aus, die der Atmosphäre etwa 0,5 Mrd. ± 0,5 Mrd. tC/Jahr entzieht[206]. Angesichts der anthropogenen Veränderungen des Kohlenstoffkreislaufs und des Klimasystems durch ansteigende Schadstoffemissionen aus der Industrie, Waldbrände und unerlaubte Holzeinschlagmethoden wird prognostiziert, daß sich die borealen Wälder zukünftig von einer Senke für Kohlendioxid in Quellen für dieses Treibhausgas verwandeln könnten[207].

---

[204] Die globale Klimabedeutung der borealen Wälder ist insbesondere durch die Arbeit einiger Nichtregierungsorganisationen, wie z.B. des 1992 gegründeten „International Taiga Rescue Network“ ins öffentliche Bewußtsein getreten. Die Zusammenhänge zwischen borealen Wäldern und der Atmosphäre werden durch ein internationales Projekt unter Leitung von „Natural Resources Canada“ und der „U.S. National Aeronautics and Space Administration“ untersucht (Projekt BOREAS/Boreal Ecosystem Atmosphere Study), vgl. *FAO*, The State of Food and Agriculture 1994, 263; *Fenner*, Borealer Wald und Artenvielfalt, Ökozidjournal Nr. 7, 1994, 8; *Natural Resources Canada*, The State of Canada's Forests 1995-1996, 45.

[205] Die Kohlenstoffvorräte pro ha liegen in der borealen Zone bei durchschnittlich 400 t (zum Vergleich: In den Wäldern der mittleren Breiten liegt die gespeicherte Menge bei 188 tC ha, in den tropischen Wäldern bei 244 tC ha; der durchschnittliche globale Waldkohlenstoffvorrat liegt bei 275 tC ha, die gespeicherte terrestrische Kohlenstoffmenge beträgt im globalen Durchschnitt 164 tC ha, vgl. *WBGU*, Sondergutachten 1998, Anhang 1, Tabelle 2).

[206] *IPCC*, Radiative Forcing of Climate Change, 11.

[207] *Myers*, The world's forests, Environmental Conservation 1996, 156, 160; *WBGU*, Sondergutachten 1998, 19; *dies.*, Erhaltung und nachhaltige Nutzung der Biosphäre, 248 ff.

bb) Wirtschaftliche Bedeutung

Die Holznutzung stellt die größte wirtschaftliche Bedeutung der borealen Wälder dar. Mit etwa 370 m^3 liegt der Anteil am globalen Nutzholzeinschlag jährlich bei rund 25 %, während die Brennholzproduktion mit ca. 53 Mio. m^3 eine vergleichsweise geringe Rolle spielt[208]. Das Holz eignet sich aufgrund seiner Homogenität und technischen Eigenschaften vor allem zur Produktion von Massenerzeugnissen für die Versorgung des Weltmarkts. Im Vordergrund steht dabei der Export von Nadelschnittholz und von Produkten der Zellstoff- und Papierindustrie. 1998 betrug der Anteil der Exporterlöse von Holz- und Holzprodukten aus borealen Wälder an den entsprechenden weltweiten Erlösen fast 50 Mrd. US-$ bzw. 38 %. 24 Mrd. US-$ entfielen allein auf den Export kanadischer Holzprodukte[209].

Mit dem Zusammenbruch der Sowjetunion und der dadurch einhergegangenen Öffnung der Grenzen wurde insbesondere die russische Forstwirtschaft für die Nutzung durch internationale Märkte zugänglich[210]. Soweit mit der wirtschaftspolitischen Öffnung der ehemaligen Sowjetunion zunächst Befürchtungen hinsichtlich eines dramatischen Anstiegs der Abholzungen geäußert wurden[211], belegen nunmehr offi-

---

[208] *FAO*, Yearbook of Forest Products 1998, 14 ff. und 22 ff. mit Werten für die wichtigsten Länder der borealen Waldzone (Rußland, Kanada, Schweden, Norwegen und Finnland). Hinzu kommen Werte für die Nutzholz- und Brennholzproduktion in Alaska und einigen ostasiatischen Regionen, die aber aus den FAO-Werten nicht gesondert zu ermitteln sind.

[209] Berechnet nach *FAO*, Yearbook of Forest Products 1998, 226 ff.

[210] Ausführlich zu den wirtschaftlichen Folgen im Forstbereich aufgrund der politischen Umbruchsituation in den Ländern der ehemaligen UdSSR und Osteuropas: *Prins/Korotkov*, The forest sector of economies in transition, Unasylva 179, 1994, 3 ff. sowie *Lipmann*, The Russian forest industry during the transitional period, Unasylva 179, 1994, 19 ff.

[211] Noch zu Sowjetzeiten wurden die seit 1987 erlaubten Joint Ventures v.a. mit Firmenkonsortien aus Asien vereinbart, die angesichts einer verstärkten Nachfrage auf ihren Märkten nach Rohholz vor allem an den leicht erreichbaren und gutwüchsigen Wäldern entlang der Pazifikküste im Fernen Osten großes Interesse zeigten. So erhielt z.B. der südkoreanische Betrieb Hyundai schon 1989 eine Nutzungskonzession über 200.000 ha Waldfläche für den Export nach Japan und Südkorea. Zwischen 1970 und 1990 schwankte die Menge des nach Japan exportierten Holzes zwischen 5 und 8 Mio. m^3 Holz jährlich. 1991 sank die exportierte Holzmenge aufgrund der wirtschaftlichen und politischen Instabilität Rußlands nach vielen Jahren erstmals wieder unter 5 Mio. m^3 (vgl. *WRI*, World Resources 1996-97, 206; siehe näher zu Joint Ventures: *Rosen-*

zielle Zahlen, daß der Holzeinschlag infolge der sinkenden Kaufkraft der russischen Bevölkerung, dem zögerlichen Verhalten ausländischer Investoren sowie gestiegener Transportkosten seit 1989 drastisch gesunken ist. Während der 80er Jahre stellte Rußland mit einem jährlichen Holzeinschlag von etwa 330 Mio. m^3 nach den Vereinigten Staaten noch den zweitgrößten Produzenten von industriellem Nutzholz dar; der Forstsektor beschäftigte mehr als 2 Mio. Menschen bzw. ca. 3 % aller Beschäftigten.

Seit der wirtschaftlichen Umbruchsituation ist die jährlich eingeschlagene Holzmenge aber auf ein Drittel ihres ursprünglichen Wertes gesunken[212]. Mittlerweile zielt ein staatliches Entwicklungsprogramm aus dem Jahr 1994 auf eine allmähliche Steigerung der jährlichen Einschlagquoten bis zum Jahr 2005 auf 300 bis 350 Mio. m^3 Holz[213]. Einhergehend mit der rückläufigen Entwicklung der Holzproduktion sanken zunächst auch die russischen Exporteinnahmen: Von 1990 bis 1992 fielen sie von 3,87 Mrd. auf 1,7 Mrd. US-$, 1995 wurden schon wieder Holz und Holzprodukte einschließlich Papier im Wert von 4 Mrd. US-$ exportiert[214]; die Exporterlöse dieser Produktkategorien fielen 1998 aber zurück auf 2,8 Mrd. US-$[215].

---

cranz, Preserving the Environment of Siberia, in: Bothe/Kurzidem/Schmidt (Hrsg.), Amazonia and Siberia, 78, 82 ff.; *Taiga Rescue Network*, The Taiga Trade, 51 ff.).

[212] Vgl. nachfolgende Abbildung sowie *Weltbank*, Russia, 25; *UN-ECE/FAO*, Forest and Forest Industries, 64 f.; siehe auch *Lipmann*, The Russian forest industry during the transitional period, Unasylva 179, 1994, 19, 21; *UN-ECE/FAO*, Forest and Forest Industries, 64 f.

[213] *Taiga Rescue Network*, The Taiga Trade, 14.

[214] *Weltbank*, Russia, 44 f.

[215] *FAO*, Yearbook of Forest Products 1998, 228.

Abbildung 29

d) Waldnutzung und -gefährdung am Beispiel der Wälder Rußlands und Kanadas[216]

aa) Waldschädigungen in Rußland, insbesondere in Sibirien

Nach Angaben der FAO entfallen auf Rußland 850 Mio. ha Waldfläche, damit sind über 50 % der Landfläche bewaldet[217]. Der überwiegende Teil der Wälder befindet sich in den gemäßigten Breiten in der borealen Waldzone; über 600 Mio. ha Wald sind in Sibirien und im Fernen Osten

---

[216] Die nachfolgende Darstellung soll anhand zweier Beispiele die Situation der borealen Wälder in einem OECD-Staat (Kanada) und einem MOE-Land (Rußland bzw. Sibirien) veranschaulichen; eine ausführliche Darstellung des Waldzustands in anderen Staaten mit borealem Waldanteil (Skandinavien, Alaska, Ostasien) findet sich in: *Poker*, Bestandsaufnahme und Gefährdung der borealen Wälder, 27 ff.; *Enquête-Bericht (1994)*, 428 ff.; *Taiga Rescue Network*, The Taiga Trade, 1995; *FAO*, SOFO 1997, 156 ff. (Nordamerika).

[217] Vgl. Anm. 192. Einen Überblick über die Waldflächenverteilung in Rußland von 1961 bis 1993 mit Angaben zu den russischen Inventurmethoden geben: *Shvidenko/Nilsson*, Are the Russian forests disappearing?, Unasylva 188, 1997, 57 ff.

gelegen[218]. Insgesamt stellt Rußland mit einem Anteil von mehr als 22 % an der weltweiten Waldfläche und einem geschätzten Holzvolumen von über 80 Mrd. m^3 [219] das waldreichste Land der Erde dar.

Die Waldflächen in den 14 anderen Staaten auf dem Gebiet der ehemaligen UdSSR unterscheiden sich deutlich hinsichtlich ihrer ökologischen Konditionen. Während in den baltischen Staaten noch über 40 % der Landfläche bewaldet sind, liegt der Anteil in den Zentralasiatischen Republiken Kasachstan, Kirgisistan, Tadschikistan und Turkmenistan bei weniger als 5%[220].

Die Waldflächen in der ehemaligen Sowjetunion haben sich in den letzten Jahrzehnten geringfügig vergrößert; dies ist einerseits auf verstärkte Aufforstungen, andererseits aber auch auf eine genauere Bestandsaufnahme der Wälder zurückzuführen[221]. Gleichzeitig ist aber auch eine rapide Verschlechterung der Qualität der Wirtschaftswälder eingetreten. Mitte der 90er Jahre betrug die Gesamtfläche der geschädigten borealen Waldökosysteme in Rußland etwa 20 Mio. ha[222].

Neben den bereits aufgezeigten negativen ökologischen Folgen der Kahlschlagmethode tragen auch die mangelnde Infrastruktur sowie veraltete Forstpraktiken und Maschinen zur Degradierung der Forstbestände bei. Ein großer Teil der eingeschlagenen Bäume verrottet oder geht während des Transports verloren. Der hohe Anteil des eingeschlagenen, aber ungenutzten Holzes ist einer der Gründe für den in einigen

---

218 *Weltbank*, Russia, 35; *Alexeyev/Tchmyr*, The state of Russian boreal forests, Proceedings of the XI. World Forestry Congress, Vol. 6, Area H, Topic 38.1: Boreal forests, 137, 138.

219 *UN-ECE/FAO*, Forest and Forest Industries, 64; siehe auch *Lipmann*, The Russian forest industry during the transitional period, Unasylva 179, 1994, 19.

220 *UN-ECE/FAO*, Forest Resources of Europe, CIS, North America, Australia, Japan and New Zealand, 48.

221 Zwischen 1978 und 1988 ist die bewaldete Fläche in der Sowjetunion um 22,6 Mio. ha bzw. 3 % gestiegen; von 1990 bis 2000 vergrößerte sich die Waldfläche in Rußland um 1,35 Mio. ha <http://www.fao.org/forestry/fo/fra/ index.jsp>, Tabelle 3; siehe auch *Poker*, Bestandsaufnahme und Gefährdung der borealen Wälder, 54.

222 *Alexeyev/Tchmyr*, The state of Russian boreal forests, Proceedings of the XI. World Forestry Congress, Vol. 6, Area H, Topic 38.1: Boreal forests, 137, 140.

Regionen des waldreichsten Landes der Erde herrschenden Holzmangel[223].

Erhebliche ökologische Probleme resultieren aus der starken Konzentration der Forst- und Holzwirtschaft im europäischen Teil Rußlands im Uralgebiet[224]. Dort werden in zunehmendem Maße Übernutzungen der bereits bewirtschafteten Wälder festgestellt, da wegen des hohen Transportkostenanteils aus schwer zugänglichen Waldregionen der Druck auf leichter erreichbare Waldgebiete wächst[225]. Die Aufforstungen der einmal abgeholzten Fläche gestalten sich aufgrund der extremen klimatischen Bedingungen - 65 % der Wälder Sibiriens befinden sich in der Permafrostzone[226] - als äußerst schwierig. Nur etwa die Hälfte der abgeholzten Waldflächen konnte bislang wieder bestockt werden. Auch in anderen borealen Regionen sind großflächige Mißerfolge bei der künstlichen oder natürlichen Neubepflanzung eingeschlagener Waldflächen festzustellen[227].

Besorgniserregende Schädigungen der Wälder gehen vor allem auch durch die hohe Luftverschmutzung aus. Die Fläche von Wäldern minderer Qualität hat in den letzten 30 Jahren ständig zugenommen[228]. Im

---

[223] *Enquête-Bericht (1994)*, 406.

[224] Bereits in den 30er und 40er Jahren wurden im Ural große Waldflächen zur Anlage industrieller Infrastruktureinrichtungen ohne anschließende Wiederaufforstungen abgeholzt. Heute ist daher nur noch ein Viertel der ursprünglichen Waldfläche in diesem Gebiet vorhanden (vgl. *WRI*, World Resources 1996-97, 206).

[225] *Shvidenko/Nilsson*, Are the Russian forests disappearing?, Unasylva 188, 1997, 57, 61.

[226] Wenn die Jahrestemperatur in mindestens zwei aufeinanderfolgenden Jahren unter 0 °C liegt, bildet sich Permafrost, d.h. dauernd gefrorener Boden. Insgesamt werden 20-25 % der Erdoberfläche von Permafrost eingenommen. In Sibirien reicht die gefrorene Bodenschicht bis in 1500 m Tiefe (vgl. *Poker*, Bestandsaufnahme und Gefährdung der borealen Wälder, 9).

[227] *Hartenstein/Schmidt*, Planet ohne Wälder, 30; *Hönerbach*, Verhandlung einer Waldkonvention, 10.

[228] Da für die frühere Sowjetunion nur einige wenige punktuelle Aufnahmen der Waldschäden vorliegen, sind genauere Angaben über die Ausdehnung der geschädigten Wälder nur schwer möglich. Für 1996 wurden Erhebungen über den Waldzustand durch die Wirtschaftskommission der Vereinten Nationen für Europa durchgeführt; für Rußland bezogen sie sich aber nur auf die Region St. Petersburg (vgl. *EC-UN/ECE*, Der Waldzustand in Europa, Kurzbericht 1997,

Unterschied zu den meisten westlichen Industriestaaten, in denen der Kraftfahrzeugverkehr den größten Anteil an der Luftverschmutzung hat, tragen in Rußland Schadstoffemissionen aus der Industrie zu über 50 % zur Luftverschmutzung bei[229]. Hohe Emissionswerte sind u.a. bedingt durch die schlechte technische Ausrüstung der Industrieanlagen mit Schadstoffiltern; lediglich ein Viertel der gasförmigen Schadstoffe und Dämpfe wird durch Filteranlagen aufgefangen[230].

Zwischen 1990 und 1994 hat sich zwar die Luftverschmutzung wegen des starken Rückgangs der Industrieproduktion und des Güterverkehrsaufkommens deutlich vermindert, jedoch fiel die Reduzierung der Schadstoffemissionen während des genannten Zeitraums um 36 % erheblich geringer aus als der Produktionsrückgang um 49 %[231]. Eine Steigerung der Industrieproduktion wird daher auch mit einem erneuten Anstieg der industriellen Schadstoffemissionen verbunden sein und zu einer andauernden oder sogar steigenden Schädigung der russischen Wälder führen.

Vor allem weite Teile der sibirischen Wälder werden durch hohe Schadstoffeinträge belastet, bedingt durch die im Verlauf dieses Jahrhunderts erfolgte Erschließung und industrielle Entwicklung Sibiriens. Aufgrund des Baus der Transsibirischen Eisenbahn von 1896 bis 1905 erhielten zunächst die Städte im Süden Sibiriens erhebliche Wachstumsimpulse. Ab 1955 begann die Sowjetregierung mit dem Ausbau sog. territorialer Produktionskomplexe (TPK) in unmittelbarer Nähe von Rohstofflagerstätten. In den TPK sind immense Kapazitäten im Bereich der Aluminiumproduktion, der Erdöl- und Erdgasförderung sowie der Holzverarbeitung geschaffen worden. Die hohe räumliche Konzentration an Produktionsstätten mit entsprechender Verkehrs- und Versorgungsinfrastruktur trägt wesentlich zur waldvernichtenden Schadstoffbelastung

---

35). Die Weltbank untersuchte 1995 den Zustand der russischen Wälder in den Regionen Krasnojarsk (Sibirien) und Chabarowsk (*Weltbank*, Russia, 2).

[229] *Weißenburger*, Umweltschutz in Rußland, DIW-Wochenbericht 13/96, 209, 211: 1994 entfielen 35 % der Schadstoffemissionen in Rußland auf den Kraftfahrzeugverkehr und 7 % auf andere Verkehrsträger.

[230] *Weißenburger*, Umweltschutz in Rußland, DIW-Wochenbericht 13/96, 209.

[231] *Weißenburger*, Umweltschutz in Rußland, DIW-Wochenbericht 13/96, 209 f. Zwischen 1981 und 1994 sanken die industriellen Schadstoffemissionen in Rußland von 41 Mio. t auf 22 Mio. t (siehe *Weißenburger*, Zur Entwicklung des Umweltschutzes in der Russischen Föderation, DIW-Wochenbericht 14/95, 292 f.).

im Umkreis dieser Gebiete bei[232]. Mit der Fertigstellung der Baikal-Amur-Bahn im Jahr 1989 sind weitere, bisher unzugängliche und unwirtschaftliche Gebiete der Wälder Sibiriens und des Fernen Ostens erschlossen worden.

Für die Förderung und Verarbeitung der immensen Bodenschätze, die Sibirien als eine der rohstoffreichsten Regionen der Erde birgt - neben zwei Dritteln der Öl- und Gasreserven der ehemaligen Sowjetunion befinden sich in Sibirien auch 80 % der Wasserreserven[233]-, werden Wälder wegen der benötigten Infrastrukturanlagen großflächig abgeholzt. Darüber hinaus werden die umliegenden Wälder durch Industrieemissionen in erheblicher Weise belastet.

10 % der industriellen Schadstoffemissionen in Rußland entfielen 1993 auf das Gebiet von Krasnojarsk in Ostsibirien, 8 % auf das in Westsibirien gelegene Gebiet von Tjumen und 7 % auf Industriegebiete im Ural. Besonders betroffen von Schwefeldioxid- und Kohlenmonoxidemissionen ist das Industriegebiet Norilsk im Norden Sibiriens, wo über 2 Mio. t Schadstoffe vor allem aus dem Nickelindustriekombinat ausgestoßen werden[234]. 1993 war dieses Kombinat für mehr als ein Viertel der gesamten SO_2-Emissionen in der russischen Föderation verantwortlich. Im Emissionsbereich des Unternehmens, der einen Radius von 90 bis 180 km umfaßt, sind bereits 200.000 ha Wald völlig abgestorben[235]. Ein weiteres negatives Beispiel sind auch die Nickel-, Kupfer- und Eisenerzhütten auf der Halbinsel Kola in unmittelbarer Nähe zur Grenze Finnlands und Norwegens, die jährlich über 700.000 Tonnen Schwefeldioxid und Schwermetalle ausstoßen und einen wesentlichen Beitrag zum großflächigen Waldsterben beitragen. Inzwischen existiert ein geschlossener Gürtel mit starken Vegetations- und Waldschäden auf der Halbinsel Kola vom norwegisch-finnischen Grenzbereich bis zum Golf von Kandalakscha am weißen Meer[236].

---

[232] *Enquête-Bericht (1994)*, 410; *Hartenstein/Schmidt*, Planet ohne Wälder, 42.

[233] *Rosencranz*, Preserving the Environment of Siberia, in: Bothe/Kurzidem/Schmidt (Hrsg.), Amazonia and Siberia, 78, 79.

[234] *WRI*, World Resources 1996-97, 206; *Weißenburger*, Umweltschutz in Rußland, DIW-Wochenbericht 13/96, 209.

[235] *Weißenburger*, Zur Entwicklung des Umweltschutzes in der Russischen Föderation, DIW-Wochenbericht 14/95, 292.

[236] *Robin Wood* (Hrsg.), Boreale Wälder, 22 ff.; *Enquête-Bericht (1994)*, 411.

Enorme Landschaftsschäden werden auch durch die Förderung von Erdöl und Erdgas[237] sowie die radioaktive Kontaminierung der Wälder hervorgerufen. Die russischen Nuklearanlagen stellen aufgrund ihrer Störfanfälligkeit eine erhebliche Gefahr für die Umwelt dar. Störfälle mit einer Dimension der Reaktorkatastrophe von Tschernobyl, durch die die Wälder in Rußland, Weißrußland und der Ukraine in einer Größenordnung von mehr als 7 Mio. ha[238] in unterschiedlichem Ausmaß radioaktiv kontaminiert wurden, sind angesichts nach wie vor unzureichender Sicherheitsstandards nicht auszuschließen[239]. Neben den schweren gesundheitlichen Auswirkungen, welche durch die Reaktorkatastrophe verursacht wurden, sind auch die vom Erlös aus Waldprodukten abhängigen Regionen wirtschaftlich stark getroffen worden. Nach wie vor besteht auch noch die Gefahr einer Verbreitung der radioaktiven Isotope durch Waldbrände[240].

Trotz einer gewissen Entlastung der Umwelt in den letzten Jahren hat der Transformationsprozeß in Rußland bislang nicht zu einer realen Verbesserung des Umweltschutzes geführt. Angesichts sinkender Umweltinvestitionen und Inbetriebnahmen umweltschützender Anlagen sind positive Ansätze in der Entwicklung des Umweltschutzes und damit auch des Waldschutzes derzeit noch nicht erkennbar. Zudem sind die Aufwendungen für den Umweltschutz gerade im Forstbereich nicht sonderlich hoch: Die gesamten Kosten für den Umweltschutz beliefen sich 1994 einschließlich Umweltinvestitionen auf knapp 16 Bill. Rubel

---

237 Der größte Teil der technischen Mittel zur Erdölförderung weist bereits einen Verschleißgrad von über 50 % auf; 70 % der Bohranlagen sind überaltert und ersatzbedürftig. Ein erhebliches Gefährdungspotential geht auch von dem schlechten Zustand des Pipelinenetzes aus. Der unkontrolliert offene Ausbruch von Erdöl und Erdgas verursachte bereits große Verschmutzungen von Luft, Gewässern und Böden (vgl. *Weißenburger*, Umweltschutz in Rußland, DIW-Wochenbericht 13/96, 209, 216).

238 *FAO*, SOFO 1997, 149.

239 Die in vielen Nuklearanlagen Rußlands bestehenden Sicherheitsdefizite haben sich in den letzten Jahren aufgrund der Finanzprobleme der Nuklearbetriebe, ihrer unzureichenden Belieferung mit kerntechnischer Ausrüstung und Ersatzteilen sowie wegen des zunehmenden Mangels an qualifiziertem Personal noch verschärft. Für 1993 stellte die staatliche Atomkontrollbehörde 20.000 Verstöße gegen Sicherheitsbestimmungen fest (vgl. *Weißenburger*, Nukleare Umweltgefährdung in Rußland, DIW-Wochenbericht 21/96, 359 f.).

240 *Prins/Korotkov*, The forest sector of economies in transition, Unasylva 179, 1994, 3, 8.

(entspricht 2,6 % des Bruttoinlandsprodukts), davon waren für den forstwirtschaftlichen Sektor lediglich 825 Mrd. Rubel vorgesehen. Auch die 1991 eingeführten Abgaben für Umweltverschmutzungen, mit denen dem Verursacherprinzip im Umweltschutz Geltung verschafft werden sollte, blieben bislang unbedeutend und reichen nur zur Finanzierung eines Bruchteils der Ausgaben für den Umweltschutz aus[241].

bb) Der Einfluß der Forst- und Holzwirtschaft in Kanada auf den Waldzustand

Kanada verfügt ebenso wie Rußland über große Primärwaldgebiete[242]; fast die Hälfte der Wälder mit einem Gesamtausmaß von 245 Mio. ha zuzüglich der für den Holzeinschlag unproduktiven Gebiete in einer Größenordnung von über 170 Mio. ha befinden sich in natürlichem Zustand[243].

Auch der Waldbestand in Kanada ist einer zunehmenden Bedrohung durch waldgefährdende Faktoren ausgesetzt[244]. Durch Schädlings- und Krankheitsbefall sowie Waldbrände[245] werden mengenmäßig fast so viele Holzvorräte zerstört wie durch den kommerziellen Holzein-

---

241 *Weißenburger*, Umweltschutz in Rußland, DIW-Wochenbericht 13/96, 209, 217 f.

242 *FAO*, SOFO 1997, 157: Fast die gesamte Waldfläche befindet sich im staatlichen Besitz, nur ein geringer Anteil von 6 % ist in privater Hand. Die weitaus größten Eigentümer sind mit 71 % die Provinzialregierungen. In den USA sind im Gegensatz zu Kanada 55 % der Wälder in Privatbesitz (siehe näher zu den Eigentumsverhältnissen: *Natural Resources Canada*, The State of Canada's Forests, 6; *UN-ECE/FAO*, North American Timber Trends, 5).

243 *Canadian Council of Forest Ministers*, Compendium of Canadian Forestry Statistics 1996, 9; *FAO*, SOFO 1997, 158, mit nur geringfügigen Abweichungen.

244 Vgl. hierzu ausführlich *Global Forest Watch Canada*, Canada's Forests at a Crossroads, 23 ff.

245 Feuer treten besonders häufig im relativ trockenen Nordwesten Kanadas auf, die überwiegend durch Blitzschlag ausgelöst werden. Im dichter besiedelten Süden werden Waldbrände oftmals anthropogen verursacht. 1995 wurden über 8.000 Waldbrände registriert, denen 6,56 Mio. ha Wald zum Opfer fielen. 40 % dieser Brände wurden durch Blitzeinschläge ausgelöst, 57 % durch menschliche Aktivitäten (vgl. *Canadian Council of Forest Ministers*, Compendium of Canadian Forestry Statistics 1996, 35 ff.).

schlag[246]. Der Holzvorrat in den kanadischen Wäldern wird auf 25 Mrd. m^3 geschätzt[247].

Das jährliche Einschlagvolumen hat sich seit 1960 von 97 Mio. m^3 mehr als verdoppelt und liegt derzeit bei 191 Mio. m^3; damit werden in Kanada 5,8 % des weltweiten Holzeinschlags getätigt[248]. In Kanada wird dreimal soviel Holz eingeschlagen, wie für den eigenen Gebrauch benötigt wird[249].

Der kanadischen Holzwirtschaft kommt mit einem Beitrag von 3 % zum jährlichen Bruttoinlandsprodukt eine außerordentlich große Bedeutung zu. 1995 beschäftigten die über 12.000 Betriebe der Forst- und Holzindustrie 369.000 Menschen; weitere 511.000 Arbeitsplätze waren indirekt vom Forst- und Holzsektor abhängig. Damit stellte der Forstsektor einen von 15 Arbeitsplätzen zur Verfügung[250].

Der überwiegende Teil der Holzernte wird einer industriellen Verarbeitung zugeführt (1998: 185 Mio. m^3), nur ein geringer Anteil des Holzes wird als Brennholz verwendet[251]. Damit erreicht die kanadische Forstindustrie einen Anteil von 12 % an der weltweiten Nutzholzproduktion[252]. Um eine kontinuierliche kommerzielle Nutzung zu gewährleisten, wird jährlich der zulässige Hiebsatz festgelegt, 1995 lag er bei 233 Mio. m^3[253]. Der Schwerpunkt der Holzverarbeitung liegt in der Produktion von Schnittholz, das hauptsächlich zu Bauzwecken verwendet und zum überwiegenden Teil in die USA und Japan exportiert

---

[246] *Poker*, Bestandsaufnahme und Gefährdung der borealen Wälder, 54.

[247] *Natural Resources Canada*, The State of Canada's Forests, 7; *FAO*, SOFO 1997, 159.

[248] *FAO*, Yearbook of Forest Products 1998, 2.

[249] Die Selbstversorgungsrate in Kanada liegt bei über 300 %. Im Vergleich dazu kann Europa seinen Holzbedarf allein durch die eigenen Waldbestände nicht decken, die Rate liegt dort nur bei 65 % (vgl. *UN-ECE/FAO*, Forest and Forest Industries, 14 f.).

[250] *Natural Resources Canada*, The State of Canada's Forests, 103.

[251] *Global Forest Watch Canada*, Canada's Forests at a Crossroads, 44.

[252] *FAO*, Yearbook of Forest Products 1998, 22.

[253] Seit 1957 ist der jährliche Hiebsatz mit durchschnittlich 227 Mio. m^3 relativ stabil geblieben (vgl. *Poker*, Bestandsaufnahme und Gefährdung der borealen Wälder, 84).

wird[254]. Die USA stellen mit 79 % und Japan mit 7 % die beiden Hauptexportmärkte für kanadisches Holz dar[255].

Kanada nimmt international als weltweit größte Exportnation für Holzprodukte eine besondere Stellung ein. Im Zeitraum von 1991 bis 1998 ist der Wert der exportierten Holzprodukte von 17 Mrd. US-$ auf 24 Mrd. US-$ angestiegen[256]. Von wirtschaftlich hoher Bedeutung ist auch der Export von Papier und Pappe. Mit über 14 Mio. t liegt der Anteil Kanadas an der weltweiten Papierexportmenge bei 16 % und damit an erster Stelle vor den USA (11 Mio. t)[257].

Abbildung 30

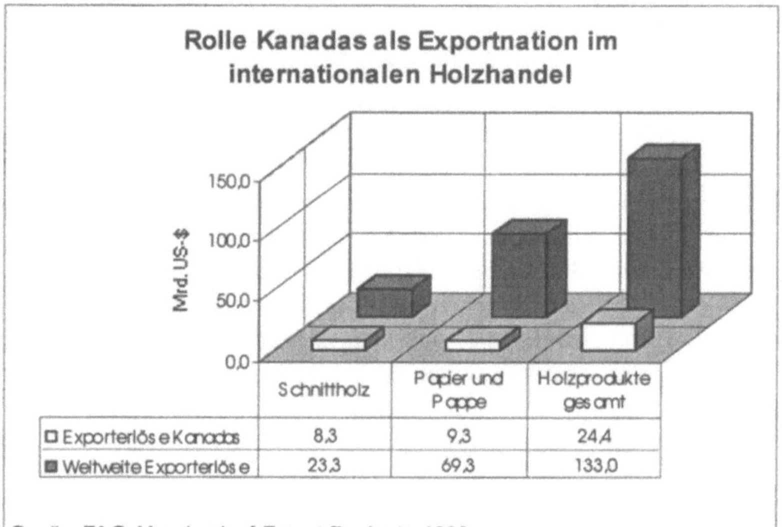

Quelle: FAO, Yearbook of Forest Products 1998

Infolge des gestiegenen Holz- und Papierbedarfs hat sich die gesamte jährliche Einschlagfläche in Kanada zwischen 1970 und 1995 auf über 1 Mio. ha verdoppelt. Die Abholzungsgeschwindigkeit ist darauf zurückzuführen, daß die weitaus größte Waldfläche in den Provinzen und Ter-

[254] *FAO*, Yearbook of Forest Products 1998, 234; *UN-ECE/FAO*, North American Timber Trends, 24 f.

[255] *Global Forest Watch Canada*, Canada's Forests at a Crossroads, 46.

[256] *FAO*, Yearbook of Forest Products 1994, 310, *dies.*, Yearbook of Forest Products 1998, 226.

[257] *FAO*, Yearbook of Forest Products 1998, S. A-6.

ritorien Kanadas durch Kahlschläge abgeholzt wird: 1995 betrug die Kahlschlagfläche mit 866.000 ha knapp 90 % der jährlichen Einschlagfläche von 1,01 Mio. ha[258].

Die Einschlagpraktiken der kanadischen Forstindustrie haben in den letzten Jahren angesichts der deutlichen Zunahme der Kahlschlaggrößen, der Zerstörung der Primärwälder und ihrer Umwandlung in Monokulturen erhebliche nationale und internationale Proteste ausgelöst[259]. Bei der kanadischen Forstwirtschaft setzte sich erst Ende der 70er Jahre die Erkenntnis durch, daß die unzureichende Regeneration der abgeholzten Flächen zu einem ernst zu nehmenden und grundlegenden Problem geworden war. In der Folgezeit sind daher die Anstrengungen zur Wiederbewaldung eingeschlagener Flächen verstärkt worden: Seit Anfang der 90er Jahre sollen Wälder auf Grundlage eines nationalen Umweltaktionsplans sowie einer vom kanadischen Forstministerrat beschlossenen neuen nationalen Waldstrategie zunehmend unter Berücksichtigung von Umweltaspekten und dem forstwirtschaftlichen Nachhaltigkeitsgedanken bewirtschaftet werden. Als Folge des Umdenkens werden die von den Provinzialregierungen vergebenen Holzeinschlagkonzessionen mit einer Reihe von Auflagen versehen (beispielsweise Höchstgrenzen für Kahlschlaggrößen, Erhalt von Waldrändern an ökologisch besonders empfindlichen Uferzonen, Mindeststandards für Aufforstungsprogramme etc.)[260].

Die Bemühungen um eine stärkere Regeneration der abgeholzten Waldflächen zeigen sich auch in einer Zunahme der Aufforstungen. Nach offiziellen Angaben stieg die aufgeforstete Fläche zwischen 1980 und 1990 von knapp 200.000 ha auf etwa 500.000 ha im Jahr, fiel danach aber wieder leicht ab[261]. Ein genaues Bild über Ausmaß und Erfolgsquoten der Wiederaufforstung ist kaum möglich, da hierüber auf Bun-

---

[258] *Canadian Council of Forest Ministers*, Compendium of Canadian Forestry Statistics 1996, 118: Über die größten Anteile an der kanadischen Einschlagfläche verfügen die Provinzen Quebec (35 %), Ontario (21 %) und British Columbia (19 %).

[259] Vgl. hierzu *Global Forest Watch Canada*, Canada's Forests at a Crossroads, 51.

[260] *Poker*, Bestandsaufnahme und Gefährdung der borealen Wälder, 80 f. mit Auflistung der einzelnen Zielvorstellungen dieser Umweltschutzpläne; zu einzelnen Waldschutzprogrammen Kanadas vgl. auch *Global Forest Watch Canada*, Canada's Forests at a Crossroads, 76 ff.

[261] *Canadian Council of Forest Ministers*, Compendium of Canadian Forestry Statistics 1996, 115 ff.; *dies.*, Forest Regeneration in Canada, 5 ff.

desebene keine Daten vorliegen. Mittlerweile kann aber ein - wenn auch bescheidener - Trend zu anderen Holzernteverfahren als der Kahlschlagmethode verzeichnet werden[262]; dennoch wird der Kahlschlag auch zukünftig in Kanada das dominante Rodungsverfahren darstellen.

Derzeit nimmt die in Kanada unter Schutz gestellte Waldfläche mit etwa 78 Mio. ha fast 8 % der Fläche Kanadas ein (zum Vergleich: die Gesamtfläche Deutschlands beträgt ca. 36 Mio. ha)[263]; die Fläche der geschützten Wälder sollte im Rahmen des 1990 implementierten Umweltschutzprogramms „Grüner Plan“ bis zum Jahr 2000 auf 120 Mio. ha ausgeweitet werden[264]. Im Rahmen der zweiten nationalen Forststrategie und des „Canada Forest Accord“ (1998-2003) sind weitergehende Schutzmaßnahmen für die kanadischen Wälder vorgesehen, auch unter besonderer Berücksichtigung der Belange der dort lebenden indigenen Bevölkerung[265].

2. Die Wälder der gemäßigten Breiten

a) Waldbestand und geographische Verteilung

Unter den Wäldern der gemäßigten Zone, die auch als temperierte Wälder bezeichnet werden, versteht man überwiegend sommergrüne Laubwälder, die in Gebieten mit einer Vegetationszeit von vier bis neun Monaten, kalten Wintern und milden bis warmen, feuchten Sommern vorkommen. Die temperierten Wälder auf der Nordhalbkugel in Europa, im Nordosten Chinas bis Japan und in Nordamerika schließen sich dem borealen Waldgürtel an[266]. Auf der Südhalbkugel kommen sie in

---

[262] *Canadian Council of Forest Ministers*, Forest Regeneration in Canada, 12.

[263] *UN-ECE/FAO*, Forest Resources of Europe, CIS, North America, Australia, Japan and New Zealand, 234.

[264] *Natural Resources Canada*, The State of Canada's Forests, 73; *Fenner*, Überblick über die Bedrohung und Vorschläge zum Schutz borealer Wälder, Essener Geographische Arbeiten, Bd. 25, 99, 102.

[265] *Global Forest Watch Canada*, Canada's Forests at a Crossroads, 83, 73 ff.

[266] Während die borealen Wälder eine großflächige, relativ homogene Waldformation bilden, herrschen in der gemäßigten Zone äußerst unterschiedliche Standortbedingungen vor. Anthropogene Einflüsse spielen hier eine ungleich größere Rolle als in der borealen Zone. Vgl. ausführlicher zu den natürlichen Wachstumsbedingungen der temperierten Wälder *Enquête-Bericht (1994)*, 438 f.; *Poker*, Bestandsaufnahme und Gefährdung der temperierten Wälder, 5 ff.

geringerer Flächenausdehnung im Anschluß an subtropische Waldformationen in Südamerika und Neuseeland vor. Mangels eindeutiger Definition werden teilweise auch subtropische Waldformationen im Mittelmeerraum, an der Westküste der USA und Australiens zu den temperierten Wäldern gezählt, so daß die genaue Fläche nicht eindeutig zu bestimmen ist[267].

Der heutige Gesamtwaldbestand der gemäßigten Zone wird auf etwa 840 Mio. ha geschätzt[268]. Die ausgedehntesten Waldflächen der gemäßigten Zone befinden sich mit rund 45 % in Nordamerika (USA ohne Alaska, Teile Kanadas)[269], 17 % entfallen auf den europäischen Teil Rußlands (einschließlich baltische Staaten, Ukraine und Weißrußland) und 17 % auf Europa[270] (ohne Skandinavien); der Rest verteilt sich auf Ostasien (Korea, Teile Chinas und Japans), Australien und Neuseeland sowie Südamerika (Argentinien, Chile, Uruguay) und Südafrika.

Die Wälder der gemäßigten Zone in den heutigen Industriestaaten der mittleren Breiten wurden schon vor Jahrhunderten durch die Umwandlung in landwirtschaftliche Nutzfläche bzw. als Quelle für Brenn- und Bauholz stark vermindert[271]. Mittlerweile trägt Holz in diesen Re-

---

[267] Da die FAO in den Weltforstinventuren 1990 und 2000 lediglich zwischen tropischen und nichttropischen Staaten unterschieden hat (vgl. *UN-ECE/FAO*, Forest Resources of Europe, CIS, North America, Australia, Japan and New Zealand; *UN-ECE/FAO*, The Forest Resources of the Temperate Zones; beide beinhalten die Untersuchung sowohl temperierter als auch borealer Wälder), finden sich in der Literatur unterschiedliche Angaben zum Ausmaß der borealen und temperierten Waldfläche.

[268] *Enquête-Bericht (1994)*, 435 f.; *Ulrich/Puhe*, Auswirkungen der zukünftigen Klimaveränderung auf mitteleuropäische Waldökosysteme, 109.

[269] *BReg.*, Gesamtwaldbericht 2001, 12.

[270] Nach Angaben der FAO bedecken Wälder in Europa einschließlich der nordischen Staaten ca. 190 Mio. ha der Landoberfläche. Innerhalb der Dekade 1990-2000 ist die Waldfläche in Europa (ohne Rußland) um 7 Mio. ha gestiegen. Siehe zu den Waldflächenerhebungen in Europa: *UN-ECE/EC*, Der Waldzustand in Europa, Kurzbericht 2000, Anhang 1; *UN-ECE/FAO*, Forest Resources of Europe, CIS, North America, Australia, Japan and New Zealand, 43 ff.

[271] Zur historischen Entwicklung der Waldbestände vgl. *Poker*, Bestandsaufnahme und Gefährdung der temperierten Wälder, 7 ff.; siehe auch *Hasel*, Zur Geschichte der Waldverwüstung in Deutschland, Zeitschrift für Wirtschaftsgeographie 1993, 117 ff.

gionen nur noch marginal zur Deckung des Energiebedarfs bei[272]. Die europäischen Länder sowie die Vereinigten Staaten sind heute, von regional starken Schwankungen abgesehen, zu 33 % (Europa ohne Rußland) bzw. 25 % (USA) bewaldet[273]; in Japan sind dagegen noch 64 % der Landfläche mit Wald bedeckt[274]. Da Waldnutzung und Waldbewirtschaftung in den Ländern der temperierten Zone eine lange Tradition haben, existieren dort nur noch geringe Flächen mit unberührten Naturwäldern. In Westeuropa liegt der Anteil bei weniger als 1 % der gesamten Waldfläche, in den USA noch bei knapp 9 %[275]. Die Waldflächen in den Ländern der gemäßigten Zone haben sich in den vergangenen Jahrzehnten weitgehend stabilisiert und nehmen vor allem in den Industrieländern tendenziell zu. Für die westeuropäischen Staaten wurde von 1990 bis 2000 eine Zunahme um jährlich 0,6 % festgestellt; auch in den USA erhöhte sich in diesem Zeitraum die Waldfläche um 0,2 %[276].

Mehr als zwei Drittel der temperierten Wälder werden forstwirtschaftlich genutzt[277]; das jährliche Gesamtholzaufkommen in der gemäßigten Waldzone liegt bei etwa 1,25 Mrd. m^3[278]. Mit einer Einschlagmenge von 1,5 m^3 pro Hektar liegt die Einschlagfläche in den temperierten Wäldern deutlich über dem weltweiten Durchschnitt von 0,8 m^3 pro Hek-

---

272 In Mitteleuropa wurde der Energiebedarf um 1700 noch zu 90 %, 1925 zu 50 % und 1974 nur noch zu 4 % durch Brennholz gedeckt, vgl. *Goy*, Holz - ein Bioenergieträger mit Zukunft?, DIW-Wochenbericht 26/99.

273 Vgl. <http://www.fao.org/forestry/fo/fra/index.jsp>, Tabelle 3 (Forest cover 2000). Siehe auch *UN-ECE/FAO*, Forest Resources of Europe, CIS, North America, Australia, Japan and New Zealand, 46 ff. Regional schwankt jedoch die Bewaldungsrate (bezogen auf die Gesamtfläche eines Landes) in den temperierten Zonen Europas erheblich zwischen 9,6 % in Irland und 55 % in Slowenien. Die durchschnittliche Waldfläche pro Kopf beträgt in Europa 0,3 ha (ohne ehemalige UdSSR).

274 Siehe Anm. 273.

275 *UN-ECE/FAO*, Forest Resources of Europe, CIS, North America, Australia, Japan and New Zealand, 245.

276 *UN-ECE/FAO*, Forest Resources of Europe, CIS, North America, Australia, Japan and New Zealand, 58 ff.; <http://www.fao.org/forestry/fo/fra/index.jsp>, Tabelle 4 (Change in forest cover 1990-2000).

277 *Poker*, Bestandsaufnahme und Gefährdung der temperierten Wälder, 14: Die Daten beziehen sich auf den jährlichen Holzeinschlag Ende der 80er Jahre.

278 *BReg.*, Gesamtwaldbericht 2001, 44.

tar[279]. 65 % der europäischen Forstflächen befinden sich im Privateigentum; die Eigentumsverhältnisse sind durch eine große Zersplitterung gekennzeichnet. Die meisten Grundbesitze haben eine Größe von weniger als 5 ha[280]. Da in Europa weniger Holz eingeschlagen wird als nachwächst (70 %), wird für die nächsten Jahre eine deutliche Steigerung der Holzvorräte prognostiziert[281]. Im Vergleich dazu werden in den USA 95% des jährlichen Volumenzuwachses genutzt; Übernutzungen der Waldbestände waren in den letzten Jahren in Albanien, Zypern, Griechenland und Portugal festzustellen[282].

Obwohl das Ausmaß der temperierten Waldzone gegenüber den borealen und tropischen Waldflächen gering ist (die EU verfügt nur über 3 % der weltweiten Waldfläche[283]), zählen die dortigen Staaten zu den führenden Produzenten von Holzprodukten und Papier und nehmen eine bedeutende Rolle als Exporteure und Importeure von Holzwaren ein. Die EU sowie die USA sind weltweit führend in der Papier- und Schnittholzproduktion[284]. Wertmäßig betrachtet gehören die USA, Deutschland, Frankreich und Österreich zu den 10 größten Exporteuren von Holzprodukten; auch auf der Importseite sind die USA, Deutschland, Großbritannien, Japan, Frankreich und Italien führend[285].

---

279 *BReg.*, Gesamtwaldbericht 2001, 44: für Westeuropa wird sogar ein noch höherer Einschlag von 2,3 m^3 pro Hektar angegeben (zum Vergleich die eher geringe Nutzungsintensität von lediglich 0,4 m^3 pro Hektar in der borealen Zone und 0,9 m^3 pro Hektar in den Tropen).

280 *Kommission der EG*, Mitteilung über eine Strategie der EU für die Forstwirtschaft, KOM (1998) 649 endg. v. 18.11.1998, 5.

281 *Poker*, Bestandsaufnahme und Gefährdung der temperierten Wälder, 14. Vgl. zur Prognose des zukünftigen Holzbedarfs in Deutschland: *BML*, Das potentielle Rohholzaufkommen in Deutschland bis zum Jahr 2020, 20.

282 *UN-ECE/FAO*, European Timber Trends and Prospects, 16.

283 Siehe Anm. 273.

284 *FAO*, Yearbook of Forest Products 1998, 74 ff., 186 ff.: Mit der Mitgliedschaft Österreichs, Schwedens und Finnlands hat sich die EU hinter den USA zum zweitgrößten Produzenten von Papier und Schnittholz sowie zum größten Importeur und drittgrößten Exporteur von Erzeugnissen der Forstwirtschaft entwickelt.

285 *FAO*, Yearbook of Forest Products 1998, 226 ff., 243. Siehe auch Abbildungen 24 und 25 in diesem Teil.

b) Entwicklung der neuartigen Waldschäden

In den im Vergleich zu den tropischen oder borealen Wäldern räumlich zersplitterten temperierten Wäldern treten großflächige einheitliche Schadensereignisse kaum auf. In den vergangenen Jahren ist aber in den Regionen des Mittelmeerraums und in einigen Gebieten der USA die für gewöhnlich relative Stabilität der Wälder der gemäßigten Zone durch großflächige Waldbrände beschädigt worden[286]. Große Schäden hat auch Anfang 1998 ein Eissturm in Kanada und im Nordosten der USA verursacht, der fast 7 Mio. ha Wald in Mitleidenschaft zog. Die Kosten dieser Waldverluste beliefen sich auf 1 Mrd. US-$[287]. Abgesehen von eher seltenen Naturkatastrophen übt in der temperierten Waldzone der Eintrag von Luftschadstoffen, der maßgeblich für die zunächst in Mitteleuropa und Nordamerika beobachteten sog. neuartigen Waldschäden verantwortlich ist, einen entscheidenden Einfluß auf den Waldzustand aus[288].

„Neuartig" sind diese Schäden insofern, als innerhalb weniger Jahre bei den Waldökosystemen Krankheitssymptome in einem bis dahin unbekannten überregionalen Ausmaß anfangs an Nadelbaumarten wie Tanne, Kiefer und Fichte, später auch bei den Laubbaumarten Buche und Eiche beobachtet worden sind, die im Gegensatz zu den klassischen Waldschäden nicht einem einzelnen Verursacher zugeordnet werden können. Neben den Bäumen selbst sind auch Waldböden und die Bodenvegetation von den auffälligen Veränderungen betroffen.

Waldschäden sind mittlerweile auch außerhalb Europas und Nordamerikas zu beobachten. Das Phänomen des „sauren Regens" tritt zunehmend im südostasiatischen Raum sowie in Südamerika auf. Welches Ausmaß die schadstoffbedingten Waldschäden weltweit haben, läßt sich

[286] 1997 und 1998 wurden Wälder in allen Klimazonen von den schlimmsten Waldbränden seit vielen Jahren betroffen. Nicht nur in Indonesien und Brasilien (vgl. dazu näher S. 100 ff.), sondern auch in Mexiko und Zentralamerika (1,5 Mio. ha), im Südosten der USA (200.000 ha) und Griechenland (150.000 ha) wurden Brände großen Ausmaßes registriert (vgl. *FAO*, SOFO 1999, 2 ff.).

[287] *FAO*, SOFO 1999, 5.

[288] Da schadstoffbedingte Waldschäden zunächst in den westlichen Industrienationen aufgetaucht sind, beschränkt sich die nachfolgende Darstellung der Gefährdung der Wälder der gemäßigten Breiten auf dieses erst seit einigen Jahren zu beobachtende Phänomen. Vgl. ausführlicher zur Waldschadensentwicklung in Europa: *Ulrich/Puhe*, Auswirkungen der zukünftigen Klimaveränderung auf mitteleuropäische Waldökosysteme, 117 ff.

mangels globaler Statistiken über den Waldzustand nicht beziffern. Aus einzelnen Gebieten sind nur punktuelle Aufnahmen und Beobachtungen bekannt, die jedoch kein geschlossenes Bild vermitteln.

Für Europa werden indes seit über fünfzehn Jahren aussagekräftige Erhebungen über den Anteil der erkrankten Bäume am Gesamtbestand durchgeführt[289].

Auch wenn nach diesen Untersuchungen in einigen Regionen eine Verbesserung des Waldzustandes zu beobachten ist, nehmen die Waldschäden auf europäischer Ebene insgesamt gesehen offensichtlich zu. Auch eine von der Umweltstiftung WWF erarbeitete europäische Waldrangliste für 1998 kommt zu dem Ergebnis, daß weniger die Reduzierung der Waldfläche als vielmehr ihre abnehmende Qualität das Hauptproblem der Wälder in Europa darstellt[290].

---

[289] 1985 wurde als Reaktion auf die wachsende Besorgnis über die durch Luftverunreinigungen verursachten Waldschäden von der Wirtschaftskommission der Vereinten Nationen für Europa im Rahmen des Übereinkommens über weiträumige grenzüberschreitende Luftverunreinigungen (Genfer Luftreinhaltekonvention v. 13.11.1979) das „International Cooperative Programme on the Assessment and Monitoring of Air Pollution Effects on Forests" (ICP Forests) gegründet. Seitdem wird der Waldzustand in enger Zusammenarbeit zwischen ICP Forests und der EU überwacht. Gegenwärtig beteiligen sich 38 europäische Staaten, darunter alle EU-Mitgliedstaaten, sowie die USA und Kanada am gemeinsamen forstlichen Biomonitoring. Die im Rahmen des Programms erhobenen Daten werden auf 2 Intensitätsstufen ermittelt: Hauptziel des extensiven Monitoring mittels Stichproben (Level I) sind Erkenntnisse über die Entwicklung des jährlichen Kronenzustands der Bäume und des Waldbodenzustands. Das sog. intensive Monitoring (Level II, seit 1994) wertet auf ausgewählten Dauerbeobachtungsflächen Informationen über Entwicklungen und Beziehungen zwischen Standort- und Streßfaktoren und dem Waldzustand aus (vgl. ausführlicher *UN-ECE/EC*, Forest Condition in Europe 2000, Technical Report; UN-Doc. EB.AIR/WG.1/2000/5 v. 6.6.2000: Summary Report by the Coordinating Centre of the ICP; siehe für Deutschland auch erste Ergebnisse in: *BML*, Dauerbeobachtungsflächen zur Umweltkontrolle im Wald, 21 ff.).

[290] In der Europäischen Waldrangliste des WWF wurden Wälder in 15 europäischen Staaten auf Grundlage von 91 Indikatoren in den Kategorien Umwelt, Produktion, soziale und kulturelle Aspekte, Schutzgebiete sowie Schadstoffbelastung untersucht. Deutschland belegte danach einen Mittelplatz. Vgl. zu dieser Untersuchung <http://www.wwf.de> sowie WWF Journal 4/98, 32 f.

aa) Ausmaß der Waldschäden

Das gemeinsame Monitoring der Wirtschaftskommission der Vereinten Nationen für Europa (UN/ECE) und der EU stufte 1999 nahezu ein Viertel (22,6 %) der begutachteten Bäume als mittel oder schwer geschädigt ein[291]. Seit Beginn der Erhebungen hat sich der Kronenzustand von Nadel- und Laubbäumen allgemein verschlechtert; allerdings geben die letztjährigen Auswertungen Hinweise auf eine Verlangsamung dieser negativen Entwicklung[292]. Waldschäden treten vermehrt in mittel- und osteuropäischen Gebieten auf. Große Areale mit geschädigten Bäumen (Schadstufen 2-4) befanden sich 1999 in der Ukraine (56 %), in der Tschechischen Republik (50 %) und in Bulgarien (44 %), aber auch in Italien (35 %). Nur geringe Schäden wurden in Österreich (6,8 %), Estland (8,7 %) und Albanien (9,9 %) festgestellt[293]. In Deutschland ist der Anteil deutlich geschädigter Bäume seit 1991 von 30 % auf 23 % im Jahre 2000 zurückgegangen[294].

Die Entwicklung der Waldschäden seit Anfang der 90er Jahre wird auf überwiegend günstige Witterungsbedingungen, die verhältnismäßig ge-

---

291 Waldschäden werden anhand des Grads der Kronenverlichtung und der Vergilbung der vorhandenen Nadeln/Blätter ermittelt. Es existieren 5 Schadstoffstufen (0-4). Ab Schadstoffstufe 2 - mehr als 25 % Nadel- bzw. Blattverlust - werden Bäume als geschädigt eingestuft (vgl. *BReg.*, Waldzustandsbericht 2000, 7).

292 *UN-ECE/EC*, Der Waldzustand in Europa, Kurzbericht 2000, 4.

293 *UN-ECE/EC*, Der Waldzustand in Europa, Kurzbericht 2000, Anhang 2.

294 Gegenüber dem Vorjahr ist dies in Anstieg um 1 %-Punkt, vgl. *BReg.*, Waldzustandsbericht 2000, 8 f.: Die Ergebnisse sind mit den früheren Waldzustandsberichten (bundesweite Waldschadenserhebungen werden seit 1984 durchgeführt) nicht direkt vergleichbar, da sie auf einem anderen Stichprobenumfang und auf verfeinerten Auswertungsmethoden beruhen. Die jetzigen Ergebnisse zeigen 1-5 Prozentpunkte höhere Werte für die Waldschäden in Deutschland seit 1991 an. Es bestehen zum Teile große regionale und baumartenspezifische Unterschiede in der Höhe und im Trend der Schadensentwicklung: Die geringsten Schäden weisen Brandenburg, Mecklenburg-Vorpommern und das Saarland auf, überdurchschnittlich hohe Waldschäden zu je 30 % sind für Schleswig-Holstein und Nordrhein-Westfalen zu verzeichnen (vgl. *BReg.*, Waldzustandsbericht 2000, 52 ff.). Eine erste Auswertung der Ergebnisse der Waldschadensforschung in Deutschland belegt, daß die anthropogene Luftverschmutzung eine maßgebliche Ursache der Waldschäden ist (vgl. Forschungsbericht Nr. 6/97 des Umweltbundesamts: „Auswertung der Waldforschungsergebnisse (1982-1992) zur Aufklärung komplexer Ursache-Wirkungsbeziehungen“).

ringe Bedeutung von Insekten und anderen Schadorganismen sowie eine Verminderung der atmosphärischen Stoffeinträge in die Wälder zurückgeführt[295].

Abbildung 31

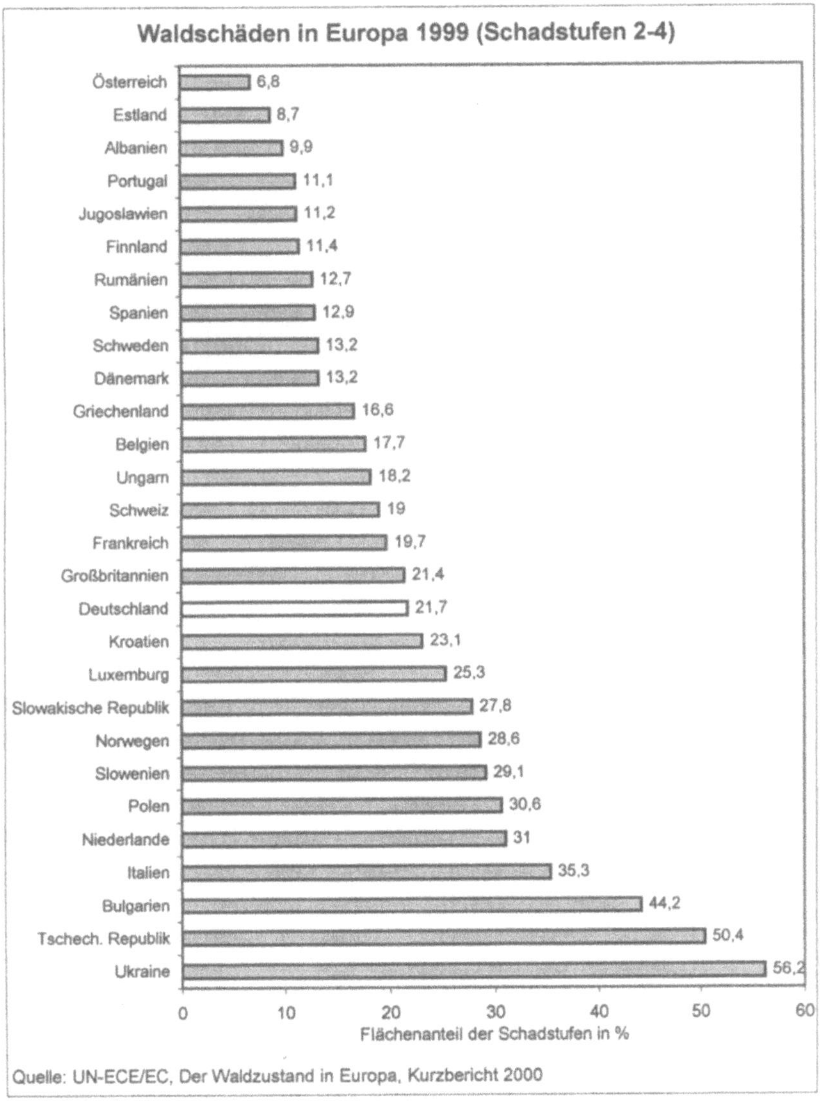

[295] *BReg.*, Waldzustandsbericht 2000, 23 ff.

Abbildung 32

Quelle: Waldzustandsbericht der Bundesregierung 2000

bb) Ursachen der Waldschäden

Anthropogene Luftverunreinigungen aus dem Energiesektor (Kraftwerke, Heizungsanlagen), dem Verkehrssektor und der Industrie sind neben langen Dürreperioden in Südeuropa hauptsächlich verantwortlich für die seit Jahren zu beobachtenden Kronenverlichtungen der Bäume in Europa. Bei allen Baumarten trat eine erhebliche Verschlechterung des Kronenzustands ein, wobei der Trend bei Laubbäumen deutlicher ausfiel als bei Nadelbäumen. Es konnten des weiteren deutliche Zusammenhänge zwischen Luftverunreinigungen einerseits und den chemischen Eigenschaften des Bodens sowie dem Zustand der Nadeln und Blätter andererseits festgestellt werden[296].

---

[296] *UN-ECE/EC*, Der Waldzustand in Europa, Kurzbericht 2000, S. 12 ff.

Nahezu alle Waldschadenstheorien sehen die Emissionen von Schwefeldioxid (SO_2), Stickoxiden (NO_x) und Ammoniak (NH_3)[297] sowie erhöhte Ozonkonzentrationen als primäre Ursachen für die auftretenden Waldschäden an[298]. Dabei sind ein oberirdischer (direkter) und ein unterirdischer (indirekter) Wirkungsmechanismus voneinander abzugrenzen. Beide führen zu Störungen des Kohlenstoff-, Wasser- und Nährstoffhaushalts der Bäume. Eine oberirdische Schädigung der Bäume erfolgt an der Nadel- bzw. Blattoberfläche durch das Eindringen gasförmiger Luftschadstoffe[299]. Zudem bilden sich aus Schwefeldioxid und Stickstoffoxiden im Zusammenwirken mit Wasser Säuren, die auch unter dem Schlagwort „Saurer Regen" bekannt sind[300]. Saure Niederschläge wurden bereits in den 60er Jahren in den skandinavischen Ländern beobachtet, treten mittlerweile aber vermehrt in ganz Mitteleuropa auf. Der erhöhte Säuregrad des Regens beschädigt die schützende Wachsschicht der Blätter und Nadeln, wodurch wiederum die Nährstoffauswaschung aus den oberirdischen Pflanzenteilen gefördert wird.

Schadstoffeinträge können sich zudem gravierend auf die Qualität der Waldböden auswirken. Der Eintrag bodenversauernder Luftschadstoffe, vor allem Schwefel- und Stickstoffverbindungen, führt zur einer Versauerung der Böden mit der Folge, daß wichtige Nährstoffe ausgewaschen werden und verstärkt Stickstoffkonzentrationen im Boden

---

[297] Diese drei Spurengase zählen zu den sog. indirekt klimawirksamen Spurengasen, die in der Regel nur eine kurze atmosphärische Verweilzeit von weniger als drei Monaten haben. Damit verbunden sind aber große räumliche und zeitliche Variationen ihrer Konzentration, die keine gesicherten Aussagen über globale Trends zulassen (vgl. *Enquête-Bericht [1994]*, 9).

[298] Vgl. *Enquête-Bericht (1990)*, 118.

[299] Vor allem Schwefeldioxid und Ozon wirken in höheren Konzentrationen schädlich auf die Blätter, indem die Zellmembran geschädigt und die Photosynthese beeinträchtigt wird. Während die durch Schwefeldioxid hervorgerufenen sog. „Rauchschäden" bereits seit dem letzen Jahrhundert bekannt sind und in der näheren Umgebung starker Schwefelemittenten beobachtet wurden, sind Schädigungen durch bodennahes Ozon (O_3) erst Mitte der 80er Jahre verstärkt aufgetreten (*UN-ECE/EC*, Der Waldzustand in Europa, Kurzbericht 1999, 24 ff.).

[300] Der pH-Wert des „natürlichen Regens" schwankt zwischen 4,8 und 5,1, sein theoretischer Wert beträgt 5,6. In Deutschland liegt der pH-Wert des Regenwassers durchschnittlich nur bei etwa 4,0-4,6. Dies entspricht einer bis zu 40fachen Säuremenge gegenüber natürlichen Säureverhältnissen (vgl. *Enquête-Bericht [1990]*, 125 f.).

verbleiben[301]. Aufgrund der schlechten Nährstoffversorgung sind Pflanzen anfälliger für Schädlings- und Krankheitsbefall und weniger resistent gegen Frost, Trockenheit und andere Klimaextreme. Außerdem nimmt mit einer höheren Versauerung die Durchwurzelung der Böden ab, wodurch die Standfestigkeit der Bäume gefährdet wird[302].

Hinsichtlich der Schadstoffeinträge treten in Europa deutliche räumliche Unterschiede auf. Während in vielen Ländern Osteuropas durch Kraftwerke noch große Mengen an Schwefeldioxid und Stickstoffoxiden emittiert werden, die hauptverantwortlich für das dortige Waldsterben sind, konnten in Westeuropa seit Beginn der 80er Jahre die Schwefeleinträge um ca. 70 % verringert werden[303]. Dort stellt allerdings der Verkehrssektor die weitaus größte Emissionsquelle, insbesondere für Stickstoffoxide, dar. Hauptquelle der Stickoxidemissionen ist in Deutschland der Straßenverkehr[304]. Stickstoffoxide entstehen auch durch die Biomasseverbrennung bei Waldbrandrodungen und Savan-

---

[301] Die europaweite Bodenzustandserhebung von 1997 stellt auf etwa 20 % aller Aufnahmepunkte saure Oberböden fest (pH-Wert unter 3,5). Die niedrigsten pH-Werte im Boden wiesen ausschließlich Regionen mit sehr hohen Luftschadstoffbelastungen in Ländern Zentral- und Westeuropas, wie etwa in Deutschland, Polen, im Norden Tschechiens und in der Slowakei auf (*UN-ECE/EC*, Der Waldzustand in Europa, Kurzbericht 1998, 9 f.). Vgl. ausführlicher hierzu: *Ulrich/Puhe*, Auswirkungen der zukünftigen Klimaveränderung auf mitteleuropäische Waldökosysteme, 82 ff.

[302] *BReg.*, Waldzustandsbericht 2000, 33 ff.

[303] Zwischen 1990 und 1997 sind in Deutschland die SO_2-Emissionen um mehr als 70 % zurückgegangen. Dies ist im wesentlichen auf den Einbau von Rauchgasentschwefelungsanlagen in Kraftwerken und Industrieanlagen in den neuen Bundesländern zurückzuführen. Wurden dort 1990 pro Kopf noch 272 kg SO_2 gemessen, lag der Emmissionswert 1997 im Bundesdurchschnitt nur noch bei 17,9 kg (*BReg*, Treibhausgasinventare für die Bundesrepublik Deutschland für die Jahre 1990 bis 1998, 5).

[304] *BMU*, 2. Klimaschutzbericht, 71: Mit einem Anteil von 58 % an den Stickstoffoxidemissionen (1994) ist der Straßenverkehr in Deutschland Hauptverursacher von Waldschäden und Sommersmog. Aufgrund der Einführung des Katalysators wird trotz eines erheblichen Verkehrswachstums in Deutschland mit einem Rückgang der Verkehrsemissionen von Kohlenwasserstoffen und Stickstoffoxid gerechnet (von 1970 bis 1996 stieg die Pkw-Anzahl von 14 auf 41 Mio. bei einer gleichzeitigen Verdopplung der Gesamtfahrleistung pro Pkw; für 2010 wird ein Zuwachs der Verkehrsleistung im Personen- wie auch im Güterverkehr von knapp 30 % prognostiziert (vgl. *BMU*, 2. Klimaschutzbericht, 51 ff.).

nenbränden. Über den Brandrodungsgebieten der Tropen führen die freigesetzten Stickstoffoxide zu Ozonkonzentrationen, die mit den hohen Ozonwerten in den Industriestaaten der Nordhemisphäre vergleichbar sind[305]. Ammoniakemissionen, die größtenteils aus der Landwirtschaft stammen, liegen zwar mengenmäßig unterhalb der Emissionen von Stickstoffoxiden und Schwefeldioxid[306], wirken sich aber im Vergleich zu den anderen Spurengasen stärker auf die Schädigung der Waldökosysteme aus, da Ammoniak erheblich zur Säurebelastung der Böden beiträgt.

Auch die direkt klimawirksamen atmosphärischen Treibhausgase (v.a. CO_2) sind Mitverursacher der neuartigen Waldschäden, da Wälder als Folge der durch den Treibhauseffekt mitverursachten Klimaänderungen einer zusätzlichen Belastung ausgesetzt werden. Um weitergehende Schädigungen der Wälder der Industrienationen der mittleren Breiten einzudämmen und die Wälder in ihrer Ausdehnung zu erhalten, sind weitere Anstrengungen zum Klimaschutz, insbesondere zur Verringerung des Schadstoffeintrags, sowohl auf nationaler als auf internationaler Ebene erforderlich.

III. Die Tropenwälder

1. Vorkommen und Gliederung tropischer Waldformationen

Mit dem Sammelbegriff „Tropenwald" wird die in den Tropen und Subtropen vorhandene Vielfalt unterschiedlicher Waldtypen und waldähnlicher Ökosysteme umschrieben; der Tropenwald stellt ebenso wie etwa der Wald in den gemäßigten Breiten keine einheitliche Vegetationsform dar. Spezifische Klima- und Standortverhältnisse sowie verschiedene anthropogene Einflüsse führen innerhalb der Tropen zu einer außerordentlichen Vielfalt von Waldtypen, die sich hinsichtlich der Baumartenzusammensetzung, des Aufbaus und der wirtschaftlichen Bedeutung unterscheiden.

Die Abgrenzung der Tropen und die Einteilung der Tropenwälder in einzelne Formationen erfolgt anhand unterschiedlicher, teilweise unscharfer klimatischer Kriterien, so daß die Übergänge zu anderen Waldformationen fließend sind. Grob skizziert erstrecken sich die Tropen rund um den Äquator bis zum nördlichen und südlichen Wende

---

305 *Enquête-Bericht (1994)*, 193.

306 *Enquête-Bericht (1994)*, 460.

rund um den Äquator bis zum nördlichen und südlichen Wendekreis und umfassen weite Teile Lateinamerikas und Afrikas, ganz Süd- und Südostasien sowie Nordaustralien.

Aufgrund ganzjährig hoher Temperaturen und Niederschläge sind die meisten tropischen Gebiete bewaldet. Abhängig von Höhe und zeitlicher Verteilung der Niederschlagsmenge lassen sich folgende Tropenwaldformationen unterscheiden: Unter den Begriff der „Regenwälder“, der oftmals mit den Tropenwäldern gleichgesetzt wird, sind lediglich die immergrünen tropischen Feuchtwälder einzuordnen[307], daneben existieren regengrüne Feuchtwälder[308], regengrüne Trockenwälder[309] sowie tropische Berglandformationen[310] und Tropenwälder, die sich durch besondere Wasser- bzw. Bodenverhältnisse auszeichnen, wie z.B.

---

[307] Das Verbreitungsgebiet der Regenwälder, das sich durch extrem hohe Niederschläge und eine Trockenzeit von maximal 2 Monaten jährlich auszeichnet, betrug 1990 über 700 Mio. ha. Regenwälder finden sich vor allem im Amazonas-Orinoko-Becken in Südamerika, im Kongo-Becken in Afrika und um den Golf von Guinea. Auch in Sri Lanka, Westindien, Thailand, Indochina, Malaysia, Neuguinea, auf den Philippinen sowie an der Ostküste Australiens sind tropische Regenwälder verbreitet (vgl. *Enquête-Bericht [1990]*, 149 ff.). Bei der Drucklegung waren die spezifischen Untersuchungsergebnisse der FAO (Forest Resources Assessment 2000) zu den Tropenwäldern noch nicht veröffentlicht; daher wird hier für einen Überblick auf die Vorgängeruntersuchung aus dem Jahr 1990 zurückgegriffen.

[308] Regengrüne Feuchtwälder umfassen alle tropischen Wälder, die während einer deutlich ausgeprägten zwei- bis fünfmonatigen Trockenzeit zumindest Teile ihres Laubs abwerfen. Das Verbreitungsgebiet erstreckt sich im Anschluß an die immerfeuchten Regionen im Osten und Süden Afrikas, in Vorder- und Hinterindien, an der australischen Nord- und Ostküste sowie südlich und nördlich des Amazonasregenwaldes (*Steinlin*, The Decline of Tropical Forests, Quarterly Journal of Int. Agriculture 1994, 128, 129).

[309] Tropische Trockenwälder treten in einem Klima mit einer fünf- bis achtmonatigen Trockenzeit auf, während der die Bäume vollkommen laubfrei sind. Etwa ¾ der tropischen Trockenwälder befinden sich in den tropischen Gebieten Afrikas. Mit einer Bevölkerungsdichte von 70 Einwohner pro km^2 sind diese Regionen die am dichtesten bevölkerten in den Tropen, da die offene Vegetation die Besiedlung erleichtert. Siehe ausführlich zu Ausmaß und Bedeutung der tropischen Trockenwälder: *Bellefontaine*, The exchange of experience, in: Proceedings of the XI. World Forestry Congress, Vol. 6, Area H, Topic 38.4: Dry tropical forests, 213 ff.; *Erhart*, Tropenwaldschutz durch Bodenbesitzreform, 32 ff.

[310] Näher hierzu *FAO*, The State of Food and Agriculture 1994, 265.

die Überschwemmungswälder an Meeresküsten und Flußläufen (sog. Mangrovenwälder)[311].

Die tropischen Waldformationen bestehen zu 41 % aus Regenwäldern, 33 % aus Feuchtwäldern und 14 % aus Trockenwäldern. 82 % der Tropenwälder befinden sich im Flachland, nur 12 % in bergigen Regionen[312]. In der Öffentlichkeit konzentriert sich die Diskussion auf die immergrünen und regengrünen Feuchtwälder, die insgesamt drei Viertel aller tropischen Wälder umfassen.

Abbildung 33

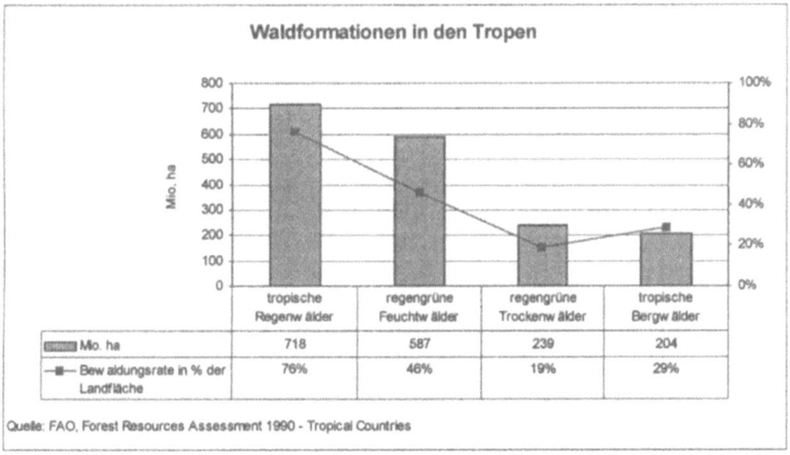

Die Bewaldungsrate der tropischen Länder liegt mit 37 % derzeit noch deutlich über dem weltweiten Durchschnitt von 30 %. Allerdings fällt das Ausmaß der Waldbedeckung in den ökologischen Hauptzonen der Tropenwälder unterschiedlich aus. Während in den tropischen Flachlandformationen insgesamt noch 44 % der Landfläche mit Wald bedeckt sind, herrscht ein besonders starker Entwaldungsdruck im tropischen Bergwald (auch unter den Begriffen Nebel- oder Wolkenwald bekannt) mit einer Bewaldungsrate von 29 %. Ein hoher Waldanteil ist

---

[311] Vgl. näher *Enquête-Bericht (1990)*, 157.

[312] *Steinlin*, The Decline of Tropical Forests, Quarterly Journal of Int. Agriculture 1994, 128, 129; *Alexandratos*, World Agriculture: Towards 2010, 207. (Werte für 1990, vgl. Anm. 307).

noch in Regionen mit tropischem Regenwald (76 %) und immergrünem Feuchtwald (46 %) zu finden (Werte für 1990).

Innerhalb der Tropenwaldregionen der Erde ist die Bewaldungsrate am höchsten in Lateinamerika und der Karibik, wo im Durchschnitt noch 64 % der Landfläche mit Wald bedeckt sind[313]; in den pazifischen Inselstaaten liegt die Bewaldungsrate sogar bei 65 %. In den tropischen asiatischen Gebieten beträgt die Waldbedeckung 34 %[314], im tropischen Afrika liegt der Anteil nur noch bei 28 %[315].

Nach der aktuellen umfassenden Bestandsaufnahme der tropischen Wälder durch die FAO betrug die Gesamtfläche der Tropenwälder im Jahr 1990 1,98 Mrd. ha[316], das heutige Ausmaß der Tropenwälder wird auf 1,86 Mrd. ha beziffert. Mithin hat sich die Tropenwaldfläche in der Dekade 1990-2000 um 120 Mio. ha dezimiert.[317]. Die größte Tropenwaldfläche nehmen mit 830 Mio. ha die Wälder in Südamerika ein, die damit weltweit fast die Hälfte des gesamten Tropenwaldbestandes umfassen[318]. Das größte zusammenhängende Tropenwaldgebiet der Erde befindet sich im Amazonastiefland, von dem etwa drei Viertel zum brasilianischen Staatsgebiet gehören.

In Asien erreicht die Tropenwaldfläche ein Ausmaß von etwa 300 Mio. ha, davon konzentriert sich ein 125 Mio. ha großes Tropenwaldgebiet auf das Malaiische Archipel, das noch zu 85 % aus tropischen Regenwäldern besteht[319]. Indonesien besitzt an diesem Archipel mit 105 Mio. ha den größten Anteil und verfügt damit nach Brasilien (532 Mio. ha)

---

[313] Berechnet nach aktuellen Angaben der FAO, <http://www.fao.org/forestry/fo/fra/index.jsp>, Tabelle 3 (Forest cover 2000).

[314] Vgl. Anm. 313.

[315] Vgl. Anm. 313.

[316] Vgl. zu den Untersuchungsergebnissen des FRA 2000: <http://www.fao.org/forestry/fo/fra/index.jsp>, Tabelle 3 (Forest cover 2000). Siehe zu der vorherigen Untersuchung *FAO*, FRA 1990/Tropical Countries; *FAO*, FRA 1990/Survey of tropical forest cover and study of change processes. Aufgrund der neuen Walddefinition der FAO (vgl. Anm. 1) geht das Forest Resources Assessment 2000 von einer ca. 190 Mio. ha größeren Tropenwaldfläche für das Jahr 1990 aus als die Vorgängeruntersuchung FRA 1990.

[317] Siehe ausführlich zur Entwicklung der Tropenwaldzerstörung nachfolgend S. 91 ff.

[318] *FAO*, SOFO 1997, 151 f.

[319] Wert für 1990 nach *FAO*, FRA 1990/Tropical Countries, Tabelle 7b.

über die ausgedehntesten Tropenwaldgebiete der Erde[320]. Weitere große asiatische Tropenwaldgebiete befinden sich in Myanmar (34 Mio. ha) sowie in Malaysia (19 Mio. ha)[321].

Afrika verfügt insgesamt noch über fast 690 Mio. ha Tropenwälder. Im Gegensatz zu den asiatischen und lateinamerikanischen Tropenwaldgebieten werden die tropischen Waldgebiete in Afrika weniger von Regenwaldformationen (16 % der Waldfläche), sondern vielmehr von regengrünen Feuchtwäldern (48 %) dominiert, außerdem weist Afrika mit 29 % einen erheblichen Anteil an Trockenwäldern auf[322].

2. Ausmaß und Ursachen der Tropenwaldzerstörung

a) Ausmaß der derzeitigen Tropenwaldzerstörung

Von dem ursprünglichen Bestand der Feucht- und Trockenwälder in den Tropen ist kaum noch die Hälfte vorhanden. Die tropischen Wälder sind allein im Verlauf dieses Jahrhunderts um ein Fünftel ihrer Gesamtfläche reduziert worden. Seit einigen Jahrzehnten ist ein kontinuierlicher und signifikanter Prozeß der großflächigen Waldzerstörung in den tropischen Entwicklungsregionen festzustellen. Nach den drei von der FAO für 1980, 1990 und 2000 durchgeführten Forstinventuren[323] ist die Tropenwaldfläche zwischen 1975 und 1990 um über 200 Mio. ha oder mehr als 10 % zurückgegangen, zwischen 1990 und 2000 hat sich die gesamte Tropenwaldfläche noch einmal um 120 Mio. ha verringert.

---

[320] Werte für 2000 nach *FAO*, FRA 2000, vgl. Anm. 316; siehe auch *Whitmore*, Tropische Regenwälder, 24.

[321] Vgl. Anm. 320.

[322] Werte für 1990, *FAO*, FRA 1990/Tropical Countries, Tabelle 7a.

[323] Vgl. zur 1980er Untersuchung die Ergebnisse in: *FAO*, An Interim Report on the State of Forest Resources in the Developing Countries, Rom 1988. Die Ergebnisse der Weltforstinventur 1990 wurden veröffentlicht in: *FAO*, FRA 1990/Global Synthesis, 1995; zusammenfassende graphische Darstellung in: *Schmithüsen/Spinnler*, FAO Basisdaten zur Waldfläche der Erde und zur globalen Rundholznutzung. Vgl. näher zur Forstinventur 2000 Anm. 1. Siehe zur Erhebungsmethode der FAO auch: *Enquête Bericht (1990)*, 208 ff; *Rudel/Roper*, The Paths to Rain Forest Destruction, World Development 1997, 53, 54 f.

Betrug die durchschnittliche jährliche Rodungsfläche in der zweiten Hälfte der siebziger Jahre noch 11 Mio. ha bzw. 0,6 %[324], ging die Fläche der natürlichen Tropenwälder innerhalb der Dekade 1980-1990 jährlich um 14,6 Mio. ha bzw. um eine Quote von 0,76 % zurück[325]. Hinter der Erhöhung der Tropenwaldrodung von 0,6 auf 0,76 % jährlich verbergen sich substantielle regionale Unterschiede. Während hinsichtlich der Abholzungsrate in Zentralamerika und in der Sahelzone kaum Veränderungen zu beobachten waren, hat sich in Südostasien und Zentralafrika die durchschnittliche jährliche Tropenwaldabholzung im Zeitraum von 1981-1990 gegenüber 1976-1980 in etwa verdoppelt. Die Entwicklung in Südostasien wurde dabei zu einem großen Teil von Indonesien bestimmt, wo der Waldrückgang von jährlich knapp 600.000 ha auf 1,2 Mio. ha gestiegen ist[326].

Von 1990 bis 2000 reduzierte sich nach Angaben der FAO die Waldfläche in den tropischen Entwicklungsregionen noch einmal um jährlich 13,5 Mio. ha (ohne Aufforstungen und Plantagenanbau)[327]. Jährliche Aufforstungen und neue Plantagen v.a. in den asiatisch-pazifischen Entwicklungsländern reduzierten die Nettoverluste in den Tropen auf insgesamt 12 Mio. ha bzw. eine Quote von 0,65 % pro Jahr. Wie bereits einleitend erwähnt, entspricht dies einem durchschnittlichen Verlust von über 20 ha pro Minute[328].

Eine Betrachtung der Flächenverluste von 1990 bis 2000 nach Waldregionen zeigt, daß die Entwaldung am schnellsten in Afrika voranschreitet. Für das tropische Afrika, das in seinen westlichen Regionen bereits in den siebziger Jahren (v.a. in Nigeria und an der Elfenbeinküste[329]) erhebliche Tropenwaldverluste zu verzeichnen hatte, belief sich

---

324 *Thiele*, Wirtschaftspolitische Optionen zum Schutz tropischer Wälder, 9.

325 *FAO*, SOFO 1997, 18. Höhere Tropenwaldverluste gab dagegen noch die 1990er Untersuchung an; danach lagen die Tropenwaldverluste zwischen 1980 und 1990 bei 15,41 Mio. ha pro Jahr; dies entspricht einer jährlichen Verlustquote von 0,8 % (vgl. *FAO*, FRA 1990/Tropical Countries, Tabellen 4a-c).

326 *Thiele*, Wirtschaftspolitischen Optionen zum Schutz tropischer Wälder, 9 f.

327 Berechnet nach <http://www.fao.org./forestry/fo/fra/index.jsp>, Tabelle 4 (Change in forest cover 1990-2000).

328 *Liedeker*, Die Waldkampagnen des WWF, Forstliche Forschungsberichte München 172/1998, 77, 83.

329 Vgl. *Myers*, Anatomy of Environmental Action, in: Hurrell/Kingsbury (Hrsg.), The International Politics of the Environment, 430, 433.

der jährliche Waldflächenrückgang auf 5,3 Mio. ha bzw. eine Quote von - 0,77 %.[330]. Die größten Waldverluste Afrikas fanden im Sudan sowie in Sambia mit einem jährlichen Waldrückgang von 960.000 bzw. 850.000 ha statt[331]. Besonders hoch war die Verringerung des Waldbestandes im genannten Zeitraum auch in Asien/Ozeanien mit einem jährlichen Rückgang der Tropenwälder um 2,5 Mio. ha (- 0,72 %). Hohe Verluste waren v.a. auf den Philippinen und in Myanmar mit einem jährlichen Rückgang von 1,4 % sowie in Sri Lanka (- 1,6 %) und in Malaysia (- 1,2 %) zu verzeichnen. In Indonesien sind die jährlichen Waldverluste mit 1,3 Mio. ha gegenüber dem Zeitraum 1980-1990 (1,2 Mio. ha) leicht angestiegen, der jährliche Rückgang liegt immer noch bei 1,2 %[332].

Absolut gesehen waren die in Brasilien auf jährlich 2,3 Mio. ha bezifferten Waldflächenrückgänge mit Abstand am stärksten[333]; wegen der Ausdehnung des brasilianischen Amazonasraumes liegen sie mit einer jährlichen Verlustrate von 0,4 % jedoch nicht höher als die Werte für das tropische Südamerika. Gegenüber der Dekade 1980-1990 haben sich damit die Tropenwaldverluste in Lateinamerika deutlich verringert[334].

---

[330] Zur Berechnung s. Anm. 327; vgl. auch *BReg.*, Gesamtwaldbericht 2001, 63. Dagegen *Matthews*, Understanding the FRA 2000, 6, mit abweichenden Angaben.

[331] Angaben der *FAO*, FRA 2000, vgl. hierzu Anm. 327.

[332] Zur Berechnung vgl. Anm. 327.

[333] Vgl. Anm. 327. Ausführliche Abholzungsraten für die einzelnen brasilianischen Tropenwaldregionen in: *Serôa da Motta*, The Economics of Biodiversity in Brazil, in: OECD (Hrsg.), Investing in Biological Diversity, 283, 286 ff.

[334] Vgl. Anm. 327.

Abbildung 34

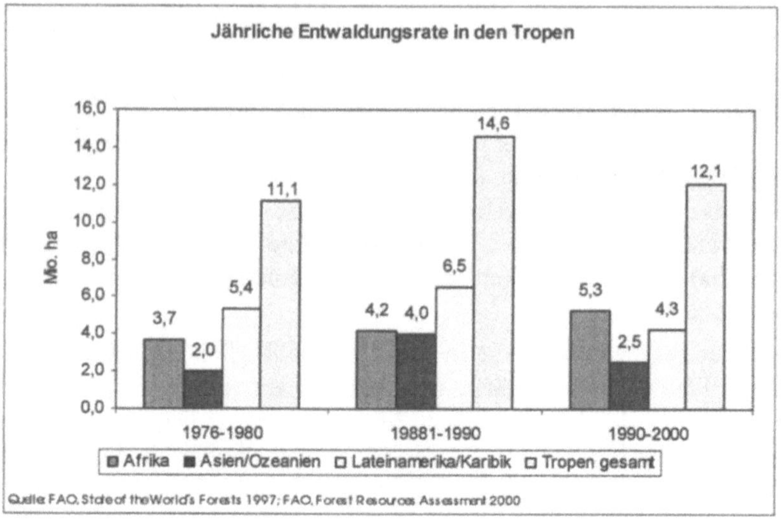

Abbildung 35

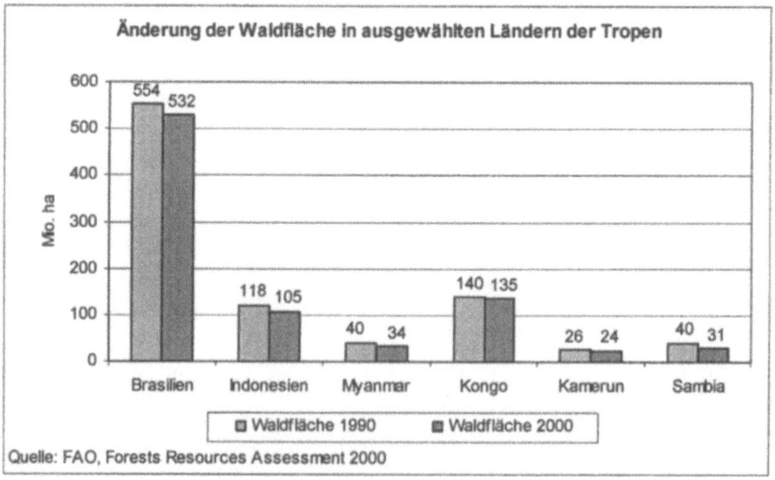

Der Rückgang der Tropenwaldfläche allein erlaubt noch keine endgültige Aussage über das Ausmaß der Tropenwaldvernichtung an verschiedenen Standorten, vielmehr differiert das Ausmaß der Waldvernichtung in den tropischen Waldformationen[335]. In absoluten Zahlen betrachtet waren während der Dekade 1980 bis 1990 die Waldverluste in den tropischen Feuchtwäldern, die am ehesten für menschliche Ansiedlungen geeignet sind, mit einer jährlichen Reduktion um 6,1 Mio. ha am höchsten; dies entspricht einem Rückgang um 1 % pro Jahr. Vor allem in den immergrünen tropischen Feuchtwäldern Afrikas und Lateinamerikas fanden großflächige Rodungen statt. Die tropischen Regenwälder gingen im gleichen Zeitraum um 4,6 Mio. ha bzw. um 0,6 % jährlich vor allem im Südostasien zurück[336].

Die Wälder in den trockenen und gebirgigen Gegenden, die weniger im öffentlichen Interesse stehen als die tropischen Regenwälder, deren Vernichtung aber mindestens ebenso schwerwiegende sozio-ökonomische und ökologische Folgen wie die Zerstörung der feuchten Tropenwälder hat, sind prozentual gesehen jedoch stärker gefährdet als die Regen- und Feuchtwälder. Die durch die fortschreitende Wüstenbildung bedrohten Trockenwälder wiesen Anfang der 90er Jahre eine jährliche Entwaldungsrate von 0,9 % auf; die Waldfläche nahm in diesen Gebieten jährlich weltweit um 2,2 Mio. ha ab. Der stärkste Entwaldungsdruck mit einer jährlichen Verlustrate von 1,1 % herrschte im besonders stark erosionsgefährdeten tropischen Bergwald. Weltweit gingen dort zwischen 1980 und 1990 jährlich 2,5 Mio. ha Wald verloren.

Auch die Mangrovenwälder, die noch über ein Ausmaß von 16 Mio. ha verfügen, sind stark gefährdet: Mit Flächenverlusten von jährlich 2,5 % verschwinden sie noch schneller von der Erdoberfläche als der tropische Regenwald. Hauptgründe hierfür sind die Ausdehnung von Städten und Siedlungen sowie die alternative Nutzung der Fläche für die Fisch- und Krabbenzucht[337]. Langfristig wird dieses Ökosystem auch

---

[335] Die nachfolgenden Angaben beziehen sich nur auf den Zeitraum 1980-1990, da eine differenzierte Darstellung der Waldflächenverluste in den unterschiedlichen tropischen Waldformationen für den Zeitraum 1990-2000 bei Drucklegung noch nicht publiziert war.

[336] Vgl. zu den nachfolgenden Angaben: *FAO*, FRA 1990/Tropical Countries, Tabellen 8a-c; *FAO*, The State of Food and Agriculture 1994, 266 f.; siehe auch *Thiele*, Wirtschaftspolitische Optionen zum Schutz tropischer Wälder, 163 f.

[337] Konzessionen für den Einschlag von Mangrovenwäldern werden hauptsächlich in Südostasien vergeben. Thailand hat seit 1960 mehr als die Hälfte seiner Mangrovenwälder verloren. In Malaysia halbierte sich die Fläche sogar innerhalb der Dekade 1980-1990; in Indonesien befinden sich 75 % der Städte mit über 100.000 Einwohnern an den Küsten, die früher größtenteils von Mangro-

besonders stark von den Folgen der Klimaänderung betroffen sein, da der erwartete Anstieg des Meeresspiegels die Anpassungsfähigkeit der Mangrovenwälder übersteigen wird[338]. Angesichts der zunehmenden Bedrohung der Mangrovenwälder weisen diese im Vergleich zu anderen Waldformationen jedoch einen relativ hohen Anteil an geschützten Flächen auf; dieser lag 199 bei 13,3 %[339].

Hinsichtlich des Waldrückgangs in den verschiedenen tropischen Regionen sind neben dem reinen Flächenverlust auch der Biomasseverlust und die Dezimierung der Artenvielfalt zu beachten. Obwohl die gerodeten Flächen in den Tieflandregenwäldern Asiens und Lateinamerikas in den 80er Jahren nur geringfügig voneinander abwichen, betrug der Artenverlust in Asien 4,3 % gegenüber 1,6 % in Lateinamerika[340]. Dagegen war der Artenverlust im lateinamerikanischen Bergregenwald zwischen 1980 und 1990 mit 4 % am höchsten, gefolgt von Asien (3,8 %) und Afrika (2,5 %).

Zusammenfassend ist festzuhalten, daß der Bestand der Tropenwälder in allen Tropenregionen seit 1975 stark abgenommen hat, daß sich aber eine signifikante Beschleunigung der Waldrodung nur für einige Regionen, vor allem für Afrika und Südostasien, feststellen läßt.

b) Ursachen der Zerstörung tropischer Wälder

Für die rasch fortschreitende Zerstörung der Tropenwälder sind eine Anzahl verschiedener, teilweise eng miteinander verflochtener Ursachen direkt oder indirekt verantwortlich, die maßgeblich auch durch

---

venwäldern bedeckt waren. Indonesien verfügt mit 2,5 Mio. ha mit Abstand über die ausgedehntesten Mangrovenwälder (vgl. *Choudhury*, Sustainable management of coastal mangrove forest development, in: Proceedings of the XI. World Forestry Congress, Vol. 6, Area H, Topic 38.6: Mangroves and other coastal forests, 267, 268 f.). Vgl. auch *UNEP/WCMC*, Global Biodiversity, 150 ff.

338 *Heblik*, Mangroven: Waldsterben im Gezeitentakt, Akzente 2/97, 13; *Forum Umwelt & Entwicklung*, Waldschutz und naturnahe Waldnutzung, 21 f.

339 *WRI*, World Resources 1998-99, 294: Dagegen werden die tropischen Waldflächen zu 11,7 % und die nicht tropischen Wälder gar nur zu 6 % nachweislich geschützt. Vgl. zu Waldschutzgebieten auch *UNEP/WCMC*, Global Biodiversity, 205 sowie die Ausführungen in diesem Teil, S. 58 f.

340 *Thiele*, Wirtschaftspolitische Optionen zum Schutz tropischer Wälder, 10 f.

die gesellschaftlichen, politischen und wirtschaftlichen Rahmenbedingungen des jeweiligen Tropenlandes mit beeinflußt werden. Die Ursachen für den Rückgang der Waldflächen sind überaus schwer zu isolieren und zu quantifizieren.

Zu den Haupteinflußfaktoren zählen die Umwandlung von Waldfläche in landwirtschaftlich genutzte Fläche, eine teilweise unangepaßte landwirtschaftliche Nutzung, die Rodung der Wälder zur Gewinnung von Brennholz und Nutzholz sowie in geringerem Maße auch die industrielle und energetische Nutzung von Tropenwaldgebieten. Diese unmittelbaren Gründe werden durch tieferliegende sozio-ökonomische Ursachen, wie die steigende Armut und das Bevölkerungswachstum in den Entwicklungsländern, die Überschuldung vieler Tropenländer sowie Steuer- und Abgabensysteme, die Anreize zur Vernichtung der Wälder darstellen[341], gefördert.

aa) Unmittelbare Ursachen der Tropenwaldvernichtung

(1) Landnutzungswandel von Wald in Agrarfläche

Die mit Abstand wichtigste Ursache für die Vernichtung des tropischen Waldbestandes stellt die Ausdehnung landwirtschaftlicher Nutzflächen für die Ernährung der stetig wachsenden Bevölkerung dar[342]. Diese auch in Europa in früheren Jahrhunderten durchlaufene Entwicklung hin zu einer zunehmend agrarischen Nutzung der natürlichen Waldgebiete findet seit Mitte des 20. Jahrhunderts in rapidem Ausmaß in den Tropenregionen statt und zeichnet sich heute durch eine größtenteils unkontrollierte großflächige Waldzerstörung aus[343].

Anfang der 90er Jahre wurde die landwirtschaftlich genutzte Fläche weltweit auf etwa 4,7 Mrd. ha geschätzt, vor 100 Jahren war der Umfang der Nutzflächen mit etwa 2,5 Mrd. ha nur etwa halb so groß. Nahm in Europa die landwirtschaftlich bearbeitete Fläche von 1900 bis 1980 sogar um 6 % ab, verdreifachte sie sich in den tropischen Regionen Afrikas, in Südostasien stieg sie sogar um das Vierfache an[344]. Wäh-

---

[341] Vgl. näher hierzu: *Rudel/Roper*, The Paths to Rain Forest Destruction, World Development 1997, 53 ff.; *Wicke*, Der Ökologische Marshallplan, 51 ff.

[342] Vgl. zur globalen Bevölkerungsentwicklung die Ausführungen auf S. 105 ff.

[343] *BMZ*, Tropenwalderhaltung und Entwicklungszusammenarbeit, 9.

[344] *Enquête-Bericht (1990)*, 242; *Hartenstein/Schmidt*, Planet ohne Wälder, 34 f.

rend in Süd- und Mittelamerika eine extensiv betriebene großflächige Viehwirtschaft den weitaus größten, regional allerdings erheblich variierenden Anteil der Rodungsflächen ausmacht[345], ist die Weidewirtschaft in Asien und Afrika relativ bedeutungslos. In diesen beiden Kontinenten dominiert vielmehr die Tropenwaldrodung zur Erschließung neuen Ackerlandes und zum Anbau überwiegend zum Export bestimmter „Cash Crops", wie z.B. Futtermittel (Soja, Mais) oder Produkte aus Dauerkulturen (Palmöl, Kokosnuß, Kakao, Erdnüsse, Ananas, Kautschuk). Im südostasiatischen Raum, vor allem in Indonesien, Malaysia und Thailand, spielt die Anlage von Plantagen eine zunehmend bedeutende Rolle für den Agrarsektor[346].

Durch die Rodung von Waldgebieten in den tropischen und subtropischen Klimazonen und die sich häufig anschließende unangepaßte landwirtschaftliche Nutzung geht die Schutzfunktion des Waldes für den Boden verloren. Durch die Umwandlung natürlicher Ökosysteme in ackerbauliche Flächen nimmt der Vorrat an Bodenkohlenstoff im ersten Meter um 25 bis 30 % durch die regelmäßige Ernte der Biomasse und die Bearbeitung der Böden ab. Die größten Kohlenstoffverluste treten innerhalb der ersten 20 Jahre nach der Nutzungskonversion auf. Aufgrund des exponentiellen Abbaus sind die Verluste in den ersten 5 Jahren nach der Flächenumwandlung besonders hoch; dies gilt in besonderem Maße für die Tropen[347]. Der durch den relativ schnellen Nährstoffverlust bedingte Ertragsabfall verhindert auf den meisten Standorten die dauerhafte Betreibung einer großflächigen Landwirtschaft. Weite Teile dieser Flächen sind so stark degradiert, daß sie nicht

---

[345] Siehe näher zur Waldumwandlung in Nutzflächen in Lateinamerika: *MacMillan*, At the End of the Rainbow?, 13 ff.; *Southgate*, Policies Contributing to Agricultural Colonization, in: Sharma (Hrsg.), Managing the World's Forests, 215 ff.; *Whitmore*, Tropische Regenwälder, 206 f.; *Wiebelt*, Stopping Deforestation in the Amazon, Weltwirtschaftliches Archiv 1995, 542, 544.

[346] *FAO*, SOFO 1999, 19 ff.; siehe zum Plantagenanbau bereits die obigen Ausführungen auf S. 29 ff.

[347] Im Gegensatz zu anderen Waldökosystemen ist vor allem in den tropischen Regenwäldern der Großteil der Mineralstoffe nicht im Boden, sondern in der lebenden Pflanzenmasse gespeichert, da abgestorbenes organisches Material in dem warmen und feuchten Klima innerhalb kurzer Zeit abgebaut und durch ein dichtes Wurzelgeflecht direkt wieder von den Pflanzen aufgenommen wird. Vgl. ausführlich zu den Ausflüssen der Landnutzungsänderungen auf die Kohlenstoffspeicherung in den (tropischen) Wäldern: *WBGU*, Sondergutachten 1998, 24 f.

mehr als landwirtschaftliche Nutzfläche zur Verfügung stehen. Die weitere Waldvernichtung zur Ausweitung landwirtschaftlicher Produktionsflächen ist auf diese Weise vorprogrammiert. Mittelamerika hat mit etwa 24 % den weltweit höchsten Flächenanteil, der infolge der Entwaldung von mittlerer bis extremer Bodendegradation betroffen ist[348].

In den 80er Jahren war die Waldvernichtung in den immerfeuchten tropischen Wäldern zu etwa 90 % auf die Ausweitung der Landwirtschaft zurückzuführen. Etwa die Hälfte dieser Flächen wurde durch Wanderfeldbau zur Eigenversorgung der Bevölkerung gerodet[349]. In den meisten afrikanischen Ländern lag der Anteil des Wanderfeldbaus an der Tropenwaldrodung mit über 80 % weit über dem Durchschnitt aller Tropenwaldländer[350].

Die Anbaumethode des Wanderfeldbaus wird traditionell als eine ökologisch angepaßte, zweckmäßige Landnutzung der indigenen Waldbevölkerung zur Selbstversorgung mit Grundnahrungsmitteln betrieben (sog. „shifting cultivators“)[351]. Die zunehmende Bevölkerungsdichte und die Landverknappung bedingen aber einen Bevölkerungszustrom in Gebiete, die bislang nicht für den landwirtschaftlichen Anbau benutzt wurden. Die Anzahl dieser „shifted cultivators“ wird auf zwischen 200 und 600 Mio. Menschen geschätzt. Allein in Indien dringen auf diese Weise etwa 100 Mio. Menschen sowie 60 Mio. in Indonesien in die Waldgebiete vor. Jährlich steigt ihre Anzahl um ca. 4-6 %[352]. Eine weitere Ausbreitung des Wanderfeldbaus und anderer landwirtschaftli-

---

[348] *WBGU*, Jahresgutachten 1994, 105.

[349] *Amelung/Diehl*, Deforestation of Tropical Rain Forests, 116 ff.: Die Untersuchung bezieht sich auf die Gründe der Entwaldung in Brasilien, Indonesien und Kamerun.

[350] *Thiele*, Wirtschaftspolitische Optionen zum Schutz tropischer Wälder, 14; *Suhlrie*, Entwaldung Afrikas, Zeitschrift für Wirtschaftsgeographie 2/1993, 78, 79.

[351] Durch Brandrodungen in den Trockenperioden werden Anbauflächen von höchstens 1-2 ha geschaffen und landwirtschaftlich genutzt. In einer anschließenden mehrjährigen Bracheperiode können sich diese relativ kleinen Flächen im tropischen Regenwald regenerieren. Der nährstoffarme Boden des Amazonasbeckens benötigt dazu zwischen 30 und 100 Jahren (*Enquête-Bericht [1990]*), 244; vgl. zum Wanderfeldbau in Indonesien und dessen Auswirkungen auf die Waldzerstörung auch: *Angelsen*, Shifting Cultivation and „Deforestation“, World Development 1995, 1713, 1714 f.).

[352] *Myers*, The world's forests, Environmental Conservation 1996, 156, 160.

cher Nutzungsformen soll durch die seit Ende der siebziger Jahre verstärkt propagierte Agroforstwirtschaft mit Rekultivierungs- und Wiederaufforstungsmaßnahmen verhindert werden[353].

Auch Bodeneigentums- und Agrarstrukturen, die den verfügbaren Boden nicht nur zum Produktionsfaktor, sondern in zunehmendem Maße auch zum Machtfaktor und Spekulationsobjekt werden lassen, fördern die Vernichtung von Tropenwald im Zuge der Umwandlung in Agrarflächen[354]. Während in Lateinamerika die Besitzkonzentration auf einige Großeigentümer als Folge der historischen Entwicklung und der Erschließungpolitik in den letzten Jahrzehnten ein großes Problem darstellt[355], wird das Bodenrecht in den afrikanischen Ländern südlich der Sahara noch überwiegend von autochthonen Rechtsformen bestimmt. Das Gemeinschaftseigentum ist dort die vorherrschende Eigentumsform[356]. Fehlendes Bodeneigentum bietet den Kleinbauern aber nur ungenügende Sicherheit und geringe Anreize für den nachhaltigen Umgang mit den Waldressourcen[357].

(2) Brandrodungen

Brandrodungen, die in den Tropen seit vielen Jahrtausenden normalerweise einen wichtigen Steuerungsprozeß für die Waldentwicklung darstellen und die nunmehr zur schnelleren Gewinnung von nutzbaren Flächen für den Ackerbau und die Ansiedlung von Menschen aus über-

---

353 *Fuchs*, Lösungsansätze für den Konflikt zwischen Ökonomie und Ökologie, 91, 95.

354 Siehe ausführlicher zu den Eigentumsverhältnissen in den einzelnen Tropenwaldregionen: *Arnold*, Managing forests as common property, 7 ff.

355 *Moser*, Entwicklung oder Zerstörung?, 57 ff. Nach Angaben der brasilianischen Agrareformbehörde INCRA befinden sich innerhalb der Gruppe der über 3 Mio. Landbesitzer in Brasilien rund 87.000 Großgrundbesitzer, denen 187 Mio. ha Land, davon 100 Mio. ha Brachland, gehören. 1,9 Mio. Kleinbauern teilen sich 26 Mio. ha Land, 4,8 Mio. landlose Familien warten auf die Umsetzung der Agrarreform (vgl. epd-Entwicklungspolitik, Infografik 2/98: Konzentration des Landbesitzes in Brasilien).

356 Vgl. *Neef/Heidhues*, Afrikanisches Bodenrecht und agroforstliche Innovationen, Entwicklung und ländlicher Raum 5/1993, 19, 20; *Sjaastad/Bromley*, Indigenous Land Rights, World Development 1997, 549 ff.; *Suhlrie*, Entwaldung Afrikas, Zeitschrift für Wirtschaftsgeographie 2/1993, 78, 82.

357 *Gebauer/Rembold*, Legalisierung von Landtiteln, Entwicklung u. ländlicher Raum 1/1998, 24, 27.

völkerten Regionen beitragen, beschleunigen die Tropenwaldzerstörung und verursachen darüber hinaus teilweise extreme grenzüberschreitende Umweltverschmutzungen, wie die jüngsten Waldbrandkatastrophen aus den Jahren 1997 und 1998 auf den Inseln Kalimantan (Borneo) und Sumatra (Indonesien) belegen[358]. Nach Schätzungen des World Resources Institute sind dabei nahezu 10 Mio. ha Wald sowie Ackerfläche und Grasland durch die unkontrollierten Feuer, die aufgrund einer extremen Dürreperiode durch den Meeresstrom El Niño[359] noch begünstigt wurden, vernichtet worden[360].

In Indonesien wird die sich ausbreitende Plantagenwirtschaft in erster Linie für die Waldbrände verantwortlich gemacht[361]. Die durch die Feuer in Indonesien verursachten Kosten sollen sich konservativen Schätzungen zufolge auf 4,5 Mrd. US-$ belaufen[362], andere gehen von mehr als doppelt so hohen Kosten aus[363]. Durch die Waldbrände wurden innerhalb von 6 Monaten soviel Treibhausgase in die Atmosphäre freigesetzt wie durch sämtliche Treibhausgasquellen der EU in einem

---

[358] *FAO*, SOFO 1999, 2 f.; ausführlich zu den Waldbränden in Indonesien und zur Frage der Staatenverantwortlichkeit: *Tan*, Forest Fires in Indonesia, Int. and Comparative Law Quarterly 1999, 826 ff.: 80 % der Waldbrände sind auf Brandrodnungen für die Gewinnung von Siedlungsland und Plantagenanbaufläche zurückzuführen.

[359] Unter El Niño wird ein unregelmäßig im Abstand einiger Jahre auftretendes Phänomen verstanden, bei dem das Oberflächenwasser des Meeres vor der Küste Perus und entlang des äquatorialen Pazifiks wesentlich wärmer ist als im Jahresdurchschnitt (vgl. *Enquête-Bericht [1992]*, 196; siehe auch *WMO*, Annual Report 1998, 4 f.).

[360] *Barber/Schweithelm*, Trial by Fire, 10.

[361] Bis zum Jahr 2005 strebt Indonesien die weltweite Führung im Palmölexport an. 1998 betrug die Anbaufläche für Ölpalmen in Indonesien bereits 2,9 Mio. ha, seit Mitte der 80er Jahre hat sich damit die Fläche um mehr als 2 Mio. ha erhöht (*Barber/Schweithelm*, Trial by Fire, 32).

[362] Diese Summe umfaßt die Vernichtung von Holz und der natürlichen Lebensgrundlagen sowie die Ausfälle in der Landwirtschaft. Einkalkuliert wurde in die gemeinsam vom WWF und dem Economy and Environment Program for South-East Asia durchgeführten Langzeitstudie über die Schäden der Waldbrände auch der Beitrag der Brände zur Klimaerwärmung durch den Ausstoß von CO_2. Vgl. hierzu auch WWF-Journal 4/98, 7; *Tan*, Forest Fires in Indonesia, Int. and Comparative Law Quarterly 1999, 826, 827.

[363] *Barber/Schweithelm*, Trial by Fire, 15.

Jahr[364]; 1997 trugen die Brände zu 30 % zu den gesamten globalen CO_2-Emissionen bei[365]. Als Reaktion auf die Waldbrände von 1997 und 1998 ist eine forcierte Gründung zahlreicher internationaler Initiativen mit dem Ziel der verbesserten Überwachung und Eindämmung von Waldbränden zu konstatieren[366].

(3) Tropenwalddegradation durch Holzeinschlag

Der Holzeinschlag zur Gewinnung von Nutz- und Brennholz wird zu ca. 10-15 % verantwortlich gemacht für die Waldzerstörung in den Tropen[367]; nach Weltbankschätzungen wird sogar ein Fünftel der Vernichtung tropischer Wälder unmittelbar durch den kommerziellen Holzeinschlag verursacht[368]. Allerdings berücksichtigen diese Angaben noch nicht die durch die Folgewirkungen des kommerziellen Holzeinschlags verursachten Waldschädigungen[369].

Im Gegensatz zur vollständigen Vernichtung des Waldes durch die in den borealen Wäldern gängige Kahlschlagpraxis läßt das mehrheitlich in der tropischen Forstwirtschaft praktizierte selektive Holzeinschlagverfahren große Teile des Baumbestandes intakt. In welchem Ausmaß der Tropenwald aber durch Holzeinschlag degradiert wird[370], hängt ab von der ursprünglichen Biomassendichte des Waldes, der Ernteintensität und dem Umfang der Ernteschäden[371]. Obwohl die Holzentnahmemenge pro eingeschlagenem Hektar in den Tropen relativ gering ist[372]

364 *Goldberg u.a.*, Carbon Conservation, 1.

365 *Barber/Schweithelm*, Trial by Fire, 17.

366 Vgl. ausführlicher *FAO*, SOFO 1999, 4.

367 *Amelung/Diehl*, Deforestation of Tropical Rain Forests, 118.

368 Nachweis bei *Hartenstein /Schmidt*, Planet ohne Wälder, 44.

369 Vgl. näher zu den Einschlagmethoden in den Tropen: *FAO*, Environmentally sound forest harvesting, 9 ff.

370 Unter Degradierung werden alle Eingriffe in den Wald verstanden, die zu einer Auflichtung oberhalb des 10 %igen Überschirmungsgrads führen; von Entwaldung spricht man dagegen, wenn sich der Anteil des von Baumkronen überschirmten Bodenanteils auf weniger als 10 % verringert hat (vgl. *Forum Umwelt & Entwicklung*, Waldschutz und naturnahe Waldnutzung, 20).

371 *Thiele*, Wirtschaftspolitische Optionen zum Schutz tropischer Wälder, 15.

372 In den durch eine geringe Holzqualität gekennzeichneten Regenwäldern Lateinamerikas werden pro Hektar lediglich 12 m^3 Holz entnommen (in Brasi-

und sich der selektive Einschlag auf nur einige wenige handelsrelevante Baumarten beschränkt[373], ist das selektive Holzeinschlagsverfahren nicht gleichzusetzen mit einer umweltschonenden und nachhaltigen Bewirtschaftung. Während bei einer sorgfältigen Vorgehensweise nur etwa 10 % der Waldfläche beschädigt werden, liegen die tatsächlich durch den selektiven Holzeinschlag bedingten Folgeschäden, etwa durch forstliche Erschließungswege oder den Einschlag und Abtransport der Stämme, erheblich höher[374]. Um den indirekten Beitrag des Holzeinschlags zur Vernichtung und Degradierung der tropischen Wälder zu erfassen, ist außerdem zu berücksichtigen, daß die infrastrukturelle Anbindung der erschlossenen und aufgelichteten Wälder die großflächige Umwandlung in Agrarfläche fördert. Die Öffnung von Primärwäldern wird in über 70 % aller Fälle von der Holzwirtschaft vorgenommen, weil hierdurch die Infrastrukturkosten erheblich gesenkt werden[375].

Neben der Art des Holzeinschlags ist auch die Vergabe der Einschlaglizenzen an die Holzunternehmen für die Waldschädigungen von Bedeutung. Da die meisten Konzessionsverträge nur eine kurze Laufzeit aufweisen[376], wächst der Druck auf die Konzessionäre, das Investitionskapital durch einen maximalen Tropenholzeinschlag zu erwirtschaften[377]. Durch die häufig praktizierte Weitergabe von Lizenzen an ausländische Subunternehmer verringert sich auch der staatliche Einfluß auf die Einschlagpraxis und die Einhaltung der Konzessionsaufla-

---

lien sogar nur 6 m^3), in Afrika liegt der Entnahmewert bei 15 m^3, in den hochwertigen Tropenwäldern Südostasiens bei 63 m^3. Auf den Philippinen ist mit 83 m^3 pro ha die weltweit höchste Intensität des Holzeinschlags festzustellen (*Thiele*, Wirtschaftspolitische Optionen zum Schutz tropischer Wälder, 15).

[373] Weltweit werden 950 tropische Holzarten regelmäßig, weitere 840 selten genutzt. In den internationalen Handel gelangen aber nur 40 bis 50 Holzarten (vgl. *Quadflieg*, Konzept zur Harmonisierung, 169).

[374] Vgl. *Botkin/Talbot*, Biological Diversity and Forests, in: Sharma (Hrsg.), Managing the World's Forests, 47, 59; *Enquête-Bericht (1994)*, 514 f.; *Quadflieg*, Konzept zur Harmonisierung, 167 ff.

[375] *Thiele/Wiebelt*, Tropenwaldmanagement, 7 f.

[376] Die Konzessionsdauer beträgt in der Regel zwischen 5 und 20 Jahren. Damit liegt sie unter dem zeitlichen Mindestabstand zwischen zwei Holzernten auf einer bestimmten Fläche, die von Forstwissenschaftlern auf 35 Jahre veranschlagt wird (vgl. *Thiele*, Wirtschaftspolitische Optionen zum Schutz tropischer Wälder, 46; siehe auch *Alexandratos*, World Agriculture: Towards 2010, 214).

[377] *Quadflieg*, Konzept zur Harmonisierung, 200.

gen[378]. Ein großes Problem stellen zudem illegale Holzeinschläge dar[379]. Schätzungsweise 80 % aller Holzeinschläge im Amazonasgebiet erfolgen illegal[380].

(4) Infrastrukturelle Erschließung der Tropenwälder

Von weiterer Bedeutung ist auch die Öffnung kaum zugänglicher Waldgebiete im Zuge der Infrastrukturentwicklung zur Gewinnung von Bodenschätzen[381]. Der Anteil der direkt durch die industrielle Erschließung und den Bau von Staudämmen[382] verursachten Regenwaldverluste wird zwar nur auf etwa 2 % geschätzt[383]; allerdings ist zu bedenken, daß die in den Tropen entdeckten Erdöl- oder sonstigen Rohstofflager sowie andere Naturreichtümer oft erst als Ausgangspunkt großer Erschließungs- und Regionalentwicklungsprogramme genutzt werden. Die infrastrukturelle und verkehrsmäßige Öffnung ehemals schwer zugänglicher Waldlandschaften leisten einer immer weiter vordringenden unkontrollierten Besiedlung massiven Vorschub[384]. Für Lateinamerika wird zudem befürchtet, daß durch Interessengemeinschaften von Holzunternehmen und Roheisenwerken ein zunehmender Druck auf bisher intakte Waldgebiete ausgehen kann, da Holzunter-

---

378 *Enquête-Bericht (1990)*, 297 ff.

379 Vgl. näher *WCFSD*, Our Forests - Our Future, 13. Siehe für den asiatisch-pazifischen Raum: *Callister*, Illegal Tropcial Timber Trade.

380 Süddeutsche Zeitung v. 29.8.1997.

381 Ein umstrittenes und für den Tropenwald flächenmäßig bedeutendes Beispiel für industrielle Großprojekte ist das weltweit größte Eisenerzvorkommen in der Gegend um Carajás im Norden Brasiliens (Projekt Grande Carajás). Neben der eigentlichen Rohstoffförderung und dem Ausbau der Infrastruktur ist vor allem der regionale Verhüttungsprozeß, für den Holzkohle in großen Mengen benötigt wird, zur Bedrohung der tropischen Waldgebiete geworden. Der Holzbedarf wird jährlich durch die Rodung von 72.000 ha Naturwald oder 700.000 ha Eukalyptusplantagen gedeckt (vgl. *Nogueira*, Ecological Aspects of Development in Amazonia, in: Bothe/Kurzidem/Schmidt [Hrsg.], Amazonia and Siberia, 1, 9 f.; *Moser*, Entwicklung oder Zerstörung?, 54 ff.; *Fuchs*, Lösungsansätze für den Konflikt zwischen Ökonomie und Ökologie, 105 ff.).

382 Vgl. näher *Enquête-Bericht (1990)*, 323 ff.

383 *Enquête-Bericht (1994)*, 514; *Herkendell/Pretzsch*, Die Wälder der Erde, 145.

384 *BMZ*, Tropenwalderhaltung und Entwicklungszusammenarbeit, 18.

nehmen nicht selten ihre abgeholzten Flächen den Roheisenhütten zur endgültigen Verwertung überlassen[385].

bb) Mittelbare, sozio-ökonomische Ursachen der Tropenwaldzerstörung

(1) Bevölkerungswachstum und steigender Versorgungsbedarf

Die Wälder in den tropischen Regionen der Erde sind aufgrund ihrer vielfach nutzbaren Naturressourcen für die örtliche Bedarfsdeckung und die regionale oder nationale wirtschaftliche Entwicklung von erheblicher Bedeutung. Das Bevölkerungswachstum stellt die Tropenländer jedoch angesichts des steigenden Bedarfs an Nahrungsmitteln und Energie und der damit einhergehenden beschleunigten Zerstörung von Wäldern und Böden vor erhebliche ökonomische und soziale Probleme[386]. Die Bevölkerungsexplosion in den Entwicklungsländern steht in einem komplexen Beziehungsgeflecht zu Armut, Hunger, Ressourcenübernutzung und Umweltzerstörung[387].

Der Rückgang der bewaldeten Fläche war in den letzten Jahrzehnten, in denen auch die Bevölkerungszunahme größer war denn je, am schnellsten. Auch wenn direkte Zusammenhänge zwischen der Stärke der Entwaldung und der Höhe des Bevölkerungswachstums bislang nicht eindeutig ermittelt werden konnten, haben diverse Untersuchungen einen negativen Zusammenhang zwischen der Entwaldungsgeschwindigkeit und der Bevölkerungsdichte festgestellt[388]. In Entwicklungsländern

---

385 *Moser*, Entwicklung oder Zerstörung?, 56.

386 Vgl. allgemein zur Bevölkerungsentwicklung: *Haub*, Das Weltbevölkerungswachstum, 2. Aufl. 1997; *DSW/UNFPA*, Weltbevölkerungsbericht 2000; *United Nations Population Division*, World Population Prospects: The 1998 Revision; *dies.*, World Population Projections to 2150, 1998; siehe auch <http://www.undp.org/popin/>.

387 Vgl. weiterführend zum Zusammenhang zwischen Bevölkerungswachstum und Waldverlust: *Gardner-Outlaw/Engelman*, Mensch, Wald!, 35 ff.; vgl. hierzu auch *Ahlburg/Kelley/Oppenheim/Mason*, The impact of population growth on well-being in developing countries, Berlin 1996; *Bohnet/Fleisch/Leisinger*, Bevölkerungsentwicklung und Entwicklungspolitik, KAS Sankt Augustin 1997; *Heer*, Umwelt, Bevölkerungsdruck und Wirtschaftswachstum in den Entwicklungsländern, Heidelberg 1997.

388 Vgl. *Gardner-Outlaw/Engelman*, Mensch, Wald!, 61. Einen tendenziellen Zusammenhang zwischen Bevölkerungswachstum und Tropenwaldzerstörung läßt eine von *Steinlin* (The Decline of Tropical Forests, Quarterly Journal of

mit einer durchschnittlichen Reduzierung der Waldfläche um 1,8 % pro Jahr lag die Bevölkerungsdichte bei 89 Menschen pro km^2; in Ländern mit einer Entwaldungsrate von 0,5 % betrug sie nur 34[389].

Seit 1960 hat sich die Weltbevölkerung von 3 Mrd. auf heute über 6 Mrd. Menschen verdoppelt[390]. Die jährliche Zuwachsrate der Bevölkerung betrug im Zeitraum von 1995 bis 2000 1,33 %, in absoluten Zahlen gesehen bedeutete dies einen Zuwachs von 78 Mio. Menschen pro Jahr[391]. Die Wachstumsrate ist damit zwar nicht mehr so hoch wie in den späten sechziger Jahren, als sie einen Höchststand von 2,1 % erreicht hatte, doch der absolute Zuwachs an Menschen ist noch nie so groß gewesen wie heute. Alle Prognosen sagen ein unterschiedliches, aber weiterhin hohes Wachstum voraus. Bis zum Jahr 2025 wird die Weltbevölkerung auf knapp 8 Mrd. Menschen ansteigen[392], für das Jahr 2050 wird eine Erhöhung auf 8,9 Mrd.[393], für 2100 auf 10,4 Mrd. und für 2150 auf 10,8 Mrd. Menschen prognostiziert[394].

Int. Agriculture 1994, 128, 130 f.) durchgeführte Untersuchung erkennen, wonach die Entwaldungsrate im Untersuchungszeitraum 1981-1990 in den tropischen Bergregionen von 1,1 % bei einem Bevölkerungswachstum von 2,9 % im Jahr höher war als in den tropischen Flachlandregionen, in denen eine Entwaldungsrate von 0,8 % bei einem Bevölkerungswachstum von 2,5 % festgestellt wurde. Vgl. zu weiteren Studien die Zusammenfassung bei: *Bilsborrow*, Population, Development and Deforestation, in: United Nations, Population, Environment and Development, 117, 126 ff.

389 *DSW*, Bevölkerung und nachhaltige Entwicklung, 25: Der Zusammenhang zwischen der Bevölkerungsdichte 1980 und der Entwaldungsgeschwindigkeit 1980 bis 1990 war damit statistisch gesehen hochsignifikant.

390 Der „Tag der sechs Milliarden" ist von den Vereinten Nationen auf den 12.10.1999 festgesetzt worden. Vgl. dazu *Leisinger, Klaus*, Die sechste Milliarde: Weltbevölkerung und nachhaltige Entwicklung, 1999.

391 Damit hat sich das Wachstum der Weltbevölkerung gegenüber dem Zeitraum 1990 bis 1995 mit einem jährlichen Bevölkerungsanstieg von 1,46 % etwas verringert (*United Nations Population Division*, World Population Prospects, The 1998 Revision). Nach jüngsten Schätzungen der Vereinten Nationen wächst die Weltbevölkerung derzeit um 75 Mio. Menschen pro Jahr (*DSW/UNFPA*, Weltbevölkerungsbericht 2000, 11).

392 Die Bevölkerungsabteilung der Vereinten Nationen erwartet für das Jahr 2025 nach der mittleren Variante einen Anstieg auf 7,82 Mrd. Menschen (*DSW/UNFPA*, Weltbevölkerungsbericht 2000, 89).

393 *DSW/UNFPA*, 6 Milliarden - Weltbevölkerungsbericht 1999, 7: Die Vereinten Nationen sind bei der Revision 1996 noch von einem Anstieg auf 9,4 Mrd. bis zum Jahr 2050 ausgegangen. Als wichtigster Grund für die Korrektur

Das Bevölkerungswachstum findet zu 97 % in den weniger entwickelten Regionen der Welt statt. Afrika wächst von allen Entwicklungsregionen am schnellsten: Bis zum Jahr 2025 wird fast eine Verdopplung der Bevölkerung auf 1,3 Mrd. Menschen prognostiziert; das durchschnittliche Bevölkerungswachstum zwischen 1995 und 2000 betrug in Afrika 2,4 % (der weltweite Durchschnitt lag bei 1,3 %). Für Asien wird bis 2025 mit einem Anwachsen der Bevölkerung um ein Drittel von 3,6 Mrd. auf 4,7 Mrd. Menschen gerechnet; dort lag die Wachstumsrate in den vergangenen 5 Jahren bei durchschnittlich 1,4 %. Fast ebenso hoch ist die Wachstumsrate in Lateinamerika und der Karibik; dort soll sich die Bevölkerung bis zum Jahr 2025 um 200 Mio. auf knapp 700 Mio. Menschen erhöhen[395].

Insgesamt wird in den Entwicklungsländern bis zum Jahr 2025 ein Anstieg um 42 % gegenüber 1999 erwartet, während der Zuwachs in den Industrieländern bei lediglich knapp 3 % liegen wird[396].

---

werden die Auswirkungen der Immunschwächekrankheit AIDS genannt (vgl. DSW-Newsletter 9/98).

394 *UNFPA*, The State of World Population 1998, 21. Vgl. zu den Langzeitprojektionen der Vereinten Nationen (World Population Projections to 2150) auch die Zusammenfassung im DSW-Newsletter 2/98: Die Bevölkerung wird sich danach bis 2150 in Afrika auf 2,8 Mrd. Menschen vervierfachen; im bevölkerungsreichsten Land der Erde, China, wird ein Anstieg von jetzt 1,2 Mrd. auf 1,6 Mrd. Menschen erwartet, für Indien wird eine Verdopplung der Bevölkerungszahl auf 1,7 Mrd. Menschen prognostiziert. In Europa wird dagegen die Bevölkerung um 18 % abnehmen.

395 *DSW/UNFPA*, Weltbevölkerungsbericht 2000, 91.

396 Berechnet nach *DSW/UNFPA*, Weltbevölkerungsbericht 2000, 91.

Abbildung 36

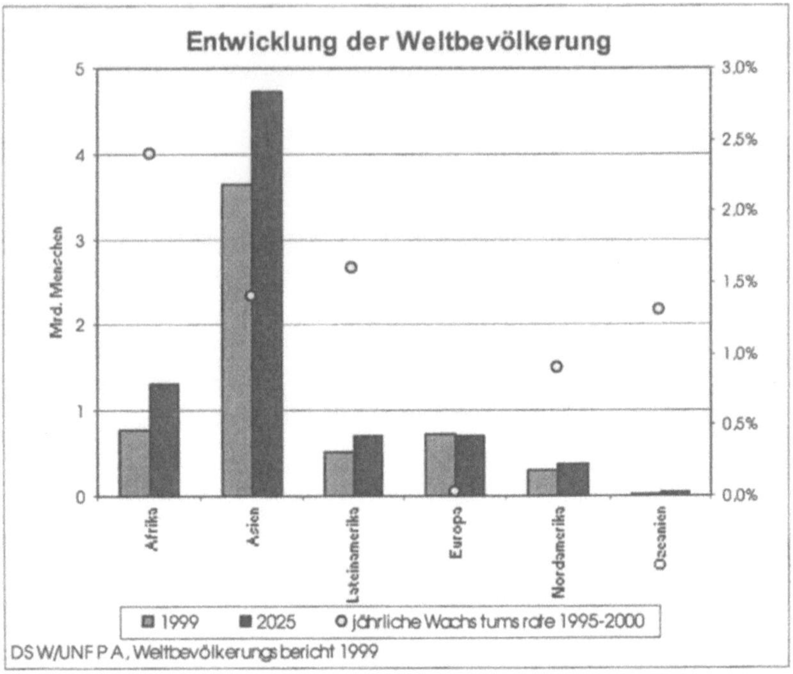

Abbildung 37

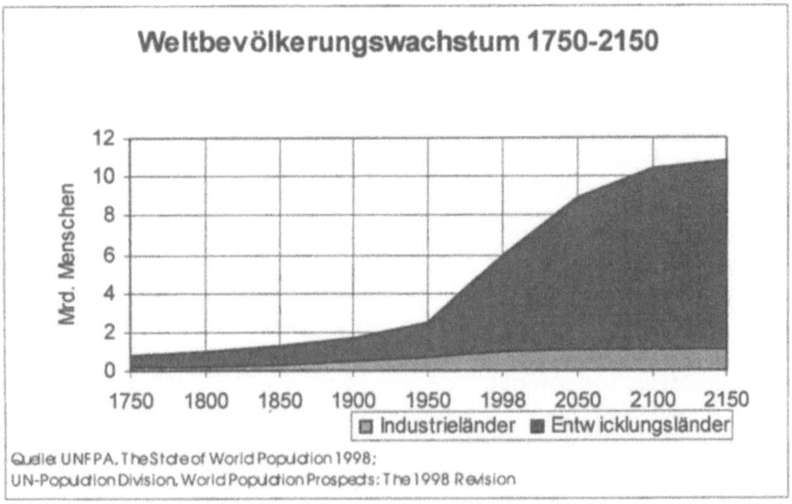

Abbildung 38

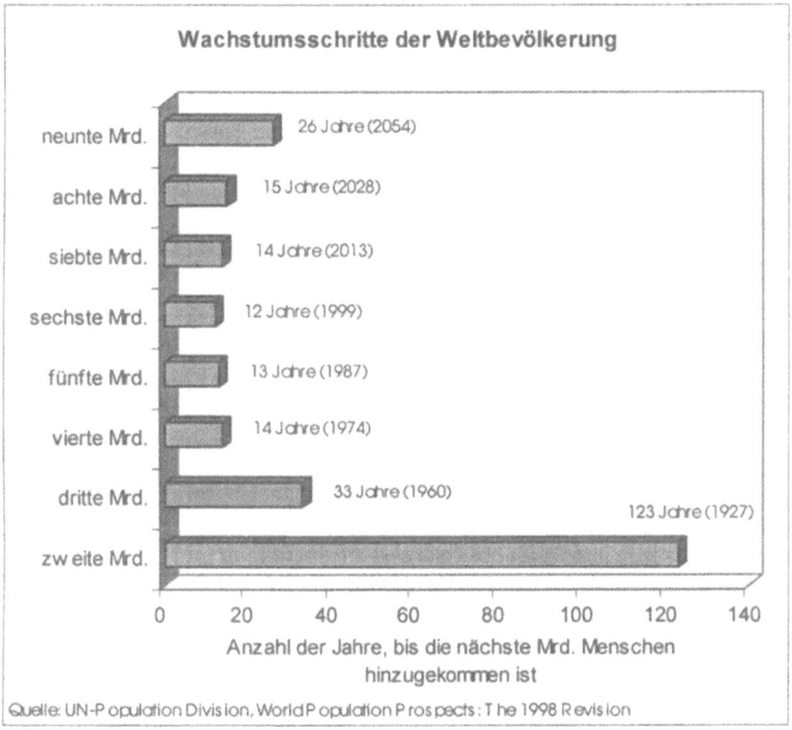

Vor allem in denjenigen Entwicklungsländern, für die aufgrund des hohen Bevölkerungs- und niedrigen Wirtschaftswachstums eine Verknappung der Nahrungsmittelvorräte prognostiziert wird, ist mit einem massiven zusätzlichen Druck auf die noch bestehenden Waldflächen zu rechnen. In 64 von 105 Entwicklungsländern blieb von 1985 bis 1995 die Zunahme der Nahrungsmittelerzeugung hinter dem Bevölkerungswachstum zurück. In Afrika war dies in nicht weniger als 31 von 46 Ländern der Fall[397]. Die erforderliche Steigerung der Welternährungs-

[397] *DSW*, Bevölkerung und nachhaltige Entwicklung, 17. In Afrika kann die Nahrungsmittelproduktion schon seit Jahrzehnten nicht mehr mit dem hohen Bevölkerungswachstum Schritt halten. Dort blieb die Pro-Kopf-Produktion von 1975 bis 1992 etwa einen Prozentpunkt hinter dem Bevölkerungswachstum zurück (vgl. *von Urff*, Ernährung, 213, 219).

produktion von jährlich 1,3 % in der Periode von 1995/97 bis 2030 erfordert einen Anstieg der landwirtschaftlichen Bewirtschaftungsfläche um 12 % bzw. 120 Mio. ha[398]. Der überwiegende Teil dieses Landbedarfs wird durch den Nutzungswandel von Wäldern in landwirtschaftliche Fläche geschaffen werden müssen, da schon heute viele Entwicklungsländer einen Großteil der für die landwirtschaftliche Produktion geeigneten Fläche bewirtschaften[399]. In Lateinamerika sowie in den afrikanischen Staaten südlich der Sahara stieg von 1961 bis 1997 die landwirtschaftlich genutzte Fläche um über 40 % an; bis zum Jahr 2030 wird ein weiterer Anstieg um 30 % bzw. 25 % vorausgesagt[400].

Während in den Industrieländern 0,53 ha landwirtschaftliche Fläche pro Person zur Verfügung stehen, sind es in den Entwicklungsländern nur noch 0,18 ha (1992). Bei einer fortschreitenden Landerweiterung wird sich die Fläche - die mittlere Bevölkerungsprognose der Vereinten Nationen vorausgesetzt - bis zum Jahr 2050 auf 0,12 ha verringern[401]. Wegen des zwar regional sehr unterschiedlichen, jedoch insgesamt stark zunehmenden Bevölkerungswachstums wird die Nutzung der Waldgebiete durch den steigenden Flächenbedarf, v.a. für den Siedlungsbau und die Landwirtschaft sowie durch den zusätzlichen Brennholzbedarf zu einer Verstärkung der Waldproblematik gerade in den tropischen Regionen Afrikas führen.

Festzustellen bleibt, daß selbst bei der optimistischen Annahme, die Entwaldungstendenzen könnten sich innerhalb der nächsten 50 Jahre umkehren und die Waldflächen wüchsen wieder auf das Niveau der 90er Jahre an, allein aufgrund des Bevölkerungswachstums die Waldfläche pro Kopf um 25-50 % abnehmen würde[402].

---

398 *FAO*, Agriculture: Towards 2015/30, S. 11, 95 ff.: Im Vergleichszeitraum 1967-1997 stieg die weltweite Nahrungsmittelproduktion noch um jährlich 2,2 % an.

399 In 22 der 91 von der FAO untersuchten Ländern werden bereits 90 % des geeigneten Landes landwirtschaftlich genutzt, in weiteren 25 Ländern werden immerhin 50-90 % des geeigneten Landes bewirtschaftet (vgl. *DSW*, Bevölkerung und nachhaltige Entwicklung, 17).

400 *FAO*, Agriculture: Towards 2015/30, 96 f.

401 *DSW*, Bevölkerung und nachhaltige Entwicklung, 18.

402 *Gardner-Outlaw/Engelman*, Mensch, Wald!, 65.

(2) Nationale Umsiedlungsprogramme

Eine weitere Ursache für die Zerstörung der tropischen Wälder stellen staatliche Umsiedlungsprogramme dar, von denen sich Tropenländer wie zum Beispiel Brasilien, Indonesien und Malaysia eine Lösung der sich aus der zunehmenden Überbevölkerung ergebenen Probleme erhoffen. So wurden in den 60er und 70er Jahren in Brasilien zahlreiche landlose Kleinbauern nach dem Motto „Ein Land ohne Menschen für Menschen ohne Land" aus dichtbesiedelten Regionen an der Atlantikküste in die Amazonaswälder umgesiedelt[403], ohne daß ihnen aber eine dauerhafte Lebensgrundlage geschaffen werden konnte. Aufgrund schwieriger ökonomischer und ökologischer Bedingungen und insbesondere aufgrund der mangelnden Bodenfruchtbarkeit wurden viele der neuen kleinbäuerlichen Betriebe aufgegeben; nach nur wenigen Ernten wurde das Land oftmals in Viehweiden umgewandelt. Organisationsprobleme und Konflikte zwischen der einheimischen Bevölkerung und den Zuwanderern waren weitere Gründe dafür, daß die erhoffte Verbesserung der wirtschaftlichen und sozialen Situation der Migranten ausblieb[404].

Auch das Anfang der siebziger Jahre in Gang gesetzte „Transmigrasi-Projekt" in Indonesien, das den Plan verfolgt, Millionen landloser Dorfbewohner von den dichtbevölkerten inneren Inseln Java, Bali und Madura auf die dünnbesiedelten Inseln Kalimantan, Sumatra und Sulawesi umzusiedeln, ging bisher mit großen Verlusten tropischer Regenwälder einher[405].

(3) Überschuldung der Tropenwaldländer

Außenwirtschaftliche Strukturprobleme einschließlich einer hohen Auslandsverschuldung sowie ein niedriges Bruttoinlandsprodukt zahlreicher Entwicklungsländer führen zu einem tendenziell zunehmenden

---

403 Vgl. ausführlich zu diesem Thema: *De Almeida/Campari*, Sustainable Settlement in the Brazilian Amazon, 11 ff.; *Brock/Hessler*, The Colonization of Amazonia, in: Bothe/Kurzidem/Schmidt (Hrsg.), Amazonia and Siberia, 57, 65 ff.

404 *Wicke*, Der Ökologische Marshallplan, 56.

405 *Burger*, Die Wächter der Erde, 86 f.: Von 1969 bis 1994 wurden 10 Mio. Menschen umgesiedelt; siehe hierzu auch *Enquête-Bericht (1990)*, 254 ff.

Nutzungsdruck auf die Tropenwälder[406]. Zur Begleichung von Tilgungs- und Zinsverpflichtungen greifen überschuldete Entwicklungsländer auf den Export von Rohstoffen und/oder Agrarprodukten in einem Ausmaß zurück, das die ökologische Tragfähigkeit dieser natürlichen Wirtschaftsgüter überschreitet.

Der forcierte Anbau von Monokulturen für den Export bedingt nicht nur eine großflächige Rodung von Tropenwald, er führt auch dazu, daß die für die Bedürfnisse der eigenen Bevölkerung notwendigen Nahrungsmittel oft nicht in ausreichendem Maße zur Verfügung stehen und importiert werden müssen[407]. Dadurch verschärft sich wiederum die Notwendigkeit der Entwicklungsländer, Devisen zu erwirtschaften. Zur Ersparnis von Devisen wird zudem auf den Import wichtiger Energieträger verzichtet und in verstärktem Maße Holz als Energieträger verwendet[408]. Insofern schließt sich hier ein Kreis aus Auslandsverschuldung, Devisenmangel, Unterentwicklung, Ressourcenübernutzung und Tropenwaldvernichtung.

3. Bedeutung des Tropenwaldes und die Auswirkungen seiner Zerstörung

Die Zerstörung der tropischen Wälder hat weitreichende ökologische und ökonomische Auswirkungen, die aufgrund vielfältiger Wechselwirkungen eng miteinander verflochten sind.

---

[406] Vgl. zur Auslandsverschuldung der Entwicklungsländer: *Weltbank*, World Development Report 1997, 246 f.: Die Verschuldung der Entwicklungsländer hatte 1995 einen Stand von ca. 2 000 Mrd. Dollar erreicht und hat sich damit seit 1980 mehr als verdreifacht. Vgl. ausführlicher: *Kloss*, Umweltschutz und Schuldentausch, 29 ff.

[407] Zu den ärmsten Entwicklungsländern, die mehr als 25 % ihrer Exporterlöse für Nahrungsmittelimporte aufbringen müssen (sog. Low-Income-Food-Deficit Countries), gehören zur Zeit 32 Staaten, die meisten davon in Afrika und in Südasien gelegen. Bei dieser Ländergruppe stieg der durchschnittliche Anteil der Kosten der Nahrungsmittelimporte an den Exporterlösen innerhalb von 30 Jahren von knapp 27 % auf 52 % an (vgl. näher <http://www.fao.org/spfs/>).

[408] *Wicke*, Der Ökologische Marshallplan, 62.

a) Wirtschaftliche Bedeutung der Tropenwälder

Die fortschreitende Zerstörung der tropischen Wälder hat eine Reihe direkter und indirekter ökonomischer Auswirkungen. Unter Berücksichtigung zahlreicher Schätzungen unterschiedlicher Autoren hat *Myers*[409] den hypothetischen jährlichen Ertragswert pro ha Tropenwald bei 220 US-$ angesetzt: Von diesem Gesamtbetrag entfallen auf die Produktion von Stammholz 110 US-$, auf Nicht-Holzprodukte 69 US-$, auf den Erholungswert 12 US-$, auf den Schutz von Wassereinzugsgebieten 10 US-$ und auf Jagd und Fischerei 5 US-$.

Holz stellt weltweit den bedeutendsten Rohstoff der Tropenwälder dar: Das statistisch erfaßte Gesamtholzaufkommen in den Tropen, d.h. Energie- und Nutzholz zusammen, belief sich 1996 auf rund 1,6 Mrd. m^3; damit stammt fast die Hälfte des weltweit genutzten Holzes aus den tropischen Regionen[410]. Innerhalb von zwei Jahren hat sich damit der Anteil des Tropenholzes am weltweiten Gesamtholzeinschlag von 42 % auf 48 % erhöht. Die Menge des in den Tropen eingeschlagenen Holzes verteilt sich wie folgt auf die unterschiedlichen Tropenregionen: 544 Mio. m^3 stammen aus Afrika, 725 m^3 aus Asien/Ozeanien und knapp 350 m^3 aus Lateinamerika[411].

Während die tropischen Trockenwälder oft ausschließlich Energieholz und Viehfutter liefern, spielt bei den Regenwäldern und regengrünen Feuchtwäldern die zusätzliche Lieferung des wertvollen tropischen Nutzholzes eine größere Rolle[412]. Dennoch fällt das Nutzholzaufkommen in den Tropen gegenüber dem Brennholzanteil insgesamt betrachtet relativ verarbeitet, 82 % des Holzes ist dagegen als Brennholz verbraucht gering aus: Nur knapp 18 % des 1996 eingeschlagenen Tropenholzes wurde als Nutzholz worden. Besonders hoch lag der Brennholzanteil in Afrika mit über 90 %[413].

---

[409] *Myers,* The world's forests, Environmental Conservation 1996, 156, 165.

[410] *BReg.*, 6. Tropenwaldbericht, 5.

[411] *BReg.*, 6. Tropenwaldbericht, Anl. 1, Tabelle 1.1: Gegenüber 1994 hat sich der Tropenholzeinschlag in Asien um knapp 25 % erhöht, während er in den tropischen süd- und zentralamerikanischen Gebieten um 13 % gesunken ist (vgl. *BReg.*, 5. Tropenwaldbericht, Anl. 1, Tabelle 1.1).

[412] *Weltbank*, Weltentwicklungsbericht 1992, 72.

[413] *BReg.*, 6. Tropenwaldbericht, Anl. 1, Tabelle 1.1.

Abbildung 39

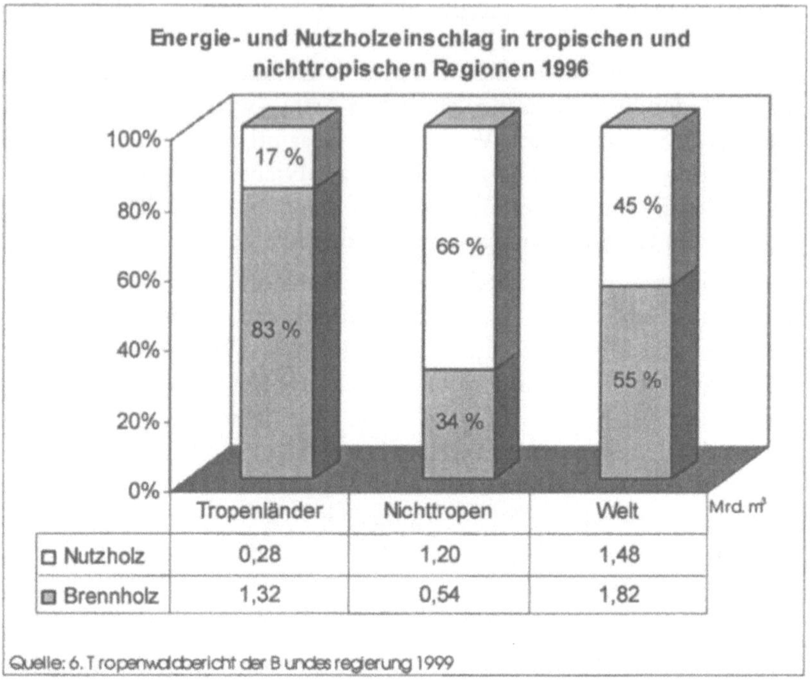

	Tropenländer	Nichttropen	Welt
Nutzholz	0,28	1,20	1,48
Brennholz	1,32	0,54	1,82

Die Verteilung von Brenn- und Nutzholz in den Tropen ist damit zu erklären, daß in den Entwicklungsländern der Energiebedarf noch zu durchschnittlich 15 % aus Brennholz gedeckt wird: In Afrika ist dieser Anteil mit 58 % noch besonders hoch, in Lateinamerika beträgt er 15 % und in Asien liegt er bei 11 %[414].

aa) Tropenholzexport

Da ein Großteil des eingeschlagenen Nutzholzes in den Herkunftsländern selbst verbraucht wird, ist die Holzmenge, die auf die internationalen Holzmärkte gelangt - unter Berücksichtigung bestehender regionaler Unterschiede - relativ gering. Von der tropischen Nutzholzmenge (285 Mio. m^3) gelangten 1996 nur 7,4 % bzw. 21 Mio. m^3 in den Rund-

[414] *FAO*, The State of Food and Agriculture 1994, 290.

holzexport. Dies entspricht im Vergleich zu 1992 (27 Mio. m^3) einem Rückgang um 23 %[415].

Zwischen 1994 und 1996 ist v.a. der Exportanteil des tropischen Rundholzes aus Asien von 14,4 % auf 10,6 % gesunken. In den tropischen Regionen Amerikas ist ein leichter Anstieg des exportieren Nutzholzes festzustellen (von 1,0 auf 2,2 %), in Afrika ist der Exportanteil um 0,5 Prozentpunkte ebenfalls leicht gestiegen.

Abbildung 40

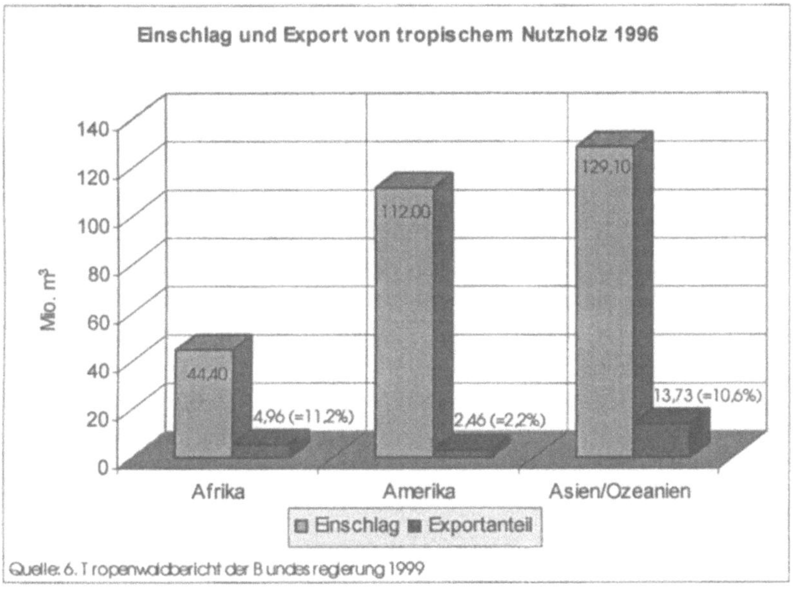

Dieser rückläufigen Entwicklung auf dem Rundholzmarkt steht jedoch eine zu verzeichnende Steigerung des Exports von sog. Holzhalbwaren gegenüber. Für die Erzeugung dieser exportierten Holzhalbwaren wurden 1996 noch einmal zusätzliche 50 Mio. m^3 Rundholz benötigt. Bezogen auf das Nutzholzaufkommen in den Tropen betrug der Export von unverarbeitetem Rundholz und Holzhalbwaren (zusammen 70,9 Mio. m^3) im Durchschnitt 24,8 %; bezogen auf das Gesamtholzaufkommen in den Tropen (Brenn- und Nutzholz) lag der Exportanteil aber ledig-

---

415 *BReg.* 6. Tropenwaldbericht, 6 sowie Anl. 1, Tabelle 1.2.

lich bei 4,4 %[416], hinsichtlich des weltweiten Gesamtholzaufkommens von rund 3,4 Mrd. m^3 sogar nur bei etwa 2 %.

Über den größten Anteil an den Tropenholzexporten verfügen mit knapp 75 % die asiatischen Länder. Der Exportanteil Asiens am Gesamtholzaufkommen der Region liegt mit 7,3 % über dem Durchschnitt in den Tropenregionen von 4,4 %; gleiches gilt für den Exportanteil vom Nutzholzeinschlag der Region, der mit 41 % den Durchschnitt von 24,8 % deutlich übersteigt[417]. Die größten asiatischen Exportnationen für Tropenholzprodukte sind Indonesien und Malaysia mit Exporterlösen von 3,4 bzw. 2,5 Mrd. US-$ (1998); die Absatzmärkte liegen überwiegend in Japan und China[418]. In Lateinamerika spielt der Tropenholzexport dagegen (noch) eine vergleichsweise geringe Rolle. Lediglich 9 % des Nutzholzeinschlags der Region werden überwiegend in die USA, die Staaten der EU und nach Japan exportiert[419]. Die größte Tropenholzexportnation Südamerikas ist Brasilien mit jährlichen Exporterlösen aus dem Handel mit Holzprodukten von 2,4 Mrd. US-$, mit weitem Abstand folgt Paraguay (80 Mio. US-$)[420]. Aus den afrikanischen Tropenregionen gelangt nur 1,5 % des Gesamtholzaufkommens bzw. 18 % des Nutzholzeinschlags der Region in den internationalen Holzhandel[421]. Zu den größten Exportnationen des tropischen Afrikas zählen Kamerun (411 Mio. US-$), die Elfenbeinküste (241 Mio. US-$), die Republik Kongo und Gabun mit jeweils 200 Mio. US-$[422]. Der Hauptabsatzmarkt für afrikanisches Tropenholz ist die Europäische Union[423].

---

416 *BReg.*, 6. Tropenwaldbericht, 6.

417 *BReg.*, 6. Tropenwaldbericht, 6; 1994 lag der entsprechende Anteil noch bei 52 %; hier ist also ein signifikanter Rückgang des Exportanteils festzustellen.

418 *FAO*, Yearbook of Forest Products 1998, 227: gegenüber 1997 bedeutet dies für beide Staaten einen erheblichen Rückgang der Exporterlöse - diese lagen damals noch bei 5 Mrd. US-$ (Indonesien) bzw. 4 Mrd US-$ (Malaysia). Zurückzuführen ist dies auf die erheblichen Waldbrände in der Region.

419 *BReg.*, 6. Tropenwaldbericht, 6; *Thiele/Wiebelt*, Tropenwaldmanagement, 19.

420 *FAO*, Yearbook of Forest Products 1998, 227.

421 *BReg.*, 6. Tropenwaldbericht, 6.

422 *FAO*, Yearbook of Forest Products 1998, 226.

423 *Enquête-Bericht (1994)*, 497.

Abbildung 41

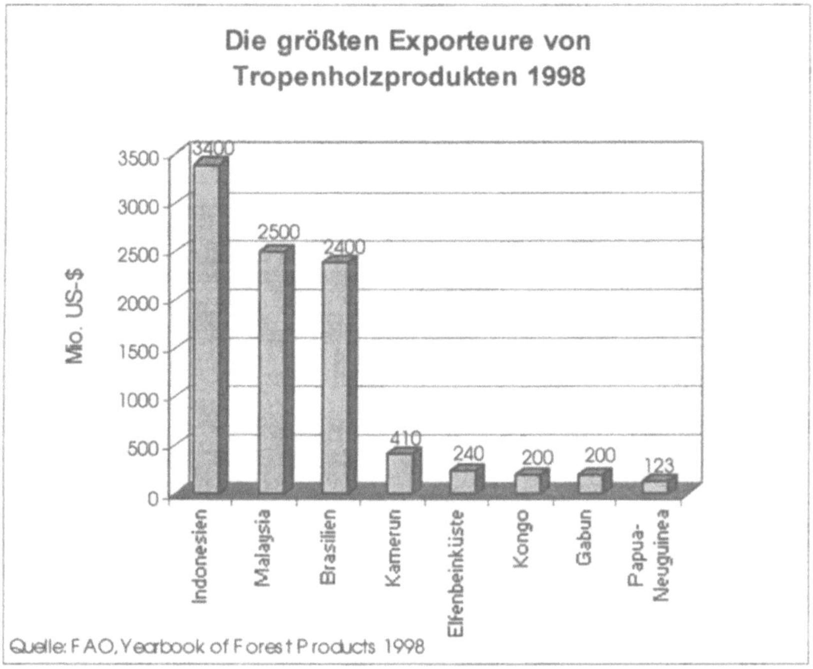

Auch wenn lediglich ein Anteil von 4,4 % des gesamten Tropenholzaufkommens in den Export gelangt, spielt die Holzwirtschaft in den Entwicklungsländern eine weitaus bedeutendere Rolle für die Wirtschaft, als dies für die Industriestaaten der Fall ist. Während in den Entwicklungsländern der durchschnittliche Anteil der Holzwirtschaft am Bruttoinlandsprodukt bei 4 % liegt, trägt dieser Wirtschaftssektor in den Industriestaaten nur zu 1 % zum BIP bei, obwohl dort mehr als 80 % der industriellen Holzprodukte hergestellt werden[424]. Vor allem

---

[424] Der durchschnittliche Anteil der Holzwirtschaft am Bruttoinlandsprodukt liegt in Afrika bei 6 %, gefolgt von Südamerika (3 %) und Asien (2 %). Zu denjenigen Ländern, in denen der Forstsektor zu mehr als 10 % zum BIP beiträgt, zählen 18 afrikanische Staaten (u.a. Republik Kongo 21 %, Nigeria 16 %), 4 asiatische Länder (darunter Indonesien und Malaysia jeweils mit 10 %) sowie die Salomon Inseln mit 16 % und Papua-Neuguinea (11 %). Der Anteil des Handels mit Forstprodukten am Gesamthandelsaufkommen liegt aber in Afrika und Asien nur bei 2 %, die höchsten Raten haben vielmehr Nordamerika mit 5

für Indonesien und Malaysia, aber auch für einige kleinere afrikanische Volkswirtschaften liefert die Holzwirtschaft einen wesentlichen Beitrag zur Gesamtwirtschaft. In Indonesien sind rund 15 % der Industriebeschäftigten in der Holzverarbeitung tätig, im wenig industrialisierten Kongo und in Ghana sind es sogar über 25 %[425]. Der Gesamterlös aus dem Export von Holz- und Holzprodukten stieg in den Tropenländern innerhalb der Dekade 1980-1990 um 54 % auf fast 12 Mrd. US-$ an[426] und lag 1998 bei schätzungsweise 18 Mrd. US-$[427]. Der in den Tropenwaldländern ungefähr bei 10-13 % liegende Anteil an den Exporterlösen aus dem weltweiten Handel mit Holzprodukten (1998: 133 Mrd. US-$[428]) ist damit seit 1987 relativ stabil geblieben[429]. Selbst wenn in einigen tropischen Ländern seit Anfang der 80er Jahre deutliche Rückgänge der Exporterlöse festzustellen sind, wie beispielsweise für Liberia und die Philippinen, so sind für Thailand, Brasilien, Kamerun, Gabun und Ghana große Exportsteigerungen zu verzeichnen[430].

Die Zuwächse bei den Exporterlösen aus tropischen Holzprodukten gingen aber nur zum Teil einher mit der Entwicklung des tropischen Rohholzaufkommens. Hier drückt sich eine in den letzten Jahrzehnten zu beobachtende Verschiebung der Einfuhrsortimente vom ökonomisch weniger interessanten Rundholz hin zu Schnittholz und anderen Holzhalb- und Holzfertigwaren aus. Neben der allgemein zu beobachtenden rückläufigen Bedeutung von Rohstoffen und Halbwaren im Welthandel[431] haben viele Tropenwaldländer den Ausbau der Verarbeitungsindustrie im eigenen Land in den vergangenen Jahren stärker ge-

---

% bzw. die frühere UdSSR mit 4 % (vgl. *FAO*, SOFO 1997, 36, 141; *dies.*, Forestry statistics today for tomorrow, 48 ff.).

425 *Thiele/Wiebelt*, Tropenwaldmanagement, 8.

426 Enquête-Bericht (1994), 498.

427 Berechnet nach *FAO*, Yearbook of Forest Products 1998, 226 ff.

428 *FAO*, Yearbook of Forest Products 1998, 226.

429 *Pleydell/Johnson*, Tropical Timber Trade Trends, ITTO Tropical Forest Update 1997/1, 13.

430 *FAO*, Yearbook of Forest Products 1994, 310 ff.; *dies.*, Yearbook of Forest Products 1998, 226 f.

431 Vgl. zu dieser auf dem gesamten Weltholzmarkt zu beobachtenden Wandlung der Produktgruppenstruktur von Rohstoffen und Halbwaren hin zu Halbfertig- und Fertigwaren: *Thoroe/Ollmann*, Holz in der Weltwirtschaft, 23, 25.

fördert und veredeln selbst einen großen Teil des Importholzes, das in Form von höherwertigen Holzfertigwaren wieder exportiert wird[432].

bb) Tropenholzimport

Diese Entwicklung wird auch aus der Struktur der Tropenholzimporte in die Bundesrepublik Deutschland ersichtlich: Hatte Stammholz noch 1960 einen Anteil von 93 % an der Tropenholzimportmenge, ist dieser Anteil bis 1997 auf 6,8 % gesunken. Parallel zu dieser Entwicklung ist zwischen 1970 und 1997 der Anteil der Holzfertigwaren an der Importmenge von 0,6 auf 38,6 % gestiegen[433].

Abbildung 42

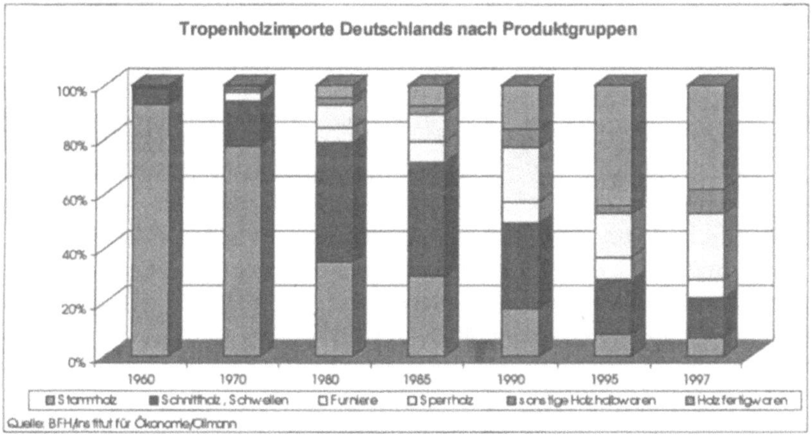

Wurde in den 60er Jahren fast ausschließlich Tropenholz aus Afrika importiert, hat sich mittlerweile der Importschwerpunkt hin zu den asiatischen Ländern verschoben. Von dort wird über die Hälfte der gesamten Tropenholzmenge importiert, der Rest verteilt sich auf Afrika und Lateinamerika[434].

---

432 *Verein deutscher Holzeinfuhrhäuser*, Jahresbericht für das Geschäftsjahr 1995, 10.

433 *Ollmann*, Die Tropenholzeinfuhr der Bundesrepublik Deutschland 1960-1997, Tabelle 5; siehe auch *BReg.*, 6. Tropenwaldbericht, 6 f.

434 *Ollmann*, Die Tropenholzeinfuhr der Bundesrepublik Deutschland 1960-1997, Tabelle 7: Zwar wird Stammholz nach wie vor zu über 97 % aus Afrika bezogen, auch Furniere werden überwiegend aus Afrika importiert (61 %); an-

Abbildung 43

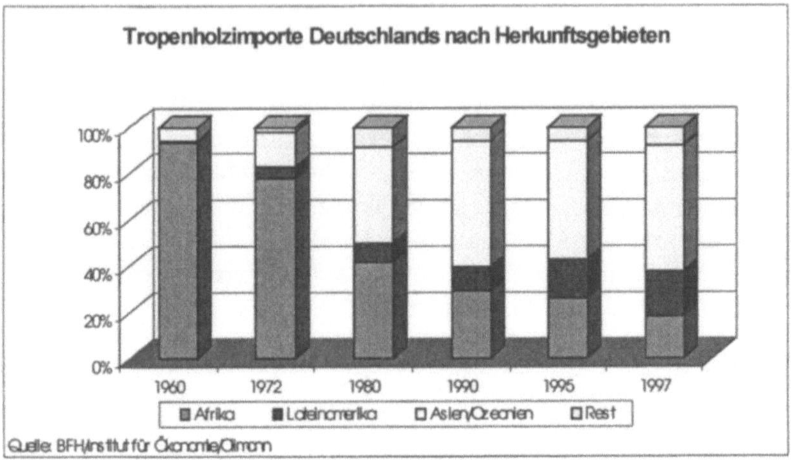

Wenngleich sich der Anteil an weiterverarbeiteten Holzprodukten deutlich erhöht hat, ist der Tropenholzverbrauch in Deutschland bis auf einige konjunkturelle Schwankungen seit 25 Jahren relativ stabil geblieben. Nach einem Einfuhr- und damit auch Verbrauchshöchststand in den Jahren 1979 und 1980 erfolgte ein Rückgang bis 1985; seitdem ist die Importmenge wieder angestiegen und liegt seit 1990 mit nur geringen Schwankungen bei rund 2 Mio. m^3 (r)[435].

Die Tropenholzimporte in Deutschland spielen gesamtwirtschaftlich betrachtet aber insgesamt nur eine untergeordnete Rolle. Der Tropenholzeinfuhr kam 1997 ein mengenmäßiger Anteil von lediglich 2,3 % der gesamten Einfuhr der Bundesrepublik Deutschland von Holz und Holzprodukten - inklusive Papier und Papierprodukten - und ein wertmäßiger Anteil (1,0-1,2 Mrd. DM) von 3,7 % zu[436].

Mit einer jährlichen Einfuhrmenge von 2 Mio. m^3 (r) entfallen auf Deutschland 1,4 % der weltweiten tropischen Nutzholzimporte. Gemessen am gesamten Nutzholzeinschlag in den Tropen wurden 0,4 % der Menge nach Deutschland importiert; der Anteil am Ge-

---

ders sieht es aber für die Produktgruppen Sperrholz und Schnittholz aus, hier überwiegt deutlich der Importanteil aus Asien/Ozeanien mit 75 % bzw. 48 %.

[435] m^3 (r) = Rohholz, Holzhalb- und Holzfertigwaren, umgerechnet in Rohholzäquivalent.

[436] *BReg.*, 6. Tropenwaldbericht, 7.

samtholzaufkommen der Tropen beläuft sich sogar nur auf 0,12 %[437]. Zu den größten Importnationen für tropisches Nutzholz zählen Japan, China, Südkorea und Taiwan, die zusammen über 60 % der Tropenholzmenge importieren. Auf die Holzeinfuhr nach Japan entfallen 28,5 % der weltweiten Tropenholzimporte, dies entspricht einem Anteil von 1,2 % des Gesamtholzaufkommens in den Tropen. Im Vergleich dazu importierten die Länder der EU 1996 von der gesamten Tropenholzmenge nur 10,7 %; auf die USA und Kanada entfielen zusammen 7,2 %[438]. Zu den Hauptabnehmern innerhalb der EU gehören Frankreich, Portugal, Spanien und Italien[439].

Abbildung 44: Import von tropischem Nutzholz, einschließlich Holzhalbwaren 1996

Importland oder -region	**Importmenge**		Anteil vom **Gesamtholzaufkommen** der Tropen	Anteil vom **Nutzholzeinschlag** der Tropen
	Mio. m^3	%	%	
Japan	20,2	28,5	1,2	7,1
andere asiatische Länder	25,8	36,4	1,6	9,0
USA/Kanada	5,1	7,2	0,3	1,8
EU (15)	7,6	10,7	0,5	2,7
(darunter D)	(1,0)	(1,4)	(0,1)	(0,4)
andere Länder	12,2	17,2	0,8	4,3
gesamt	70,9	100	4,4	24,8

Quelle: 6. Tropenwaldbericht der Bundesregierung, 1999

437 *BReg.*, 6. Tropenwaldbericht, 7.

438 *BReg.*, 6. Tropenwaldbericht, 6. Vgl. näher zum Holzbedarf in Japan: *Taiga Rescue Network*, The Taiga Trade, 45 f.; *FAO*, The State of Food and Agriculture 1994, 278.

439 *FAO*, Yearbook of Forest Products 1995, 394.

Diese Daten stehen im Gegensatz zu dem in der öffentlichen Diskussion häufig angebrachten Argument, der Holzverbrauch in den Industriestaaten verursache im wesentlichen die Waldzerstörung, insbesondere in den tropischen Regionen.

cc) Brennholzkrise der Entwicklungsländer

In Zukunft wird neben einem steigenden Bedarf an Holz als Rohstoff für die industrielle Weiterverarbeitung vor allem auch die Nachfrage von Holz als Energieträger die Entwaldungsgeschwindigkeit in den Tropen bestimmen. Um den jährlichen Brennholzbedarf eines Einwohners von ca. 1 m^3 Holz zu decken, ist - ausgehend von einem jährlichen Biomassenwachstum von 4 m^3 Holz pro ha und Jahr - eine Waldfläche von 0,25 ha pro Kopf erforderlich. Allein in Afrika liegt der durchschnittliche Brennholzverbrauch einer Familie schon bei 7 m^3 pro Jahr[440].

Derzeit sind weltweit zwei von fünf Menschen auf Brennholz oder Holzkohle als Hauptenergiequelle zum Kochen und Heizen angewiesen. Seit 1970 hat sich der weltweite Brennholzverbrauch um 60 % auf 1,75 Mrd. m^3 (1998) erhöht[441]. Der Anteil der Entwicklungsländer am weltweiten Brennholz- und Holzkohleverbrauch stieg im gleichen Zeitraum von 84 % auf 90 % an[442]. Allein in Afrika erhöhte sich der jährliche Brennholzbedarf von 1980 bis 1994 um 3 % jährlich und von 1994 bis 1998 um 2,2 %[443].

Angesichts des hohen Bedarfs an Brennholz für die Energieversorgung ist im Jahr 2000 ein Brennholzdefizit erreicht worden, das in Asien 1,4 Mrd., in Afrika 500 Mio. und in Lateinamerika 340 Mio. Menschen betraf[444]. Schon jetzt können ungefähr 1 bis 1,5 Mrd. Menschen nicht mehr ihren Brennholzbedarf decken, ohne bestehende Waldressourcen

---

440 *Steinlin*, The Decline of Tropical Forests, Quarterly Journal of Int. Agriculture 1994, 128; *UNEP*, Global Environment Outlook, 28.

441 *FAO*, Provisional Outlook for Global Forest Outlook, 30; *FAO*, Yearbook of Forest Products 1998, 14; vgl. auch die Abbildungen 6 und 12 in diesem Teil.

442 *FAO*, SOFO 1997, 51; *FAO*, Yearbook of Forest Products 1998, 14 ff.

443 Berechnungen für 1994-1998 nach *FAO*, Yearbook of Forest Products 1998, 14.

444 *BMZ*, Energie in der deutschen Entwicklungszusammenarbeit, 12.

zu übernutzen[445]. Die Brennholzkrise wirkt sich besonders in den Ländern der trockenen Tropenregionen sowie in den Randbereichen der feuchten Tropen in der afrikanischen Sahelzone, in Teilen des indischen Subkontinents (Indien, Nepal, Bangladesch) sowie in Nordostbrasilien auf die Waldbestände aus[446]. Die FAO sagt für die Entwicklungsländer insgesamt einen jährlichen Bedarfszuwachs an Brennholz und Holzkohle von 1,6 % bis zum Jahr 2010 voraus[447]. Holz in den Tropenländern, v.a. aus den zahlreich angelegten Eukalyptusplantagen, wird nicht nur für die häusliche Energieversorgung, sondern auch zur Gewinnung von Holzkohle benötigt, allerdings beträgt der Anteil am gesamten Brennholzverbrauch nur 1 %. Mit Holzkohle wird z.B. in Brasilien die gesamte Roheisenproduktion verhüttet, und selbst bei der Stahlerzeugung nutzt man zu 14 % diesen pflanzlichen Rohstoff. Rund 6 Mio. m^3 Holzkohle wurden 1996 allein von der brasilianischen Eisen- und Stahlindustrie verbraucht[448].

Mit der Abnahme der Waldflächen geht zum einen für die Bevölkerung eine immer schwierigere und teurere Versorgung mit Brenn- und Nutzholz und anderen Ersatzenergieträgern einher, zum anderen hat der Verlust von Tropenwaldflächen auch unmittelbare Auswirkungen auf die ländliche Bevölkerung sowie die Volkswirtschaften der betroffenen Länder. Ein Rückgang der Beschäftigung und Arbeitseinkommen der ländlichen Bevölkerung in der Holzindustrie und nicht zuletzt Einbußen an Devisenerlösen stellen besonders offenkundige Auswirkungen der Tropenwaldzerstörung dar. Das ehemals bedeutsame Tropenholzexportland Thailand ist beispielsweise infolge der fortgeschrittenen Entwaldung zu einem Netto-Holzimportland geworden[449].

Des weiteren sind langfristig die wirtschaftlichen Folgelasten zu bedenken, die aufgrund der ökologischen Auswirkungen der Tropenwaldzerstörung entstehen[450]. Zudem werden die für die landwirtschaftliche Nutzung gerodeten tropischen Waldböden, die in weiten Bereichen zu

---

[445] *Myers*, The world's forests, Environmental Conservation 1996, 156, 157.

[446] *Leisinger*, Landknappheit und Kultivierung von Grenzböden, 51, 52 f.; *Mercer/Soussan*, Fuelwood Problems and Solution, in: Sharma (Hrsg.), Managing the World's Forests, 177, 178 f.

[447] *FAO*, Forestry statistics today for tomorrow, 14; *FAO*, Agriculture: Towards 2010, 162.

[448] *Alexandratos*, World Agriculture: Towards 2010, 217.

[449] *BReg.*, 6. Tropenwaldbericht, 8.

[450] Siehe dazu sogleich, S. 124 ff.

den nährstoffärmsten aller Waldböden gehören, infolge der rasch eintretenden Bodendegradation innerhalb kurzer Zeiträume stark geschädigt[451]. Die Kosten der Bodenerosionen in Brasilien, die durch die extensive Bewirtschaftung von landwirtschaftlichen Produktionsflächen hervorgerufen werden, liegen bei schätzungsweise 6 Mrd. US-$[452]. Die Verarmung der Böden verschlechtert wiederum die Lebens- und Produktionsbedingungen auf dem Land, beeinflußt negativ die Nahrungsmittelproduktion und trägt zur Landflucht bei[453].

b) Ökologische Folgen der Tropenwaldzerstörung

Mit der fortschreitenden Vernichtung der tropischen Wälder geht auch eine Vielzahl gravierender ökologischer Folgewirkungen einher. Da die tropischen Wälder mit ihrem hohen Biomassevorrat einen für die Stabilität des Weltklimas bedeutsamen CO_2-Speicher darstellen[454], führt die Vernichtung der Tropenwälder durch Brandrodungen sowie der Abbau der organischen Substanzen nach dem Brand zu erheblichen Kohlenstoff-Freisetzungen. Die Vernichtung der tropischen Wälder führt zu einer Freisetzung von 1,6 $\pm$ 1,0 Gt C und stellt damit nach der Verbrennung fossiler Energieträger die wichtigste anthropogene Kohlenstoffquelle dar[455].

---

451 In den tropischen Wäldern dient das sehr dichte und oberflächennahe Wurzelwerk in erste Linie der Fixierung der Bäume im Boden und weniger der Nährstoffaufnahme (vgl. *WBGU*, Jahresgutachten 1994, 104 f.).

452 *Serôa da Motta*, The Economics of Biodiversity in Brazil, in: OECD (Hrsg.), Investing in Biological Diversity, 283, 291.

453 *Leisinger*, Landknappheit und Kultivierung von Grenzböden, 51, 53; *Rowe/Sharma/Browder*, Deforestation, in: Sharma (Hrsg.), Managing the World's Forests, 33, 38.

454 Vgl. hierzu ausführlich *Totter*, Getting it Right: Emerging Markets for Storing Carbon in Forests, 20 ff. Danach haben im Zeitraum 1990 bis 2050 die Tropenwaldländer Brasilien, Indonesien, Zaire, Indien und Malaysia das größte Potential, durch eine Verringerung der Entwaldungsrate sowie Aufforstungsmaßnahmen Kohlenstoff in den Wäldern zu speichern.

455 *Enquête-Bericht (1994)*, 517. Bis in die Mitte der 60er Jahr stellten CO_2-Emissionen aus Entwaldungen weltweit sogar die größte Kohlendioxidquelle dar (vgl. *Woodwell*, The Role of Forests in Climatic Change, in: Sharma [Hrsg.], Managing the World's Forests, 75, 78).

Die Emissionen aus der Tropenwaldverbrennung haben zwischen 1980 und 1990 um 75 % zugenommen und sind stärker gestiegen als Emissionen aus der Verbrennung fossiler Brennstoffe[456]. Der Anteil der CO_2-Freisetzungen aus der Tropenwaldrodung an den gesamten anthropogenen CO_2-Emissionen wird auf etwa 20 % geschätzt[457]. Allein die Zerstörung der Tropenwälder im Amazonasraum trägt jährlich zwischen 4,7 und 6,6 % zu den globalen CO_2-Emissionen bei; für das Jahr 2030 wird eine Verdreifachung dieser Werte vorausgesagt[458]. Durch Brandrodungen werden außerdem erhebliche Mengen an Stickoxiden und anderen schädlichen Substanzen freigesetzt, die zur Entstehung erhöhter Ozonkonzentrationen führen.

Des weiteren führt die Umwandlung von Wald in Weide- oder Ackerfläche zu einem 20-40 %igen Verlust der im Boden gespeicherten Kohlenstoffmenge[459]. Nach Untersuchungen in Brasilien gehen bei der Umwandlung von Waldfläche in Ackerfläche pro ha 156 t Kohlenstoff verloren, bei der Umwandlung in Weidefläche liegt der Verlust sogar bei 168 t pro ha; Flächen, die durch eine intensive Forstwirtschaft bewirtschaftet werden, verlieren pro ha 68 tC[460]. Aufgrund der erhöhten Kohlenstoff-Freisetzungen verstärken großflächige Waldrodungen den anthropogenen Treibhauseffekt und tragen zur Erwärmung der Erdatmosphäre und den damit verbundenen ökologischen, aber auch ökonomischen Folgen bei. Wenn der durch die Emission einer Tonne Kohlenstoff verursachte Schaden über die globale Erwärmung mit 20 US-$ veranschlagt wird, dann beträgt der Schaden der Umwandlung von Primärwald in landwirtschaftlich genutzte Flächen zwischen 4.000 und 4.400 US-$ pro ha[461].

Neben den globalen, noch nicht im einzelnen einschätzbaren Klimafolgen beeinflussen Rodungen in den drei großen Tropenwaldregionen am Amazonas, im Kongobecken und in Südostasien in unterschiedlichem Maße auch regionale Klimaelemente, wie z.B. die Niederschlagsmenge

---

456 *Myers,* The world's forests, Environmental Conservation 1996, 156, 158 f.

457 *FAO,* SOFO 1999, 31; *WBGU,* Sondergutachten 1998, 20.

458 *Wiebelt,* Stopping Deforestation in the Amazon, Weltwirtschaftliches Archiv 1995, 542.

459 *Enquête-Bericht (1994),* 517.

460 *De Almeida/Uhl,* Developing a Quantitative Framework, World Development 1995, 1745, 1754; siehe auch *Salati u.a.,* Forests: Their Role in Global Change, in: Jäger/Ferguson (Hrsg.), 391, 392.

461 *Myers,* The world's forests, Environmental Conservation 1996, 156, 164.

und die Bodentemperatur[462]. Das tropische und subtropische Regionalklima wird sowohl trockener als auch von periodischen Überschwemmungen und Bodenerosionen betroffen werden. Da über gerodeten Flächen die Verdunstung abnimmt, stellt die dadurch hervorgerufene Verringerung der Niederschläge eine maßgebliche Beeinflussung insbesondere der Wälder im Amazonasbecken und in Afrika dar. Weniger tangiert dagegen sind Gebiete wie Südostasien, da dort die Niederschläge im wesentlichen durch die Verdunstung von Wasser aus den umliegenden Meeren bestimmt werden[463]. Die großflächige Vernichtung der tropischen Wälder verursacht auch einen schwer zu quantifizierenden Verlust der einzigartig hohen biologischen Artenvielfalt sowie der genetischen Vielfalt, die vor allem in den tropischen Regenwäldern zu finden ist. Typische Merkmale für die tropische Tier- und Pflanzenwelt sind der große Unterschied der Artenzusammensetzung an verschiedenen Standorten, die Begrenzung des Verbreitungsgebietes einer Art auf einen sehr engen Raum sowie die geringe Anzahl von Individuen einer Art pro Flächeneinheit[464]. Die Quantifizierung der hervorgerufenen Artenverluste durch die Zerstörung der Tropenwälder ist bislang nur mit großen Unsicherheiten möglich, da die Zahl der in den Wäldern beheimateten Arten nicht genau bekannt ist und die Schätzungen stark voneinander abweichen[465]. Zu den Tropenländern mit den meisten Pflanzenarten zählen Brasilien (ca. 56.000 Arten), Kolumbien (51.000) und Indonesien (24.000). Im Vergleich dazu sind in Deutschland nur 2.680 Pflanzenarten bekannt[466].

---

[462] Der Anstieg der mittleren Temperatur in Bodennähe nach der Vernichtung tropischer Wälder wird auf 2-3 °C geschätzt. Vgl. zu den Auswirkungen von Waldverlusten in den Tropen auf das globale und regionale Klima: *Kloss*, Umweltschutz und Schuldentausch, 15 ff.; *Enquête-Bericht (1990)*, 461 ff.; *WBGU*, Erhaltung und nachhaltige Nutzung der Biosphäre, 255 f.

[463] *Graßl*, Klimaänderung durch Abholzung in den Tropen, in: Entwicklung u. ländlicher Raum 1/1992, 7, 8; *Rowe/Sharma/Browder*, Deforestation, in: Sharma (Hrsg.), Managing the World's Forests, 33, 43.

[464] *Thiele*, Wirtschaftspolitische Optionen zum Schutz tropischer Wälder, 7.

[465] Siehe hierzu schon die obigen Ausführungen auf S. 56 ff.

[466] *Statistisches Bundesamt*, Statistisches Jahrbuch für das Ausland 1996, 382 f.; ähnlich auch *UNEP/WCMC*, Global Biodiversity, 126 ff. Vgl. auch *Terborgh*, Diversity and the Tropical Rain Forest, 213 ff.; siehe insb. zur Artenvielfalt Brasiliens: *Serôa da Motta*, The Economics of Biodiversity in Brazil, in: OECD (Hrsg.), Investing in Biological Diversity, 283, 285.

Abbildung 45

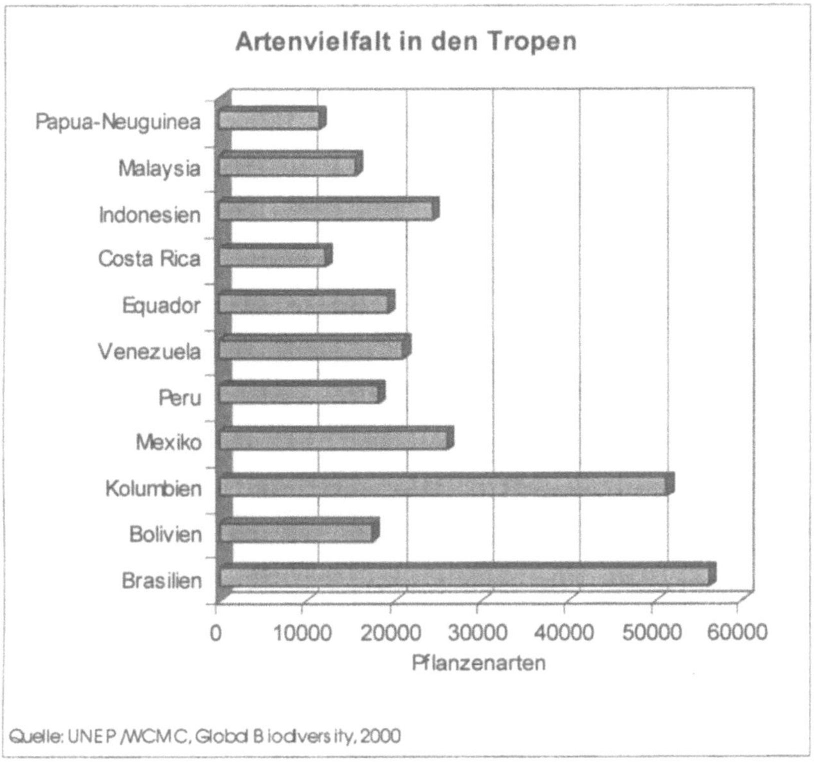

Abbildung 46

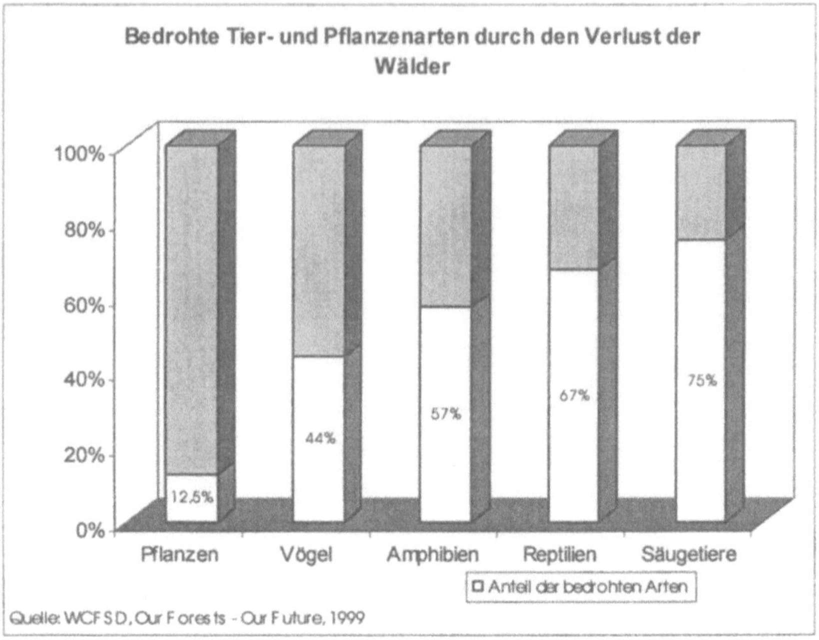

c) Soziale Auswirkungen

Als Kernproblem einer fortschreitenden Zerstörung der Tropenwälder ist schließlich auch der Verlust angestammter Lebensräume und die zwangsläufige Aufgabe überlieferter Kulturformen in Gebieten zu sehen, in denen mit der irreversiblen Zerstörung der natürlichen Vegetationsbestände und dem Verlust der Bodenfruchtbarkeit das natürliche Nutzungspotential und damit die Existenzbasis der heimischen Bevölkerung auf Dauer verloren gehen[467]. Mit der Vernichtung tropischer Wälder und der zunehmenden Erschließung und Nutzung derselben werden indigene Völker[468], die zum Teil seit Jahrtausenden in und von den Wäldern gelebt haben, aus ihren angestammten Gebieten verdrängt.

---

[467] *BMZ*, Sektorkonzept Tropenwald, 12.

[468] Zu den bekanntesten Waldnomaden zählen die Pygmäen Zentralafrikas und die Penan in Ostmalaysia; vgl. *Regenwälder Kampagne*, Indigene Völker und Wald, 57 f.; *Ludwig*, Bedrohte Völker, 79 ff.

Vielfach geschieht dies durch eine erzwungene staatliche Umsiedlungspolitik. Die Interessenkonflikte um die Nutzung der tropischen Wälder führen zu wachsenden sozialen Spannungen zwischen den verschiedenen Gruppen von Waldnutzern[469].

Zur gemeinsamen Bewältigung der Probleme wirtschaftlicher und sozialer Unterdrückung haben sich 1992 indigene Waldvölker aus Lateinamerika, Afrika und Asien zur „Globalen Allianz der Indigenen Völker der Tropenwälder" vereint[470]. Die Forderungen der indigenen Völker nach Sicherung ihrer Landrechte und Berücksichtigung ihres indigenen Wissens für den Schutz und die Nutzung der Tropenwälder sind in mehreren Erklärungen ausdrücklich normiert worden, wie z.B. in der „Charter of the Indigenous-Tribal Peoples of the Tropical Forests"[471] und im „Manifest europäischer Städte zum Bündnis mit den Indianervölkern Amazoniens"[472]. Bislang bringen vereinzelte Widerstandsaktionen der eingeborenen Bevölkerung gegen die Tropenwaldzerstörung[473] zum Ausdruck, daß zukünftig notwendige Schutzkonzepte für bestehende Primärwälder unter Berücksichtigung der Interessen der indigenen Völker erfolgen müssen[474].

d) Zusammenfassung

Die globale Brisanz der Tropenwaldzerstörung zeigt sich in mehrfacher Hinsicht: Erstens hat der noch nicht konkret zu beziffernde Verlust von

---

469 Siehe näher für die Amazonasregion: *Suhrbier*, The Present Situation of Indigenous Peoples in the Amazon Region, in: Bothe/Kurzidem/Schmidt (Hrsg.), Amazonia and Siberia, 257 ff.

470 *BMZ*, Förderung von Waldvölkern, Ziff. 4.3.

471 Abgedruckt in: *BMZ*, Förderung von Waldvölkern, Anl. 3; *Regenwälder Kampagne*, Indigene Völker und Wald, 61 ff.

472 Abgedruckt in: *Regenwälder Kampagne*, Indigene Völker und Wald, 86 ff.

473 Vgl. beispielhaft zu dem Widerstand der Indianervölker im Amazonasgebiet gegen industrielle Großprojekte: *Feldt*, Der Oriente wird zerstört, in: Rasper (Hrsg.), Landräuber, 126, 129 f.; *Posey*, High Noon am Rio Xingú, in: Rasper (Hrsg.), Landräuber, 164 ff.

474 Die *World Commission on Forests and Sustainable Development* plädiert daher in ihrem Abschlußbericht 1999 für die Einrichtung eines Forums für indigene Völker unter der UN-Kommission für nachhaltige Entwicklung (CSD), vgl. *WCFSD*, Our Forests - Our Future, 15.

Tier- und Pflanzenarten schwerwiegende Konsequenzen für die Erhaltung des ökologischen Gleichgewichts in den Tropen. Von der Erhaltung der genetischen Ressourcen hängt sowohl die Erzeugung leistungsfähiger Sorten von Nutzpflanzen und -tieren als auch die Verfügbarkeit für viele medizinische Wirkstoffe ab. Daher ist die Erhaltung der biologischen Vielfalt und das vorhandene Wissen lokaler Bevölkerungsgruppen von steigendem internationalem Interesse.

Zweitens wirkt sich die Tropenwaldzerstörung auch auf die weltweiten Klimaveränderungen aus, bedenkt man, daß der Anteil der CO_2-Freisetzungen aus der Tropenwaldrodung an den gesamten anthropogenen Kohlendioxidemissionen auf etwa 1/5 geschätzt wird. Durch die mit der Waldvernichtung verbundenen massiven Eingriffe in den Wasserhaushalt sowie hierdurch verursachte Bodenerosionen sind zudem Überschwemmungen oder Versteppungen zu erwarten. Regional ist vielerorts mit einer Verknappung der Trinkwasservorräte zu rechnen.

Drittens hat die Zerstörung der tropischen Wälder erhebliche sozioökonomische Auswirkungen. Es ist abzusehen, daß sich Engpässe in der regionalen Holzversorgung ergeben werden, zumal der Holzbedarf durch das anhaltende Bevölkerungswachstum in den Entwicklungsländern in den kommenden Jahren erheblich ansteigen wird; dies gilt insbesondere in bezug auf die Versorgung mit Brennholz und Holzkohle. Wegen der Übernutzung vieler Tropenwaldbestände ist es wahrscheinlich, daß zukünftig nur wenige Tropenwaldländer ihre Rolle als Nettoexporteure von Holzprodukten behalten werden. Die Außenhandelsbilanz vieler Tropenwaldstaaten wird durch den Verlust eigener Tropenwaldressourcen belastet, da in zunehmendem Maße Holz und dessen Substitute importiert werden müssen.

Zweiter Teil

Maßnahmen, Handlungsmöglichkeiten und Empfehlungen zum internationalen Waldschutz

Da bislang auf internationaler Ebene noch kein Konsens über eine Waldkonvention, die sich umfassend mit dem Schutz und der Nutzung forstlicher Ressourcen beschäftigt, zustande gekommen ist, besteht das internationale Regelungssystem zum Waldschutz aus einer Vielzahl von Instrumenten, die jeweils Teilbereiche der forstlichen Problematik ansprechen. Neben der inhaltlichen Vielfalt zeichnen sich die bestehenden Regelungen, wie völkerrechtliche Verträge, Beschlüsse und Resolutionen internationaler Organisationen, regionale Initiativen und Programme oder entwicklungspolitische Instrumente durch die Unterschiedlichkeit ihrer rechtlichen Bindungswirkung aus[1].

Nachfolgend sollen die wichtigsten internationalen Vereinbarungen im Wald- und Forstbereich unter Berücksichtigung der allgemeinen Entwicklung des Umweltvölkerrechts skizziert werden, wobei angesichts der Vielfalt von Ansätzen eine vollständige Darstellung nicht erfolgen kann[2].

---

1 Zur Übersicht bestehender internationaler und regionaler Instrumente mit Waldbezug vgl.: *Downes*, Global Forest Policy and Selected International Instruments, in: Tarasofsky (Hrsg.), Assessing the International Forest Regime, 63 ff; *Glück* u.a., Options for Strengthening the International Legal Regime for Forests, 71 ff.; *Grayson/Maynard*, The World's Forests - Rio + 5: International Initiatives Towards Sustainable Management, 15 ff.; *Humphreys*, Forest Politics, 31 ff.; *Kuhlmann*, Schutz der Wälder, 7 ff.; *Skala-Kuhmann*, Rechtliche Instrumente zur Förderung der nachhaltigen Nutzung und zum Schutz der forstlichen Ressourcen im internationalen Zusammenhang, 11 ff.; *Tarasofsky*, The International Forest Regime, 5 ff.

2 Die nachfolgende Zusammenstellung beschränkt sich im wesentlichen auf die Darstellung waldbezogener Maßnahmen im Rahmen multilateraler Verträge und sonstiger Vereinbarungen. Von einer ausführlichen Schilderung der waldspezifischen Arbeiten internationaler und regionaler Organisationen wird angesichts der Vielzahl bestehender und neu gegründeter Institutionen in diesem Bereich auf Regierungs- und Nichtregierungsebene bis auf wenige Ausnahmen abgesehen. Mit dem Thema „Wald" beschäftigen sich auf internationaler Ebene innnerhalb des UN-Systems folgende Organisationen: FAO, UNEP, UNDP,

I. Entwicklung der internationalen Umweltbewegung bis zur Umweltkonferenz der Vereinten Nationen in Stockholm

Als eigentlicher Auftakt der internationalen Zusammenarbeit im Umweltbereich wird die erste Umweltkonferenz der Vereinten Nationen angesehen[3], die 1972 in Stockholm stattfand[4]. Ansätze einer internationalen Umweltpolitik finden sich zeitlich jedoch schon erheblich früher[5]: Bedeutung erlangten Umweltthemen für die Öffentlichkeit bereits gegen Ende des 19. Jahrhunderts, als sich in einigen Ländern „Umwelt-Erhaltungs-Bewegungen" bildeten[6], deren Anliegen die Bewahrung der natürlichen Lebensräume war[7]. Betrachtet man die internationale Vertragspraxis im Umweltbereich, so datieren umweltrelevante Völker-

---

ILO, UNCTAD, UNESCO, UNIDO, UNU, WFP, WIPO, WMO, WTO sowie World Bank Group und GEF; Regionalorganisationen der Vereinten Nationen: ESCAP, ESCWA, ECA, ECE, ECLAC; andere regionale Einrichtungen: AFDB, ASDB, CACF/PA, EFI, IADB, OAS; weitere internationale Organsiationen: ITTO, CIFOR, ICRAF, IIED, IUFRO, IHPA, OECD, IUCN, WCMC, WRI, WWF, WBCSD. Vgl. ausführlicher zu diesen Organisationen: „Information on Forest-Related Work of International and Regional Organiziations", Background Document 4 v. 16.6.1998 anläßlich der 2. Tagung des Intergovernmental Forum on Forests (IFF); siehe näher zum IFF die Ausführungen auf S. 293 ff.

[3] Siehe zu Verlauf und Ergebnissen der Stockholmer Konferenz S. 137 ff.

[4] *Hohmann*, Präventive Rechtspflichten, 59; *Feist*, Von Rio nach Berlin, JuS 1997, 490, 492.

[5] Zur Entwicklung der internationalen rechtlichen Umweltinstrumente siehe: *Beyerlin*, Umweltvölkerrecht, 5 ff.; *Zirnstein*, Ökologie und Umwelt in der Geschichte, 301 ff.; *Brown Weiss*, Environmental change and international law, 479 ff. (ab 1870); *Sands*, Principles of international environmental law, XIX ff. (ab 1867) sowie 25 ff.; *Kiss/Shelton*, International Environmental Law, XIII ff. (ab 1902); *Birnie/Boyle*, International Law and the Environment, XX ff.; *Sand*, The Effectiveness of International Environmental Agreements, 59 ff.; *Maffei u.a.*, Participation in World Treaties on the Protection of the Environment - A Collection of Data (1946-1994); *Schmithüsen/Ponce-Nava*, A Selection of Texts of International Conventions and other Legal Instruments Relating to Forests. Vgl. auch im Internet eine chronologische Zusammenstellung regionaler und internationaler Umweltübereinkommen: <http://sedac.ciesin.org/pidb/summaries-menu.html>.

[6] *UNEP*, Umwelt - Weltweit, 3.

[7] So wurde beispielsweise schon 1873 der erste Nationalpark auf der Erde in den USA (Yellowstone-Nationalpark) gegründet, vgl. *Zirnstein*, Ökologie und Umwelt in der Geschichte, 304.

rechtsverträge noch weiter zurück, vereinzelt sogar bis ins 18. Jahrhundert[8]. In größerer Zahl wurden internationale Umweltverträge aber erst in den 50er und 60er Jahren des 20. Jahrhunderts vor allem zwischen den Anrainerstaaten internationaler Flüsse und Seen zunächst in Nordamerika und sodann auch in Europa geschlossen[9]. Primär ökologisch ausgerichtete Übereinkommen stellten bis dahin eher die Ausnahme dar, zumal die frühen Umweltabkommen weniger den ökologischen Schutz natürlicher Ressourcen als vielmehr die Aufteilung der Nutzungsrechte an ihnen zum Regelungsgegenstand hatten[10].

Mit zunehmendem Verständnis für die naturwissenschaftlichen Zusammenhänge und der Erkenntnis, daß die natürlichen Ressourcen der Erde nicht unerschöpflich und nur begrenzt regenerierbar sind, weitete sich der völkervertragliche Schutz der Umwelt allmählich auch auf den Schutz von Flora und Fauna aus. In der ersten Hälfte des 20. Jahrhunderts entstanden bereits einige regionale Arten- und Naturschutzabkommen[11], die sich vordergründig mit den ökologischen Verflechtun-

---

8 Als erster wichtiger Völkerrechtsvertrag wird der „Jay-Vertrag" zwischen den USA und Großbritannien über die Großen Seen von 1794 genannt; zweifelhaft insoweit *Beyerlin*, Umweltvölkerrecht, 6.

9 *Sands*, Principles of international environmental law, 26 ff.; *Biermann*, Umweltvölkerecht, 25 f.

10 *Ipsen*, Völkerrecht, 863; *Sands*, Principles of international environmental law, 26 f.; 415 ff.

11 So z.B. das Internationale Übereinkommen zum Schutz von Flora und Fauna in der westlichen Hemisphäre (*Convention on Nature Protection and Wild Life Preservation in the Western Hemisphere* v. 12.10.1940), welches bereits die Einrichtung von Nationalparks und sonstigen Schutzgebieten vorsah; Abdruck in: *Burhenne*, International Environmental Law, 940:76. Dem Übereinkommen sind insgesamt 19 süd- und mittelamerikanische Staaten sowie die USA beigetreten. Die Konvention ist zwar noch in Kraft, kritisiert wird aber ihre unzureichende Umsetzung (*Tarasofsky*, The International Forests Regime, 15; *Sands*, Principles of international environmental law, 390 f.). Ein weiteres Beispiel für ein frühes regionales Umweltabkommen ist das Londoner Übereinkommen über die Erhaltung von Fauna und Flora in ihrem natürlichen Zustand v. 8.11.1933 (*Convention Relative to the Preservation of Fauna and Flora in their Natural State)*, das sich vor allem mit bedrohten Tier- und Pflanzenarten in Afrika beschäftigt, abgedruckt in: *Burhenne*, International Environmental Law, 933:83.

gen beschäftigten und sich insbesondere auf die Erhaltung des Lebensraums einzelner wildlebender Tiere und Pflanzen konzentrierten[12].

Während sich die Bestrebungen der Naturschutzbewegungen zunächst nur auf den Schutz bestimmter natürlicher Ressourcen gegen Zerstörung und Übernutzung beschränkten und ein komplexes Umweltdenken noch nicht ausgeprägt war, beschäftigten sich die Vereinten Nationen bereits 1949 mit der Problematik der Ressourcennutzung und -erhaltung auf internationaler Ebene im Rahmen der vom Wirtschafts- und Sozialrat (ECOSOC) einberufenen UN-Konferenz über die Erhaltung und Nutzung der Ressourcen (UNCCUR). Weitere wesentliche Entwicklungen in Fragen des internationalens Umweltschutzes brachten die Umweltbewegungen in den 50er und 60er Jahren mit sich[13]: Die Erkenntnisse der internationalen Wissenschaft beeinflußten die Umweltbewegungen und trugen zu einer erhöhten Sensibilisierung gegenüber globalen Umweltbelangen bei[14]; auch die Wertschätzung der Umwelt nahm in vielen Ländern außerhalb Europas und Nordamerikas zu. Von Bedeutung ist in diesem Zusammenhang die durch die OAU (Organization of African Unity) initiierte *African Convention on the Conservation of Nature and Natural Resources* aus dem Jahr 1968 (sog. *Algier-Abkommen*)[15]. Schließlich stieg auch das Bewußtsein für die

---

[12] *Vitzthum*, Raum, Umwelt und Wirtschaft im Völkerrecht, in: ders. (Hrsg.), Völkerrecht, 393, 464 f.; *Hohmann*, Präventive Rechtspflichten, 320 ff.; *Przyborowska-Klimczak*, Protection of Wildlife in International Law, Polish Yearbook of Int. Law 1991-1992, 162 ff.; *Marzik*, Völkerrechtlicher Naturschutz, VRÜ 1997, 545, 551 ff.

[13] *Beyerlin*, Rio-Konferenz 1992, ZaöRV 1994, 124, 127; *Hohmann*, Präventive Rechtspflichten, 59; *Zirnstein*, Ökologie und Umwelt in der Geschichte, 249.

[14] Wie beispielsweise die 1971 gemachte Entdeckung, daß Stick(stoff)oxide das Ozon der Stratosphäre zerstören können und damit zuviel Ultraviolett-Licht die Erdoberfläche erreicht (vgl. *Zirnstein*, Ökologie und Umwelt in der Geschichte, 308).

[15] Das am 16.9.1969 in Kraft getretene Abkommen ersetzt die Londoner Konvention aus dem Jahr 1933 (siehe oben, Anm. 11); Abdruck in: *Burhenne*, International Environmental Law, 968:68. Das Algier-Abkommen enthält zwar keine spezifischen Bestimmungen zum Schutz der afrikanischen Urwälder, Art. VI sieht aber die Einrichtung von Waldschutzgebieten sowie die Durchführung von Aufforstungsprogrammen vor. Die Vertragsstaaten sind gehalten, diese Gebiete zu erhalten und auszudehnen, um einen angemessenen Schutz der Ökosysteme zu gewährleisten (Artikel X). Die Konvention ist eine der wenigen Umweltverträge, die den Schutz des Bodens vor Erosionen und Übernutzungen

Notwendigkeit der gemeinsamen Behandlung eines breiten Spektrums von miteinander verknüpften Umweltproblemen, denn eine Reihe von internationalen Umweltkatastrophen ließ die Folgen eines unzureichenden internationalen Umweltmanagements sichtbar werden[16].

In den Jahren vor der Stockholmer Umweltkonferenz weiteten sich die bis dahin punktuellen Umweltaktivitäten einiger weniger internationaler Organisationen zum Schutz der Umwelt - die FAO erstellte beispielsweise bereits 1948 die erste weltweite Waldinventur[17] - sowie verschiedener Nichtegierungsorganisationen[18] deutlich aus[19]. Viele Natio-

---

durch intensive landwirtschaftliche Bearbeitung ausdrücklich erwähnt (Art. IV). Derzeit zählen 30 afrikanische Länder zu den Vertragsstaaten, darunter auch einige bedeutende Tropenwaldländer, wie z.B. Rep. Kongo, Gabun, Zentralafrika, Kamerun, Sambia und Tansania, die über einen Waldanteil von 40 % bis 70 % der jeweiligen Landesfläche verfügen (*FAO*, SOFO 1997, 182). Treffen der Vertragsstaaten finden nur selten statt, zuletzt 1985 (vgl. *Churhill*, The Contribution of Existing Agreements, in: Bowman/Redgwell, International Law and the Conservation of Biological Diversity, 71, 74). Siehe ausführlicher zum Algier-Abkommen: *Hohmann*, Präventive Rechtspflichten, 331 f.; *Maffai*, Evolving Trends in the International Protection of Species, GYIL 1993, 131, 139; *Sands*, Principles of international environmental law, 388 f.

16 Zu nennen sind etwa starke Luftverschmutzungen in London und New York in den Jahren zwischen 1952 und 1966, Quecksilbervergiftungen in Japan zwischen 1953 und 1965 oder die massive Meeresverschmutzung durch den Schiffbruch der Torrey Canyon im Jahr 1967 (vgl. *UNEP*, Umwelt - Weltweit, 4; *Kilian*, Umweltschutz durch Internationale Organisationen, 68).

17 *Enquête-Bericht (1990)*, 621; *Kilian*, Umweltschutz durch Internationale Organisationen, 138.

18 Zu den wichtigsten Nichtregierungsorganisationen (Non Governmental Organizations, NGOs) zählt die 1948 mit Unterstützung der UNESCO gegründete „International Union for the Conservation of Nature“ (IUCN); 1961 erfolgte die Errichtung des „World Wildlife Fund“ (WWF).

19 Die eigentliche Gründungsserie internationaler Umweltinstitutionen begann 1967 mit der Einrichtung der „World Weather Watch“ (WWW) durch die World Meterological Organization (WMO); 1968 folgten die ersten Umweltaktivitäten des Europarats. Vgl. zur Gründungswelle im Umweltbereich ausführlich: *Kilian*, Umweltschutz durch Internationale Organisationen, 66; *Birnie/Boyle*, International Law and the Environment, 39 f.; *Sands*, Principles of international environmental law, 29 ff.

nen begannen Anfang der 70er Jahre mit dem Aufbau eigener Umweltbehörden oder -abteilungen[20].

Im Zuge der „Gründungsserie" internationaler Umweltinstitutionen rief u.a. die UNESCO 1970 ihr *Man and the Biosphere Program* ins Leben[21]. Aufgabe dieses Programms ist der Aufbau eines weltumspannenden Verbundes von Biosphärenreservaten, mit dem sämtliche Ökosystemtypen der Welt exemplarisch abgebildet und erfaßt werden können. Dafür werden auf internationaler Ebene wissenschaftliche Grundlagen für eine ökologisch nachhaltige Nutzung und Erhaltung natürlicher Ressourcen erarbeitet bzw. verbessert. Im Mittelpunkt stehen Forschungsarbeiten über die Auswirkungen menschlicher Aktivitäten auf die verschiedenen Ökosysteme. Das MAB-Programm beschäftigt sich u.a. auch mit den ökologischen Auswirkungen menschlicher Aktivitäten auf die Ökosysteme tropischer und subtropischer Wälder[22]. Bislang sind weltweit fast 400 Biosphärenreservate in 94 Staaten von der UNESCO anerkannt worden[23], davon befinden sich über die Hälfte in Tropenwaldgebieten.

---

[20] In den USA wurden 1970 der Rat für Umweltqualität und die Umweltschutzbehörde gegründet; die „Environment Agency of Japan" entstand 1971, im selben Jahr richtete Frankreich ein Ministerium für Umwelt und Naturschutz ein (vgl. weitere Beispiele in: *UNEP*, Umwelt - Weltweit, 6).

[21] Die Umweltforschung der Sonderorganisation der Vereinten Nationen UNESCO hat bereits seit ihrer Gründung im Oktober 1945 einen breiten Raum eingenommen. 1954 wurde ein „Humid-Tropics"-Forschungsprogramm eingerichtet. Waren in den frühen UNESCO-Programmen ausschließlich naturwissenschaftliche Disziplinen beteiligt, wurde der Ruf nach einer neuen Schwerpunktorientierung laut, um die wechselseitigen Einflüsse von Mensch und Umwelt vor allem in sozialer und wirtschaftlicher Hinsicht näher zu erforschen. Die 1966 einberufene „Biosphären-Konferenz", zu der erstmals alle Staaten der Erde eingeladen worden waren, empfahl der UNESCO die Einrichtung eines zwischenstaatlichen internationalen ökosystemaren Programms, woraufhin anläßlich der 16. Generalkonferenz der UNESCO in Paris am 23.10.1970 das Programm „Der Mensch und die Biosphäre" gegründet wurde. 1972 erfolgte die Einrichtung des deutschen Nationalkomitees (vgl. *Erdmann/Nauber*, Der deutsche Beitrag zum UNESCO-Programm „Der Mensch und die Biosphäre", 11 ff.).

[22] *Erdmann/Nauber*, Der deutsche Beitrag zum UNESCO-Programm „Der Mensch und die Biosphäre", 17 f.; *Enquête-Bericht (1990)*, 616 f.

[23] Stand: November 2000, vgl. <http://www.unesco.org/mab>.

II. Die UN-Umweltkonferenz von Stockholm 1972

Auf der im Juni 1972 in Stockholm stattgefundenen UN-Umweltkonferenz *(United Nations Conference on Human Environment, UNCHE)*[24], an der praktisch die gesamte Staatengemeinschaft mit Ausnahme der ehemaligen Ostblockstaaten teilnahm[25], war der Schutz der Umwelt erstmals Gegenstand einer Konferenz universellen Charakters[26].

---

[24] Die Initiative zur Einberufung einer Welt-Umweltkonferenz ging schon 1967 auf einen Vorschlag Schwedens zurück, wo zuerst Fischsterben und großflächige Waldschäden als Folge der sauren Niederschläge beobachtet wurden. Siehe ausführlich zu Vorbereitung und Verlauf der Stockholmer Konferenz: *Beyerlin*, Umweltvölkerrecht, 10 ff.; *Skupnik*, Konferenz der Vereinten Nationen über die menschliche Umwelt, VN 1972, 111 ff.; *Kay*, Umweltpolitik durch die Vereinten Nationen, EA 1973, 259, 260 ff.; *Hohmann*, Präventive Rechtspflichten, 59 ff.; *Kilian*, Umweltschutz durch Internationale Organisationen, 234 ff.; *Sands*, Principles of international environmental law, 34 ff.

[25] An der Stockholmer Umweltkonferenz vom 5.-16.6.1972 nahmen 1200 Delegierte aus 113 Staaten teil (*Kay*, Umweltpolitik durch die Vereinten Nationen, EA 1973, 259, 263; *Skupnik*, Konferenz der Vereinten Nationen über die menschliche Umwelt, VN 1972, 111).

[26] Die Konferenz war allerdings entscheidend durch den Nord-Süd-Konflikt geprägt. Angesichts der drängenden Umweltprobleme Anfang der 70er Jahre erwarteten die Industrieländer, die den Umweltschutz bislang eher als eine regionale Angelegenheit betrachtet hatten, globale Maßnahmen zur Reduzierung von Umweltbeeinträchtigungen sowie die Begründung eines internationalen Systems zum Ressourcenmanagement. Dagegen befürchteten die Entwicklungsländer, daß sich allzu rigorose Umweltschutzmaßnahmen negativ auf ihre wirtschaftliche Entwicklung auswirken könnten. Insbesondere Brasilien als eines der bedeutendsten Tropenwaldländer machte sich auf der Stockholmer Konferenz für die wirtschaftliche Entwicklung der Entwicklungsländer stark (vgl. *Hurrell*, Brazil and the International Politics of Amazonian Deforestation, in: Hurrel/Kingsbury [Hrsg.], The Int. Politics of the Environment, 398, 407 f.). Um die Befürchtungen der Entwicklungsländer auszuräumen, fand 1972 im Vorfeld der Konferenz eine besondere umweltentwicklungspolitische Konferenz im schweizerischen Founex statt; die hierbei entwickelten Gedanken und Richtlinien sind bis heute für die Umweltpolitik in und mit den Entwicklungsländern maßgebend geblieben (vgl. *Kilian*, Umweltschutz durch Internationale Organisationen, 235, 239 ff.; *Hohmann*, Ergebnisse des Erdgipfels von Rio, NVwZ 1993, 311, 312).

Der Umstand, daß in der Schlußerklärung der Konferenz[27] sowohl die Industrialisierung als auch die Unterentwicklung als Ursachen für die Umweltprobleme bezeichnet wurden[28], und sich der Zusammenhang von Umwelt und Entwicklung ausdrücklich in den Prinzipien der Stockholmer Deklaration niedergeschlagen hatte[29], führte in der Folgezeit dazu, daß die Staaten der Dritten Welt verstärkt in ein internationales Umweltmanagement einbezogen werden konnten[30]. Die zunehmend erkannte Synthese aus Umwelt- und Entwicklungspolitik führte zum Begriff des „Eco-development", mit dem eine die Grundbedürfnisse der Bevölkerung und die ökologischen Grenzen der Wirtschaftsentwicklung gleichermaßen berücksichtigende Entwicklungspolitik angestrebt wurde[31]. Die Entwicklungsbezüge stellten somit das vorherrschende Thema der UN-Umweltkonferenz dar.

Das in Stockholm verabschiedete „Umweltpaket" aus drei rechtlich unverbindlichen Dokumenten umfaßt neben der Stockholmer Deklaration als zweite wichtige Säule den „Aktionsplan für die Umwelt des Menschen"[32] mit 109 Empfehlungen[33]. Empfehlung Nr. 24 bezieht sich auf

---

[27] Sog. Stockholmer Erklärung oder Deklaration (*Stockholm Declaration of the United Nations Conference on the Human Environment*), UN-Doc. A/Conf. 48/14 v. 3.7.1972, Abdruck in: ILM 11 (1972), 1416 ff.; *Birnie/Boyle*, Basic Documents, 1 ff.; Vereinte Nationen 1972, 109 ff. Die zentrale Bestimmung der Deklaration ist das mittlerweile völkergewohnheitsrechtlich anerkannte Prinzip 21 (Verbot grenzüberschreitender Umweltbeeinträchtigungen), das für spätere Deklarationen Modellcharakter erlangte. Es drückt die allgemeine Überzeugung aus, daß „... die Staaten ... das souveräne Recht haben, ihre eigenen Naturschätze gemäß ihrer eigenen Umweltpolitik zu nutzen, sowie die Pflicht dafür zu sorgen, daß durch Tätigkeiten, die innerhalb ihres Hoheitsbereichs oder unter ihrer Kontrolle ausgeübt werden, der Umwelt in anderen Staaten oder in Gebieten außerhalb der nationalen Hoheitsbereiche kein Schaden zugefügt wird".

[28] Präambel Nr. 4 der Stockholmer Deklaration.

[29] Vgl. insbesondere die Prinzipien 8-14 der Stockholmer Deklaration.

[30] *Hohmann*, Ergebnisse des Erdgipfels von Rio, NVwZ 1993, 311, 312.

[31] *Feist*, Von Rio nach Berlin, JuS 1997, 490, 492; *Hohmann*, Ergebnisse des Erdgipfels von Rio, NVwZ 1993, 311, 312; *Schröder*, Sustainable Development, AVR 1996, 252, 254.

[32] Abdruck in: *Rüster/Simma/Bock*, International Protection of the Environment, Bd. I, 121 ff.; ILM 11 (1972), 1421 ff.

[33] Der Aktionsplan geht von folgender Maßnahme-Trias aus: 1. Weltweites Umweltbeobachtungsprogramm (Erdwacht), d.h. Forschungen, Überwachun-

die internationale Zusammenarbeit zur Vermittlung neuer Erkenntnisse über die Umweltbedeutung der Wälder und des Forstmanagements[34].

Ein weiteres wichtiges Ergebnis der Stockholm-Konferenz war die Institutionalisierung der Umweltschutzbestrebungen auf zwischenstaatlicher Ebene durch die Gründung des *United Nations Environmental Programme - UNEP*[35]. Damit wurde die erste weltweit tätige und für alle Umweltfragen zuständige internationale Umweltorganisation geschaffen, die insbesondere die Umweltdebatte in der Dritten Welt beschleunigte[36]. UNEP wurden drei wichtige Funktionen zugewiesen, nämlich die Förderung der internationalen Zusammenarbeit im Umweltbereich, die ständige Überprüfung der weltweiten Umweltsituation und die Lenkung und Koordinierung umweltschutzrelevanter Aktivitäten der verschiedenen Institutionen innerhalb des UN-Systems[37]. Die Entscheidung der Mitgliedstaaten, den Vereinten Nationen die grundsätzliche Kompetenz zur Wahrnehmung der internationalen Umweltkontrolle sowie zur Durchführung von Umweltmaßnahmen zuzuge-

---

gen, Informationsaustausch, 2. Umwelt-Management-Maßnahmen, 3. Unterstützende Maßnahmen, wie Ausbildung, Öffentlichkeitsarbeit etc. (vgl. *Hohmann*, Präventive Rechtspflichten, 65 f.). Neben dem Aktionsplan und der Stockholmer Deklaration wurde noch eine Resolution über institutionelle und finanzielle Angelegenheiten verabschiedet.

34 Diese Empfehlung betont in Absatz (a) die Zusammenarbeit mit dem MAB-Programm der UNESCO sowie der FAO und der WMO; in Absatz (b) wird der FAO die maßgebliche Koordinationsrolle u.a. in Fragen der Auswirkungen des internationalen Holzhandels auf die nationale Umweltsituation der Wälder zugewiesen.

35 Das Umweltprogramm der Vereinten Nationen findet seine Rechtsgrundlage in der UN-Resolution 2997 (XXVII) vom 15.12.1972 (Abdruck in: *Rüster/Simma/Bock*, International Protection of the Environment, Bd. I, 144 ff.). Schon allein hieraus folgt, daß UNEP keine UN-Sonderorganisation, sondern eine unmittelbar der Generalversammlung unterstellte Einrichtung ist (organisationsrechtlich dem UN-Wirtschafts- und Sozialrat ECOSOC unterstellt), die selbst über keine völkerrechtlichen Handlungsbefugnisse verfügt (vgl. ausführlich zu Aufgaben und Befugnissen von UNEP: *Kilian*, Umweltschutz durch Internationale Organisationen, 254 ff.; *Beyerlin/Marauhn*, Rechtsetzung und Rechtsdurchsetzung im Umweltvölkerrecht, 55 ff.; *Birnie/Boyle*, International Law and the Environment, 39 ff.).

36 *Bruckmeier*, Strategien globaler Umweltpolitik, 13.

37 *Beyerlin/Marauhn*, Rechtsetzung und Rechtsdurchsetzung im Umweltvölkerrecht, 59.

stehen, wird als das Hauptergebnis der Umweltkonferenz von Stockholm gewertet[38].

III. Von Stockholm bis Rio: Aktionen zum Umweltschutz, insbesondere zum Schutz tropischer Wälder

1992 fand anläßlich des 20. Jahrestages der Stockholmer Umweltkonferenz die UN-Konferenz über Umwelt und Entwicklung in Rio de Janeiro statt[39]. Die 20 Jahre zwischen diesen beiden bedeutenden internationalen Umweltkonferenzen waren geprägt von zahlreichen Regelungsaktivitäten im Umweltbereich. Neben einem zu verzeichnenden Anstieg der nationalen Umweltgesetzgebung nicht nur in den OECD-Ländern[40], sondern auch in den Entwicklungsländern[41] begann eine Phase der internationalen Konferenzen und Konventionen zum Schutz der Umwelt[42]. Waren früher bilaterale Verträge zur Beilegung von Umweltnutzungskonflikten zwischen Nachbarstaaten vorherrschend, stieg nun die Anzahl multilateraler Verträge, mit denen im universellen oder regionalen Rahmen zunehmend globale Umweltprobleme gelöst werden sollten.

---

[38] *Kilian*, Umweltschutz durch Internationale Organisationen, 247.

[39] Siehe ausführlich zu Verlauf und Ergebnissen der Konferenz, 159 ff.

[40] *UNEP*, Umwelt -Weltweit, 6: Während in den OECD-Staaten zwischen 1956-1960 nur vier größere Umweltgesetze verabschiedet wurden, waren es in der nachfolgenden Dekade bis 1970 schon 18 Gesetze, zwischen 1971 und 1975 bereits 31, weitere 25 folgten in den vier Jahren zwischen 1976 und 1979. Des weiteren wurden in vielen Ländern amtliche Statistiken oder Berichte über den Zustand der Umwelt erstellt. Vgl. näher zur Entwicklung der Umweltbelange innerhalb der OECD: *Long*, International Environmental Issues and the OECD 1950-2000, 9 ff.

[41] Die durch die Stockholmer Konferenz ausgelöste verstärkte Sensibilisierung insbesondere der Entwicklungsländer für ökologische Belange zeigt sich anhand der gestiegenen Anzahl von speziellen Umweltgesetzen und Umweltbehörden: Lag die Anzahl der Länder, die über Umweltgesetze verfügten, im Jahr 1972 erst bei 9, belief sie sich zehn Jahre später schon auf 106; gleichzeitig erhöhte sich auch die Zahl der Umweltbehörden in den Entwicklungsländern von 11 auf 102 Länder im Jahr 1982 (*Hohmann*, Ergebnisse des Erdgipfels von Rio, NVwZ 1993, 311, 312).

[42] Kurze Zusammenfassung bei: *Sands*, Principles of international environmental law, 38 ff.; eine Auswahl internationaler Konferenzen und Vereinbarungen zum Umweltschutz seit 1972 auch in: *Enquête-Bericht (1990)*, 652 f.

Die Vertragswerke im Bereich des internationalen Umweltrechts, die auch Bezüge zum Waldschutz aufweisen, lassen sich in drei Kategorien einteilen: Hierzu zählen zum einen die globalen Konventionen, die sich auf alle Arten und Lebensräume der Erde beziehen, des weiteren existieren regionale Verträge für bestimmte Gebiete; in die dritte Kategorie fallen globale Verträge oder andere internationale Übereinkommen, die sich auf den Schutz bestimmter Arten oder Lebensräume konzentrieren[43].

1. Globale Konventionen zum Artenschutz

Als die vier wichtigsten globalen Konventionen zum Natur- und Artenschutz, in denen Empfehlungen der Konferenz von Stockholm zum Schutz der Tier- und Pflanzenarten[44] realisiert wurden, gelten die *Ramsar-Konvention* (1971), die *Konvention zum Schutz des Welt- und Naturerbes* (1972), das *Washingtoner Artenschutzabkommen - CITES* (1973) und das *Bonner Abkommen* (1979)[45]. Mag auf den ersten Blick eine Beziehung dieser Konventionen zu internationalen Waldschutzmaßnahmen nicht bestehen, so werden doch mögliche oder tatsächliche Auswirkungen dieser Verträge für den weltweiten Schutz der Wälder erkennbar, soweit man sich gerade die mit der Zerstörung der tropischen Wälder einhergehenden mannigfaltigen Verluste der dort behei-

---

[43] Vgl. zusammenfassend zu den internationalen Vereinbarungen zum Artenschutz und zur Erhaltung der Biodiversität: *Churchill*, The Contribution of Existing Agreements, in: Bowman/Redgwell (Hrsg.), International Law and the Conservation of Biological Diversity, 71, 73 ff.

[44] Von besonderer Relevanz in diesem Zusammenhang ist Prinzip 4 der Stockholmer Deklaration. Hiernach hat der Mensch eine besondere Verantwortung für den Schutz freilebender Tiere und Pflanzen sowie deren Lebensräume. Der Naturerhaltung ist daher im Rahmen der wirtschaftlichen Entwicklung ein wichtiger Platz einzuräumen (vgl. dazu: *van Hoogstraten*, The Effectiveness of International Law with Regard to Endangered Species, Annuaire de l'AAA 1984/85/86, 157).

[45] Vgl. näher zu den „Big Four“: *Kiss/Shelton*, International Environmental Law, 43; *Przyborowska-Klimczak*, Protection of Wildlife in International Law, Polish Yearbook of Int. Law, 1991-1992, 161 ff.; *Maffei*, Evolving Trends in the International Protection of Species, GYIL 1993, 131, 134 ff.; *Lang*, Internationaler Umweltschutz, 119 ff.; *Birnie/Boyle*, International Law and the Environment, 443 ff.

mateten Tier- und Pflanzenarten vor Augen führt[46]. Eine 1998 von Umweltverbänden durchgeführte weltweite Erhebung über bedrohte Baumarten hat ergeben, daß über 7300 Baumarten auf globaler Ebene gefährdet sind, knapp 8750 Arten bzw. 10 % der bislang wissenschaftlich bekannten 80.000 bis 100.000 Baumarten sind in die sog. „Weltliste der gefährdeten Bäume" aufgenommen worden[47].

a) Ramsar-Konvention

Zunächst ist kurz auf das bereits 1971 in Ramsar unterzeichnete *Übereinkommen über Feuchtgebiete, insbesondere als Lebensraum für Wasser- und Watvögel, von internationaler Bedeutung*[48] einzugehen. Es stellt das erste internationale Übereinkommen dar, das eine spezielle Art von Ökosystemen auf globaler Ebene schützt[49]. Der Biotopflächenschutz ist hier erstmals neben das Artenschutzrecht getreten und hat den Schutzaspekt vom wirtschaftlichen Nutzaspekt abgelöst[50]. Art. 1 bezieht sich zwar ausdrücklich auf den Schutz von Feuchtgebieten im

---

46 Siehe dazu ausführlich im 1. Teil, S. 56 ff. und 126 f.

47 Die Ergebnisse wurden 1998 von IUCN sowie vom World Conservation Monitoring Centre (WCMC) und dem WWF vorgestellt („World List of Threatened Trees"). Die meisten gefährdeten Baumarten hat Malaysia aufzuweisen (985), gefolgt von Indonesien (551) und Brasilien (462). Die USA rangieren auf Platz 12 (259). Fast 90 % der bedrohten Arten wachsen außerhalb von Naturschutzgebieten. Im 20. Jahrhundert sind bereits 77 Arten ausgestorben, 18 Arten existieren nur noch in botanischen Gärten oder Sammlungen; von annähernd 1000 Arten soll es in vielen Fällen nur noch kleine Populationen oder wenige Exemplare geben. Die Auswertung hat den Naturschutzverbänden zufolge ergeben, daß die größte Gefahr von Waldrodungen ausgeht; außerdem bedrohe in hohem Maße auch die Ausbreitung von landwirtschaftlich genutzten Flächen und Siedlungsgebieten zahlreiche Baumarten. Vgl. hierzu auch im Internet <http://www.wcmc.org.uk/trees/>.

48 *Convention on Wetlands of International Importance Especially as Waterfowl Habitat* v. 2.2.1971, in Kraft seit 21.12.1975, abgedruckt in: BGBl. 1976 II, 1266 ff., ILM 11 (1972), 969 ff.; geändert durch Protokoll vom 3.12.1982, BGBl. 1990 II, 1670 ff.; *Burhenne*, International Environmental Law, 971:09; *Birnie/Boyle*, Basic Documents, 447 ff. Vgl. näher zur Ramsar-Konvention: *Birnie/Boyle*, International Law an the Environment, 465 ff.; *Hohmann*, Präventive Rechtspflichten, 324 f.

49 *Sands*, Principles of international environmental law, 404.

50 *Marzik*, Völkerrechtlicher Naturschutz, VRÜ 1997, 545, 553.

Sinne von Feuchtwiesen, Moor- und Sumpfgebieten, von der Definition des Begriffs „Feuchtgebiet“ werden aber auch einige Waldökosysteme erfaßt, wie die in besonderem Maße gefährdeten Mangrovenwälder[51], so daß mithin auch bestimmte Waldtypen unter dem Schutz der Ramsar-Konvention stehen. 1992 wurde das sog. „Mangrove Action Project“ als internationales Netzwerk zum Schutz der Mangrovenwälder gegründet. Auch der 1996 beschlossene „Strategic Plan“ für 1997-2002 berücksichtigt in besonderer Weise die Erhaltung der Mangrovenwälder[52].

Zum Schutz der Feuchtgebiete sind spezielle Gebiete auszuweisen (Art. 4 Abs. 1), die in eine „Liste international bedeutender Feuchtgebiete“ aufgenommen werden. Derzeit werden weltweit über 1000 Feuchtgebiete in 123 Vertragsstaaten mit einer Gesamtgröße von fast 80 Mio. ha[53] durch die Ramsar-Konvention geschützt. Selbst wenn sich die Konvention nur auf die Erhaltung von Feuchtgebieten konzentriert, stellt sie ein geeignetes Forum dar, um der Forderung des 11. Weltforstkongresses[54] nach einem erhöhten Schutz von Mangroven- und Küstenwäldern nachzukommen[55].

---

[51] Bedeckten Mangrovenwälder ursprünglich ¾ aller Küstengebiete der tropischen und subtropischen Länder, sind heute nur noch weniger als die Hälfte von ihnen vorhanden. Die Hauptursache für das Abholzen der Mangrovenwälder stellt zu mehr als 50 % die extensive Krabbenzucht dar. Siehe zur Problematik des Einschlags von Mangrovenwäldern, die zwar in einer schnelleren Rate abgeholzt werden als die tropischen Regenwälder, von denen aber die Öffentlichkeit bislang wenig Notiz genommen hat, die Ausführungen im 1. Teil, S. 95 f.

[52] Vgl. *Downes*, Global Forest Policy, in: Tarasofsky (Hrsg.), Assessing the International Forest Regime, 63, 68.

[53] Stand: Dezember 2000. Aktuelle Informationen über die Ramsar-Konvention befinden sich im Internet unter <http://www.ramsar.org>. Durch einen Beschluß der 1999 in San José stattgefundenen 7. Vertragsstaatenkonferenz sind die Mitgliedstaaten aufgefordert, bis zum Jahr 2005 insgesamt 2000 Feuchtgebiete in die Ramsar-Liste aufzunehmen.

[54] Der 11. Weltforstkongreß fand im Oktober 1997 in Antalya/Türkei statt. Zusammenfassung der Ergebnisse in: *IISD*, Sustainable Developments, Vol. 10 Nr. 4, 24.10.1997. Der 12. Weltforstkongreß ist für das Jahr 2003 geplant. Siehe dazu S. 300 f.

[55] Empfehlungen zum Schutz der Mangrovenwälder in: Proceedings of the XI. World Forestry Congress, Vol. 7, Area C: Conclusions and Recommendations for the 8 Main Programme Areas, 23.

b) UNESCO-Konvention zum Schutz des Kultur- und Naturerbes

Die 1972 von der UNESCO verabschiedete *Konvention zum Schutz des Kultur- und Naturerbes der Menschheit*[56] schützt nicht spezielle Tier- und Pflanzenarten oder bestimmte Lebensräume, sondern widmet sich dem Schutz bestimmter Projekte des Naturerbes (Naturgebilde, Naturstätten und bestimmte Lebensräume für bedrohte Tier- und Pflanzenarten) sowie einzelner Kulturstätten, deren Erhalt für die gesamte Menschheit von Bedeutung ist. Ebenso wie bei dem Ramsar-Übereinkommen werden die ausgewiesenen Schutzobjekte in eine Liste aufgenommen. Die Vertragsparteien erkennen gem. Art. 4 und 6 an, daß diese Lebensräume durch internationale Kooperation als Welterbe der ganzen Menschheit erhalten und auch an zukünftige Generationen weitergegeben werden müssen.

Anders als bei den Biosphärenreservaten des MAB-Progamms[57], in denen die menschliche Nutzung mit dem Schutz von Ökosystemen verbunden bleiben soll, steht bei den „World Heritage Lists" der Natur- und Artenschutz im Vordergrund[58]. Da es sich um Gebiete handeln muß, deren Erhalt für die gesamte Menschheit von Bedeutung ist, sind die Kriterien entsprechend enger als bei den Biosphärenreservaten. In der Regel handelt es sich bereits um Nationalparks[59]. Viele der natürlichen und gemischten Schutzräume enthalten auch Waldgebiete: 1996 waren es 61 Gebiete von „signifikanter Bedeutung"[60] mit einer Gesamtfläche von über 50 Mio. ha, gelegen in 39 Staaten[61]; weitere 25

---

[56] *Convention Concerning the Protection of the World Cultural and Natural Heritage* vom 16.11.1972, in Kraft getreten am 17.12.1975, Abdruck in: BGBl. 1977 II, 215 ff.; ILM 11 (1972), 1358 ff.; *Birnie/Boyle*, Basic Documents, 375 ff.

[57] Siehe bereits S. 136.

[58] *Enquête-Bericht (1990)*, 618.

[59] *Kuhlmann*, Schutz der Wälder, 12. Bislang sind 690 Gebiete in die Liste des geschützten Welterbes aufgenommen worden, davon 138 Naturstätten sowie 23 gemischte Kultur- und Naturräume in 122 Vertragsstaaten (Stand: Dezember 2000. Der aktuelle Stand der Liste ist abrufbar im Internet unter <http://www.unesco.org/whc/nwhc/pages/ sites/main.htm>).

[60] Darunter fallen Gebiete, die eine mehr als 20 %ige Bewaldung aufweisen und/oder Wälder mit besonderen Charakteristika.

[61] Vgl. dazu nachfolgend die Ergebnisse der Untersuchung von: *Thorsell/Sigaty*, A Global Overview of Forest Protected Areas on the World Heritage List. Die Mehrzahl der unter Schutz gestellten Waldgebiete befindet sich in den Tropen (ihre Zahl ist mittlerweile auf 41 angestiegen mit einer Fläche von über

Waldgebiete sind für eine zukünftige Aufnahme in die Welterbe-Liste vorgesehen[62].

Die Anerkennung eines Waldgebietes entweder als Biosphärenreservat oder als Weltnaturerbe verstärkt die internationale Aufmerksamkeit und hat besondere Bedeutung im Hinblick darauf, daß weltweit noch weniger als 10 % der verbliebenen Waldgebiete gesetzlich geschützt sind; bei den tropischen Regenwäldern liegt die Rate noch niedriger[63]. Der Beitrag der UNESCO-Konvention zum internationalen Waldschutz beschränkt sich auf die Aspekte des Erhalts und des Schutzes von Wälder, soweit diese von universalem Wert sind.

c) Washingtoner Artenschutzabkommen

Seit 1975 ist das als Washingtoner Artenschutzabkommen oder unter der Abkürzung CITES bekannte *Übereinkommen über den internationalen Handel mit gefährdeten Arten freilebender Tiere und Pflanzen* in Kraft[64]. Ziel des Abkommens ist nicht primär die Unterschutzstellung

---

30 Mio. ha, allein 4 Gebiete sind im Kongo unter Schutz gestellt worden, <http://www.unesco.org/whc/sites/tropical-forests.htm>). Die Anzahl der geschützten borealen Wälder ist zwar relativ gering, unter ihnen befinden sich jedoch die 5 biomassenreichsten Waldgebiete der Erde; außerdem weist die unter Schutz gestellte boreale Waldfläche in Kanada und Rußland eine Gesamtfläche von nahezu 17 Mio. ha auf. Die größten Waldgebiete nehmen Flächen von mehreren 100.000 ha ein.

62 Dazu zählen z.B. auch die zwei größten Nationalparks im brasilianischen Amazonasgebiet (Jau National Park und Xingu National Park, jeweils mit einer Fläche von über 2 Mio. ha); auch drei Waldgebiete in Malaysia sollen in die Welterbeliste aufgenommen werden (vgl. *Thorsell/Sigaty*, A Global Overview, 20 f.).

63 Nur wenige Länder haben mehr als 10 % ihrer Tropenwälder unter Schutz gestellt. Als positive Beispiele lassen sich Länder wie Burundi, Singapur, Australien und Sri Lanka nennen, die über die Hälfte ihrer verbliebenen Wälder gesetzlich geschützt haben (*Thorsell/Sigaty*, A Global Overview, 6). Vgl. hierzu auch schon S. 58 f.

64 Die *Convention on International Trade in Endangered Species of Wild Flora and Fauna (CITES)* wurde am 3.3.1973 unterzeichnet; Deutschland ist seit 1976 Vertragsstaat. Inzwischen sind dem Übereinkommen 152 Staaten beigetreten (Stand: März 2000). Abdruck in: ILM 12 (1973), 1085 ff.; BGBl. 1975 II, 777 ff., Anhänge: BGBl. 1977 II, 382/1125; *Burhenne*, International Environmental Law, 973:18. Anstrengungen zum Abschluß eines völkerrechtlichen Abkommens zur Überwachung und Regelung des Handels mit wildlebenden

bestimmter Arten und Lebensräume[65], vielmehr soll dieser Effekt indirekt über die Kontrolle bzw. das Verbot des Handels mit Exemplaren gefährdeter freilebender Tier- und Pflanzenarten durch Import- und Exportbestimmungen erzielt werden[66].

Zentrales Element des Abkommens ist ein in drei Anhänge gegliederter Katalog, der die diversen Tier- und Pflanzenarten nach dem Grad ihrer Schutzbedürftigkeit bzw. Gefährdung auflistet: Anhang I enthält diejenigen Arten, deren Populationen unmittelbar von der Ausrottung bedroht sind; für diese Arten besteht - bis auf Ausnahmen - ein totales Handelsverbot. In Anhang II sind Arten aufgelistet, deren Bestandsabnahme eine potentielle Bedrohung anzeigt. Die Verantwortung dafür, ob die Entnahme von gefährdeten Arten mit dem Überleben der Art vereinbar ist oder nicht, liegt bei den Herkunftsländern. Für die in Anhang II aufgelisteten Arten ist folglich grundsätzlich auch keine Einfuhrgenehmigung, sondern nur eine Ausfuhrgenehmigung des Exportstaates erforderlich, die allerdings von den Importländern auf ihre Richtigkeit und Echtheit hin überprüft werden kann. Während die Anhänge I und II international festgelegt werden[67], umfaßt Anhang III nur

---

Tieren und wildwachsenden Pflanzen wurden bereits seit Mitte der 60er Jahre als Antwort auf die Gefährdung dieser Arten durch den internationalen Handel unternommen. Vgl. ausführlicher zu CITES: *Hohmann*, Präventive Rechtspflichten, 327 ff.; *Sands*, Principles of international environmental law, 373 ff.; *Sand*, Whither CITES?, EJIL 1997, 29 ff.; *Birnie*, The Case of the Convention on Trade in Endangered Species, in: Wolfrum (Hrsg.), Enforcing Environmental Standards, 233, 234 ff.; *OECD*, Trade Measures in Multilateral Environmental Agreements, 11 ff.; siehe auch näher im Internet unter <http://www.wcmc.org.uk/CITES>.

65 Dafür plädiert aber *Skala-Kuhmann*, Rechtliche Instrumente zur Förderung der nachhaltigen Nutzung, 17, zumal der Artenschutzaspekt in der deutschen Bezeichnung des Übereinkommens herausgestellt werde; so auch *Hardtke/Wolters*, Nachhaltige Nutzung und die neuen Instrumente des Rio-Prozesses, in: Bundeamt für Naturschutz (Hrsg.), Nachhaltige Nutzung, 37, 42.

66 *Tarasofsky*, The International Forests Regime, 13; *Birnie/Boyle*, International Law and the Environment, 475; vgl. näher zur Einordnung von CITES als Naturschutz- bzw. Handelsabkommen: *Stewart*, Enforcement Problems in the Endangered Species Convention, Cornell Int. Law Journal 1981, 429; *Matthews*, Problems Related to the Convention on the International Trade in Endangered Species, Int. and Comparative Law Quarterly 1996, 421.

67 Die Einfuhr von geschützten Exemplaren in Staaten der EU wird zusätzlich eingeschränkt: Die EG-Verordnung Nr. 3626/82 (ABl. der EG, Nr. L 384 v. 31.12.1982), nach der das Washingtoner Artenschutzübereinkommen seit dem

diejenigen Arten, die ein Staat für sein Hoheitsgebiet als gefährdet erklärt hat. Zur Zeit sind etwa 890 Arten in Anhang I, 30.0000 in Anhang II und 241 in Anhang III aufgeführt.

Im Pflanzenbereich schützt das Washingtoner Artenschutzabkommen in erster Linie Arten, die für den Zierpflanzen- und Liebhaberhandel von Bedeutung sind. Tropenholz- und Heilpflanzenarten sind dagegen bislang vernachlässigte Felder der Handelskontrolle[68]. In den Anhängen I-III sind derzeit 26 holzliefernde Pflanzenarten vor allem aus den Tropen enthalten; von diesen stehen 7 Arten unter dem strengen Schutz des Anhang I, 16 Holzarten sind in Anhang II aufgelistet, 3 Holzarten sind in Anhang III aufgenommen worden[69]. Das CITES-Abkommen hat in den letzten Jahren aufgrund heftiger Kontroversen zwischen Entwicklungs- und Industrieländern im Hinblick auf die Unterschutzstellung von Tropenhölzern erhöhte Aufmerksamkeit erfahren. Die meisten holzliefernden Pflanzenarten sind zwar bereits 1976 in die Anhänge aufgenommen worden; da diese aber teilweise nicht mehr den heutigen Kriterien der Handelsrelevanz genügen, sind einige Arten auf der 8. Vertragsstaatenkonferenz 1992 in Kyoto von Anhang I in Anhang II abgestuft oder vereinzelt ganz aus den Anhängen gestrichen worden; dafür erfolgte allerdings die Neuaufnahme von vier Tropenholzarten[70].

1.1.1984 umgesetzt wird, ist insofern novelliert worden (Verordnung Nr. 338/97, ABl. der EG, Nr. L 61 v. 3.3.1997), als festgelegt wurde, daß auch Arten, die nicht unter den Schutz von CITES fallen, in die EG-Verordnung aufgenommen werden und daß die Einfuhrgenehmigung auf Arten des Anhangs II des Artenschutzabkommens ausgeweitet werden soll (Art. 4 Abs. 2). Dies bedeutet eine erhebliche Erschwerung des Handels mit den in Anhang II aufgeführten Tropenholzarten (vgl. zum Verfahren der Erteilung der Einfuhrgenehmigung *Schippmann*, Tropenhölzer und internationaler Artenschutz, Holz-Zentralblatt 1994, 1317, 1326).

[68] *Schippmann*, Tropenhölzer und internationaler Artenschutz, Holz-Zentralblatt 1994, 1317, 1326.

[69] Vgl. hierzu <http://www.wcmc.org.uk/trees/>, Stand: März 2000.

[70] Die handelsrelevante Tropenholzart brasilianischer Rio-Palisander (Dalbergia nigra) wurde in Anhang I aufgenommen und unterliegt seitdem einem völligen Handelsverbot; in Anhang II wurden das für den Handel mit Deutschland bedeutsame afrikanische Teakholz Afrormosia (Pericopsis elata) sowie amerikanisches Mahagoni (Swietenia mahagoni) und Eisenholz aufgenommen (vgl. *Schippmann*, Tropenhölzer und internationaler Artenschutz, Holz-Zentralblatt 1994, 1317, 1318; *König*, New Approaches, in: Wolfrum [Hrsg.], Enforcing Environmental Standards, 337, 346 f.; *BReg.*, 3. Tropenwaldbericht, 25). Weitere Anträge für die noch in wesentlich stärkerem Maße

Änderungen der Anhänge in Form von Hochstufungen oder Neuaufnahmen von tropischen Holzarten gestalten sich insbesondere im Hinblick auf die erforderliche 2/3 Mehrheit der Vertragsstaaten als schwierig, da die Ursprungsländer in immer stärkeren Maße die alleinige Verantwortung für den Erhalt der Arten durch Handelsbeschränkungen für sich beanspruchen[71]. Die Kontroversen zwischen Erzeuger- und Verbraucherländern erreichten ihren Höhepunkt auf der 9. Vertragsstaatenkonferenz 1994, als die Anträge Deutschlands und der Niederlande auf Unterschutzstellung mehrerer tropischer Mahagoniarten am heftigen Widerstand insbesondere Malaysias, Brasiliens, Kameruns und des Kongo scheiterten. Es konnte aber immerhin die Einrichtung einer zeitlich begrenzten Arbeitsgruppe durchgesetzt werden, die sich mit den Möglichkeiten der künftigen Anwendung des Übereinkommens auf die durch den internationalen Handel gefährdeten Baumarten (incl. Tropenholzarten) befassen sollte (Timber Working Group). Bei den Vetragsstaaten umstritten war insbesondere die Aufnahme der Mahagonieart *swietenia macrophylla* in Anhang II, die 1994 nur knapp die erforderliche 2/3 Mehrheit für die Aufnahme in diesen Anhang verpaßte. Auf Vorschlag von Costa Rica erfolgte aber 1995 die Eintragung in Anhang III; dem Beispiel Costa Ricas sind 1998 auch Bolivien und Brasilien gefolgt. Auf der 10. Vertragsstaatenkonferenz in Simbabwe 1997 wurde wiederum der Antrag der USA und Boliviens zur Aufnahme von *Swietenia Macrophylla* in Anhang II abgelehnt[72]. Auf der 11. Vertragsstaatenkonferenz in Kenia im April 2000 haben nun diejenigen CITES-Vertragssstaaten, die gleichzeitig Mitglied des Amazonasvertrags[73] sind, ihre Bereitschaft bekräftigt, sich für die Implementierung der CITES-Erfordernisse, also insbesondere für die Ausstellung von Exporterlaubnissen und Ursprungsbezeichnungen für *swietenia macrophylla* einzusetzen[74].

---

gehandelten Tropenholzarten Ramin, Merbau, Quebracho sowie südamerikanisches Mahagoni (Swietenia macrophylla) wurden zurückgenommen, nachdem deutlich wurde, daß die Ursprungsländer diesen nicht zustimmen würden.

[71] *Sand*, Whither CITES?, EJIL 1997, 29, 56.

[72] *BMU*, Übersicht über die Anhangsänderungsanträge der 10. Vertragsstaatenkonferenz, 6; *FAO*, SOFO 1999, 85; *Grayson/Maynard*, The World‘s Forests, 19 f.

[73] Siehe dazu S. 155 ff.

[74] Vgl. CITES Doc. 11.38.2: Progress in the Conservation of *Swietenia Macrophylla* (Bigleaf Mahogany).

Die bisherigen Vertragsstaatenkonferenzen haben gezeigt, daß über Aufnahmeanträge nur im Konsens mit den Ursprungsländern entschieden werden kann, und daß unabgestimmte und einseitige Aufnahmeanträge von Seiten der Verbraucherländer als Eingriff in ihre nationale Souveränität und Beeinträchtigung ihres Rechts auf wirtschaftliche Entwicklung angesehen werden[75]. Die erfolgreiche Umsetzung der CITES-Bestimmungen ist daher maßgeblich vom Willen der Entwicklungsländer, welche die Mehrheit der bisherigen CITES-Vertragsstaaten bilden, abhängig. Die Aufnahme von Tropenholzarten in die Anhänge des CITES gestaltet sich zudem wegen des Nachweises einer Bedrohung einzelner Holz- bzw. Baumarten als schwierig, was nicht zuletzt auch bedingt ist durch die vielfältigen Ursachen für die weltweite Tropenwaldzerstörung[76].

Angesichts der Tatsache, daß der illegale Handel mit gefährdeten Arten freilebender Tiere und Pflanzen sowie daraus gefertigter Produkte immerhin ein jährliches Volumen von schätzungsweise 5 bis 17 Mrd. US-$ aufweist[77], stellt sich auch die Frage nach der effektiven Überwachung der in der Artenschutzkonvention verankerten Voraussetzungen für die Ein- und Ausfuhr. Die Erfahrungen der letzten Jahre haben gezeigt, daß die Umsetzung der Konvention auf eine Reihe administrativer und finanzieller Probleme gestoßen ist. Der reibungslose Vollzug des Abkommens setzt die verläßliche Erkennung von geschützten tropischen Pflanzenarten voraus; gerade die Kontrolle der Ein- und Ausfuhr durch Nichtfachleute stößt diesbezüglich auf Schwierigkeiten, da sich hinter einem Handelsnamen mehrere wissenschaftliche Arten verbergen können oder für eine Art mehrere Handelsnamen gebräuchlich sind[78]. Um diese Verwechslungsgefahr zu verringern und die notwendige Erkennbarkeit der Artenzugehörigkeit sicherzustellen, ist der Schutz einiger Tropenholzarten auf bestimmte Verarbeitungsformen beschränkt worden. So werden beispielsweise nur noch Rund- und Schnittholz sowie Furniere von afrikanischem Teakholz und amerikanischem Mahagoni

---

[75] *BReg.*, 3. Tropenwaldbericht, 25; *König*, New Approaches, in: Wolfrum (Hrsg.), Enforcing Environmental Standards, 337, 347.

[76] Siehe dazu ausführlicher im 1. Teil, S. 96 ff.

[77] *Birnie*, The Case of the Convention on Trade in Endangered Species, in: Wolfrum (Hrsg.), Enforcing Environmental Standards, 233; *Sand*, Whither CITES?, EJIL 1997, 29 geht sogar von einer Summe zwischen 5 und 50 Mrd. US-$ aus.

[78] Vgl. zu den Vollzugsproblemen *WBGU*, Jahresgutachten 1994, 31.

geschützt[79]. Um die Effektivität der Handelsbeschränkungen für einzelne Holzarten zu gewährleisten, bedarf die Entscheidung über die Erforderlichkeit der Unterschutzstellung einer sorgfältigen Überprüfung.

Hinsichtlich der Bedeutung des Washingtoner Artenschutzabkommens für den Schutz und die nachhaltige Bewirtschaftung forstlicher Ressourcen ist diese insofern als gering einzustufen, als über die Konvention allenfalls der Handel mit einzelnen, bereits vom Aussterben bedrohter Arten verhindert werden kann, die Konvention selbst aber kein wirksames Mittel zur Erhaltung der Tropenwälder insgesamt zur Verfügung stellt[80]. Außerdem sind bislang - bis auf wenige Ausnahmen - nur wenige Tropenholzarten in die Anhänge aufgenommen worden, die im nennenswerten Umfang auf den internationalen Holzmärkten gehandelt werden[81].

d) Bonner Übereinkommen zur Erhaltung der wandernden wildlebenden Tierarten

Erwähnt sei im Rahmen der globalen Artenschutzabkommen noch das *Übereinkommen zur Erhaltung der wandernden wildlebenden Tierarten*, das sog. *Bonner Abkommen*[82]. Die Konvention verpflichtet die Vertragsstaaten zwar nicht zur Einrichtung von Schutzgebieten, allerdings sind die Arealstaaten (d.h. diejenigen Staaten, die über einen Teil

---

79 *Schippmann*, Tropenhölzer und internationaler Artenschutz, Teil 2, Holz-Zentralblatt 1994, 1333, 1338; *Downes*, Global Forest Policy, in: Tarasofsky (Hrsg.), Assessing the International Forest Regime, 63, 85.

80 *Birnie/Boyle*, International Law and the Environment, 475; *König*, New Approaches, in: Wolfrum (Hrsg.), Enforcing Environmental Standards, 337, 347; *BReg.*, 4. Tropenwaldbericht, 21.

81 Hierzu zählen afrikanisches Teakholz (Anhang II) sowie südamerikanisches Mahagoni (Anhang III), siehe *Kuhlmann*, Schutz der Wälder, 11.

82 *Convention on the Conservation of Migratory Species of Wild Animals* v. 23.6.1979, in Kraft getreten am 1.11.1983; Abdruck in: *Burhenne*, International Environmental Law, 979:55; BGBl 1984 II, 569 ff. und BGBl. 1987 II, 485 ff. Siehe ausführlicher zur Bonner Konvention: *Sands*, Principles of international environmental law, 444 ff.; *Hohmann*, Präventive Rechtspflichten, 326 f.; *Forster/Osterwoldt*, Nature conservation and terrestrial living resources, in: Sand (Hrsg.), The Effectiveness of International Environmental Agreements, 59, 93 ff. Vgl. auch <http://www.wcmc.org.uk/cms>.

des Verbreitungsgebiets der wandernden Arten Hoheitsrechte ausüben) gehalten, die Lebensräume der in Anhang I des Abkommens aufgenommenen gefährdeten Arten zu erhalten und möglichst wiederherzustellen (Art. III Abs. 4a). Das Bonner Übereinkommen wird konkretisiert durch Regionalübereinkommen für Arten, die sich in einer ungünstigen Erhaltungssituation befinden (Anhang II)[83]; dies ist etwa der Fall, wenn das Verbreitungsgebiet einer Tierart reduziert oder eingeschränkt zu werden droht oder wenn zur Arterhaltung nur ungenügender Lebensraum vorhanden ist (Art. I Abs. 1 c). Auf diese Weise werden in indirekter Weise auch Waldgebiete durch das Bonner Abkommen geschützt.

Damit existieren auf globaler Ebene eine Reihe von Artenschutzabkommen, die sich in einem gewissen Umfang auch auf den Schutz bedrohter oder gefährderter Baum- und Holzarten beziehen; bislang fehlt jedoch noch eine internationale Koordination der verschiedenen Artenschutzabkommen - dem Umweltprogramm der Vereinten Nationen (UNEP) wurde diese Aufgabe nicht übertragen.

2. Konvention 169 der Internationalen Arbeitsorganisation (ILO)

Eine weitere globale Konvention, die ebenfalls in Beziehung zum internationalen Waldschutz gebracht wird, obwohl sie einen anderen Ansatzpunkt als die bisher aufgeführten Arten- und Naturschutzabkommen verfolgt, ist die Konvention Nr. 169 der ILO, das *Übereinkommen über Eingeborene und in Stämmen lebende Völker in unabhängigen Ländern*[84]. Diese Konvention ist von besonderer Relevanz für viele in-

---

[83] Hierzu zählt das Abkommen über den Schutz der Fledermäuse in Europa v. 4.12.1991 (*Agreement on the Conservation of Bats in Europe*; Abdruck in: BGBl. 1993 II, 1106 ff.), über das insb. Altbäume und Totholz als Lebensräume dieser Tiere geschützt werden (vgl. *Churchill*, The Contribution of Existing Agreements, in: Bowman/Redgwell [Hrsg.], International Law and the Conservation of Biological Diversity, 71, 80).

[84] *Convention Concerning Indigenous and Tribal Peoples in Independent Countries* v. 27.6.1989, in Kraft seit dem 5.9.1991; Abdruck in: *Burhenne*, International Environmental Law, 989:48; ILM 28 (1989), 1382 ff. Die Konvention tritt an die Stelle der umstrittenen Konvention ILO 107 von 1957, da letztere weniger die Anerkennung der Besonderheiten indigener Völker als vielmehr die Assimilierung dieser Völker bezweckte; ILO 107 ist aber noch in 20 Staaten in Kraft (*Dömpke/Gündling/Unger*, Schutz und Nutzung biologischer Vielfalt und die Rechte indigener Völker, 25 ff.; siehe auch *Heintze*, The Protection of

digene Völker, die in Wäldern oder deren Randbereichen leben[85]. Bedenkt man die zunehmend als wichtig erachtete Rolle des lokalen oder indigenen Wissens für ein nachhaltiges Ressourcenmanagement der Wälder, kommt der Konvention insofern auch Bedeutung hinsichtlich des Erhalts und des Schutzes der Wälder zu.

Nach Art. 2 Abs. 2 des Abkommens sind die Vertragsstaaten gehalten, durch geeignete Maßnahmen die Verwirklichung der sozialen, wirtschaftlichen und kulturellen Rechte der indigenen Völker unter Achtung ihrer sozialen und kulturellen Identität sicherstellen. Sie sollen v.a. mögliche Umweltauswirkungen geplanter Entwicklungstätigkeiten auf diese Volksgruppen berücksichtigen (Art. 4 Abs. 1 und 7 Abs. 3). Neben diesen allgemeinen Grundsätzen sind auch die Vorschriften im 2. Teil der Konvention über Landrechte von Bedeutung für eine nachhaltige Bewirtschaftung. Eigentums- und Besitzansprüche auf das traditionell von indigenen Völkern besiedelte Land sind anzuerkennen (Art. 14); Art. 15 betont die Rechte der indigenen Völker an der Nutzung, Bewirtschaftung und Erhaltung ihrer natürlichen Ressourcen[86].

Angesichts der noch geringen Anzahl von Vertragsstaaten ist die Relevanz der Konvention für den Schutz und die nachhaltige Bewirtschaftung forstlicher Ressourcen aber als gering einzustufen[87].

Indigenous Peoples, in: Bothe/Kurzidem/Schmidt [Hrsg.], Amazonia and Siberia, 310, 312 ff.; *Hilpold*, Indigene Völker und tropischer Regenwald, Journal für Entwicklungspolitik 1996, 31, 36 f.; *Hummer*, Schutz der indigenen Bevölkerung, in: Borsdorf [Hrsg.], Lateinamerika, 101, 108).

[85] Vgl. dazu im 1. Teil, S. 128 f.

[86] Vgl. näher hierzu *Woodliffe*, Biodiversity and Indigenous Peoples, in: Bowman/Redgwell (Hrsg.), International Law and the Conservation of Biological Diversity, 255, 260 f.

[87] Zu den derzeit 14 Vertragsparteien (Stand: Juli 2000, vgl. <http://www.ilo.org>) gehören 10 mittel- und südamerikanische Staaten, die Fiji-Inseln sowie die Niederlande, Dänemark und Norwegen. In einigen dieser Länder ist der Anteil der indigenen Bevölkerung an der Gesamtbevölkerung noch relativ hoch. In Bolivien leben ca. 4 Mio. Menschen indigenen Ursprungs, diese stellen 66 % der Gesamtbevölkerung dar. Auch Equador, ein Staat mit über 3 Mio. Menschen indigenen Ursprungs bzw. 21 % der Gesamtbevölkerung, hat die Konvention 1998 ratifiziert. Andere bedeutende Tropenwaldländer mit einem hohen Anteil an indigener Bevölkerung sind der Konvention 169 noch nicht beigetreten (z.B. Papua-Neuguinea mit 3 Mio. Menschen indigenen Ursprungs bzw. 95 % der Gesamtbevölkerung; Philippinen mit 6,5 Mio. bzw. 16 % der Gesamtbevölkerung; vgl. *Regenwälder Kampagne*, Indigene Völker und Wald, 57 f.).

3. Regionale Abkommen mit Waldschutzbezügen

Auch in einer Reihe von Regionalabkommen, die im Anschluß an die Stockholmer Konferenz verabschiedet wurden, sind Regelungen enthalten, die direkten oder indirekten Einfluß auf die Erhaltung und nachhaltige Nutzung der Wälder haben.

a) ASEAN-Abkommen

Ein wichtiges regionales Naturschutzabkommen für den Schutz der Waldgebiete in den Inselstaaten Südostasiens[88] stellt die *ASEAN-Vereinbarung über die Erhaltung der Natur und der natürlichen Ressourcen* dar, die allerdings noch nicht in Kraft getreten ist[89]. Die für die Holzproduktion bedeutende ASEAN-Region ist fast zur Hälfte noch mit Tropenwald bedeckt. 6 % der industriellen Rundholzproduktion stammen aus dieser Region, davon mehr als 85 % allein aus Indonesien und Malaysia[90]. Das ASEAN-Abkommen zielt auf den Schutz einer breiten Palette von natürlichen Ressourcen ab und widmet sich in einem eigenen Artikel (Art. 6) ausschließlich dem Schutz der Wälder[91].

---

[88] In dieser Region sind zwischen 1990 und 1995 jährlich 1,3 % der Wälder abgeholzt worden (zum Vergleich: die Entwaldungsrate im gesamten asiatisch-pazifischen Raum lag im gleichen Zeitraum nur bei durchschnittlich 0,6 %), vgl. *FAO*, SOFO 1997, 126 f.

[89] *Agreement on the Conservation of Nature and Natural Resources* v. 9.7.1985, abgedruckt in: *Burhenne*, International Environmental Law, 985:51; *Kiss/Shelton*, International Environmental Law, Anhang H, 493 ff. Indonesien, Thailand und die Philippinen haben den Vertrag bereits ratifiziert, Brunei, Malaysia und Singapur haben unterzeichnet (Stand: Feb. 1999). Vgl. näher zum Abkommen: *Hohmann*, Präventive Rechtspflichten, 333 ff.; *Maffei*, Evolving Trends in the International Protection of Species, GYIL 1993, 131, 149 ff.; *Sands*, Principles of international environmental law, 394.

[90] *FAO*, SOFO 1999, 107.

[91] Andere Vorschriften des Abkommens, die ebenfalls für den Waldschutz relevant sind, regeln den Schutz des Bodens (Art. 7), die Luftverschmutzung (Art. 11), die Landnutzungsplanung (Art. 12), die Einrichtung von Schutzgebieten (Art. 13) und die Information und Beteiligung der Öffentlichkeit (Art. 16). 1993 haben die ASEAN-Vertragsstaaten die „ASEAN Cooperation in Food, Agriculture and Forestry" (AMAF) gegründet; diese Initiative setzt sich auch mit einigen waldspezifischen Themen, wie der Förderung der Holzproduktion, dem Technologietransfer und dem Management natürlicher Ressourcen auseinander (vgl. näher *FAO*, SOFO 1997, 163).

Nach dieser Vorschrift sind die Vertragsparteien zur Erhaltung des Waldbestands mittels konkret benannter Maßnahmen verpflichtet. Zu diesen Aktivitäten zählen beispielsweise die Kontrolle der Abholzung, die Verhinderung von Waldbränden, die Regulierung von Bergbauaktivitäten, die Einrichtung von Wald- und Wasserschutzgebieten zur Erhaltung forstlicher Ressourcen, die Vermeidung des Anbaus von Monokulturen und die Entwicklung von ökologischen Waldbewirtschaftungsplänen. Besonders betont wird der Schutz der gefährdeten Mangrovenwälder[92]. Erstmalig findet sich in einem internationalen Übereinkommen auch die vertragliche Fixierung des Nachhaltigkeitsgedanken[93]. Der Vertragstext des ASEAN-Abkommens ist mit Unterstützung von Umweltorganisationen erstellt worden. Die umweltbezogene Ausrichtung des ASEAN-Vertrages kann als mögliche Erklärung dienen, daß das Übereinkommen bislang noch nicht in Kraft getreten ist[94].

b) Apia-Konvention

Die Staaten der Südpazifik-Region haben ebenfalls eine Anzahl von Verträgen geschlossen, welche die Erhaltung und den Schutz von Flora und Fauna zum Gegenstand haben. Das Hauptinstrument ist das bereits 1976 unterzeichnete, aber erst 1990 in Kraft getretene *Übereinkommen betreffend den Naturschutz im Südpazifik (sog. Apia-Konvention)*[95]. Die Apia-Konvention hat auch Bedeutung für den

---

[92] Vgl. hierzu auch *Tarasofsky*, The International Forests Regime, 17.

[93] Nach Art. 1 verpflichten sich die Vertagsstaaten "to ensure the sustainable utilization of harvested natural resources under their jurisdiction in accordance with scientific principles and with a view to attaining the goal of sustainable development". Siehe näher zum Begriff der nachhaltigen Entwicklung und dessen Implementierung im Umweltvölkerrecht, S. 183 ff.

[94] *Churchill*, The Contribution of Existing Agreements, in: Bowman/Redgwell (Hrsg.), International Law and the Conservation of Biological Diversity, 71, 76.

[95] *Convention on the Conservation of Nature in the South Pacific* v. 12.6.1976, in Kraft seit dem 28.6.1990, abgedruckt in: *Burhenne*, International Environmental Law, 976:45. Zu den Vertragsstaaten gehören Australien, Cook Island, Fidschi, Frankreich und Samoa; Papua-Neuguinea, das noch zu über 80 % bewaldet ist, hat die Konvention zwar unterzeichnet, sie ist dort aber noch nicht in Kraft getreten (Stand: März 1999). Vgl. näher zu den statistischen Angaben im Wald- und Forstbereich der Staaten des 1972 gegründeten Süd-Pazifik-Forums, zu dessen 16 Mitgliedern auch die Vertragsstaaten der Apia-

Eine weitere Ergänzung stellt die im gleichen Jahr unterzeichnete *Amazon Declaration*[105] dar, wonach das kulturelle, ökonomische und ökologische Erbe der Amazonas-Region durch den rationalen Gebrauch der natürlichen Ressourcen sowohl für die gegenwärtige als auch für die zukünftige Generation zu bewahren ist (Nr. 2). Erstmals werden auch die sozio-ökonomischen Bedingungen, unter denen die Bevölkerung der Amazonas-Region lebt, mit dem Schutz und Erhalt der Umwelt in Verbindung gebracht (Nr. 6). Die Industriestaaten werden durch die Deklaration zu einem teilweisen Schuldenerlaß sowie zu Finanz- und Technologietransfers zum Schutz der Umwelt aufgefordert (Nr. 7, 8).

d) Berner Konvention

Nicht nur die tropischen Wälder, auch die Wälder der gemäßigten Zone werden durch internationale Abkommen geschützt. Das *Berner Übereinkommen über die Erhaltung der europäischen wildlebenden Pflanzen und Tiere und ihrer natürlichen Lebensräume*[106] enthält weitgehende Verpflichtungen für die Vertragsstaaten. Neben dem Schutz der in den Anhängen I-III[107] aufgeführten streng geschützten Tier und Pflanzenarten (Art. 5 bis 7) ist auch die Bewahrung ihres Lebensraums für

---

from the point of view of their biodiversity, their endemism, and their fragility and since they are one of the most important natural patrimonies of our countries; convinced of the need, to conserve and develop maintenance for the ecosystems and their ecological processes ...".

[105] Abdruck in: ILM 28 (1989), 1303 ff.; *Bothe/Kurzidem/Schmidt* (Hrsg.), Amazonia and Siberia, 340 f.; vgl. dazu *Soares*, The Impact of International Law, in: Bothe/Kurzidem/Schmidt (Hrsg.), Amazonia and Siberia, 208, 218 f.; *Hohmann*, Präventive Rechtspflichten, 338.

[106] Die *Convention on the Conservation of European Wildlife and Natural Habitats* vom 19.9.1979 ist seit dem 1.6.1982 in Kraft und hat mit Ausnahme von Burkina Faso, Senegal und Tunesien nur europäische Vertragsstaaten; Abdruck in: *Burhenne*, International Environmental Law, 979:70; ABl. der EG, Nr. L 38 v. 10.2.1982; BGBl. 1984 II, 620 ff. und BGBl. 1985 II, 581 ff. Vgl. näher zum Berner Abkommen: *Beyerlin*, Umweltvölkerrecht, 197 f.; *Forster/Osterwoldt*, Nature Conservation and Terrestrial Living Resources, in: Sand (Hrsg.), The Effectiveness of International Environmental Agreements, 59, 98 ff.; *Sands*, Principles of international environmental law, 395 ff.; <http://www.nature.coe.int/english/cadres/berne.html>.

[107] BGBl. 1990 II, 718 ff. (Anhänge II und III); BGBl. 1993 II, 42 ff. (Änderungen zu Anhang I).

die Vertragsstaaten verpflichtend und bei ihrer Planungs- und Entwicklungspolitik hinreichend zu berücksichtigen (Art. 4)[108]. Unter den Schutz der Berner Konvention fallen damit sowohl Waldgebiete als auch einzelne Baumarten.

4. Tropenwaldspezifische Programme und Vereinbarungen

In der Dekade nach der Stockholmer Umweltkonferenz wurde neben globalen und regionalen Umweltabkommen weitere Aktivitäten ins Leben gerufen, die sich vor allem mit dem Schutz der Tropenwälder beschäftigten, wie z.B. FAO/UNDP-Programme zur integrierten Planung von Waldressourcen in Indonesien, Malaysia und Nigeria. Von diesen Organisationen wurde auch ein Pilotplan zur Überwachung des Waldes in den Tropenwaldländern Togo, Benin und Kamerun aufgestellt[109]. Die wachsende Aufmerksamkeit von UN-Organisationen in bezug auf die Tropenwälder schlug sich auch in einem von der UNESCO in Zusammenarbeit mit UNEP und FAO vorbereiteten Report zum „Stand des Wissens über Ökosysteme der tropischen Wälder" nieder[110]. In Nairobi wurde 1977 der internationale Forschungsrat für Land- und Forstwirtschaft *(International Centre for Research in Agroforestry, ICRAF)* gegründet[111], der durch die Errichtung von Agroforstsystemen die fortschreitende Entwaldung der tropischen Wälder aufhalten sowie die Armut der ländlichen Bevölkerung vermindern will.

Dem internationalen Tropenwaldschutz wandten sich auch verstärkt Nichtregierungsorganisationen zu. Die IUCN führte verschiedene regionale und nationale Projekte in Tropenwaldländern durch[112]. Bereits Mitte der 70er Jahre erfolgte die Veröffentlichung „Ökologische Richtlinien und Entwicklung des tropischen Regenwaldes". Von Bedeutung

---

108 Vgl. näher *Churchill*, The Contribution of Existing Agreements, in: Bowman/Redgwell (Hrsg.), International Law and the Conservation of Biological Diversity, 71, 81.

109 *UNEP*, Umwelt - Weltweit, 244.

110 Nachweise bei *UNEP*, Umwelt - Weltweit, 244.

111 Seit 1991 untersteht das ICRAF der 1971 errichteten Consultative Group on International Agricultural Research (CGIAR); <http://www.cgiar.org/icraf>.

112 *Enquête-Bericht (1990)*, 683 ff. mit weiteren Beispielen zu Tropenwaldschutzaktionen verschiedener NGOs.

für den tropischen Waldschutz sind schließlich auch erste Versuche gewesen, die Exporteure tropischer Waldhölzer zu organisieren[113].

Die Zahl der Initiativen, Pläne und Programme hat seit Beginn der 80er Jahre ständig zugenommen. Eines der ersten Instrumente, das sich ausschließlich mit dem tropischen Waldschutz bzw. der Waldnutzung beschäftigte und die Entwaldung zu einem zentralen Thema in den betroffenen Entwicklungsländern und in der internationalen Debatte machte, war das *Tropical Forestry Action Programme (TFAP)*. Tropenholz ist des weiteren Gegenstand des Rohstoffabkommens *International Tropical Timber Agreement (ITTA)*. Ein weiteres wichtiges Instrument, das erst im Vorfeld der Rio-Konferenz 1992 ins Leben gerufen wurde, ist das *Internationale Pilotprogramm zur Bewahrung der tropischen Regenwälder in Brasilien*.

a) Tropenwald-Aktionsprogramm (TFAP), Nationale Forstprogramme (NFPs) und Forest Partnership Agreements (FPAs)

Das Tropenwald-Aktionsprogramm wurde 1986 als internationale Initiative ins Leben gerufen[114] und galt bislang als das wichtigste international vereinbarte Konzept mit dem Ziel, die Tropenwälder unter Berücksichtigung der Souveränität der Tropenländer zu schützen; das TFAP ist aber mittlerweile vom Konzept nationaler Forstprogramme

---

[113] Nachweise bei *UNEP*, Umwelt - Weltweit, 244.

[114] Aufgrund der von der FAO Anfang der 80er Jahre durchgeführten umfassenden Waldinventur, welche die Ausmaße einer großräumigen Wald-, Boden- und Lebensraumzerstörung in den Tropen erkennen ließ, trug das *FAO-Committee for Forest Development in the Tropics*, das bereits 1967 auf die ökologischen, wirtschaftlichen und umweltschädlichen Folgen der Waldzerstörung hingewiesen hatte (vgl. *Enquête-Bericht [1990]*, 585), im Jahre 1983 die Empfehlung an die FAO heran, einen globalen Plan für die Walderhaltung und Forstentwicklung in den Tropen zu erarbeiten. Die FAO legte bereits im Okt. 1985 die erste Version eines *Tropical Forestry Action Plan* vor. Zusammen mit der Weltbank und UNDP entwickelte das WRI parallel dazu den Bericht „*Tropical Forests: A Call for Action*". 1987 erschien schließlich der von allen beteiligten Organisationen gemeinsam ausgearbeitete „*Tropical Forestry Action Plan*". Vgl. zusammenfassend zum TFAP *Humphreys*, Forest Politics, 31 ff.; *Enquête-Bericht (1990)*, 584 ff., *FAO*, SOFO 1997, 96 ff. Sehr kritisch zu diesem Plan aus Sicht der Entwicklungsländer: *Shiva*, Forestry Myths and the World Bank, The Ecologist 1987, Nr. 4/5, 142 ff.

abgelöst worden[115]. Von seiner Konzeption her stellte das TFAP einen völkerrechtlich nicht verbindlichen Orientierungsrahmen dar, der als Leitlinie für die Erarbeitung und Umsetzung nationaler Tropen-Forstwirtschafts-Aktionspläne in einzelnen Entwicklungsländern und zugleich als Koordinierungsgrundlage für die internationale Entwicklungshilfe zum Waldschutz und zur Forstentwicklung in den Tropen diente.

1990 waren bereits 70 Länder, die über 60 % der tropischen Feuchtwälder verfügten, in den TFAP-Prozeß involviert. Da jedoch trotz der zahlreichen Beteiligung am TFAP die Verlustrate der weltweiten Tropenwaldzerstörung nicht abnahm, folgte eine Phase der Kritik am Konzept und an der Durchführung des Programms, die sich gegen die starke forstwirtschaftliche Ausrichtung und die industrielle Nutzung der Wälder sowie die fehlende Beteiligung der lokalen Bevölkerung an der Erstellung nationaler Aktionspläne richtete[116]. Vereinzelt wurde das TFAP selbst für die zunehmenden Tropenwaldverluste verantwortlich gemacht[117]. Sogar die FAO mußte in ihrer ersten unabhängigen Bewertung des Tropen-Forstwirtschaftsaktionsplans Defizite in der Umsetzung erkennen. Ein Reformversuch im Jahr 1991 verlief bis auf die

---

[115] *Skala-Kuhmann*, Rechtliche Instrumente zur Förderung der nachhaltigen Nutzung, 23.

[116] Die Kritik stützte sich v.a. auf die Verteilung der Finanzmittel im Rahmen des TFAP: Im Mittelansatz waren 1987 lediglich 8 % für Schutz- und Erhaltungsmaßnahmen ausgewiesen, dagegen 25 % für die industrielle Holznutzung und 17 % für die Landnutzung vorgesehen (vgl. *Oberndörfer*, Schutz der tropischen Regenwälder durch Entschuldung, 12 ff.; *World Rainforest Movement*, Rainforest Destruction, 77; *ARA*, Das Regenwaldmemorandum, 11 f.). Auch der *Enquête-Bericht (1990)*, 858 f. stellte in dem abweichenden Votum verschiedener Kommissionsmitglieder fest, daß der TFAP keinen nachweisbaren Beitrag zum Schutz der tropischen Wälder geleistet hätte, sondern vielmehr aufgrund seiner kommerziellen Ausrichtung eine Bedrohung vor allem für die Primärwälder darstellte. Es wurde daher eine „eindeutige Schwerpunktverlagerung von Nutzungs- zu Schutzmaßnahmen" gefordert.

[117] *Marshall*, FAO and Tropical Forestry, The Ecologist 1991, Nr. 2, 66, 70: Für Kamerun sah der nationale Plan z. B. die Öffnung von 14 Mio. ha Tropenwald vor; damit sollte dieses Land zur größten Exportnation Afrikas für tropisches Holz im 21. Jahrhundert heranwachsen. Heute steht Kamerun bereits an dritter Stelle hinter Südafrika und Gabun mit einer jährlichen Exportmenge von über 1,1 Mio. m^3 Holz (*FAO*, Provisional Outlook for Global Forest Products, Consumption, Production and Trade to 2010, 319).

Umbenennung des Plans in *Tropical Forests Action Programme* ergebnislos[118].

Aufgrund zahlreicher Schwierigkeiten bei der Umsetzung und fortlaufenden Verbesserung des TFAP legte die internationale Forstberatergruppe *(Forestry Advisers Group, FAG)*[119] in Zusammenarbeit mit anderen UN-Organisationen 1995 ein Rahmenkonzept für eine wirksamere Vorgehensweise vor, um die Eigenverantwortung der Entwicklungsländer für ihre nationale Entwicklungsstrategie und eine diesbezügliche internationale Unterstützung zu stärken. Die wesentlichen Elemente der Strategie haben inzwischen als Konzept der *National Forest Programmes (NFPs)* internationale Zustimmung gefunden[120]. Seit Gründung des TFAP sind in den letzten Jahren von ca. 130 Ländern nationale Forstprogramme entwickelt worden, u.a. auch von den waldreichen Staaten Rußland, Kanada und USA[121]. Aufgrund dieser neuen konzeptionellen Entwicklungen hat die FAO mit Auslaufen des Treuhandfonds das TFAP-Sonderprogramm beendet[122].

In engem Zusammenhang mit den nationalen Forstprogrammen wird gegenwärtig ein weiteres Konzept entwickelt. Es handelt sich um das sog. *Forest Partnership Agreement (FPA)*, das keine neuen inhaltlichen Regelungen vorsieht, sondern Bezug nimmt auf bestehende internatio-

---

[118] Insbesondere die strittigen Fragen nach der Einsetzung einer unabhängigen Kontrollinstanz sowie nach der verstärkten Beteiligung der lokalen Bevölkerung bereits in der Planungsphase scheiterten am Widerstand bedeutender Tropenwaldländer wie Brasilien, Indonesien und Malaysia, da sie Eingriffe in ihre nationale Souveränität befürchteten (vgl. *BReg.*, 3. Tropenwaldbericht, 22; *Kuhlmann*, Schutz der Wälder, 8; vgl. ausführlich zur Chronologie der Reformbestrebungen: *Humphreys*, Forest Politics, 42 ff.).

[119] Die internationale Forstberatergruppe ist ein informeller Zusammenschluß von Forstberatern multilateraler und bilateraler Entwicklungshilfeorganisationen, Entwicklungsbanken und einiger internationaler NGOs; die FAG trägt wesentlich zur Erarbeitung und Umsetzung internationaler Vereinbarungen in den Tropenwaldländern bei (vgl. *Humphreys*, Forest Politics, 34 f., 51 f.).

[120] *Skala-Kuhmann*, Rechtliche Instrumente zur Förderung der nachhaltigen Nutzung, 24; *FAO*, SOFO 1999, 61 ff. Die Verpflichtung zu nationalen Forstprogrammen wurde auch von der UN-Sondergeneralversammlung in New York 1997 (UNGASS) betont („Programme for the Further Implementation of Agenda 21“, Ziff. 39 b), vgl. dazu näher unten, S. 289 ff. Zur Erarbeitung eines NFP für Deutschland siehe auch <http://www-dainet.de/bml/nfp>.

[121] *FAO*, SOFO 1999, Annex 3, Tabelle 5.

[122] *BReg.*, 5. Tropenwaldbericht, 21.

nale Regelungsinstrumente und als Koordinierungsinstrument zwischen allen Beteiligten, die in die forstliche Entwicklung eines Landes involviert sind, einen wirksameren Prozeß der Planung und Umsetzung nationaler Forstprogramme gewährleisten will[123]. Die nationalen FPAs sollen dem Recht des jeweiligen Landes unterliegen und durch die Gründung eines Finanzierungsmechanismus institutionalisiert werden[124].

In der Diskussion befindlich ist auch ein internationales FPA zur Verbesserung der Zusammenarbeit zwischen Nationalregierungen und entsprechenden internationalen (Geber-) Institutionen[125]. Detailregelungen dieser neuen Instrumente, die keineswegs eine internationale Übereinkunft zum Waldschutz, etwa in Form einer rechtsverbindlichen Konvention, ersetzen sollen, befinden sich noch in der Bearbeitung[126]. Sowohl mit dem TFAP als auch mit den neueren Konzepten zur Förderung nationaler Forststrategien ist weniger ein umweltpolitisches Regelungssystem geschaffen worden als vielmehr ein entwicklungspolitisches Instrument, das durch die Ausarbeitung und Unterstützung nationaler Forstwirtschaftsaktionspläne eine effektivere Bewirtschaftung der Wälder fördern soll.

b) Internationales Tropenholz-Übereinkommen (ITTA) und Internationale Tropenholz-Organisation (ITTO)

Das Internationale Tropenholz-Übereinkommen ist im Gegensatz zu den bisher genannten Konventionen und Regionalabkommen kein Naturschutz-, sondern ein Rohstoffabkommen. Im Hinblick auf den Charakter dieses Abkommens stellt sich daher die Frage, ob überhaupt ökologische Belange berücksichtigt werden und ein Beitrag zu einer Schutzpolitik für die tropischen Wälder geleistet wird.

---

[123] *Skala-Kuhmann*, The Forest Partnership Agreement, 6; *Tarasofsky*, Policy Planning Without a Legally-Binding Framework, 6 ff. Vgl. auch *BReg.*, 6. Tropenwaldbericht, 29 f.

[124] Sog. Forest Partnership Facility, vgl. *Skala-Kuhmann*, The Forest Partnership Agreement, 13.

[125] *Tarasofsky*, Policy Planning Without a Legally-Binding Framework, 8.

[126] Vgl. ausführlich *Skala-Kuhmann*, The Forest Partnership Agreement, 6 ff.

aa) ITTA in der Fassung von 1983

Das *International Tropical Timber Agreement (ITTA)* in der Fassung von 1983[127] diente als Rohstoffabkommen entsprechend seiner Funktion vor allem der Stabilisierung der Tropenholzmärkte und damit wirtschaftspolitischen Zielsetzungen[128]. Erstmals sind in einem Rohstoffabkommen aber auch Umweltschutzmaßnahmen für ein Naturgut der Entwicklungsländer vorgesehen[129].

In der Präambel des Übereinkommens heißt es hierzu, daß der Vertrag in Anerkennung der Bedeutung und Notwendigkeit einer angemessenen und wirksamen Erhaltung und Erschließung der Tropenwälder im Hinblick auf ihre bestmögliche Nutzung unter Wahrung des ökologischen Gleichgewichts der betroffenen Regionen und der Biosphäre geschlossen worden sei. Nach Art. 1 (h) des Abkommens werden die Vertragsstaaten zur Erarbeitung nationaler Maßnahmen ermutigt, welche die Nutzung und Erhaltung der Tropenwälder und ihrer genetischen Bestände nachhaltig sicherstellen und das ökologische Gleichgewicht in den betroffenen Regionen wahren sollen. Selbst wenn das ITTA, das im Rahmen des Integrierten Rohstoffprogramms der Konferenz der Vereinten Nationen für Handel und Entwicklung[130] verhandelt

---

[127] Internationales Tropenholzabkommen vom 18.11.1983, in Kraft seit dem 1.4.1985, Abdruck in: BGBl. 1986 II, 174 ff.; *Burhenne*, International Environmental Law, 983:85. Da in Art. 42 ITTA eine Gültigkeitsdauer von fünf Jahren vorgesehen war, die maximal zweimal um je zwei Jahre verlängert werden konnte und das Abkommen spätestens zum 31.3.1994 seine Gültigkeit verlor, ist der Vertragstext ab 1993 zwischen den Vertragsparteien neu verhandelt worden. Die revidierte Fassung ist am 26.1.1994 unterzeichnet worden und am 1.1.1997 in Kraft getreten (siehe dazu sogleich, S. 169 ff.). Abdruck der revidierten Fassung in: ILM 33 (1994), 1014 ff.; ABl. der EG 1996, Nr. L 208 vom 17.8.1996; *Burhenne*, International Environmental Law, 994:07; *Birnie/Boyle*, Basic Documents, 556 ff.

[128] In Art. 1 des ITTA 1983 werden folgende Ziele genannt: Ausweitung und Diversifizierung des internationalen Tropenholzhandels sowie Verbesserung der Struktur des Tropenholzmarktes; Förderung von Forschung und Entwicklung unter besonderer Berücksichtigung einer effektiven Forstverwaltung und Holznutzung; Verbesserung der Marktinformation sowie der Vermarktung und Verteilung der Tropenholzausfuhren der Erzeugermitglieder; verstärkte Weiterverarbeitung von Tropenholz und Wiederaufforstung in den Erzeugerländern.

[129] *Hönerbach*, Verhandlung einer Waldkonvention, 13; siehe auch *Wassermann*, International Tropical Timber Agreement, JWT 1984, 89.

[130] Seit 1976 werden im Integrierten Rohstoffprogramm der *United Nations Conference on Trade and Development (UNCTAD)* für Rohstoffe, die von be-

wurde[131], als Rohstoffabkommen die Handelsware Holz in den Vordergrund stellt, geht es durch die Einbeziehung von Umweltschutzbelangen über den Rahmen eines traditionellen Rohstoffabkommens hinaus.

---

sonderem Exportinteresse für Entwicklungsländer sind, Verhandlungen zwischen Erzeuger- und Verbraucherländern durchgeführt, um Probleme im internationalen Rohstoffhandel durch eine verbesserte Zusammenarbeit zwischen beiden Ländergruppen zu lösen oder zumindest zu entschärfen (vgl. *Enquête-Bericht [1990]*, 612).

131 Erste Verhandlungsversuche reichen bis 1966 zurück, als die Errichtung eines internationalen Tropenholzbüros von einer gemeinsamen Arbeitsgruppe von UNCTAD und FAO empfohlen wurde. Erhebliche Meinungsunterschiede unter den allein beteiligten Erzeugerländern führten jedoch zu dem Ergebnis, daß das Abkommen zunächst von keinem Land unterschrieben oder ratifiziert wurde. Es erfolgte daraufhin eine neue Verhandlungsrunde, die 1976 auf Betreiben Japans auf der vierten UNCTAD-Konferenz in Nairobi mit der Annahme des Integrierten Rohstoffprogramms begann. Obwohl ursprünglich sowohl über Holz aus temperierten als auch aus Tropenwäldern verhandelt werden sollte, beschränkten sich letztendlich die Verhandlungen auf Betreiben der Industrieländer auf Tropenholz (siehe *Chase*, Tropical Forests and Trade Policy, Third World Quarterly 1993, 749, 757). Um das Tropenholzthema weniger komplex zu gestalten, konzentrierte man sich auf tropische Harthölzer aus ertragsfähigen Laubwäldern; Nadelhölzer, Brennholz sowie Holz zur Papierherstellung wurden in die Verhandlungen nicht mit einbezogen. 1980 einigte man sich auf die vier Hauptelemente eines zukünftigen Abkommens: Forschung und Entwicklung, verbesserte Marktinformation, erhöhte Weiterverarbeitung in Erzeugerländern sowie Wiederaufforstung und Forstbewirtschaftung. Das ITTA wurde schließlich im November 1983 während der Konferenz der Vereinten Nationen über den internationalen Tropenholzhandel in Genf verabschiedet. Der Repräsentationsgrad von Entwicklungs- und Verbraucherstaaten war in den Verhandlungen ungewöhnlich hoch: Die vertretenen 36 Erzeugerländer verfügten über 93 % aller ertragfähigen geschlossenen Laubwälder der Tropen, die 34 Verbraucherländer importierten 98 % der international gehandelten Tropenhölzer (vgl. näher zur Verhandlungsgeschichte des ITTA: *Colchester*, The International Tropical Timber Organization, Transnational Associations 4/1991, 226 ff.; *Cording*, Internationales Tropenholz-Abkommen, Entwicklung-Development 1985, Nr. 20, 30 ff.; *Humphreys*, Forest Politics, S. 64; *Kasimbazi*, Sustainable Development in International Tropical Timber Agreements, Journal of energy & natural resources law 1996, Bd. 2, 137, 141 f.; *Wassermann*, International Tropical Timber Agreement, JWT 1984, 89 f.).

bb) Internationale Tropenholz-Organisation

Als ausführendes Organ und Verwaltungsapparat des ITTA wurde 1985 die Internationale Tropenholz-Organisation *(International Tropical Timber Organization, ITTO)* gegründet, die 1987 ihre Arbeit mit Sitz in Yokohama/Japan aufnahm[132]. Oberstes Organ der ITTO ist der Internationale Tropenholzrat *(International Tropical Timber Council, ITTC)*, des weiteren übt die ITTO ihre Tätigkeit durch drei ständige Ausschüsse[133] sowie den Exekutivdirektor und das Sekretariat aus. Der ITTC kann verbindliche Beschlüsse fassen, die von den Mitgliedstaaten zu beachten sind; gegebenenfalls sind diese Beschlüsse in jeweiliges nationales Recht umzusetzen[134]. Im ITTC sind die der ITTO beigetretenen Erzeuger- und Verbraucherländer nach einem bestimmten Verteilungsschlüssel vertreten[135]. Wieviel Stimmrechte jedem einzelnen Land zugesprochen werden, richtet sich auf Produzentenseite nach den Anteilen an den weltweiten Holzexporten und den Waldreserven (jeweils 30 %), die verbleibenden 40 % werden gleichmäßig auf die drei Erzeugerregionen Lateinamerika, Afrika und Asien verteilt[136]. Auf der Seite

---

[132] Die Auswahl Japans als Sitzstaat der ITTO ist auf Kritik gestoßen, da Japan wegen seines hohen Tropenholzverbrauchs an einer Nutzung der tropischen Wälder zu günstigen Marktkonditionen besonders interessiert sei (vgl. *Enquête-Bericht [1990]*, 614; siehe auch *Pohl*, Japanische Tropenholzimporte, NORD-SÜD aktuell 1990, 98 ff.).

[133] Es handelt sich um die Ausschüsse für Wirtschafts- und Marktinformation, für Wiederaufforstung und Forstverwaltung sowie für die Holzindustrie in den Erzeugerländern.

[134] Art. 32 ITTA 1994.

[135] Die ITTO setzt sich derzeit (Stand: September 2000) aus Vertretern der 56 ITTA-Mitgliedstaaten einschließlich der Europäischen Union zusammen; darunter sind 30 Produzenten- und 25 Konsumentenstaaten, auf die zusammen 95 % des Welthandelsvolumens mit Tropenholz entfallen und die 75 % der tropischen Regenwälder besitzen (vgl. <http://www.itto.or.jp>). Auch Nichtregierungsorganisationen können nach Art. 15 ITTA 1994 den ITTC-Sitzungen als Beobachter beiwohnen. Vgl. zur Mitgliedschaft der ITTO: *ITTO*, Tropical Forest Update, 2001/1, 17.

[136] In internationalen Rohstoffabkommen sind sowohl Erzeuger- als auch Abnehmerstaaten meist paritätisch beteiligt, bei Stimmabwägung innerhalb der Gruppen. Die Stimmrechtsanteile werden normalerweise nach den Anteilen der Mitgliedsländer am Welthandel festgelegt. Die Besonderheiten von Tropenholz als Rohstoff verkomplizierten jedoch die Stimmverteilung innerhalb der Erzeugerländer, denn die gängige Stimmverteilung hätte dazu geführt, daß etwa 750 Stimmen auf die asiatisch-pazifischen Erzeuger, 200 Stimmen auf Afrika und

der Konsumentenländer sind die Stimmen im Verhältnis der Durchschnittsmenge ihrer Tropenholzeinfuhren verteilt. Während der Laufzeit des ersten Tropenholzabkommens hatten nach diesen Kriterien die Tropenwaldländer Brasilien, Indonesien und Malaysia den größten Einfluß, bei den Verbraucherländern besaßen die EG sowie Japan die weitaus größten Stimmenanteile. Auch durch das im Jahr 1994 novellierte ITTA und den Beitritt weiterer Erzeuger- und Verbraucherländer ist die Stimmverteilung von der Tendenz her unverändert geblieben[137].

Die Verteilung der Stimmen ist vielfach dahingehend kritisiert worden, daß sie sowohl die Hauptimporteure von Tropenholz als auch die größten Erzeugerländer begünstige[138]. Diesbezüglich ist aber zu bedenken, daß mit Ausnahme der ersten Sitzung des ITTC in Genf im Juni 1985, auf der neben der Wahl des Exekutivdirektors auch über die Sitzfrage der neuen Organisation zu entscheiden war und von dem beschriebenen Abstimmungsverfahren Gebrauch gemacht wurde, keine weiteren Entscheidungen mehr auf diese Weise erfolgt sind[139]. Dennoch ist nicht von der Hand zu weisen, daß unterschiedliche Interessen der Mitgliedstaaten das Zustandekommen und den Inhalt einer Übereinkunft mehr oder weniger stark beeinflussen können.

Die ITTO hat sich zunächst auf die Förderung und Durchführung von Projekten zur Stärkung des Handels mit Tropenholz und Tropenholzprodukten konzentriert. Nicht zuletzt durch den Druck einiger Nicht-

---

nur 50 Stimmen auf Lateinamerika entfallen wären. Dies war jedoch angesichts der Tatsache, daß sich 60 % der Tropenwaldreserven in Lateinamerika und jeweils 20 % in Afrika und Asien befinden, unannehmbar für Lateinamerika. Daher einigte man sich auf die im Text erwähnte Kompromißformel. Für Afrika gilt jedoch eine Sonderregelung: Hier werden die gesamten den Erzeugermitgliedern zuerkannten Stimmen gleichmäßig auf die Mitglieder verteilt (vgl. jeweils Art. 10 ITTA 1983 und 1994; siehe zur Stimmverteilung ausführlich *Enquête-Bericht [1990]*, 607 ff.; *Cording*, Internationales Tropenholz-Abkommen, Entwicklung - Development 1985, Nr. 20, S. 30, 32).

137 Vgl. Anhang A und B des ITTA 1994; siehe hierzu auch *Hönerbach*, Verhandlung einer Waldkonvention, 13 f.

138 *Colchester*, The International Tropical Timber Organizaiton, Transnational Association 4/1991, 226, 227; *Chase*, Tropical forests and trade policy, Third World Quarterly 1993, 749, 758; *König*, New Approaches, in: Wolfrum (Hrsg.), Enforcing Environmental Standards, 337, 352; *o. V.*, Nur Dialog und Berücksichtigung der Marktgesetze können bei der Tropenwaldproblematik Erfolg bewirken, Holz-Zentralblatt 1995, 2157, 2163.

139 *Humphreys*, Forest Politics, 60.

regierungsorganisationen und das wachsende Umweltbewußtsein versucht die ITTO in zunehmenden Maße auch in Zusammenarbeit mit anderen Organisationen[140] Projekte zu koordinieren und zu finanzieren, die forstwirtschaftliche und/oder auch ökologische Ziele verfolgen[141].

cc) „Ziel 2000" und ITTO-Richtlinien

Die verstärkten Bemühungen der ITTO zur Umsetzung einer ökonomisch und ökologisch sinnvollen Bewirtschaftung von Tropenwäldern haben sich in den sog. ITTO-Richtlinien niedergeschlagen. Auf der achten Sitzung des ITTC in Bali/Indonesien im Mai 1990 wurden die *ITTO-Guidelines for the Sustainable Management of Natural Tropical Forests*[142] verabschiedet. In den Nachfolgesitzungen des ITTC sind diese Richtlinien weiterentwickelt und ergänzt worden[143]. Daneben stellte die ITTO bereits Anfang der 90er Jahre einen Katalog von Kriterien und Indikatoren (K+I) für die nachhaltige Bewirtschaftung tropischer Wälder[144] zusammen und leitete damit einen sich rasant entwickelnden Prozeß auf dem Gebiet der K+I für alle Waldregionen der Erde ein[145].

---

[140] Zur Beziehung zwischen der ITTO und dem TFAP sowie CITES vgl. *Humphreys*, Forest Politics, 78 ff.

[141] *Enquête-Bericht (1990)*, 614 f.

[142] Siehe *ITTO*, Policy Development Series No. 1, 1992: Die Richtlinien enthalten 41 Prinzipien für die nachhaltige Bewirtschaftung tropischer Wälder und 36 Empfehlungen zur Umsetzung dieser Prinzipien (Abdruck in: *Grayson/Maynard*, The World's Forests, 52 ff.).

[143] Guidelines for the Establishment and Sustainable Management of Planted Tropical Forests, ITTO Policy Development Series No. 4, 1993; Guidelines on the Conservation of Biological Biodiversity in Tropical Production Forests, ITTO Policy Development Series No. 5, 1993.

[144] *Criteria for the Measurement of Sustainable Tropical Forest Management*, ITTO Policy Development Series No. 3, 1992. Die ITTO-Dokumente der „Policy Development"-Serie sind im Internet abrufbar unter <http://www.itto.or.jp/policy>. Vgl. näher zu den ITTO-Richtlinien: *Tarasofsky*, The International Forest Regime, 6 f.; *o. V.*, ITTO process in the development of criteria and indicators for the measurement of sustainable tropical forest managment, in: Proceedings of the XI. World Forestry Congress, Vol. 6, Area H, Topic 37.7: The ITTO Process, 117 ff.

[145] Zum Überblick über die derzeitigen Prozesse vgl. die weiteren Ausführungen in diesem Teil auf S. 262 ff.

In den Bemühungen der ITTO, auch die nachhaltige Waldbewirtschaftung zu fördern, ist insbesondere der auf der ITTC-Sitzung in Bali 1990 getroffene Beschluß zu erwähnen, daß vom Jahr 2000 an nur noch Tropenholz aus nachhaltig und umweltfreundlich bewirtschafteten Flächen in den internationalen Handel gelangen soll[146]. Diese Vereinbarung ist unter der Bezeichnung „Bali-Commitment" oder „Target 2000" bekannt geworden. Das „Ziel 2000" ist dabei so zu verstehen, daß der Export von Tropenhölzern aus nachhaltig bewirtschafteten Wäldern nicht erst ab Beginn des Jahres 2000 erfolgen soll, sondern in einer schrittweisen Entwicklung das ehrgeizige Ziel angestrebt wird, vom Jahr 2000 an ausschließlich Tropenholz aus nachhaltiger Waldbewirtschaftung zu exportieren[147].

Auf der 9. Sitzung des ITTC im November 1990 in Yokohama wurde der zuvor in Bali vorbereitete Aktionsplan der ITTO verabschiedet[148]. Der - kürzlich revidierte - ITTO Action Plan[149] legte eine Reihe von Strategien und Aktionen vor, mit denen die Abholzung und Degradation der tropischen Wälder auf nationaler und internationaler Ebene aufgehalten werden sollte. Die Umsetzung des Plans in konkrete Arbeitsprogramme oblag den drei ständigen Ausschüssen der ITTO für Wirtschafts- und Marktinformation, Wiederaufforstung und Forstverwaltung sowie für die Holzindustrie. Die ITTO versuchte hierdurch, eine Balance zwischen der Förderung der Holzproduktion und den weiteren vielfältigen Nutzen der Wälder zu erreichen. Außerdem hat der Aktionsplan den Bali-Beschluß und das dort kollektiv vereinbarte Ziel 2000 wieder aufgegriffen. Nicht eindeutig ist, ob dieses „Ziel 2000" für die Mitgliedstaaten der ITTO rechtlich verbindlich festgeschrieben worden

---

[146] Grundlage des Bali-Beschlusses war der vom ständigen Ausschuß für die Forstindustrie vorbereitete „Draft Action Plan and Work Programm", in dem als maßgebliches Datum das Jahr 2000 festgelegt wurde. Die Forderung des WWF auf der 7. ITTC-Sitzung im November 1989, als Zieljahr 1995 festzuschreiben, konnte sich dagegen nicht durchsetzen. Während der Verhandlungen zum ITTA 1994 wurde das „Target 2000" umbenannt in „Objective 2000" (vgl. näher hierzu *Humphreys*, Forest Politics, 68 f.).

[147] *Humphreys*, Forest Politics, 68.

[148] ITTO Action Plan: Criteria and Priority Areas for Programme Development and Project Work (ITTO-Doc. ITTC [I]/6 Rev. 1 v. 22.11.1990), ITTO Policy Development Series No. 2, 1991.

[149] Vgl. zur 1998 erfolgten Revision des Aktionsplans S. 174 f.

ist[150]. Aus der entsprechenden Formulierung im Aktionsplan läßt sich allenfalls eine gewisse Absichtserklärung der Verbraucherstaaten ablesen, das Ziel der nachhaltigen Bewirtschaftung der Waldbestände bis zum Jahr 2000 zu erreichen und hierfür alle bestehenden politischen, sozialen, wirtschaftlichen und technischen Hindernisse mit Unterstützung der Verbraucherstaaten zu beseitigen[151].

dd) Novellierung des ITTA 1994

Die offiziellen Neuverhandlungen des ITTA begannen im April 1993 in Genf[152] und waren von tiefen Gegensätzen zwischen Nord und Süd geprägt[153]. Schon zum Auftakt der Verhandlungen forderte eine von Malaysia und Indonesien angeführte Gruppe von Produzentenländern, alle holzproduzierenden Nutzwälder in die Neufassung des Abkommens einzubeziehen, also auch diejenigen Wälder der temperierten und borealen Klimazonen[154]. Diese Auffassung erfuhr Unterstützung von den NGOs, die ausgehend von der Feststellung, daß Tropenholz und nichttropische Hölzer austauschbar seien, die Forderung nach einer

---

150 Von einem rechtlich unverbindlichen Ziel sprechen *Tarasofsky*, The International Forest Regime, 5; *Wells/Mackenzie/Yamin*, Forests, YIEL 1994, 266; dagegen geht *Hönerbach*, Verhandlung einer Waldkonvention, 15, von einer verbindlichen Entscheidung aus.

151 Vgl. ITTO Action Plan, ITTO-Doc. ITTC (IX)/6 Rev. 1 v. 22.11.1990, Appendix 1 (Summary of Problems and Opportunities), A. 1: „... The collective decision by ITTO to fix a target date, namely the year 2000, within which time all tropical timber export should come from sustainably managed forests indicates the preparedness by producer countries to overcome, as best as they can, political, social, economical, and technical factors which are obstacles for sustainable management and utilization of their forests. Similary it indicated the preparedness by consumer countries to encourage and support such efforts".

152 Vgl. zur Chronologie der Verhandlungen: *Humphreys*, Forest Politics, 105 ff.; dort auf 126 ff. eine Übersicht über die neuverhandelten Artikel und Änderungen im ITTA 1994.

153 Die Differenzen zwischen Konsumenten- und Produzentenländern waren u.a. bedingt durch einen Vorschlag der NGO „Accion Eologica" aus Equador, eine reine Produzentenvereinigung nach dem Vorbild der OPEC zur Durchsetzung höherer Weltmarktpreise zu gründen (vgl. *Hönerbach*, Verhandlung einer Waldkonvention, 16 mit weiteren Nachweisen).

154 *Kasimbazi*, Sustainable Development in International Tropical Timber Agreements, Journal of energy & natural resources law 1996, Bd. 2, 137, 150.

holistischen Regelung der globalen Holzmärkte erhoben; es sollten daher gleiche Standards, Regeln und Richtlinien für Holz aus nördlichen Breiten und für Tropenholz geschaffen und einseitige Diskriminierungen von Tropenholz vermieden werden[155]. Um die nachhaltige Entwicklung in der Forstwirtschaft der Erzeugerländer zu fördern, wurde der Vorschlag gemacht, Erschließungsmaßnahmen der tropischen Nutzwälder durch eine von den Industriestaaten erhobene Abgabe auf das gesamte weltweit gehandelte Holz zu finanzieren[156]. Hauptgegner dieser Forderungen waren die USA, Kanada und Schweden; sie setzten sich vielmehr für eine Fortführung und Verbesserung des bisherigen Abkommens ein, insbesondere hinsichtlich der ökologischen Aspekte[157].

Neben der möglichen Ausweitung des Abkommens auch auf nichttropische Waldgebiete war die Gründung eines Fonds zur Finanzierung einer nachhaltigen Forstwirtschaft streitig. Des weiteren stellte sich die grundlegende Frage, ob das ITTA überhaupt als Rohstoffabkommen weiterhin Bestand haben sollte oder ob nicht besser ein Vertrag geschlossen werden sollte, der sowohl Handels- als auch Umweltaspekten gleichermaßen Beachtung schenkt. Unklar war auch die Einbeziehung des „Target 2000" in den Vertragstext[158].

Trotz unterschiedlicher Ausgangspositionen zwischen Produzenten- und Verbraucherländern verständigte man sich schließlich am 26.1.1994 in Genf auf den Text eines neuen Übereinkommens[159]. Da man sich über die Ausweitung des Anwendungsbereichs auf nichttropische Wälder nicht einigen konnte, wurde zur Voraussetzung für das Zustandekommen des neuen Abkommens die Verpflichtung der Verbraucherstaaten gemacht, ebenfalls die nachhaltige Bewirtschaftung ihrer Wälder aufrechtzuerhalten oder bis zum Jahr 2000 durchzusetzten. Dies er-

---

[155] *Humphreys*, Forest Politics, 108.

[156] *Chase*, Tropical forests and trade policy, Third World Quarterly, 1993, 749, 759; *BReg.*, 3. Tropenwaldbericht, 23.

[157] *Hönerbach*, Verhandlung einer Waldkonvention, 17.

[158] *König*, New Approaches, in: Wolfrum (Hrsg.), Enforcing Environmental Standards, 337, 353; *Humphreys*, Forest Politics, 109 f.

[159] Das ITTA 1983 wurde noch bis zum 31.8.1995 verlängert; am 1.9.1995 trat das revidierte ITTA vorläufig, am 1.1.1997 endgültig für die Dauer von vier Jahren in Kraft. Vgl. Art. 4 b Abs.1 ITTA. Die ITTO hat eine dreijährige Verlängerung des ITTA 1994, dessen Laufzeit am 31.12.2000 endete, bis zum 31.12.2003 beschlossen.

folgte in einer gesonderten, rechtlich unverbindlichen „Förmlichen Erklärung der Verbrauchermitglieder"[160].

Der Vertragstext des revidierten ITTA bezieht sich an nur drei Stellen auf dieses „Ziel 2000". Die nur dürftigen Hinweise in der Präambel sowie in Art. 1 (d) ITTA 1994[161] sind auf den diesbezüglichen Druck der Verbraucherländer zurückzuführen[162]. Obwohl die Präambel auf die im Mai 1990 in Bali eingegangene *Verpflichtung*, bis zum Jahr 2000 die Ausfuhr von Tropenholzerzeugnissen aus nachhaltig bewirtschafteten Beständen durchzusetzen, sowie auch auf die entsprechende *Verpflichtung* der Verbrauchermitglieder Bezug nimmt, wird diesem Ziel weder für die Produzenten- noch für die Verbraucherländer Rechtsverbindlichkeit zugesprochen[163]. Im Ergebnis läßt sich daher eine rechtliche Verpflichtung zur Umsetzung dieses Ziels aus dem neuen Tropenholzabkommen nicht herleiten.

Da insbesondere die Erzeugerländer nicht bereit waren, im Rahmen eines Rohstoffabkommens verbindliche Verpflichtungen zur nachhaltigen Waldbewirtschaftung ohne feste Finanzierungszusage der Verbraucherländer einzugehen[164], letztere ihrerseits aber keine finanziellen Pflichtbeiträge entrichten wollten, wurde zur Unterstützung des Prozesses der nachhaltigen Forstbewirtschaftung der sog. „Bali Partnerschaftsfonds" eingerichtet, um die Produzentenländer bei den notwendigen Investitionen finanziell zu unterstützen. In den Bali-Fonds flie-

---

160 UN-Doc. TD/TIMBER.2/L.6 v. 21.1.1994: Formal Statement by Consumer Members, Abdruck der deutschen Übersetzung in: *Europäische Kommission*, Vorschlag für einen Beschluß des Rates über die Unterzeichnung des ITTA von 1994, KOM (95) 542 endg. vom 10.1.1996, 73 f.

161 Das ITTA 1994 hat sich nach Art. 1 (d) zum Ziel gesetzt, „... to enhance the capacity of members to implement a strategy for achieving exports of tropical timber and timber products form sustainably managed sources by the year 2000".

162 *Humphreys*, Forest Politics, 129.

163 *Humphreys*, Forest Politics, 121; *Kasimbazi*, Sustainable Development in International Tropical Timber Agreements, Journal of energy & natural resources law 1996, Bd. 2, 137, 150; siehe hierzu auch *König*, New Approaches, in: Wolfrum (Hrsg.), Enforcing Environmental Standards, 337, 353 f.

164 *Wells/Mackenzie/Yamin*, Forests, YIEL 1994, 266.

ßen in erster Linie freiwillige Beiträge der Geberländer sowie Mittel aus anderen privaten und öffentlichen Quellen[165].

Ungeachtet der Frage nach der Verbindlichkeit des Ziels, auf eine nachhaltige Waldbewirtschaftung bis zum Jahre 2000 hinzuarbeiten, tritt hinsichtlich des bisherigen Ergebnisses die ernüchternde Erkenntnis ein, daß dieses Vorhaben allenfalls in Teilen verwirklicht worden ist. Dies liegt nicht zuletzt daran, daß das ITTA ein von den Interessen der Holzindustrie dominiertes Rohstoffabkommen darstellt[166]. Über entsprechende Erfolge bei der Einführung der nachhaltigen Waldbewirtschaftung liegen keine genauen Zahlen der ITTO vor. Diesbezügliche Anstrengungen lassen sich allenfalls aufgrund der bereits erfolgten Zertifizierung von nachhaltig bewirtschafteten Waldflächen festhalten. Anhand konkreter Angaben kann danach gemessen werden, in welchem Ausmaß das Nachhaltigkeitsprinzip bislang Eingang gefunden hat in die internationale Forstwirtschaft[167].

Vergleicht man den Text des ITTA 1994 mit dem des Vorgängerabkommens im Hinblick auf die Berücksichtigung ökologischer Belange, so fällt auf, daß das revidierte ITTA maßgeblich beeinflußt worden ist durch die auf der UN-Umweltkonferenz in Rio 1992 verabschiedete Walderklärung und das waldspezifische Kapitel 11 der Agenda 21[168]. Von den ehemals vorherrschenden ökonomischen Belangen des ITTA ist ein Wandel hin zu einem „Greening of the ITTO" eingeleitet worden[169]. In der Neufassung wird die nachhaltige Nutzung der Wälder gleich mehrfach erwähnt[170]. Gleichwohl wird der Begriff der „Nach-

---

165 Siehe Art. 18 und 21 ITTA 1994. Seit Aufnahme der Arbeit der ITTO im Jahr 1987 sind 345 Projekte und andere Aktivitäten in einer Größenordnung von mehr als 145 Mio. US-$ fast ausschließlich von den Mitgliedstaaten finanziert worden (vgl. *ITTO*, Libreville Action Plan, Ziff. 1.1).

166 *Kasimbazi*, Sustainable Development in International Tropical Timber Agreements, Journal of energy & natural resources law 1996, Bd. 2, 137, 153 ff.

167 Vgl. zu verschiedenen Kennzeichnungs- und Zertifizierungsinitiativen ausführlich im 3. Teil, S. 357 ff.

168 Siehe zum Rio-Umweltgipfel die nachfolgenden Ausführungen auf S. 185 ff.

169 Vgl. *de Sa*, The Prospects for an International Environmental Agreement on Forests, Int. Environmental Affairs 1998, 18, 23; siehe auch *Humphreys*, Forest Politics, 125 f.

170 Die Zielsetzungen in Art. 1 des ITTA 1994 erwähnen den Begriff des „sustainable development" wie folgt: Art. 1 (c) - Beitrag zum Prozeß der nachhaltigen Entwicklung; Art. 1 (d) - Ausfuhr von Tropenholz aus nachhaltig bewirt-

haltigkeit" weder für die Tropen noch für die übrigen Wälder ausdrücklich definiert. Auch enthält das ITTA 1994 keine Instrumente und Kontrollmechanismen, um eine Entwicklung in diese Richtung sowohl für die Produzenten- als auch für die Konsumentenländer zu forcieren[171]. Obwohl sich die Produzentenländer nicht mit ihrer Forderung durchsetzen konnten, das Abkommen auf alle Waldarten zu erstrecken, erreichten sie doch zumindest, daß das Tropenholzabkommen nicht mehr durchgängig nur von Tropenholz spricht, sondern beispielsweise in Art. 1 (b) ITTA die Förderung nichdiskriminierender Praktiken im Bereich des [gesamten] Holzhandels zum Ziel hat[172].

Das „neue" ITTA ist und bleibt also in erster Linie ein internationales Handelsabkommen, das die Stellung der tropischen Erzeugerländer auf den internationalen Holzmärkten fördern will. Selbst wenn es gegenüber dem Vorgängerabkommen verstärkt auf den Prozeß der nachhaltigen Bewirtschaftung, Erhaltung und Entwicklung der Wälder in den Tropen abzielt, steht neben der angestrebten Förderung des Nachhaltigkeitsprinzips aber das Bekenntnis der Mitgliedstaaten zu nichtdiskriminierenden Praktiken im Bereich des Holzhandels. Nach Art. 36 ITTA berechtigten die Vorschriften des Abkommens nicht dazu, Maßnahmen zur Beschränkung oder zum Verbot des internationalen Handels mit Holz und Holzerzeugnissen anzuwenden, insbesondere soweit solche Maßnahmen die Einfuhr und Verwendung von Holz- und Holzerzeugnissen betreffen. Angesichts der Tatsache, daß einige Erzeuger-

---

schafteten Beständen bis zum Jahr 2000; Art. 1 (e) - Ausweitung und Diversifizierung des internationalen Handels mit Tropenholz aus nachhaltig bewirtschafteten Beständen; Art. 1 (i) - Verstärkte Weiterverarbeitung von Tropenholz aus nachhaltig bewirtschafteten Beständen; Art. 1 (k) - Verbesserung der Vermarktung und des Vertriebs von Tropenholz aus nachhaltig bewirtschafteten Beständen; Art. 1 (l) - Entwicklung nationaler Strategien zur Sicherstellung der nachhaltigen Nutzung und Erhaltung von Wirtschaftswäldern sowie ihrer genetischen Bestände.

[171] *König*, New Approaches, in: Wolfrum (Hrsg.), Enforcing Environmental Standards, 337, 356; *Chase*, Tropical forests and trade policy, Third World Quarterly 1993, 749, 759.

[172] Keine Unterscheidung zwischen Tropenholz und nichttropischem Holz machen auch folgende Vorschriften: Art. 1 (a) ITTA als Konsultationsrahmen der internationalen Holzwirtschaft; Art. 1 (h) Transparenz der internationalen Holzmärkte, Art. 1 (n) Förderung der Weitergabe von Informationen über den internationalen Holzmarkt; Art. 29: Daten und Informationen über den Handel mit Tropenholz und nichttropischem Holz; Art. 30: Jährliche Überprüfung der internationalen Lage im Holzbereich.

länder, wie beispielsweise Indonesien, teilweise restriktive exportregulierende Maßnahmen im Tropenholzhandel eingeführt haben, gelten diese Bestimmungen nicht für Ausfuhren[173].

ee) Libreville Action Plan 1998-2001

Die erweiterten Vorschriften des ITTA 1994, die neben dem wirtschaftlichen Nutzen der Wälder für die Holzproduktion auch andere Vorteile hervorheben und die sich nicht mehr ausschließlich nur auf Tropenholz erstrecken, haben eine Überarbeitung des *Bali Action Plan* aus dem Jahre 1990 erforderlich gemacht. Dieser Plan ist nun durch den im Mai 1998 auf der 24. Sitzung des ITTO-Rats verabschiedeten *Libreville Acion Plan* ersetzt worden[174]. Das nur kurze, die Ziele und Aufgaben zusammenfassende „ITTO Mission Statement" als Bestandteil des Plans lautet:

> „The ITTO facilitates discussion, consultation and international cooperation on issues relating to the international trade and utilization of tropical timber and the sustainable management of its resource base"[175].

Die nachhaltige Tropenwaldbewirtschaftung wird mit diesem Statement zwar ausdrücklich neben die Förderung des internationalen Tropenholzhandels gestellt, die gewählte Reihenfolge der Zielvorgaben innerhalb des „Mission Statement" verdeutlicht aber, daß Handels- und Holznutzungsaspekte weiterhin gegenüber ökologischen Belangen vorrangig verfolgt werden.

---

[173] Diese Lücke im Text des Art. 36 wird auch mit dem voreiligen Abschluß des Gesamtpakets begründet (vgl. *Europäische Kommission*, Vorschlag für einen Beschluß des Rates über die Unterzeichnung des ITTA von 1994, KOM (95) 542 endg. vom 10.1.1996, 5). Vgl. näher zur Auslegung von Art. 36 ITTA die Ausführungen im 3. Teil, S. 370 ff.

[174] *ITTO Libreville Action Plan 1998 to 2001*, ITTO Policy Development Series No. 8, 1998. Auf der ITTC-Sitzung im Mai 1997 in Bolivien wurde der Beschluß einer Überarbeitung des Action Plan 1990 gefaßt und ein Expertenteam zusammengestellt, das gleichermaßen aus Vertretern der Verbraucher- und Erzeugerländer zusammengesetzt war, einschließlich Repräsentanten von Umwelt-NGOs und des Tropenholzhandels (vgl. *Hardcastle*, ITTO's Libreville Action Plan, ITTO Tropical Forest Update 1998/3).

[175] Vgl. *Hardcastle*, ITTO's Libreville Action Plan, ITTO Tropical Forest Update 1998/3.

Der gewählte Zeitraum des Libreville Action Plan bis zum Jahr 2001 signalisiert das Ende der Laufzeit des ITTA 1994[176]. Bis dahin sieht der Plan zur Umsetzung des ITTA neun Ziele mit detaillierten Maßnahmen vor[177], die in die Zuständigkeitsbereiche der drei ständigen Ausschüsse fallen (Ausschuß für Wirtschafts- und Marktinformation[178]; Ausschluß für Wiederaufforstung und Waldbewirtschaftung[179]; Ausschuß für Holzindustrie[180]) und die sich an den in Art. 1 ITTA aufgeführten Zielen orientieren. Darüber hinaus legt der Plan übergreifende Aufgaben fest, wie etwa die Zusammenarbeit mit internationalen Organisationen und die stärkere Einbindung von Nichtregierungsorganisationen, insbesondere Industrie- und Handelsverbände, Umweltorganisationen und indigene Bevölkerungsgruppen[181].

Die Spannungen zwischen der Förderung der Holzproduktion und der Erhaltung der Tropenwälder, die schon während der Laufzeit des ITTA 1983 in Erscheinung traten, sind auch im derzeit geltenden ITTA nicht abschließend gelöst worden. Auch wenn der Libreville Action Plan verstärkt soziale und ökologische Belange zu berücksichtigen scheint, ändert dies nichts am Grundcharakter des ITTA als Rohstoffabkommen. Zu hohe Erwartungen an das Tropenholzabkommen, den aufgezeigten Konflikt zwischen Nutzung und Schutz der Tropenwälder zugunsten des Schutzaspekts zu lösen, können daher nicht gehegt werden.

---

176 Vgl. Anm. 159.

177 Vgl. näher zu den neun Zielen: *ITTO*, Libreville Action Plan, Teil 3 sowie *BReg.*, 6. Tropenwaldbericht, 30 f.

178 Folgende drei Ziele werden in diesem Rahmen angestrebt: Verbesserung der Transparenz auf den internationalen Holzmärkten; Förderung des Marketings und Exports von Tropenholz aus nachhaltig bewirtschafteten Waldbeständen; verbesserter Marktzugang für nachhaltig bewirtschaftetes Tropenholz.

179 Unterstützende Maßnahmen zur Erhaltung der Tropenholzressourcen; Verbesserung des Zustands der tropischen Waldbestände; Förderung von technischen, finanziellen und humanen Kapazitäten.

180 Förderung der Tropenholzproduktion von nachhaltig bewirtschafteten Waldbeständen; verbessertes Marketing und Standardisierung des Tropenholzexports; erhöhte Effizienz der Tropenholzproduktion.

181 Siehe zu den „cross cutting strategies“: *ITTO*, Libreville Action Plan, Teil 2.

c) Internationales Pilotprogramm zur Erhaltung der brasilianischen Regenwälder

Das Pilotprogramm zur Erhaltung der brasilianischen Regenwälder geht auf ein 1990 von der Bundesregierung initiiertes Angebot der EG und der G-7 Staaten an Brasilien zurück, Maßnahmen zum Schutz der Regenwälder im Amazonasgebiet zu unterstützen. Von Brasilien wurde dafür im Gegenzug erwartet, die bereits eingeleitete Abkehr vom Raubbau im Amazonasgebiet politisch und finanziell zu unterstützen und das Verständnis für die Notwendigkeit einer nachhaltigen Entwicklung sowohl in der Politik als auch in der Öffentlichkeit zu fördern[182]. Das Angebot wurde von der brasilianischen Regierung aufgegriffen und mit Unterstützung der Weltbank und der EG-Kommission zu einem umfangreichen Programmvorschlag ausgearbeitet (sog. PP-G7 Vorhaben)[183].

Ziel des Pilotprogamms ist es, im Rahmen des Konzepts nachhaltiger Entwicklung die Zerstörungsrate der tropischen Regenwälder in Brasilien systematisch zu verringern und die ökologischen Nutzwirkungen dieser Waldgebiete zu verstärken, womit gleichzeitig Beiträge zum globalen Umwelt- und Ressourcenschutz geleistet werden. Das PP-G7 soll dabei den Lebensraum der indigenen Völker schützen, die Kohlendioxidemissionen des Amazonasraums verringern, die genetischen Ressourcen der tropischen Regenwälder bewahren und v.a. die internationale Zusammenarbeit zur Lösung eines drängenden globalen Umweltprogramms demonstrieren. Damit stellt das Pilotprogramm das größte integrierte Tropenwaldprogramm dar[184].

Das Pilotprogramm sieht ein umfangreiches Maßnahmepaket vor, das den komplexen Hintergründen des Waldzerstörungsprozesses Rechnung tragen soll[185].

---

[182] *BMZ*, Tropenwalderhaltung und Entwicklungszusammenarbeit, 61.

[183] Vgl. ausführlich zur Entstehung des Pilotprogramms und die Einbindung in die deutsch-brasilianische Entwicklungszusammenarbeit: *KfW/GTZ*, Sektorpapier Tropenwald, in: Lateinamerika. Analysen-Daten-Dokumentation, 1992, Heft 19, 69 ff.; *Kolk*, Forests in International Environmental Politics, 144 ff. und 239 ff.; *Shibata*, The World Bank in a Changing World, Vol. II, 231. Siehe auch unter <http://www.gtz.de/pp-g7/>.

[184] *BMZ*, Tropenwalderhaltung und Entwicklungszusammenarbeit, 62.

[185] Dazu gehören z. B.: Verbesserung des Managements von Schutzgebieten (Ausweisung von Naturschutz- und Indianerschutzgebieten) und Förderung der nachhaltigen Waldbewirtschaftung; Unterstützung brasilianischer Behörden

Geberländer für das Pilotprogramm sind in erster Linie die G-7-Staaten; die internationale Koordination der Projekte liegt bei der Weltbank[186], von der auch der multilaterale Regenwald-Treuhandfonds *(Rain Forest Trust Fund)* verwaltet wird. Für eine erste Phase, einschließlich einer Übergangsphase bis zum Jahre 2002, werden von Brasilien und der internationalen Gebergemeinschaft für das Kernprojekt bislang über 330 Mio US-$ bereitgestellt[187]. Der deutsche Anteil an diesen Zusagen liegt bei 45%, Brasilien finanziert 8 % des Pilotprogramms[188]. Zusätzlich zum Kernprogramm finanzieren die meisten Geber auf bilaterer Basis Projekte, die mit den Zielen des Pilotprogramms übereinstimmen[189].

---

bei der Durchführung einer ressourcenschonenden Umweltpolitik, Verbesserung der wissenschaftlichen Erkenntnisse über den Tropenwald, Förderung von Demonstrationsprojekten brasilianischer Nichtregierungsorganisationen unter Beteiligung lokaler Bevölkerungsgruppen (vgl. *Zenk*, Pilotprogramm, in: Lateinamerika. Analysen-Daten-Dokumentation, 1992, Heft 19, 65 ff.; *BMZ*, Entwicklungspolitische Zusammenarbeit mit Brasilien, 4 f.; *Club de Bruxelles*, What Forestry Strategy for the EU?, Annex 16. Zu Beispielen einzelner Förderprojekte innerhalb der verschiedenen Aktionsfelder siehe: *BMZ*, Tropenwalderhaltung und Entwicklungszusammenarbeit, 62 ff.).

186 Die brasilianische Regierung hat ihrerseits zur Steuerung des Pilotprogramms einen interministeriellen Koordinierungsauschuß unter Federführung des Umweltministeriums eingerichtet; in diesem Ausschuß ist auch die Arbeitsgruppe Amazonien (Grupo de Trabalho Amazonico) stimmberechtigt, in der ca. 250 Organisationen von Kleinbauern, Indianern und Umweltschützern des Amazonasgebiets zusammengeschlossen sind (vgl. *BMZ*, Tropenwalderhaltung und Entwicklungszusammenarbeit, 64).

187 Das ursprünglich für einen 6jährigen Zeitraum angestrebte Finanzierungsvolumen für die Aktivitäten des gesamten Pilotprogramms in Höhe von insgesamt 1,6 Mrd. US-$ ist damit bei weitem noch nicht erschöpft (vgl. *Zenk*, Pilotprogramm, in: Lateinamerika. Analysen-Daten-Dokumentation, 1992, Heft 19, 65, 66).

188 *KfW*, Das Tropenwaldschutzprogramm in Brasilien PP/G7, 5.

189 Zu diesen sog. bilateral assoziierten Projekten zählt z.B. auch das von deutscher und brasilianischer Seite gemeinsam finanzierte Projekt zum Schutz des tropischen Küstenwaldes „Mata Atlântica" (vgl. dazu *Fuchs*, Lösungsansätze für den Konflikt zwischen Ökonomie und Ökologie). Siehe zu den Finanzierungsfragen des Pilotprogramms: *Enquête-Bericht (1994)*, 606; vgl. zum Regenwald-Treuhandfonds: *Sand*, Trusts for the Earth, in: Lang (Hrsg.), Sustainable Development and International Law, 167, 178 ff.

Wenngleich das Pilotprogramm die Probleme der Entwaldung und des Verlustes der Biodiversität in den brasilianischen Tropenwäldern nicht kurzfristig lösen kann, und wichtige sektorübergreifende Bereiche wie Siedlungspolitik, Regionalentwicklung und Straßen- und Bergbau nicht oder nicht in ausreichendem Maße in die Umsetzung des Pilotprogramms mit einbezogen worden sind[190], so werden dennoch durch das PP-G7 die politischen Kräfte und gesellschaftlichen Interessengruppen für die Förderung der nachhaltigen Entwicklung im Amazonasgebiet gestärkt. Das PP-G7 als „einzigartiges Modell zur konkreten Umsetzung einer globalen Struktur- und Umweltpolitlik"[191] gilt es daher fortzusetzen und weiter zu verbessern.

5. „Soft law"- Instrumente im Umweltvölkerrecht

Die Notwendigkeit, durch einen integrativen Ansatz in der Umwelt- und Entwicklungspolitik eine nachhaltige Entwicklung[192] auch im Bereich der Waldnutzung zu sichern, wurde zu Beginn der 80er Jahre in mehreren völkerrechtlich unverbindlichen Dokumenten internationaler Organisationen (sog. „soft-law"-Instrumente[193]) aufgegriffen[194].

---

190 *Enquête-Bericht (1994)*, 606.

191 *KfW*, Das Tropenwaldschutzprogramm in Brasilien PP/G7, 6.

192 Zum Konzept der nachhaltigen Entwicklung („sustainable development") siehe sogleich S. 183 ff.

193 „Soft law" als völkerrechtlich unverbindliches Recht steht zwar außerhalb des Systems der Völkerrechtsquellen (Verträge, Gewohnheitsrecht, allg. Rechtsgrundsätze nach Art. 38 Abs. 1 [c] des IGH-Statuts), wird aber gerade im Umweltbereich sowohl von Staaten zur Gestaltung ihrer Beziehungen untereinander als auch von Organen internationaler Organisationen eingesetzt. In letzterem Fall tritt das „soft law" als Resolution, Deklaration oder Empfehlung auf und erfüllt im Hinblick auf die Gestaltung der internationalen Umweltbeziehungen mehrere Funktionen. Dazu gehören die Vorgabe zukunftsorientierter politischer Handlungsrahmen (z.B. die nachfolgend dargestellte Resolution der UN-Generalversammlung 42/1887 *„Our Common Future"*, S. 180 ff.) und - wie im Fall der sogleich zu behandelnden *World Charter for Nature* - die Postulierung konkreter staatlicher Umweltverhaltensregeln, die sich jedoch noch nicht zu Völkerrechtssätzen verdichtet haben. Die Funktionen zwischenstaatlicher außerrechtlicher Abmachungen sind noch weitreichender; sie umfassen auch die Verabschiedung umweltpolitischer Aktionsprogramme durch int. Staatenkonferenzen (Aktionsplan der Stockholmer Umweltkonferenz; Agenda 21 der Rio-Konferenz von 1992) sowie die politische Verständigung auf einen

a) Weltstrategie für die Erhaltung der Natur

Die *World Conservation Strategy* des Umweltprogramms der Vereinten Nationen aus dem Jahr 1980, die in Zusammenarbeit mit IUCN und WWF vorbereitet worden ist[195], steht am Anfang der Diskussion um das Konzept der nachhaltigen Entwicklung. Die Weltstrategie für die Erhaltung der Natur zeigt u.a. Richlinien für den Schutz der tropischen Wälder und Möglichkeiten ihrer nachhaltigen Nutzung auf und schlägt die regionale Ausweisung von besonders schützenswerten Zonen vor.

Die Strategie verfolgt das Ziel, die wesentlichen ökologischen Prozesse zu erhalten, die genetische Vielfalt zu schützen und den nachhaltigen Gebrauch von Arten und Ökosystemen sicherzustellen. Im Rahmen der Section 16 beschäftigt sie sich ausführlich mit dem Schutz tropischer Wälder und schlägt für besonders gefährdete Tropenwaldregionen konkrete Maßnahmen vor, wie z.B. die Förderung der ländlichen Entwicklung, Plantagenbewirtschaftung, verstärkte Nutzung von Nichtholzprodukten, nachhaltige Anbau- und Nutzungsmethoden, Aufforstungsmaßnahmen und die Einrichtung von Nationalparks und Reservaten zum Schutz der biologischen Vielfalt in den tropischen Regenwäldern[196].

Kodex völkerrechtlich noch nicht anerkannter staatlicher Verhaltensregeln. Dazu zählen eine Reihe der in der Stockholmer Deklaration von 1972 und der Rio-Deklaration von 1992 niedergelegten Prinzipien. Vgl. ausführlich zum „soft law" im Umweltvölkerrecht: *Beyerlin/Marauhn*, Rechtsetzung und Rechtsdurchsetzung im Umweltvölkerrecht, 7 ff.; *Beyerlin*, Umweltvölkerrecht, 64 ff.

194 Bedeutung erlangt haben bereits 1978 die *Shared Natural Resources Principles* der UNEP, in denen erstmalig ein ausdrücklicher Schutzauftrag mit dem Ziel der Erhaltung und harmonischen Nutzung der gemeinsamen Naturressourcen statuiert wurde (Abdruck in: ILM 17 [1978], 1094 ff.; *Birnie/Boyle*, Basic Documents, 21 ff.). Vgl. auch *Hohmann*, Präventive Rechtspflichten, 78.

195 Abdruck: *Rüster/Simma/Bock*, International Protection of the Environment, Bd. XXIII, 420 ff. Siehe näher hierzu: *Hohmann*, Präventive Rechtspflichten, 72 ff.; *Maffei*, Evolving Trends in the International Protection of Species, GYIL 1993, 131, 147 f.; *Sands*, Principles of international environmental law, 44 f.

196 *Rüster/Simma/Bock*, International Protection of the Environment, Bd. XXIII, 420, 486 ff.

b) Weltcharta für die Natur

Die von IUCN in Zusammenarbeit mit UNEP erarbeitete *World Charter for Nature*[197], deren Grundsätze Eingang in wichtige internationale Erklärungen und Verträge gefunden haben[198], stellt das erste internationale Instrument dar, in welchem die Natur auch um ihrer selbst willen unter Schutz gestellt wird[199]. Von besonderer Bedeutung ist auch hier - wie in der World Conservation Strategy - das Eintreten für das Prinzip der Nachhaltigkeit mit den daraus folgenden Pflichten zur Wahrung des ökologischen Gleichgewichts, zum Erhalt der Natur und zum sparsamen Umgang mit den natürlichen Ressourcen. Prinzip 11 (d) legt der Land- und Forstwirtschaft ökologische Nutzungsgrenzen auf durch das Gebot, land- und forstwirtschaftliche Praktiken den natürlichen Merkmalen und Beschränkungen des jeweiligen Gebietes anzupassen.

c) Bericht der Weltkommission für Umwelt und Entwicklung „Our Common Future" und das Nachhaltigkeitsprinzip

Fünf Jahre nach Verabschiedung der Weltcharta für die Natur erschien der Abschlußbericht der Weltkommission für Umwelt und Entwicklung[200]. Der nach der Generalsekretärin benannte Brundlandt-Report

---

[197] Die Weltcharta für die Natur wurde von der UN-Generalversammlung am 28.10.1982 als Resolution verabschiedet (UN-Doc. A/RES/37/7); Abdruck in: *Birnie/Boyle*, Basic Documents, 15 ff.; ILM 22 (1983), 455 ff.

[198] Dazu zählen z.B. die Rio-Deklaration sowie die Konvention über biologische Vielfalt, siehe dazu näher S. 199 ff. bzw. S. 201 ff.

[199] *Tarasofsky*, The International Forests Regime, 20; vgl. zur Weltcharta auch: *Hohmann*, Präventive Rechtspflichten, 82; *Sands*, Principles of international environmental law, 42 f.; *Kilian*, Umweltschutz durch Internationale Organisationen, 418 f.; *Lang*, Internationaler Umweltschutz, 112 ff.; *Pallemaerts*, International Environmental Law, in: Sands (Hrsg.), Greening Interntional Law, 1, 3.

[200] *World Commission on Environment and Development (WCED)*, Our Common Future; deutsche Fassung in: *Hauff* (Hrsg.), Unsere gemeinsame Zukunft. Die Gründung der Kommission für Umwelt und Entwicklung beruht auf dem Beschluß der UN-Generalversammlung 38/161 vom 19.12.1983, in der u.a. die Schaffung einer Sonderkommission zur Anfertigung des Berichts „Our Common Future" beschlossen wurde. Zur Generalsekretärin wurde Frau Gro Harlem Brundtland aus Norwegen benannt. Zusammen mit dem gleichzeitig von der UNEP erstellten Bericht „Environmental Perspective of the Year 2000

stellt einen bedeutsamen Schritt in der Weiterentwicklung des Umweltvölkerrechts dar und beschäftigt sich inhaltlich auch mit dem Schutz der tropischen Regenwälder im Zusammenhang mit dem Erhalt der Artenvielfalt und der Ökosysteme.

Der Bericht weist auf die Gefahren einer Zerstörung der tropischen Regenwälder und des Verlusts der biologischen Vielfalt hin und nennt als Ursachen für diese Entwicklung eine extensiv betriebene Landwirtschaft, das Bevölkerungswachstum, die Umwandlung von tropischen Wäldern in Viehfarmen, den zunehmenden Holzverbrauch sowie die Förderung von tropischen Holzimporten in Industriestaaten[201].

Die Kommission benennt konkrete Maßnahmen, die zum einen die Zerstörung der tropischen Wälder und der biologischen Vielfalt aufhalten und zum anderen die wirtschaftliche Entwicklung fördern sollen. Dazu zählen beispielsweise eine Reform der Besteuerung des Waldbesitzes und der Genehmigungsbedingungen sowie der Abbau finanzieller Anreize zur Ausweitung der Viehzucht. Angesichts der Förderung tropischer Holzimporte durch niedrige Tarife und günstige Handelsanreize in Verbindung mit einer schwachen einheimischen Forstpolitik in den tropischen Ländern werden auch Modifikationen im Tropenholzhandel für erforderlich gehalten[202].

Über die Signalisierung eines konkreten Handlungsbedarfs hinaus ist das von der WCED definierte Ziel einer nachhaltigen Entwicklung *(sustainable development)* zum Schlüsselbegriff der internationalen Umwelt- und Entwicklungspolitik geworden[203]. Eingang in die internatio-

---

and Beyond" wurde der Brundtland-Bericht am 11.12.1987 von der UN-Generalversammlung angenommen (Res. 42/186 und 42/187). Vgl. *Hohmann*, Präventive Rechtspflichten, 112.

201 *Hauff*, Unsere gemeinsame Zukunft, 152 ff.

202 *Ibid.*, 159 ff.

203 Nachfolgend nur ein Ausschnitt zur umfangreich erschienenen Literatur zum Nachhaltigkeitsbegriff, der mittlerweile weit über den forstwirtschaftlichen Begriff hinausgeht: *Bartholomäi*, Sustainable Development und Völkerrecht, Baden-Baden 1998; *Beyerlin*, The Concept of Sustainable Development, in: Wolfrum, R. (Hrsg.), Enforcing Environmental Standards: Economic Mechanisms as Viable Means? Berlin u.a. 1996, 95 ff.; *Boyle/Freedstone*, (Hrsg.), International law and sustainable development, Oxford 1999; *Bundesamt für Naturschutz* (Hrsg.), Nachhaltige Nutzung, Bonn 1998; *Ferguson*, Sustainable Forest Management, Oxford 1996; *Ginther/Denters/de Waart* (Hrsg.), Sustainable Development and Good Governance, Dordrecht u.a. 1995; *OECD*, Sustainable development - OECD Policy Approaches for the 21st Century, Pa-

nale Diskussion fand das ursprünglich aus der Forstwirtschaft stammende Ziel der nachhaltigen Entwicklung[204] zwar schon durch die *World Conservation Strategy* und die *World Charter for Nature*, auch die Stockholmer Umweltkonferenz thematisierte bereits das Postulat der Bedarfsdeckung für künftige Generationen[205], aber erst der Bericht der Brundtland-Kommission führte zu einer Einbeziehung des Begriffs *sustainable development* in den allgemeinen Sprachgebrauch der Umweltpolitik[206].

---

ris 1997; *Schanz*, Forstliche Nachhaltigkeit, Freiburg 1996; *Töpfer*, Sustainable development, in: Dolzer/Thesing (Hrsg.), Protecting our Environment, Sankt Augustin 2000, 9 ff.

[204] Hinsichtlich des ideengeschichtlichen Ursprungsorts von forstlicher Nachhaltigkeit beziehen sich einige Quellen auf die französische Forstwirtschaft, die bereits im 16. Jahrhundert Ansätze einer nachhaltigen Bewirtschaftung verfolgt haben soll; vielfach wird aber die deutsche Forstwirtschaft als Vorreiter des Nachhaltigkeitsprinzips genannt. Der Begriff der Nachhaltigkeit als neues Nutzungskonzept in der Forstwirtschaft am Übergang vom 17. ins 18. Jahrhundert war geprägt von der Sorge vor einer drohenden bzw. existierenden Holznot in Mitteleuropa. In der Erkenntnis von der Endlichkeit der Ressource Holz erwähnte erstmals 1713 der Forstwirt von Carlowitz den Nachhaltigkeitsbegriff mit der Bedeutung von „Rückhalt" oder „Reserve" im forstlichen Schrifttum. Es sollte nur soviel Holz eingeschlagen werden, wie in den Wäldern laufend nachwuchs. Eine wichtige Definition von Nachhaltigkeit geht des weiteren auf Georg Ludwig Hartig zurück, der zu Beginn des 19. Jahrhundert bereits forstliche Nutzungspläne bis in das Jahr 1980 aufstellte: Nach seiner 1795 publizierten Abhandlung Anweisung zur Taxation der Forsten „muß jede weise Forstdirektion die Waldungen taxieren lassen und sie so zu benutzen suchen, daß die Nachkommenschaft wenigstens ebensoviel Vorteile daraus ziehen kann, als sich die jetzt lebende Generation zueignet" (vgl. *Schmidt*, Der Begriff der Nachhaltigkeit, in: Bundesamt für Naturschutz [Hrsg.], Nachhaltige Nutzung, 27, 30 f.; siehe auch *Schanz*, Forstliche Nachhaltigkeit, 26 ff.; *Otto*, Baum ab - ja bitte, FAZ v. 4.2.1997. Kritisch zur Überstrapazierung des Nachhaltigkeitsbegriffs als inhaltsloses „Mode- und Schlagwort": *Hupke*, Nachhaltige Bemerkungen, Geographische Rundschau 2/1998, 122 f.; *Kehr*, Nachhaltig denken, Schweizerische Zeitschrift für Forstwesen 1993, 595, 601 ff.; *Knorr*, Umweltschutz, nachhaltige Entwicklung und Freihandel, 3 ff. Zu den Problemen der Bewertung von Nachhaltigkeit vgl. *Serageldin*, Umweltverträgliche Gestaltung der Entwicklung, Finanzierung & Entwicklung, Dez. 1993, 6, 8 ff.).

[205] Vgl. die Prinzipien 2, 3 und 5 der Stockholmer Deklaration.

[206] *Pallemaerts*, International Environmental Law, in: Sands (Hrsg.), Greening Interntional Law, 1, 13 ff.; *Schröder*, Sustainable Development, AVR 1996, 252, 254.

Für *sustainable development* hat sich weitgehend die Übersetzung „nachhaltige Entwicklung“ durchgesetzt; es finden sich aber auch Formulierungen wie „dauerhafte“, „langfristig durchhaltbare“, „aufrechterhaltbare“, zukunftssichere“, „zukunftsträchtige“ oder auch „nachhaltig zukunftsträchtige“ Entwicklung[207]. Der Begriff der nachhaltigen Entwicklung wurde von der Brundtland-Kommission wie folgt definiert[208]:

> “Sustainable development is the process in which the exploitation of resources, the direction of investment, the orientation of technological development and institutional change meet the needs of the present without compromising the ability of future generations to meet their own needs”.

Die nachhaltige Entwicklung ist damit ein Leitbild, das unmittelbar die drei Dimensionen der Nachhaltigkeit, nämlich ökonomische, ökologische und soziale Entwicklungsprozesse betrifft[209]. Unterschiedlich beurteilt wird der Rechtsstatus von *sustainable development* im allgemeinen Völkerrecht[210]. Zum Teil wird die Ansicht vertreten, daß sich das Prinzip der nachhaltigen Entwicklung bereits als gewohnheitsrechtliche Regelung etabliert habe und nur noch einer inhaltlichen Konkretisierung bedürfe[211]. Überwiegend ist man aber der Auffassung, daß sich die wichtigsten drei Elemente, die der nachhaltigen Entwicklung Substanz verleihen, nämlich Art und Umfang des Schutzes natürlicher Ressourcen, der sog. Nachweltschutz und der intra-generationelle Interessenausgleich zwischen Nord und Süd noch nicht zu gewohnheitsrechtlichen Verpflichtungen oder gar zu ius cogens verfestigt hätten[212].

---

207 *Klemmer*, Ressourcen- und Umweltschutz um jeden Preis?, in: Voss (Hrsg.), Sustainable Development, 22, 23; *Arts*, Nachhaltige Entwicklung, Peripherie 1994, Nr. 54, 6, 9 ff.; *Schneider*, Was ist Sustainable Development of Forests?, AFZ 23/1993, 1220.

208 World Commission on Environment and Development, Our Common Future, 43.

209 *Theobald*, Sustainable development, ZRP 1997, 439, 440; vgl. ausführlich auch: *Nießlein*, Elemente einer Waldkonvention, 36 ff.

210 Vgl. hierzu ausführlich: *Luff*, An Overview of International Law of Sustainable Development, Revue Belge de Droit Int. 1996, 90, 93 ff.

211 *Hohmann*, Ergebnisse des Erdgipfels von Rio, NVwZ 1993, 311, 314.

212 *Schröder*, Sustainable Development, in: Kastenholz/Erdmann/Wolff (Hrsg.), Nachhaltige Entwicklung, 157, 167 f.; *Beyerlin*, Staatliche Souveränität und internationale Umweltschutzkooperation, FS R. Bernhardt 1995, 937,

Die Tatsache, daß das Prinzip der nachhaltigen Entwicklung in späteren bedeutsamen völkervertraglichen Bestimmungen explizit aufgenommen wurde[213], mag die Annahme rechtfertigen, daß sich dieses Prinzip bereits zu einem wichtigen Leitbild für die künftige nationale wie internationale Entwicklungs- und Umweltpolitik etabliert hat, es wäre aber mangels genauerer inhaltlicher Konkretisierungen zu früh, diesem Element schon unmittelbare rechtsnormative Verpflichtungen zuzuschreiben[214]. Auch erste Entscheidungen internationaler Gerichte, die sich mit dem Konzept der nachhaltigen Entwicklung auseinandergesetzt haben, lassen eine konkrete inhaltliche Bestimmung sowie eine rechtliche Einordnung von „sustainable development" vermissen[215].

Noch stößt die Einführung des Nachhaltigkeitsgedanken auf zahlreiche Umsetzungsprobleme, vor allem finanzieller Art. Nachhaltige Bewirtschaftungsformen können gerade in tropischen Regionen selten mit anderen Bodennutzungsformen konkurrieren. Die Mehrkosten für die Durchführung nachhaltiger Bewirtschaftungsmethoden in Tropenwaldländern belaufen sich auf schätzungsweise 10-20 %[216].

---

951 f.; *Beyerlin/Marauhn*, Rechtsetzung und Rechtsdurchsetzung im Umweltvölkerrecht, 23 f.; *Odendahl*, Die Umweltpflichtigkeit der Souveränität, 341.

213 Bedeutung erlangte das Prinzip des „sustainable development" vor allem in den auf der UN-Umweltkonferenz in Rio 1992 verabschiedeten Umweltkonventionen sowie in der Rio-Deklaration und der Agenda 21 (vgl. dazu sogleich unter Ziff. IV, S. 195 ff.).

214 *Schröder*, Sustainable Development, AVR 1996, 251, 271; *Beyerlin*, Staatliche Souveränität und internationale Umweltschutzkooperation, FS R. Bernhardt, 937, 951.

215 Vgl. *Sands*, International Courts and the Application of the Concept of „Sustainable development", in: Max Planck Yearbook of UN law 1999, 388, 390 ff.: *Sands* untersucht die Entscheidungen des IGH zum Gabcíkovo-Nâgymaros-Projekt zwischen Ungarn und der Slowakai (ICJ Reports 1997, 7) sowie die Entscheidung des WTO Appellate Body im Fall „US Import Prohibition of Certain Shrimp and Shrimp Products" (ILM 33 [1999] 118 ff., siehe dazu noch ausführlicher im 3. Teil, S. 432 f.).

216 *Crossley/Primo Braga/Varangis*, Is there a Commercial Case for Tropical Timber Certification, in: Zarrilli/Jha/Vossenaar (Hrsg.), Eco-Labelling and International Trade, 228, 244. Ein Beispiel aus Costa Rica verdeutlicht, daß die Einnahmen aus der Plantagenbewirtschaftung mehr als doppelt so hoch sind wie bei einer nachhaltigen Forstbewirtschaftung (siehe *Kishor/Constantino*, Nachhaltige Forstwirtschaft, Finanzierung & Entwicklung, Dez. 1994, 36, 38).

IV. Die UN-Konferenz für Umwelt und Entwicklung in Rio de Janeiro 1992

Obwohl der Stockholmer Umweltkonferenz zahlreiche Aktivitäten im Bereich der Kodifizierung des Umweltvölkerrechts folgten[217], wurde angesichts der weltweiten Umweltprobleme, wie der Verstärkung des Treibhauseffekts, der Vergrößerung des Ozonlochs und der weiterhin anhaltend hohen Abholzungsrate der Tropenwälder der Ruf nach eine globalen Konferenz zur ökologischen Situation der Erde im Laufe der 80er und frühen 90er Jahre laut[218]. 20 Jahre nach der Stockholmer Konferenz fand daraufhin vom 3. bis 14.6.1992 in Rio de Janeiro die zweite Umweltkonferenz der Vereinten Nationen, die *United Nations Conference on Environment and Development - UNCED* statt[219]. Die Konferenz von Rio hat einen neuen, zusätzlichen Impuls für ein gestärktes globales Umweltbewußtsein gegeben und die Notwendigkeit einer gerechten Verteilung der Ressourcen unter den Staaten nachdrücklich betont.

Durch den bis dato größten Nord-Süd-Gipfel in der Geschichte der Vereinten Nationen[220] wurde der umfassende Versuch unternommen,

---

[217] Zur Chronologie der Umweltkonferenzen, die von 1986 bis 1990 im Vorfeld der Rio-Konferenz stattfanden, vgl. *Adede*, The Road to Rio, in: Campiglio u.a. (Hrsg.), The Environment after Rio, 3, 5 f.

[218] *Feist*, Von Rio nach Berlin, JuS 1997, 490, 493.

[219] Die rechtliche Basis für die Rio-Konferenz bildeten die Resolutionen 44/228 und 44/229 der UN-Generalversammlung vom 22.12.1989, welche die bislang ungenügende Realisierung des Prinzips der nachhaltigen Entwicklung und das zu geringe Umweltengagement der Industriestaaten bemängelten. Neben einer verbesserten weltweiten Umweltkooperation durch eine globale Institution wurden prioritäre Maßnahmen in vielen Umweltbereichen gefordert, auch zur Bekämpfung der Entwaldung und Wüstenbildung (beide Dokumente in: UN-Doc. A/44/49, 151/155; vgl. *Hohmann*, Ergebnisse des Erdgipfels von Rio, NVwZ 1993, 311, 313; *Adede*, The Road to Rio, in: Campiglio u.a. [Hrsg.], The Environment after Rio, 3, 7 f.).

[220] An der Rio-Konferenz nahmen über 15.000 Delegierte aus insgesamt 178 Staaten sowie 115 Staats- und Regierungschefs teil. Die Akkreditierung von fast 750 Nichtregierungsorganisationen als Beobachter bei der offiziellen Konferenz in Rio und die Beteiligung von über 1.400 NGOs bei den Parallelveranstaltungen des Weltforums der NGOs und sozialen Bewegungen erreichte innerhalb des UN-Systems ein bisher nicht dagewesenes Niveau (vgl. *Schmitz/Stephan*, Die Weltkonferenz zu Umwelt und Entwicklung in Rio, in: Messner/Nuscheler [Hrsg.], Weltkonferenzen und Weltberichte, 175, 179 f.; *Unmüßig*, Zwischen Hoffnung und Enttäuschung, VN 1992, 117, 121).

die an sich diametralen Ziele Umwelt auf der einen und Entwicklung auf der anderen Seite miteinander in Einklang zu bringen. Bemerkenswert gegenüber der Stockholmer Konferenz ist die starke Beteiligung der NGOs. Hier zeichnete sich bereits die Tendenz ab, daß die klassische, auf den Staat ausgerichtete Struktur des (Umwelt-) Völkerrechts zunehmend durch eine Loslösung vom Staat als internationalen Akteur und eine Verlagerung auf andere Organisationseinheiten verdrängt worden ist[221].

Schon im Namen der Konferenz drückt sich durch das Junktim von Umwelt und Entwicklung eine Weiterentwicklung des allgemeinen Verständnisses der globalen Umweltprobleme und -beziehungen aus, wie es zwar schon in der Stockholmer Deklaration zum Ausdruck gekommen ist, beherrschende Funktion aber erst auf der Rio-Konferenz erlangt hat[222]. So wie der Abschlußbericht der Brundtland-Kommision geprägt war vom Begriff des „sustainable development", ist beherrschendes Motto der Rio-Konferenz die „common but differentiated responsibility" von Staaten nach dem Grad ihrer unterschiedlichen Beteiligung an der globalen Umweltverschmutzung[223].

Dieser im Umweltvölkerrecht neue Ansatz einer Differenzierung der Verantwortlichkeiten für die Bewahrung von Rechtsgütern orientiert sich sowohl an der realen Leistungsfähigkeit der Entwicklungsländer als auch an den unterschiedlichen potentiellen Beiträgen von Industrie- und Entwicklungsländern an der Verschlechterung der globalen Um-

---

[221] *Feist*, Von Rio nach Berlin, JuS 1997, 490, 496.

[222] *Hardtke/Wolters*, Nachhaltige Nutzung und die neuen Instrumente des Rio-Prozesses, in: Bundesamt für Naturschutz (Hrsg.), Nachhaltige Nutzung, 37; *Feist*, Von Rio nach Berlin, JuS 1997, 490, 493.

[223] Vgl. Prinzip 7 der Rio-Deklaration: „Angesichts der unterschiedlichen Beiträge zur Verschlechterung der globalen Umweltsituation tragen die Staaten gemeinsame, jedoch unterschiedliche Verantwortlichkeiten ..." (siehe näher zur Rio-Deklaration S. 199 ff.). Eine ausdrückliche Anerkennung des Grundsatzes der gemeinsamen, aber differenzierten Verantwortung findet sich auch in Art. 6 der Biodiversitätskonvention (vgl. *Boyle*, The Convention on Biological Diversity, in: Campiglio u.a. [Hrsg.], The Environment after Rio, 111, 122) sowie in Art. 3 Abs. 1 der Klimarahmenkonvention (dazu nachfolgend S. 205 ff.). Siehe hierzu *French*, Developing States and International Environmental Law: The Importance of Differentiated Responsibilities, Int. and Comparative Law Quarterly 2000, 35 ff.; *Buß*, Legal Principles in International Environmental Relations, in: Dolzer/Thesing (Hrsg.), Protecting our Environment, 307, 318 ff.

weltsituation[224]. Entwicklungsländer sind danach ebenso wie die Industrieländer zur Durchführung entsprechender Umweltschutzmaßnahmen verpflichtet, jedoch trifft die Industriestaaten im Hinblick auf die ihnen zur Verfügung stehenden Technologien und Finanzmittel die spezifische Verpflichtung, die Entwicklungsländer in ihren Bemühungen auf dem Gebiet des internationalen Umweltschutzes zu unterstützen.

Wie bisher auf keiner anderen internationalen Konferenz nahm das Thema Wald auf der Rio-Konferenz einen breiten Raum ein. Die Zukunft der Wälder war in Rio angesichts der weltweiten, insbesondere in den Tropen zu beobachtenden Prozesse der Degradierung und Zerstörung natürlicher Landschaften und Ökosysteme ein Thema von besonderer Bedeutung, aber auch schwieriger Konsensfindung. Das vor allem von den Industriestaaten angestrebte Ziel, bereits im Rahmen der UNCED eine Internationale Waldkonvention zu verabschieden, konnte zwar nicht erreicht werden, die Verhandlungen führten dennoch auch im Waldbereich zu einer Verständigung auf grundlegende Leitlinien und Handlungsansätze, die in der - allerdings nicht rechtsverbindlichen - Walderklärung sowie in Kapitel 11 der Agenda 21 zum Ausdruck gekommen sind. Auch die beiden völkerrechtlichen Verträge, die Klimarahmenkonvention und das Übereinkommen über biologische Vielfalt, die auf der Rio-Konferenz verabschiedet wurden[225], streifen wichtige Bereiche des Waldschutzes.

1. Waldschutz im UNCED-Vorbereitungsprozeß

Seit 1988 gingen von den Industrieländern unter Führung der USA und Deutschlands verstärkt Initiativen aus, bilaterale Maßnahmen gegen die fortschreitende Tropenwaldzerstörung zu ergreifen[226]. Nachdem die

---

[224] Vgl. *Mensah*, The Role of the Developing Countries, in: Campiglio u.a. (Hrsg.), The Environment after Rio, 33, 44 f; *Ruffert*, Zu den Ergebnissen der Konferenz, Jahrbuch des Umwelt- und Technikrechts 1993, 397, 401.

[225] UN-Doc. A/CONF.151/26/Rev.1/Vols. I-III: Report of the UN Conference on Environment and Development, Rio de Janeiro, 3-14 June 1992; Abdruck der Ergebnisse (mit Ausnahme der Agenda 21) in: ILM 31(1992), 818 ff. Zusammenfassung der Ergebnisse der Rio-Konferenz in: *BReg.*, Bericht über die Rio-Konferenz, BT-Drucks. 12/3380 v. 30.9.1992; *FAO*, The Road from Rio: Moving Forward in Forestry, 7 ff.

[226] Die Position der USA im Rio-Prozeß beschreibt: *Hajost*, The Role of the United States, in: Campiglio u.a. (Hrsg.), The Environment after Rio, 15, 17 ff.

UN-Generalversammlung in Reaktion auf den Bericht der Brundtland-Kommission den Prozeß zur Vorbereitung der UNCED beschlossen hatte, betonten auch die Teilnehmer des Weltwirtschaftsgipfels in Houston 1990 die Notwendigkeit eines Rahmenübereinkommens für den globalen Schutz aller Wälder, also nicht nur der Tropenwälder[227]. Daß eine zukünftige Konvention auch den Schutz der borealen und temperierten Wälder umfassen sollte, wird auf die Einflußnahme der NGO-Lobby sowie des damaligen US-Präsidenten Bush zurückgeführt[228]. Die UN-Resolution zur Einberufung einer Umweltkonferenz erfuhr Aufmerksamkeit in vielen internationalen Foren und führte im Laufe des Jahres 1990 zu einer Reihe weiterer Vorschläge für ein globales Waldinstrument[229]. Auffallend ist, daß sämtliche Vorschläge auf die Initiative von Industriestaaten zurückgehen, sei es auf Betreiben der Regierungen oder aber der NGOs.

---

[227] *Humphreys*, Forest Politics, 84.

[228] *Hajost*, The Role of the United States, in: Campiglio u.a. (Hrsg.), The Environment after Rio, 15, 18.

[229] Eine Übersicht zu den Vorschlägen für eine Waldkonvention oder ein anderes rechtliches Instrument zum Waldschutz in: *Humphreys*, Forest Politics, 83 ff.; *Maini/Schmithüsen*, An International Instrument on Forests, 2 f.

Die erste Forderung nach einer globalen Waldkonvention stellte die *FAO* anläßlich ihrer ersten Bewertung des TFAP (*FAO*, The FAO Tropical Forestry Action Plan: Independent Review, Kuala Lumpur, Mai 1990). - Der Vorschlag des *Europarats* zielte als einziger speziell nur auf den Schutz der tropischen Wälder ab, und zwar in Form eines Protokolls zu einer Klimarahmenkonvention; dagegen favorisierte das Europäische Parlament eine weltweite Konvention zum Schutz aller Wälder (ABl. der EG, Nr. C 295/196 v. 26.11.1990: Entschließung zur Erhaltung des Tropenwaldes – A3-181/90). Die 2. Weltklimakonferenz in Genf schlug ein Internationales Waldinstrument in Verbindung mit einer Klima- und Biodiversitätskonvention vor; die NGOs verabschiedeten auf dieser Konferenz ein eigenes Statement, in dem die Notwendigkeit einer umfassenden globalen Waldübereinkunft betont wurde (siehe *Jäger/Ferguson*, Climate Change: Science, Impacts and Policy, 497, 502 bzw. 547, 550; *Bleischwitz*, Die Globalisierung der Umweltpolitik, 36 ff.). - IUCN setzte sich auf der 18. Generalversammlung 1990 für ein Protokoll zum Schutz der Wälder im Rahmen einer Klimarahmenkonvention ein. Nachweise, soweit nicht ausdrücklich erwähnt, bei *Humphreys*, Forest Politics, 190.

2. Nord-Süd-Differenzen in den Waldverhandlungen

Bis zur Aufnahme der offiziellen Verhandlungen in Rio fanden ab August 1990 vier Sitzungen des Vorbereitungskomitees (Preparatory Committee for the Conference, kurz PrepCom[230]) zur Erarbeitung von Beschlußvorlagen zu den verschiedenen Themen der Umweltkonferenz statt. Obwohl der internationale Tropenwaldschutz nicht ausdrücklich zu einem der Konferenzziele benannt wurde[231], war das Thema Waldschutz ein heftig umstrittener Diskussionspunkt zwischen den Industrie- und Entwicklungsländern. Der Vorschlag der Industriestaaten, parallel zu den Verhandlungen über ein Klima- und Artenschutzabkommen auch über eine Waldschutzkonvention (die zu diesem Zeitpunkt immer noch als Tropenwaldschutz-Konvention verstanden wurde) zu verhandeln, stieß bei den Entwicklungsländern auf Ablehnung. Auch die USA, die für ein völkerrechtlich verbindliches Abkommen stimmten und dafür sogar bereit waren, zusätzlich 150 Mio. US-Dollar zur Verfügung zu stellen, konnten sich nicht durchsetzen[232].

---

[230] Zu Verlauf und Ergebnissen der Sitzungen des PrepCom ausführlich: *Hönerbach*, Verhandlung einer Waldkonvention, 39 ff.; *Henn*, Der UNCED-Vorbereitungsprozeß, 15 ff.; *Humphreys*, Forest Politics, 90 ff.; *Schally*, Forests: Toward an International Legal Regime, YIEL 1993, 30, 39 ff.

Innerhalb des PrepCom bildete man drei Arbeitsgruppen mit unterschiedlichen Schwerpunkten. Von der Arbeitsgruppe I, die sich mit der Verschmutzung der Atmosphäre, den Bodenressourcen, dem Artenschutz und der Biotechnologie befaßte, wurden auch die Probleme Entwaldung und Wüstenausbreitung behandelt. Aufgrund der Bedeutung, Konflikthaftigkeit und Komplexität der geplanten rechtsverbindlichen Konventionen zum Klimaschutz und dem Erhalt der Biodiversität wurden die Beratungen über diese Vereinbarungen aus dem offiziellen Prozeß ausgegliedert und in eigens dafür eingerichteten *International Negotiating Committes* (INC) geführt.

[231] Der Generalsekretär der UNCED schlug sechs Ziele für den Vorbreitungsprozeß des Rio-Gipfels vor. Zu diesen Zielen gehörten: Vereinbarung einer „Earth Charter" sowie einer Agenda 21; Ausarbeitung der Vertragstexte der Klimaschutz- und Biodiversitätskonventionen; Bereitstellung neuer zusätzlicher Finanzmittel; Technologietransfer; Stärkung der institutionellen Kapazitäten (vgl. *Hönerbach*, Verhandlung einer Waldkonvention, 40).

[232] *Witzsch*, Von Rio nach Kyoto, 33: Die US-Regierung hat aber nunmehr für das Haushaltsjahr 2001 die Bereitstellung von 150 Mio. US-$ zur Erhaltung der (schwerpunktmäßig tropischen) Wälder und der darin enthaltenen Biodiversität im Rahmen einer neuen „Greening the Globe"-Initiative geplant (vgl. hierzu näher die Presseerklärung von 4.2.2000, <http://www.pub.whitehouse.gov>).

Neben dem Zeitmangel wurden die unzureichenden personellen Kapazitäten der Entwicklungsländer zur Besetzung eines weiteren, für die Vorbereitung einer Wald-Konvention notwendigen Verhandlungskomitees als offizielle Begründung angeführt. Das eigentliche Konfliktpotential lag jedoch in der einseitigen Forderung der Industriestaaten, (nur) die tropischen Wälder zu einem globalen Erbe der Menschheit zu erklären. Seitens der Tropenwaldstaaten wurde vor allem von Indien und Malaysia das Recht auf eigene Entwicklung und nationale Souveränität proklamiert[233]. Unter Hinweis auf die nationale Verfügungsgewalt über ihre natürlichen Ressourcen waren diese Länder nicht bereit, irgendwelche Verpflichtungen einzugehen, die ihre wirtschaftliche Entwicklung beeinträchtigen könnten. Sie forderten daher auch die Einbeziehung der temperierten und borealen Wälder in eine Waldkonvention - gegen den heftigen Widerstand der nordamerikanischen und skandinavischen Staaten[234].

Ein weiterer Grund, der zur Ablehnung der Verhandlungen über eine Waldkonvention führte, war die Besorgnis vieler Tropenwaldländer über die Ende der 80er Jahre von europäischen NGOs propagierten Tropenholzboykott-Kampagnen, die nicht ohne Einfluß auf die Handelspolitik im Tropenholzbereich geblieben sind[235]. Die Entwicklungsländer waren auch nicht bereit, eine verbindliche Übereinkunft zum Schutz der Tropenwälder zu unterzeichnen, solange sich die Industrieländer (insbesondere die USA) nicht zu einer Klimarahmenkonvention durchringen konnten, die den CO_2-Ausstoß deutlich begrenzen und

---

[233] Dagegen verhielt sich Brasilien als flächenmäßig größer Tropenwaldstaat in den Verhandlungen zurückhaltend; der Grund war vermutlich, daß Brasilien das Pilotprogramm für den Schutz brasilianischer Regenwälder mit einem Finanzvolumen von 250 Mio. US-$ angeboten worden war - was von den übrigen Tropenwaldstaaten als Spaltungsstrategie der Industrieländer empfunden wurde. Vgl. zur brasilianischen Haltung: *Sand*, International Environmental Law After Rio, EJIL 1993, 377, 383.

[234] Ausführlich zur Haltung der in der G 77 zusammengeschlossenen Entwicklungsländer, insbesondere der ihr angehörenden Tropenwaldstaaten: *Henn*, Der UNCED-Vorbereitungsprozeß, 16 f.; *Hönerbach*, Verhandlung einer Waldkonvention, 37 ff.; *Mensah*, The Role of the Developing Countries, in: Campiglio u.a. (Hrsg.), The Environment after Rio, 33, 36 ff.; *de Sa*, The Prospects for an International Environmental Agreement on Forests, Int. Environmental Affairs 1998, 18, 25 f.; *Schally*, Forests: Toward an International Legal Regime, YIEL 1993, 30, 42.

[235] Siehe näher zum Thema Tropenholzboykott S. 346 f.

Verpflichtungen der Entwicklungsländer durch finanzielle Mittel und Technologietransfer honorieren würde[236].

Angesichts der aufgezeigten Nord-Süd-Differenzen[237] bestand keine Möglichkeit, in Verhandlungen über eine Waldkonvention einzutreten. Daher wurde der Versuch unternommen, zumindest ein Dokument über allgemeine Prinzipien der Bewirtschaftung und des Schutzes der Wälder anzustreben. Während der Vorbereitungssitzungen wurde schließlich der Text der rechtsunverbindlichen Walderklärung, die sog. „Forest Principles" verhandelt. Allerdings erfolgte auch im Rahmen dieses nun herabgestuften Ziels keine Einigung über die Verankerung eines verbindlichen Auftrags an die UN-Generalversammlung, ein internationales Verhandlungskomitee für eine Waldkonvention einzurichten[238].

3. Ergebnisse des Erdgipfels von Rio und ihre Bedeutung für den internationalen Waldschutz

a) Die Waldgrundsatzerklärung

Die schließlich auf der Rio-Konferenz verabschiedete Waldgrundsatzerklärung[239] oder einfach Walderklärung enthält erstmals 15 weltweit festgelegte Grundsätze zur Waldbewirtschaftung und Walderhaltung, und zwar sowohl für die tropischen als auch für die temperierten und borealen Wälder, ohne eine Differenzierung der regionalen Bedeutung oder Wertigkeit von Primär- und Kulturwäldern vorzunehmen[240]. Aus

---

236 *Schneider/Lorenz*, Die Umweltkonferenz von Rio, Zeitschrift für Ökologie und Naturschutz 2 (1993), 49, 51.

237 Eine Gegenüberstellung der unterschiedlichen Positionen von Nord und Süd in der Walddebatte in: *Humphreys*, Forest Politics, 98.

238 *Hönerbach*, Verhandlung einer Waldkonvention, 47.

239 *Non-Legally Binding Authorative Statement of Principles for a Global Consensus on the Management, Conservation and Sustainable Development of All Types of Forests [The Forest Principles]*, abgedruckt in: ILM 31 (1992), 881 ff.; *Humphreys*, Forest Politics, Annex B; *Schmithüsen/Ponce-Nava*, A Selection of Texts of International Conventions, 4 ff. ; deutsche Fassung in BMU, Konferenz der Vereinten Nationen für Umwelt und Entwicklung - Dokumente -, Klimakonvention, Konvention über die biologische Vielfalt, Rio-Deklaration, Walderklärung, 49 ff. Siehe auch ausführlich zur Bedeutung der Waldgrundsatzerklärung: *Desai*, Towards Sustainable Forest Management, 7 ff.

240 Siehe Punkt (e) der Präambel sowie Grundsatz 2 (a).

der Präambel der Erklärung ergibt sich, daß das Thema „Wälder" mit dem gesamten Spektrum des Themenkomplexes Umwelt und Entwicklung in Zusammenhang steht. Damit konnten die Tropenwaldländer ihre beiden Hauptforderungen, die Einbeziehung nichttropischer Wälder sowie das Recht auf Entwicklung, in der Walderklärung verankern. Allerdings wurde die von den Entwicklungsländern in den Entwürfen vorgeschlagene Formulierung eines „right to develop" von den USA zurückgewiesen und durch die Kompomißformel „right to socioeconomic development on a sustainable basis" ersetzt[241].

Der Titel der Walderklärung verdeutlicht trotz der ausdrücklichen Bezeichnung „authoritativ" durch den Zusatz „non-legally binding", daß ein ausdrückliches Zugeständnis an die Interessen der Entwicklungsländer gemacht worden ist. Das von den Industrieländern verfolgte Ziel, in Verhandlungen über eine rechtsverbindliche Waldkonvention zu treten bzw. sich zumindest auf einen verbindlichen Konventionsauftrag zu einigen, scheiterte an den geschilderten Differenzen zwischen Nord und Süd. Es wurde aber immerhin in der Präambel der Walderklärung unter Punkt (d) der Beschluß aufgenommen, die dargelegten Grundsätze im Hinblick auf die weitere internationale Zusammenarbeit im Forstbereich laufend auf ihre Zweckmäßigkeit hin zu überprüfen. Dadurch konnten die Industrieländer den Weg für weitere Verhandlungen hinsichtlich eines rechtlich verbindlichen Instruments zum Waldschutz offenhalten, wenn auch in einer äußerst schwachen Formulierung, die unterschiedliche Interpretationen offen läßt[242].

Auch wenn die ökologische Bedeutung der Wälder, insbesondere in bezug auf die Artenvielfalt und das Klima, von weltweitem Interesse ist, sind die Wälder nicht zu einem gemeinsamen Erbe oder Anliegen der Menschheit erklärt worden[243]. Ebenso wie die Vertragsstaaten des ITTA

---

[241] Siehe Punkt (a) der Präambel. Die Einigung über die strittigen Textstellen war letztlich dem Engagement des damaligen deutschen Umweltministers Töpfer zu verdanken (vgl. *Barthod*, La Conférence des Nations-Unies, Revue Forestière Française 1993, 7, 9; *Hönerbach*, Verhandlung einer Waldkonvention, 48; *Humphreys*, Forest Politics, 102).

[242] Punkt (d) der Präambel wird im Sinne einer Option auf baldige Konventionsverhandlungen verstanden (siehe *BReg.*, Bericht über die Rio-Konferenz, BT-Drucks.12/3380, 14).

[243] Der Rechtsstatus eines *common heritage of mankind* ist vor Rio bereits dem Meeresboden und seinen Ressourcen (Art. 136 UN-Seerechtsübereinkommen von 1982) zugesprochen worden; das Konzept des gemeinsamen Erbes der Menschheit wird auch für den Bereich des Weltraums und der Antarktis disku-

wiesen auch die Verhandlungspartner der Waldgrundsatzerklärung diesen Vorschlag zurück[244]. Die Walderklärung betont vielmehr die nationale Souveränität und die wirtschaftlichen Nutzungsansprüche der Entwicklungsländer über ihre eigenen Ressourcen (Grundsätze 1 [a] und 2 [a][245]).

Angesichts der großen Bedeutung des Tropenholzhandels für die Exportwirtschaft vieler Entwicklungsländer ist auch die Erleichterung des internationalen Handels mit Forsterzeugnissen sowie die Forderung nach dem Abbau einseitiger Handelsbeschränkungen für Holz und andere Forstprodukte in die Walderklärung mit aufgenommen worden (Grundsätze 13 und 14)[246]. Damit ist mehr oder weniger der Boykott tropischer Hölzer, zu dem Natur- und Umweltschutzorganisationen in Deutschland und anderen westlichen Industriestaaten im Vorfeld der Rio-Konferenz aufgerufen hatten, mit der Begründung gerügt worden,

---

tiert und teilweise bejaht. Durch den Umweltgipfel 1992 wurden die *common concern of mankind*-Bereiche um das Weltklima und die Artenvielfalt erweitert (vgl. *Hohmann*, Ergebnisse des Erdgipfels von Rio, NVwZ 1993, 311, 313). Vgl. ausführlich zum Konzept des gemeinsamen Erbes der Menschheit: *Odendahl*, Die Umweltpflichtigkeit der Souveränität, 251 ff.; *Herdegen*, Völkerrecht, 54 f.

[244] *Tarlock*, Exclusive Sovereignty Versus Sustainable Development, Texas Int. Law Journal 1997, 37, 47.

[245] Grundsatz 1 (a) entspricht dem Prinzip 21 der Stockholmer Deklaration (siehe S. 138). Nach Grundsatz 2 (a) der Walderklärung haben „die Staaten ... das souveräne und unveräußerliche Recht, ihre Wälder in Übereinstimmung mit ihren Entwicklungsbedürfnissen und dem Stand ihrer sozio-ökonomischen Entwicklung sowie auf Grundlage ihrer mit einer nachhaltigen Entwicklung und der Gesetzgebung übereinstimmenden nationalen Politik zu nutzen, zu bewirtschaften und zu entwickeln".

[246] Grundsatz 13 (a) lautet: „Der Handel mit Forsterzeugnissen soll sich auf nichtdiskriminierende, mehrseitig vereinbarte Regeln und Verfahren stützen, die mit den internationalen Handelsgesetzen und Handelspraktiken in Einklang stehen. In diesem Sinn soll der offene und freie internationale Handel mit Forsterzeugnissen erleichtert werden".

In Grundsatz 14 heißt es: „Einseitige, mit internationalen Verpflichtungen oder Übereinkünften unvereinbare Maßnahmen zur Beschränkung und/oder zum Verbot des internationalen Handels mit Holz oder anderen Forsterzeugnissen sollen abgeschafft oder vermieden werden, damit eine langfristige nachhaltige Bewirtschaftung der Wälder erreicht wird".

daß die Boykottmaßnahmen gegen die Prinzipien des freien Welthandels verstießen[247].

Gegenüber den wirtschaftlichen Aspekten treten die Schutzabsichten in der Waldgrundsatzerklärung deutlich in den Hintergrund. Obwohl die ökologische Bedeutung aller Waldarten anerkannt wird (Grundsatz 4) und auch der Schutz der gefährdeten Primärwälder zumindest an einer Stelle ausdrücklich erwähnt wird (Grundsatz 8 [f]), führt dies ebensowenig zu einer Verschiebung des Schwerpunktes wie die Forderung nach einer nachhaltigen Bewirtschaftung forstlicher Ressourcen gem. Grundsatz 2 (b)[248]. Diesen ökologischen Prinzipien wird nur eine geringe „normative Substanz“ zur qualitativen Verbesserung des Waldschutzes zugesprochen, zumal konkrete Regelungen fehlen, was unter nachhaltiger Forstwirtschaft zu verstehen ist[249].

Zusammengefaßt liegt der Wert der Waldgrundsatzerklärung darin, daß zum ersten Mal eine Übereinkunft zur Bewirtschaftung sowie zum Schutz und zur nachhaltigen Entwicklung aller Wälder zustande gekommen ist. Die Waldgrundsatzerklärung hat außerdem die Prinzipien der nachhaltigen Forstwirtschaft aufgegriffen. Angesichts ihres Charakters als rechtsunverbindliches „soft law“ verpflichten sich die Unterzeichnerstaaten aber lediglich, die allgemein gehaltenen Empfehlungen und Prinzipien der Erklärung zu berücksichtigen, eine Kontrolle der Einhaltung dieser Maßnahmen ist nicht vorgesehen. Die Waldgrundsatzerklärung wird daher im Vergleich zu den anfänglichen Zielen der Industriestaaten als ein Ergebnis gewertet, das in seiner Wirksamkeit weit hinter den von der Problematik vorgegebenen Erfordernissen zurückgeblieben ist und lediglich einen Kompromiß auf dem „kleinsten gemeinsamen Nenner“ zwischen Nord und Süd darstellt[250].

---

247 *Engelhardt/Weinzierl*, Der Erdgipfel: Perspektiven für die Zeit nach Rio, 126.

248 *Ruffert*, Zu den Ergebnissen der Konferenz, Jahrbuch des Umwelt- und Technikrechts 1993, 397, 405.

249 *Beyerlin*, Rio-Konferenz 1992, ZaöRV 1994, 125, 135; so auch *Honerla*, Abschlußbericht, 17.

250 *Humphreys*, Forest Politics, 102; die Wald-Erklärung wird sogar als „größte Enttäuschung von Rio“ (*Engelhardt/Weinzierl*, Der Erdgipfel: Perspektiven für die Zeit nach Rio, 123) oder als Rückschritt auf dem Gebiet des Waldschutzes (*Corcelle*, 20 ans après Stockholm, Revue du Marché commun 1993, 107, 129) bzw. als „das vielleicht enttäuschendste Ergebnis der Rio-Konferenz“ (*Ruffert*, Zu den Ergebnissen der Konferenz, Jahrbuch des Umwelt- und Technikrechts 1993, 397, 404) bezeichnet. Sehr kritisch zum gesamten

Immerhin zeigt aber die während UNCED verhandelte und verabschiedete Walderklärung, daß die globale Bedeutung der Wälder von der Staatengemeinschaft registriert worden ist und sowohl das Potential als auch die Inhalte für eine globale Übereinkunft vorhanden sind[251].

b) Kapitel 11 der Agenda 21: Bekämpfung der Entwaldung

Das umfangreichste Rio-Dokument ist die völkerrechtlich ebenfalls nicht verbindliche Agenda 21[252]. Ähnlich wie das Stockholmer Aktionsprogramm für die menschliche Umwelt[253] stellt die Agenda 21 ein politisches Aktionsprogramm dar, welches die nationalen Regierungen zur Umsetzung der Beschlüsse der Rio-Konferenz, insbesondere zur Implementierung des Prinzips der nachhaltigen Entwicklung auf dem Gebiet der Entwicklungs- und Umweltkooperation aufruft[254].

Das Dokument ist in vier Abschnitte aufgeteilt und spricht in insgesamt 40 Kapiteln alle Politikbereiche einer umweltverträglichen, nachhaltigen Entwicklung an[255]. Für Umweltpolitik und -recht ist vor allem der zweite Abschnitt von Bedeutung, der sich mit der Ressourcenbewirtschaftung beschäftigt und in vielfacher Hinsicht auch waldspezifische Aspekte behandelt[256]. Ausschließlich den Wäldern gewidmet ist jedoch

---

Rio-Prozeß im Waldbereich auch: *Szekely*, The Legal Protection of the World's Forests, in: Campiglio u.a. (Hrsg.), The Environment after Rio, 65, 69.

251 *Honerla*, Abschlußbericht, 19.

252 Abdruck in: *BMU*, Konferenz der Vereinten Nationen für Umwelt und Entwicklung – Dokumente -, Agenda 21; *Robinson*, AGENDA 21, 1 ff.; Zusammenfassung in: *BReg.*, Bericht über die Rio-Konferenz, BT-Drucks. 12/3380, 15 ff.

253 Siehe oben, S. 138.

254 *Hönerbach*, Verhandlung einer Waldkonvention, 59; *Hohmann*, Ergebnisse des Erdgipfels von Rio, NVwZ 1993, 311, 315.

255 Abschnitt 1 (Kap. 2-8) behandelt Sozial- und Wirtschaftsfragen, Abschnitt 2 (Kap. 9-22) beschäftigt sich mit der Erhaltung und Bewirtschaftung von Ressourcen für die Entwicklung, Abschnitt 3 (Kap. 23-32) steht unter dem Titel „Stärkung der Rolle wichtiger Gruppen", Abschnitt 4 (Kap. 33-40) beschreibt die Möglichkeiten zur Umsetzung des Aktionsplans.

256 Kapitel 9 (Schutz der Erdatmosphäre): Nachhaltige Bewirtschaftung der Senken, insbesondere der Wälder (Kap. 9.21 [d]) und Reduzierung von Waldschäden durch Luftverschmutzung (Kap. 9.28 [a]); Kapitel 10 (Integrierter Ansatz zur Planung und Bewirtschaftung von Bodenressourcen): Entwicklung von

Kapitel 11 der Agenda 21. Dieses Kapitel ist das wohl detaillierteste globale Instrument zum Schutz der Wälder[257]. Unter der Überschrift „Bekämpfung der Entwaldung" werden in vier Programmbereichen (A-D) Maßnahmen gegen die fortschreitende Entwaldung und Schädigung der Wälder angesprochen, welche ihrerseits wieder in die Abschnitte Handlungsgrundlagen, Ziele, Maßnahmen und Instrumente zur Umsetzung unterteilt sind[258].

Kapitel 11 der Agenda 21 sieht im Programmbereich A) Maßnahmen zur Aufrechterhaltung der vielfältigen Funktionen aller Waldarten und Waldgebiete vor, wie etwa die Verbesserung der Zusammenarbeit internationaler und regionaler Institutionen im Waldbereich, die verstärkte Beteiligung der betroffenen gesellschaftlichen Gruppen und gesetzliche Regelungen gegen unkontrollierte Waldrodungen.

Die Verbesserung des Schutzes und der nachhaltigen Bewirtschaftung der Wälder durch Aufforstungen und andere Wiederherstellungsmaßnahmen sind Gegenstand des Schwerpunkts B): Die zahlreichen Ursachen der Zerstörung der Wälder und ihre Auswirkungen, die in der Walderklärung keinerlei Erwähnung finden, werden zur Handlungs-

---

sektoralen Plänen für Wälder und Schutzgebiete (Kap. 10.7 [c]); Kapitel 12 (Bekämpfung der Wüstenbildung): Aufforstungs- und Wiederaufforstungsprogramme, Investitionen in die Waldentwicklung (Kap. 12.18); Kapitel 13 (Nachhaltige Bewirtschaftung von Berggebieten): Einbeziehung von forstwirtschaftlichen Tätigkeiten (Kap. 13.6 [f]); Kapitel 14 (Förderung der nachhaltigen Landwirtschaft und der ländlichen Entwicklung): Planung integrierter landwirtschaftlicher Projekte unter Einbeziehung von Wäldern (Kap. 14.9 [h]); Überprüfung von Zugangsmöglichkeiten zu Waldressourcen (Kap. 14.18 [b]); Kapitel 15 (Erhaltung der biologischen Vielfalt); Kapitel 16 (Umweltverträgliche Nutzung der Biotechnologie): Förderung des Schutzes forstgenetischer Ressourcen (Kap. 16.5 [k]).

Von Bedeutung ist des weiteren Kapitel 2 des 1. Abschnitts, das sich mit der Förderung einer nachhaltigen Entwicklung durch den internationalen Handel und einer gegenseitigen Unterstützung von Handel und Umwelt beschäftigt. Danach sollen u.a. einseitige Maßnahmen bei der Bewältigung von Umweltproblemen außerhalb des Hoheitsbereichs des Einfuhrlandes vermieden werden (Kap. 2.22 [i]).

[257] *Tarasofsky*, The International Forests Regime, 21.

[258] Vgl. eine ausführliche Darstellung der verschiedenen Programmbereiche in: *BReg.*, Bericht über die Rio-Konferenz, BT-Drucks. 12/3380, 29 ff.; *Hönerbach*, Verhandlung einer Waldkonvention, 59 ff.; *Tarasofsky*, The International Forests Regime, 24 ff.

grundlage für die zu ergreifenden Maßnahmen gemacht[259]. Von Bedeutung für eine internationale Waldschutzkonvention ist insbesondere Kap. 11.12 (e), wonach die Prüfung der Notwendigkeit und Durchsetzbarkeit international abgestimmter Vereinbarungen angeregt wird. Der Text ist an dieser Stelle zwar eindeutiger formuliert als die entsprechende Passage in der Präambel der Walderklärung[260], stellt aber ebenfalls keine eindeutige Willenserklärung zur Aufnahme von Konventionsverhandlungen für ein rechtlich verbindliches Instrument zum Waldschutz dar[261].

Der dritte Handlungsbereich C) beschäftigt sich mit der Förderung einer effizienten Nutzung und Bewertung der Güter und Leistungen der Wälder. Erklärtes Ziel dieses Bereichs ist die verstärkte Inwertsetzung der Wälder durch eine mit Entwicklungs- und Umweltprogrammen abgestimmte Wirtschaftsplanung. Zu den Maßnahmen zählt u.a. die Aufstellung von Kriterien und Richtlinien für die Bewirtschaftung, Erhaltung und nachhaltige Bewirtschaftung von Wäldern[262], wobei die nachhaltige Waldentwicklung aber mit den allgemeinen Entwicklungsinteressen und der Handelspolitik des jeweiligen Landes abzustimmen ist. Im Rahmen der internationalen und regionalen Zusammenarbeit und Koordinierung im Nord-Süd-Handel wird die Forderung nach fairen „terms of trade" erhoben, um den Entwicklungsländern weltweit einen besseren Marktzugang zu verschaffen[263]. Dabei sind einseitige Restriktionen und/oder Einfuhrverbote für forst- und holzwirtschaftliche Erzeugnisse, die den Bestimmungen des GATT und anderen multilate-

---

259 Als Schutzmaßnahmen werden in Kap. 11.13 beispielsweise vorgeschlagen: Sicherstellung der nachhaltigen Bewirtschaftung aller Waldökosysteme durch verbesserte und kontrollierte Planung und Bewirtschaftung, Einrichtung oder Ausweitung von Schutzgebieten einschließlich entsprechender Pufferzonen zur Erhaltung der biologischen Vielfalt, Aufforstungsmaßnahmen und Plantagenbewirtschaftung, um den Druck auf die Primärwaldbestände zu verringern; erhöhter Schutz der Wälder vor Schadstoffeinträgen, Feuer, Schädlingen und Krankheiten; Maßnahmen gegen Brandrodungen; verstärkte Berücksichtigung der lokalen und kulturellen Interessen sowie Einschränkung des Wanderfeldbaus.

260 Vgl. oben, S. 193.

261 *Honerla*, Abschlußbericht, 19 f.

262 Zu den Initiativen im Rio-Nachfolgeprozeß, die sich zur Entwicklung von Kriterien und Indikatoren einer nachhaltigen Forstwirtschaft gegründet haben, vgl. ausführlicher S. 262 ff.

263 Kap. 11.24.

ralen Handelsabkommen zuwiderlaufen, auszuschließen. Diese Forderung richtet sich folglich ebenso wie die entsprechenden Grundsätze 13 und 14 der Walderklärung[264] gegen einseitige Importverbote oder -beschränkungen für Tropenholz, die seitens der Industrieländer zum damaligen Zeitpunkt bereits verhängt bzw. angedroht waren.

Handlungsbereich D) zielt schließlich auf den Aufbau bzw. die Verbesserung von Kapazitäten für die Planung, Bewertung und systematische Beobachtung von Wäldern ab. Vor dem Hintergrund, daß in vielen Entwicklungsländern noch Strukturen und Mechanismen fehlen, um die elementarsten Informationen über Waldfläche und Waldarten sowie das Erntevolumen zu erhalten[265], sollen durch den Aufbau und die Verstärkung vorhandener institutioneller Koordinierungsmechanismen für Waldzustandsbewertungen und Waldbeobachtungen verläßliche Grundlagen für langfristige Waldschutzmaßnahmen geschaffen werden.

Die Bedeutung des Kapitel 11 liegt zum einen in dem umfassenden und breitgefächerten Maßnahmenkatalog, der weit über den rein forstlichen Tätigkeitsbereich hinausgeht, zum anderen wird erstmals in einem von der internationalen Staatengemeinschaft verabschiedeten Dokument die Rolle des Waldes für eine ökologisch verträgliche soziale und ökonomische Entwicklung anerkannt[266]. Hervorzuheben ist vor allem der sektorübergreifende Ansatz, durch den auch für internationale und nationale Entscheidungsträger außerhalb der Forstwirtschaft die Bedeutung der Ökosystems Wald für die zukünftige Entwicklung der Erde erhöht worden ist[267]. Damit betont Kapitel 11 die Notwendigkeit, das Problem der Gefährdung der weltweiten Waldbestände nicht nur unter dem Gesichtspunkt der direkten Ursachen, sondern auch vor den indirekten Hintergründen der großflächige Waldschädigungen zu diskutieren. Kritisch zu bewerten ist, daß an vielen Stellen des Kapitels offenbleibt, auf welche Weise der bereichsübergreifende und partizipative Ansatz in der Praxis der Entwicklungszusammenarbeit umzusetzen ist[268]. Zudem stellt die Verwirklichung der Handlungsvorgaben aus dem Waldkapitel

---

[264] Vgl. S. 193, wobei in der Waldgrundsatzerklärung die Bestimmungen des GATT nicht ausdrücklich erwähnt worden sind.

[265] Vgl. zur Problematik der globalen Walderfassung S. 8, Anm. 8.

[266] *BReg.*, Bericht über die Rio-Konferenz, BT-Drucks. 12/3380, 30.

[267] *Hönerbach*, Verhandlung einer Waldkonvention, 63; *Honerla*, Abschlußbericht S. 19.

[268] Vgl. *BReg.*, Bericht über die Rio-Konferenz, BT-Drucks. 12/3380, 31; *Nießlein*, Elemente einer Waldkonvention, 25.

in Anbetracht der veranschlagten 31 Mrd. US-$ jährlich für den Zeitraum von 1993 bis 2000 ein unrealistisches Ziel dar[269].

Zusammen mit der Waldgrundsatzerklärung bietet Kapitel 11 der Agenda 21 aber zumindest eine fundierte Grundlage für eine künftige Waldkonvention, da nicht nur die Förderung von Maßnahmen im Bereich der wirtschaftlichen Waldnutzung, sondern auch das Problem der ökologischen Verträglichkeit der Waldbewirtschaftung und die Beteiligung der betroffenen Bevölkerungsgruppen an zukünftigen Schutz- und Entwicklungsprogrammen Beachtung finden[270]. Zudem konnte sowohl in der Walderklärung als auch in der Agenda 21 zumindest die Möglichkeit zu weitergehenden Verhandlungen in Richtung auf eine internationale Waldkonvention offengehalten werden.

c) Erklärung von Rio zu Umwelt und Entwicklung (Rio-Deklaration)

Die Erklärung von Rio zu Umwelt und Entwicklung[271] weist als drittes sog. „soft-law"-Instrument des Umweltgipfels in formaler und inhaltlicher Hinsicht viele Parallelen zur Stockholmer Erklärung auf. Wie diese stellt sie lediglich eine politische Absichtserklärung dar und kann für sich keine völkerrechtliche Verbindlichkeit in Anspruch nehmen.

In insgesamt 27 Prinzipien werden die wesentlichen Grundsätze festgelegt, die im Bereich Umwelt und Entwicklung künftig das Verhalten

---

[269] So *Desai*, Towards Sustainable Forest Management, 4; *Malanczuk*, Die Konferenz der Vereinten Nationen über Umwelt und Entwicklung, FS R. Bernhardt, 985, 1000 f.

[270] *Corcelle*, 20 ans après Stockholm, Revue du Marché commun 1994, 107, 118.

[271] Da während der PrepCom-Verhandlungen keine Einigung über die Gewichtung der zunächst angestrebten „Earth Charter" im Sinne einer globalen Umweltverfassung zustande kam und infolgedessen die Ziele und die Bedeutung dieses Dokuments herabgestuft wurden, ist auf der 4. PrepCom-Sitzung die Umbenennung der *Earth Charter* in *Rio Declaration on Environment and Development* beschlossen worden (vgl. *Hönerbach*, Verhandlung einer Waldkonvention, 46 f.; *Malanczuk*, Sustainable development, in: Ginther/Denters/de Waart [Hrsg.], Sustainable Development and Good Governance, 23, 29 ff.; *Corcelle*, 20 ans après Stockholm, Revue du Marché commun 1993, 107, 129). Abdruck der Erklärung in: ILM 31 (1992), 874 ff.; *BMU*, Umweltpolitik, Konferenz der Vereinten Nationen für Umwelt und Entwicklung - Dokumente -, Klimakonvention, Konvention über die biologische Vielfalt, Rio-Deklaration, Walderklärung, 43 ff.

der Staaten untereinander und das der Staaten zu ihrer Bevölkerung bestimmen sollen. Die Rio-Deklaration enthält zwar keine forstspezifischen Inhalte, sie erlegt den Staaten aber anspruchsvolle Ziele und Pflichten hinsichtlich ihrer Umwelt- und Entwicklungspolitik auf und verpflichtet sie dabei, auch die Bevölkerung in vielfältiger Weise zu beteiligen[272].

Neben einer Reihe traditioneller Prinzipien, die als Bekräftigung bereits existierender Völkergewohnheitsrechtssätze erscheinen[273], sind auch neue Elemente in die Erklärung aufgenommen worden[274]. Dazu gehört

---

[272] Im Hinblick auf Einfuhrbeschränkungen für Tropenholz ist jedoch Prinzip 12 der Rio-Deklaration von Bedeutung, das auf Verlangen einiger lateinamerikanischer Staaten sowie der EG aufgenommen wurde. Dort heißt es: „Umweltbezogene handelspolitische Maßnahmen sollen weder ein Mittel willkürlicher oder ungerechtfertigter Diskriminierung noch eine verdeckte Einschränkung des internationalen Handels darstellen. Einseitige Maßnahmen zur Bewältigung von Umweltproblemen außerhalb des Hoheitsbereichs eines Einfuhrlands sollen vermieden werden. Maßnahmen zur Bewältigung grenzüberschreitender oder weltweiter Umweltprobleme sollen soweit möglich auf internationalem Konsens beruhen".

Die USA fügten ein Statement zur Interpretation dieses Prinzips hinzu: „The United States understands that, in certain situations, trade measures may provide an effective and appropriate means of addressing environmental concerns, including long-term sustainable forest management concerns and environment concerns outside national jurisdiction, subject to certain disciplines" (vgl. *Malanczuk*, Sustainable development, in: Ginther/Denters/de Waart (Hrsg.), Sustainable Development and Good Governance, 23, 34).

[273] Dies gilt für das Verbot grenzüberschreitender Umweltschädigung (Prinzip 2), mit dem das Prinzip 21 der Stockholmer Erklärung von neuem bestätigt wird, allerdings ergänzt um den Zusatz, daß die Staaten das Recht haben, ihre Ressourcen im Rahmen ihre eigenen Umwelt- und *Enwicklungspolitik* zu nutzen. Als bereits existente Völkergewohnheitsrechtssätze werden auch die gegenseitigen Informations- und Warnpflichten der Staaten (Prinzipien 18 und 19) sowie die friedliche Streitbeilegung von Umweltkonflikten (Prinzip 26) bekräftigt. Vgl. näher *Ruffert*, Zu den Ergebnissen der Konferenz, Jahrbuch des Umwelt- und Technikrechts 1993, 397, 400 f.; *Beyerlin*, Rio-Konferenz 1992, ZaöRV 1994, 124, 133.

[274] Zur Frage, inwieweit sich die neuen Prinzipien betreffend die Öffentlichkeitsbeteiligung in Umweltfragen (Prinzip 10), die Durchführung von Umweltverträglichkeitsprüfungen (Prinzip 17), die Bedeutung des Vorsorgeprinzips (Prinzip 15) und die Anerkennung des Verursacherprinzips (Prinzip 16) bereits zu Völkergewohnheitsrecht verdichtet haben, vgl. *Beyerlin*, Rio-Konferenz 1992, ZaöRV 1994, 124, 133 f.; *Kiss*, The Rio Declaration on Environment and

das Recht auf Entwicklung (Prinzip 3), das auf eine Weise erfüllt werden muß, daß die Entwicklungs- und Umweltbedürfnisse heutiger und künftiger Generationen in ausreichendem Maße berücksichtigt werden. Zur Erreichung der nachhaltigen Entwicklung ist der Umweltschutz als integraler Bestandteil des Entwicklungsprozesses erforderlich (Prinzip 4). Als Konsequenz aus dem Recht auf Entwicklung und dem Prinzip der Nachhaltigkeit etabliert die Rio-Deklaration in Prinzip 5 die Zusammenarbeitspflicht zur Beseitigung der Armut als unabdingbare Voraussetzung für eine nachhaltige Entwicklung. Nach Prinzip 8 sollen die Staaten nicht nachhaltige Produktions- und Verbrauchsstrukturen abbauen und beseitigen sowie eine geeignete Bevölkerungspolitik fördern.

d) Waldbezüge in der Biodiversitätskonvention

Das Übereinkommen über die biologische Vielfalt, auch Biodiversitätskonvention genannt, ist zwar kein eigentliches Produkt des Rio-Prozesses, zumal der Vertragstext bereits im Vorfeld der Konferenz von einer UNEP-Arbeitsgruppe erarbeitet wurde[275], die *Convention on Biological Diversity (CBD)* ist aber auf dem Umweltgipfel in Rio am 22.5.1992 von 152 Teilnehmerstaaten unterzeichnet worden und bereits

---

Development, in: Campiglio u.a. (Hrsg.), The Environment after Rio, 55, 56 ff.; *Rest*, Die rechtliche Umsetzung der Rio-Vorgaben, AVR 1996, 145, 148 f.; *Gündling*, UNCED und die Entwicklung des Umweltvölkerrechts, EA 1992, 251, 253.

[275] Angeregt wurden die Verhandlungen für eine Biodiversitätskonvention durch den Bericht der Brundtland-Kommission von 1987. Noch im gleichen Jahr wurde durch Beschluß des UNEP-Verwaltungsrats eine erste ad-hoc-Arbeitsgruppe gebildet. 1989 erhielt eine zweite Arbeitsgruppe den direkten Auftrag zur Ausarbeitung eines Konventionstextes zur biologischen Vielfalt. Die Verhandlungen erfolgten parallel zu den Vorbereitungstreffen für die Rio-Konferenz. 1991 wurde das Gremium in Angleichung an den entsprechenden Ausschuß für die Verhandlung der Klimarahmenkonvention zum „International Negotiating Committee"- INC umbenannt. Nach insgesamt sieben Verhandlungsrunden wurde der endgültige Konventionstext mit der Schlußakte von Nairobi am 22.5.1992 verabschiedet. Vgl. ausführlich zum Verhandlungsprozeß der Biodiversitätskonvention: *McConnel*, The Biodiversity Convention, 23 ff. mit Abdruck der wichtigsten UNEP-Entscheidungen in den Anhängen A - I; siehe auch *Boyle*, The Convention on Biological Diversity, in: Campiglio u.a. (Hrsg.), The Environment after Rio, 111, 112 ff.; *Auer*, Für die Erhaltung der Arten und ihrer Lebensräume, VN 1994, 168 f.

am 29.12.1993 in Kraft getreten[276]. Die große Anzahl der Zeichnerstaaten ist als Ausdruck des weltweit gewachsenen Bewußtseins von der Bedrohung der Umwelt und der natürlichen Ressourcen zu werten[277]. Außerdem drückt die große Beteiligung gerade seitens der Entwicklungsländer das gewachsene Vertrauen zwischen Nord und Süd aus, im globalen Zusammenwirken die gemeinsamen Lebensgrundlagen zu schützen und zu bewahren[278].

Waren die bislang vereinbarten umweltrechtlichen Instrumente stets auf bestimmte Gebiete oder einzelne Arten begrenzt[279], versucht das Übereinkommen über die biologische Vielfalt als erstes rechtsverbindliches internationales Abkommen, ein Aktionsprogramm zur Bekämpfung eines breiten Spektrums von Umweltproblemen anzugehen. Neben der Notwendigkeit der Erhaltung der globalen Biodiversität umfaßt es auch die damit in Zusammenhang stehenden Aspekte der Klimaerwärmung und der Waldzerstörung[280]. Die Relevanz der Biodiversitätskonvention für den Schutz und die nachhaltige Nutzung der globalen forstlichen Ressourcen wird erkennbar in Anbetracht der Tatsache, daß sich der größte Teil der zu schützenden biologischen Vielfalt in Wäldern, insbesondere in den tropischen Regenwäldern, befindet[281].

Die Biodiversitätskonvention verknüpft in ihrer Zielsetzung folgende drei Grundprinzipien: den Schutz der biologischen Vielfalt, die nachhaltige Nutzung ihrer Bestandteile und die ausgewogene Verteilung von Vorteilen, die sich aus dieser Nutzung ergeben (Art. 1). Schwerpunkte der Konvention sind der Schutz der natürlichen Lebensräume und ihrer biologischen Vielfalt sowie die Frage nach dem Zugang zu genetischen

---

[276] Der Text der Biodiversitätskonvention ist abgedruckt in: BGBl. 1993 II, 1741 ff.; ILM 31 (1992), 818 ff.; *Birnie/Boyle*, Basic Documents, 390 ff.; *Burhenne*, International Environmental Law, 992:42.

[277] Mittlerweile ist die Konvention von 179 Staaten ratifiziert worden (Stand: November 2000); vgl. <http://www.biodiv.org>.

[278] *BReg.*, Bericht über die Rio-Konferenz, BT-Drucks. 12/3380, 5.

[279] Vgl. dazu die obigen Darstellungen der wichtigsten globalen und regionalen Abkommen zum Artenschutz, S. 141 ff. sowie S. 153 ff.

[280] Näher *Khalastchi/Mackenzie*, The Conservation and Sustainable Use of Forest Biologial Diversity, in: Tarasofsky (Hrsg.), Assessing the International Forest Regime, 37, 40 ff. Eine synoptische Darstellung der forstrelevanten Inhalte der Biodiversitätskonvention und der Walderklärung in: *Honerla*, Abschlußbericht, Tabelle 5 (S. 22 ff.).

[281] Siehe dazu die Ausführungen im 1. Teil, S. 126 f.

Ressourcen[282]. Letzterem Aspekt haben die Entwicklungsländer nur unter der Bedingung zugestimmt, daß ihre Bemühungen um die Erhaltung der genetischen Vielfalt von den Industriestaaten finanziert werden und ein entsprechender Technologietransfer stattfindet, zudem forderten sie die Anerkennung souveräner Rechte über ihrer genetischen Ressouren[283]. Die Konvention hat die von den Entwicklungsländern geforderte Festschreibung des nationalen Souveränitätsanspruchs auf die biologische Vielfalt bei gleichzeitiger Verantwortung zur Erhaltung der biologischen Vielfalt aufgegriffen (Art. 3 und 4), daneben aber in der Präambel auch den Schutz der biologischen Vielfalt und ihrer Bestandteile zu einem gemeinsamen Anliegen der Menschheit („common concern of mankind") erklärt; damit nimmt die Konvention alle Staaten zur Erhaltung der biologischen Vielfalt in die Verantwortung. Zusammengefaßt läßt sich damit in bezug auf die Waldnutzung feststellen, daß den Staaten nach der Biodiversitätskonvention das souveräne Recht zusteht, die sich im jeweiligen territorialen Hoheitsbereich befindlichen Waldvorkommen in Übereinstimmung mit ihren Entwicklungsbedürfnissen und dem Stand ihrer sozio-ökonomischen Entwicklung zu bewirtschaften, wobei die Interessen der Nachbarländer und der internationalen Gemeinschaft zu berücksichtigen sind[284]. Indem auf die Formulierung „common *heritage* of mankind" verzichtet wurde, hat die Biodiversitätskonvention eine diesbezügliche Rückstufung vorgenom-

---

[282] Der Zugang zu genetischen Ressourcen stellt einen neuen und sehr strittigen Regelungsbereich innerhalb der Konvention dar, der mit dem Zugang zur Technologie und der Weitergabe von Technologien an die Entwicklungsländer verknüpft ist (Art. 15, 16), vgl. *Honerla*, Mit lokalem Wissen die biologische Vielfalt retten, Entwicklungsethnologie 1997, Bd. 1, 11, 17 ff.; siehe zu diesem Themenkomplex auch die weiterführenden Literaturhinweise im 1. Teil, S. 42, Anm. 110.

[283] Vgl. dazu *Bouckaert/Groosman*, Can Bartolus Save the Tiger?, VRÜ 1999, 454, 461 ff.; *Boyle*, The Convention on Biological Diversity, in: Campiglio u.a. (Hrsg.), The Environment after Rio, 111, 123 f.; *Hönerbach*, Verhandlung einer Waldkonvention, 67; *Suplie*, Globale Biodiversitätspolitik, in: Simonis (Hrsg.), Weltumweltpolitik, 119, 131.

[284] Damit findet sich erstmals das Prinzip 21 der Stockholmer Erklärung in einer völkerrechtlich verbindlichen Vorschrift wieder; vgl. *Marzik*, Völkerrechtlicher Naturschutz, VRÜ 1997, 545, 557.

men, die durch die Betonung des souveränen Rechts über die biologischen Ressourcen in Art. 4 noch verstärkt wird[285].

Geprägt ist die Konvention in erster Linie von dem Prinzip der nachhaltigen Entwicklung. Anders als der Begriff des „sustainable use" ist der Begriff des „sustainable development" nicht ausdrücklich im Vertragstext genannt, spiegelt sich aber in einer Vielzahl von Bestimmungen wider[286]. Des weiteren legt das Abkommen die Rahmenbedingungen für die Erhaltung von Arten, Lebensräumen und Ökosystemen fest. Dem Schutzgut der biologischen Vielfalt und dem genetischen Teilaspekt entsprechend wird zwischen der Schaffung von klassischen Schutzgebieten (sog. *in-situ* Erhaltung, d.h. die Erhaltung der Ökosysteme und natürlichen Lebensräume von Arten in ihrer natürlichen Umgebung, Art. 8) und der Erhaltung von Bestandteilen der biologischen Vielfalt außerhalb ihrer natürlichen Lebensräume, z.B. in Genbanken (*ex-situ*-Erhaltung, Art. 9), unterschieden. Beide Schutzmaßnahmen dienen dazu, die verschiedenen Erscheinungsformen der biologischen Vielfalt über Generationen hinweg nutzbar zu machen. In Art. 10 (c) und (d) wird insbesondere die Berücksichtigung traditioneller Schutz- und Bewirtschaftungsformen bei der Nutzung biologischer Ressourcen betont. Eine angemessene Ressourcenbewirtschaftungspolitik unter Beteiligung der nationalen und lokalen Ebene, wie sie die Konvention vorsieht, ist gerade im Hinblick auf die vielfach stattfindenden Übernutzungen von Waldbeständen von Bedeutung.

Für den Waldbereich ließen sich zur Entwicklung und Umsetzung geeigneter Schutzkonzepte und nachhaltiger Nutzungsformen zwar konkrete Maßnahmen aus der Biodiversitätskonvention ableiten, allerdings sind diese für den Erhalt der Artenvielfalt wichtigsten Maßnahmen nur Empfehlungen geblieben. Auch sieht der Vertragstext keine geeigneten

---

[285] Vgl. dazu *Odendahl*, Die Umweltpflichtigkeit der Souveränität, 270; *Tarlock*, Exclusive Sovereignty Versus Sustainable Development, Texas Int. Law Journal 1997, 37, 54.

[286] Zentrale Aspekte des Konzepts der nachhaltigen Entwicklung sind der Schutz künftiger Generationen *(inter-generational equity)*, der Grundsatz der Rücksichtnahme auf andere Staaten *(intra-generational equity)* und die Einbeziehung des Schutzes der biologischen Vielfalt in die innerstaatliche Planung *(principle of integration)*, vgl. *Marzik*, Völkerrechtlicher Naturschutz, VRÜ 1997, 545, 556. Kritisch zur unzureichenden Konkretisierung der nachhaltigen Entwicklung im Vertragstext: *Honerla*, Abschlußbericht, 32 f.

Instrumente zur Überwachung dieser Schutzmaßnahmen vor[287]. Inwieweit unter diesen Voraussetzungen ein effektiver Waldschutz durch die Biodiversitätskonvention bzw. durch ein Protokoll zu diesem Abkommen gewährleistet werden kann, bedarf daher noch einer näheren Überprüfung[288].

e) Waldbezüge in der Klimarahmenkonvention

Auf der Rio-Konferenz ist als zweites völkerrechtliches Abkommen das *Rahmenübereinkommen der Vereinten Nationen über Klimaänderungen* (im folgenden Klimarahmenkonvention)[289] von 154 Staaten unterzeichnet worden. Ebenso wie die Biodiversitätskonvention wurde auch dieser Vertrag von einem eigenständigen zwischenstaatlichen Verhandlungsausschuß im Vorfeld der offiziellen Gipfelverhandlungen ausgearbeitet[290].

Die Klimarahmenkonvention hat die völkerrechtliche Grundlage für die internationale Zusammenarbeit zur Verhinderung gefährlicher Kli-

---

[287] Als „schwerwiegender Mangel" der Konvention wird das Fehlen angemessener Überwachungsinstrumente angesehen (vgl. *Unmüßig*, Zwischen Hoffnung und Enttäuschung, VN 1992, 117, 120; so auch *Hohmann*, Ergebnisse des Erdgipfels von Rio, NVwZ 1993, 311, 319).

[288] Siehe unten, S. 306 ff.

[289] *Framework Convention on Climate Change (FCCC)*, in Kraft seit dem 21.3.1994, mittlerweile ratifiziert von 185 Staaten (Stand: Dezember 2000). Abdruck der Klimarahmenkonvention in: BGBl 1993 II, 1784 ff.; *Burhenne*, International Environmental Law, 992:35; ILM 31(1992), 849 ff.; siehe auch im Internet unter <http://www.unfccc.org>. Ein Überblick zur Klimarahmenkonvention findet sich bei *Beyerlin*, Umweltvölkerecht, 173 ff.

[290] Mit der Resolution 45/212 setzte die UN-Generalversammlung am 21.12.1990 ein INC ein, welches innerhalb von 15 Monaten einen Konventionsentwurf zum Klimaschutz erarbeitete. Auch nach der Verabschiedung der Klimarahmenkonvention in Rio setzte das INC seine Arbeit fort und erörterte bis zur letzten Sitzung im Feb. 1995 u.a. Fragen der Reduktionsverpflichtungen und der technischen und finanziellen Unterstützung der Entwicklungsländer. Vgl. ausführlich zur Verhandlung der Klimarahmenkonvention: *Pulvenis*, The Framework Convention on Climate Change, in: Campiglio u.a. (Hrsg.), The Environment after Rio, 71, 80 ff.; *Ehrmann*, Die erste Vertragsstaatenkonferenz, NVwZ 1996, 347, 348; *Hönerbach*, Verhandlung einer Waldkonvention, 69 ff.; *Palm-Risse*, Noch eine Chance für den blauen Planeten, VN 1992, 122 f.

maänderungen und deren möglicher Auswirkungen geschaffen[291]. Der Zusammenhang zwischen der Klimarahmenkonvention und dem Schutz der Wälder auf globaler Ebene liegt in der klimaschützenden Funktion der Wälder[292]. Bereits in der Präambel des Übereinkommens wird auf die Rolle und Bedeutung von Treibhausgassenken und -speichern in Landökosystemen hingewiesen. Des weiteren werden nachteilige Auswirkungen eines erhöhten Treibhauseffekts auf die natürlichen Ökosysteme ausdrücklich erwähnt. Diese Feststellungen sind auch auf die wechselseitigen Beziehungen zwischen Wäldern und Klimaänderungen zu übertragen: Einerseits sind Wälder durch die zunehmende Waldzerstörung und die damit verbundene Freisetzung von Treibhausgasen Mitverursacher des Treibhauseffekts[293], andererseits werden die Wälder in ihrem derzeitigen Bestand durch die hervorgerufenen Klimaänderungen gefährdet. Wälder können aber auch durch waldbauliche Maßnahmen zu einer Verminderung der Konzentration von Treibhausgasen in der Erdatmosphäre beitragen, insbesondere zur Reduktion von CO_2, und somit zur Vermeidung oder Abschwächung der anthropogenen Klimaänderung[294].

Art. 4 als eigentliches Kernstück der Konvention[295] legt in Abs. 1 allgemeine Verpflichtungen fest, die für alle Vertragsparteien, also für In-

---

291 Auf der 2. Weltklimakonferenz in Genf im Oktober 1990 wurde von den teilnehmenden Wissenschaftlern und Regierungsvertretern aus rund 140 Staaten der dringende Handlungsbedarf für weltweite Maßnahmen zum Schutz des Klimas bekräftigt. Grundlage hierfür war der erste umfassende Bericht des IPCC (*IPCC*, Climate Chance: The IPCC Scientific Assessment, 1990). Vgl. einführend zum internationalen Klimaschutz: *Dolzer/Kreuter-Kirchhof*, Climate Protection in International Environmental Law, in: Dolzer/Thesing (Hrsg.), Protecting our Environment, 25, 27 ff.

292 Siehe dazu die Ausführungen im 1. Teil, S. 46 ff.

293 Neben der Freisetzung von Treibhausgasen durch Waldbrände und Biomassenabbau hat die Zerstörung der (Tropen)wälder auch Auswirkungen auf das globale Klima aufgrund der Veränderung der Oberflächenmerkmale der Landschaft, und zwar im Hinblick auf die Feuchtigkeitsverhältnisse der Atmosphäre und die Strahlungs- und Wärmebilanz (vgl. *Schneider/Lorenz*, Die Umweltkonferenz von Rio, Zeitschrift für Ökologie und Naturschutz 2 [1993], 49, 53 f.).

294 Vgl. zur Funktion der Wälder als Kohlenstoffquelle und -senke bereits die weiteren Ausführungen auf S. 242 ff.

295 So *Palm-Risse*, Noch eine Chance für den blauen Planeten, VN 1992, 122, 123; siehe auch *Bail*, Das Klimaschutzregime nach Kyoto, EuZW 1998, 457, 458.

dustrie- und Entwicklungsländer gleichermaßen, gelten. Nach Art. 4 Abs. 1 (d) sind die Vertragsstaaten zur Förderung der nachhaltigen Bewirtschaftung von Ökosystemen und zur Erhaltung und ggf. Verbesserung von Senken und Speichern von Treibhausgasen verpflichtet, wobei ausdrücklich auch die Wälder erwähnt werden.

Forstliche Maßnahmen zur Verringerung von Treibhausgasemissionen können einerseits durch die Emissionsvermeidung und damit direkte Reduzierung von CO_2-Emissionen sowie andererseits durch die zusätzliche Einbindung von CO_2 durch Vergrößerung der Kohlenstoffsenken erfolgen[296]. Insbesondere Maßnahmen zum Rückgang der Tropenwaldvernichtung können einen nicht zur unterschätzenden Beitrag zur Verringerung der CO_2-Konzentration in der Erdatmosphäre leisten, zumal die tropischen Wälder im Vergleich zu anderen Waldökosystemen und Landnutzungsformen das höchste Potential zur CO_2-Bindung pro Hektar besitzen[297]. Um so wichtiger wäre es daher, daß sich auch die Entwicklungsländer, in denen der größte Teil der Tropenwälder verbreitet ist, zu konkreten Emissionsreduktionen verpflichten

---

[296] Vgl. ausführlich *OECD*, Agriculture and Forestry, 38 ff. mit Übersicht über nationale Forststrategien in den OECD-Ländern (*ibid.*, 56 ff.).

[297] *Burger*, Aufforstung und andere forstliche CO_2-Strategien, Entwicklung u. ländlicher Raum 1/94, 11, 12.

würden[298], wie dies nunmehr im Kyoto-Protokoll 1997 für die Industriestaaten verbindlich festgelegt worden ist[299].

Die Klimarahmenkonvention ermöglicht allenfalls durch das Instrument der *Gemeinsamen Umsetzung* (Joint Implementation, kurz: JI)[300], forstliche Maßnahmen zur Verringerung von CO_2-Konzentrationen in der Erdatmosphäre durchzusetzen. Hiernach können die Industriestaaten gemeinsam mit anderen Vertragsparteien Aktivitäten zur Verringerung der Treibhausgaskonzentration in der Atmosphäre durchführen. Da das Projekt der JI zwischen Nord und Süd in den Klimaverhandlungen sehr umstritten war, ist in der Konvention aber keine ab-

---

[298] In den Entwicklungsländern sind allein die CO_2-Emissionen zwischen 1990 und 1995 rapide angestiegen (20 % in Brasilien, 28 % in China und Indien und 39 % in Indonesien, vgl. *Flavin*, Das Vermächtnis von Rio, in: Worldwatch Institute [Hrsg.], Zur Lage der Welt 1997, 11, 26). Trotzdem konnten sich die Vertragsstaaten in den Verhandlungen zur Klimarahmenkonvention nicht auf konkrete Reduktionsverpflichtungen einigen. Lediglich die Industrieländer haben wegen ihrer besonderen Verantwortung beim globalen Umweltschutz die weitreichende Zielsetzung akzeptiert, die Emissionen bis zum Jahr 2000 mindestens auf das jeweilige Niveau von 1990 zurückzuführen; allerdings wurde zu diesem Zeitpunkt noch nicht verbindlich festgelegt, in welchem Umfang und zu welchem Zeitpunkt die Vertragsstaaten ihre Emissionen begrenzen sollten (Art. 4 Abs. 2 [a] und [b]). Die intensiven Bemühungen Deutschlands und der EG, einen Zeitplan festzulegen, scheiterten am massiven Widerstand der USA (vgl. *Palm-Risse*, Noch eine Chance für den blauen Planeten, Vereinte Nationen 1992, 122, 124). Zur Frage, inwieweit die Vereinbarung aus Art. 4 Abs. 2 (a) und (b) tatsächliche Reduktions*verpflichtungen* der entwickelten Staaten begründen kann, vgl. *Dolzer*, Internationale Konvention zum Schutz des Klimas, FS R. Bernhardt, 957, 962 f.

[299] Siehe näher zum Kyoto-Protokoll als Ergebnis der 3. Vertragsstaatenkonferenz der Klimarahmenkonvention die Ausführungen auf S. 239 ff.

[300] Siehe Art. 4 Abs. 2 (d) S. 4 i.V.m. Art. 4 Abs. 2 (a) Klimarahmenkonvention. In das Konzept der Gemeinsamen Umsetzung sind die Ziele der Kosteneffizienz und des Technologie- und Wissenstransfers eingeflossen. Die Grundvorstellung ist, daß Investoren aus Industrieländern Klimaschutz-Projekte in Entwicklungsländern finanzieren. Eine Gesamtreduktion der weltweiten Treibhausgasemissionen kann kostengünstiger und flexibler erreicht werden, wenn sich die Vertragsparteien einen gegenseitigen Austausch an Reduktionsmaßnahmen anrechnen lassen, anstatt sich nur auf Maßnahmen auf dem eigenen Territorium zu beschränken. Die Idee dieses Kompensationsmodells stammt aus Norwegen (vgl. *Ehrmann*, Die erste Vertragsstaatenkonferenz, NVwZ 1996, 347, 349; siehe auch *Gupta*, The Climate Change Convention and Developing Countries, 116 ff.; *WBGU*, Ziele für den Klimaschutz 1997, 30).

schließende Regelung darüber getroffen worden, ob das Konzept der JI auch zwischen Entwicklungs- und Industrieländern durchführbar sein sollte[301].

Trotz der Betonung der klimaschützenden Funktion der Wälder als Quelle, Senke und Speicher von Kohlendioxid stellt die Klimarahmenkonvention kein ausreichendes und umfassendes Regelungsinstrument für den forstlichen Sektor dar. Das Abkommen betrachtet den Wald in erster Linie als Instrument zur Erfüllung des in Art. 2 verankerten Ziels, Treibhausgasemissionen zur Verhinderung einer gefährlichen Störung des Klimasystems zu stabilisieren. Obwohl auch die Klimarahmenkonvention eine nachhaltige Bewirtschaftung der Wälder fordert, bietet sie dennoch nicht die Grundlage für einen integrierten Ansatz, wie er in der Agenda 21 verfolgt wird. Da die Konzentration auf die Funktion der Wälder als Kohlenstoffspeicher allein für sich nicht ausreicht, um den umfassenden Schutz der Wälder zu gewährleisten, stellt die Klimarahmenkonvention keine ausreichende Basis für eine umfassende, international verbindliche Waldschutzstrategie dar[302].

f) „Forest Treaty" der NGOs

Parallel zu den offiziellen UNCED-Verhandlungen haben viele Vertreter der anwesenden NGOs, die an der Alternativveranstaltung des *Global Forum* teilgenommen haben, eigenständige NGO-Vereinbarungen erstellt. Insgesamt wurden in Rio 39 Abkommen zwischen den NGOs des Nordens und des Südens geschlossen. Ziel dieser „Verträge" war es, dem offiziellen UNCED-Prozeß alternative Positionen aus NGO-Sicht entgegenzuhalten und insbesondere die internationale Kooperation der NGOs untereinander zu verbessern[303]. Sie behandeln eine Vielzahl von Themen und verstehen sich als gemeinsame Aktionspläne für die Arbeit

---

[301] *Dolzer*, Verkehrswesen und Klimapolitik in der dritten Welt, 159. Vgl. näher zur Einrichtung einer Pilotphase für das Instrument der Gemeinsamen Umsetzung, S. 237 f.

[302] *Enquête-Bericht (1994)*, 638; *Honerla*, Abschlußbericht, 39 f.; *Skala-Kuhmann*, Rechtliche Instrumente zur Förderung der nachhaltigen Nutzung, 14.

[303] *Sand*, International Environmental Law After Rio, EJIL 1993, 377, 385; *Barthod*, La Conférence des Nations-Unies, Revue Forestière Française, 1993, 7, 16 f.; vgl. auch allgemein zur Mitwirkung der NGOs auf der Rio-Konferenz: *Unmüßig*, Zwischen Hoffnung und Enttäuschung, VN 1992, 117, 121 f.

der nächsten Jahre. Auch zum Waldschutz wurde ein Abkommen erarbeitet, das in erster Linie von NGOs aus Brasilien unterzeichnet worden ist. Der *NGO Forest Treaty*[304] betont vor allem die bedeutende Rolle aller Wälder für die ökologische Erhaltung der Ökosysteme, die erforderliche Einbindung der indigenen Bevölkerung in die Bemühungen um den Schutz der Wälder sowie die Zusammenhänge zwischen Armut und Entwaldung.

g) Zusammenfassung

Die Interessenlage der teilnehmenden Staaten am UN-Umweltgipfel in Rio war weitaus zahl- und facettenreicher als noch während der ersten Umweltkonferenz in Stockholm, die in erster Linie von Nord-Süd- bzw. West-Ost-Gegensätzen geprägt war. Zwar zog sich auch auf der Rio-Konferenz der Nord-Süd-Konflikt durch sämtliche Verhandlungen, allerdings war bemerkenswert, daß weder Industrie- noch Entwicklungsländer homogene Verhandlungsgruppen bildeten. Vielmehr schlossen sich die beteiligten Staaten je nach zu verhandelnden Themen und Interessenlagen zu wechselnden Koalitionen zusammen, so daß häufig auch nationale Eigeninteressen bzw. Interessen einzelner Staatengruppen den Verhandlungsverlauf bestimmten[305]; in der Klimafrage bildeten beispielsweise die kleinen Inselstaaten eine Koalition mit den Ländern der EG. Zahlreiche wichtige Themen konnten daher nicht oder nicht erfolgreich verhandelt werden, was schließlich auch zum Scheitern der Verhandlungen über eine internationale Waldkonvention

---

[304] Abdruck in: *Kuhlmann*, Schutz der Wälder, 38 ff. Das Abkommen setzt sich zusammen aus einer Präambel, 14 Prinzipien sowie 20 konkreten Aktionspunkten. Zu diesen Punkten zählt z.B. die Unterstützung der lokalen Bevölkerung in der Bewirtschaftung und Erhaltung der Wälder, insbesondere im Hinblick auf die Erhaltung der Biodiversität, die Beachtung des traditionellen Wissens der indigenen Bevölkerung, die Förderung umweltverträglicher Abholzmethoden und der Widerstand gegen Kahlschlagpraktiken in Primärwäldern, der verstärkte Einsatz alternativer Rohmaterialien als Ersatz für Pappe und Papier, Recycling von Holzprodukten, Verhinderung der Bodenspekulation, Kampf gegen die Verschuldung der Entwicklungsländer sowie die Unterschutzstellung der von der Ausrottung bedrohten Baumarten im Rahmen von CITES.

[305] *Schneider/Lorenz*, Die Umweltkonferenz von Rio, Zeitschrift für Ökologie und Naturschutz 2 (1993), 49, 50; *Malanczuk*, Sustainable development, in: Ginther/Denters/de Waart (Hrsg.), Sustainable Development and Good Governance, 23, 27.

führte[306]. Ohne ein eigenständiges Verhandlungsforum, wie es für die Klima- und Artenschutzverhandlungen geschaffen wurde, konnte das Thema „Waldschutz“ auch nicht den Status eines vordringlichen globalen Umweltproblems erlangen[307].

Die UN-Konferenz über Umwelt und Entwicklung stellte mit ihren waldbezogenen Beschlüssen dennoch den bisherigen Höhepunkt der internationalen Bemühungen um die Erhaltung der Wälder weltweit dar. Selbst wenn weder eine rechtsverbindliche Waldkonvention ausgearbeitet noch ein verbindlicher Konventionsauftrag festgelegt werden konnte, hat der Umweltgipfel den Anstoß für weitere Initiativen der internationalen Zusammenarbeit in diesem Bereich gegeben. Daß der Schutz der Wälder und die Erhaltung vielfältiger Waldformen nicht mehr allein Gegenstand nationaler Politiken und Maßnahmen ist, sondern eine Herausforderung an die internationale Zusammenarbeit darstellt, ist während der teilweise hitzig geführten Walddebatte besonders deutlich geworden. Die Standpunkte der Entwicklungsländer haben dennoch gezeigt, daß der Souveränitätsanspruch der einzelnen Länder über den Wald als Faktor der wirtschaftlichen Entwicklung und als Ressourcenpotential des ländlichen Raums weiterhin von zentraler Bedeutung sein wird[308]. Auch die nicht unproblematischen Wechselbeziehungen zwischen Handel und Umwelt ließen die Komplexität der Tropenwaldfrage und die bestehenden Interessenunterschiede von Industrie- und Entwicklungsländern deutlich hervortreten[309].

Die Ergebnisse der Umweltkonferenz haben auch gezeigt, daß konkrete Schritte zur Walderhaltung nur über das Konzept einer nachhaltigen Entwicklung zu erreichen sind. Daneben hat der Umweltgipfel die Weltöffentlichkeit für die Bedeutung und Komplexität des internationalen Waldschutzes sensibilisiert, was einige Jahre zuvor so noch nicht vorstellbar war. Zusammenfassend betrachtet markierte der Erdgipfel von Rio einen Wendepunkt in der weltweiten Zusammenarbeit in Sachen Umwelt und Entwicklung; durch die Rio-Konferenz wurde den-

---

[306] *Schmitz/Stephan*, Die Weltkonferenz zu Umwelt und Entwicklung in Rio, in: Messner/Nuscheler (Hrsg.), Weltkonferenzen und Weltberichte, 175, 178; *Sand*, International Environmental Law After Rio, EJIL 1993, 377, 388.

[307] *Hönerbach*, Verhandlung einer Waldkonvention, 32.

[308] *Schmithüsen*, Walderhaltung als Aufgabe einer internationalen Zusammenarbeit, Schweizerische Zeitschrift für Forstwesen 1995, Nr. 2, S. 79, 81.

[309] *BMZ*, Rio-Konferenz Umwelt und Entwicklung - 5 Jahre danach, 47.

noch nicht der „Beginn einer neuen ökologischen Weltrechtsordnung“[310] eingeläutet.

V. Finanzierungsinstrumente und -konzepte zum internationalen Waldschutz

Die Höhe der jährlich aufgebrachten finanziellen Mittel, die weltweit für die Entwicklung der forstlichen Ressourcen und die Förderung der Holzproduktion ausgegeben werden, beträgt schätzungsweise knapp 14 Mrd. US-$. Zusammen mit denjenigen Finanzmitteln, die zur Förderung der Agroforstwirtschaft und der Nichtholzproduktion sowie zum Ausbau der Infrastruktur und weiterer Institutionen bereitstehen, ergibt sich eine Gesamtsumme von 20 Mrd. US-$[311]. Zum Vergleich: Allein die durchschnittlichen jährlichen Gesamtkosten im Zeitraum 1993 bis 2000 für die Durchführung der im Kapitel 11 der Agenda 21 genannten Maßnahmen sind vom Sekretariat der UNCED auf 31,25 Mrd. US-$ veranschlagt worden, einschließlich der knapp 6 Mrd. US-$, die jährlich in Form von Zuschüssen oder konzessionären Krediten von der internationalen Staatengemeinschaft erbracht werden sollten[312]. Die von der internationalen Entwicklungshilfe bereitgestellten Gelder für den Forstbereich erreichten aber im Jahr 1993 noch nicht einmal die Hälfte der von UNCED veranschlagten Summe: Mit Zahlungen von ca. 1,5 Mrd. US-$ wurde der errechnete jährliche Bedarf lediglich zu 27 % erfüllt[313].

---

[310] *Beyerlin*, Rio-Konferenz 1992, ZaöRV 1994, 124, 147; siehe auch *Töpfer*, UN-Kommission für nachhaltige Entwicklung, Jahrbuch Ökologie 1996, 96, 100.

[311] *FAO*, SOFO 1997, 108.

[312] Von der Gesamtsumme sind vorgesehen 2,5 Mrd. US-$ für institutionelle Maßnahmen, 10 Mrd. US-$ für Walderhaltungs- und Schutzmaßnahmen, 18 Mrd. US-$ für die Förderung der nachhaltige Waldbewirtschaftung und 0,75 Mrd. US-$ für die Beobachtung und Zustandsbeschreibung von Wäldern (vgl. Kapitel 11 der Agenda 21, Kap. 11.6,. 11.16, 11.25 und 11.40); *FAO*, SOFO 1997, 109.

[313] Werte für 1993, vgl. *FAO*, SOFO 1997, 110; andere Zahlen bei *Madhvani*, An Assessment of Data on ODA Financial Flows in the Forest Sector, 7: Danach ging die Gesamtsumme der ODA im Forstbereich zwischen 1990 (1,8 Mrd. US-$) und 1993 (1,27 Mio. US-$) sogar um insgesamt 30 % zurück. Nach einem kurzen Anstieg der Summe fiel die ODA 1997 unter das Niveau von 1993 zurück. 1997 wurden 40 % der ODA im Forstbereich von multilateralen

Stieg die öffentliche Entwicklungshilfe (Official Development Assistance, ODA) im Forstbereich zwischen 1988 und 1990 noch um 12 % jährlich an, erhöhte sie sich nach Angaben der FAO zwischen 1990 und 1993 nur noch um 3 %. Diese Entwicklung reflektiert die nach dem Umweltgipfel in Rio allgemein zu verzeichnende Tendenz der Reduzierung der öffentlichen internationalen Entwicklungshilfe[314]. Dagegen erhöhte sich der private Kapitalfluß in die Entwicklungsländer. Im Forstbereich beschränkten sich private Investitionen allerdings in erster Linie auf Projekte in der Forstindustrie, während Umweltaktivitäten vom privaten Sektor weniger gefördert wurden[315]. Daher ist die Suche nach weiteren innovativen Finanzierungsmechanismen im Umweltbereich erforderlich[316].

1. Weltbank und andere multilaterale Entwicklungsbanken

Der Anteil der finanziellen Mittel der Weltbank[317] und anderer multilateraler Entwicklungsbanken an der öffentlichen Entwicklungshilfe im Waldbereich ist von durchschnittlich 24 % zwischen 1986 und 1989 auf 37 % im Zeitraum von 1990 bis 1994 gestiegen, in den Jahren darauf ist

---

Banken und UN-Organen zur Verfügung gestellt, 60 % entfielen auf die bilaterale Entwicklungshilfe.

[314] Der Anteil der öffentlichen Entwicklungshilfe am Bruttosozialprodukt lag in den westlichen Industrieländern 1992 noch bei 0,34 %, erreichte 1998 mit 0,24 % aber den niedrigsten Wert seit 1970 (vgl. *Martens*, Abstieg vom Erdgipfel, VN 1997, 137, 138, 140; *BMU/BMZ*, Ergebnisse der VN-Sondergeneralversammlung, 14 f.; siehe zu neueren Zahlen <http://www.bmz.de/epolitik/ statistiken>).

[315] *FAO*, SOFO 1997, 111.

[316] Beispiele innovativer Finanzierungsinstrumente sind finanzielle Mittel für die Bioprospektierung, die Erhebung von Ökotourismussteuern (in Costa Rica, Kenia, und Thailand) oder steuerliche Kompensationen für der Erhaltung von Naturschutzgebieten, die in einigen Staaten Brasiliens praktiziert wird. Siehe weitere Beispiele in: *FAO*, SOFO 1997, 113.

[317] Soweit im folgenden von der „Weltbank" gesprochen wird, sind damit folgende Organisationen der Weltbankgruppe gemeint: Internationale Bank für Wiederaufbau und Entwicklung (International Bank for Reconstruction and Development - IBRD) und die Internationale Entwicklungsorganisation (International Development Association - IDA).

wieder ein deutlicher Abwärtstrend erkennbar[318]. Der Weltbank kommt als wichtigster Finanzierungsinstitution im Bereich der multilateralen Entwicklungszusammenarbeit eine wesentliche Rolle bei der Konzeption, Finanzierung und Koordinierung internationaler Maßnahmen und Programme zur Tropenwalderhaltung und Forstentwicklung in den Tropen zu[319]. Auch wenn sich die Begriff der Umwelt und der nachhaltigen Entwicklung nicht im Statut der Weltbank befindet, ist heute allgemein anerkannt, daß auch der Weltbank ein Mandat zum Schutz der Umwelt zukommt und diese mithin Umweltprojekte finanzieren und hierdurch einen Beitrag zur Förderung des Prinzips der nachhaltigen Entwicklung leisten kann[320]. Neben der Funktion der Weltbank als Treuhänder des „Rain Forest Trust Fund"[321] und des Umweltfonds GEF (Global Environment Facility)[322] vergibt die Weltbank Darlehen für spezielle Umweltprojekte[323]. Die Weltbank hat bislang Umwelt-

---

[318] Die Summe, welche die multilateralen Banken im Rahmen der ODA im Forstbereich zahlten, lag 1992 noch bei über 860 Mio. US-$; 1997 wurden von den multilateralen Banken nur noch 276 Mio. US-$ für den Forstsektor zur Verfügung gestellt; davon stammten 67 % von der Weltbank, 27 % von der Asiatischen Entwicklungsbank und jeweils 3 % von der Afrikanischen und der Inter-Amerikanischen Bank (vgl. *Madhvani*, An Assessment of Data on ODA Financial Flows in the Forest Sector, Annex IV).

[319] Vgl. ausführlich zum Engagement der Weltbank im Umweltbereich: *Shihata*, The World Bank's Contribution to the Development of International Environmental Law, in: Hafner u.a. (Hrsg.), Liber americorum Seidl-Hohenveldern, 631 ff.; *ders.*, The World Bank in a Changing World, Vol. II, 183 ff. Siehe auch <http://www.worldbank.org>.

[320] Vgl. *Handl*, The Legal Mandate of Multilateral Development Banks, AJIL 1998, 642, 467, der sogar von einer Verpflichtung der multilateralen Entwicklungsbanken zur Beachtung des Prinzips des „sustainable development" ausgeht.

[321] Vgl. oben, S. 177.

[322] Siehe dazu sogleich, S. 219 ff.

[323] Die Schwerpunkte des Umweltportfolio der Weltbank liegen bei Projekten zur Verringerung der Umweltverschmutzung und städtischer Umweltprobleme; des weiteren werden Maßnahmen des ländlichen Umweltmanagements (z.B. Erhaltung der Artenvielfalt, Waldmanagement und Erhaltung von Land- und Gewässerressourcen) sowie zur Stärkung nationaler und lokaler Umweltinstitutionen finanziert (vgl. näher zum Umweltportfolio der Weltbank: *Steer*, Zehn Grundsätze des neuen Umweltschutzes, Finanzierung & Entwicklung, Dez. 1996, 4 f.).

projekte mit einem Gesamtvolumen von etwa 12 Mrd. US-$ finanziert[324].

Das Engagement der Weltbank im Forstbereich ist vor allem gerichtet auf die Nutzung der Waldressourcen für die Bekämpfung der Armut in Entwicklungsländern, die Durchführung von institutionellen Reformen, die Verbesserung der politischen Rahmenbedingungen, die Berücksichtigung forstlicher Aspekte bei der Förderung landwirtschaftlicher Vorhaben sowie auf den Schutz noch intakter Primärwaldgebiete[325]. Von allen Entwicklungsorganisationen hat die Weltbank das größte Forstportfolio[326]; dieses liegt bei ungefähr 5 Mrd. US-$[327].

Die Weltbank richtet sich bei der Projektfinanzierung nach ihrem diesbezüglichen „Operational Policy Statement" für die Wälder aus dem Jahre 1993. Danach sind Staaten, die Kredite für Forstprojekte in Anspruch nehmen wollen, zur Erhaltung und nachhaltigen Bewirtschaftung der Wälder verpflichtet, was sich durch entsprechende rechtliche Normen und institutionelle Rahmenbedingungen widerspiegeln soll[328].

---

[324] *Shihata*, The World Bank's Contribution to the Development of International Environmental Law, in: Hafner u.a. (Hrsg.), Liber americorum Seidl-Hohenveldern, 631, 633 (Angaben für 1997). Im Geschäftsjahr 1998 lagen die Gesamtausgaben für Umweltprojekte bei 10,9 Mrd. US-$, da eine Reihe bereits genehmigter Umweltprojekte abgeschlossen werden konnte. 4,3 Mrd. US-$ entfielen auf Projekte zur Förderung des ländlichen Umweltmanagements. Insgesamt wurden 1998 183 Projekte im Umweltbereich gefördert, 1990 waren es erst 33 Projekte (*Weltbank*, Jahresbericht 1998, 86; vgl. im einzelnen zu den auch im Rahmen der GEF und des Montrealer Protokolls geförderten Umweltprojekten: *Weltbank*, Environment matters at the World Bank, Annual Review 1998, 10 ff. sowie <http://www.worldbank.org/html/extpb/annrep/down.htm>, Jahresbericht der Weltbank 2000).

[325] Vgl. ausführlich *Seymour/Dubash*, The Right Conditions: The World Bank, Structural Adjustment, and Forest Policy Reform, 11 ff. mit ausführlichen Fallstudien über das Engagement der Weltbank in Papua-Neuguinea, Kamerun, Indonesien und Kenia.

[326] *Jones*, World Bank Experiences, Quarterly Journal of Int. Agriculture 1994, 150, 159.

[327] Vgl. <http://wbln0018.worldbank.org>, siehe auch *Newcombe/Blaser/Canby*, The World Bank and Forests, in: Weltbank, Environment matters at the World Bank, Annual Review 1998, 56. Das Portfolio umfaßt Mittel der Weltbank, der GEF und des G-7 Pilotprojekts zum Schutz der brasilianischen Regenwälder.

[328] Sog. Operational Policy Statement/Forestry Good Practice (OP/GP 4.36, Abdruck in: *Weltbank*, A Review of the World Bank's 1991 Forest Strategy,

Die Weltbank betont in ihrem „Policy Statement“, daß sie keine Projekte, die mit der Rodung von tropischen Primärwäldern einhergehen, fördert. Das „Policy Statement“ beruht auf dem Weltbankpapier „The Forestry Sector“ von 1991, in welchem die Weltbank sektorübergreifende Lösungsansätze bei der Durchführung von waldwirtschaftlichen Projekten sowie eine angemessene Berücksichtigung sowohl von Entwicklungs- als auch von Naturschutzaspekten fordert. Obwohl sich dieses Weltbankpapier grundsätzlich auf alle Waldarten bezieht, werden schwerpunktmäßig die tropischen Regenwälder behandelt[329]. 1998 erfolgte einer Überprüfung des Forest Policy Paper von 1991[330] (Forest Policy Implementation Review and Strategy), wodurch eine Reihe von Schwachstellen der bisherigen Waldstrategie der Weltbank aufdeckt worden sind. Kritisiert wird im Abschlußbericht beispielsweise die Fokussierung der Förderung auf Länder mit tropischem Regenwaldbestand, die unzureichende Beachtung des Einflusses der nationalen und internationalen Holzmärkte auf die Entwaldungsrate und die ungenügende Einbindung des privaten Sektors[331]. Der Bericht fordert daher eine Überarbeitung der Forststrategie der Weltbank[332].

Vol. II, Annex H u. I); näher dazu *Shihata*, The World Bank in a Changing World, Vol. II, 257 f., 545 f.; *ders.*, The World Bank's Contribution to the Development of International Environmental Law, in: Hafner u.a. (Hrsg.), Liber americorum Seidl-Hohenveldern, 631, 639.

[329] *Weltbank*, The Forest Sector: A World Bank Policy Paper, 1991. Das Weltbankpapier von 1991 ersetzt das erste „Forest Policy Paper“ aus dem Jahre 1978. Seitdem sind die Ausgaben der Weltbank im Wald- und Forstbereich stetig gewachsen: In der Zeit vor 1978 stellte die Weltbank lediglich 199 Mio. US-$ für 17 Waldprojekte zur Verfügung. In der Zeit von 1984-1991 waren es schon 1,9 Mrd. US-$ für insgesamt 73 Projekte, die schwerpunktmäßig in Asien und Afrika durchgeführt wurden. Zwischen 1992 und 1999 förderte die Weltbank bereits 128 Projekte; die Gesamtsumme belief sich auf 3,5 Mrd. US-$. Gegenüber dem Zeitraum 1984-1991 bedeutet dies einen Anstieg um 78 % (*Weltbank*, A Review of the World Bank‘s 1991 Forest Strategy, Vol. I, Table 1). Vgl. hierzu auch: *Kolk*, Forests in International Environmental Politics, 223 f.; *Sharma/Rowe*, Bewirtschaftung der Wälder der Welt, Finanzierung & Entwicklung, Juni 1992, 31, 32; *Jones*, World Bank Experiences, Quarterly Journal of Int. Agriculture 1994, 150 ff.

[330] Vgl. *Weltbank*, A Review of the World Bank's 1991 Forest Strategy and Its Implementation, Vol. I u. II, Januar 2000.

[331] Mehr Beachtung des privaten Sektor strebt die Weltbank bereits durch das 1998 eingerichtete CEOs‘ (Chief Executive Officer) ad hoc-Forum aus Vertretern der weltweit größten Holzunternehmen sowie der meisten interna-

Eine weitere Initiative zur Erhaltung der weltweiten Wälder hat die Weltbank 1997 zusammen mit der Umweltorganisation WWF gestartet. Die *Global Alliance for Forest Conservation and Sustainable Use* verfolgt das Ziel, daß bis zum Jahr 2005 insgesamt 200 Mio. ha Wirtschaftswald nachhaltig bewirtschaftet und von unabhängiger Stelle zertifiziert werden, und zwar 100 Mio. ha Tropenwald und 100 Mio. ha temperierte und boreale Wälder; geplant ist zunächst, daß bis zum Jahr 2001 25 Mio. ha Wald zertifiziert werden. Des weiteren sollen 50 Mio. ha Wald bis zum Jahr 2005 als Schutzgebiete ausgewiesen werden[333]. Der WWF geht mehrheitlich davon aus, daß letztere Zielvereinbarung innerhalb der nächsten fünf Jahre erreicht werden könnte. Die Zertifizierung von 200 Mio. ha Wald im gleichen Zeitraum wird dagegen als eher unrealistisch eingestuft[334].

Hintergrund der Allianz zwischen Weltbank und WWF war eine Untersuchung des WWF Mitte der 90er Jahre, die zu dem Ergebnis kam,

---

tionalen NGOs an. So wurden bereits öffentlich-private Partnerschaften für eine verbesserte Verwaltung von Waldkonzessionen im Kongobecken und in Rußland gebildet. Durch eine mit dem Forum zusammenhängende Initiative, „Forest Trends", soll die private Forstproduktbranche für eine bessere Forstpolitik in den Mitgliedsländern mobilisiert werden (vgl. *Weltbank*, Jahresbericht 1999, 136).

[332] *Weltbank*, A Review of the World Bank's 1991 Forest Strategy and Its Implementation, Vol. I, 39 f.: Folgende Elemente sollen danach Priorität in einer überarbeiteten Forststrategie erhalten: Die aktive Partnerschaft mit dem privaten Sektor, die Verhinderung des illegalen Holzeinschlags, die Ausweitung der finanziellen Förderung auf alle Waldtypen, die Sicherung der Rechte der indigenen Bevölkerung, die Einrichtung finanzieller Fonds für die Erhaltung von Biodiversität und Kohlenstoffspeichern in Wäldern, ein verbessertes Berichtssystem der Weltbank.

[333] Vgl. hierzu die Studie von *IUCN*, Threats to Forest Protected Areas, Nov. 1999; siehe auch *Newcombe/Blaser/Canby*, The World Bank and Forests, in: Weltbank, Environment matters at the World Bank, Annual Review 1998, 56 ff. Siehe auch im Internet zu bereits durchgeführten oder geplanten Aktionen der Allianz <http://www-esd.worldbank.org/wwf/>. Allein Brasilien hat 1998 zugesagt, im Rahmen der Allianz zwischen Weltbank und WWF 25 Mio. ha Wald unter Schutz zu stellen. Zur Zeit sind ca. 3,8 % des brasilianischen Tropenwälder als Schutzflächen ausgewiesen, aufgrund der neuen Regierungsentscheidung würden noch einmal knapp 4 % Waldfläche hinzukommen (vgl. *World Bank/WWF Alliance for Forest Conservation and Sustainable Use*, Annual Report - 1999, 10).

[334] *Weltbank*, A Review of the World Bank's 1991 Forest Strategy, Vol., I, 38.

daß zum damaligen Zeitpunkt lediglich 6 % der Wälder weltweit unter Naturschutz standen. Die Naturschutzorganisation hat daraufhin zunächst eine Erhöhung des Schutzflächenanteils auf mindestens 10 % bis zum Jahr 2000 angestrebt[335]. Im Rahmen der WWF-Kampage „Wälder zum Leben“ haben sich 22 Länder verpflichtet, bis zu diesem Zeitpunkt ein nationales System von Waldschutzgebieten zu etablieren, das mindestens 10 % repräsentative Waldflächen beinhaltet[336]. Regionale Teffen zwischen der Weltbank und dem WWF haben inzwischen in den wichtigen Waldregionen der Erde stattgefunden, um dort jeweils inhaltliche und strategische Prioritäten festzulegen und das weitere gemeinsame Vorgehen in den einzelnen Ländern abzustimmen. Mittlerweile ist die Fläche der unter Schutz stehenden Wälder auf über 300 Mio. ha bzw. über 8 %weltweit angestiegen[337].

Die Weltbank fördert überdies durch den 1999 eingerichteten Prototype Carbon Fund (PCF) Klimaschutzprojekte in Entwicklungs- und Transitländern; hierzu zählen auch Projekte zum Waldschutz, wie etwa in Costa Rica[338]. Gezielte Projekte zum Schutz der Biodiversiät in sog.

---

335 *Kiekens*, Certification, 23.

336 Zu diesen Ländern gehören: Argentinien, Bolivien, Brasilien, Chile, Kolumbien, Nicaragua, Kanada, Australien, Neuseeland, Armenien, Usbekistan, China, Vietnam, Tunesien, Mosambik, Malawi, Österreich, Griechenland, Rumänien, Slowakei, Litauen, russ. Republik Sakha (vgl. <http://www.wwf.org>). Vgl. näher zur „Forests for Life“-Kampagne von WWF und IUCN: *WWF/IUCN*, Wälder zum Leben, 23; *Liedeker*, Die Waldkampagnen des WWF, Forstliche Forschungsberichte München Nr. 172/1998, 77, 81 ff.

337 *UNEP/WCMC*, Global Biodiversity, 205; *FAO*, Agriculture: Towards 2015/30, 157.

338 Vgl. im Internet <http://www.prototypecarbonfund.org>. Teilnehmer am PFC sind in erster Linie große Firmen aus der Energiebranche sowie die Regierungen einiger Staaten (Kanada, Finnland, Niederlande, Norwegen, Schweden). Die geförderten Projekte zur Reduktion von Treibhausgasemissionen lehnen sich an die Instrumente des Clean Development Mechanism (CDM) und der Joint Implementation (JI) nach den Art. 12 und 6 des Kyoto-Protokolls zur Klimarahmenkonvention an. Da das Kyoto-Protokoll von 1997 aber noch nicht in Kraft getreten ist (siehe dazu nachfolgend, S. 239 f.), übernimmt die Weltbank durch den PFC insoweit eine Vorreiterrolle nach dem Motto „learning-by-doing“. Durch den Finanztransfer der Industriestaaten für projektbezogene Aktivitäten zum Klimaschutz profitieren einerseits Entwicklungs- und Transitländer; andererseits erhalten die fördernden Industriestaaten bzw. Unternehmen für ihr Engagement sog. zertifzierte Emissionsreduktionen, die sie sich möglicherweise auf ihre Treibhausgasreduktionensverpflichtungen nach dem Kyoto-

hot-spot-Arealen, wie etwa auf Madagaskar, in Westafrika und in den tropischen Anden, sollen schließlich durch den im Jahr 2000 gemeinsam mit der GEF und Conservation International (CI) ins Leben gerufenen Fonds „Critical Ecosystem Partnership Fund" (CEFP) finanziert werden[339].

Neben der Weltbank hat auch die Asiatische Entwicklungsbank (Asean Development Bank, ADB) ihre Politik im Bereich der forstlichen Entwicklung in der „Bank's Policy on Forestry" von 1994 eindeutiger definiert. Schwerpunktmäßig sind Fördermaßnahmen auf den Philippinen sowie in Pakistan, Bangladesh, Vietnam und Nepal vorgesehen. Die Schutz- und Nutzungsfunktion der Wälder sowie die Einbeziehung der lokalen Bevölkerung werden in den Vordergrund gestellt. Auch die afrikanische Entwicklungsbank sowie die Inter-Amerikanische Bank haben Förderrichtlinien für den Forstsektor aufgestellt[340]. Zusammen mit der Weltbank beteiligen sich diese drei multilateralen Banken an der öffentlichen Entwicklungshilfe im Forstbereich.

2. Globale Umweltfazilität (GEF)

Für den Schutz der weltweiten Waldbestände und die Umstellung der Waldbewirtschaftung auf umweltverträgliche Verfahren werden Fi-

---

Protokoll - sollte dieses in Kraft treten - anrechnen lassen könnten. Bei der Auswahl der zu fördernden Projekte, die durch unabhängige Experten erfolgt, wird v.a. eine gleichmäßige geographische Verteilung der Projekte angestrebt; hierdurch soll das finanzielle Risiko für die Teilnehmer reduziert werden. Bislang ist ein Projekt in Litauen konkret geplant, weitere 25 Projekte warten noch auf eine Förderzusage. Der PFC ist begrenzt auf die Summe von 150 Mio. US-$, die bereits von den Teilnehmern eingezahlt worden ist; aufgrund der hohen Nachfrage seitens der Industrieländer ist daher eine weitere Aufstockung des Fonds geplant. Vgl. hierzu *Totten*, Getting it Right: Emerging Markets for Storing Carbon in Forests, 37 f.; *Weltbank*, Environment matters at the World Bank, Annual Review 2000, 58 f.

[339] Vgl. *Weltbank*, Environment matters at the World Bank, Annual Review 2000, 60.

[340] Vgl. Operational Policy (OP)-723 Foresty Development der Inter-American Development Bank, <http://www.iadb.org>. Siehe auch *BReg.*, 6. Tropenwaldbericht, 28; vgl. allgmein zur Rolle multilateraler Entwicklungsbanken zur Förderung einer nachhaltigen Entwicklung: *Handl*, The Legal Mandate of Multilateral Development Banks, AJIL 1998, 642 ff.

nanzmittel in erheblichem Umfang benötigt[341]. Neben Kompensationen für die Entwicklungsländer durch Schuldenerlaß, Schuldentausch[342], Entwicklungshilfe und Handelserleichterungen begannen in den 80er Jahren in Anbetracht eines fehlenden umfassenden Finanzierungsfonds zum Schutz der globalen Umwelt[343] Überlegungen zur Errichtung der

---

[341] Allein die Anpflanzung eines Hektars Wald in den Tropen kostet etwa 400-500 US-$, in der borealen Zone durchschnittlich 1500 US-$ und in Europa bis weit über 2000 US-$. Besonders kostenintensiv ist auch die Schaffung der notwendigen Infrastruktur zur Pflege und Überwachung von Aufforstungen, die Ausbildung und Schulung von Personal im Forstbereich sowie die Einrichtung und Überwachung von Schutzgebieten (vgl. *Hartenstein/Schmidt*, Planet ohne Wälder?, 157).

[342] Einen Mechanismus zur Umweltschutzfinanzierung stellt das Konzept der sog. „debt-for-nature swaps" dar, also die Umwandlung von Schuldentiteln in Umweltschutzinvestitionen. Die Modalitäten des Schuldentausches zugunsten des Umweltschutzes wurden in den 80er Jahren vom WWF entwickelt. Das Verfahren geht von folgendem Konzept aus: Schuldentitel der Entwicklungsländer werden von Dritten (z.B. Umweltschutzorganisationen) entweder als Spende erworben oder aber auf der Grundlage vorheriger vertraglicher Vereinbarungen mit den Zentralbanken der Schuldnerstaaten zum Nominalwert oder auch mit Abschlägen von privaten Gläubigerbanken erstanden. Die erworbenen Schuldentitel werden in einheimische Währungen konvertiert und für Umweltschutzmaßnahmen und ökologische Programme reinvestiert. Seit der ersten debt-for-nature Vereinbarung aus dem Jahr 1987 sind bis 1996 Schuldentitel in Höhe von ca. 180 Mio. US-$ für ca. 26 % ihres Wertes aufgekauft und im Gegenzug Umweltschutz- und Erhaltungsmaßnahmen für 130 Mio. US-$ in Entwicklungsländern finanziert worden (vgl. *Resor*, Debt-for-nature swaps, Unasylva 188, 1997, 15, 17 ff.; siehe dazu auch *Kloss*, Umweltschutz und Schuldentausch, 78 ff., *Oberndörfer*, Schutz der tropischen Regenwälder durch Entschuldung, 21 ff.). Vgl. auch hierzu den US-amerikanischen „Tropical Forest Conservation Act" von 1998, HR 2870, der einen Schuldenerlaß für Tropenländer vorsieht, die verstärkt Wälder als Schutzgebiete ausweisen. Kritisch zur Wirksamkeit der „debt-for-nature swaps": *Quadflieg*, Konzept zur Harmonisierung, 199; *Shilling*, Überlegungen zur Verschuldung und Umwelt, Finanzierung & Entwicklung, Juni 1992, 28, 30.

[343] Umweltfonds finden sich vereinzelt in umweltvölkerrechtlichen Vereinbarungen, wie zum Beispiel der „World Heritage Fund" der UNCESO-Welterbekonvention auch die Ramsar-Konvention verfügt über einen eigenständigen Finanzierungsmechanismus, der ausschließlich auf freiwilligen Beiträgen der Vertragsparteien beruht und nur über ein geringes Volumen von jährlich etwa 1 Mio. US-$ verfügt (<http://www.ramsar.org>). Der Umweltfonds von UNEP, der 1972 in Anschluß an die Stockholmer Umweltkonferenz errichtet worden ist, wird aus freiwilligen Leistungen der Mitglieder zur Finan-

Globalen Umweltfazilität *(Global Environment Facility, GEF)*[344]. Diskutiert wurde neben der von der Weltbank propagierten Lösung eines globalen Umweltfonds auch die Einrichtung eines eigenständigen Walderhaltungs- oder Tropenwaldfonds bzw. die Ausweitung schon bestehender Fonds von UNEP[345]. Gemeinsam war allen Finanzierungsvorschlägen, daß die Industrieländer einen Großteil des Fondsvermögens aufbringen sollten. Im März 1991 ist die GEF auf eine deutsch-französische Initiative hin von der Weltbank mit Unterstützung von UNDP und UNEP zunächst als Pilotprojekt für die Dauer von drei Jahren (1991-1994) eingerichtet worden[346]. Die Weltbank übernimmt neben UNEP und UNDP die Rolle einer der drei Durchführungsorganisationen; gleichwohl ist die GEF eine eigenständige Organisation.

Die GEF dient als Mechanismus zum Transfer finanzieller Ressourcen von den Industriestaaten in die Entwicklungsländer, um Maßnahmen im Interesse des globalen Umweltschutzes zu unterstützen und auf diese Weise eine umweltverträgliche, nachhaltige wirtschaftliche Entwick-

---

zierung von Umweltprogrammen gespeist und betrug im Haushaltsjahr 1998/99 75 Mio. US-$ (vgl. *Ehrmann*, Die globale Umweltfazilität, ZaöRV 1997, 565, 569 ff.; Übersicht zu den Finanzierungsmechanismen im internationalen Umweltrecht bei: *Sands*, Principles of international environmental law, 734 ff.).

344 Die Initiative zur Gründung eines globalen Umweltfonds im Rahmen der Weltbank ging Ende 1989 von Frankreich und Deutschland aus. Die Entwicklungsländer favorisierten als Gegenmodell einen multilateralen „grünen Fonds", der die Geberländer zu festen Zahlungen bei gleichzeitiger Beteiligung der Empfängerstaaten an der Kontrolle über die Mittelvergabe verpflichten sollte. Die 1990 geführten Konsultationen, die zeitlich parallel zu den Verhandlungen über die Errichtung des „Rain Forest Trust Fund" verliefen (siehe oben, S. 177), endeten schließlich im November 1990 in Paris mit der Einigung über die Gründung der Globalen Umweltfazilität, nachdem eine Reihe von Staaten freiwillige Beiträge zugesagt hatten. Vgl. ausführlich zu den Hintergründen: *Shihata*, The World Bank in a Changing World, Vol. II, 223 ff.; *Sand*, Trusts for the Earth, in: Lang (Hrsg.), Sustainable Development and International Law, 167, 169 ff.; *Ehrmann*, Die Globale Umweltfazilität, ZaöRV 1997, 565, 573 ff.

345 1986 wurde von UNEP der Vorschlag unterbreitet, einen Walderhaltungsfonds einzurichten, in den die Industrieländer Geldleistungen zur Förderung von Naturschutzgebieten und nachhaltigen Bewirtschaftungs- und Rekultivierungsmaßnahmen einbringen sollten (vgl. *Enquête-Bericht [1990]*, 761; *Kloss*, Umweltschutz und Schuldentausch, 222 f.).

346 Resolution 91-05 vom 14.3.1991 der Exekutivdirektoren der Weltbank, abgedruckt in: ILM 30 (1991), 1735, 1758 ff.

lung zu fördern. Die GEF ersetzt dabei nicht die Notwendigkeit der Verhandlung über rechtliche Instrumente zum Schutz spezifischer Umweltsektoren auf internationaler Ebene[347]. Mit der globalen Umweltfazilität wurde der schon 1990 im Ozonfonds umgesetzte Gedanke, daß Entwicklungsländer für Umweltschutzmaßnahmen, die allen Staaten zugute kommen, einen finanziellen Ausgleich erhalten sollen, verwirklicht[348].

Die Finanzierung von Umweltschutzprojekten erfolgt in der Form zinsloser Zuschüsse oder zu Vorzugsbedingungen und nicht - wie sonst bei der Kreditvergabe der Weltbank üblich - als Darlehen[349]. Die GEF finanziert jedoch nur den Mehrkostenaufwand (sog. „incremental costs"), der bei der Durchführung eines Projekts für den globalen Umweltschutz oder der Ergänzung einer umweltrelevanten Ausrichtung eines bereits vorgesehenen Projekts entsteht. Die GEF trägt somit lediglich die Kostendifferenz, die sich aus einem Vergleich zwischen dem Projekt mit Umweltkomponente und dem Projekt in seiner ursprünglichen Planung ergibt[350]. Die GEF konzentriert sich auf die vier Schwerpunktbereiche („focal areas") Klimaschutz, Erhaltung der biologischen Vielfalt, Schutz internationaler Gewässer und Schutz der Ozonschicht. Zur Finanzierung dieser Projekte ist ein von der Weltbank verwalteter Treuhandfonds eingerichtet worden, dessen Umfang in der dreijährigen Pilotphase bei 1,3 Mrd. US-$ lag[351].

Ende 1992 begannen Verhandlungen über eine Umstrukturierung der GEF; im Juli 1994 trat schließlich das Instrument für die Errichtung der

---

[347] *Dolzer*, The Gobal Environmental Facility, in: Alfredsson/Macalister-Smith (Hrsg.), The Living Law of Nations, 331, 333.

[348] Der multilaterale, von der Weltbank verwaltete Fonds des Montrealer Protokolls über ozonschichtabbauende Substanzen verfügte für die Periode 1997-1999 über ein Finanzvolumen von 540 Mio. US-$ (vgl. *Ehrmann*, Die Globale Umweltfazilität, ZaöRV 1997, 565, 571 ff.; *Sands*, Principles of international environmental law, 735 f.; vgl. zum Montrealer Protokoll näher: *WBGU*, Jahresgutachten 1995, 130 ff.; *UNEP*, Valuing the Global Environment, 142 ff.).

[349] *Ehrmann*, Die Globale Umweltfazilität, ZaöRV 1997, 565, 578.

[350] *Klemm*, Die Global Environment Facility, RIW 1998, 921, 923 f.

[351] Innerhalb der Pilotphase sind aus dem Fonds allein 116 Projekte mit einem Gesamtumfang von 730 Mio. US-$ in 63 Staaten, v.a. auf den Gebieten der Erhaltung der Artenvielfalt und des Klimaschutzes finanziert worden (vgl. *GEF*, Study of GEF's Overall Performance, 1).

restrukturierten GEF in Kraft[352], welches einen Kompromiß zwischen der Forderungen der Industriestaaten und den Erwartungen der Entwicklungsländer darstellte und die künftige Struktur der GEF grundlegend umgestaltete[353]. Die Organisations- und Entscheidungsstruktur der GEF wurde von den Durchführungsorganisationen, insbesondere von der Weltbank, unabhängiger gemacht[354].

Die GEF hat dennoch ihre vier wesentlichen Schwerpunktgebiete beibehalten. In Reaktion auf die Kritik der Entwicklungsländer sieht das Instrument als neuen Aufgabenbereich die Bekämpfung der Schädigung des Bodens, der Wüstenbildung und der Entwaldung vor. Bedingung für eine Unterstützung von Maßnahmen auf diesen Gebieten ist jedoch ein Bezug zu den bereits genannten „focal areas"[355]. Die Thematik der

---

352 Instrument for the Establishment of the Restructured Global Environment Facility, abgedruckt in: ILM 33 (1994), 1273, 1278 ff.

353 Um eine weltweite Beteiligung von Staaten an der GEF zu ermöglichen, ist die Mitgliedschaft - anders als in der Pilotphase - nicht mehr an anfängliche Mindestzahlungen von 5,5 Mio. US-$ geknüpft; vielmehr kann jeder Mitgliedsstaat der Vereinten Nationen oder einer ihrer Sonderorganisationen durch Hinterlegung einer Teilnahmeurkunde bei dem GEF-Sekretariat Mitglied werden. Die geänderten Beitrittsbedingungen haben zu einem kontinuierlichen Mitgliederanstieg von anfangs 21 auf 166 Staaten geführt (<http://www.Gef web.org>, Stand: Dezember 1999).

354 Die GEF verfügt mit der Vollversammlung der Mitgliedstaaten, dem Rat und dem unabhängigen Sekretariat nunmehr über eine dreigliedrige Organstruktur, zuzüglich eines wissenschaftlichen Beirats. Bei der Zusammensetzung der neuen Institutionen wurde v.a. auf eine ausgewogene Vertretung aller Mitgliedstaaten geachtet, um den Interessen sowohl der Geber- als auch der Empfängerländer gleichermaßen gerecht zu werden. Diesen Interessen dient auch der neue Abstimmungsmodus einer „double weighted majority": Er stellt eine Mischung dar zwischen dem „one-nation-one vote"-Prinzip der Vereinten Nationen und dem Abstimmungsmodus nach der Höhe des finanziellen Beitrags („one dollar - one vote"), wie er in den Finanzinstitutionen Weltbank oder Internationaler Währungsfond üblich ist. Für die Entscheidung ist eine 60 %ige Mehrheit der Stimmen notwendig, die gleichzeitig 60 % der Beiträge zum Treuhandfonds repräsentieren. Damit erhalten sowohl die hauptsächlichen Geberländer als auch die Gesamtheit der Entwicklungsländer eine Vetoposition, während einzelne Staaten kollektive Entscheidungen nicht blockieren können (vgl. ausführlich *Ehrmann*, Die globale Umweltfazilität, ZaöRV 1997, 565, 589).

355 GEF-Instrument, Teil I, Abs. 3, ILM 33 (1994), 1278, 1285: „The agreed incremental costs of activities concerning land degradation, primarily desertification and deforestation, as they relate to the four focal areas, shall be eligible for funding".

zunehmenden Entwaldung stellt also bislang noch kein eigenständiges (fünftes) Fenster der GEF dar.

Die GEF dient der Biodiversitätskonvention als vorläufiger[356] und der Klimarahmenkonvention seit der 4. Vertragsstaatenkonferenz 1998 als endgültiger Finanzierungsmechanismus[357]. Der größte Anteil der Geldmittel[358] fließt in Projekte dieser beiden Rio-Konventionen; jeweils 38 % entfallen auf Vorhaben zur Erhaltung der Artenvielfalt und des Klimaschutzes, 14 % auf Gewässerprojekte und 6 % auf Projekte zum

---

[356] Art. 21 iVm Art. 39 der Biodiversitätskonvention (vgl. hierzu auch UN-Doc. UNEP/CBD/COP/5/7 v. 14.12.1999: Report of the Global Environment Facility). Auch der Agenda 21 dient die GEF neben anderere Einrichtungen als Finanzierungsinstrument (Kap. 33.14 [a] iii). Die Entwicklungsländer lehnten die GEF als endgültigen Finanzierungsmechanismus zunächst deswegen ab, da sie aufgrund des Durchführungs- und Entscheidungsverfahren der GEF und der engen Verbindung zur Weltbank eine Vorherrschaft der Geberländer gegenüber den Empfängerländern befürchteten. Entwicklungsländer und NGOs übten darüber hinaus Kritik an den von der GEF selbst gewählten vier Schwerpunktgebieten, die nur die einseitigen Interessen der Industrieländer und nicht die eigentlichen nationale Umweltprobleme der Entwicklungsländer berücksichtigen würden. Gerügt wurde vor allem die fehlende Einbeziehung der Überbeanspruchung der Böden und die sich daraus ergebende Problematik der Wüstenausbreitung und der zunehmenden Entwaldung (vgl. *Kloss*, Umweltschutz und Schuldentausch, 225 f.; *Klingebiel*, Globale Umweltfazilität, epd-Entwicklungspolitik 9/10 1993, 22 ff.; *Ehrmann*, Die globale Umweltfazilität, ZaöRV 1997, 565, 583 f.).

[357] Vgl. UN-Doc. FCCC/CP/1998/L.22 v. 13.11.1998: Review of the Implementation of Commitments and of other Provisions of the Convention - Financial Mechanism. Siehe allg. zum Verhältnis der GEF zu den beiden Rio-Konventionen: *GEF*, Study of GEF's Overall Performance, 53 ff.; *GEF*, Relations to Conventions, GEF/C.10/7 v. 3.10.1997.

[358] Für den Zeitraum von 1994-1997 (GEF 1) wurde die GEF mit etwa 2 Mrd. US-$ ausgestattet (vgl. *GEF*, Annual Report of the Global Environment Facility 1997, Tabelle 7.2). Deutschland war mit einem Anteil von knapp 12 % (240 Mio. US$) der drittgrößte Geldgeber nach den USA (430 Mio. US-$) und Japan (410 Mio. US-$). Die zweite im März 1998 vom GEF-Rat bewilligte Auffüllungsrunde stellt bis zum 30.6.2002 2,75 Mrd. US-$ für geeignete Projekte zum globalen Umweltschutz zur Verfügung. Durch die Einbeziehung der Restmittel aus GEF 1 ist aber das Volumen der neu aufgebrachten Mittel erneut auf ca. 2 Mrd. US-$ begrenzt - dies ist etwa die Hälfte dessen, was noch auf der Rio-Konferenz angedacht war (vgl. *Dolzer*, Formulation, Funding, and Implementing, in: Dolzer/Thesing, Protecting our Environment, 267, 275; siehe auch *Klemm*, Die Global Environment Facility, RIW 1998, 921, 923).

Erhalt der Ozonschicht. Die restlichen 4 % dienen der Finanzierung übergreifender Projekte[359].

VI. UNCED-Nachfolgeprozeß im Waldbereich

1. Institutionelle Neuerungen

a) Kommission für nachhaltige Entwicklung (CSD)

Zum Zwecke der Gewährleistung einer effektiven Fortführung des Rio-Prozesses und der Verbesserung der zwischenstaatlichen Zusammenarbeit bei der Suche nach integrierten Lösungen von Umwelt- und Entwicklungsfragen hat der UN-Wirtschafts- und Sozialrat (ECOSOC) am 12.2.1993 die Kommission für nachhaltige Entwicklung *(Commission on Sustainable Development, CSD)* eingesetzt[360]. Die CSD wird als die wichtigste der neuen Umweltinstitutionen angesehen, die im Anschluß an die Rio-Konferenz geschaffen wurden[361].

Der CSD gehören 53 Staatenvertreter an, die nach einem bestimmten geographischen Verteilungsschlüssel aus dem Kreise der UN-Mitgliedstaaten und UN-Sonderorganisationen für jeweils drei Jahre gewählt

---

[359] *GEF*, Project Performance Report 1998, 3 (Angaben für insgesamt 267 geförderte Projekte in der Pilotphase und GEF 1). Übersicht zu den Projekten in: <http://www.gefweb.operport/projstat.pdf>.

[360] Damit folgte ECOSOC der Empfehlung der UN-Generalversammlung, Resolution 47/191 v. 22.12.1992, die sich ihrerseits auf die Forderung in der Agenda 21 (Kap. 38.11-13) nach der Bildung einer hochrangigen Kommission für nachhaltige Entwicklung berief. Vgl. ausführlicher zur Gründung der CSD: *Grayson/Maynard*, The World's Forests, 21 ff.

[361] Neben der CSD ist auf Sekretariatsebene ein Ausschuß für nachhaltige Entwicklung (Inter-Agency Committee on Sustainable Development, IACSD) für die UN-interne Koordination der Aktivitäten zur Umsetzung der Agenda 21 eingerichtet worden. Daneben wurde eine Abteilung für Umwelt und Entwicklung (Department for Policy Coordination and Sustainable Development) gebildet. Dem UN-Generalsekretär stand im Rio-Nachfolgeprozeß ein mittlerweile nicht mehr aktives 21-köpfiges Expertenteam zur Seite (High-level Advisory Board on Sustainable Development, letzter Bericht in: UN-Doc. E/CN.17/1997/17 v. 7.3.1997). Vgl. dazu *Beyerlin*, Rio-Konferenz 1992, ZaöRV 1994, 124, 144 f.; *Schneider*, Internationale Aktivitäten zur Umsetzung der Ergebnisse von Rio, AFZ 15/1993, 788, 789; siehe zur Neugründung nichtstaatlicher Organisationen im Umweltbereich: *WBGU*, Jahresgutachten 1995, 73.

werden[362]. Damit stellt die CSD wie das Umweltprogramm der Vereinten Nationen eine intergouvernementale Institution dar. Um Koordinierungsschwierigkeiten zwischen der CSD und UNEP zu vermeiden, soll die CSD in enger Abstimmung mit anderen UN-Einrichtungen die wesentlichen Richtungsbestimmungen für eine nachhaltige Entwicklung vornehmen und sich vorrangig der sektorspezifischen Umsetzung dieses Konzepts im Sinne einer holistischen Wirtschafts- und Entwicklungspolitik annehmen[363]. Zu den Hauptaufgaben der CSD zählt v.a. die Koordination und Überwachung des Implementierungsprozesses der Agenda 21 und der Rio-Deklaration sowie die Erarbeitung von Vorschlägen zur Fortentwicklung der Rio-Instrumente.

Auf der ersten Sitzung der Kommission im Juni 1993 wurde ein mehrjähriges Arbeitsprogramm zu insgesamt neun Themengruppen aus der Agenda 21 beschlossen, mit denen sich die Institution bis zum Zusammentritt der UN-Sondergeneralversammlung Mitte 1997 mindestens einmal befassen sollte[364]. Übergreifende Querschnittsaufgaben (z.B. Technologietransfer, Finanzmechanismen) sollten jährlich behandelt wurden, sektorale Themenkomplexe (u.a. Wüstenbildung, Wälder und

---

[362] Die Mitglieder verteilen sich auf folgende Staatengruppen/Kontinente: Afrika: 13, Asien: 11, Osteuropa: 6, Lateinamerika und Karibik: 10, Westeuropa und übrige Staaten: 13. Vgl. *New Zealand Ministry of Foreign Affairs and Trade* (Hrsg.), United Nations Handbook 2000, 112 ff.

[363] Dagegen liegt der Schwerpunkt der Arbeit von UNEP in der Koordination sämtlicher Aktivitäten der UN-Einrichtungen im Umweltbereich und in der Anregung der internationalen Zusammenarbeit aller auf dem Gebiet des Umweltschutzes tätigen staatlichen und nichtstaatlichen Organisationen (sog. katalytische Funktion). UNEP ist in Kapitel 38.22 der Agenda 21 für die Weiterentwicklung des Umweltrechts eine besondere Rolle zugedacht worden. Allerdings stoßen die Aktivitäten von UNEP zur Förderung des Abschlusses zwischenstaatlicher Umweltschutzübereinkommen angesichts der mangelnden personellen und finanziellen Ausstattung auf ihre Grenzen (Budget des Umweltfonds 1994/95: 160 Mio. US-$, 1996/97: 102 Mio. US-$ und 1998/99: 107,5 Mio. US-$; vgl. Yearbook of International Co-operation on Environment and Development 1998/99, 224). Vgl. näher zum Verhältnis von CSD und UNEP: *Beyerlin/Marauhn*, Rechtsetzung und Rechtsdurchsetzung im Umweltvölkerrecht, 65 ff.

[364] UN-Doc. E/CN.17/1993/5 v. 1.6.1993: Adoption of a Multi-Year Thematic Progamme of Work to the Commission. Vgl. zum Programm der CSD auch: *Beyerlin*, Rio-Konferenz 1992, ZaöRV 1994, 124, 143 f; *Hohmann*, Ergebnisse des Erdgipfels von Rio, NVwZ 1993, 311, 316; *Sands*, Principles of international environmental law, 74 ff.

Artenvielfalt) standen zwischen 1994 und 1996 nur einmal auf dem Programm. Schwerpunkt des 3. Treffens der CSD im April 1995 war das Waldthema[365]; das Kapitel 11 der Agenda 21 (Bekämpfung der Entwaldung) sowie die Walderklärung standen auf dieser Sitzung im Mittelpunkt der Verhandlungen. Damit wurde die Waldfrage erstmals nach Rio wieder auf UN-Ebene debattiert.

aa) Malaysisch-kanadische und indisch-britische Initiative

Die Walddiskussion in der CSD ist maßgeblich vorbereitet und beeinflußt worden durch zwei Initiativen, die von Malaysia und Indien ausgingen. Bemerkenswert sind diese Vorstöße insoweit, als beide Staaten während der UNCED-Verhandlungen jegliche Bemühungen um eine globale Waldkonvention noch strikt ablehnten[366].

Die *Intergovernmental Working Group on Forests (IWGF)* wurde 1994 auf gemeinsame Initiative der Regierungen Malaysias und Kanadas gegründet. Ihr Ziel war die Suche nach gemeinsamen Standpunkten zu Waldschutz und Waldnutzung, welche der Themenvorbereitung für die CSD-Sitzung dienen sollten. Die IWGF stellte eine sieben Punkte umfassende Agenda zu internationalen Waldfragen auf und gab diesbezügliche Empfehlungen an die CSD weiter[367]. Da aber vor allem die Krite-

---

[365] UN-Doc. E/1995/32 - E/CN.17/1995/36: Report of the Third Session. Siehe zum Thema Wald insbesondere UN-Doc. E/CN.17/1995/3 v. 14.2.1995: Review of Sectoral Clusters, Second Phase: Land, Desertification, Forests and Biodiversity. Zum Sitzungsverlauf siehe auch den Bericht in: *BMU*, Umwelt 6/1995, 222 ff. sowie *Williams Silveira*, UNCSD, YIEL 1995, 555 ff. Die Berichte der bislang acht CSD-Sitzungen sind über das Internet unter <http://www.un.org/esa/sustdev/csd.htm> abrufbar.

[366] Vgl. *Hönerbach*, Verhandlung einer Waldkonvention, 38.

[367] Die IWGF wurde ausdrücklich nicht als zwischenstaatliches Verhandlungsforum gegründet, sondern stellte nur einen „confidence-building"-Prozeß dar, dessen Hauptanliegen es war, die Diskussion um die wichtigsten Waldfragen zu fördern. Auf dem ersten Treffen in Kuala Lumpur im April 1994, an dem 12 Staaten (darunter auch Deutschland) teilnahmen, wurde die Agenda mit folgenden Diskussionspunkten aufgestellt: Walderhaltung, Kriterien und Indikatoren für eine nachhaltige Waldbewirtschaftung, Handel und Umwelt im Forstsektor, Finanz- und Technologietransfer, Institutionen, Beteiligung der Bevölkerung, Landnutzungsmethoden. Eine zweite abschließende Konferenz fand im Oktober 1994 in Ottawa statt (vgl. näher: *Grayson*, The World's Forests: International Initiatives since Rio, 31 ff.; *Humphreys*, Forest Politics, 136 f.; *Tarasofsky*, The International Forest Regime, 29; *Saunders*, Development

rien für eine nachhaltige Waldbewirtschaftung sehr vage blieben, ließen sich daraus keine konkreten Handlungsanweisungen für die Forstwirtschaft ableiten[368].

Neben der IWGF versuchte ein gemeinsam von Indien und Großbritannien initiierter Workshop, der im Juli 1994 in Neu-Delhi unter dem Titel „Towards Sustainable Forestry: Preparing for CSD 1995“ stattfand, Kriterien für das Berichtswesen über Waldthemen zu erarbeiten, um damit eine Vereinheitlichung der nationalen Waldberichte zu erzielen, welche der 3. CSD-Konferenz vorgelegt werden sollten (sog. India - United Kingdom Initiative)[369]. Dies geschah jedoch ohne großen Erfolg, da die Empfehlungen letztlich zu spät erschienen, um in der nationalen Berichterstattung Berücksichtigung zu finden[370].

Dennoch ist begrüßenswert, daß Indien und Großbritannien, die sich noch während des Erdgipfels in Rio mit gegensätzlichen Positionen gegenüberstanden, durch ihre Initiative ein Signal für die erforderliche Kooperation von Nord und Süd im Rio-Nachfolgeprozeß gesetzt haben. Die Tendenz hin zu einer gemeinsamen Vorgehensweise zeichnete sich bereits auf den beiden größeren internationalen Forstkonferenzen nach UNCED in Bandung/Indonesien (Feb. 1993) und in Neu Delhi (Sept. 1993) ab, auf denen die Entwicklungsländer ihre zunehmende Bereitschaft signalisierten, Verhandlungen über eine völkerrechtlich verbindliche Waldkonvention zu beginnen, da sie mögliche Vorteile eines derartigen Vertragswerks für sich erkannten[371].

Assistance Issues, in: Canadian Council on International Law [Hrsg.], Global Forests and International Environmental Law, 265, 309 f.).

[368] *Forum Umwelt und Entwicklung* (Hrsg.), Waldschutz und naturnahe Waldnutzung, 47.

[369] Die Teilnehmer an diesem Workshop kamen aus insgesamt 39 Ländern aus allen Teilen der Erde, wodurch man einem der Hauptziele, die Nord-Süd-Spaltung in der internationalen Forstdebatte zu überwinden, bereits einen Schritt näher gekommen war (vgl. *Grayson*, The World‘s Forests: International Initiatives since Rio, 25; *Humphreys*, Forest Politics, 138). Vgl. ausführlich zum Berichtswesen der CSD: *Yamin*, The CSD Reporting Process, Yearbook of Int. Co-operation on Environment and Development 1998/99, 51, 53 ff.

[370] *Tarasofsky*, The International Forest Regime, 30.

[371] *Schneider*, Kriterien und Indikatoren, AFZ 20/1994, 1093.

bb) Intergovernmental Panel on Forests (IPF)

Bereits während der Vorbereitungen zur 3. CSD-Sitzung wurde deutlich, daß die internationale politische Debatte über Wälder sehr viel mehr Aufmerksamkeit und Zeit benötigen würde als zunächst geplant. Die CSD setzte daher zur Weiterführung des internationalen forstpolitischen Dialogs einen auf zwei Jahre befristeten zwischenstaatlichen Verhandlungsausschuß über Wälder *(Intergovernmental Panel on Forests, IPF)* unter ihrer Schirmherrschaft ein[372]. Mit dem IPF trat die internationale Waldschutzdiskussion nach Rio in ihre zweite Phase.

Das mittlerweile nicht mehr tätige Panel setzte sich aus Repräsentanten aller Mitgliedstaaten der CSD zusammen. Seine Aufgabe bestand darin, auf Grundlage der Ergebnisse der Rio-Konferenz Maßnahmen zur nachhaltigen Entwicklung der Wälder weltweit zu koordinieren und zu fördern und weiterführende Vorschläge bis zur 5. CSD-Sitzung im April 1997 zu erarbeiten[373]. Vorbereitet wurden das Programm und die Arbeit des IPF von der informellen *Inter-agency Task Force on Forests (ITTF)*[374].

Der umfangreiche Arbeitsauftrag des IPF, der maßgeblich von der Agenda der IWGF beeinflußt war, umfaßte folgende fachübergreifende Themenkomplexe:

I. Umsetzung der waldrelevanten UNCED-Beschlüsse auf nationaler und internationaler Ebene

II. Internationale Zusammenarbeit in den Bereichen finanzielle Unterstützung und Technologietransfer

---

[372] Vgl. zur Einsetzung des IPF: UN-Doc. E/1995/32 - E/CN.17/1995/36, Report of the Third Session, 47 ff.; *Schneider*, Der UNCED-Nachfolgeprozeß, AFZ 19/1995, 1026 f. Siehe näher zum IPF: *Humphreys*, Forest Politics, 143 ff.; *Grayson/Maynard*, The World's Forests, 24 ff.

[373] *Schneider/Honerla*, Stand der internationalen Aktivitäten zum Thema „Wälder", AFZ/Der Wald 22/1996, 1240.

[374] Näher zu Besetzung und Aufgaben der ITTF in: *Grayson/Maynard*, The World's Forests, 28; *FAO*, SOFO 1999, 82. Die ITTF begleitet nicht nur den IPF-Prozeß, sondern auch den Folgeprozeß des 1997 eingesetzten Intergovernmental Forum on Forests (IFF). Die Hauptaufgabe ist die Förderung der Zusammenarbeit und Koordination zwischen den ITFF-Mitgliedern FAO (Leitung), UNEP, Sekretariat der CBD, UNDP, CIFOR, Weltbank, ITTO sowie dem UN-Department of Economic and Social Affairs, Division for Sustainable Development.

III. Wissenschaftliche Forschung, Walderhebung und Entwicklung von Kriterien und Indikatoren für eine nachhaltige Waldbewirtschaftung

IV. Handel mit Waldprodukten und Umwelt, insbesondere Kennzeichnung von Holz aus nachhaltiger Waldbewirtschaftung

V. Internationale Organisationen, multilaterale Institutionen und Instrumente im Waldbereich, einschließlich geeigneter rechtlicher Regelungsinstrumente

Innerhalb dieser Themenbereiche wurden elf detaillierte Programmelemente als Arbeitsgrundlage für das Panel aufgestellt[375], wie beispielsweise die Ursachenerforschung der Entwaldung, die Entwicklung von Kriterien und Indikatoren für eine nachhaltige Waldbewirtschaftung, die Zusammenhänge zwischen Handel und Umwelt, insbesondere Zertifizierungs- und Kennzeichnungsfragen. Das IPF setzte sich auch ausführlich mit internationalen rechtlichen Regelwerken zum Waldschutz auseinander[376].

Das IPF beendete seine Tätigkeit im Februar 1997 nach insgesamt vier Sitzungen[377] und stellte auf der 5. CSD-Sitzung entsprechend seines

---

[375] Da die einzelnen Programmelemente inhaltlich sehr umfassend, aber nur auf einen engen Zeitrahmen ausgelegt waren, wurden von verschiedenen Ländern oder internationalen Organisationen im Laufe des Jahres 1996 insgesamt 11 Expertentreffen und Workshops zu komplexen Themen durchgeführt. Zum Thema „Handel, Kennzeichnung von Forstprodukten und Zertifizierung nachhaltiger Waldbewirtschaftung" fand neben einer internationalen Konferenz in Australien auch ein internationales Expertentreffen in Bonn statt, das auf eine gemeinsame Initiative Deutschlands und Indonesiens zurückging. Von Bedeutung war auch das „Intergovernmental Seminar on Criteria and Indicators for Sustainable Forest Management, ISCI" in Helsinki. Eine schweizerisch-peruanische Initiative beschäftigte sich mit der Analyse der bestehenden internationalen Organisationen, Institutionen und Instrumente zum Waldschutz.

Vgl. zu den Programmelementen des IPF sowie zu den in diesem Rahmen initiierten Expertentreffen und Konferenzen: *Grayson/Maynard*, The World's Forests, 36 ff. mit bibliographischen Hinweisen zu den 11 Initiativen auf 122 ff.; zur Umsetzung der IPF-Vorschläge vgl. *Skala-Kuhmann*, Implementation of the IPF Proposals, in: Tarasofsky (Hrsg.), Assessing the International Forest Regime, 13 ff.

[376] UN-Doc. E/CN.17/IPF/1997/5 v. 10.1.1997: Programme element V.2: Contribution to consensus-building towards the further implementation of the Forest Principles.

[377] IPF-1 (Sept. 1995 New York), IPF-2 (März 1996 Genf), IPF-3 (Sept. 1996 Genf), und IPF- 4 (Feb. 1997 New York); Ergebnisse der Verhandlungen des

Mandats Beschlüsse, Empfehlungen und Vorschläge für ein weiteres Vorgehen im Waldbereich vor[378]. Der Bericht enthält über 100 Beschlüsse und Empfehlungen (Proposals for Action), die weltweite Anerkennung gefunden haben und nachfolgend als Arbeitsgrundlage von verschiedenen internationalen Foren zum globalen Waldschutz herangezogen worden sind[379].

Während zu den vom IPF zu behandelnden Themen I und III einvernehmliche Beschlüsse gefaßt wurden und dabei insbesondere ein Konsens über die zentrale Bedeutung nationaler Forstprogramme erzielt werden konnte[380], gestalteten sich die Verhandlungen zu den Themen II und IV als schwierig. Hinsichtlich der Frage nach neuen und zusätzlichen Finanzmitteln konnten die Nord-Süd-Gegensätze nicht überwunden werden; die Entwicklungsländer forderten ohne Erfolg die Einrichtung eines eigenständigen Waldfonds. Umstritten blieb auch die potentielle Markt- und Anreizwirkung der Kennzeichnung von Holz für die Förderung einer nachhaltigen Waldbewirtschaftung. Differenzen bestanden weiterhin hinsichtlich der gegenseitigen Anerkennung vergleichbarer Zertifizierungssysteme und der Einordnung von Boykottmaßnahmen und Verwendungsbeschränkungen von Holz im Rahmen des multilateralen Handelssystems[381].

Auch die Beratungen des IPF zur Erforderlichkeit neuer Rechtsinstrumente führten wegen der kontroversen Standpunkte nicht zu einer konkreten Empfehlung, auf welche Weise die internationale Staatengemeinschaft den weiteren Verhandlungsprozeß über Wälder gestalten sollte[382]. Es wurde immerhin die Feststellung getroffen, daß die bisheri-

---

IPF im Internet unter <http://www.un.org/esa/sustdev/ipf.htm>. Dokumentenübersicht in: *Grayson/Maynard*, The World's Forests, 119 ff.

378 UN-Doc. E/CN.17/1997/12 v. 20.3.1997: Report of the Ad Hoc Intergovernmental Panel on Forests on its fourth session. Siehe dazu *Schneider*, Vierte und letzte Sitzung des IPF, AFZ/Der Wald 8/1997, 447; *IISD*, Earth Negotiations Bulletin, Vol. 13 Nr. 34, 24.2.1997, 2 ff.; *Grayson/Maynard*, The World's Forests, 47.

379 Vgl. *FAO*, SOFO 1999, 81.

380 *Schneider/Honerla*, Stand der internationalen Aktivitäten zum Thema „Wälder", AFZ/Der Wald 22/1996, 1240 f.; *Honerla*, Abschlußbericht, 15 f.

381 *BReg.*, 5. Tropenwaldbericht, 24; *FAO*, SOFO 1999, 81 f.

382 Siehe UN-Doc. E/CN.17/1997/12 v. 20.3.1997: International Organizations and Multilateral Institutions and Instruments, Including Appropriate Legal Mechanisms, Ziff. 136 ff.

gen internationalen rechtsverbindlichen Instrumente mit Waldbezug die Vielzahl der Schutz- und Nutzaspekte sämtlicher Waldökosysteme nicht hinreichend berücksichtigten und insbesondere der Handel mit Holzprodukten einer näheren Regelung durch ein Rechtsinstrument bedürfte[383]. Zur Aufrechterhaltung des zwischenstaatlichen Walddialogs und zur Implementierung der Vorschläge des IPF wurde zunächst die ITTF zur weiteren Koordination der waldbezogenen Maßnahmen der Mitgliedsinstitutionen und -organisationen aufgerufen[384]. Hinsichtlich eines rechtlich verbindlichen Waldschutzinstruments auf internationaler Ebene wurden im Abschlußbericht des IPF schließlich folgende drei Optionen für den follow-up-Prozeß in diesem ungelösten Bereich formuliert[385]:

Der erste Vorschlag erschöpfte sich in der Fortführung des politischen Dialogs zum internationalen Waldschutz in den bestehenden Foren. Der zweite Vorschlag sah die Errichtung eines zwischenstaatlichen Waldforums unter der CSD zur Weiterführung des politischen Dialogs im Waldbereich vor *(ad hoc open-ended Intergovernmental Forum on Forests).* Dieses Forum sollte entweder die Notwendigkeit einer Waldkonvention allgemein abklären oder aber konkret einen Verhandlungsausschuß vorbereiten und mögliche Elemente für eine Waldkonvention bis zum Jahr 1999 ausarbeiten. Die dritte Alternative bestand in der unverzüglichen Einrichtung eines zeitlich begrenzten zwischenstaatlichen Verhandlungsausschusses *(Intergovernmental Negotiating Committee on a legally binding instrument on all types of forests)* für die Ausarbeitung einer Waldkonvention im Rahmen der Vereinten Nationen.

Für die letztere Alternative sprachen sich die EU und Kanada sowie Indonesien, Malaysia, die Philippinen, Costa Rica, Papua-Neuguinea und Polen aus. Die USA, Brasilien und Indien setzten sich dagegen für eine Fortsetzung der Walddiskussion im Rahmen eines zwischenstaatlichen

---

383 UN-Doc. E/CN.17/1997/12 v. 20.3.1997, Ziff. 140.

384 UN-Doc. E/CN.17/1997/12 v. 20.3.1997, Ziff. 145. Vgl. näher zum Arbeitsprogramm der ITFF im Internet unter <http://www.un.org/esa/sustdev/itff.htm>. Der Plan sieht in jeweils drei Zeitphasen (1997-2000, 2001-2005, 2006-2010) für die 11 Programmelemente des IPF (mit Ausnahme des Programmelements V, rechtliche Instrumente und Regelwerke) bestimmte Aktivitäten oder Pilotprogramme in verschiedenen Ländern einschließlich der voraussichtlichen Kosten vor. Die Maßnahmen für das Programmelement III.2 (Kriterien und Indikatoren) verfolgen das Ziel, daß bis zum Jahr 2010 50 % der weltweiten Waldfläche nach der Nachhaltigkeitsmethode bewirtschaftet werden.

385 UN-Doc. E/CN.17/1997/12 v. 20.3.1997, Ziff. 147.

Forums mit der Begründung ein, daß weder Einigkeit über die Notwendigkeit einer Konvention noch über deren Inhalte herrschte. Diese Position wurde von weiteren lateinamerikanischen Staaten sowie China, Australien, Japan und Norwegen unterstützt[386]. Auf der UN-Umweltkonferenz 1997 in New York einigte man sich auf die Durchführung des zweiten Vorschlags und setzte ein zeitlich begrenztes *Intergovernmental Forum on Forests (IFF)* ein[387].

b) World Commission on Forests and Sustainable Development

Ein weiteres Gremium, das sich in der Folgezeit des Rio-Prozesses ausschließlich mit internationalen Waldfragen beschäftigt hat, ist die unabhängige *World Commission on Forests and Sustainable Development (WCFSD)*. Die WCFSD wurde 1995 etabliert, anders als die CSD jedoch nicht - wie ursprünglich vorgesehen - innerhalb des Systems der Vereinten Nationen[388]. Die Kommission setzt sich, der Brundtland-Kommission nachempfunden, aus 25 Politikern und Wissenschaftlern zusammen, die gleichermaßen die Waldproduzentenländer und -konsumentenländer vertreten. Ziel der Kommission ist eine Stärkung des Vertrauens zwischen Nord und Süd in waldspezifischen Angelegenheiten[389]. Die WCFSD hat hierfür von Anfang 1996 bis Ende 1997

---

386 *IISD*, Earth Negotiations Bulletin, Vol. 13 Nr. 34, 24.2.1997, S. 8 f.; *Kuhlmann*, Verpaßte Chance für den Waldschutz, S. 14.

387 Siehe zum IFF unten, S. 293 ff.

388 Die Idee zur Gründung einer WCFSD ging zurück auf ein im Oktober 1991 abgehaltenes Seminar am Woods Hole Research Center in Massachusetts. Einer der Hauptinitiatoren war der frühere schwedische Premierminister Ola Ullsten, der später auch den Vorsitz in der WCFSD inne hatte. Im Juli 1992 wurde zunächst ein Organisationskomitee eingerichtet, das seine Vorschläge zur Gründung der WCFSD 1993 auf der internationalen Forstkonferenz in Indonesien vorstellte. Erst über zwei Jahre später fand das erste offizielle Treffen der WCFSD im Juni 1995 in Genf statt. Die zeitliche Verzögerung beruhte zum einen darauf, daß sich parallel zur WCFSD der IPF-Prozeß formierte, außerdem bestanden Uneinigkeiten über die vom Organisationskomitee vorgeschlagene Etablierung der WCFSD innerhalb des UN-Systems (vgl. *Humphreys*, Forest Politics, 145 f.; *WCFSD*, Possible Mandate, Key Issues, Strategy and Work Plan, 3 ff.; *Hoering*, Über allen Wipfeln ist Ruh', epd-Entwicklungspolitik 9/19 1993, 30; *Schneider*, Internationale Aktivitäten zur Umsetzung der Ergebnisse von Rio, AFZ 15/1993, 788, 789 f.).

389 *Grayson/Maynard*, The World's Forests, 105 f.

fünf regionale öffentliche Anhörungen in unterschiedlichen Waldregionen der Erde durchgeführt[390], um das Bewußtsein der Bevölkerung für die aktuellen globalen Waldprobleme gerade in denjenigen Gebieten zu sensibilisieren, in denen Konflikte zwischen der Förderung von Waldschutzmaßnahmen einerseits und der regionalen Entwicklung der Waldressourcen andererseits besonders deutlich hervortreten. Die Anhörungen dienten dazu, Lösungen gemeinsam mit den involvierten Interessengruppen zu erarbeiten und dabei Reformen durch innovative politische und institutionelle Mechanismen zu entwickeln, die gleichermaßen soziale, wirtschaftliche und umweltbezogene Aspekte integrieren[391]. Die WCFSD hat ihre Arbeit Ende 1998 eingestellt[392].

In ihrem Abschlußbericht nimmt die WCFSD vor allem die waldreichen Staaten sowie die Länder mit den höchsten Einschlagraten und einem hohem Holzverbrauch in die Verantwortung und schlägt die Konstituierung eines „Forest Security Council (FSC)“[393] vor. In diesem Rat sollen 25 Staaten aus allen Kontinenten und aus allen Waldregionen der Erde vertreten sein[394]. Ziel dieses Gremiums ist die Bündelung unterschiedlicher politischer Interessen in internationalen Waldfragen. Durch die Begrenzung der Teilnehmerzahl soll die Entscheidungsfindung für spezifische, die vertretenen Staaten betreffende Probleme forciert werden. Positiv ist die Einrichtung eines FSC insoweit zu bewerten, als die waldreichsten Staaten der Erde in diesem Gremium vertreten sein würden, die zusammen mit 2,57 Mrd. ha über 75 % der weltweiten Wald-

---

390 Die „Regional Public Hearings“ fanden statt in Jakarta (März 1996), Kanada (Sept./Okt. 1996), Costa Rica (Dez. 1996), Kamerun (Mai 1997) und Rußland (Sept. 1997), vgl. <http://iisd1.iisd.ca/wcfsd/hearing.htm>. Vgl. hierzu den Abschlußbericht der *WCFSD*, Our Forests - Our Future, 1999.

391 *WCFSD*, Annual Progress Report, 5 f.

392 *FAO*, SOFO 1999, 91.

393 Die Wortwahl ist angesichts des bereits bestehenden Forest Stewardship Council (FSC) (siehe dazu nachfolgend S. 276 ff.) mit gleichlautender Abkürzung nicht glücklich gewählt.

394 Die asiatisch-ozeanischen Vertreter sollen aus China, Indien, Indonesien, Malaysia, Japan sowie aus Australien stammen, für Europa sind vorgesehen Finnland, Frankreich, Deutschland, Schweden und Rußland, für Nordamerika Kanada, die USA und Mexiko, für Afrika die Rep. Kongo, Äthiopien, Ghana und Nigeria, und schließlich für Lateinamerika und die Karibik Bolivien, Brasilien, Chile, Kolumbien, Equador, Peru und Venezuela (vgl. *WCFSD*, Our Forests - Our Future, 29).

fläche verfügen[395]. Da die meisten Staaten aber gleichzeitig zu den größten Holzexporteuren und -importeuren der Welt gehören, ist eine starke ökonomische Ausrichtung des FSC zu befürchten, wodurch möglicherweise gewichtige ökologische Aspekte in den Hintergrund treten.

Als Ergebnis ihrer regionalen Anhörungen hat die WCFSD ein verstärktes Bewußtsein der Bevölkerung für die Erhaltung der Wälder feststellen können. Darauf aufbauend schlägt die WCFSD auf globaler, nationaler und lokaler Ebene folgende vier Einrichtungen vor, die eine stärkere Partizipation der Bevölkerung fördern sollen und unter der Bezeichnung „ForesTrust" zusammengefaßt werden: Aufgabe von „Forest Watch" ist ein verbessertes Monitoring der Waldbestände, die Institution „Forest Award" soll die Erhaltung und nachhaltige Bewirtschaftung der Wälder fördern; der „Forest Ombudsman" soll auf internationaler Ebene als unabhängiges UN-Organ, ähnlich dem UN-Komitee für Menschenrechte, eingerichtet werden; der „Forest Management Council" dient schließlich der Koordinierung der unterschiedlichen Kriterien- und Indikatorenprozesse sowie der Harmonisierung von Zertifizierungsstandards und Kennzeichnungsinitiativen[396].

2. Umsetzung der Rio-Konventionen und Waldschutzmaßnahmen

a) Klimarahmenkonvention

Für die Umsetzung der Klimarahmenkonvention sind auf UN-Ebene zwei Gremien von Bedeutung: Als politisches Gremium die Vertragsstaatenkonferenz (Conference of the Parties, COP), als wissenschaftliches Gremium das Intergovernmental Panel on Climate Change, IPCC.

aa) IPCC und forstspezifische Maßnahmen

Aufgabe des 1988 gegründeten *International Panel on Climate Change (IPCC)*[397] ist es, den gegenwärtigen Wissensstand über das Klimasy-

---

[395] *FAO*, SOFO 1997, 182 ff.

[396] *WCFSD*, Our Forests - Our Future, 18 f.

[397] Siehe zum IPCC bereits die Angaben auf S. 48, Anm. 133. Eine Schwerpunktaufgabe des IPCC in den Jahren nach der Rio-Konferenz war die Erarbeitung des zweiten Sachstandsberichts, in welchem die drei Arbeitsgruppen den aktuellen Wissensstand zu den einzelnen Themenkomplexen darlegten

stem und Klimaveränderungen sowie die ökologischen, wirtschaftlichen und sozialen Auswirkungen des Klimawandels und mögliche Gegenstrategien zu analysieren. Auch die Forstwissenschaft ist in die Aktivitäten des IPCC konkret eingebunden. Für waldspezifische Maßnahmen ist eine IPCC-Expertengruppe zum Thema „Landnutzungsänderungen und Forstwirtschaft" eingerichtet worden, um die Auswirkungen von Klimaveränderungen auf die Waldökosysteme und die Forst- und Holzwirtschaft zu untersuchen und Möglichkeiten zur Reduzierung von Treibhausgasemissionen im Forstbereich zu erarbeiten[398]. Arbeitsschwerpunkt dieser Expertengruppe war die Formulierung verbindlicher Richtlinien für die Erstellung der Treibhausgasinventuren im Rahmen der nationalen Berichterstattung[399]. Diese IPCC-Richtlinien dienen nicht nur als Anleitung zur Inventarisierung der antrophogenen Emissionen, sondern auch zur quantitativen Erfassung der Biomasse in den verschiedenen Waldtypen und zur CO_2-Speicherung in Wäldern und Holzprodukten. Nach den IPCC-Richtlinien im Sektor Landnutzungsänderung und Forstwirtschaft werden aber nur Inventare für Kohlendioxid aufgestellt, andere Treibhausgase bleiben unberücksichtigt[400].

(*IPCC*, Climate Change 1995: The Science of Climate Change, 1996). Die Erkenntnisse über die anthropogenen Einflüsse auf das globale Klima, insb. auf das erwartete Ausmaß der Erderwärmung und deren voraussehbare Folgen für die Umwelt und die menschliche Gesellschaft erhärteten sich in diesem zweiten Bericht. Für den Fall, daß Gegenmaßnahmen zur Klimaänderung zukünftig nicht erfolgen, rechnet das IPCC damit, daß es im globalen Mittel bei einem Drittel der bestehenden Wälder zu größeren Verschiebungen im Ökosystemgefüge kommen wird (*IPCC*, Zusammenfassung 2. IPCC-Bericht, 7; siehe auch *Bail*, Das Klimaschutzregime nach Kyoto, EuZW 1998, 457). Die Fertigstellung des dritten Sachstandsberichts ist für Ende 2001 geplant.

398 IPCC-Arbeitgsruppe II. Die Arbeitsgruppe enthält die Unterarbeitsgruppen C und D: Unmanaged/Managed Terrestrial Ecosystems. Vgl. näher zu den Aufgaben: *Schneider*, Der UNCED-Folgeprozeß aus forstlicher Sicht, AFZ 23/1993, 1217, 1218 f. Siehe zusammensfassend zu den Ergebnissen der Arbeitsgruppe: *IPCC*, Zusammenfassung 2. IPCC-Bericht, 33 ff.

399 *IPCC*, Revised 1996 IPCC Guidelines for National Greenhouse Gas Inventories, 1997; vgl. ausführlich zu den IPCC-Richtlinien: *WBGU*, Sondergutachten 1998, 9 ff.

400 *Schneider*, Der internationale Dialog zum Thema „Wälder", AFZ/Der Wald 14/1997, 762, 764; *WBGU*, Sondergutachten 1998, 10.

bb) Ergebnisse der Vertragsstaatenkonferenzen

(1) Einrichtung einer Pilotphase zu Joint Implementation

Da sich die Vertragsparteien nicht auf eine einheitliche Linie einigen konnten, ob das in der Klimarahmenkonvention verankerte Konzept der „Joint Implementation“[401] auch zwischen Industrie- und Entwicklungsländern zur Anwendung kommen sollte - die Entwicklungsländer sahen in dem Modell eine Art „Ökokolonialismus“, mittels der sich der Norden auf Kosten des Südens von seiner Verpflichtungen „freikaufen“ konnte -, wurde auf der ersten Vertagsstaatenkonferenz in Berlin 1995 nach anfänglichem Widerstand der Länder der G 77 und Chinas[402] eine Pilotphase für gemeinsam umgesetzte Aktivitäten (Activities Implemented Jointly, AIJ) zwischen Industrie- und Entwicklungsländern eingerichtet; hierzu zählen mittlerweile auch 15 Projekte im Bereich Aufforstungen und Walderhaltungsmaßnahmen[403]. Projekte mit dem Ziel der Walderhaltung im Rahmen des JI-Systems umfassen Maßnahmen, die sich gegen die Abholzung, die Brandrodung und die Walddegradation richten. Eine Untersuchung der AIJ-Projekte in der ersten Phase von 1995-1999 ergab[404], daß durch die waldbezogenen Pilotprojekte 38 % der Treibhausgasreduktionen aller AIJ-Projekte erzielt werden und die Kosten für die Reduktion einer Tonne CO_2 mit 2,6 US-$ gegenüber technisch ausgerichteten Projekten relativ gering ausfallen[405].

---

[401] Siehe dazu schon S. 208.

[402] Die anfangs ablehnende Haltung gegenüber JI zwischen Industrie- und Enwicklungsstaaten löste sich allerdings auf, nachdem lateinamerikanische Länder, die Mehrzahl der afrikanischen Staaten und Indien ihre Bereitschaft zu einer Pilotphase signalisiert hatten (*Banholzer*, Joint Implementation, 21). Vgl. ausführlich zu den institutionellen Problemen bei der Einrichtung von JI-Projekten am Beispiel von China, insbesondere im Hinblick auf Eigentumsrechte am Wald: *Gan u.a.*, Reforestation and Climate Change Mitigation, 21 ff.

[403] Stand: September 2000, vgl. <http://www.unfccc.int/program/aij/aijproj.html>. Siehe hierzu bereits S. 55. Vgl. auch UN-Doc. FCCC/SB/1999/5 v. 15.9.1999: Activities implemented jointly under the pilot phase: Third synthesis report. Vgl. näher zum größten AIJ-Waldprojekt „Noel Kempff Mercado National Parc“ in Bolivien: *Weinstein*, Innovative financing and forest conservation, Environmental Finance, Juni 2000, 23 ff.

[404] Vgl. *Schwarze*, Activities implemented jointly, Ecological Economies 2000, 255 ff.

[405] Die entsprechenden Kosten bei Pilotprojekten, die den Einsatz moderner Techniken oder erneuerbarer Energien fördern, liegen bei durchschnittlich 14,5

Angesichts der Funktion der Wälder als CO_2-Speicher sind aus klimapolitischer Sicht allein Aufforstungsprojekte mit schnellwachsenden Monokulturen, die über eine hohe CO_2-Aufnahmekapazität verfügen, zu bevorzugen. Da derartige Aufforstungsprojekte aber die vielfältigen Nutz- und Schutzfunktionen des Waldes sowie die Wechselbeziehungen zu anderen wichtigen Politikfeldern außer acht lassen, sollten Bereiche wie der Erhalt der Biodiversität, die Armutsbekämpfung und die Förderung der Wälder zur Anpassung an klimatische Veränderungen bei der Planung und Umsetzung klimapolitischer Maßnahmen in Entwicklungsländern berücksichtigt werden[406]. Konfliktpotential birgt in diesem Zusammenhang nicht nur die Langfristigkeit der meisten Walderhaltungsprojekte[407], wodurch die Entwicklungsländer in der Nutzung ihrer Waldgebiete erheblich einschränkt werden[408], sondern auch das Anrechnungsverfahren der im übrigen schwer nachweisbaren Menge an gebundenen Emissionen[409].

(2) Konkrete Reduktionsverpflichtungen

Die Industriestaaten sind durch die Ratifizierung der Klimarahmenkonvention zunächst übereingekommen, bis zum Jahr 2000 ihren Ausstoß an Treibhausgasen auf das Niveau von 1990 zurückzuführen[410]. Angesichts fehlender konkreter Reduktionsziele über das Jahr 2000 hinaus wurde auf der ersten Vertragsstaatenkonferenz in Berlin 1995 das sog. „Berliner Mandat"[411] verabschiedet, welches den Verhand-

---

US-$ (vgl. *Schwarze*, Activities implemented jointly, Ecological Economies 2000, 255, 264).

406 *Gan u.a.*, Reforestation and Climate Change Mitigation, S. 10. Da die Berücksichtigung dieser Belange die Komplexität der forstwirtschaftlichen Maßnahmen beträchtlich erhöhen würde, verlangt *Banholzer*, Joint Implementation, 70, sogar den Ausschluß von Aufforstungsmaßnahmen aus dem JI-Mechanismus, zumindest aber deren restriktive Handhabung.

407 Die Laufzeit der Pilotprojekte mit Waldbezug im Rahmen der AIJ beträgt zwischen 15 und 60 Jahren.

408 *Banholzer*, Joint Implementation, 69.

409 *Gan u.a.*, Reforestation and Climate Change Mitigation, 10.

410 Vgl. Art. 4 Abs. 2 (b) Klimarahmenkonvention.

411 UN-Doc. FCCC/CP/1995/L.14. Vgl. zum Berliner Mandat: *Oberthür/Ott*, The Kyoto Protocol, 43 ff.; *Ehrmann*, Die Genfer Klimaverhandlungen, NVwZ 1997, 874, 875 f.; *WBGU*, Ziele für den Klimaschutz 1997, 12 f.

lungsrahmen für die Festlegung mengenmäßiger Begrenzungs- und Reduktionsziele für Treibhausgasemissionen der Industrieländer vorgab; entsprechende Verpflichtungen für die Entwicklungsländer waren nicht vorgesehen. Zur Festlegung neuer Verpflichtungen wurde eine ad-hoc-Arbeitsgruppe zum Berliner Mandat (AGBM)[412] eingerichtet mit dem Ziel, ein Protokoll oder ein anderes Rechtsinstrument auszuarbeiten, das auf der dritten Vertragsstaatenkonferenz 1997 im japanischen Kyoto[413] verabschiedet werden sollte. Da die ad-hoc-Gruppe aber keine Einigung über die erforderlichen Emissionsbegrenzungen und -reduktionen erzielte, war zu Beginn der Verhandlungen in Kyoto zunächst noch offen, ob überhaupt ein entsprechendes Protokoll verabschiedet werden konnte[414].

(a) Kyoto-Protokoll 1997

Trotz unterschiedlicher Forderungen zum zukünftigen Umfang und Verpflichtungszeitraum der Treibhausgasreduktionen[415] einigten sich die Vertreter der Vertragsparteien schließlich auf den Text eines Protokolls zur Klimarahmenkonvention (sog. Kyoto-Protokoll, KP)[416], in

---

[412] Vgl. zusammenfassend zu den Ergebnissen der insgesamt acht AGBM-Sitzungen: *IISD*, Earth Negotiations Bulletin, Vol. 12 Nr. 76, 13.12.1997, 1 ff.

[413] An der 3. Vertragsstaatenkonferenz der Klimarahmenkonvention im Dezember 1997 nahmen von den zu diesem Zeitpunkt 170 Vertragsparteien 155 an den Verhandlungen teil (vgl. *Breier*, Kleine Schritte in Kyoto, VN 1998, 31; siehe auch *Witzsch*, Von Rio nach Kyoto, 59 ff.).

[414] Formal bestand dahingehende Einigung, daß ein eigenes Protokoll unter dem Dach der Klimarahmenkonvention beschlossen werden sollte, wie in Art. 17 vorgesehen. Zwar hätte in Kyoto auch die Änderung des Übereinkommens, die nach Art. 16 möglich ist, mit einer ¾-Mehrheit herbeigeführt werden können, damit wäre aber der 1992 mühsam erreichte Kompromiß wieder in Frage gestellt worden (so *Breier*, Kleine Schritte in Kyoto, VN 1998, 31). Vgl. näher zum „framework convention and protocol"- Ansatz: *Dolzer*, Internationale Konvention zum Schutz des Klimas, FS R. Bernhardt, 957; *Beyerlin/Marauhn*, Rechtsetzung und Rechtsdurchsetzung im Umweltvölkerrecht, 30 ff.; *Lücke*, Universales Verfassungsrecht, AVR 1997, 1, 16 ff.

[415] Zu den Positionen der Verhandlungsgruppen siehe: *Bail*, Das Klimaschutzregime nach Kyoto, EuZW 1998, S. 457, 459 f.; *Sprinz*, Internationale Klimapolitik, Die Friedenswarte 1998, S. 25, 33.

[416] *Kyoto Protocol to the United Nations Framework Convention on Climate Change*, UN-Doc. FCCC/CP/1997/L.7/Add.1, v. 10.12.1997, abgedruckt in: ILM 37 (1998), S. 32 ff. Das Protokoll tritt in Kraft, wenn 55 Vertragsparteien

dem erstmals mengenmäßig bestimmte und verbindliche Reduktionsverpflichtungen für sechs Treibhausgase festgelegt worden sind[417]. Allerdings begründet das Kyoto-Protokoll zunächst nur für die Industrieländer neue Verpflichtungen, für die Entwicklungsländer ergeben sich keine über die in der Klimarahmenkonvention verankerten hinausgehenden Verpflichtungen (Art. 10 KP).

Nach Art. 3 Abs. 1 KP sind die in Annex I der Klimarahmenkonvention aufgeführten Staaten (Industriestaaten) verpflichtet, die Emissionen der sechs in Anlage A des Protokolls genannten Treibhausgase[418] im Zeitraum von 2008 bis 2012 um durchschnittlich 5,2 %, bezogen auf das Basisjahr 1990 bzw. 1995, zu reduzieren[419]. Wegen der seit 1990 in

---

den Text ratifiziert haben. Bislang ist das Kyoto-Protokol von 84 Ländern unterzeichnet, aber nur von 35, meist kleineren Inselstaaten, ratifiziert worden (vgl. <http://www.unfccc.de>). Weitere Bedingung ist, daß die Industrieländer unter den Vertragsparteien mit einem Anteil vertreten sind, der 55 % der 1990 von ihnen ausgestoßenen CO_2-Emissionen entspricht (Art. 23-25). Da die USA und Rußland annähernd 50 % der Emissionen der Annex-I-Staaten von 1990 zu verantworten haben (vgl. *Oberthür/Ott*, The Kyoto-Protocol, S. 18), halten sie eine Schlüsselposition für das Inkrafttreten des Protokolls inne. Die USA haben anläßlich der 4. Vertragsstaatenkonferenz in Buenos Aires im Nov. 1998 zwar auch das Kyoto-Protokoll unterzeichnet; die neue Regierung unter Präsident Bush hat jedoch auf der 6. Vertragsstaatenkonferenz (Teil 2 in Bonn 2001) ihre ablehnende Haltung gegenüber dem Kyoto-Protokoll bekräftigt. Durch einen Gesamtkompromiß mit erheblichen Zugeständnissen an Japan, Kanada und Rußland wurde durch die „Bonner Vereinbarung" jedoch der Weg frei gemacht für eine Ratifizierung und damit das Inkrafttreten des Kyoto-Protokolls zum 1.1.2002. Vgl. IISO, Earth Negotiations Bulletin, Vol. 12 Nr. 176, 30.7.2001, zu den Ergebnissen der 6. Vertragssaatenkonferenz in Bonn (Teil 2).

[417] Vgl. zusammenfasssend zu den Ergebnissen des Kyoto-Protokolls: *Grubb*, The Kyoto Protocol, 115 ff; *Oberthür/Ott*, The Kyoto Protocol, 93 ff; *Breidenich u.a.*, The Kyoto Procotol, AJIL 1998, 311, 319 ff.

[418] Es handelt sich dabei um Kohlendioxid, Methan, Distickstoffoxid, Schwefelhexaflourid, wasserstoffhaltige Fluorkohlenwasserstoffe und perfluorierte Kohlenwasserstoffe. Das Basisjahr 1990 bezieht sich auf die ersten drei Gase; für die anderen Gase kann auch das Jahr 1995 als Basisjahr zugrunde gelegt werden (Art. 3 Abs. 8 KP).

[419] Die genannten Treibhausgase sollen nach einem in Annex B des Kyoto-Protokolls spezifizierten Verteilungsschlüssel reduziert werden: Die EU-Mitgliedstaaten, die ihre Verpflichtungen gemeinsam erfüllen können (sog. EU-„Bubble", siehe Art. 4 KP; zur EU-Position: *Breier*, Die Rolle der Europäischen Union, europa blätter 1998, 36, 37), müssen ihre Treibhausgasemissionen um 8 % senken. Auf dem EU-Umweltministerrat im Juni 1998 einigten sich die

den ehemaligen Ostblockstaaten durch Stillegung oder Umrüstung veralteten Anlagen erzielten Emissionsreduktionen entspricht dies in etwa dem Stand zum Zeitpunkt des Verhandlungsabschlusses[420].

Die insbesondere von den USA geforderte Einbeziehung der Entwicklungsländer in die Verpflichtungen der Konvention konnte nicht durchgesetzt werden, ebensowenig wie die Möglichkeit einer freiwilligen Übernahme von Zielverpflichtungen, für die sich sogar einige lateinamerikanische Staaten sowie die pazifischen Inselstaaten ausgesprochen hatten[421]; diesbezügliche Vorschläge stießen auf den strikten Widerstand Chinas und Indiens[422]. Die Entwicklungsländer haben lediglich ihre bereits in Art. 4 Abs. 1 der Klimarahmenkonvention verankerten sehr allgemein gehaltenen Verpflichtungen bekräftigt und die Bereitschaft zur Umsetzung dieser Zusagen signalisiert[423]. Auf der 4. Vertragsstaatenkonferenz in Buenos Aires im November 1998 erklärten sich aber erstmals Argentinien und Kasachstan als Nicht-Annex-I-Staaten bereit, freiwillige Reduktionsverpflichtungen einzugehen[424].

Mitgliedstaaten u.a. auf folgende interne Lastenverteilung: Deutschland -21 %, Frankreich: 0 %, Griechenland +25 % (vgl. *Breier*, Die geschlossene völkerrechtliche Vertetung der Gemeinschaft, EuZW 1999, S. 11, 12, Fn. 12). Für die USA gilt eine Reduktionsquote von -7 %, für Japan und Kanada von jeweils – 6 %; eine Stabilisierung der Emissionen ist für Rußland und Neuseeland vorgesehen; ein Emissionsanstieg ist dagegen erlaubt für Norwegen (+1 %), Australien (+8 %) und Island (+10 %).

420 *Bail*, Das Klimaschutzregime nach Kyoto, EuZW 1998, 457, 460. Die CO_2-Emissionen in Rußland sind von 1990 bis 1998 um 37 % zurückgegangen (ohne Kohlenstoffsenken), in Estland, Lettland und Litauen sogar um durchschnittlich 58 %, in der Ukraine sanken sie um 55 % (Pressemitteilung anläßlich der 6. UN-Klimaschutzkonferenz in Den Haag 2000, <http://cop6.unfccc.int/pdf/presskc6e.pdf>; siehe auch UN-Doc. FCCC/CP/1998/INF.9 v. 31.10.1998: Summary compilation of annual greenhouse gas emissions inventory data from Annex I Parties, Tabelle 8).

421 Die weitestgehende Forderung nach einer CO_2-Reduktion in den Industrieländern um 20 % (Basisjahr 1990, Zieljahr 2005) sprach die *Alliance of Small Island States (AOSIS)* aus, vgl. *Grubb*, The Kyoto Protocol, 53.

422 *Breier*, Kleine Schritt in Kyoto, VN 1998, 31, 32; *Oberthür/Ott*, The Kyoto Protocol, 11.

423 Vgl. Art. 10 KP.

424 *IISD*, Earth Negotiations Bulletin, Vol. 12 Nr. 97, 16.11.1998, 13; *Maier*, Reale und fiktive Rechnungen, Vereinte Nationen 2000, 17, 18 f.

Die Einhaltung der Reduktionsverpflichtungen des Kyoto-Protokolls würde im Bereich des energiebedingten CO_2-Ausstoßes in den Jahren 2008-2012 zu einem Rückgang der Emissionen um 1,1 Mrd. t auf 20 Mrd. t (Veränderung im Vergleich zu 1990) führen. Ohne die angestrebten Veränderungen wird bis 2010 dagegen ein Anstieg der CO_2-Emissionen in den Industrieländern auf 31,5 Mrd. t prognostiziert[425]. Trotz des in Kyoto errungenen Ergebnisses werden die ausgehandelten Reduktionsverpflichtungen von Kritikern insgesamt als noch zu gering erachtet, um sich langfristig positiv auf das globale Klimageschehen auswirken zu können[426]. Selbst wenn sich die Emissionen der Industrieländer nach 2012 auf dem in Kyoto vereinbarten Niveau stabilisieren sollten, würden die Treibhausgasemissionen Prognosen zufolge bis 2050 um mehr als 50 % gegenüber 2000 ansteigen[427].

(b) Einbeziehung forstlicher Senken

Die heftig umstrittene Frage nach der Einbeziehung von Senken[428], also das Aufrechnen der Emissionen gegen die Bindung von Treibhausgasen in sog. Biomassen, worunter insbesondere die CO_2-Bindung in Wäldern fällt, konnte 1997 erst in den Schlußverhandlungen im Wege eines Gesamtkompromisses gelöst werden[429]. Die Zustimmung aller Länder

---

425 *Breier*, Kleine Schritte in Kyoto, VN 1998, 31, 32.

426 *Benedick*, Das fragwürdige Kyoto-Klimaprotokoll, 18 f., hält Reduzierungen von 30-50 % oder mehr im Laufe dieses Jahrhunderts für erforderlich.

427 Vgl. *Böhringer/Stronzik/Vogt*, Nur ein Tropfen auf den heißen Stein, FAZ v. 18.11.2000, 15.

428 „Senken" und „Speicher" sind in Art. 1 Abs. 8 und 9 der Klimarahmenkonvention definiert. Hierauf bezieht sich auch das Kyoto-Protokoll. Vgl. auch Anm. 132, S. 47 im 1. Teil.

429 *Oberthür/Ott*, The Kyoto Protocol, 130 ff.; *Grubb*, The Kyoto-Protocol, 76 ff., 186 ff.: Die Einbeziehung von Senken stellte v.a. für die USA eine unverzichtbare Bedingung für den Abschluß des Protokolls dar. Auch Kanada und die skandinavischen Länder mit großen Waldvorkommen setzten sich hierfür ein. Die EU war nicht grundsätzlich gegen eine derartige Anrechnung, gab aber die noch offenen wissenschaftlichen Fragen hinsichtlich der Methodologie zu bedenken, da die Kohlenstoffspeicherung in Wäldern von vielen unterschiedlichen Faktoren abhänge, wie etwa von der Baumart oder Bodenbeschaffenheit (vgl. *Breier*, Kleine Schritte in Kyoto, VN 1998, 31, 32; siehe zu Verhandlungspositionen und Vorschlägen auch: *IISD*, Earth Negotiations Bulletin, Vol. 12 Nr. 76, 13.12.1997, 1, 6 ff.).

wurde dadurch erreicht, daß biologische Senken, die in der Berechnungszeit aufgebaut werden, mit in die Treibhausgas-Bilanz einbezogen werden können.

Nach der für die Senkenfrage maßgeblichen Vorschrift des Art. 3 Abs. 3 KP[430] werden biologische Quellen und Senken auf die Emissionen eines Industriestaates angerechnet (sog. Netto-Ansatz). Allerdings beschränkt sich die Anrechnungsmöglichkeit auf Tätigkeiten in den Bereichen Aufforstung, Wiederaufforstung und Entwaldung, die seit dem 1.1.1990 erfolgt sind. Die Auswirkungen der genannten Tätigkeiten werden als nachprüfbare Bestandsänderungen der Kohlenstoffvorräte im Verpflichtungszeitraum von 2008 bis 2012 gemessen. Art. 3 Abs. 4 KP eröffnet darüber hinaus die Möglichkeit, weitere Maßnahmen im Bereich „Landnutzungsänderungen und Forstwirtschaft" auf die Reduktionsverpflichtungen anzurechnen[431]. Der Umfang dieser zugelassenen „additional human-induced activities" ist zu einer der Schlüsselfragen bei den weiteren Verhandlungen über die Implementierung des Kyoto-Protokolls geworden, zumal hierdurch die Reduktionsverpflichtungen einiger Vertragsparteien nicht unmaßgeblich erleichtert werden; hierauf wird nachfolgend noch näher eingegangen.

Das Berechnungsverfahren zur Berücksichtigung von Quellen und Senken aus den verschiedenen Sektoren ergibt sich aus Art. 3 Abs. 7 KP. Für die Festlegung der im Verpflichtungszeitraum (2008-2012) jeweils zugeteilten Menge an Emissionen ist die Bezugsmenge im Basisjahr 1990 maßgeblich, die sich aus der Summe aller Emissionen der in Anlage A aufgeführten sechs Treibhausgase berechnet. Da die Bereiche Landnutzungsänderung und Forstwirtschaft (land-use, land-use change and foresry, LULUCF) nicht in Anlage A aufgeführt sind, werden diese weder als Quelle noch als Senke für die Bezugsmenge berücksichtigt[432].

---

430 Vgl. ausführlich *Pontecorvo*, Interdependence between Global Environmental Regimes, ZaöRV 1999, 709, 716 ff.

431 Zu diesbezüglichen Vorschlägen vgl. *Schlamadinger/Marland*, Land Use & Global Climate Change, 32 ff.; eine Liste möglicher, von Art. 3 Abs. 4 umfaßter Tätigkeiten befindet sich in: UN-Doc. FCCC/SBSTA/1998/INF.1 v. 18.5.1998: Issues related to land-use change and forestry, Annex II.

432 Eine Ausnahme besteht für diejenigen Staaten, in denen in diesem Bereich die Quellen größer sind als die entsprechenden Senken (sog. Netto-Quelle). Dies trifft insbesondere auf Australien zu, in geringerem Maße auch auf Großbritannien und Estland. Für diese Staaten berechnet sich die Bezugsmenge aus der Summe aller Emissionen aus den in Anlage A aufgeführten Sektoren *plus* der Differenz aus Quellen und Senken im Bereich Landnutzungsänderung (al-

Maßgeblich für die Bezugsmenge sind folglich die *Brutto*-Emissionen eines Landes, da Senken im Basisjahr grundsätzlich *nicht* angerechnet werden. Das Berechnungsverfahren entspricht also einem Vergleich der Netto-Emissionen im Verpflichtungszeitraum 2008 bis 2012 mit den Brutto-Emissionen im Bezugsjahr 1990 (sog. Brutto-Netto-Ansatz). Schätzungen zufolge wurden 1996 in den Annex-I-Staaten rund 12 % der Brutto-Emissionen durch forstliche Senken absorbiert (1990 lag der Wert noch bei 10 %). Besonders hoch fielen die entsprechenden Werte für Neuseeland (22 %), Norwegen (31 %) und Schweden (44 %) aus - gegenüber Deutschland mit lediglich 3 %[433]. Die mögliche Senkenkapazität in den Bereichen Aufforstung, Wiederaufforstung und Entwaldung wird für den Zeitraum 2008-2012 in Neuseeland mit über 30 % angegeben, in Schweden wird sie bei etwa 10 % und damit erheblich über dem europäischen Durchschnitt von 1-2 % liegen[434].

In welchem Umfang Aufforstungen, Wiederaufforstungen und Entwaldungen dagegen bei der erlaubten Emissionsmenge im Verpflichtungszeitraum angerechnet werden können[435], ist abhängig von der jeweiligen Definition dieser Tätigkeiten. Auch unter Hinzuziehung der überarbeiteten IPCC-Richtlinien, die als Grundlage für die Berechnung der anzurechnenden Senken dienen sollen[436], ergibt sich nicht eindeutig, ob

---

lerdings ohne Forstwirtschaft). Für Australien erhöht sich durch diese Sonderregelung die Bezugsmenge um etwa 30 % und damit auch die zugeteilte Menge, denn je höher die Bezugsmenge, desto mehr darf ein Staat bei gleichbleibendem Prozentsatz emittieren (vgl. ausführlich zum Berechnungsverfahren *WBGU*, Sondergutachten 1998, 4 ff.; *Schlamadinger/Marland*, Land Use & Global Climate Change, 15 ff.).

433 *OECD*, National Climate Policies and the Kyoto Protocol, 28.

434 *Grubb*, The Kyoto-Protocol, 188.

435 Neuere Untersuchungen von Wissenschaftlern des Woodshole Research Center in Massachusetts berichten davon, daß in den nachwachsenden Wäldern Nordamerikas offenbar längst nicht so viel CO_2 gespeichert wird, wie lange Zeit angenommen. Allenfalls ein Drittel, vermutlich aber nur ein Zehntel der amerikanischen Kohlendioxid-Emissionen könne durch Wälder verwertet werden (FAZ v. 28.7.1999). Damit wurde eine Studie von 1998 widerlegt, wonach angeblich sämtliche CO_2-Emissionen der US-amerikanischen Industrie durch Wälder absorbiert würden (*Grubb*, The Kyoto-Protocol, 77).

436 Die in den „IPCC Guidlines for National GHG Inventories" formulierten Mindestanforderungen an die Berechnungsverfahren erlauben nach Ansicht des WBGU keine realistische Abschätzung der tatsächlichen Quellen und Senken, da viele Prozesse, die sich z.B. im Boden abspielen, unberücksichtigt blieben. Die Ermittlung des Kohlenstoffaustauschs zwischen den Ökosystemen

beispielsweise auch Walddegradationen unter die im Kyoto-Protokoll selbst nicht näher erläuterten Kategorien fallen[437]. Angesichts des Flächenausmaßes der Waldschädigungen, welche die eigentliche Entwaldungsrate sogar um ein Mehrfaches übersteigt, bedarf dieses Problem aber einer dringenden Klärung[438]. Auch war bislang fraglich, ob Maßnahmen des Forstmanagements, die über reine Aufforstungen und Entwaldungen hinausgehen, nach Art. 3 Abs. 3 angerechnet werden können, denn auch sie haben Einfluß auf die Quellen- und Senkenwirkung von Wäldern[439]. Unklarheit besteht auch noch dahingehend, ob die Umwandlung von Primär- in Sekundärwälder bzw. Wirtschaftswälder (Plantagen) von den anzurechnenden Tätigkeiten erfaßt wird[440]. Ein wichtiges Problem bei der Berücksichtigung von Senken stellt auch die

---

und der Atmosphäre auf kleinen, ausgewählten Arealen sei unzureichend, da relevante Veränderungen wie Holzernten und Feuer nicht erfaßt werden könnten. Nachvollziehbare Treibhausgasbilanzen seien nur durch eine Kombination der Erfassungsmethoden aus Satellitendaten, Stichproben und langfristig angelegten Statistiken möglich. Bislang lägen vollständige Kohlenstoffbilanzen aber erst für wenige Länder, Ökosysteme oder Nutzungsformen vor. Hinsichtlich der verfügbaren Daten seien v.a. die tropischen Gebiete noch stark unterrepräsentiert (vgl. näher *WBGU*, Sondergutachten 1998, 21, 36 f.; so auch *Pontecorvo*, Interdependence between Global Environmental Regimes, ZaöRV 1999, 709, 727; zu konkreten Berechnungsbeispielen vgl. *Nabuurs/Dolman et al.*, Article 3.3. and 3.4. of the Kyoto Protocol, Environmental Science & Policy 2000, 123, 125 ff.; *Liski/Karjalainen et al.*, Trees as carbon sinks and sources in the European Union, Environmental Science & Policy 2000, 91 ff.).

437 Vgl. hierzu *Schlamadinger/Garland*, Land Use & Global Climate Change, 28 ff.; *Lund*, A „forest“ by any other name, Environmental Science & Policy 1999, 125, 128 ff. Siehe jüngst UN-Doc. FCCC/SBSTA/ 2000/CRP.11, Metholodigal issues: Land-use, land-use change and forestry - Draft conclusions by the chairman of the SBSTA, 18.11.2000.

438 Das Ausmaß der degradierten Waldbestände kann bislang nur grob geschätzt werden. Nach Angaben der *FAO* (FRA 1990/Tropical Countries, 33 ff.) sind weltweit zwischen 1981 und 1990 etwa 60 bis 70 Mio. ha Wald degradiert bzw. verinselt worden und damit in eine Vorstufe zur Entwaldung getreten.

439 Siehe hierzu nun die Regelung des „Bonner Kompromisses“ anläßlich der 6. Vertragsstaatenkonferenz 2001, nachfolgend S. 246 ff. Vgl. zum Problem der Senkenerfassung auch *Forum Umwelt und Entwicklung* (Hrsg.), Der Wald als Klimaretter?, 12 ff.

440 Vgl. ausführlich zu den noch offenen Fragestellungen: *Schlamadinger/Marland*, Land Use & Global Climate Change, 26 ff.

Dauerhaftigkeit der Kohlenstoffeinbindung dar, zumal Wälder und Böden Kohlenstoff nur auf Zeit speichern können.

Auf den Vertragsstaatenkonferenzen 1998 in Buenos Aires und 1999 in Bonn wurden zu all diesen offenen Fragen noch keine konkreten Ergebnisse erarbeitet[441].

Eine teilweise Regelung der senkenbezogenen Probleme erfolgte erst auf der 6. Vertragsstaatenkonferenz (Teil 2 in Bonn). Bereits im Vorfeld der Klimakonferenz in Den Haag im November 2000 (COP 6, Teil 1) mehrten sich die Absichten v.a. waldreicher Industriestaaten, Wälder in ihre durch das Kyoto-Protokoll auferlegten Reduktionsverpflichtungen miteinzubeziehen. Die USA, deren Ausstoß an Treibhausgasen seit 1990 um 21 % gestiegen ist[442], beabsichtigen - gegen den Widerstand vieler Umwelt-NGOs und und auch der EU, die nur über vergleichsweise geringe Aufforstungsflächen verfügt[443] - die CO_2-Absorption von Wäldern und Agrarflächen maßgeblich bei der Reduktion von Treib-

---

[441] Vgl. zu COP-4 (Buenos Aires) die Zusammenfassung in: *IISD*, Earth Negotiations Bulletin, Vol.12 Nr. 97, 16.11.1998; zu COP-5 (Bonn) vgl. *IISD*, Earth Negotiations Bulletin, Vol.12 Nr. 123, 8.11.1999. Eine vom Nebenorgan der Klimarahmenkonferenz für wissenschaftliche und technologische Beratung SBSTA (Subsidiary Body for Scientific and Technological Advice) in Auftrag gegebene Studie über die Berücksichtigung der Wälder als Quellen und Senken beim Landnutzungswandel hat im Vorfeld zu COP-6 in Den Haag die noch strittigen Fragen näher untersucht und erste Vorschläge unterbreitet, vgl. *IPCC*, Land Use, Land-Use Change, and Forestry, Mai 2000. Vgl. hierzu auch die von *Robertson/Schlamadinger* herausgegebene Studie zu "Land-Use, Land-Use Change and Forestry: the Road to COP 6", IEA Bioenergy Task 25 "Greenhouse Gas Balances of Bioenergy Systems", Oktober 2000. Siehe auch die Entscheidungen des SBSTA betr. Landnutzungswandel und Forstwirtschaft: UN-Doc. FCCC/SBSTA/2000/L.6/Add.1 v. 14.9.2000: Methological Issues - Land-use, land-use change and forestry.

[442] Pressemitteilung der UNFCC anläßlich der 6. UN-Klimaschutzkonferenz in Den Haag 2000, <http://cop6.unfccc.int/pdf/presskc6e.pdf>.

[443] „Submission by France on behalf of the European Community and its Member States on Textual Proposals on Articles 3.3, 3.4, 3.7 and Explanatory Material in Accordance with the Conclusions of the 12th Session of SBSTA", 1.8.2000, <www.unfccc.de>. Im Gegensatz zu den USA sind die EU bereit, den Einsatz der Kyoto-Mechanismen quantitativ zu begrenzen: nur die Hälfte der Reduktonsverpflichtungen soll durch den Einsatz der flexiblen Kyoto-Mechanismen erfüllt werden dürfen; hierdurch soll ein „Freikaufen" der USA verhindert werden.

hausgasen zu berücksichtigen[444]. Diese Haltung erklärt sich angesichts der Tatsache, daß 1998 in den USA 14 % der CO_2-Emissionen durch Kohlenstoffsenken absorbiert worden sind[445]. Auch Kanada, Rußland, Australien und anderere waldreiche Staaten haben sich mittlerweile der US-amerikanischen Haltung angeschlossen. Japan will sogar 3,2 bis 3,7 % seiner Kohlendioxidemissionen durch forstbezogene Maßnahmen reduzieren; dies ist mehr als die Hälfte des von Japan eingegangenen Kyoto-Reduktionsziels von 6 %[446].

Nicht zuletzt wegen der umstrittenen Anrechnung von Forst- oder Agrarmaßnahmen ist der Weltklimagipfel in Den Haag jedoch ohne Ergebnisse beendet worden[447]. Die EU lehnte insbesondere einen Kompromißvorschlag der Niederlande ab, der es den USA erlaubt hätte, einen Teil ihrer Schadstoff-Emissionen mit natürlichen CO_2-reduzierenden Faktoren wie Wäldern und landwirtschaftlich genutzten Flächen aufzurechnen[448]. Durch die mittlerweile aber offene Ablehnung des Kyoto-Protokolls in seiner bestehenden Form durch die neue US-Regierung unter Präsident Bush ging es auf der in Bonn im Juli 2001 fortgesetzten 6. Vertragsstaatenkonferenz (COP 6 bis) um die „Rettung" des Vertragswerks. Diese gelang schließlich durch nicht unerhebliche Zugeständnisse bezüglich der Anrechnung biologischer Senken, die nunmehr in weit größerem Umfang berücksichtigt werden können als bisher. Die Verpflichtungen der Industriestaaten reduzieren sich gegenüber dem ursprünglichen Ziel um 169 Mio. tC; damit verringert sich nach Berechnungen des World Wide Fund for Nature die durchschnitt-

---

444 „United States Submission on Land-Use, Land-Use Change, and Forestry", 1.8.2000, im Internet unter <www.unfccc.de>.

445 Vgl. Pressemitteilung der UNFCC anläßlich der 6. UN-Klimaschutzkonferenz in Den Haag 2000, <http://cop6.unfccc.int/pdf/presskc6e.pdf>.

446 Japan Times, v. 2.8.2000. Vgl. hierzu „Submission on Land-Use, Land-Use Change, and Forestry, The Government of Japan", 1.8.2000, im Internet unter <www.unfccc.de>.

447 Zusammenfassung von COP-6 (Den Haag) in *IISD*, Earth Negotiations Bulletin, Vol. 12 No. 163, 27.11.2000, 2 ff.

448 Nach dem Entwurf des niederländischen Umweltministers Pronk zufolge hätten sich die Industriestaaten beliebig viele Maßnahmen außerhalb des eigenen Landes zum Erreichen ihrer Klimaschutz-Ziele anrechnen lassen können. Auch der Handel mit Emissions-Gutschriften sollte unbegrenzt zugelassen werden. Dagegen wäre nur die Anrechnung einer streng limitierten Menge an CO_2-bindenden Waldprojekten möglich gewesen, vgl. Handelsblatt v. 24.11. 2000 sowie *IISD*, Earth Negotiations Bulletin, Vol. 12 No. 163, 27.11.2000.

lich zu erreichende Reduktionsquote von 5,2 % auf effektiv lediglich 1,8 %[449].

Nach Art. 3 Abs. 4 KP können zukünftig auch landwirtschaftliche Aktivitäten (Acker- und Grasland) sowie Maßnahmen des Forstmanagements berücksichtigt werden, die ebenso wie die bislang noch unklaren Begriffe von Wald, Aufforstung, Wiederaufforstung und Entwaldung erstmals definiert werden. In einem gesonderten Anhang finden sich konkrete Senkenpotentiale für die Industriestaaten: So kann Kanada in den nächsten Jahren sogar anstelle der zunächst vorgesehenen Verringerung um 6 % seine Treibhausgasemissionen um rund 5 % steigern. Auch Japan werden erhebliche Senkenpotentiale zugesprochen, ebenso wie Rußland[450]. Selbst die USA, die das Kyoto-Protokoll zwar unterzeichnet haben, es aber nicht ratifizieren wollen, hätten ihre Reduktionsverpflichtungen von ursprünglich 7 % fast halbieren können.

Die multilaterale Klimapolitik hat mit der Einigung auf den Bonner Kompromiß zwar einen weiteren Anstoß zur globalen Treibhausgasreduktion unter Einbeziehung des Senkenpotentials von Wäldern und Feldern erhalten, aufgrund der wissenschaftlich immer noch ungeklärten Rolle der Wälder und Landwirtschaftsflächen als Klimafaktoren bestehen aber weiterhin grundsätzliche Einwände gegen die Einbeziehung von Kohlenstoffsenken. Umweltschutzorganisationen befürchten, daß die Anrechnungsmechanismen im Kyoto-Protokoll negative Formen der Forstwirtschaft begünstigen könnten[451]. Der durch das Kyoto-Protokoll möglicherweise ausgelöste Anreiz zur Schaffung zusätzlicher Kohlenstoffsenken könnte dazu verleiten, weniger produktive Waldökosysteme durch schnell wachsende Plantagenwälder zu ersetzen[452]. Da zudem die Auswirkungen der ab 1990 erfolgten Maßnahmen im forstwirtschaftlichen Bereich auf die Treibhausgasbilanz eines Staa-

---

[449] Vgl. UN-Doc. FCCC/CP/2001/L.11/Rev. 1 v. 27.7.2001, Draft decision: Land use, land-use change and forestry.

[450] Vgl. hierzu auch FAZ v. 24.7.2001, 2.

[451] *Dudley*, Forest Innovation, 14; *Forum Umwelt und Entwicklung* (Hrsg.), Der Wald als Klimaretter?, 9.

[452] *Downes*, Global Forest Policy, in: Tarasofsky (Hrsg.), Assessing the International Forest Regime, S. 63, 89. In den Tropen besitzen Plantagen einen um etwa 25-50 % niedrigeren Kohlenstoffvorrat in der Biomasse als Primärwaldbestände. Bis der Kohlenstoffvorrat eines abgeholzten tropischen Primärwaldes annähernd wieder erreicht ist, muß sich ein Sekundärwald über 150 Jahre ungestört entwickeln; in der temperierten Zone ist der entsprechende Zeitraum noch wesentlich länger (*WBGU*, Sondergutachten 1998, 22).

tes erst zu Beginn des ersten Verpflichtungszeitraums im Jahre 2008 berücksichtigt werden, besteht theoretisch die Möglichkeit, daß sich ein Staat die Treibhausgaseinbindung durch zwischenzeitliche Wiederaufforstungen als Senke anrechnen lassen kann, ohne aber die zuvor durch die Rodung freigesetzten Kohlenstoffemissionen berücksichtigen zu müssen[453]. Hierdurch besteht die Gefahr, daß gewaltige Tropenwaldflächen und damit artenreiche Biotope in den Entwicklungsländern, die bislang vertraglich nicht zur Verringerung ihrer Treibhausgasemissionen verpflichtet sind, irreversibel vernichtet und auf diese Weise die Ziele der Biodiversitätskonvention unterlaufen werden könnten.

Angesichts der Tatsache, daß Berechnungen von Treibhausgasquellen und -senken, die durch menschliche Tätigkeiten in terrestrischen Ökosystemen entstehen oder verändert werden, noch mit zahlreichen Unsicherheiten behaftet und mit großem Aufwand verbunden sind[454], bleibt abzuwarten, ob und inwieweit sich dieser Umstand weiterhin negativ auf die internationalen Klimaverhandlungen auswirken wird. Jedenfalls darf an der Senkenfrage nicht das Ziel einer gemeinsamen globalen Klimapolitik scheitern.

(3) Clean Development Mechanism (CDM)

Problematisch ist nicht nur das Anrechnungsverfahren für terrestrische Quellen und Senken in den durch das Kyoto-Protokoll verpflichteten Industrieländern; auch von Industrieländern in Entwicklungsländern durchgeführte Aufforstungsprojekte bereiten erhebliche Schwierigkeiten. Bis zur 3. Vertragsstaatenkonferenz herrschte noch Uneinigkeit darüber, ob überhaupt die Durchführung von Verpflichtungen aus der Klimarahmenkonvention auf dem Territorium der Entwicklungsländer

---

[453] So *WBGU*, Sondergutachten 1998, 34.

[454] Zur Übersicht der noch offenen Fragen hinsichtlich der Anrechnung forstlicher Senken vgl.: UN-Doc. FCCC/SBSTA/1998/INF.1 v. 18.5.1998: Issues related to land-use change and forestry. Eine erste Studie am Beispiel der russischen Forstwirtschaft zeigt die noch erheblichen Unsicherheiten auf, mit welchen die Anrechnungsmethoden für forstliche Senken behaftet sind, vgl. *MacDonald*, Full Carbon Account for Russia, IR-00-021, International Institute for Applied Systems Analysis, August 2000, <www.iiasa.ac.at>. Ein Modell zur Berechnung stellen *Pfaff u.a.*, The Kyoto protocol and payments for tropical forest, Ecological Economics 2000, 203 ff., vor.

erfolgen könnte[455]. Man hatte sich in Berlin 1995 zunächst nur auf die Einrichtung einer zeitlich befristeten Pilotphase (AIJ) über gemeinsam umgesetzte Projekte in Entwicklungsländern verständigt. Im Kyoto-Protokoll wird nunmehr in Art. 12 durch den Mechanismus für umweltverträgliche Entwicklung (Clean Development Mechanism, CDM) aber die Möglichkeit einer internationalen Kooperation zwischen Industrie- und Entwicklungsländern zur Reduzierung von Treibhausgasen eröffnet[456]. Unklarheiten bestehen noch darüber, ob und inwieweit Projekte der AIJ-Phase in den CDM übergeleitet werden können[457].

Nach den Regeln des CDM dürfen sich Industrieländer einen Teil ihrer in den Entwicklungsländern erworbenen Emissionszertifikate auf ihre Reduktionsverpflichtungen gemäß Art. 3 Abs. 12 KP anrechnen lassen[458]. Bis zur Einigung auf den „Bonner Kompromiß" vom Juli 2001

---

[455] Siehe zum Konzept der Gemeinsamen Umsetzung (Joint Implementation) in der Klimarahmenkonvention bereits die obigen Ausführungen, 179.

[456] Der auf eine brasilianische Initiative zurückgehende Mechanismus wurde auf Drängen der USA und der Entwicklungsländer in das Protokoll aufgenommen. Ziel des CDM ist es, in den Entwicklungsländern die nachhaltige Entwicklung zu fördern sowie einen Beitrag zum Ziel der Klimarahmenkonvention zu leisten. Gleichzeitig sollen durch den CDM Erleichterungen für die Industriestaaten geschaffen werden, ihre Reduktionsverpflichtungen aus der Konvention zu erfüllen (Art. 12 Ziff. 2 KP). Vgl. ausführlicher zum CDM: *Dolzer*, Verkehrswesen und Klimapolitik in der dritten Welt, Annex 4, S. 162 f.; *Grubb*, The Kyoto Protocol, 226 ff.; *Oberthür/Ott*, The Kyoto Protocol, 165 ff.

[457] *BMU*, Gemeinsam umgesetzte Aktivitäten zur globalen Klimavorsorge, 3 ff.; *Davis*, Carbon Forestry Products in Developing Countries, 7 ff. Vgl. näher zu forstrelevanten Pilotprojekten S. 237 f.

[458] Dagegen soll das Konzept der Gemeinsamen Umsetzung (Joint Implementation, Art. 6 KP) ebenso wie der Handel mit Emissionseinheiten nach Art. 17 KP (siehe näher zum „Emissions Trading": *Brockmann/Stronzik/Bergmann*, Emissionsrechtehandel, 56 ff.) nur zwischen Industriestaaten abgewickelt werden, ein Zusammenwirken mit Entwicklungsländern ist bei diesen Formen internationaler Kooperation nicht vorgesehen. Unklar ist noch, ob die Emissionszertifikate nach Art. 17 KP zur Erfüllung der Verpflichtungen nach Art. 3 KP auch für die Schaffung oder Verstärkung von Treibhausgassenken gehandelt werden können. Dagegen ermöglicht der Flexibilisierungsmechanismus des Art. 6 (JI) KP ausdrücklich auch Projekte, die auf die erhöhte Aufnahme von Kohlendioxid durch Senken abzielen (Art. 6 Abs. 1: „... emission reduction units resulting from projects aimed at reducing anthropogenic emissions by sources or enhancing anthropogenic removals by sinks ..."). JI-Projekte müssen jedoch - im Unterschied zum Anrechnungsverfahren nach Art. 3 Abs. 3 - zu ei-

war aber noch unklar, ob die im Entwicklungsland erzielten Reduktionen in vollem Umfang oder nur zu einem Teil auf die vertraglichen Verpflichtungen des investierenden Industriestaates angerechnet werden können. Da Art. 12 KP im Gegensatz zu Art. 6 KP (Joint Implementation) nur von Emissionsreduktionen spricht und Senken in diesem Zusammenhang nicht ausdrücklich erwähnt, wurde daraus einerseits gefolgert, daß Senken von CDM-Projekten nicht erfaßt werden[459]. Die Vorschrift kann aber auch derart verstanden werden, daß Art. 12 KP sich auf *Netto*-Emissionen bezieht, d.h. daß auch Senken in den Bereichen Landnutzungsänderung und Forstwirtschaft berücksichtigt werden müssen, zumal Art. 12 KP auf die Verpflichtungen nach Art. 3 KP Bezug nimmt, und nach dieser Vorschrift Senken ausdrücklich einzubeziehen sind[460]. Diesbezüglich stellte sich aber das weitere Problem, ob Projekte in Entwicklungsländern ebenfalls auf die in Art. 3 Abs. 3 KP genannten Tätigkeiten (Aufforstung, Wiederaufforstung, Entwaldung) begrenzt sein müssen[461]. Auf der 6. Vertragsstaatenkonferenz (Bonn) einigte man sich schließlich darauf, daß Aufforstungs- und Wiederaufforstungsmaßnahmen Berücksichtigung im CDM finden können[462].

Um die Möglichkeit zu begrenzen, daß sich Industriestaaten die Finanzierung von Aufforstungsprojekten in Entwicklungsländern über den CDM anrechnen lassen, um auf diese Weise ihre erlaubten Brutto-Emissionen im Verpflichtungszeitraum auf dem eigenen Territorium zu erhöhen, dürfen diese Waldprojekte nur zu 1 % auf die Brutto-Emissionen angerechnet werden. Diese Vorgehensweise ist insofern vorteilhaft, als die Anrechnung für Projekte in Entwicklungsländern

---

ner Reduktion der Emissionen oder zu einer Erhöhung der Aufnahme durch Senken führen, die über die ohnehin erfolgte Reduktion hinausgeht (Art. 6 Abs. 1 [b] KP). Vgl. dazu *WBGU*, Sondergutachten 1998, 12.

459 *Goldberg*, Carbon Conservation, 2; zum Meinungsstand vgl. *Davis*, Carbon Forestry Projects in Developing Countries, 12 f.; siehe auch *Brown/Kete*, Forest and Land Use Projects, in: Goldemberg (Hrsg.), The Clean Development Mechanism, 170, 171 ff.

460 Art. 12 Abs. 3 KP: „Parties included in Annex I may use certified emissions reductions accuring form such project activities to contribute to compliance with part or their quantified emission limitation and reduction commitments under Article 3".

461 *WBGU*, Sondergutachten 1998, 12; ausführlich *Grubb*, The Kyoto-Protocol, 186 ff.

462 UN-Doc. FCCC/CP/2001/L.11/Rev.1 v. 27.7.2001, 8.

über den CDM nicht erst in der ersten Verpflichtungsperiode 2008-2012, sondern bereits ab dem Jahr 2000 möglich ist[463]. Emissionsreduktionen, die bereits in der Zeit zwischen 2000 und 2008 aus forstwirtschaftlichen Projekten erworben werden, können folglich schon für die Erfüllung der Verpflichtungen verwendet werden[464]. Befürchtet wird aber, daß durch dieses Verfahren ein verstärkter Anreiz zur Abholzung von Primärwäldern geliefert wird, sofern nicht die durch die Rodung verursachten CO_2-Emissionen ebenfalls einem Staat angerechnet werden[465]. Bedenken werden auch dahingehend geäußert, daß ein Projekt zwar an seinem Standort zur Treibhausgasreduktion oder -einbindung führen kann, daß sich die Rodungsaktivitäten jedoch nur räumlich verlagern (sog. „leakage")[466].

b) Umsetzung der Übereinkommen über die Biologische Vielfalt im Bereich der forstlichen Biodiversität

Die Aufrechterhaltung der Waldökosysteme ist von wesentlicher Bedeutung für die Ziele der Biodiversitätskonvention, da mit Walddegradationen und Entwaldungen ein erheblicher Verlust an forstlicher Biodiversität einhergeht. Die 3. Vertragsstaatenkonferenz, die 1996 in Montreal stattfand, beauftragte das Sekretariat der Konvention daher mit der Ausarbeitung eines Arbeitsprogramms zur biologischen Vielfalt

---

463 Art. 12 Abs. 10 KP.

464 Besonders für diejenigen Industriestaaten, die schon während der JI-Pilotphase Forstprojekte in Entwicklungsländern finanzieren, ist eine möglichst frühe Anrechnungsmöglichkeit von großem Interesse. Dies gilt in besonderem Maße für private Investoren aus den USA, die 10 der derzeit laufenden 12 Pilotprojekte im Forstbereich finanziell unterstützen. Allein 4 Forstprojekte werden in Costa Rica durchgeführt, das eine Vorreiterrolle für waldbezogene JI-Pilotprojekte übernommen hat. Vgl. dazu ausführlich: *Goldberg*, Carbon Conservation, 27 ff.; *Schlamadinger/Marland*, Land Use & Global Climate Change, 44 ff.

465 *WBGU*, Sondergutachten 1998, 38; *Abramovitz*, Taking a Stand, 63; *Pontecorvo*, Interdependence between Global Environmental Regimes, ZaöRV 1999, 709, 729.

466 *Schlamadinger/Marland*, Land Use & Global Climate Change, 31 f.; *Downes*, Global Forest Policy, in: Tarasofsky (Hrsg.), Assessing the International Forest Regime, 63, 90; *Brown/Kete*, Forest and Land Use Projects, in: Goldemberg (Hrsg.), The Clean Development Mechanism, 170, 178 f.

der Wälder[467]. Der Entwurf eines fünf Elemente umfassenden Programms zur biologischen Vielfalt[468] lag der 3. Sitzung des wissenschaftlichen Beratungsremiums SBSTTA[469] im Sept. 1997 in Montreal vor. Ein deutlicher Fortschritt für ein konsensfähiges Arbeitsprogramm für die Erhaltung der biologischen Vielfalt in Wäldern konnte hier jedoch noch nicht gefunden werden[470].

Auf der 4. Vertragsstaatenkonferenz 1998 in Bratislava wurde ein vier Elemente umfassendes *Programme of Work for Forest Biological Diversity* für die nächsten drei Jahre aufgestellt[471], um insbesondere die Erhaltung und nachhaltige Nutzung von forstlicher Biodiversität in nationale Wald- und Landnutzungsprogramme zu integrieren. Das Programm umfaßt die Einbindung des Schutzes der biologischen Vielfalt in einen ganzheitlichen und intersektoralen Ökosystemansatz unter besonderer Berücksichtigung sozialer, kultureller und ökonomischer Belange. Des weiteren stehen auf dem Programm die Auswirkungen menschlicher Tätigkeiten auf die biologische Vielfalt, insbesondere Praktiken des Forstmanagements, die Verbesserung von Kriterien- und Indikatorenkataloge für eine nachhaltige Waldbewirtschaftung sowie die Förderung von Forschung, Zusammenarbeit und Entwicklung von Technologien[472].

---

[467] Vgl. *Johnston*, The Convention on Biological Diversity, RECIEL 1997, 219, 222.

[468] UN-Doc. UNEP/CBD/SBSTTA/3/5 v. 14.7.1997: Draft Programme of Work on Forest Biological Diversity.

[469] Subsidiary Body on Scientific, Technical and Technological Advice.

[470] Siehe ausführlich zu den Ergebnissen der 3. Sitzung des SBSTTA: *Schneider*, Der internationale forstpolitische Dialog 5 Jahre nach Rio, AFZ/Der Wald 6/1998, 314, 316; *IISD*, Earth Negotiations Bulletin, Vol. 9 Nr. 73, 8.9.1997, 7 ff.

[471] UN-Doc. UNEP/CBD/COP/4/27 v. 15.6.1998: Report of the 4th meeting of the Conference of the Parties to the CBD, Annex, Decision IV/7: Forest biological diversity (Abdruck in: Tarasofsky (Hrsg.), Assessing the International Forest Regime, Appendix 1). Vgl. zum Sitzungsverlauf von COP-4 zusammenfassend: *IISD*, Earth Negotiations Bulletin, Vol. 9 Nr. 96, 18.5.1998, insbesondere 5 f.

[472] Vgl. zusammenfassend *FAO*, SOFO 1999, 85 sowie ausführlicher *Khalastchi/Mackenzie*, The Conservation and Sustainable Use of Forest Biological Diversity, in: Tarasofsky (Hrsg.), Assessing the International Forest Regime, 37, 45 ff.

Die Erwartungen vieler Beobachter und Teilnehmer des internationalen forstpolitischen Dialogs im Hinblick auf substanzielle Entscheidungen über die weitere Behandlung des Themas „Wälder" konnten nur teilweise erfüllt werden, zumal die Ziele der Biodiversitätskonvention bisher in nationalen Waldnutzungs- und Waldschutzstrategien nur unzureichend umgesetzt worden sind[473]. Abzuwarten bleibt die weiterere Entwicklung und Implementierung des Arbeitsprogramms zu Schutz und Nutzung der forstlichen Biodiversität. Das wissenschaftliche Beratungsgremium SBSTTA der Biodiversitätskonvention wird anläßlich der 6. Vertragsstaatenkonferenz im Jahre 2002 über den Bestand und und die Entwicklung der forstlichen Biodiversität sowie zu entsprechenden Optionen für deren Erhalt und nachhaltige Nutzung berichten[474].

c) Konvention zur Bekämpfung der Wüstenbildung

Neben der Unterzeichnung der Biodiversitäts- und der Klimarahmenkonvention wurde in Rio 1992 der Grundstein für ein drittes internationales Umweltübereinkommen gelegt. In Kapitel 12 der Agenda 21 (Bewirtschaftung empfindlicher Ökosysteme: Bekämpfung der Wüstenbildung und der Dürren) wird die Einsetzung eines zwischenstaatlichen Verhandlungsausschusses zur Aushandlung einer völkerrechtlich verbindlichen Konvention zur Bekämpfung der Wüstenbildung gefordert[475]. Im Vorfeld der Rio-Konferenz drängten v.a. die afrikanischen Staaten auf den Abschluß einer Konvention als Gegengewicht zur Klimarahmenkonvention und dem Biodiversitätsabkommen, auch unter dem Aspekt der Erschließung neuer Finanzmittel[476]. Obwohl die Wü-

---

[473] *Schneider*, Der internationale forstpolitische Dialog 5 Jahre nach Rio, AFZ/Der Wald 6/1998, 314, 316; *Khalastchi/Mackenzie*, The Conservation and Sustainable Use of Forest Biological Diversity, in: Tarasofsky (Hrsg.), Assessing the International Forest Regime, 37, 69.

[474] *FAO*, SOFO 1999, 85.

[475] Kap. 12.40 Agenda 21.

[476] Während die Entwicklungsländer vor allem die CO_2-Emissionen der Industriestaaten als Verursacher für die Wüstenbildung verantwortlich machten und daher eine Vereinbarung auf globaler Ebene propagierten, sahen die Industrieländer die wesentlichen Ursachen der Wüstenbildung vornehmlich in sozio-ökonomischen Faktoren. Sie gaben aber ihren anfänglichen Widerstand gegen ein völkerrechtliches Übereinkommen auf in der Hoffnung, auf diese Weise die Zustimmung der Entwicklungsländer für die Aushandlung einer internatio-

stenausbreitung seit Jahren viele Länder vor beträchtliche ökonomische, ökologische und soziale Probleme stellt[477], hat der Schutz des Umweltmediums „Boden“ im Umweltvölkerrecht nur geringe Aufmerksamkeit gefunden. Lediglich das Algier- und das ASEAN-Abkommen widmen sich in jeweils einem Artikel dem Bodenerhalt und der Erosionsbekämpfung[478]. Eine Intensivierung der Maßnahmen zur Bekämpfung der Wüstenbildung wurde zwar schon 1977 im UN-Rahmen vereinbart, die praktischen Maßnahmen blieben jedoch aufgrund fehlender finanzieller Mittel und mangelnder Koordination weit hinter den Erwartungen zurück[479].

---

nalen Waldkonvention erreichen zu können. Daß diese Taktik mißlang, liegt nicht zuletzt daran, daß die Nutznießer einer Wüstenkonvention nicht die gleichen Länder sind wie die von einer Waldkonvention betroffenen politisch einflußreichen Entwicklungsländer in Lateinamerika und Asien (*Kürzinger/Schipulle*, Desertifikationskonvention, Entwicklung u. Zusammenarbeit 1996, 8). Vgl. ausführlich zur Entstehungsgeschichte der Wüstenkonvention: *Bekhechi*, Une Nouvelle Etape, Revue Générale de Droit Int. Public 1997, 5, 7 ff.; *Burns*, The International Convention to Combat Desertification, Michigan Journal of Int. Law 1995, 831, 849 ff.; *WBGU*, Jahresgutachten 1995, 163 ff.

477 Nach Einschätzung der Weltbank zählen 40 % der weltweiten Landoberfläche zu den Trockengebieten (*Weltbank*, New Opportunities for Development, 6 f.). Allein 2/3 des afrikanischen Kontinents sind von Desertifikationen betroffen. In den letzten 50 Jahren hat ein Gebiet von 1,2 Mrd. ha - so groß wie China und Indien zusammen - eine mäßige bis extreme Verschlechterung der Bodenqualität erfahren, überwiegend in ariden und semi-ariden Zonen in Entwicklungsländern. Wenn sich die Desertifikation mit dieser Geschwindigkeit fortsetzt, werden jedem Menschen in den Entwicklungsländern im Jahr 2050 nur noch 0,11 ha ackerfähige Land zur Verfügung stehen - ein Fünftel der heute in den Industrieländern verfügbaren Fläche. Durch die Wüstenausbreitung wird der Lebensunterhalt von mehr als einer Mrd. Menschen in mehr als 100 Ländern gefährdet sein. Allein in den vergangenen zwei Jahrzehnten lag die Zahl der Umweltflüchtlinge aus Trockengebieten bei schätzungsweise 10 Mio. Menschen. Die Kosten, welche die Wüstenbildung weltweit verursacht, belaufen sich auf rund 42 Mrd. US-$ jährlich (vgl. *Vereinte Nationen*, Die Konvention der Vereinten Nationen zur Bekämpfung der Wüstenbildung, 1 f.; *Homey/Wahl*, Vereinte Nationen und Umwelt, UN Basis-Informationen 1993, 6; *o. V.*, Land Degradation, UN Chronicle Nr. 2, 1997, 26 ff.).

478 Art. IV des Algier-Akommens bzw. Art. 7 des ASEAN-Vertrages.

479 Die Vereinten Nationen beriefen 1977 eine internationale Konferenz über die Bekämpfung der Wüstenbildung in Nairobi ein, die einen umfangreichen Aktionsplan zur Bekämpfung der Desertifikation verabschiedete, um das Problem bis zum Jahr 2000 unter Kontrolle zu bekommen. Dieses Programm wur-

Die im Juni 1994 abschließend verhandelte *Konvention zur Bekämpfung der Wüstenbildung und der Dürrefolgen insbesondere in Afrika* ist im Dezember 1996 in Kraft getreten ist[480]; mittlerweile haben 171 Staaten die Konvention ratifiziert oder sind ihr beigetreten[481]. Kern des Übereinkommens ist die Erarbeitung von Aktionsprogrammen zum Naturressourcen-Management auf nationaler und regionaler Ebene mit Schwerpunkt in den Trockenzonen Afrikas[482]. Die Wüstenkonvention ist die bislang einzige internationale Konvention, welche die aktive Einbeziehung und Beteiligung der Bevölkerung völkerrechtlich verbindlich festschreibt. Dieser sog. *bottom-up*-Ansatz ist eine zentrale Bestimmung der Konvention (Art. 3) und trägt maßgeblich zur Förderung der Kapazitätsentwicklung *(capacity building)* bei[483]. Auf diese Weise soll die zunehmende Zerstörung der natürlichen Lebensgrundla-

---

de jedoch kaum in die Tat umgesetzt, da die Geberländer ihre finanzielle Unterstützung mangels konkreter nationaler Pläne und Projekte in den von Desertifikation betroffenen Entwicklungsländern verweigerten. Die Resultate des ambitionierten Aktionsplans konnten die hochgesteckten Erwartungen nicht erfüllten, der rechtlich unverbindliche Plan scheiterte auch an der fehlenden Einbindung der betroffenen Bevölkerung (vgl. *Lührs*, Leben und Überleben in Trockengebieten, VN 1995, 61, 62).

480 *Convention to Combat Desertification in those Countries Experiencing Serious Drought and/or Desertification, particulary in Africa*, vom 14.10.1994, in Kraft seit 26.12.1996, Abdruck in: ILM 33 (1994), 1328 ff.; *Birnie/Boyle*, International Law and the Environment, 513 ff.

481 Stand: November 2000 (<http://www.unccd.int>).

482 Die Waldfläche Afrikas hat sich in den vergangenen Jahrzehnten mit deutlich zunehmender Tendenz verringert. Allein zwischen 1980 und 1995 ist sie um 10,5 % zurückgegangen, zum größten Teil verursacht durch die Umwandlung in landwirtschaftlich genutzte Fläche. Etwa die Hälfte des Ackerlandes in Afrika südlich der Sahara ist bereits von Bodendegradation und Erosion betroffen, ca. 80 % der Weideflächen zeigen Degradationserscheinungen auf (vgl. *UNEP*, Global Environment Outlook, 25 ff.).

483 Siehe hierzu *Grayson/Maynard*, The World's Forests, 18; *Beyerlin*, Umweltvölkerrecht, 258. Unter *capacity building* wird in erster Linie der Aufbau personeller Kapazitäten sowie administrativer und legislativer Strukturen in den Entwicklungsländern verstanden. Die Agenda 21 widmet sich in einem eigenständigen Kapitel diesem Thema (Kap. 37). Zu Beispielen von *capacity building* im Waldbereich siehe: *BMZ*, Die Fähigkeit zum Umwelt- und Ressourcenschutz in Entwicklungsländern stärken, 9 ff.; *OECD*, Capactiy Development in Environment, 8 f.; *Glück u.a.*, Options for Strengthening the International Legal Regime for Forests, 40 ff.

gen unter Berücksichtigung der geographischen, biologischen und sozio-ökonomischen Aspekte des Wüstenbildungs- und Trockenheitsprozesses aufgehalten werden.

Ist der Text der Wüstenkonvention im Hinblick auf die sich für die Vertragsstaaten ergebenden Verpflichtungen relativ allgemein gehalten, führt die Konvention aber in vier Annexen aus, auf welche Weise das Übereinkommen in Afrika, Asien, Lateinamerika und der Karibik sowie im nördlichen Mittelmeerraum umgesetzt werden soll. Die Anhänge für Afrika sowie für Lateinamerika und die Karibik fordern die Erstellung nationaler Aktionsprogramme, um die nachhaltige Bewirtschaftung natürlicher Ressourcen, einschließlich der Wälder, zu gewährleisten[484]. In vielen Trocken- und Wüstenregionen der Erde sind mittlerweile Projekte zur Umsetzung der Konvention eingeleitet worden[485]; zu den nationalen Aktivitäten zählen v.a. Wiederaufforstungsprojekte und die Förderung der Forstwirtschaft auf kommunaler Ebene[486]. Konkrete Ergebnisse dieser nationalen Aktionsprogramme werden sich aber erst innerhalb der nächsten Jahre zeigen.

Die Umsetzung der Ziele der Wüstenkonvention ist nicht zuletzt ein finanzielles Problem, welches die Entwicklungsländer über den auf der ersten Vertragsstaatenkonferenz 1997[487] eingerichteten sog. Globalen Mechanismus zu lösen versuchen; die Vertreter der G 77-Staaten verlangen die Ausgestaltung des Globalen Mechanismus zu einem Fianzierungsinstrument - aus Sicht der Industrieländer stellt der Mechanismus aber lediglich ein Informationsinstrument für die betroffenen Länder über die vorhandenen finanziellen Mittel dar[488]. Finanziell werden

---

[484] Vgl. Art. 8 III (b) (i) des Afrika-Anhangs (I) und Art. 4 (c) des Anhangs für Lateinamerika/Karibik (III).

[485] Vgl. zu den von der Weltbank finanzierten Projekten: *Weltbank*, New Opportunities for Development, Annex 1.

[486] Eine Übersicht zu den bisherigen nationalen Bemühungen in den von Dürre und Wüstenbildung betroffenen Ländern der Erde in: *o. V.*, Land Degradation, UN Chronicle Nr. 2, 1997, 26, 29; *FAO*, SOFO 1999, 85; *Vereinte Nationen*, Die Konvention der Vereinten Nationen zur Bekämpfung der Wüstenbildung, 4 f.

[487] Zusammenfassung von COP-1 der CCD in: *IISD*, Earth Negotiations Bulletin, Vol. 4 Nr. 116, 13.10.1997. COP-2 fand im Dez. 1998 in Dakar/Senegal statt (vgl. *IISD*, Earth Negotiations Bulletin, Vol. 4 Nr. 116, 13.10.1997), COP-3 im Nov. 1999 in Recife/Brasilien (vgl. *Pilardeaux*, Bodenschutz für Trockengebiete, VN 2000, 19 ff.).

[488] *Pilardeaux*, Bodenschutz für Trockengebiete, VN 2000, 19 f.

Projekte gegen die Wüstenbildung auch von der Globalen Umweltfazilität GEF gefördert, soweit diese im Zusammenhang mit den vier von der GEF geförderten „focal areas“, also Klimaschutz, Biodiversität, Ozon und Wasser stehen.

Anders als die Klimarahmenkonvention und die Konvention zur Erhaltung der Biodiversität behandelt die Wüstenkonvention ein Problem, dessen globale Auswirkungen und Bezüge eher indirekt und von untergeordneter Bedeutung im Vergleich zu den lokalen und nationalen Wirkungen sind. Diese Auffassung wird mehrheitlich von den Industrieländern vertreten, welche die Desertifikation als ein regionales Problem mit regionalen Ursachen ansehen, während die Entwicklungsländer für die Verwüstung als weltweites Phänomen globale Ursachen verantwortlich machen[489]. Dennoch kommt auch der Bekämpfung der Wüstenbildung ein erheblicher globaler Nutzen zu, der sich in der verstärkten Bindung von Treibhausgasen durch die Vegetation und in dem Erhalt der Biodiversität widerspiegelt[490]. Die Wüstenkonvention, die in erster Linie den Interessen der Entwicklungsländer entgegenkommt und damit deren aktive Beteiligung an der Umsetzung der vorwiegend von den Industrieländern betriebenen Klimaschutz- und Biodiversitätskonvention fördert, ergänzt somit die diesbezüglichen Rio-Vereinbarungen.

3. Waldschutzmaßnahmen auf regionaler Ebene

Zahlreiche Initiativen sind nach dem Umweltgipfel 1992 in Gang gesetzt worden, um die Beschlüsse von Rio umzusetzen. Der UNCED-Nachfolgeprozeß im Waldbereich beschäftigte sich vor allem damit, das Konzept der nachhaltigen Waldbewirtschaftung zu konkretisieren, indem allgemeine Prinzipien sowie Kriterien und Indikatoren (kurz K+I)[491], welche die nachhaltige Bewirtschaftung, Erhaltung und Ent-

---

[489] *Toulmin*, The Desertification Convention, in: Dodds (Hrsg.), The Way Forward, 55, 62.

[490] *Kürzinger/Schipulle*, Desertifikationskonvention, Entwicklung u. Zusammenarbeit 1996, 8 ff.

[491] Kriterien und Indikatoren werden zwar in den nachfolgend dargestellten Prozessen geringfügig unterschiedlich definiert, haben aber von ihrer Konzeption her die gleiche Bedeutung. Kriterien beschreiben die verschiedenen Aspekte auf konzeptioneller Ebene, durch welche das Ziel der nachhaltigen Bewirtschaftung erreicht werden kann; sie lassen sich in umweltbezogene (z.B. Waldfläche, Biodiversität, Boden- und Wasserschutz) und sozio-ökonomische

wicklung aller Waldarten kennzeichnen sollen, erarbeitet worden sind. Daneben wurden auf regionaler Ebene Verträge abgeschlossen, die erstmals speziell die Erhaltung der Wälder zum Gegenstand haben.

a) Regionale Verträge

aa) Central American Forest Convention

Die 1993 verabschiedete *Regionale Konvention über die Behandlung und Erhaltung natürlicher Waldökosysteme und die Entwicklung von Waldpflanzen*[492] ist der erste Vertrag, der für die bislang sechs zentralamerikanischen Mitgliedstaaten spezielle Maßnahmen zur Verhinderung von Landnutzungsänderungen, die zu Lasten der Waldbestände in dieser Region gehen, vorsieht. Obwohl die zentralamerikanische Region noch zu fast 40 % bewaldet ist, verzeichnete sie zwischen 1990 und 1995 überdurchschnittliche Waldrückgänge von rund 2,1 % jährlich[493]. Das Abkommen enthält angesichts dieses Entwaldungsdrucks detaillierte Richtlinien zum Management und zur Erhaltung der Wälder und

---

Kriterien (z.B. Holzproduktion, sonstige Nichtholzprodukte) unterteilen. Die Erfüllung eines Kriteriums wird durch die Anwendung von Indikatoren überprüft, welche Veränderungen für jedes Kriterium innerhalb einer bestimmten Zeit anzeigen. Für das Kriterium Erhaltung sozio-ökonomischer Funktionen der Wälder sind folgende Indikatoren denkbar: Beitrag der Forst- und Holzwirtschaft zum Bruttosozial/-inlandsprodukt oder Veränderungen der Beschäftigtenzahl in der Forst- und Holzwirtschaft. Ergänzt werden diese quantitativen Indikatoren durch deskriptive Indikatoren, die anhand der Einhaltung von Gesetzen und Richtlinien gemessen werden (vgl. *Schneider*, Kriterien und Indikatoren, AFZ 20/1994, 1093 f.; *Lammerts van Bueren/Blom*, Hierarchical Framework, 25 ff.; *Grayson/Maynard*, The World's Forests, 57; *ISCI*, Achievements in the Development of Criteria and Indicators, 17 ff.).

[492] *Regional Convention for the Management and Conservation of the Forest Natural Ecosystems of the Development of Forest Plantations* vom 29.10.1993; Abdruck in: *Burhenne*, International Environmental Law, 993:80. Unterzeichnerstaaten der Konvention sind Costa Rica, El Salvador, Guatemala, Honduras, Nicaragua und Panama, allesamt Mitglieder der 1990 gegründeten „Central American Comission on Environment and Development" (CCAD), die als Hauptexekutivorgan der Konvention fungiert. Ausführlicher zur CCAD: FAO, SOFO 1997, 164. Vgl. näher zum Inhalt der Konvention: *Aguilar/Gonzáles*, Regional Legal Arrangement for Forests, in: Tarasofsky (Hrsg.), Assessing the International Forest Regime, 111 ff.

[493] *FAO*, SOFO 1997, 164.

sieht eine Koordinierung nationaler Politiken und Strategien vor, wobei aber die souveränen Rechte zur Nutzung und Entwicklung der Wälder besonders betont werden[494]. Auch wenn die Konvention noch nicht in Kraft getreten ist, hat sie doch bereits zur Verabschiedung neuer Forstgesetze in den Unterzeichnerstaaten geführt[495].

bb) North American Agreement on Environmental Cooperation

Kanada, Mexiko und die USA sind Vertragsstaaten des 1993 unterzeichneten *North American Agreement on Environmental Cooperation (NAAEC)*, dem Umweltnebenabkommen zum Nordamerikanischen Freihandelsabkommen (NAFTA)[496]. Die drei Staaten verfügen zusammen über 15 % der weltweiten Waldfläche. Aus Kanada und den USA stammen 40 % der industriell genutzten Rundhölzer und 1/3 aller Holzprodukte[497]. Obwohl sich das *NAAEC* nicht direkt auf Wälder bezieht, enthält es doch einige Punkte, welche auch Auswirkungen auf den Waldzustand in den Mitgliedstaaten haben können, wie z.B. die geforderte umfassende Zusammenarbeit zum Schutz der Umwelt, insbesondere zum Schutz wildlebender Tiere und Pflanzen, die wechselseitige Abstimmung in der nationalen Umwelt- und Wirtschaftspolitik zur Verwirklichung einer nachhaltigen Entwicklung oder die Verhinderung des Entstehens von Handelshemmnissen[498].

---

494 Vgl. Art. 1 der Konvention.

495 *Aguilar/Gonzáles*, Regional Legal Arrangement for Forests, in: Tarasofsky (Hrsg.), Assessing the International Forest Regime, 111, 122.

496 *NAAEC* v. 13.9.1993, in Kraft seit 1.1.1994. Abdruck in: ILM 32 (1993), 1480 ff.; *Burhenne*, International Environmental Law, 993:68; Einzelheiten in: *Tarasofsky*, The International Forests Regime, 19 ff. sowie *Knorr*, Umweltschutz, nachhaltige Entwicklung und Freihandel, 132 ff. Die Commission on Environmental Cooperation (CEC) ist als oberstes Organ des Umweltnebenabkommens zuständig für die Umsetzung des Vertrages in den drei Mitgliedstaaten. Vgl. allg. zu forstpolitischen Maßnahmen in Nordamerika: *FAO*, SOFO 1997, 156 ff.; *dies*. SOFO 1999, 111.

497 *FAO*, SOFO 1999, 111.

498 Siehe zu den allgemein gehaltenen Bestimmungen des Umweltabkommens Art. 1 a) - j).

cc) COMESA

Der Vertrag zur Errichtung eines Gemeinsamen Marktes für Ost- und Südafrika[499] beschäftigt sich in Kapitel 16 auch mit der Zusammenarbeit der Vertragsstaaten in umweltrelevanten Fragen zur Erhaltung ihrer natürlichen Ressourcen. Auch wenn u.a. spezielle Strategien zum Waldmanagement und zur Erhaltung der biologischen Vielfalt vorgesehen sind[500], sollten an diese Umweltmaßnahmen angesichts des Charakters und der Zielsetzung des *COMESA* keine zu hohen Maßstäbe und Erwartungen gesetzt werden. Eine besondere Strategie zum Waldschutz ist auch nicht Gegenstand der fünf prioritären Bereiche, die 1994 von den Mitgliedstaaten für die nächsten 5-10 Jahre aufgestellt worden sind; sie beziehen sich vielmehr allesamt auf die Wirtschaftsförderung[501]. Die COMESA-Region hat nur einen geringen Anteil am Weltmarkt für Holzprodukte. Über 90 % des produzierten Holzes wird als Brennholz oder Holzkohle in der Region selbst verbraucht[502].

dd) Protokoll zur Durchführung der Alpenkonvention im Bereich Bergwald

Sobald das 1996 unterzeichnete Protokoll zur Durchführung der Alpenkonvention von 1991 im Bereich Bergwald in Kraft tritt[503], stellt es umfassende Rahmenbedingungen für die Bewirtschaftung und Erhal-

---

499 *Treaty Establishing the Common Market for Eastern and Southern Africa, COMESA* v. 5.11.1993, in Kraft seit dem 8.12.1994. Dem Vertrag sind mittlerweile 21 afrikanische Staaten beigetreten. Abdruck in: ILM (33) 1994, 1067 ff.

500 Vgl. insbesondere Art. 123 und 124 *COMESA*.

501 Folgende Ziele sollen vorrangig verfolgt werden: Anstieg der Produktivität von Industrie, Manufakturen und Agroindustrie, Steigerung der landwirtschaftlichen Produktion, Infrastrukturentwicklung auf dem Transport- und Kommunikationssektor, Ausweitung des Handels, verbesserte Datenbeschaffung in allen Wirtschaftssektoren, einschließlich der Umwelt. Vgl. näher im Internet unter <http:// www.comesa.int>.

502 *FAO*, SOFO 1999, 104.

503 Das Protokoll vom 27.2.1996 wurde bislang von sieben Staaten unterzeichnet (Stand: Jan. 1999); Abdruck in: *Burhenne*, International Environmental Law, 991:83/E. Das Übereinkommen zum Schutz der Alpen, in Kraft seit dem 6.3.1995, sieht in Art. 2 Abs. 2 (h), Abs. 3 die Vereinbarung eines Protokolls für den Schutz des Bergwaldes vor; abgedruckt in: BT-Drucks. 12/7268 ff.; *Burhenne*, International Environmental Law, 991:83.

tung der Wälder der Alpenregion unter besonderer Berücksichtigung ihrer vielfältigen Schutz- und Nutzfunktionen dar[504]. Das Protokoll betont dabei die Einhaltung des Nachhaltigkeitsgrundsatzes sowie die notwendige internationale Zusammenarbeit. Angesichts der erschwerten Wirtschaftsbedingungen im Alpenraum sollen die Vertragsparteien finanzielle Ausgleichszahlungen für entsprechende Schutzmaßnahmen, wie z.B. für die Ausweisung von Naturwaldreservaten, erhalten (Art. 10, 11).

ee) Die Yaoundé-Deklaration der Zentralafrikanischen Staaten

Die Yaoundé-Deklaration ist 1999 von sechs zentralafrikanischen Staaten vor allem in Hinblick auf die Erhaltung des artenreichen Regenwälder im Kongobecken unterzeichnet worden[505]. Besondere Beachtung finden in der Erklärung die Rechte der Bevölkerung zur sozialen und wirtschaftlichen Entwicklung, einschließlich der Rechte zur Nutzung der Waldressourcen. Um diese Ziele zu erreichen, sollen u.a. Schutzzonen eingerichtet werden, in denen die nachhaltige Bewirtschaftung der Waldbestände sichergestellt wird; daneben ist die Erhebung besonderer „Waldsteuern" zur Unterstützung der Erhaltung und nachhaltigen Entwicklung der Wälder geplant.

b) Kriterien und Indikatoren für die nachhaltige Entwicklung und Bewirtschaftung von Wäldern

Neben den soeben aufgeführten regionalen Verträgen mit Waldschutzbezügen ist nach der UN-Umweltkonferenz von Rio de Janeiro insbesondere das Konzept der nachhaltigen Waldbewirtschaftung näher bestimmt worden.

Die Formulierung wissenschaftlich fundierter Kriterien und Richtlinien für die nachhaltige Entwicklung und Bewirtschaftung von Wäldern

---

[504] Besonders betont wird in der Präambel des Protokolls die Rolle der Bergwälder für den regionalen Klimaausgleich; erwähnt werden auch die Erholungsfunktion der Wälder, die Bedeutung als Lebensraum für vielfältige Tier- und Pflanzenarten sowie als Schutz vor Erosionen, Lawinen und Hochwasser.

[505] *„Summit of Central African Heads of State on the Conservation and Sustainable Management of Tropical Forests - The Yaoundé Declaration"* v. 17.3.1999, abgedruckt in: ILM 38 (1999), 783 ff. Beteiligt sind die Staaten Kamerun, Kongo, Gabun, Guinea, Zentrafrikanische Republik und Tschad.

wurde bereits in der Walderklärung und in Kapitel 11 der Agenda 21 gefordert[506]. Auch das International Panel on Forests (IPF) beschäftigte sich schwerpunktmäßig mit dem Thema K+I[507]. Die Vielfalt und strukturellen Unterschiede der in den verschiedenen Klimazonen der Erde befindlichen Waldtypen und die jeweils unterschiedlichen soziokulturellen Rahmenbedingungegen erschwerten bis dahin aber ein gemeinsames Verständnis und eine einheitliche Interpretation dieses Grundprinzips der forstlichen Ressourcennutzung. Dementsprechend konnte auch keine globale Strategie entwickelt werden[508]. Schwierigkeiten bereitete vor allem die Übertragung des Nachhaltigkeitsprinzips als reine Flächen- und Mengennachhaltigkeit[509], wie sie bislang in der Forstwirtschaft verstanden und durch welche weder ökologische noch soziale Funktionen berücksichtigt wurden. Angesichts des gestiegenen Umweltbewußtseins war aber eine begriffliche Weiterentwicklung des Nachhaltigkeitsbegriffs unumgänglich, um eine dauerhafte Erhaltung der Fläche, der Leistungsfähigkeit und des natürlichen Entwicklungspotentials der Wälder zu gewährleisten, damit diese ihre ökologischen, wirtschaftlichen, sozialen und kulturellen Aufgaben fortlaufend erfüllen können[510].

Es bildete sich in der Folgezeit des Rio-Gipfels eine Vielzahl von Initiativen heraus, welche die spezifischen regionalen Bedingungen bei der Entwicklung von meß- und nachprüfbaren Kriterien und Indikatoren für eine nachhaltige Waldbewirtschaftung berücksichtigen. Zu den

---

[506] Vgl. Art. 8 (d) der Walderklärung und Kap. 11.22 (b) der Agenda 21. Die Behandlung des Themas Kriterien und Indikatoren ist dabei aber nicht nur auf Wälder begrenzt. Kap. 40 der Agenda 21 fordert die Entwicklung von Indikatoren für eine nachhaltige Entwicklung für alle gesellschaftlich relevanten Bereiche.

[507] UN-Doc. E/CN/IPF/1996/10 v. 20.2.1996: Programme Element III. 2: Criteria and Indicators of Sustainable Forest Management.

[508] *Schneider*, Kriterien und Indikatoren, AFZ 4/1995, S. 184, 186.

[509] Flächennachhaltigkeit bedeutet, daß die flächenmäßige Größe der Wälder konstant bleiben muß; die Mengennachhaltigkeit berücksichtigt, daß die Tropenholzerträge langfristig gesichert werden müssen und daher nur soviel Holz eingeschlagen werden darf, wie dauerhaft nachwachsen kann (vgl. *Quadflieg*, Konzept zur Harmonisierung, 219).

[510] *Quadflieg*, Konzept zur Harmonisierung, 220 f.

wichtigsten Prozessen zählen der sog. Helsinki-, der Montreal- und der Tarapoto-Prozeß sowie die Initiativen von FAO/UNEP[511].

Vorrangiges Ziel dieser Prozesse ist es, durch entsprechende Kriterien und Indikatoren Fortschritte bzw. Defizite in der Umsetzung der forstrelevanten Beschlüsse der Rio-Konfererenz auf nationaler Ebene mittels spezieller Fragebögen festzustellen und darüber Bericht zu erstatten[512]. Mittlerweile sind mehr als 150 Staaten in derartige internationale K+I Prozesse involviert[513].

Bereits vor der Rio-Konferenz hatte die Internationale Tropenholz-Organisation ITTO richtungsweisend Richtlinien für die nachhaltige Bewirtschaftung natürlicher tropischer Wälder entwickelt[514] und daraus Kriterien und Indikatoren zum Nachweis für eine nachhaltige Bewirtschaftung von Tropenwäldern abgeleitet, die für alle in der ITTO zusammengeschlossenen Tropenholzproduzentenländer gelten[515]. Mittlerweile sind diese ersten Kriterien und Indikatoren aufgrund der zwischenzeitlich gemachten Erfahrungen überarbeitet und 1998 veröffentlicht worden[516]. Einer der Hauptunterschiede zu der ersten Version be-

---

[511] Einen Überblick über die unterschiedlichen Kriterien- und Indikatorenkataloge in: *FAO*, SOFO 1997, 116 ff.; *Ebert/Schneider*, Vergleichende Darstellung der Inhalte bestehender Kriterien- und Indikatorenkataloge; *Elliott*, Forest certification, 110 ff.; *ISCI*, Achievements in the Development of Criteria and Indicators, Annex A; *Grayson/Maynard*, The World's Forests, 51 ff.; vgl. besonders die ausführlichen Berichte anläßlich des 11. Weltforstkongresses 1997 in Antalya: Proceedings of the XI. World Forestry Congress, Vol. 6, Area H, Topic 37: Taking stock of the various sustainable forest management (SFM) processes.

[512] *Schneider/Ebert*, Kriterien und Indikatoren für eine nachhaltige Waldbewirtschaftung, AFZ 14/1995, 770, 771.

[513] *FAO*, SOFO 1999, 86.

[514] Siehe oben, S. 167 f.

[515] *ITTO*, Criteria for the Measurement of Sustainable Tropical Forest Management; Abdruck in: *Lammerts van Bueren/Blom*, Hierarchical Framework, 46 ff.

[516] *ITTO*, Criteria and Indicators for Sustainable Management of Natural Tropical Forests, ITTO Policy Development Series No. 7, 1998. Erhältlich über Internet <http://www.itto.or.jp/policy/pds7/index.html>. Die ursprünglich elf Kriterien, getrennt nach nationaler Ebene und betrieblicher Überprüfung der nachhaltigen Waldbewirtschaftung, wurden auf insgesamt sieben Kriterien reduziert, die nun für beide Ebenen gelten. Das erste Kriterium definiert die politischen, rechtlichen, ökonomischen und institutionellen Rahmenbedingungen

steht darin, daß nunmehr der gesamte Bereich des ökonomischen, ökologischen und sozialen Nutzens der Wälder abgedeckt ist, einschließlich des Beitrags zum Erhalt der biologischen Vielfalt, während bei den vorherigen Kriterien und Indikatoren die Förderung der Holzproduktion im Vordergrund stand[517].

aa) Der Helsinki-Prozeß

Für die temperierten und borealen Wälder Europas von Bedeutung ist der sog. Helsinki-Prozeß[518], benannt nach der 2. Ministerkonferenz zum Schutz der Wälder in Europa, die im Juni 1993 zur Umsetzung der Rio-Beschlüsse in Helsinki stattfand[519]. Anläßlich der Konferenz wurden vier Resolutionen zum Thema Wald verabschiedet; es handelt sich dabei um allgemeine Leitlinien für die nachhaltige Bewirtschaftung (H 1) und die Erhaltung der Biodiversität der europäischen Wälder (H 2), die forstliche Zusammenarbeit mit mittel- und osteuropäischen Ländern (H 3) sowie um Strategien für eine langfristige Anpassung der Wälder an die Klimaveränderung (H 4); die Resolutionen wurden je-

---

für eine nachhaltige Forstbewirtschaftung, die Kriterien zwei und drei regeln den Schutz und die Erhaltung der Forstressourcen, die übrigen vier Kriterien beziehen sich auf die unterschiedlichen Funktionen der Wälder für die biologische Vielfalt, für die Erhaltung der Boden- und Wasserverhältnisse sowie für ökonomische, soziale und kulturelle Aspekte.

Vgl. hierzu auch das von der ITTO herausgegebene „Manual for the application of criteria and indicators for sustainable managment of national tropical forests“, ITTO Policy Development Series No. 9 and 10, 1999.

[517] *Wijewardana*, Criteria and Indicators for Sustainable Forest Management, ITTO Tropical Forest Update 1998/3.

[518] Der offizielle Titel lautet: *The European Process on Criteria and Indicators for Sustainable Forest Management.*

[519] Die 1. Ministerkonferenz zum Schutz der Wälder Europas fand 1990 auf Initiative Finnlands und Frankreichs in Straßburg statt, um in erster Linie die europäische Zusammenarbeit auf dem Gebiet der Forstwirtschaft zu intensivieren und die Arbeiten der unterschiedlichen internationalen Gremien (Wirtschaftskommission der Vereinten Nationen für Europa [UN/ECE], Europäische Forstkommission der FAO [EFC], UNEP und Forstausschuß der EG) zu koordinieren. Auf dieser Konferenz wurden bereits sechs Resolutionen (S1 - S6) verabschiedet, die v.a. technische Fragen, wie die Errichtung eines europäischen Forschungsnetzwerks, zum Gegenstand hatten (vgl. *Leal*, The Pan-European Process, in: Proceedings of the XI. World Forestry Congress, Vol. 6, Area H, Topic 37.2: The Helsinki Process, 53).

weils mit Aktionsprogrammen versehen[520]. Damit stellt Europa die erste Region der Welt dar, die binnen Jahresfrist konkrete Nachfolgemaßnahmen der Konferenz von Rio zum Thema Wald grenzüberschreitend vereinbart hatte.

Im Rahmen des Nachfolgeprozesess zu den Helsinki-Resolutionen H 1 und H 2 wurden auf einem ersten Expertentreffen in Genf 1994 erstmals 6 Kriterien und 20 quantitative Indikatoren auf europäischer Ebene für eine nachhaltige Waldbewirtschaftung vereinbart[521]. Ziel des Helsinki-Prozesses ist es, anhand der wiederholten Messung von Indikatoren nachzuweisen, inwieweit die aktuelle Waldentwicklung dem Ziel der Nachhaltigkeit auf nationaler Ebene gerecht wird. Die Kriterien und Indikatoren dienen insofern der nationalen Berichterstattung über die Umsetzung der Helsinki-Resolutionen zur nachhaltigen Waldbewirtschaftung und Biodiversitätserhaltung[522]. Dem Helsinki-Prozeß sind mittlerweile 37 Länder einschließlich Rußlands und der EU angeschlossen, die insgesamt über eine Waldfläche von mehr als 900 Mio. ha Wald verfügen[523].

Auf der zweiten Folgekonferenz 1995 in Antalya wurde der ursprüngliche Indikatorenkatalog um über 100 deskriptive Indikatoren zur Beurteilung forstpolitischer Instrumente ergänzt. Die Kriterien und Indikatoren, die inzwischen von einigen europäischen Staaten für die nationale Ebene erweitert und modifiziert worden sind, erweisen sich insgesamt gesehen als taugliches Instrumentarium zur Beschreibung des Zu-

---

520 *Honerla*, Abschlußbericht, 8; *FAO/ITTO*, Expert Meeting on Harmonisation of Criteria and Indicators, 4; *Grayson/Maynard*, The World's Forests, 56 ff.

521 Kriterien des Helsinki-Prozesses: 1. Erhaltung und Verbesserung der forstlichen Ressourcen und ihr Beitrag zum globalen Kohlenstoffkreislauf, 2. Erhaltung der Gesundheit und Vitalität von Forstökosystemen, 3. Erhaltung und Förderung der Produktionsfunktion der Wälder (Holz- und Nichtholzprodukte), 4. Erhaltung, Schutz und Verbesserung der Biodiversität in Forstökosystemen, 5. Erhaltung und Verbesserung der Schutzfunktionen bei der Waldbewirtschaftung (v.a. Boden und Wasser), 6. Erhaltung anderer sozioökonomischer Funktionen und Bedingungen. Abdruck der Helsinki-Kriterien und Indikatoren in: *Grayson*, The World‘s Forests, International Initiatives since Rio, 45 ff.; *Lammerts van Bueren/Blom*, Hierarchical Framework, 46 ff.

522 *Ebert/Schneider*, Vergleichende Darstellung der Inhalte bestehender Kriterien- und Indikatorenkataloge, 2.

523 *FAO*, SOFO 1997, 118; *Schneider*, Der internationale Dialog zum Thema „Wälder“, AFZ/Der Wald 14/1997, 762.

stands und der Entwicklung der europäischen Wälder. Forschungsbedarf besteht allerdings noch hinsichtlich des Kriteriums „Erhalt der biologischen Vielfalt"; zu diesem Themenbereich sind eine Vielzahl von Forschungsprojekten auf nationaler und europäischer Ebene angelaufen bzw. geplant[524]. Derzeit wird im Rahmen des Helsinki-Prozesses diskutiert, ob die sog. K+I auch für die operationale Ebene, also für die Ebene des Forstbetriebes in der Form von allgemein gehaltenen Grundprinzipien für die Waldbewirtschaftung vor Ort erarbeitet werden sollen[525]. Ob und inwieweit der Ansatz die Akzeptanz der Forstwirtschaft finden wird, bleibt abzuwarten.

Die 3. Ministerkonferenz zum Schutz der Wälder in Europa, die 1998 in Lissabon stattfand, behandelte schwerpunktmäßig die Frage nach einem international rechtlich verbindlichen Regelungswerk für die nachhaltige Waldbewirtschaftung bzw. Waldentwicklung; des weiteren wurden die Zertifizierung von Holz sowie die Verbesserung des Systems der nationalen Waldberichterstattung debattiert. Zudem sind die in Helsinki entwickelten sechs pan-europäischen Kriterien und Indikatoren sowie operationelle Leitlinien für eine nachhaltige Forstwirtschaft verabschiedet worden[526]. Zusammen mit den auf den Konferenzen in Straßburg (1990) und Helsinki (1994) angenommenen Beschlüssen dekken sie die wichtigsten Faktoren für den Schutz, die Erhaltung und nachhaltige Entwicklung der europäischen Wälder ab und bieten Leitlinien zur Umsetzung dieser drei Ziele.

bb) Der Montreal-Prozeß

Zur Umsetzung der forstrelevanten Beschlüsse von UNCED hat sich parallel zu den europäischen Initiativen eine Gruppe nicht-europäischer Staaten gebildet, die ähnliche Zielsetzungen wie der Helsinki-Prozeß verfolgt. Ausgehend von einem KSZE-Expertenseminar über die umweltverträgliche Entwicklung der Wälder in der temperierten und borealen Zone, das im September 1993 in Montreal stattfand, etablierte

---

[524] *Schneider*, Der internationale Dialog zum Thema „Wälder", AFZ/Der Wald 14/1997, 763.

[525] *Leal*, The Pan-European Process, in: Proceedings of the XI. World Forestry Congress, Vol. 6, Area H, Topic 37.2: The Helsinki Process, 53, 57; *Schneider/Honerla*, Stand der internationalen Aktivitäten zum Thema „Wälder", AFZ/Der Wald 22/1996, 1240, 1242.

[526] *Kommission der EG*, Mitteilung über eine Strategie der EU für die Forstwirtschaft, KOM(1998) 649 endg., 18.11.1998, 7.

sich die „Working Group on Criteria and Indicators for the Conservation and Sustainable Management of Temperate and Boreal Forests" unter der Federführung von Kanada, die nachfolgend unter der Bezeichnung „Montreal-Prozeß" bekannt geworden ist. Zwischen der Helsinki- und der Montrealgruppe besteht eine enge Zusammenarbeit[527]. Am Montreal-Prozeß nehmen 12 Staaten aus fünf Kontinenten teil, in denen sich zusammen über 90 % der temperierten und borealen Wälder und 60 % der weltweiten Waldbestände befinden; außerdem sind diese Staaten zu 45 % am Welthandel mit Holz und Holzprodukten beteiligt[528].

Während des 6. Treffens des Montreal-Prozesses in Santiago/Chile im Februar 1995 wurden 7 Kriterien und 67 Indikatoren sowie die *Santiago Declaration* verabschiedet[529]. Obwohl die aufgestellten Kriterien denen des Helsinki-Prozesses recht ähnlich sind[530], bereitet die Umsetzung jedoch größere Probleme. Da das Prinzip der Nachhaltigkeit in den USA im Vergleich zu Europa weniger verankert ist, verfolgt der Montreal-Prozeß einen umfassenderen methodischen Ansatz, der alle nur denkbaren Aspekte der nachhaltigen Waldentwicklung und -bewirtschaftung anhand von Indikatoren erfaßt und beschreibt[531]. Er-

---

527 Ursprünglich waren sowohl Kanada als auch die USA an einer Vereinigung beider Prozesse interessiert; da die europäische Seite jedoch die Beibehaltung eines eigenständigen Prozesses, der schon sehr viel weiter und konkreter fortgeschritten war, bevorzugte, entwickelten sich ab 1994 beide Prozesse parallel zueinander. Vereinbart wurde jedoch ein gegenseitiger Beobachterstatus (vgl. *Schneider/Ebert*, Kriterien und Indikatoren für eine nachhaltige Waldbewirtschaftung, AFZ 14/1995, 770, 771; *Humphreys*, Forest Politics, 140).

528 Teilnehmerstaaten des Montreal-Prozesses sind Argentinien, Australien, Chile, China, Japan, Kanada, Südkorea, Mexiko, Uruguay, Neuseeland, Rußland und die USA; zusammen verfügen sie über eine Waldfläche von etwa 1,5 Mrd. ha (*FAO*, SOFO 1997, 118).

529 Abdruck der K+I des Montrel-Prozesses in: *Grayson*, The World's Forests, International Initiatives since Rio, 49 ff.; *Lammerts van Bueren/Blom*, Hierarchical Framework, 46 ff.; *Schneider/Ebert*, Kriterien und Indikatoren für eine nachhaltige Waldbewirtschaftung, AFZ 14 /1995, 770 f. - Die *Santiago-Declaration* ist abgedruckt in: Journal of Forestry, April 1995, 19.

530 Der einzige wichtige Unterschied ist, daß der Montreal-Prozeß um das (7.) Kriterium der Schaffung eines *„Legal, institutional and economic framework for forest conservation and sustainable management"* ergänzt wurde, während im Helsinki-Prozeß dieses Element indirekt in den deskriptiven Indikatoren eines jeden Kriteriums enthalten ist.

531 Vgl. *Schneider*, Kriterien und Indikatoren, AFZ 4/1995, 184, 186.

schwerend kommen die unterschiedlichen politischen, wirtschaftlichen, ökologischen und sozialen Bedingungen in den Staaten des Montreal-Prozesses hinzu; zudem bedienen sich die Staaten unheitlicher Terminologien für die Beschreibung von Quantität, Qualität und Charakteristika der nationalen Waldbestände.

Diese Differenzen stellen wiederum unterschiedliche Anforderungen an die beteiligten Staaten, auch hinsichtlich der Datenerfassung und Berichterstattung über die Umsetzung der Indikatoren auf nationaler Ebene. Eine Analyse hat gezeigt, daß die meisten Länder zwar zu mehr als 50 % über Daten zu den insgesamt 67 Indikatoren verfügen. Schwierigkeiten sowohl bei der Datenerfassung als auch bei der nationalen Berichterstattung[532] bereiten aber die Kriterien zur Erhaltung der Vitalität der Waldökosysteme und der Boden- und Wasserressourcen; Datenmangel herrscht auch bezüglich des Beitrags der Wälder zum globalen Kohlenstoffkreislauf[533].

cc) Der Tarapoto-Prozeß

Im Februar 1995 trafen sich in Tarapoto/Peru Vertreter der acht Vertragsstaaten des Amazonasvertrages[534] (Bolivien, Brasilien, Kolumbien, Equador, Guyana, Peru, Surinam und Venezuela), um Kriterien und Indikatoren für die Nachhaltigkeit in den tropischen Wäldern des Ama-

---

[532] Unproblematisch sind dagegen die Kriterien Nr. 1 (Erhaltung der biologischen Vielfalt), Nr. 2 (Erhaltung der Produktionsfähigkeit von Waldökosystemen), Nr. 6 (sozio-ökonomische Beiträge des Waldes) und Nr. 7 (gesetzliche Bestimmungen zur Walderhaltung und nachhaltigen Bewirtschaftung). Vgl. ausführlich zur beschriebenen Untersuchung: *o. V.*, Process on implementation of the Montreal process, in: Proceedings of the XI. World Forestry Congress, Vol. 6, Area H, Topic. 37.1: The Montreal Process, 21, 26 ff.

[533] Dabei weist die Datenerhebung für den Indikator 5a (Biomasse und Kohlenstoffreservoir des Waldökosystems) weniger Schwierigkeiten auf als die Indikatoren 5b und 5c (Beitrag der Wälder zum globalen Kohlenstoffhaushalt, einschließlich der Absorbierung und Freisetzung von Kohlenstoff). Außer in Neuseeland, Rußland und den USA bestehen erhebliche Schwierigkeiten bei der diesbezüglichen nationalen Berichterstattung. Die festgestellten Probleme bei der Datenerhebung bestätigen die Bedenken, die auch der derzeit diskutierten Frage, ob und inwieweit Wälder als Kohlenstoffsenken bei der Berechnung der erlaubten Treibhausgasemissionen eines Landes berücksichtigt werden können, angesichts unsicherer Erfassungsmethoden entgegengebracht werden (siehe bereits zur „Senkenfrage" innerhalb des Kyoto-Protokolls, S. 242 ff.).

[534] Vgl. einführend zum Amazonasvertrag die obige Darstellung, S. 155 ff.

zonasgebiets[535] zu definieren. Es wurden insgesamt 12 Kriterien und 77 dazugehörige Indikatoren ausgearbeitet, welche die Besonderheiten des Amazonasökosystems sowie verstärkt soziale und kulturelle Faktoren berücksichtigen[536]. Die Kriterien beziehen sich nicht nur auf die nationale Ebene, sondern binden auch die Forstbetriebsebene mit ein. Außerdem wird der globale Beitrag der Amazonaswälder in wirtschaftlicher, sozialer und ökologischer Sicht untersucht und gemessen, z.B. im Hinblick auf den globalen Kohlenstoffhaushalt oder die Deckung des weltweiten Bedarfs an nachhaltig produziertem Holz.

Ziel des Tarapoto-Prozesses ist es, ökologische Nachhaltigkeitsfaktoren mit der optimalen wirtschaftlichen Nutzung (z.B. Exportsteigerung von Waldprodukten, Ausgleichszahlungen für die Entnahme von biogenetischem Material) der Amazonaswälder zu vereinbaren und damit Richtlinien zu schaffen, die sowohl der nationalen Politikfindung als auch der Abstimmung gemeinsamer Positionen in internationalen Verhandlungen dienen[537]. Bis zum nächsten regionalen Treffen werden auf nationaler Ebene Vorschläge für eine verbesserte Anwendung und Beteiligung des „Tarapoto Proposal" erarbeitet, zumal allein die bisherige Aufstellung von Kriterien und Indikatoren noch nicht die Einführung von nachhaltigen Forstwirtschaftsmethoden garantiert[538].

dd) K+I-Initiativen der FAO für die Trockenzonen Afrikas, den Nahen Osten sowie für Zentralamerika

Da durch die oben beschriebenen Initiativen die tropischen Trockenwaldgebiete sowie andere aride und semiaride Gebiete in Afrika und im

---

[535] Das von der Tarapoto-Initiative umfaßte Amazonasgebiet beträgt 540 Mio. ha (vgl. *FAO*, SOFO 1997, S. 118; *Schneider*, Der internationale Dialog zum Thema „Wälder", AFZ/Der Wald 14/1997, 762).

[536] *Pro Tempore Secretariat of the Amazon Cooperation Treaty*, Proposal of Criteria and Indicators, 7 ff.; Abdruck der Kriterien in: *Grayson/Maynard*, The World's Forests, 68 ff.; *Lammerts van Bueren/Blom*, Hierarchical Framework, 48 ff.

[537] *ISCI*, Achievements in the Development of Criteria and Indicators, 35 f.; *Carazo*, Analysis and prospects of the Tarapoto proposal, in: Proceedings of the XI. World Forestry Congress, Vol. 6, Area H, Topic 37.3: The Tarapoto Proposal, 73, 74.

[538] *Carazo*, Analysis and prospects of the Tarapoto proposal, in: Proceedings of the XI. World Forestry Congress, Vol. 6, Area H, Topic 37.3: The Tarapoto Proposal, 73, 79.

Nahen Osten nicht abgedeckt werden, ist zunächst Ende 1995 in Nairobi/Kenia gemeinsam von der FAO und UNEP ein Expertentreffen abgehalten worden, um Kriterien und Indikatoren für die afrikanischen Staaten südlich der Sahara zur entwickeln. Am sog. *Dry-Zone-Africa-Process* sind 28 Länder beteiligt[539]. Es sind 7 Kriterien und 47 Indikatoren für die nationale Ebene erarbeitet worden, die von ihrer Struktur und Anwendung her denen des Helsinki- und des Montreal-Prozesses ähneln[540].

Im Oktober 1996 wurde von der FAO und UNEP ein weiteres Expertentreffen zu Kriterien und Indikatoren für die mediterranen Länder Nordafrikas und des Nahen Ostens durchgeführt. Der *Near East Region-Process* umfaßt 30 Länder mit einer nur geringen Waldfläche von insgesamt 70 Mio. ha. Bislang wurde das Prinzip der nachhaltigen Forstwirtschaft erst in einigen Ländern der Region eingeführt[541]. Anfang 1997 erarbeitete die FAO in Zusammenarbeit mit der Central American Commission on Environment and Development (CCAD) Kriterien und Indikatoren für die nachhaltige Waldbewirtschaftung der Länder Zentralamerikas, die sich durch eine besonders hohe biologische Vielfalt auszeichnen, sog. *Central American Process of Lepaterique*[542].

---

[539] Eine Übersicht über die beteiligten Staaten in *ISCI*, Achievements in the Development of Criteria and Indicators, 39.

[540] Abdruck in: *Taal*, Criteria and indicators for sustainable forest management in dry-zone Africa, in: Proceedings of the XI. World Forestry Congress, Vol. 6, Area H, Topic 37.4: The Dry Zone Africa Process, 89, 91 ff.

[541] Abdruck des Kriterienkatalogs in: *Grayson/Maynard*, The World's Forests, 77 ff.; *El-Lakany*, Criteria and indicators for sustainable forest management in the Near East, in: Proceedings of the XI. World Forestry Congress, Vol. 6, Area H, Topic 37.6: The Near East Process, 107, 112 ff.

[542] Der *Central American Process of Lepaterique* [Honduras] umfaßt die Mitgliedstaaten der CCAD (Belize, Costa Rica, El Salvador, Guatemala, Honduras, Nicaragua und Panama) sowie Kuba. Es wurden 4 Kriterien und 40 Indikatoren auf regionaler, d.h. zentralamerikanischer Ebene verabschiedet und 8 Kriterien und 52 Indikatoren auf nationaler Ebene. Daneben erklärten die beteiligten Staaten in 7 Prinzipien die Grundsätze der nachhaltigen Forstwirtschaft in Zentralmerika unter besonderer Betonung ihrer souveränen Rechte (vgl. *Zapata*, The Central American process of sustainable development, in: Proceedings of the XI. World Forestry Congress, Vol. 6, Area H, Topic 37.5: The Central American Process of Lepaterique, 97, 100 ff., siehe auch *FAO*, SOFO 1997, 119; *Grayson/Maynard*, The World's Forests, 75 f.).

ee) Initiative der Afrikanischen Holzorganisation ATO

1996 stellte auch die African Timber Organization (ATO), deren 13 Mitgliedstaaten über 87 % der afrikanischen Waldfläche verfügen, 5 Hauptprinzipien mit dazugehörigen 26 Kriterien und 60 Indikatoren für die nachhaltige Bewirtschaftung der afrikanischen Tropenwälder auf[543]. Hauptgrund der ATO für die Entwicklung eines eigenen Konzepts von Kriterien und Indikatoren ist weniger die Erhaltung der natürlichen Waldressourcen als vielmehr die Stärkung des afrikanischen Holzexportsektors durch nachhaltig produziertes Holz. Im Hinblick darauf, daß der überwiegende Anteil des exportierten afrikanischen Holzes für europäische Länder bestimmt ist, in denen das ökologische Bewußtsein besonders ausgeprägt ist, soll vor allem ein marktorientierter Mechanismus geschaffen werden[544]. Die Kriterien sind daher auch speziell auf die Forstbetriebsebene zugeschnitten. Spezifische regionale Kriterien und Indikatoren sind anhand von Versuchsreihen bereits in Kamerun und der Elfenbeinküste getestet worden; in Gabun, Ghana und in der Dem. Rep. Kongo sollen weitere Studien durchgeführt werden[545].

ff) „Criteria of Forest Quality" des WWF

Einige internationale NGOs, die als Beobachter sowohl beim Montreal- als auch beim Helsinki-Prozeß anwesend waren, entwickelten in der Folgezeit ihre eigenen Strategien zum Waldschutz und stellten eigenständige Richtlinien und Kriterien für eine nachhaltige Waldbewirtschaftung auf, wie etwa der WWF, der 1994 4 Kriterien und 22 Indikatoren speziell zur Verbesserung der Waldqualität entwickelte. Die Kriterien betonen v.a. die Erhaltung der natürlichen Wälder und den Schutz der Biodiversität[546]. Ziel des WWF ist es, die Zerstörung und

---

[543] Abdruck der ATO-Prinzipien in: *Lammerts van Bueren/Blom*, Hierarchical Framework, 55 ff.

[544] *Garba*, The initiatives of the African Timber Organization, in: Proceedings of the XI. World Forestry Congress, Vol. 6, Area H, Topic 37.8: The ATO Initiative, 127, 129.

[545] *FAO*, SOFO 1999, 87; *Grayson/Maynard*, The World's Forests, 74 f.

[546] Die Kriterien des WWF lauten: Authentizität (natürliche Zusammensetzung der Bäume, ökologische Forstwirtschaftsmethoden), Gesundheitszustand des Waldes (Belastung durch Luftschadstoffe, Widerstandskraft gegenüber Klimaänderungen); Vorteile für die Umwelt (Erhalt der biologischen Vielfalt, Bo-

den Verlust von Wäldern bis zum Jahr 2000 zum Stillstand zu bringen und eine gegenläufige Entwicklung einzuleiten, sowie mindestens 10 % der weltweiten Waldfläche unter Schutz zu stellen[547].

gg) Harmonisierungsdebatte

Derzeit sind weltweit etwa 85 % der Waldfläche von den dargestellten K+I-Prozessen erfaßt. Bei der Berechnung ist aber zu berücksichtigen, daß die Waldfläche Rußlands (ca. 740 Mio. ha) sowohl in den Helsinki- als auch in den Montreal-Prozeß eingebunden ist[548]. Ein Vergleich der einzelnen Initiativen zeigt zunächst große Gemeinsamkeiten hinsichtlich der Kriterien, unabhängig von der jeweiligen Zielsetzung der verschiedenen Prozesse. In allen Initiativen beziehen sich die Kriterien thematisch auf die Erhaltung der forstlichen Ressourcen, die Produktionsfähigkeit von Wäldern, die biologische Vielfalt, die Umweltauswirkungen bzw. Erhaltung der Schutzfunktion von Wäldern für Boden und Wasser, die sozio-ökonomischen Auswirkungen und die Notwendigkeit von Rahmenvereinbarungen für die nachhaltige Entwicklung und Erhaltung der Wälder[549]. Diese Kriterien werden jedoch durch unterschiedliche Indikatoren definiert, was nicht zuletzt bedingt ist durch die spezifischen Gegebenheiten der Waldregionen der Erde, da der Begriff der Nachhaltigkeit den forstlichen, sozio-ökonomischen und kulturellen Verhältnissen einzelner Staaten Rechnung tragen muß[550].

Die FAO begann im Februar 1995 zusammen mit der ITTO den sog. Harmonisierungsprozeß zur Feststellung der Gemeinsamkeiten der verschiedenen Initiativen[551]. Ein im August 1996 in Helsinki abgehalte-

---

den- und Wasserschutz, Kohlenstoffbindung), weitere soziale und wirtschaftliche Vorteile (Holzproduktion, Forstnebenprodukte, Erholungswert, kulturelle Werte u.a.), vgl. *WWF/IUCN*, Wälder zum Leben, 9; *FAO/ITTO*, Expert Meeting on Harmonisation of Criteria and Indicators, Appendix 3, S. 8 f.

547 Vgl. zur „Forests for Life Campaign" von WWF und IUCN bereits S. 217 f.

548 *FAO*, SOFO 1997, 118.

549 Vgl. die Übersicht in: *FAO*, SOFO 1997, 120; *Ebert/Schneider*, Vergleichende Darstellung der Inhalte bestehender Kriterien- und Indikatorenkataloge, 4 f. und Tabellenanhang; *Humphreys*, Forest Politics, 142.

550 *Schneider*, Kriterien und Indikatoren, AFZ 20/1994, 1093.

551 Vgl. dazu *Grayson/Maynard*, The World's Forests, 75.

nes *Intergovernmental Seminar on Criteria and Indicators for Sustainable Forest Management (ISCI)* gelangte zu dem Ergebnis, daß Kriterien- und Indikatorenkataloge trotz unterschiedlicher Ausgestaltung durchaus wirksame Instrumente darstellen, um eine Quantifizierung des Zustands von Wäldern und ihrer Bewirtschaftung zu ermöglichen; des weiteren tragen sie zur Entwicklung oder Überarbeitung von nationalen Maßnahmen und Gesetzen bei und erweitern auf internationaler Ebene das Verständnis für die weltweiten Waldprobleme[552]. Die Debatte um die Harmonisierung von Kriterien und Indikatoren fördert somit einen globalen Grundkonsens über das Nachhaltigkeitsprinzip und stellt eine wichtige Voraussetzung für die Aufnahme von internationalen Verhandlungen über eine völkerrechtliche Vereinbarung zum internationalen Waldschutz dar[553].

hh) Zusammenfassung

Die Vielzahl der Initiativen zeigt zwar das in den letzten Jahren aufgekommene Interesse, abgestimmte und einheitliche Kriterien und Indikatoren für die nachhaltige Waldbewirtschaftung zu erstellen. Die Fülle der für die Berichterstattung erforderlichen Informationen und Daten bereitet jedoch Schwierigkeiten. Von den 27 Indikatoren des Helsinki-Prozesses konnten angesichts adminstrativer und technischer Probleme beispielsweise nur 4 bis 5 für die globale Waldressourcenerfassung der FAO im Jahr 2000 berücksichtigt werden[554]. Nicht zuletzt stellt sich das Problem der wirkungsvollen Umsetzung von Kriterien und Indikatoren für eine nachhaltige Waldbewirtschaftung gerade in den Entwicklungsländern, insbesondere unter dem Aspekt der Finanzierung. Eine Untersuchung in Ghana hat beispielsweise ergeben, daß die mit der Zertifizierung verbundenen Kosten für die Dauer von 10 Jahren bei

---

552 *ISCI*, Achievements in the Development of Criteria and Indicators, 53 ff.; siehe dazu auch: *Schneider*, Der internationale Dialog zum Thema „Wälder“, AFZ/Der Wald 14/1997, 762.

553 *Ebert/Schneider*, Vergleichende Darstellung der Inhalte bestehender Kriterien- und Indikatorenkataloge, 1; *FAO*, SOFO 1997, 121.

554 *Persson/Janz*, Assessment and monitoring of forest and tree resources, in: Proceedings of the XI. World Forestry Congress, Vol. 1, Area A, 17, 20.

umgerechnet 23,8 Mio. US-$ liegen werden, die aus den Projekten erzielten Einkommen aber nur bei 14,1 Mio. US-$[555].

4. Initiativen auf betrieblicher Ebene

Nicht nur auf nationaler Ebene sind Kriterien und Indikatoren für eine nachhaltige Waldbewirtschaftung erarbeitet und wissenschaftlich weiterentwickelt worden. In den letzten Jahren hat sich auch die Zertifizierung von Forstbetrieben und die Kennzeichnung von Holzprodukten[556] aus nachhaltiger Fortbewirtschaftung international zu einem der wichtigsten Themen der gesamten Forst- und Holzwirtschaft herausgebildet[557].

Die Debatte um die Harmonisierung der verschiedenen Methoden, Terminologien und Definitionen hat einerseits zur Entwicklung eines Selbstkontrollsystems, des *Forest Stewardship Council (FSC)* geführt, demgegenüber steht die Kontrolle nach internationalen Umweltmanagement-Standards der *International Organization for Standardization (ISO)*, die aber nicht direkt auf den Forstbereich zugeschnitten sind.

---

[555] *Ofosu-Asiedu*, Experience and state of the art in sustainable management of the humid tropical forest, in: Proceedings of the XI. World Forestry Congress, Vol. 6, Area H, Topic 38.5: Humid tropical forests, 241, 255.

[556] Der Begriff der Zertifizierung wird oftmals nur unscharf definiert; der Zertifizierungsprozeß enthält aber 3 Kernelemente, die auseinanderzuhalten sind. Es handelt sich dabei um die Akkreditierung (von Zertifizierungsstellen), die Zertifizierung (von Forstbetrieben) und schließlich die Kennzeichnung (von Holz und Holzprodukten). Akkreditierung bedeutet, daß eine unabhängige Stelle, die selbst nicht zertifizieren darf, die organisatorischen Strukturen, Verfahren und Ressourcen der Zertifizierungsstellen überprüft. Die eigentliche Zertifizierung bezieht sich nur auf die Forstbetriebe, denen von einer unabhängigen Zertifizierungsstelle bescheinigt wird, daß die Bewirtschaftungsqualität mit definierten und anerkannten Kriterien und Indikatoren übereinstimmt (sog. Konformitätsbescheinigung). Die Kennzeichnung bezieht sich auf die Bescheinigung der Herkunft eines Holzprodukts oder Produktbestandteils aus nachhaltiger Forstbewirtschaftung durch Verwendung eines rechtlich geschützten eingetragenen Warenzeichens (vgl. zu den Definitionen *Droste/Schardt*, Holzzertifizierung, 4, siehe dazu ausführlicher auch im 3. Teil, S. 353 ff.).

[557] *itw*, Arbeitsbericht der Initiative Tropenwald, 7; *Buck/Rametsteiner*, Feasibility-Study Holzzertifizierungs-Kontrollsystem, 6.

a) Forest Stewardship Council (FSC)

Bereits Ende der 80er Jahre begannen vereinzelte NGOs in den USA und Großbritannien unter der Führung des WWF, kleinere, in den Tropen gelegene Forstbetriebe mit einer schonenden Produktionsweise zu zertifizieren[558]. Das gemeinsame Ziel dieser Aktionen war es, ein eigenes Kontrollinstrument für eine nachhaltige Waldbewirtschaftung zu schaffen. In Abgrenzung zum Tropenholzboykott sollten ökonomische Anreize für ökologisch verantwortungsvolle Bewirtschaftungsmethoden geschaffen werden[559].

Anfang der 90er Jahre wurde der Ruf nach international harmonisierten Standards und Kriterien laut, die einer Zertifizierung zugrunde liegen sollten. Zu diesem Zweck schloß sich eine damals noch ungewöhnliche Koalition aus Vertretern von Umweltorganisationen und der Forstindustrie zum sog. *Forest Stewardship Council (FSC)*, auch Forstverwaltungsrat genannt, zusammen; Regierungsvertreter sind von der Mitgliedschaft im FSC ausgenommen[560]. Der FSC hat zehn Prinzipien mit dazugehörigen detaillierten Kriterien für eine umwelt- und sozialgerechte Forstwirtschaft erstellt[561]. Die internationalen Rahmenrichtlinien

---

[558] *Humphreys*, Forest Politics, 74; *Kiekens*, Certification, 1 ff.; zur Entwicklung der Holzzertifizierungsdebatte vgl. insb. *Elliott*, Forest certification, 10, 97 ff.

[559] *Quadflieg*, Konzept zur Harmonisierung, 262.

[560] Nach einer dreijährigen Planungs- und Verhandlungsphase wurde 1993 der *Forest Stewardship Council* (FSC) gegründet; Sitz des FSC ist Oaxaca (Mexiko). Die Mitgliedschaft ist offen für ein weites Spektrum von Organisationen und Personen, die soziale, ökonomische und ökologische Interessen verfolgen und in einer aus drei gleichgewichteten Kammern bestehenden Generalversammlung vereinigt sind. Derzeit verfügt der FSC über 400 Mitglieder aus 56 Ländern, mehr als die Hälfte der Mitglieder stammt allein aus Kanada, den USA, Großbritannien, den Niederlanden und Deutschland. Über 70 % der Mitglieder kommen aus den Industrieländern der nördlichen Hemisphäre. Sektoral ist ein Übergewicht der Umweltseite (über 55 %) festzustellen, Vertreter aus den Kernbereichen der Forst- und Holzwirtschaft sind dagegen noch eher selten; von größerem Gewicht sind dagegen einige große Handelsketten (Stand: Juli 2000).

Vgl. näher zum FSC: *Upton/Bass*, The Forest Certification Handbook, 131 ff.; *Elliott*, Forest certification, 40 ff.; Quadflieg, Konzept zur Harmonisierung, 272 ff.; FSC Web-Site: <http://www.fscoax.org>.

[561] FSC-Dokument 1.2: Principles and Criteria for Forest Stewardship: 1. Einhaltung der nationalen und internationalen Abkommen und FSC-Kriterien,

des FSC werden durch detaillierte nationale und regionale Standards zur Waldbewirtschaftung von nationalen Arbeitsgruppen ergänzt. Zur Unterstützung des globalen Ansatzes gelten die Prinzipien nicht nur für Tropenhölzer, sondern auch für Hölzer aus borealen und temperierten Wäldern.

Aufgabe des FSC ist es in erster Linie, Zertifizierungsstellen, die Bewertungsverfahren für eine nachhaltige und sozioökonomisch verträgliche Waldbewirtschaftung entwickelt haben, zu akkreditieren. Der FSC überprüft also nicht selbst die einzelnen Waldbestände und Forstbetriebe, sondern überwacht, ob die Zertifizierungssysteme mit den Prinzipien und Kriterien des FSC übereinstimmen und das FSC-Gütesiegel vergeben werden kann. Durch die Einhaltung der vom FSC aufgestellten Kriterien soll sichergestellt werden, daß alle Waldtypen sowohl umweltverträglich, sozialverträglich als auch wirtschaftlich nachhaltig bewirtschaftet werden. Besonderen Wert wird auf die Erhaltung sog. „high conservation value forests" gelegt, die sich durch eine hohe Konzentration biologischer Vielfalt auszeichnen und insgesamt von signifikanter globaler, regionaler oder nationaler Bedeutung sind. Naturwälder, die nach November 1994 in Plantagenwälder umgewandelt worden sind, sollen nach Möglichkeit nicht zertifiziert werden[562].

Seit 1995 werden Akkreditierungen durch den FSC durchgeführt. Derzeit sind insgesamt neun Zertifizierungsorganisationen anerkannt[563], die

---

2. Definition von Besitzansprüchen und Landnutzungsrechten, 3. Anerkennung der Rechte indigener Völker, 4. Erhalt und Förderung der sozio-ökonomischen Aspekte der Waldbewirtschaftung, 5. Effiziente Nutzung der Waldprodukte, 6. Erhaltung der biologischen Vielfalt und anderer ökologischer Funktionen, 7. Aufstellung von langfristigen Bewirtschaftungszielen, 8. Kontrolle des Waldzustands, der Erträge und der Handels- und Verarbeitungskette, 9. Erhaltung natürlicher Wälder, 10. Plantagenbewirtschaftung nach o.g. Kriterien (Abdruck der FSC-Prinzipien und Kriterien in: *Grayson/Maynard*, The World's Forests, 94 f.; *Lammerts van Bueren/Blom*, Hierarchical Framework, 62 ff.).

[562] Vgl. Prinzip 9.

[563] Es handelt sich um folgende Organisationen (Stand: September 2000): Rainforest Alliance - Smart Wood Program (USA); Scientific Certification Systems (SCS) - Forest Conservation Program, (USA); Soil Association Marketing Company Ltd. - Woodmark Scheme (UK); BM TRADA Certification (UK); Societé Générale de Surveillance (SGS) - Forestry QUALIFOR Programme (UK); Skal (NL); Institut für Marktökologie (IMO, Schweiz); Silva Forest Foundation (Kanada); LUSO Consult (Deutschland). Teilweise Abdruck der Zertifizierungsprogramme in: *Lammerts van Bueren/Blom*, Hierarchical Framework, 65 ff.; siehe auch <http://www.fscoax.org/html/5-3-1.html>. Auch

bereits fast 20 Mio. ha Waldfläche in 34 Ländern zertifiziert haben[564]. Innerhalb von zwei Jahren hat sich die Fläche der FSC-zertifizierten Forstbetriebe damit mehr als verdreifacht[565]. Mithin sind bislang 10 % des gemeinsam vom WWF und der Weltbank verfolgten Ziels, bis zum Jahr 2005 200 Mio. ha Wald aus nachhaltiger Waldbewirtschaftung zu zertifizieren[566], durch die FSC-Zertifizierung erreicht worden.

Obwohl die Initiative zur Zertifizierung von Forstbetrieben aus der Tropenholzdebatte herrührt, liegt der größte Teil der zertifizierten Flächen bislang noch in der gemäßigten Zone; in Schweden, Polen, und in den USA wurden bislang die größten Flächen zertifiziert[567]. Der Anteil der zertifizierten Tropenwälder fällt mit einer Gesamtfläche von etwas mehr als 2 Mio. ha dagegen relativ gering aus[568]. Brasilien hat als flächenmäßig größtes Erzeugerland für Tropenholz immerhin schon über 660.000 ha zertifiziert, allerdings handelt es sich fast ausschließlich um Plantagenwälder[569]; in Malaysia und Indonesien[570] läuft die Zertifizie-

---

Organisationen aus Costa Rica, Brasilien und Kanada haben sich (bisher erfolglos) um eine Akkreditierung durch den FSC bemüht (vgl. *Quadflieg*, Konzept zur Harmonisierung, 281).

564 Stand: November 2000 (<http://www.fscoax.org/html/5-3-3.html>).

565 Anfang 1998 wurden erst 6 Mio. ha zertifizierte Waldfläche registriert.

566 Siehe zu dieser gemeinsamen Initiative bereits S. 217 f.

567 In Schweden sind schon fast 10 Mio. ha Wald zertifiziert worden, dies sind 45 % der schwedischen Waldfläche; davon stehen alleine 3,3 Mio. ha im Eigentum des schwedischen Konzerns Assi-Domän. Große Flächen wurden auch in Polen (2,7 Mio. ha) und in den USA (2,8 Mio. ha) zertifiziert. In Deutschland beträgt die nach FSC-Kriterien zertifizierte Waldfläche mittlerweile über 220.000 ha.

568 Zertifizierungen erfolgten bislang in folgenden Tropenwaldländern: Belize, Bolivien, Brasilien, Costa Rica, Guatemala, Honduras, Indonesien, Malaysia, Mexiko, Namibia, Papua-Neuguinea, Panama, Salomon Inseln, Sri Lanka, Sambia und Simbabwe. Dagegen sind z.B. Japan (als wichtigstes Tropenholzimportland), China, Indien, die ehemalige Sowjetunion sowie Großteile Afrikas noch nicht oder nur sehr geringfügig in FSC-Zertifizierungsmaßnahmen involviert.

569 Für Brasilien hat die FSC-Arbeitsgruppe Brasilien eigene Kriterien und Indikatoren für die nachhaltige Bewirtschaftung der Amazonaswälder entwikkelt. Besonders betont werden langfristige Besitzansprüche und Nutzungsrechte an Land- und Waldressourcen sowie die Anerkennung der Rechte indigener Völker und traditioneller Waldbewohner. Siehe dazu *Klima-Bündnis e. V.*, Zertifizierung von (Tropen-)holz, 12 ff.

rung nach FSC-Kriterien erst an. Insgesamt ist die Durchschnittsfläche der FSC-zertifizierten Betriebe mit knapp 75.000 ha sehr hoch[571].

Trotz seiner schwierigen Startphase hat sich der FSC mittlerweile zur wichtigsten internationalen Zertifizierungsinitiative auf Nichtregierungsebene entwickelt, auch wenn in vielen tropischen Erzeugergebieten Afrikas und Südostasiens sowie in Nordamerika noch erhebliche Vorbehalte gegenüber dem FSC bestehen, da der FSC als eine von Umweltorganisationen dominierte Initiative angesehen wird[572].

Unter der Koordination des *Center for International Forestry Research (CIFOR)*[573] werden verschiedene Kriterien- und Indikatorenkataloge auf der Forstbetriebsebene auf ihre Übereinstimmung und weltweite Anwendbarkeit hin getestet[574]. Angestrebt wird durch dieses überregionale Projekt ein möglichst einheitlicher Rahmen für ein Zertifizie-

---

570 Vgl. aber ausführlich zur Entwicklung von nationalen Zertifizierungssystemen in Malaysia: *Elliott*, Forest certification, Chapter 4, 160 ff.

571 Die zertifzierten Waldeinheiten variieren zwischen einer Fläche von knapp 1 ha bis zu 1,8 Mio. ha. Vgl. zu den Problemen der privaten Waldbesitzer, die über wesentlich geringere Betriebsgrößen als die FSC-Durchschnittsflächen verfügen: *FAO*, SOFO 1999, 45.

572 *itw*, Arbeitsbericht der Initiative Tropenwald, 14.

573 CIFOR mit Sitz in Bogor/Indonesien wurde 1993 unter der Consultative Group on International Agricultural Research (CGIAR) zur Erforschung der sozialen, umweltspezifischen und wirtschaftlichen Aspekte der weltweiten Waldverluste gegründet. Aufgabe von CIFOR ist es, wissenschaftliche Untersuchungen im Waldbereich durchzuführen, dabei Maßnahmen und Technologien für eine nachhaltige Nutzung und Bewirtschaftung von Wäldern zu entwikkeln und nationale Kapazitäten im Forschungssektor zu stärken. Von CIFOR werden zur Zeit 10 Forschungsprojekte zu wichtigen Waldthemen sowohl auf internationaler, nationaler, regionaler und lokaler Ebene durchgeführt, z.B. zur Erhaltung der Biodiversität und der genetischen Ressourcen oder zur Beteiligung der lokalen Bevölkerung an nachhaltigen Bewirtschaftungsformen. Projekt Nr. 4 testet Kriterien- und Indikatorenkataloge (vgl. näher zu den Aktivitäten des CIFOR im Internet unter <http://www.cgiar.org/cifor/>).

574 CIFOR verglich in einer ersten Testphase von 1994-1996 insgesamt fünf Kriterienkataloge, u.a. auch zwei FSC-akkreditierte Zertifizierungsstellen (Rainforest Alliance und Soil Association). In einer zweiten Testphase bis Ende 1998 ist versucht worden, die festgestellten Defizite im Bereich der biologischen Vielfalt und der soziologischen Bewertung der Waldbewirtschaftung auszugleichen (vgl. zum CIFOR-Forschungsprojekt: *CIFOR*, Testing Criteria and Indicators for the Sustainable Management of Forests, Phase 1, Final Report; *itw*, Arbeitsbericht der Initiative Tropenwald, 3 f.; *FAO*, SOFO 1997, 121 f.).

rungssystem, um Wettbewerbsverzerrungen und Diskriminierungsvorwürfen bei der freiwilligen Zertifizierung entgegentreten zu können[575]. Auch im Rahmen des IPF und der gemeinsamen Allianz von WWF und Weltbank[576] sind Vereinheitlichungskriterien hinsichtlich eines marktorientierten Zertifizierungsschemas entwickelt worden. Hierzu zählen u.a. folgende Merkmale: Nichtdiskriminierung, Glaubwürdigkeit, Transparenz, kein Gebrauch irreführender Kennzeichen, Verwendung objektiver Kriterien, Kosteneffizienz, Berücksichtigung lokaler Gegebenheiten, Beteiligung interessierter Parteien und die unabhängige Überprüfung von dritter Seite[577].

b) International Organization for Standardization (ISO)

Als Reaktion auf die FSC-Initiative brachten Vertreter der kanadischen und australischen Holz- und Papierindustrie 1995 den Vorschlag ein, speziell für die Forstwirtschaft geeignete Richtlinien zur Gewährung einer nachhaltigen Bewirtschaftung von Wäldern als Bestandteil der ISO 14000-Normserie[578], welche Standards für das Umweltmanagement enthält, zu entwickeln[579].

---

[575] *BReg.*, 5. Tropenwaldbericht, 22 f.

[576] Siehe hierzu bereits S. 217 f.

[577] Alle Kriterien von IPF und WWF/Weltbank zusammengestellt bei *Bass/Simula*, Independent Certification/Verification of Forest Management, Annex 1. Ähnlich auch *Elliott*, Forest certification, 444 ff.

[578] Übersicht zu den ISO-14000 Standards in: *Hagen u.a.*, International Environmental Law, The Int. Lawyer 1997, 627, 642 ff.; vgl. näher zur ISO und der Anwendbarkeit von ISO-Standards auf die Holzzertifizierung: *Elliott*, Forest certification, 28 ff.

[579] Die Holzzertifizierung auf Grundlage von ISO-Normen geht zurück auf das „Sustainable Forest Management Project" der Canadian Standards Association (CSA) sowie auf einen Bericht der Informal Study Group on Standards New Zealand (SNZ). Beide Organisationen sprachen sich für die ISO 14001-Serie als taugliches Instrument zur Holzzertifizierung aus. Das technische Komitee der ISO setzte 1996 eine internationale Arbeitsgruppe ein (ISO/TC 207, Resolutionen 11/1996 und 17/1996), um die Möglichkeiten eines internationalen Zertifizierungsprogramms für die Forstwirtschaft unter der Schirmherrschaft der ISO zu erörtern (<http://www.tc207.org>; siehe auch *WWF*, Guide to Forest Certification, Anhang; *Hauselmann*, ISO inside out, 11 ff. sowie Anhang 4; *Elliott*, Forest certification, 30 ff.).

Die ISO 14000-Serie unterscheidet sich vom FSC insoweit, als durch sie nur das Produktionsverfahren und das Managementsystem zertifiziert werden und keine Standards oder Schwellenwerte hinsichtlich der ökologischen Qualität der Produkte und des Verfahrens vorgegeben sind[580]. Man spricht insofern bei der ISO auch vom „System-Standard" (ISO), beim FSC vom „Performance Standard"[581]. Bislang werden die bereits existierenden ISO 14001 und 14004-Normen auf die Forstwirtschaft angewandt, die - losgelöst von den Produkten - die im Unternehmen umzusetzenden Umweltmanagementsysteme beschreiben[582].

Bislang sind zwei Plantagen in Brasilien unter der ISO-Norm 14001 zertifiziert worden, in Europa wird das System in Schweden und Frankreich getestet[583]. In der Entwicklung befinden sich derzeit Umweltkennzeichen und Deklarationen für die Forstwirtschaft nach den ISO-Normen 14020 und 14021[584]. Die ISO hat 1998 den technischen Bericht ISO/TR 14061 herausgegeben, der Forstbetrieben die Anwendung der Umweltmanagement-Standards ISO 14001 und 14004 erleichtern soll[585]; damit wird auch die bislang ungelöste Frage nach einer Produktkennzeichnung im Rahmen von ISO 14001 demnächst geklärt sein.

Die vor allem von der Holzindustrie in den USA[586], in Kanada, Australien und Neuseeland bevorzugte Anwendung der ISO 14000-Serie für die Holzzertifizierung wird gerade von Umweltverbänden, welche die

---

580 *itw*, Arbeitsbericht der Initiative Tropenwald, 13; *Downes*, Global Forest Policy, in: Tarasofsky (Hrsg.), Assessing the International Forest Regime, 63, 81.

581 *Elliott*, Forest certification, 27 ff.

582 Sog. Environmental Management Systems, EMS. Das ISO 14001-System enthält drei Elemente, welche von dem jeweiligen Industrieunternehmen - auch im Forstsektor - für eine Zertifizierung erfüllt werden müssen. Neben der Beachtung von gesetzlichen Rahmenbestimmungen sind ständige Überprüfungen und Verbesserungen des Umweltmanagements vorzunehmen und eine angemessene Aus- und Weiterbildung des Personals im Umweltbereich zu gewährleisten (vgl. *Kiekens*, Certification, 6 f.).

583 *Kiekens*, Certification, 7.

584 *ETC*, Final Report, 12; *Elliott*, Forest certification, 31 f.

585 *BReg.*, 6. Tropenwaldbericht, 16; *Goldemberg/Legget/Yamin*, Forests, YIEL 1998, 318 f.

586 Vgl. hierzu näher *McMahon*, International expectations for sustainable forestry, New Forests 1999, 329, 333 ff.

FSC-Initiative unterstützen, nicht als ausreichende Grundlage für eine Zertifizierung angesehen, da v.a. Vertreter aus den Bereichen Umwelt und Entwicklung in der ISO unterrepräsentiert seien[587]. Allenfalls in Kombination mit dem FSC-Ansatz könnten einheitliche, international anerkannte Grundsätze zur Zertifizierung und Kennzeichnung von Holz und Holzprodukten gewährleistet werden[588]. Diese Verbindung von ISO und FSC-Standards wird bereits in einigen Betrieben in Südafrika, Kanada und Schweden getestet[589].

c) Ausblick

Neben dem FSC und der Zertifizierung nach ISO sind in einigen westlichen Industrienationen, wie in den Niederlanden, Großbritannien, Kanada, Österreich, aber auch in Malaysia, Indonesien und den Mitgliedstaaten der Afrikanischen Tropenholzorgansiation (ATO) eigene nationale Holzzertifizierungssysteme entwickelt worden[590], die sich zum großen Teil an den Kriterien und Indikatoren für eine nachhaltige Waldbewirtschaftung orientieren; so hat beispeilsweise Indonesien seine Zertifizierungsstandards nach Maßgabe der ITTO Kriterien und Richtlinien erlassen[591]. Diese Länder, die überwiegend zu den Hauptakteuren auf den internationalen Holzmärkten gehören, haben durch die Einführung von Zertifizierungssystemen jedenfalls eine entscheidende Voraussetzung für die zukünftige Wettbewerbsfähigkeit auf dem Weltmarkt geschaffen, soweit das Marktinteresse für zertifiziertes Holz in Zukunft steigen wird. Bislang hält das Angebot auf den Weltmärkten von gekennzeichneten Holzprodukten noch nicht Schritt mit dem in den letzten zwei Jahren zu verzeichnenden Anstieg der zertifizierten Waldflächen. Noch ist nicht abzusehen, inwieweit Holz aus zertifizierten Forstbetrieben eine marktbeherrschende Stellung einnehmen oder sich

---

587 *Quadflieg*, Konzept zur Harmonisierung, 207 f.

588 *WWF*, Guide to Forest Certification, 10.

589 *Bass/Simula*, Independent Certification/Verification of Forest Management, 17.

590 Vgl. *Kiekens*, Certification, 8 ff.; siehe ausführlicher zu den nationalen Zertifizierungsinitiativen im 3. Teil, S. 354 ff.

591 Vgl. zum Verhältnis von K+I zu Zertifizierungs- und Kennzeichnungsinitiativen auf der Betriebsebene: *Elliot*, Forest certification, 114 f.

lediglich auf bestimmte Märkte und Endprodukte konzentrieren wird[592].

Ob die Holzzertifizierung, die ihren Ursprung in der Auseinandersetzung um die Holznutzung in tropischen Naturwäldern hat, viel an deren Bewirtschaftung ändern wird, bleibt - auch im Hinblick auf die mit der Zertifizierung verbundenen Kosten[593] - abzuwarten. Diejenigen Holzzertifizierungsmaßnahmen, die bereits ihre erste Anlaufphase überwundenen haben, sind als vielversprechender Ansatz zu werten, dem Ziel eines ökologisch verträglichen Holzeinschlags v.a. in den Tropen näher zu kommen, ohne die ökonomischen Aspekte des internationalen Holzhandels zu vernachlässigen.

Da die Zertifizierung der nachhaltigen Waldbewirtschaftung bislang aber überwiegend auf Wirtschaftswälder zugeschnitten ist, kann hierüber schwerlich die nationale Politik über Landnutzungsentscheidungen, wie z.B. die Einrichtung von Nationalparks und Naturschutzgebieten oder die Ausweisung von Rodungs- und Aufforstungsflächen beeinflußt werden. Mit der steigenden Nachfrage nach umweltvertäglich eingeschlagenem Holz kann die Zertifizierung aber als bedeutende Ergänzung zu bestehenden umweltpolitischen Instrumenten angesehen werden[594].

Die Zertifizierungsdebatte zeigt, daß der private Forstsektor einschließlich der Holz- und Papierindustrie in Zukunft einen wichtigen Beitrag zur Förderung nachhaltiger Forstmanagementpraktiken und zu einem verantwortungsvollen Umgang mit den Holzressourcen leisten kann. Dies gilt nicht nur für die Industrie- bzw. Hauptverbraucherländer; Ansätze für eine Beteiligung des privaten Sektors zur Unterstützung des Nachhaltigkeitsprinzips finden sich bereits in einigen Entwicklungsländern, wie z.B. in Malaysia der „Malaysian Timber Council“ (MTC), der als Interessenvertreter der malaysischen Holzindustrie auch die Zertifizierungsbemühungen der Regierung unterstützt[595].

---

592 *FAO*, SOFO 1999, 46 f.

593 Die Kosten der Zertifizierung schwanken je nach Lage, Größe und Bestockung des Forstbetriebes und können lediglich geschätzt werden (vgl. ausführlicher hierzu mit einigen Beispielen *ETC*, Final Report, 10; *Elliott*, Forest certification, 24; *Huber*, Internationaler Zertifizierungs-Zug, AFZ/Der Wald 6/1996, 322, 326).

594 *Quadflieg*, Konzept zur Harmonisierung, 285.

595 Vgl. *FAO*, SOFO 1999, 90 mit weiteren Beispielen.

VII. Maßnahmen zum Tropenwaldschutz auf europäischer Ebene[596]

Die Leitlinien für die Aktionen der Europäischen Gemeinschaft im Bereich des Tropenwaldschutzes wurden in der Mitteilung der Kommission über „Die Rolle der Gemeinschaft bei der Erhaltung der Tropenwälder" bereits 1989 festgelegt[597]. Der Schwerpunkt einer Strategie zur Erhaltung der Tropenwälder sollte danach in der Entwicklungshilfe und -zusammenarbeit liegen. Wurden in den 80er Jahren hauptsächlich Maßnahmen im Bereich der Forstwirtschaft und Landnutzung sowie der industriellen Entwicklung auf Grundlage der Forstwirtschaft finanziert, entfielen auf die Erhaltung der Ökosysteme des Tropenwaldes lediglich 0,5 % der bereitgestellten EG-Finanzmittel[598]. Angesichts dieser Mittelverteilung wurde die Notwendigkeit einer verstärkten Unterstützung von Maßnahmen zum Schutz der Umwelt und der Erhaltung der natürlichen Ressourcen betont. Mit der Entschließung des Rates der Minister für Entwicklung und Zusammenarbeit vom 29.5.1990 über „Tropenwälder: Entwicklungspolitische Aspekte"[599] wurden die Grundlagen für den Einsatz von Entwicklungsinstrumenten zum Schutz der Tropenwälder geschaffen.

Ausgangspunkt der Zusammenarbeit der Gemeinschaft mit den Entwicklungsländern sind die jeweiligen Kooperationsabkommen mit den Ländern Afrikas, der Karibik und des Pazifik (AKP-Länder)[600] sowie mit den Ländern Asiens und Lateinamerikas (ALA-Länder). Die Zu-

---

[596] Eine Zusammenfassung der EU-Maßnahmen zum Schutz tropischer Wälder in: *Club de Bruxelles*, What Forestry Strategy for the EU?, 42 ff.; *Shepherd/Richards/Schreckenberg* (Hrsg.), The EU Tropical Forestry Sourcebook, 33 ff.

[597] KOM (1989) 410, ABl. der EG, Nr. C 264 v. 16.10.1989: dort unter VI. Ausführungen zu den bis 1989 bereits durchgeführten Maßnahmen der Gemeinschaft zum Schutz der Tropenwaldressourcen.

[598] ABl. der EG, Nr. C 264/13 f.

[599] KOM (1989) 410-final, vgl. hierzu *Shepherd/Richards/Schreckenberg* (Hrsg.), The EU Tropical Forestry Sourcebook, 34 f.

[600] Seit 1975 regelt das Abkommen von Lomé die Handels- und Finanzbeziehungen zwischen der EU und den nunmehr 70 AKP-Staaten. Die ersten drei Abkommen galten jeweils für eine Zeitraum von fünf Jahren. Der Lomé-IV-Vertrag ist am 1.9.1991 in Kraft getreten und erfaßte den Zeitraum von 1990 bis 2000. Das Nachfolgeabkommen, das im Juni 2000 in Cotonou/Benin unterzeichnet worden ist, ist erstmalig für 20 Jahre abgeschlosen worden. Den AKP-Staaten werden im 9. Europäischen Entwicklungsfonds mit einer Laufzeit von 2000-2005 Mittel von bis zu 13,5 Mrd. Euro zur Verfügung gestellt werden.

sammenarbeit mit den ALA-Partnerländern beruht auf der Verordnung über die finanzielle und technische Hilfe zugunsten der Entwicklungsländer Asiens und Lateinamerikas von 1992[601]. Nach Art. 5 und 10 dieser Verordnung sollen 10 % des Budgets für den Umweltschutz, insbesondere für den Schutz des Tropenwaldes, verwendet werden[602].

Im Zuge der Überprüfung des die Beziehungen der EU zu den AKP-Staaten regelnden Lomé-IV-Abkommens wurde 1995 ein Protokoll über die nachhaltige Bewirtschaftung der Forstressourcen in das revidierte Lomé-IV-Abkommen aufgenommen[603]. Das Protokoll trägt einerseits der Erhaltung der bedrohten tropischen Wälder und den Interessen der lokalen Bevölkerung Rechnung, da zahlreiche Maßnahmen zur Aufrechterhaltung der ökologischen Balance in den Tropenwäldern vorgesehen sind. Angesichts der wirtschaftlichen Bedeutung des Holzhandels für die meisten AKP-Staaten wird aber auch eine Erhöhung des Anteils von Tropenholz auf dem Weltmarkt angestrebt, das auf der Basis von international harmonisierten Kriterien und Indikatoren für eine nachhaltige Forstwirtschaft produziert worden ist[604]. Des weiteren wird erstmalig in einem internationalen Abkommen die Notwendigkeit der Entwicklung von Zertifizierungssystemen für alle Arten von Holz und Holzprodukten in den Entwicklungsländern betont[605].

Als Grundlage für eine verbesserte Umsetzung der Maßnahmen in der EU-Entwicklungszusammenarbeit im Forstsektor sind von der EU-Kommission 1997 „Guidelines for Forest Sector Development Co-operation“ erstellt worden[606]. Diese Richtlinien enthalten neben der umfassenden EU-Stategie zum Schutz der Tropenwälder eine reichhal-

---

[601] Verordnung (EWG) Nr. 443/92 v. 25.2.1992, ABl. der EG, Nr. L 52 v. 27.2.1992.

[602] Für 1996 und 1997 wurden 1,326 Mrd. ECU bereitgestellt, davon waren 263 Mio. ECU für Waldschutzmaßnahmen vorgesehen.

[603] Protocol 10 on sustainable management of forest resources, Abdruck in: The Courier Nr. 155, Jan/Feb. 1996, 173 f.

[604] *Vernier*, The Lomé IV mid-term review, The Courier Nr. 155, Jan./Feb. 1996, 8, 10.

[605] Protocol 10, Ziff. 4 (b) sowie Annex LXXXIX (Joint declaration relating to Protocol 10). Vgl. näher hierzu *Kiekens*, Certification, 21 ff.

[606] *Guidelines for Forest Sector Development Co-operation (FSCD)* vom 20.3.1997, vgl. dazu *Club de Bruxelles*, What Forestry Strategy for the EU?, 54 f. sowie *Shepherd/Richards/Schreckenberg* (Hrsg.), The EU Tropical Forestry Sourcebook, 75 ff.

tige Checkliste zur Umsetzung der notwendigen Maßnahmen, die sich schwerpunktmäßig mit den ökologischen und sozialen Auswirkungen der Tropenwaldbewirtschaftung beschäftigen.

Seit Beginn des fünften Umwelt-Aktionsprogramms der Gemeinschaft für den Zeitraum 1992-2000, das unter dem Motto „Für eine dauerhafte und umweltgerechte Entwicklung" steht, zahlt die EU durchschnittlich etwa 90-100 Mio. ECU pro Jahr für waldbezogene Aktivitäten in Entwicklungsländern[607]. Ungefähr die Hälfte der finanziellen Mittel für Maßnahmen zum Tropenwaldschutz wird über ein bereits 1991 eingerichtetes Budget zum Schutz tropischer Wälder finanziert[608]. Die rechtliche Regelung für dieses Budget wurde durch die „Verordnung über Maßnahmen zugunsten der tropischen Wälder" vom 20.12.1995 erlassen, die für Maßnahmen zum Erhalt der Tropenwälder bis Ende 1999 ein Finanzvolumen von insgesamt 200 Mio. ECU vorsah[609]. Die Ver-

---

[607] Die Ausgaben schwanken von 111 Mio. ECU (1994) bis 68 Mio. ECU (1996), vgl. *Shepherd/Richards/Schreckenberg* (Hrsg.), The EU Tropical Forestry Sourcebook, 38.

[608] Budget line B7-6201: „Actions in Favour of Tropical Forests". Nähere Angaben bei *Shepherd/Richards/Schreckenberg* (Hrsg.), The EU Tropical Forestry Sourcebook, 83 ff., dort und auf 37 ff. sowie 48 ff. Angaben zu weiteren Budget-Linien der EU.

[609] Verordnung (EG) Nr. 3062/95 über Maßnahmen im Bereich der Tropenwälder, ABl. der EG, Nr. L 327 v. 30.12.1995; Abdruck auch in: *Club de Bruxelles*, What Forestry Strategy for the EU?, Annex 14.

Bereits Anfang 1993 legte die Kommission dem Rat einen Vorschlag für eine Verordnung betr. Maßnahmen zugunsten tropischer Wälder vor (ABl. der EG, Nr. C 78 v. 19.3.1993). Darin vorgesehen war die Unterstützung von Aktionen zur Förderung der Erhaltung und der dauerhaften und umweltverträglichen Bewirtschaftung der Tropenwälder. Der Vorschlag wurde mit Änderungen des Europäischen Parlaments, die sich auch auf die Regulierung des internationalen Holzhandels bezogen, gebilligt (ABl. der EG, Nr. C 315 v. 22.11.1993). Die vorgenommene Änderung Nr. 22 sah vor, daß sich der internationale Holzhandel ab dem Jahr 1995 ausschließlich auf umweltverträglich produzierte Hölzer beschränken sollte; ein entsprechender Beschluß sollte im Rahmen der ITTO herbeigeführt werden. Alternativ dazu war auch die Einführung eines Öko-Siegels für umweltverträglich produzierte Hölzer seitens der EG ab 1995 vorgesehen. Daraufhin legte die Kommission einen geänderten Vorschlag für eine Tropenwaldverordnung vor, welche in Art. 4 Abs. 1 (c) die Einführung eines Öko-Siegels für Tropenholz aus nachhaltiger Waldbewirtschaftung beinhaltete, allerdings ohne Vorgabe eines Zeitrahmens (ABl. der EG, Nr. C 201/16 v. 23.7.1994). Vgl. näher hierzu: *Hummer*, Schutz der indigenen Bevölkerung, in:

ordnung legt fest, nach welchen Kriterien die Gemeinschaft nationale und regionale Programme zum Management und zum Schutz der Tropenwälder sowie zur Erhaltung der Biodiversität finanzieren oder dabei technische Hilfe leisten kann. Vorrangig sind Programme mit folgenden Zielsetzungen zu finanzieren[610]: Erhaltung der Primärwälder, nachhaltige Bewirtschaftung von Wäldern für die Holzproduktion und andere Erzeugnisse, Entwicklung von Kennzeichnungssystemen für Holz, Einbeziehung der Tropenwaldbevölkerung, verstärkte Forschungspolitik, Schaffung von Pufferzonen, Erarbeitung und Durchführung von nationalen Waldbewirtschaftungsplänen. Diese Maßnahmen werden mit nationalen und internationalen Programmen zur Erhaltung und nachhaltigen Bewirtschaftung der Tropenwälder koordiniert, soweit sie mit den Grundsätzen und Zielen der Verordnung übereinstimmen.

Ein Großteil der Gelder fließt in Projekte in Lateinamerika; erwähnt sei an dieser Stelle noch einmal das Pilotprogramm zur Rettung der brasilianischen Tropenwälder; zwischen 1992 und 1996 zahlte die Gemeinschaft allein 43 Mio. US-$ in den „Rain Forest Trust Fund"[611]. Gefördert werden auch Maßnahmen in Asien, betont sei hier das Indonesien Portfolio von über 100 Mio. ECU; das „EC/Indonesia Forest Programme" umfaßt insbesondere Maßnahmen zur Kontrolle und Verhütung von Waldbränden[612]. Eines der Hauptprogramme, das die EU in den AKP-Staaten unterstützt, ist das Programm für die Nutzung und Bewirtschaftung von Waldökosystemen in Zentralafrika[613]. Neben Projekten zur nachhaltigen Nutzung der Waldressourcen werden v.a. Maßnahmen zur verstärkten Beteiligung der lokalen Bevölkerung durch

---

Borsdorf (Hrsg.) Lateinamerika, 101, 123 f.; *König*, New Approaches, in: Wolfrum (Hrsg.), Enforcing Environmental Standards, 337, 366 f.

610 Verordnung Nr. 3062/95 über Maßnahmen im Bereich der Tropenwälder, ABl. der EG, Nr. L 327 v. 30.12.1995, Art. 4 Abs.1 (a) – (h).

611 *Shepherd/Richards/Schreckenberg* (Hrsg.), The EU Tropical Forestry Sourcebook, 58.

612 *Club de Bruxelles*, What Forestry Strategy for the EU?, 52; *Shepherd/Richards/Schreckenberg* (Hrsg.), The EU Tropical Forestry Sourcebook, 60.

613 „Conservation et Utilisation Rationelle des Ecosystêmes Forestiers en Afrique Centrale" (ECOFAC); zwischen 1992-1996 standen in einer ersten Phase 24 Mio. ECU zur Verfügung, ECOFAC II begann im Januar 1997 für eine Dauer von 4 Jahren, ausgestattet mit einem Budget von 16 Mio. ECU. Siehe zu weiteren EU-finanzierten Forstprojekten in Afrika: *Shepherd/Richards/Schreckenberg* (Hrsg.), The EU Tropical Forestry Sourcebook, 91.

Schulungen über das Ökosystem, die Einführung und Förderung des Ökotourismus und die Erforschung von Biomedizinprodukten aus den Wäldern gefördert[614].

Die EU stellt des weiteren erhebliche Mittel und Kapazitäten für die Tropenwaldforschung bereit. Seit 1991 wird das „European Tropical Forest Research Network" (ETFRN) von der Generaldirektion XII (Wissenschaft, Forschung und Entwicklung) der EU-Kommission gefördert. Der Europäische Tropenwaldforschungsverbund hat das Ziel, Informationen und Hilfestellungen für Forschungseinrichtungen in Europa und in den Tropen bereitzustellen, um interdisziplinäre und transnationale Forschungskooperationen im Bereich der Tropenwaldforschung zu fördern[615].

Als ein wesentlicher Beitrag der EU zur nachhaltigen Entwicklung der europäischen (temperierten) Wälder ist schließlich neben dem in der Agenda 2000 vorgesehenen Paket von forstlichen Maßnahmen in der ländlichen Entwicklungspolitik[616] die im Dezemer 1998 vorgelegte „Forststrategie" der Europäischen Kommission hervorzuheben[617]. Die Kommission will sich verstärkt Fragen des Schutzes und der Bewirtschaftung der europäischen Wälder widmen[618]. Die Forststrategie zielt im Kernpunkt auf eine Zertifizierung von Holz aus nachhaltig bewirtschafteten Wäldern. Als Kriterien eines Zertifizierungssystems werden Grundsätze wie Freiwilligkeit, Transparenz, Glaubwürdigkeit und Nichtdiskriminierung genannt. Es wird noch geprüft, ob angesichts der in den Mitgliedstaaten und auf gesamteuropäischer Ebene laufenden

---

[614] *Club de Bruxelles*, What Forestry Strategy for the EU?, 54.

[615] *BReg.*, 6. Tropenwaldbericht, 27. Informationen auch unter <http://www.etfrn.org>.

[616] Vgl. Agenda 2000 - eine stärkere und erweiterte Union, Bulletin der EU, Beilage 5/97.

[617] „Mitteilung über eine Strategie der EU für die Forstwirtschaft", Abl. der EG 1999, Nr. C 56/1 v. 15.12.1998. Die Forststrategie geht auf eine entsprechende Entschließung des Europäischen Parlaments vom 30.1.1997 zurück (A4-0414/1996). Hierin wurde die Kommission aufgefordert, geeignete Instrumente und Mittel vorzuschlagen, um auf Gemeinschaftsebene sowie in den Mitgliedstaaten Kohärenz und Komplementarität der Maßnahmen in den Bereichen Schutz, Nutzung und Ausweitung der Waldbestände zu treffen (vgl. ABl. der EG, Nr. C 55/22 vom 24.2.1997).

[618] 87 Mio. ha der insgesamt 139 Mio. ha umfassenden Waldflächen der EU (dies entspricht 36 % der Gesamtfläche der Europäischen Union) werden forstwirtschaftlich genutzt (vgl. EU-Nachrichten vom 2.12.1998).

Initiativen überhaupt ein Tätigwerden der EU in diesem Bereich erforderlich ist.

VIII. Der UN-Umweltgipfel in New York 1997

Die 19. Sondergeneralversammlung der Vereinten Nationen (UN General Assembly Special Session, UNGASS), die im Juni 1997 in New York stattfand[619], überprüfte und überarbeitete die Ergebnisse und Verpflichtungen, die anläßlich des Umweltgipfels in Rio de Janeiro 1992 vereinbart worden waren - die New Yorker Umweltkonferenz wird daher auch als „Rio + 5" bezeichnet[620]. Die UN-Umweltkonferenz stellte die erste Gelegenheit dar, das Waldthema im Rahmen der Generalversammlung der Vereinten Nationen zu diskutieren[621].

---

619 Siehe dazu die Web-Site des Umweltgipfels <http://www.un.org/esa/earthsummit>.

620 Der Vorschlag, spätestens fünf Jahre nach UNCED eine Sondertagung der Generalversammlung zwecks Evaluierung der Umsetzung der Agenda 21 durchzuführen, ist in Kap. 38.9 der Agenda selbst enthalten und wurde von der UN-Resolution 47/190 v. 22.12.1992 aufgegriffen. Mit der inhaltlichen Vorbereitung des Umweltgipfels wurde die CSD beauftragt. Als Grundlage für die Verhandlungen diente ein umfassender Bericht des UN-Sekretariats mit 31 Einzelberichten zu allen Themen der Agenda 21, in denen Fortschritte und Defizite der vergangenen fünf Jahre bilanziert und der konkrete Handlungsbedarf für die nächste Phase des Rio-Folgeprozesses aufgezeigt wurden (UN-Doc. E/CN.17/1997/2 v. 31.1.1997: Overall Progress Achieved Since the United Nations Conference on Environment and Development, incl. Addenda 1-31; Addendum 10 beschäftigt sich mit Maßnahmen zum internationalen Waldschutz). Das zweite zentrale Dokument des UN-Sekretariats zur Vorbereitung auf die Sondergeneralversammlung zeichnet in wichtigen Feldern globaler Umwelt- und Entwicklungspolitik die Tendenzen der letzten 25 Jahre nach und schreibt sie bis in die Mitte des 21. Jhds. fort (UN-Doc. E/CN.17/1997/3 v. 20.1.1997 mit Corr.1: Global Change and Sustainable Development: Critical Trends). Vgl. ausführlicher hierzu: *Martens*, Rio plus 5, edp-entwicklungspolitik 8/97, 19 ff. Zusammenfassung der Ergebnisse des Umweltgipfels in: *BMU/BMZ*, Ergebnisse der VN-Sondergeneralversammlung, 5 ff.; *IISD*, Earth Negotiations Bulletin, Vol. 5 Nr. 88, 30.6.1997.

621 *Grayson/Maynard*, The World's Forests, 48.

1. Ergebnisse des Umweltgipfels

Die geplante politische Erklärung, die dem Rio-Prozeß neue Impulse geben sollte, kam nach ergebnislosen Verhandlungen nicht zustande. Die unterschiedlichen nationalen Prioritätensetzungen und grundsätzlichen Zielkonflikte zwischen den Delegationen - nachhaltige Entwicklung (sustainable development) einerseits versus nachhaltiges Wirtschaftswachstum (sustainable growth) andererseits - blockierten richtungsweisende Beschlüsse[622]. Es ist immerhin ein 137 Punkte umfassendes Programm zur weiteren Umsetzung der Agenda 21 beschlossen worden, das Empfehlungen und vage Absichtserklärungen zu allen Themen der Agenda 21 beinhaltet[623]. Für den Umweltbereich konstatiert dieses Programm trotz einzelner Fortschritte immer noch eklatante Probleme, vor allem hinsichtlich der zunehmenden Luft- und Abwasserbelastung, des Verlusts der biologischen Vielfalt, der Wüstenausbreitung sowie der Übernutzung nicht erneuerbarer Ressourcen - insbesondere von Wasser, Böden und Wäldern[624].

Neben den konfliktträchtigen Themenbereichen Energie und Klima war eine der am heftigsten diskutierten Fragen diejenige nach der weiteren Finanzierung der Implementierung der Agenda 21 und ihres Folgeprozesses. Die Tatsache, daß der Trend der Leistungen der öffentlichen Entwicklungshilfe seit Rio nach unten weist[625], wurde allgemein als

---

[622] *Martens*, Abstieg vom Erdgipfel, VN 1997, 137, 139.

[623] UN-Doc. A/S-19/29 v. 27.6.1997: Overall Review and Appraisal of the Implementation of Agenda 21, Annex (Programme for the Further Implementation of Agenda 21). Nicht zu verwechseln ist dieses Programm mit der „Agenda for Development“, die auf der 51. Tagung der UN-Generalversammlung am 20.6.1997 angenommen wurde. Ihr Ziel ist es, einen neuen Rahmen für die internationale Zusammenarbeit abzustecken und die Rolle der Vereinten Nationen darin zu bestimmen. Als integralen Bestandteil ihres Entwicklungskonzepts nennt die Agenda u.a. den Schutz der Umwelt. Auch die nachhaltige Entwicklung wird als Ziel bestätigt, aber zugleich mit der Forderung nach ungebremstem Wirtschaftswachstum in aller Welt verknüpft. Angesichts ihres hohen Anspruchs hat die Agenda in der Öffentlichkeit aber nur wenig Resonanz erfahren (vgl. ausführlich *Martens*, Kompendium der Gemeinplätze, VN 1998, 47, 51).

[624] UN-Doc. A/S-29/29 v. 27.6.1997, Annex (Programme for the Further Implementation of Agenda 21), Ziff. 9.

[625] Der Anteil der öffentlichen Entwicklungshilfe am Bruttosozialprodukt hat in den westlichen Industriestaaten mit 0,25 % im Jahr 1996 den niedrigsten Wert seit 1970 erreicht. Das im Rahmen der Vereinten Nationen seit 1970 im-

Hauptdefizit des bisherigen Umsetzungsprozesses angesehen. Hinsichtlich der Finanzierung umweltbezogener Projekte durch die GEF wurde im Abschlußdokument der New Yorker Konferenz keine Erhöhung, sondern lediglich eine „befriedigende Wiederauffüllung" (satisfactory replenishment) unter Berücksichtigung einer angemessenen Lastenteilung gefordert[626]. Die zum großen Teil äußerst schwierigen und kontroversen Verhandlungen während des New Yorker Umweltgipfels haben v.a. im umstrittenen Finanzbereich die Tendenz aufgezeigt, daß die von den Industriestaaten angestrebten Fortschritte in Richtung nachhaltige Entwicklung seitens der Entwicklungsländer von finanziellen Zugeständnissen abhängig gemacht werden. Hierdurch wurden die Verhandlungen im Rio-Folgeprozeß - wie auch in anderen Politikbereichen des Nord-Süd-Dialogs - erschwert[627].

Auch wenn die Ergebnisse des New Yorker Umweltgipfels gemessen am weltweiten Problemdruck durchweg als unbefriedigend bezeichnet werden und die Aufbruchstimmung von Rio nach der New Yorker Konferenz in eine Phase der Ernüchterung getreten ist, ist dennoch eine Fortführung des internationalen Dialogs auf der Ebene der CSD[628] und der Vertragsstaatenkonferenzen der einschlägigen Konventionen (Kli-

---

mer wieder angestrebte entwicklungspolitische Ziel, daß die Industriestaaten 0,7 % ihres BSP für die Entwicklungshilfe bereitstellen, wurde 1997 nur von Dänemark, Norwegen, Schweden und den Niederlanden erreicht bzw. überschritten. Um dem Abwärtstrend entgegenzuwirken, bestätigten die Industrieländer in New York - bis auf die USA, die dieses Ziel nie anerkannt haben - erneut ihre Absicht, 0,7 % ihres BSP für Entwicklungshilfe zur Verfügung zu stellen, ohne sich allerdings zeitlich verbindlich festzulegen (vgl. *Europäische Kommission*, Grünbuch über die Beziehungen zwischen der EU und den AKP-Staaten, 62; *Martens*, Abstieg vom Erdgipfel, VN 1997, 137, 138, 140; *BMU/BMZ*, Ergebnisse der VN-Sondergeneralversammlung, 14 f.).

[626] UN-Doc. A/S-19/29 v. 27.6.1997, Annex (Programme for the Further Implementation of Agenda 21), Ziff. 79.

[627] *BMU/BMZ*, Ergebnisse der VN-Sondergeneralversammlung, 18.

[628] Die CSD hat ein bis ins Jahr 2002 reichendes Arbeitsprogramm aufgestellt. Das Thema Land- und Forstwirtschaft wurde auf der 8. CSD-Sitzung im Mai 2000 nach Vorlage des Arbeitsberichts des IFF behandelt. Vgl. das „Multiyear programme of work 1998-2002" der CSD im Internet unter <http://www.un.org/esa/sustdev/csd9802.htm> sowie im Anhang von UN-Doc. A/S-19/29 v. 27.6.1997, Annex (Programme for the Further Implementation of Agenda 21).

ma, biologische Vielfalt und Wüstenbildung) unabdingbar, um das Ziel einer nachhaltigen Entwicklung global zu erreichen[629].

2. Diskussion um eine internationale Waldkonvention

Einer der Hauptverhandlungspunkte zum Thema Wald war die Frage nach der Einsetzung eines zwischenstaatlichen Verhandlungskomitees zur Erarbeitung einer Waldkonvention, über die man sich weder auf der Abschlußsitzung des IPF im Februar 1997 noch auf der 5. Sitzung der CSD im April 1997 einigen konnte. Die Teilnehmer des New Yorker Umweltgipfels haben diesbezüglich aber auch keine endgültige Entscheidung getroffen.

Das Ziel Deutschlands[630] und der EU[631], ein Mandat zur Eröffnung von Regierungsverhandlungen über eine internationale Waldkonvention zu erreichen, wurde zwar von Kanada, Rußland, Malaysia und Indonesien sowie Costa Rica unterstützt, konnte sich aber angesichts der ablehnenden Haltung einer Reihe anderer Staaten nicht durchsetzen. Neben einigen Entwicklungsländern, die durch eine Waldkonvention neue Grenzen für ihr wirtschaftliches Wachstum befürchteten, lehnten insbesondere die USA eine Waldkonvention ab. Ein Blick auf die dortigen

---

[629] *BMU/BMZ*, Ergebnisse der VN-Sondergeneralversammlung, 18.

[630] Die Bundesregierung erhoffte sich Unterstützung für eine Waldkonvention von einer Initiative, welche sie zusammen mit den Staats- und Regierungschefs Brasiliens, Singapurs und Südafrikas vorstellte (UN-Doc. A/S-19/23 v. 24.6.1997: Global Initiative on Sustainable Development, Abs. 5; Abdruck auch in: VN 1997, 143). Die „Globale Initiative für nachhaltige Entwicklung" hatte jedoch hauptsächlich symbolischen Wert, allein schon wegen der Partnerschaft über vier Kontinente hinweg. Inhaltlich blieb sie für den Verlauf der Versammlung weitgehend bedeutungslos. Auch die im Mittelpunkt der Erklärung stehende Forderung nach einer institutionellen Stärkung der Vereinten Nationen im Umweltbereich mit dem mittelfristigen Ziel der Gründung einer neuen globalen UN-Dachorganisation für Umweltfragen stieß nur auf geringe Resonanz (vgl. dazu *BMU/BMZ*, Ergebnisse der VN-Sondergeneralversammlung, 3 f.).

[631] Vgl. den Vorschlag für ein rechtlich verbindliches Instrument zum Waldschutz: KOM (96) 569 endg. v. 12.11.1996: Eine gemeinsame Plattform: Leitlinien für die Vorbereitung der Europäischen Union auf die Sondersitzung der Generalversammlung der Vereinten Nationen im Juni 1997 in New York zur Überprüfung der Agenda 21 und der damit verbundenen Ergebnisse der Konferenz der Vereinten Nationen über Umwelt und Entwicklung, die im Juni 1992 in Rio de Janeiro stattgefunden hat, Abs. III Nr. 17.

Eigentums- und Verfügungsrechte über den Wald und seine Rohstoffe zeigt, daß die negative Haltung gegenüber einer Waldkonvention wohl in erster Linie auf den Druck der privaten amerikanischen Forstwirtschaft zurückzuführen ist[632]. Auch Brasilien, Indien, China, Japan, Australien und Neuseeland konnten von der Notwendigkeit einer Waldkonvention nicht überzeugt werden[633].

Die Diskussion um eine Waldkonvention verlief auf dem Rio + 5-Gipfel in anderen Fronten als noch auf dem Rio-Umweltgipfel. Wehrten sich 1992 v.a. die Entwicklungsländer noch vehement gegen eine Waldkonvention, bestand die strikte Nord-Süd-Teilung fünf Jahre später nicht mehr. Befürworter und Gegner einer Waldkonvention gab es nunmehr in beiden Regionen. Auch die Mehrzahl der NGOs sprach sich gegen eine Konvention aus, um einen politischen Konsens auf dem kleinsten gemeinsamen Nenner für den globalen Waldschutz zu vermeiden[634]. Die Vorbehalte gegen eine rechtsverbindliche Waldkonvention resultierten vor allem auch aus den negativen Erfahrungen mit der UN-Wüstenkonvention.

3. Gründung des Intergovernmental Forum on Forests (IFF)

Nach intensiven Verhandlungen gelang es schließlich, sich auf einen Fortgang des internationalen forstpolitischen Dialogs, der bislang im Rahmen des IPF stattfand, in zwei Schritten zu einigen[635]. Zunächst wurde als Nachfolgeorganisation des IPF die Einrichtung eines zeitlich begrenzten *Intergovernmental Forum on Forests* (IFF) unter der

---

[632] Befinden sich in Kanada fast 95 % des Waldes in staatlichem Eigentum, liegt der Prozentsatz in den USA nur bei etwa 45 %. Annähernd ¾ der produktiven und für die Holzproduktion vorgesehenen Waldfläche werden von fast 10 Mio. Eigentümern (Einzelpersonen oder Unternehmen) bewirtschaftet (vgl. *FAO*, SOFO 1997, 158). Vgl. zur Sicht der amerikanischen Forstindustrie *McMahon*, International expectations for sustainable forestry, New Forests 1999, 329, 332 ff.

[633] *IISD*, Earth Negotiations Bulletin, Vol. 5 Nr. 88, 30.6.1997, 5 f.

[634] *Schneider*, Der internationale forstpolitische Dialog 5 Jahre nach Rio, AFZ/Der Wald 6/1998, 314.

[635] Zu den waldbezogenen Ergebnissen von UNGASS siehe: UN-Doc. A/S-19/29 v. 27.6.1997, Annex (Programme for the Further Implementation of Agenda 21), Ziff. 37 ff.

Schirmherrschaft der CSD beschlossen[636]. Angesichts der unbefriedigenden Ergebnisse von UNGASS stellte es eine der Hauptaufgaben des IFF dar, die Aufmerksamkeit der Mitgliedsländer auf die Zusammenhänge zwischen Waldschutz und nachhaltiger Entwicklung zu lenken und sie für die Dringlichkeit notwendiger Entscheidungen im Wald- und Forstbereich zu sensibilisieren[637].

Das auf der ersten IFF-Tagung festgelegte Arbeitsprogramm bis zum Jahre 2000 enthielt drei Schwerpunkte[638]: Das Forum sollte die Umsetzung der Aktionsvorschläge des IPF fördern und Fortschritte bei der Bewirtschaftung, Erhaltung und nachhaltigen Entwicklung aller Waldtypen überprüfen und überwachen (Kategorie I). Außerdem waren vom IFF die seitens des IPF noch offengelassenen Fragen zu Handel und Umwelt im Hinblick auf Waldprodukte, Technologietransfer sowie zur Einrichtung eines internationalen Waldfonds zu klären (Kategorie II). Das IFF sollte ferner bestehende internationale und regionale Vereinbarungen auf Waldschutzelemente hin überprüfen und selbst mögliche Elemente einer internationalen Waldschutzvereinbarung vorlegen (Kategorie III)[639]. Den Problemkreisen I und II ist zunächst Vorrang gegenüber dem Thema „Internationale Vereinbarungen" eingeräumt worden, was besonders auf die nach wie vor ablehnende Haltung der USA und Brasiliens gegenüber einer rechtlich verbindlichen Waldkonvention zurückzuführen ist[640].

---

[636] UN-Doc. A/S-19/29 v. 27.6.1997, Annex (Programme for the Further Implementation of Agenda 21), Ziff. 40. Siehe dazu die ECOSOC-Resolution 1997/65 v. 25.7.1997: Establishment of an ad hoc open-ended Intergovernmental Forum on Forests. Einzelheiten zum IFF im Internet unter <http://www.un.org/esa/sustdev/iff.htm>.

[637] *Schneider*, Der internationale forstpolitische Dialog 5 Jahre nach Rio, AFZ/Der Wald 6/1998, 314.

[638] Siehe den Bericht über die 1. IFF-Tagung (Okt. 1997, New York) in: UN-Doc. E/CN.17/IFF/1997/4 v. 10.10.1997; vgl. dazu *Jahnke*, Intergovernmental Forum on Forests, Environmental Policy and Law 1997, 460 ff.

[639] UN-Doc. E/CN.17/IFF/1997/4 v. 10.10.1997, Ziff. 7. Siehe zum Arbeitsprogramm des IFF auch: *FAO*, SOFO 1999, 82.

[640] *Schneider*, Der internationale forstpolitische Dialog 5 Jahre nach Rio, AFZ/Der Wald 6/1998, 314, 315.

a) Die Costa Rica-Kanada Initiative (CRCI)

Ein erster Schritt hin zu einer globalen Waldkonvention ist von den Regierungen Costa Ricas und Kanadas durch ihre auf der zweiten IFF-Sitzung[641] ins Leben gerufene Initiative (CRCI) unternommen worden; CRCI hat sich im Laufe des Jahres 1999 mit möglichen internationalen Übereinkommen und Mechanismen zum Schutz und zur nachhaltigen Entwicklung aller Waldarten auseinandergesetzt[642]. Ein erstes globales Treffen fand im Februar 1999 in Costa Rica statt; bis zum Abschlußtreffen im Dezember 1999 in Ottawa folgten insgesamt acht regionale Treffen in Malaysia, Simbabwe, Equador, Kamerun, Spanien, Argentinien, Mexiko und in der Türkei[643].

Die CRCI hat drei Optionen für die zukünftige Gestaltung der internationalen Waldschutzpolitik untersucht: Zum einen die konsequente Umsetzung und Ausweitung bereits existierender rechtlich-

---

[641] Vgl. UN-Doc. E/CN.17/IFF/1998/14 v. 7.12.1998: Report of the IFF on its second session. Vgl. zum Vorbereitungstreffen in Baden-Baden die Zusammenfassung in: *IISD*, Sustainable Developments, Vol. 17 Nr. 1, 6.7.1998: Zur Umsetzung der Aktionsvorschläge des IPF hat sich eine 6-Länder-Initiative gebildet, bestehend aus Experten aus Deutschland, Finnland, Honduras, Indonesien, Uganda und Großbritannien.

Während der zweiten Sitzung des IFF sind u.a. bestehende internationale und regionale Vereinbarungen (vgl. UN-Doc. E/CN.17/IFF/1998/11 v. 19.6.1998: Forest-related work under existing instruments) sowie internationale Organisationen auf waldbezogene Aspekte und Maßnahmen hin untersucht worden (UN-Doc. E/CN.17/IFF/1998/5 v. 19.6.1998: Forest-related work of international and regional organizations). Siehe zusammenfassend auch UN-Doc. E/CN.17/IFF/1998/9 v. 19.6.1998: International arrangements and mechanisms to promote the management, conservation and sustainable development of all types of forests.

[642] Vgl. zu weiteren Initiativen, die in Anlehnung an das Arbeitsprogramm des IFF entstanden sind: *IISD*, Earth Negotiations Bulletin, Vol. 13 Nr. 55, 17.5.1999, 2. Zu erwähnen ist insbesondere ein erstmaliges Treffen von Vertretern aus Ländern mit geringem Waldbestand (Low Forest Cover Countries, LFCCs) im Oktober 1999 in Teheran; die Teilnehmer einigten sich auf ein Paket mit lang- und kurzfristigen Zielen zum Waldschutz unter besonderer Berücksichtigung der Belange der LFCCs; gleichzeitig wurde mit diesem ersten Treffen der sog. „Teheran-Prozeß“ eingeleitet.

[643] Vgl. den Abschlußbericht im Internet unter <http://www.nrcan.gc.ca/cfs/crc/>.

verbindlicher Konventionen[644], des weiteren die Verhandlung eines neuen rechtlich-verbindlichen Vertrages und drittens den Einsatz rechtlich unverbindliche Instrumente[645]. Die Mehrzahl der Teilnehmer der Costa Rica-Kanada Initiative kam zu dem Schluß, daß Waldbelange in bisherigen Instrumenten keine ausreichende und adäquate Behandlung finden und ein rechtlich verbindliches Instrument das größte Potential besitze, insbesondere den Druck für die Bereitstellung finanzieller Mittel für Waldschutzmaßnahmen auf nationaler und internationaler Ebene zu erhöhen[646]. Die Vorschläge der CRCI lagen dem IFF auf seiner vierten und letzten Sitzung im Februar 2000[647] vor.

b) Abschlußbericht des IFF und Einsetzung des United Nations Forum on Forests (UNFF)

Auf der dritten IFF-Sitzung im Mai 1999 in Genf[648] wurde beschlossen, unter Berücksichtigung der bisherigen IPF- und IFF-Vorschläge mögliche Elemente zu erarbeiten, die als Ausgangsbasis für zukünftige internationale „arrangements and mechanisms" dienen sollen. Aus der Wortwahl wird schon ersichtlich, daß man sich diesbezüglich noch nicht auf eine verbindliche Waldkonvention festlegen wollte. So wurden auf der vierten IFF-Sitzung als mögliche Alternativen zu einem rechtlich verbindlichen Instrument auch die Einrichtung eines Koordinierungsmechanismus für bestehende Waldschutzinstrumente, die Fort-

---

644 Diskutiert wurden in diesem Zusammenhang u.a. die Ramsar Konvention, die UNESCO-Welterbekonvention, die Biodiversitätskonvention, die Central American Forest Convention sowie GATT, CITES, ITTA, aber auch die Klimarahmenkonvention einschließlich des Kyoto-Protokolls sowie die Wüstenkonvention. Als mögliche Instrumente sind rechtlich verbindliche Protokolle, regionale Anhänge und Ergänzungen zu diesen Verträgen, aber auch unverbindliche Arbeitsprogamme und Richtlinien überprüft worden.

645 In Betracht gezogen wurden die Waldprinzipien und die Agenda 21 der Rio-Konferenz, aber auch das UNESCO-MAB-Programm sowie die Yaoundé-Deklaration der Zentralafrikanischen Staaten.

646 *CRCI*, Final Report, No. 46 (<http://www.nrcan.gc.ca/cfs/crc/>). Vgl. auch die Zusammenfassung der regionalen Treffen der CRCI in: *IISD*, Sustainable Developments, Vol. 35 Nr. 1, 13.12.1999.

647 Vgl. zusammenfassend zu Verlauf und Ergebnissen der Konferenz in New York: *IISD*, Earth Negotiations Bulletin, Vol. 13 Nr. 66, 14.2.2000.

648 *IISD*, Earth Negotiations Bulletin, Vol. 13 Nr. 55, 17.5.1999.

führung des zwischenstaatlichen Forstdialogs mittel eines „Intergovernmental Forum for Policy Deliberations“ sowie die Einrichtung eines „Programme for Forest Policy Implementation“ diskutiert[649]. Die Elemente und Funktionen eines zukünftigen, wie auch immer gearteten Waldschutzinstruments sind zu 16 Punkten zusammengefaßt worden[650], die sämtlich auch schon in der Walderklärung von Rio, in Kapitel 11 der Agenda 21 sowie in den Arbeitsprogrammen von IPF und IFF enthalten sind[651].

Die Auffassungen der IFF-Teilnehmer zu dem umstrittenen Komplex der Kategorie III (international arrangements and mechanisms) gingen auch auf der letzten Sitzung weit auseinander; eine klare Trennung zwischen den Positionen der Industrie- und Entwicklungsländer konnte wie bereits im IPF-Prozeß nicht mehr festgestellt werden. Im Gegensatz zu den IPF-Verhandlungen ist aber die Anzahl derjenigen Staaten, die noch zu den uneingeschränkten Befürwortern einer internationalen Waldkonvention zählen, gesunken. Selbst einige der in die CRCI involvierten Länder haben Vorschläge angebracht, die nicht mehr unbedingt ein rechtsverbindliches Waldschutzübereinkommen zum Ziel haben[652].

Nach wie vor unterstützt wird das Ziel einer rechtsverbindlichen Konvention aber von den EU-Staaten sowie seitens der osteuropäischen Länder. Rußland und Kanada haben ebenfalls die Notwendigkeit einer Waldkonvention betont. Ebenso fordert Malaysia als bedeutsames Tropenwaldland eine Waldkonvention, die Schwerpunkte sollen u.a. im Technologietransfer und in der Bereitstellung finanzieller Ressourcen liegen. Auch einige afrikanische Staten, wie etwa Gabun, Simbabwe und Nigeria befürworten ein rechtlich verbindliches Instrument[653].

Eine ablehnende Haltung gegenüber einer rechtlich verbindlichen Konvention nehmen dagegen nach wie vor die meisten Entwicklungsländer

---

649 Vgl. UN-Doc. E/CN17/IFF/2000/4 (International arrangements and mechanisms to promote the management, conservation and sustainable development of all types of forests).

650 UN-Doc. E/CN.17/IFF/2000/3 (Elements and functions for a future international arrangement and mechanism), Annex I.

651 Synoptische Übersicht in: UN-Doc. E/CN.17/IFF/2000/3 (Elements and functions for a future international arrangement and mechanism), Annex II.

652 *IISD*, Earth Negotiations Bulletin, Vol. 13 Nr. 55, 17.5.1999, 12.

653 Vgl. zu diesen und zu den nachfolgenden Positionen: *IISD*, Earth Negotiations Bulletin, Vol. 13 Nr. 58, 2.2.2000; Vol. 13 Nr. 66, 7.2.2000 sowie Vol. 13 Nr. 66, 14.2.2000.

der G-77-Gruppe ein, deren Auffasssung vor allem von Ländern wie Brasilien, Indien, Kolumbien und einigen wichtigen afrikanischen Tropenwaldstaaten mit dem Argument unterstützt wird, daß noch bei zu vielen Vertragselementen Uneinigkeit herrsche. Die südpazifischen Inselstaaten befürworten die Anwendung bereits bestehender Instrumente, China schlägt die unverbindliche Waldgrundsatzerklärung als zukünftige Verhandlungsgrundlage vor. Die USA bevorzugen die Einrichtung eines rechtlich unverbindlichen internationalen Instrumentariums im Rahmen der CSD.

Das IFF konnte sich letztendlich trotz divergierender Ansichten nach langer Dikussion auf einen Konsens hinsichtlich der Fortführung globaler Waldschutzpolitiken einigen. In ihrem Abschlußbericht an die CSD[654] ist der Beschluß enthalten, ein dauerhaftes Gremium zur internationalen Koordinierung waldbezogener Aktivitäten innerhalb der Vereinten Nationen einzurichten, das „United Nations Forum on Forests", kurz UNFF. Auf der Grundlage des IFF-Abschlußberichts hat die CSD auf ihrer achten Sitzung im Mai 2000 über diesen Bericht und die darin enthaltenen Empfehlungen entschieden[655]. Die vom IFF vorgeschlagene Einrichtung des UNFF stieß auf breite Zustimmung der Delegierten, sowohl auf Seiten der Industrie- als auch der Entwicklungsländer[656].

Die institutionelle Verankerung des UNFF erfolgte ausgehend von einer Entscheidung des Entwicklungs- und Sozialrats der Vereinten Nationen im Rahmen des ECOSOC; nach der Gründung der CSD im Jahre 1992 ist das UNFF somit das zweite Nebenorgan („subsidiary body") des ECOSOC[657]. Das Sekretariat des UNFF wird in New York angesiedelt werden. Die Mitgliedschaft im UNFF steht allen Staaten offen; angestrebt ist insbesondere eine intensive Beteiligung aller gesellschaftlichen Gruppen. Das Forum hat sich erstmals im Juni 2001 und

---

[654] UN-Doc. E/CN.17/2000/14 v. 20.3.2000: Report of the Intergovernmental Forum on Forests on its fourth session.

[655] Zusammenfassung in: *IISD*, Earth Negotiations Bulletin, Vol. 5 Nr. 157, 8.5.2000.

[656] UN-Doc. E/2000/29, E/CN.17/2000/20, Juli 2000: Commission on Sustainable Developmemt: Report on its eighth session, Decision 8/2; zur Haltung der einzelnen Staaten(gruppen) vgl. UN Press Relase ENV/DEV/547 v. 8.5.2000.

[657] Vgl. zur Einsetzung des UNFF: *IISD*, Earth Negotiations Bulletin, Vol.13 Nr. 83, 25.6.2001 sowie das UN-Doc. E/2000/L.32.

getroffen. Das UNFF hat im wesentlichen folgende Aufgaben und Funktionen zu erfüllen:

Die praktische Umsetzung der aus den Rio-Beschlüssen zu Wäldern erarbeiteten Handlungsvorschläge (A), die Weiterentwicklung der internationalen Forstpolitik (B), die Koordinierung von Programmen internationaler forstrelevaner Organisationen und Insitutionen (C), die Förderung der Nord-Süd-Zusammenarbeit und der Zusammenarbeit des privaten und des öffentlichen Sektors im Forstbereich (D), Bestandsaufnahmen zur globalen Waldentwicklung (E) sowie die Stärkung der politischen Verpflichtungen zur nachhaltigen Entwicklung der Wälder weltweit (F)[658]. Außerdem sollen vom UNFF innerhalb von 5 Jahren Empfehlungen bzgl. eines Verhandlungsmandats für ein Rechtsinstrument zum Schutz aller Wälder ausgesprochen werden[659]:

> „ECOSOC and GA would, ... (within five years and on the basis of an assessment) consider with a view to recommending the parameters of a mandate for developing a legal framework on all types of forests".

Die gewählte Fomulierung ist sowohl von den Befürwortern als auch von den Gegnern einer Waldkonvention als Sieg aufgefaßt worden; offen geblieben ist aber dennoch, ob zukünftig eine rechtlich verbindliche Konvention zum Schutz aller Wälder verhandelt werden soll oder nicht. ECOSOC und die UN-Generalversammlung sind jetzt aufgerufen, Maßnahmen in Hinblick auf eine internationale Vereinbarung zum Schutz der Wälder zu ergreifen. Die mögliche Ausarbeitung einer rechtlich verbindlichen Waldkonvention wird erst auf der 5. UNFF-Sitzung im Jahr 2005 thematisiert werden.

Als bisherige Ergebnisse des UNFF-Prozesses sind die geplante Entwicklung eines „Plan of Action" zur Umsetzung der IPF/IFF-Vorschläge sowie die Ausarbeitung eines „Multi-Year Programme of Work" festzuhalten – wobei allerdings das Verhältnis zwischen diesen beidenPlänen unklar ist. Des weiteren sind kooperierende, internationale und regionale Organisationen und Institutionen im Rahmen einer

---

658 Eine 8-Länder Initiative, bestehend aus Vertretern Australiens, Brasiliens, Kanadas, Frankreichs, Deutschlands, Malysias, Nigerias und des Iran, hat ein umfassendes Arbeitsprogramm für das UNFF entworfen, vgl. hierzu den zusammenfassenden Bericht in: *IISD*, Sustainable Developments, Vol. 43 Nr. 1, 4.12.2000.

659 UN-Doc. E/CN.17/2000/14 v. 20.3.2000: Report of the Intergovernmental Forum on Forests on its fourth session, Appendix, Ziff. III c).

„Collaborative Partnership on Forests" (CPF) eingeladen, dem UNFF-Prozeß beizuwohnen. Mitglieder der CPF sind u.a. die FAO, ITTO, UNDP, UNEP, Weltbank, GEF, CIFOR, UNESCO. Tiefgreifende Meinungsunterschiede zwischen Industrie- und Entwicklungsländern bezüglich Finanzierungsfragen und zukünftigen Arbeitsschwerpunkten lassen jedoch zukünftig schwierige Prozeßabläufe innerhalb der neuen Institution UNFF erwarten.

IX. Weitere Aktivitäten zum internationalen Waldschutz

1. Waldaktionsprogramm des G 8-Gipfels

Beeinflußt von der Umweltkonferenz in New York schlugen auch die Regierungschefs der G 8-Staaten, die zusammen über fast 40 % der weltweiten Waldfläche verfügen, auf ihrem Gipfeltreffen in Denver 1997 ein Aktionsprogramm zum Schutz der Wälder vor, das auf dem darauffolgenden Gipfel in Birmingham im Mai 1998 verabschiedet wurde. Das Aktionsprogramm enthält folgende 5 Programmbereiche: Bestandsaufnahme und weltweites Monitoring der Wälder, Förderung nationaler Forstprogramme, Ausweitung der Schutzflächen auf bislang unterrepräsentierte Waldtypen, Stärkung des privaten Sektors zur Förderung nachhaltiger Forstmanagementpratiken und schließlich die Eindämmung des illegalen internationalen Holzhandels[660]. Auf dem G 8-Treffen in Japan im Jahre 2000 haben die teilnehmenden Staaten über die jeweilige nationale Implementierung des Aktionsprogramms Bericht erstattet[661]. Trotz der festgestellten Fortschritte in den genannten Programmbereichen besteht weiterhin Übereinstimmung dahingehend, daß weitere Anstrengungen zur Erreichungung des Ziels einer nachhaltigen Forstbewirtschaftung erforderlich sind.

2. Elfter Weltforstkongreß in Antalya

Der 11. Weltforstkongreß unter dem Motto „Forestry for sustainable development; towards the twenty-first century" fand im Oktober 1997 in Antalya/Türkei statt. Diese alle sechs Jahre mit Unterstützung der

---

660 *FAO*, SOFO 1999, 88.

661 Vgl. dazu den „Report on the Implementation of the G8 Action Programme on Forests" im Internet unter <www.g8kyushu-okinawa.go.jp/e/documents>.

FAO stattfindende Veranstaltung stellte mit über 4400 Teilnehmern aus 149 Ländern das bis dato größte globale „Waldtreffen" dar[662]. Die auf der Konferenz verabschiedete Antalya-Deklaration fordert ein stärkeres öffentliches Bewußtsein für die Rolle der Wälder in der Gesellschaft und die damit einhergehenden Probleme. Des weiteren unterstützt die Deklaration die Implementierung der IPF-Vorschläge zur Fortführung des internationalen forstpolitischen Dialogs, betont wird aber auch die Notwendigkeit nationaler Aktiviäten zum Waldschutz, wie etwa die Einführung nationaler Forstprogramme oder die Aufstellung nationaler Pläne zur Bekämpfung der Desertifikation. Auch sollen Waldinventuren auf nationaler Ebene sowie entsprechende Monitoring-Systeme verstärkt entwickelt werden. Nicht zuletzt werden die einzelnen Staaten sowie die internationale Staatengemeinschaft zur Bereitstellung finanzieller Ressourcen und zur Förderung eines umweltfreundlichen Technologietransfers aufgefordert[663].

X. Zukünftige Verhandlungen über ein rechtsverbindliches Instrument zum Schutz der Wälder

1. Stand der Diskussion

Die Positionen der Staaten und Staatengemeinschaften sowie der NGOs und des privaten Forstsektors zu einer angemessenen Waldschutzkonzeption unterschieden sich zum Teil erheblich voneinander und sind mitunter nicht immer eindeutig zu ermitteln, zumal sich die Ansichten und Stellungnahmen über das „ob" und „wie" eines völkerrechtlich bindenden Instrumentariums zum Schutz der Wälder im Laufe der letzten Jahre in einigen Ländern grundlegend geändert haben. Scheiterten die Verhandlungen über ein verbindliches Waldschutzdokument 1992 unter anderem am Widerstand vieler Entwicklungsländer, die für ihre Wälder und deren Ressourcen nationalstaatliche Souveränität beanspruchten, unterschieden sich fünf Jahre später die Diskussionen über die Notwendigkeit, ein zwischenstaatliches Verhandlungskomitee für eine Waldkonvention einzurichten, deutlich von den Rio-Verhandlungen. In New York standen sich Befürworter und Gegner einer Waldkonvention aus den unterschiedlichen (Wald-) Regionen der Erde gegenüber; die diesbezüglich bislang vorherrschende Nord-Süd-

---

662 Vgl. zu den Ergebnissen des 11. Forstkongresses <http://www.fao.org>. Der 12. Weltforstkongreß wird 2003 in Quebec/Kanada staffinden.

663 Vgl. zusammenfassend: *FAO*, SOFO 1999, 89.

Teilung war weitgehend aufgehoben. Diese Tendenz wurde auch deutlich auf der dritten Sitzung des IFF[664].

Der wesentliche Grund für das bisherige Scheitern der Verhandlungen über eine Waldkonvention auf den beiden UN-Umweltkonferenzen in Rio und New York ist darin zu sehen, daß innerhalb der internationalen Staatengemeinschaft bislang kein Konsens über einen Verhandlungsgegenstand gefunden werden konnte und die Einordnung des Waldes als „common concern/heritage of mankind" noch erhebliche Schwierigkeiten bereitet. Ohne die Einigung über den völkerrechtlichen Status der Wälder fehlt aber eine Grundlage, Verhandlungen über ein internationales Waldschutzinstrument zu führen[665].

Die Schwierigkeiten rühren daher, daß Wälder von vielen (Entwicklungs-) Staaten als privates bzw. nationales Gut angesehen werden, das nur der Souveränität der Staaten und damit der Zuständigkeit nationaler Gesetzgebung unterliegt[666]. Im Unterschied etwa zum Tiefseeboden, der als gemeinsames Erbe der Menschheit eingestuft worden ist, befinden sich Wälder nicht in staatsfreien Räumen. Das Konzept des gemeinsamen Erbes der Menschheit bezieht sich aber von seinem Ansatz her auf auszubeutende Ressourcen innerhalb eines bestimmten, keiner staalichen Souveränität unterstehenden Raumes[667]. Zudem differiert die Verteilung der Waldbestände aufgrund klimatischer Bedingungen, aber auch wegen der unterschiedlichen wirtschaftlichen Entwicklung der Kontinente und des Bevölkerungswachstums in Industrie- und Entwicklungsstaaten. Einige Staaten fühlen sich angesichts ihrer nur noch geringen Waldvorkommen allenfalls sekundär durch die Folgen der Waldzerstörung betroffen. Auf der anderen Seite existieren aber die bereits erwähnten vielfältigen globalen Funktionen der Wälder.

In Spannungsverhältnis zwischen territorialen Souveränitätsrechten über die Umwelt und globalen Umweltschutzerfordernissen stellt sich die Frage, inwieweit die Zerstörung der Wälder mit Folgen auf globaler Ebene den Souveränitätsrechten der Staaten Schranken setzen kann und ob ein Konsens zwischen Industrie- und Entwicklungsländern über die Einstufung der Wälder zumindest als „global common of mankind" in

---

[664] Siehe oben, S. 296 ff.

[665] Vgl. zu diesem Problem *Honerla*, Abschlußbericht, 42; *Odendahl*, Die Umweltpflichtigkeit der Souveränität, 265 ff.

[666] Vgl. hierzu ausführlich *Tarlock*, Exclusive Sovereignty Versus Sustainable Development, Texas Int. Law Journal 1997, 37, 43 ff.

[667] *Odendahl*, Die Umweltpflichtigkeit der Souveränität, 320.

Anlehnung an die Artenvielfalt und das Klima möglich ist[668]. Die Lösung dieser Problematik würde maßgeblich zum Erfolg eines zukünftigen Waldschutzinstruments beitragen.

Da die Bemühungen der internationalen Staatengemeinschaft hinsichtlich einer globalen Waldschutzregelung bislang aber nicht zu einem Erfolg geführt haben, wird sich die weitere Diskussion auch zukünftig auf die Entscheidung über die Ausarbeitung einer rechtlich verbindlichen Konvention oder eines anderen internationalen Abkommens über Wälder konzentrieren. Abzuwarten bleibt jetzt konkret, inwieweit das neu eingerichtete UNFF seinem Verhandlungsmandat zur Erarbeitung eines Rechtsinstruments zum Schutz der Wälder innerhalb der nächsten 5 Jahre gerecht werden wird. Eine weitere noch offene Frage ist die nach einer Erneuerung internationaler forstlicher Institutionen und der Partizipation betroffener Bevölkerungsgruppen an forstpolitischen Entscheidungen. Hierzu sei noch einmal auf die von der WCFSD in ihrem Abschlußbericht vorgeschlagenen institutionellen Neuerungen hingewiesen[669]. Diesbezüglich ist aber anzumerken, daß zwar neue Ideen und Institutionen zum internationalen Waldschutz dringend erforderlich sind, daß aber zu viele Organisationen auch die Gefahr in sich bergen, zu unabgestimmten und nicht harmonisierten Waldschutzprozessen beizutragen.

Die bisherigen Ausführungen in diesem Teil haben gezeigt, daß in den 90er Jahren weltweit etliche Vereinbarungen zwischen Staaten oder NGOs getroffen worden sind, welche die Bemühungen um die Einführung und Ausweitung der nachhaltigen Forstbewirtschaftung sowohl auf der nationalen als auch auf der Forstbetriebsebene entscheidend vorangetrieben haben. Fortschritte auf diesen Ebenen können langfristig jedoch nur durch eine internationale Regelung der globalen Dimensionen der Walderhaltung erlangt werden[670].

Damit stellt sich in der Diskussion um das „ob“ und „wie“ einer Waldschutzregelung die Frage nach dem angemessenen rechtlichen Rahmen, innerhalb dessen ein globales Waldschutzkonzept integriert werden könnte. Unabhängig davon, auf welche Weise sich der zukünftige internationale Waldschutzprozeß gestalten wird, verlangt ein erfolgversprechender Ansatz die Bewältigung folgender Aufgaben: Zum einen ist die

---

668 Vgl. hierzu auch *Dolzer*, The Gobal Environmental Facility, in: Alfredsson/Macalister-Smith (Hrsg.), The Living Law of Nations, 331, 337 f.

669 Vgl. oben, S. 234 f.

670 So auch *FAO*, SOFO 1999, 93.

Weiterentwicklung von Kriterien und Indikatoren für eine nachhaltige Waldbewirtschaftung erforderlich, notwendig ist auch die Förderung nationaler Forstprogramme mit partizipativen Elementen; des weiteren sind berechtigte Interessen der Landwirtschaft und des Handels zu berücksichtigen und in Einklang mit forstspezifischen Politiken zu bringen. Gleiches gilt für die Rechte indigender Völker und anderer nationaler Minderheiten. Schließlich sind kontraproduktive Prozesse zwischen internationalen Instrumenten und Institutionen sowie nationalen und lokalen Bedürfnissen zu vermeiden[671]. Die FAO sieht ihre Mission im Waldbereich für die nächsten Jahre wie folgt: „To enhance human well-being through support to member countries in the sustainable mangagement of the world's trees and forests“[672].

2. Rückgriff auf „soft-law“- Instrumente oder Zertifizierungsinitiativen?

Der in der letzten Dekade zu verzeichnende bevorzugte Rückgriff auf sog. „soft-law“-Instrumente des Völkerrechts führt zunächst zu der Überlegung, ob diese nicht bei entsprechender Ausweitung oder Anpassung ausreichende Instrumente zum globalen Waldschutz darstellen.

Die Walderklärung der Rio-Konferenz beschäftigt sich ausschließlich mit waldspezifischen Aspekten und könnte insofern als Basis für ein internationales Waldinstrument dienen. Daß sich diese Erklärung nicht ausnahmslos mit globalen Waldaspekten auseinandersetzt, sondern ebenso auch nationale und lokale Betreffe berücksichtigt, spricht

---

[671] *FAO*, SOFO 1999, 94.

[672] Diese Mission ergibt sich aus der (noch vorläufigen) zweiten Version des FAO „Strategic Plan for Forestry“ von 1999. Der Plan sieht für die Arbeit der FAO im Forstsektor bis zum Jahr 2015 folgende drei Ziele vor: Zum einen will die FAO den Beitrag der Wälder zur nachhaltigen Landnutzung, zur Ernährungssicherung, zur wirtschaftlichen und sozialen Entwicklung ebenso fördern wie den Wert der Wälder als kulturelles Erbe; des weiteren zielt die Arbeit der FAO auf die Erhaltung und nachhaltige Nutzung von Wäldern und ihrer genetischen Ressourcen ab. Als drittes Ziel ist der verbesserte weltweite Zugriff auf forstspezifische Informationen geplant. Zur Erreichung dieser Ziele sind vier „priority clusters“ vorgesehen: 1. Globale Waldstatistik und -information, 2. Technologien und Methodologien zur Erhaltung und Nutzung von Bäumen und Wäldern, 3. Stärkung vorhandener nationaler Institutionen, 4. Unterstützung internationaler Prozesse; siehe <http://www.fao.org/forestry/fo/ strategy/vision-e.stm>.

grundsätzlich nicht gegen einen Rückgriff auf die Walderklärung[673]. Nicht zu vergessen ist aber hinsichtlich des sich in der Walderklärung widerspiegelnden Konsens der internationalen Staatengemeinschaft, daß diese Einigung nur zustande gekommen ist, weil die Erklärung ausdrücklich zu einem „non-legally-binding"-Instrument erklärt wurde. Die Walderklärung ist daher hilfreich als Grundlage für zukünftige Waldschutzregelungen, vermag diese aber angesichts ihres Rechtsstatus' und mangels konkreter Durchsetzungsmechanismen nicht zu ersetzen. Gleiches gilt auch für die rechtlich unverbindlichen „Proposals for Action" des IPF[674].

Es bleibt zu überlegen, ob nicht die in letzter Zeit erheblich an Bedeutung gewonnenen Zertifizierungsinitiativen für die nachhaltige Forstbewirtschaftung eine Alternative zu einer globalen Regulierung internationaler Waldschutzbelange darstellen könnten oder andersherum, welches Ausmaß eine rechtliche Regelung aufweisen müßte, um die Effektivität dieser Maßnahmen zu gewährleisten. Der Schwerpunkt der auf unterschiedlichen Kriterien und Indikatoren für eine nachhaltige Waldbewirtschaftung basierenden Zertifizierungsprogramme liegt in der Umsetzung des Nachhaltigkeitsprinzips auf der Forstbetriebsebene mit ausgeprägtem lokalem oder nationalem Bezug. Die weitere Ausweitung dieser Programme ist zwar unter Erhaltungs- und Schutzgesichtspunkten zu befürworten, sie birgt aber auch die Gefahr der Konfusion und Inkompatibilität der verschiedenen Ansätze in sich. Daher benötigen auch die auf privater Ebene entwickelten, teilweise noch unerprobten Initiativen einen übergreifenden Rahmen, der auf eine Harmonisierung und gegenseitige Anerkennung dieser Programme hinwirkt.

Festzuhalten ist, daß die bislang existierenden Maßnahmen nur unzureichend die globale Bedeutung und vielfältigen Funktionen der Wälder als Kohlenstoffspeicher, zum Schutz der biologischen Vielfalt, zur Erhaltung des Wasserkreislaufs, zur Aufrechterhaltung des Naturerbes und des forstspezifischen Wissens der lokalen Bevölkerung berücksichtigen. Es bietet sich daher zur Lösung der Waldproblematik auf internationaler Ebene die „klassische" völkerrechtliche multilaterale Konvention oder auch ein waldspezifisches Protokoll zu einer (bestehenden) Umweltkonvention an.

---

673 Diesbezügliche Bedenken aber in: *FAO*, SOFO 1999, 97.

674 Siehe dazu bereits oben, S. 231 f.

3. Waldprotokoll oder internationale Waldkonvention?

Auf dem Umweltgipfel in Rio 1992 wurden mit der Klimarahmen- und der Biodiversitätskonvention zwei internationale Umweltabkommen verabschiedet, die wichtige Bereiche der Walderhaltung behandeln. Angesichts der Tatsache, daß zwischen den vielfältigen globalen Umweltproblemen eine Reihe von Querverbindungen existieren, wird die Möglichkeit diskutiert, Maßnahmen zur Bewirtschaftung, Erhaltung und nachhaltigen Entwicklung der Wälder auf der Basis bereits bestehender UNCED-Beschlüsse zu vereinbaren[675]. Dies hätte den Vorteil - zumindest in verfahrenstechnischer und finanzieller Hinsicht -, daß bestehende Institutionen, wie die Sekretariate der Konventionen oder auch die GEF, die als (teilweise vorläufiger) Finanzierungsmechanismus der Biodiversitäts- und der Klimarahmenkonvention fungiert, genutzt werden könnten und personell und finanziell aufwendige Verhandlungen eines neuen Instruments somit entfielen.

a) Waldprotokoll im Rahmen der Biodiversitätskonvention

Ausgehend von dem Begriff der Biodiversität, der eine Vielfalt von Ökosystemen einschließlich der verschiedenen Waldökosysteme erfaßt und angesichts der Tatsache, daß irreversible Verluste für die Biodiversität vor allem mit dem großflächigen Einschlag von Primärwäldern einhergehen, wird eine Übertragung von Regelungsbestandteilen der Biodiversitätskonvention auch auf Wälder befürwortet[676]. Da die Konvention ein Rahmenabkommen darstellt, das nach Art. 28 Abs. 1 ausdrücklich Protokolle als Umsetzungs- und Konkretisierungsmechanismen vorsieht, wird zur Implementierung des Waldbereichs ein entsprechendes Waldprotokoll im Rahmen der Biodiversitätskonvention vorgeschlagen, welchem (nur) die Vertragsstaaten freiwillig beitreten

---

[675] Teilweise wird auch die UN-Wüstenkonvention als mögliches maßgebliches Abkommen für ein Waldprotokoll angesehen. Da die Wüstenkonvention ersichtlich nur einige forstspezifische Aspekte behandelt und auf viele Länder und Waldökosysteme nicht anzuwenden ist, wird dieser Ansatz hier nicht weiter ausgeführt.

[676] Siehe *de Sa*, The Prospects for an International Environmental Agreement on Forests, Int. Environmental Affairs 1998, 18, 34 ff.; *WBGU*, Jahresgutachten 1995, 190.

könnten[677]. Da die Zuständigkeit für ein Waldprotokoll voraussichtlich bei UNEP als verwaltender UN-Behörde für die Biodiversitätskonvention läge, würde mit der Waldprotokollösung gleichzeitig die Rolle von UNEP gestärkt, so daß ökologische Aspekte im internationalen Bereich eine größere Beachtung finden könnten.

Die Aushandlung eines Waldprotokolls unter der Biodiversitätskonvention wird vor allem von Seiten der NGOs - die noch auf dem Rio-Umweltgipfel als Verfechter für eine Waldkonvention auftraten - propagiert mit der Argumentation, daß aufwendige Vertragsverhandlungen für eine eigenständige Waldkonvention entfielen. Angesichts der Vielfalt der Ursachen für die Walddegradationen, verbunden mit erheblichen Unterschieden auf nationaler und regionaler Ebene hinsichtlich ökologischer, sozialer, kultureller, wirtschaftlicher und politischer Faktoren würde sich auch das Risiko einer Einigung auf den „kleinsten gemeinsamen Nenner“ mit „weichen“, unverbindlichen Standards verringern[678]. Bevor die bereits existierenden unterschiedlichen Instrumente zum Waldschutz noch nicht in ausreichender Weise umgesetzt seien, besteht nach Auffassung der Befürworter der Protokolllösung kein Bedürfnis für eine zusätzliche völkerrechtlich verbindliche Vereinbarung.

Angesichts der Geschwindigkeit der internationalen Waldzerstörung und der eintretenden Waldverluste benötige die Aushandlung eines Waldprotokolls voraussichtlich weniger Zeit als die Ausarbeitung einer völlig neuen Waldkonvention, zumal die Biodiversitätskonvention bereits Ziele und Rahmenbedingungen vertraglich festgelegt habe und auch die wesentlichen Institutionen zur Umsetzung bereits eingerichtet seien. Durch ein Waldprotokoll könne zudem einer weiteren Zersplitterung der Kapazitäten im Bereich der internationalen Zusammenarbeit vorgebeugt werden[679]. Als Vorteil der Protokollösung wird schließlich

---

[677] Art. 32 Abs. 2 der Biodiversitätskonvention legt fest, daß nur Vertragsstaaten der Konvention auch Mitglied eines Protokolls werden können. Daraus ergibt sich im Umkehrschluß, daß sie nicht Mitglied eines Protokolls werden müssen (vgl. *WBGU*, Jahresgutachten 1995, 187).

[678] *Abramovitz*, Taking a Stand, 63.

[679] So die Befürchtungen der *WBGU*, Jahresgutachten 1995, 189; *de Sa*, The Prospects for an International Environmental Agreement on Forests, Int. Environmental Affairs 1998, 18, 36 bevorzugt angesichts der Zurückhaltung der Geberländer gegenüber der Schaffung neuer internationaler Organisationen den Zusammenschluß der Forstabteilung der FAO mit der ITTO zu einer „International Forest Organization“. Siehe hierzu auch *Byron*, The Advantages and

noch empfunden, daß durch den erfolgreichen Abschluß eines Protokolls die Bedeutung der Biodiversitätskonvention gestärkt werden könnte[680]. Ein Protokoll für den Waldbereich könnte sogar weitergehende und strengere Verpflichtungen als die Konvention selbst beinhalten, solange die zusätzlichen Regelungen nicht den Inhalten und Zielen der Biodiversitätskonvention zuwiderliefen[681].

Trotz dieser Vorzüge, die für ein Waldprotokoll vorgebracht werden, stellt eine derartige Vereinbarung dennoch keine ausreichende Basis für die Fortentwicklung einer umfassenden internationalen Strategie zur Erhaltung, Bewirtschaftung und nachhaltigen Entwicklung aller Waldarten dar, zumal die Biodiversitätskonvention den Wald nicht in der Gesamtheit seiner Funktionen, sondern lediglich als Ort der Artenvielfalt und genetischen Ressourcen berücksichtigt[682]. Daher würden die sonstigen sozialen und wirtschaftlichen Leistungen der Wälder, wie sie in der Agenda 21 und der Waldgrundsatzerklärung beschrieben sind, keine ausreichende Berücksichtigung finden[683]. Da sich der überwiegende Teil der biologischen Vielfalt des weiteren in den Tropenwäldern konzentriert, würde anderen Waldtypen zudem weniger Aufmerksamkeit geschenkt werden[684]. Zu beachten ist auch, daß Maßnahmen zur Entwicklung und Umsetzung geeigneter Schutzkonzepte und nachhaltiger Nutzungsformen in der Biodiversitätskonvention nicht verpflichtend formuliert werden[685].

Disadvantages of a Legally-binding Global Forests Convention, EFI News 1/97, 7.

[680] *De Sa*, The Prospects for an International Environmental Agreement on Forests, Int. Environmental Affairs 1998, 18, 35.

[681] *Tarasofsky*, The Global Regime for the Conservation and Sustainable Use of Forests, ZaöRV 1996, 668, 674 f.

[682] *Enquête-Bericht (1994)*, 638; im Ergebnis so auch *Tarlock*, Exclusive Sovereignty Versus Sustainable Development, Texas Int. Law Journal 1997, 37, 54.

[683] *Honerla*, Abschlußbericht, 33.

[684] Vgl. die Befürchtungen des IFF, UN-Doc. E/CN.17/IFF/1998/11 v. 19.6.1998: Forest-related work under existing instruments, Ziff. 14.

[685] *Hughes*, Forests, Forestry Practices and the Living Environment, in: Canadian Council of International Law (Hrsg.), Global Forests and International Environmental Law, 81, 134.

b) Klimarahmenkonvention und Waldprotokoll

Während der Verhandlungen auf der Rio-Konferenz wurde vorgeschlagen, ein Waldprotokoll in die Klimarahmenkonvention zu integrieren; dieser Vorschlag ist auch auf der ersten Vertragsstaatenkonferenz 1996 noch einmal in die Diskussion gebracht worden[686]. Selbst wenn die Klimarahmenkonvention den Wald als Instrument zur Stabilisierung der Treibhausgase in der Atmosphäre betrachtet, vernachlässigt die Konzentration auf die Funktion der Wälder als Kohlenstoffspeicher die vielfältigen anderen regionalen und globalen Funktionen der Wälder in den unterschiedlichen Klimazonen[687]. Waldspezifische Probleme in der Klimarahmenkonvention spielen eine untergeordnete Rolle, selbst wenn man die Neuregelungen durch das Kyoto-Protokoll bezüglich der Anrechnung forstlicher Kohlenstoffsenken berücksichtigt, die im übrigen noch nicht abschließend geklärt sind[688]. Die Klimarahmenkonvention bietet aus den soeben genannten Gründen keine Grundlage für einen integrierten Ansatz zum Waldschutz, wie er in der Agenda 21 verfolgt wird.

Gerade die waldreichen Länder wehren sich gegen eine führende Rolle der Klimarahmen- oder der Biodiversitätskonvention auf dem Gebiet des internationalen Waldschutzes, da diese Übereinkommen den Wald in erster Linie unter ökologischen und weniger unter ökonomischen Aspekten betrachten[689].

c) Struktur und Inhalt einer rechtsverbindlichen Waldkonvention

Das fehlende Mandat zur Eröffnung von Regierungsverhandlungen über eine internationale Waldkonvention, welches zuletzt auf dem UN-Umweltgipfel in New York am Widerstand einer Reihe von Staaten scheiterte, ist der entscheidende Punkt für die relative Ergebnislosigkeit der betreffenden Konventionsbemühungen. Das Abschlußdokument der New Yorker Umweltkonferenz hat Form und Struktur eines künftigen Waldinstruments offengehalten, da man sich nicht auf eine ein-

---

686 *Skala-Kuhmann*, Rechtliche Instrumente zur Förderung der nachhaltigen Nutzung, 15.

687 *Glück u.a.*, Options for Strengthening the International Legal Regime for Forests, 65.

688 Vgl. hierzu bereits die obigen Ausführungen, S. 242 ff.

689 *FAO*, SOFO 1999, 96.

deutige Formulierung zugunsten einer völkerrechtlich verbindlichen internationalen Waldkonvention einigen konnte. Immerhin gelang es nach intensiven Verhandlungen auf dem New Yorker Umweltgipfel, durch die Einsetzung des zeitlich befristeten IFF forstlich relevante Themen für zwei weitere Jahre zu verhandeln.

Das nunmehr innerhalb der UN-Organisation zu integrierende „United Nations Forum on Forests" trägt dazu bei, daß das Thema „Wälder" weiterhin auf der Tagesordnung internationaler Konferenzen stehen wird. Inwieweit tatsächlich konstruktive Empfehlungen bezüglich eines Verhandlungsmandats für ein Rechtsinstrument zum Schutz der Wälder ausgesprochen werden, hängt neben dem politischen Willen der Staatengemeinschaft zur globalen Kooperation bei der Entwicklung und Durchsetzung internationaler Waldschutzstrategien auch von der Bereitschaft ab, in ausreichendem Maße finanzielle Mittel zur Verfügung zu stellen[690].

Hinsichtlich eines möglichen internationalen Umweltübereinkommens im Waldbereich ist es denkbar, ein zweistufiges Verfahren zu wählen, wie es im Falle der Klimarahmenkonvention durchgeführt wurde[691]. In einem ersten Schritt werden allgemeine Ziele und Grundsätze der Kooperation in einem Rahmenübereinkommen geregelt, erst in einem zweiten Schritt sind von den Vertragsstaaten konkrete Verpflichtungen zu übernehmen und in Protokollen verbindlich festzuschreiben. Dieses zweistufige Verfahren, das bislang Bedeutung lediglich in umweltrechtlichen Vereinbarungen erlangt hat, bietet sich angesichts der Komplexität des Waldthemas an und würde auf diese Weise die Möglichkeit eröffnen, bestehende Interessenkonflikte zwischen den einzelnen Staaten zeitlich und sachlich abgestuft zu behandeln und Konfliktpotential von vornherein einzugrenzen.

Betrachtet man allerdings den zeitlichen Ablauf eines derartigen Verhandlungsprozesses am Beispiel der Klimarahmenkonvention, so stellt

---

[690] So auch *Honerla*, Erste Schritte für ein international rechtsverbindliches Instrument über Wälder, 7.

[691] Dieses Verfahren wurde auch angewandt im Genfer Übereinkommen über weiträumige grenzüberschreitende Luftverunreinigung v. 13.11.1979 (ILM 18 [1979], 1442 ff.; BGBl. 1982 II, 374 ff.), mit inzwischen drei konkretisierenden Protokollen aus den Jahren 1985, 1988 und 1991; siehe auch das Wiener Übereinkommen zum Schutz der Ozonschicht v. 22.3.1985 (ILM 26 [1987], 1516, 1529 ff.; BGBl. 1988 II, 902 ff.) mit dem Montrealer Protokoll (in Kraft seit 1.1.1989, Abdruck in: ILM 26 [1987], 1541, 1550 ff.; BGBl. 1988 II, 1015 ff.).

sich die Frage, ob dieses abgestufte Verfahren vor dem Hintergrund der weiter fortschreitenden globalen Waldvernichtung nicht zu einer unnötigen Verzögerung effektiver Waldschutzmaßnahmen führen würde[692]. Ein zwischenstaatlicher Verhandlungsausschuß für eine Klimarahmenkonvention wurde bereits Mitte 1988 und somit vier Jahre vor der Verabschiedung der Konvention auf der Rio-Konferenz eingesetzt. Verfolgt man des weiteren den Rio-Nachfolgeprozeß im Klimaschutz, so einigten sich die Vertragsstaaten auf das Kyoto-Protokoll mit konkreten nationalen Verpflichtungen erst Ende 1997 und damit 5 Jahre nach der Unterzeichnung der Klimarahmenkonvention; ob und wann das Kyoto-Protokoll tatsächlich in Kraft treten wird, ist bislang allerdings noch eine offene Frage.

Vorausgesetzt, das UNFF würde sich innerhalb der nächsten 5 Jahre für internationale Verhandlungen über eine rechtlich verbindliche Waldschutzkonvention aussprechen, ist bei einer entsprechenden Verhandlungsgeschwindigkeit wohl kaum mit einem Rahmenübereinkommen im Waldbereich vor 2010 und mit einem diesbezüglichen Protokoll vor dem Jahre 2015 zu rechnen, das den Vertragsstaaten konkrete Verpflichtungen auferlegen könnte.

Andererseits sind die Vertragsparteien eines Rahmenübereinkommens nicht daran gehindert sind, bereits im Konventionstext bestimmte Bereiche verbindlich festzulegen, aus denen allein sich schon konkrete rechtliche Verpflichtungen ergeben[693]; aus diesem Grunde bietet sich dieses Verfahren angesichts der zeitlichen Probleme und der Dringlichkeit effektiver Waldschutzbestimmungen auf globaler Ebene an[694]. Angesichts der Fülle bestehender ökologischer, ökonomischer und sozialer Interessen am Erhalt der Wälder würde eine Rahmenkonvention mit einem holistischen Ansatz ein flexibles Instrument zur schrittweisen Berücksichtigung dieser Belange darstellen[695].

Es existieren bereits eine Reihe verschiedener Vorschläge und Modelle für eine Vereinbarung zum Schutz der Wälder[696] sowie konkrete Kon-

---

692 Diesbezügliche Befürchtungen äußert der *Enquête-Bericht (1994)*, 641.

693 *Dolzer*, Internationale Konvention zum Schutz des Klimas, FS R. Bernhardt, 957.

694 Vgl. *Schmidt*, Waldpolitik und nachhaltige Entwicklung, 22.

695 *FAO*, SOFO 1999, 98.

696 Vgl. ausführlich zu Struktur und Inhalt einer möglichen internationalen Waldkonvention: *Alexandrowicz*, International Legal Instruments and Institutional Arrangements, in: Canadian Council on International Law (Hrsg.),

ventionsentwürfe[697], die hinsichtlich der vielfältigen Funktionen der Wälder ein breites Spektrum von Begriffsbestimmungen, Zielen, Grundsätzen, Regelungsbereichen und daraus abgeleiteten Verpflichtungen oder Standards für die Bewirtschaftung, Erhaltung und nachhaltige Entwicklung der Wälder zum Gegenstand haben[698]. Von Bedeutung für die Akzeptanz eines Waldschutzinstruments auf globaler Ebene ist zum einen, daß eine zukünftige Waldkonvention oder ein anders Regelungsinstrument in ausreichender Weise das Prinzip der Souveränität der Staaten über ihre nationalen Ressourcen sowie die naturgemäße regionale Diversität der Wälder berücksichtigt; die territoriale Souveränität über die Umwelt dürfte allerdings nicht mehr als grundsätzlich unbeschränkt angesehen werden, sondern müßte gewisse Grenzen kennen, um die weltweite Waldzerstörung wirksam und auf Dauer eindämmen zu können[699].

Des weiteren sind folgende Elemente regelungsbedürftig:

- Notwendige Terminologien und Definitionen,

Global Forests and International Environmental Law, 315, 321 ff.; *Brunnée*, A Conceptual Framework for an International Forests Convention, in: *ibid.*, 41, 48 ff.; *Humphreys*, Forest Politics, Annex A (Possible Main Elements of an Instrument (Convention, Agreement, Protocol, Charter) for the Conservation and Development for the World's Forests) sowie Annex D (Draft Text for a Convention for the Conservation and Wise Use of Forests); *Maini/Schmithüsen*, An International Instrument on Forests,12 ff.; *Glück u.a.*, Options for Strengthening the International Legal Regime for Forests, 29 ff.; *Nießlein*, Elemente einer Waldkonvention, 30 ff.; *Schmithüsen*, Proposal on the Structure and Content of an International Instrument, 4 ff.; *Tarasofsky*, The Global Regime for the Conservation and Sustainable Use of Forests, ZaöRV 1996, 668, 680 ff.; *van der Zwaag/MacKinlay*, Towards a Global Forests Convention, in: Canadian Council on International Law (Hrsg.), Global Forests and International Environmental Law, 1, 32 ff.

[697] Siehe dazu den ausführlichen Vorschlag von *Honerla*, Elemente einer Waldkonvention, 4 ff.

[698] Vgl. hierzu das Vorbereitungspapier zur 3. IFF-Sitzung 1999 in Genf: UN-Doc. E/CN.17/IFF/1999/16 v. 9.3.1999: Programme element III: International arrangements and mechanisms to promote the management, conservation and sustainable development of all types of forests. In den Ziff. 19 ff. des Dokuments sind 14 prioritär zu regelnde Elemente für ein internationales Waldschutzinstrument aufgeführt.

[699] Vgl. ausführlich zu umweltbedingten Grenzen nationaler Souveränitätsrechte im Umweltvölkerrecht: *Odendahl*, Die Umweltpflichtigkeit der Souveränität, 360 ff.

- Reduktion der Waldverluste und Erhaltung der weltweiten Waldfläche,
- Bekämpfung von Entwaldung und Forstdegradation,
- Erhaltung sämtlicher Waldfunktionen und Bewertung ihres ökonomischen Nutzens,
- verstärkte Ausweisung von Schutzgebieten,
- Aufforstungsstrategien, Bestimmung des Werts von Plantagenwäldern,
- weltweite Einführung des Nachhaltigkeitsprinzip in der Forstbewirtschaftung,
- Entwicklung internationaler Standards und Definitionen für die nachhaltige Bewirtschaftung aller Waldtypen,
- internationale Kooperation beim Transfer und Zugang zu umweltfreundlichen Technologien zur Unterstützung nachhaltiger Forstmanagementpraktiken,
- weltweites Monitoring und Berichtswesen zu Waldfläche und Waldzustand, insbesondere Ausbau der Satellitenüberwachung,
- Intensivierung der weltweiten Forschungsstrategie, einschließlich Daten- und Informationsbeschaffung sowie -austausch,
- Holzvermarktung und internationale Handelsbeziehungen, insbesondere Fragen der Holzzertifizierung,
- finanzielle Kooperation, mögliche Einrichtung eines internationalen Waldfonds,
- Ausbau von Kapazitäten, Ausbildung und Bewußtseinsbildung in der Öffentlichkeit,
- Beteiligung der lokalen Bevölkerung, bottom-up-Ansatz, Berücksichtigung von traditionellem Wissen,
- konkrete Verpflichtungen auf nationaler Ebene, etwa in Form nationaler Forstprogramme,
- Koordinierung internationaler (sektorübergreifender) Maßnahmen im Waldbereich, Festlegung der forstspezifischen Aufgaben verschiedener Institutionen und Instrumente,
- Vereinbarkeit mit anderen völkerrechtlichen Übereinkünften, vor allem mit der Biodiversitäts- und der Klimarahmenkonvention, aber auch mit ITTA und CITES,
- Revision der Konvention,

- Organe,
- Stimmverhältnis,
- Inkrafttreten.

4. Ergebnis

Die Vorteile einer Waldkonvention liegen in dem umfassenden thematischen Ansatz, der alle Aspekte der Bewirtschaftung, Erhaltung und Entwicklung von Wäldern einbezieht. Insbesondere die Rolle der Wälder im Naturhaushalt, ihre soziö-ökonomische aber auch kulturelle Bedeutung sowie Aspekte des internationalen Holzhandels könnten umfassend berücksichtigt werden. Eine Garantie, daß im Rahmen einer internationalen Waldkonvention eingebettete Vereinbarungen auch tatsächlich von den Vertragsstaaten eingehalten würden, kann auch ein rechtlich verbindliches Übereinkommen nicht geben, das Thema „Globale Walderhaltung" erhielte aber eine permanente internationale Plattform, um die Zusammenarbeit im Waldbereich nicht nur fortzuführen, sondern darüber hinaus zu verbessern und zu verstärken. Die Waldbelange würden zudem durch eine internationale völkerrechtlich verbindliche Konvention eine Aufwertung innerhalb des UN-Systems erfahren[700].

Außerdem könnten in größerem Umfang als bisher finanzielle Ressourcen sowie institutionelle und technische Kapazitäten mobilisiert werden. Die Bereitstellung finanzieller Mittel ist von nicht zu unterschätzender Bedeutung für die erfolgreiche Implementierung einer rechtsverbindlichen Waldkonvention[701]. Zu überlegen ist in diesem Zusammenhang, ob nicht innerhalb der GEF ein zusätzliches fünftes Schwerpunktgebiet zur finanziellen Unterstützung umfassender Maßnahmen zum Waldschutz eingerichtet werden könnte[702].

---

[700] *Tarasofsky*, The Global Regime for the Conservation and Sustainable Use of Forests, ZaöRV 1996, S. 668, 682; *Byron*, The Advantages and Disadvantages of a Legally-binding Global Forests Convention, EFI News 1/1997, 7.

[701] *Saunders*, Development Assistance Issues, in: Canadian Council on International Law (Hrsg.), Global Forests and International Environmental Law, 265, 311.

[702] Ein neuer finanzieller Mechanismus wird vor allem von den Entwicklungsländern gefordert. Fürsprecher eines internationalen Waldfonds sind China, Indonesien und Brasilien, während die USA, Neuseeland und Costa Rica gegen einen derartigen Fonds oder eine Ausweitung des Tätigkeitsbereichs der

Eine für die Vertragsstaaten rechtlich verbindliche Konvention hätte gegenüber dem ebenfalls in Rede stehenden Modell von internationalen, aber rechtlich unverbindlichen Standards für eine nachhaltige Waldbewirtschaftung[703] den Vorteil, die Akzeptanz in den entsprechenden Ländern für notwendige Schutzmaßnahmen zu erhöhen. Allerdings dürften die Inhalte der bereits existierenden Instrumente, insbesondere diejenigen der Biodiversitätskonvention, durch eine neue Konvention nicht unterlaufen werden. Vielmehr ist die sorgfältige Koordinierung bereits bestehender Aktivitäten erforderlich, um einerseits das Potential bestehender Synergieeffekte zu nutzen, andererseits aufwendige und überflüssige Mehrarbeiten zu vermeiden[704].

Erforderlich zur erfolgversprechenden Lösung der Waldfrage im Wege einer internationalen Konvention ist jedenfalls, daß die Wahrnehmung der Waldzerstörung als globales Problem in allen Staaten hinreichend ausgeprägt ist, um die Notwendigkeit eines sofortigen und konkreten Handlungsbedarfs für den Schutz der Wälder weltweit zu erkennen, und daß ein entsprechender politischer Wille zur Umsetzung vorhanden ist[705].

Als positive Bilanz der Bemühungen der letzten Jahre ist festzustellen, daß viele Maßnahmen zum Waldschutz auf internationaler, regionaler und kommunaler Ebene auf den Weg gebracht worden sind. So hat beispielsweise die Regierung Costa Ricas die negativen Folgen der Abholzung des Tropenwaldes frühzeitig erkannt und deshalb große Landgebiete aufgekauft, um sie zu Nationalparks und Schutzzonen für die einzigartige Vielfalt der Fauna und Flora in Costa Rica einzurichten. Der Anteil der geschützten Gebiete liegt mit ca. 27 % erheblich über dem weltweiten Durchschnitt der ausgewiesenen Schutzflächen[706]. Auch die

---

GEF sind. Die EU befürchtet, daß ein eigenständiger Waldfonds bestehende Finanzierungsmechanismen der bi- und multilateralen Entwicklungshilfe aushöhlen könnte. Vgl. hierzu die diesbezüglichen Stellungnahmen anläßlich der dritten IFF-Sitzung 1999 in: *IISD*, Earth Negotiations Bulletin, Vol. 13 Nr. 55, 17.5.1999, 4.

703 *Brunnée/Nollkaemper*, Between the forests and the trees, Environmental Conservation 1996, 307, 312.

704 *Boer*, Developments in International Environmental Law Relating to Forests, Environmental and Planning Law Journal 1997, 378, 383.

705 Einen mangelnden politischen Willen konstatierte die *WCFSD* in ihrem Abschlußbericht Our Forests - Our Future, 27.

706 Besonders hervorzuheben ist die Vorreiterrolle Costa Ricas im Rahmen des Emissionsrechtehandels mit Treibhausgassen nach dem Kyoto-Protokoll

Abholzungsrate konnte allmählich gesenkt werden; parallel dazu haben Anreize und Subventionen dazu beigetragen, Bauern und Landbesitzer zur Aufforstung und nachhaltigen Waldbewirtschaftung zu bewegen, denn für sie bleibt die wirtschaftliche Rentabilität der Waldbewirtschaftung immer noch das ausschlaggebende Kriterium. Angesichts der teilweise grenzüberschreitenden Auswirkungen des Verlusts und der Schädigung der Wälder, die sich u.a. in Bodenerosionen, Klimaänderungen, zunehmenden Desertifikationen, Beeinträchtigungen der biologischen Vielfalt, Schädigung von Wassereinzugsgebieten und nicht zuletzt langfristigen wirtschaftlichen Schäden zeigen, verlangt die gegenwärtige Situation aber nach einem weltweit koordinierten Handeln zur Erhaltung der Waldressourcen der Erde.

Aufgrund der Größe und Dynamik der Waldzerstörung in den Tropen und in der borealen Klimazone kann dabei auf das Instrument des völkerrechtlichen Vertrages nicht verzichtet werden. Die notwendige Diskussion um eine rechtlich verbindliche Waldkonvention wird folglich auch in den nächsten Jahren auf der Agenda der internationalen Forstpolitik stehen müssen.

(siehe hierzu näher *Totten*, Getting it Right: Emerging Markets for Storing Carbon in Forests, 34 f.). Siehe ausführlich zu weiteren erfolgreichen Tropenwaldprojekten: *BMZ*, Tropenwalderhaltung und Entwicklungszusammenarbeit, 1997.

Dritter Teil

Der internationale Handel mit Holz und Holzprodukten und die Problematik der Vereinbarkeit von Freihandelsprinzipien mit Umweltschutzmaßnahmen

A. Der Umweltschutz im internationalen Handelsverkehr

I. Das wechselseitige Verhältnis von Handel, Umweltschutz und Entwicklung

1. Einleitung

Im Zeichen einer wachsenden Globalisierung der Wirtschaftsbeziehungen und einer fortschreitenden weltweiten Umweltzerstörung stehen die Wechselwirkungen zwischen internationalem Handel und Umwelt zunehmend im Zentrum sowohl der wissenschaftlichen als auch der öffentlichen und politischen Diskussion. Das Volumen des Welthandels hat sich innerhalb der letzten Jahrzehnte vervielfacht, dank des Abbaus von Import- und Exportschranken ist es heute sechzehnmal so groß wie im Jahr 1950[1]. Gerade der Exportsektor hat sich in vielen Ländern zum Wachstumsmotor entwickelt[2]. Mit der ökonomischen Verflechtung der Volkswirtschaften erhöht sich zwar die Komplexität des Wirtschaftsgeschehens, mit ihr gehen aber auch vermehrt ökologische Probleme einher. Im Beziehungsgeflecht zwischen Ökonomie und Ökologie stellt sich die Frage, inwieweit handelsbedingte Umweltbelastungen verhindert und gleichzeitig ungerechtfertigte Handelsbeschränkungen vermieden werden können[3].

---

[1] OECD, Kein Wohlstand ohne offene Märkte, 9.

[2] *WTO*, Annual Report 1999, 13; *IMF*, Annual Report 1999, 14: Von 1990 bis 1998 ist der Wert der weltweiten Exporte jährlich um durchschnittlich 6,5 % gestiegen und bewegte sich 1998 bei 5,27 Mrd. US-$, davon entfielen 553 Mio. US-$ auf den Agrarsektor.

[3] Vgl. einführend zum Meinungsstand: *Dolzer/Buß*, The Environment in International Trade and Investment Law, in: Dolzer/Thesing (Hrsg.), Protecting our Environment, 307 ff.; *Charnovitz*, Free Trade, Fair Trade, Green Trade, Cornell Int. Law Journal 1994, 459, 462 ff.; *Epiney*, Welthandel und Umwelt, DVBl. 2000, 77 ff.; *Held/McGrew/Goldblatt/Perraton*, Global Transforma-

Bislang existiert keine der Welthandelsorganisation (WTO) vergleichbare internationale Organisation, die ökologische Prinzipien und umweltpolitische Maßnahmen in ähnlicher Weise durchzusetzen vermag wie das GATT/WTO-Vertragswerk die Prinzipien des freien Welthandels. Das Umweltprogramm der Vereinten Nationen (UNEP) besitzt angesichts seiner geringen politischen Akzeptanz und eingeschränkter finanzieller und personeller Ressourcen nur begrenzte Kapazitäten zur Übernahme koordinierender Funktionen im internationalen Umweltbereich. Das Fehlen einer globalen Umweltdachorganisation[4] wird daher auch zum Teil mitverantwortlich gemacht für bestehende Divergenzen zwischen Handel und Umwelt[5].

Zwischen den Befürwortern eines liberalen und multilateralen Welthandelssystems auf der einen und Vertretern von Umweltschutzorganisationen auf der anderen Seite bestehen unterschiedliche Positionen hinsichtlich der wechselseitigen Beziehungen von freiem Welthandel und umweltpolitisch motivierten Maßnahmen. Der Umweltschutz profitiert nach Ansicht vieler Verfechter des Freihandels davon, daß weltweit expandierende Märkte zu größerem wirtschaftlichem Wachstum führen und damit vermehrt finanzielle Mittel für die Lösung von Umweltproblemen bereitgestellt werden können[6]; dies gilt in besonderem Maße für Entwicklungsländer mit geringeren Umweltstandards[7]. Positive Umweltaspekte ergeben sich zudem daraus, daß der interna-

---

tions, 376 ff.; *Helm*, Sind Freihandel und Umweltschutz vereinbar?, 22; *Hilf*, Freiheit des Welthandels contra Umweltschutz?, NVwZ 2000, 481 ff.; *Hohmann*, Der Konflikt zwischen freiem Handel und Umweltschutz in WTO und EG, RIW 2000, 88 ff.; *Jones*, Economic Globalisation and the Environment, in: OECD, Globalisation and the Environment, 17, 19 ff.; *Luff*, An Overview of International Law of Sustainable Development, Revue Belge de Droit Int. 1996, 90, 116 ff.; *Nordström/Vaughan*, Trade and Environment, 29 ff.; *Schoenbaum*, International Trade and Protection of the Environment, AJIL 1997, 268 ff.; *Steinberg*, Trade-Environment Negotiations in the EU, NAFTA, and WTO, AJIL 1997, 231 ff.; *UNEP/IISD*, Environment and Trade - A Handbook, 2 ff.

4 Vgl. näher hierzu: *Biermann/Simonis*, Plädoyer für eine Weltorganisation für Umwelt und Entwicklung, 10 ff.

5 *Esty*, Ökologisierung des GATT, in: Jahrbuch Ökologie 1996, 89, 92.

6 *Thomas/Belt*, Wachstum und Umwelt, Finanzierung & Entwicklung, Juni 1997, 20, 22. Siehe dort auch allg. zum Einsatz marktwirtschaftlicher Instrumente zum Schutz der Umwelt in Lateinamerika.

7 Vgl. *WTO*, Annual Report 1998, Vol. I, 54; *OECD*, Keine Wohlstand ohne offene Märkte, 74.

tionale Handel mit seiner wettbewerbs-, innovations- und spezialisierungsfördernden Wirkung das weltweite Angebot an umweltschützenden Technologien fördern und verbessern kann. Die Märkte für umwelttechnische Waren und Dienstleistungen haben sich zu einem bedeutenden Wirtschaftszweig entwickelt[8]. Durch die größere Wahlmöglichkeit im globalen Güterangebot wird außerdem die Voraussetzung für die Verbreitung umweltfreundlicher Produkte geschaffen; hierdurch kann auch die Bildung eines größeren Umweltbewußtseins gefördert werden[9].

Weltweit expandierende Märkte mit einem erhöhten gesamtwirtschaftlichen Wachstum führen auf der andereren Seite aber auch zu einem vermehrten Ressourcenverbrauch und höheren Schadstoffemissionen bei der Produktion und beim Verbrauch. Durch die mit der Handelsliberalisierung einhergehenden Wettbewerbsintensivierung können zudem umweltbelastend produzierende Industriezweige zu einer Verlagerung ihrer Produktionsstätten in Länder verleitet werden, in denen keine oder nur geringe Anforderungen an die Umweltverträglichkeit der Produktionsmethoden gestellt werden; als Folge der Umgehung strengerer Umweltauflagen wird ein weltweites „Öko-Dumping“ befürchtet[10]. Negative Umwelteffekte resultieren auch aus dem Anstieg der Waren- und Verkehrsströme; die Ausweitung des internationalen Handels geht einher mit einem starken Anstieg des grenzüberschreitenden Güterverkehrs und höheren Schadstoffbelastungen, durch welche die Umwelt spürbar belastet wird[11].

Aufgrund einer gesteigerten Nachfrage wird zudem die Übernutzung und Ausbeutung natürlicher Ressourcen gefördert; dies gilt in gewisser Weise auch auch für die stetig fortschreitende Abholzung der tropi-

---

8 Der Absatz der Umweltindustrie beläuft sich derzeit auf schätzungsweise rund 420 Mrd. US-$, bis zum Jahr 2010 wird mit einem Anstieg auf 600 Mrd. US-$ gerechnet; damit wäre der Wirtschaftszweig umwelttechnische Waren und Dienstleistungen gleichgestellt mit der pharmazeutischen Industrie oder der Informationstechnologie (vgl. *OECD*, Kein Wohlstand ohne offene Märkte, 78).

9 *WBGU*, Jahresgutachten 1995, 191.

10 *Franke*, Freier Welthandel und umweltverträgliche Entwicklung, ifo-Schnelldienst 21/96, 15, 17.

11 Vgl. zur Umweltbelastung durch Verkehr: *Dolzer*, Verkehrswesen und Klimapolitik in der dritten Welt, 3 ff.: 1995 war der Verkehrssektor weltweit für 21,4 % aller CO_2-Emissionen verantwortlich, für die OECD-Länder lag der entsprechende Wert sogar bei 30 %.

schen Regenwälder. Die Anfang der 80er Jahre veröffentlichten Untersuchungsergebnisse der FAO über die fortschreitende Waldzerstörung in den Tropen mobilisierte zahlreiche Umweltverbände zum Protest gegen die Tropenwaldvernichtung. Durch Verbraucherboykotte in den westlichen Industriestaaten wurde der internationale Holzhandel als angeblicher Hauptverursacher der Tropenwaldzerstörung massiv unter Druck gesetzt. Die zunehmende Bedeutung ökologischer Belange im freien Welthandel beeinflußte somit auch den internationalen Holzhandel[12].

Nicht nur die Auswirkungen des globalen Handels auf die Umwelt im Hinblick auf veränderte Produktions- und Konsumtionsstrukturen sowie positive und negative Wachstumseffekte, auch der Einfluß von Umweltschutzmaßnahmen auf den freien Welthandel wird im Spannungsverhältnis zwischen Freihandel und Schutz der Umwelt diskutiert. Wichtige umweltschutzrelevante Handelsbestimmungen finden sich vereinzelt schon früh in einigen internationalen Umweltschutzverträgen[13]; auch in regionalen Zoll- und Freihandelsabkommen sowie im GATT/WTO-Regelwerk sind mittlerweile umweltschutzrelevante Handelsbestimmungen enthalten[14]. Die überwiegende Anzahl handelsbeschränkender Maßnahmen, die primär Ziele des Umweltschutzes verfolgen, beruhen indes nicht auf internationalen Vereinbarungen, sondern werden von einzelnen Staaten einseitig erlassen, um entweder nationale Umweltgüter zu schützen oder aber Einfluß auf die Umweltpolitik anderer Länder zu nehmen. Durch letztere Maßnahmen sollen in erster Linie grenzüberschreitende oder globale Umweltgüter vor Beeinträchtigungen bewahrt werden. Problematisch sind derartige umweltpolitisch motivierte Alleingänge eines Staates insoweit, als unter dem Deckmantel ökologischer Belange protektionistische Ziele verfolgt und wesentliche Prinzipien der Welthandelsordnung ausgehöhlt werden können.

---

[12] Vgl. zum Tropenholzboykott S. 346 f.

[13] *Biermann*, Internationale Umweltverträge im Welthandelsrecht, 15: Schon 1878 wurde im „Übereinkommen betreffend notwendiger Maßnahmen gegen *Phylloxera Vastatrix*" (Pflanzenlaus) der Handel mit bestimmten Weinreben verboten und besondere Verpackungen und Bescheinigungen vorgeschrieben.

[14] Siehe dazu sogleich S. 323 ff.

2. Umweltschutzrelevante Handelsbestimmungen in internationalen Abkommen

Der Konflikt zwischen Handelsinteressen und Umwelt- bzw. Ressourcenschutz ist nicht erst ein im Zusammenhang mit der fortschreitenden Globalisierung auftretendes Phänomen: In bi- und multilateralen Verträgen aus dem 19. Jahrhundert finden sich bereits Klauseln über mögliche Handelsbeschränkungen zum Schutz der Gesundheit oder zur Verhinderung bestimmter Fangmethoden[15]. Da derartige Umwelt- und Gesundheitsvorschriften teilweise zu protektionistischen Zwecken mißbraucht wurden, beabsichtigte schon 1927 eine internationale Konvention die Abschaffung sämtlicher Zölle und Exportbeschränkungen; wegen unzureichender Ratifizierung ist dieses Abkommen allerdings nie in Kraft getreten[16].

Ausdrücklich vorgesehen ist der Einsatz handelspolitischer Instrumente zum Schutz der Umwelt in Form von Import- und/oder Exportbeschränkungen in etwa 20 der derzeit geltenden 220 internationalen Umweltschutzabkommen[17], wie z.B. im Montrealer Protokoll zum Wiener Abkommen zum Schutz der Ozonschicht[18], in der Baseler Konvention über die Kontrolle der grenzüberschreitenden Entsorgung gefährlicher Abfälle[19] oder im Washingtoner Artenschutzabkommen[20].

---

15 Zum Überblick vgl. *Diem*, Freihandel und Umweltschutz in GATT und WTO, 18 f.

16 Siehe näher zur „International Convention for the Abolition of Import and Export Prohibitions and Restrictions": *Charnovitz*, Exploring the Environmental Exceptions in GATT Art. XX, JWT 1991, Nr. 5, S. 37, 41 f.

17 *UNEP/IISD*, Environment and Trade - A Handbook, 11, 16 ff.; *Kohona*, The WTO and Trade and Environment Issues, World Competition 1997, 87 ff.; siehe auch *Reiterer*, The WTO-Ministerial Conference, Austrian Review of Int. and European Law 1997, 107, 110. Auflistung der handelsrelevanten internationalen Umweltschutzverträge in *Schoenbaum*, International Trade and Protection of the Environment, AJIL 1997, 268, 281, Fn. 86.

18 Vienna Convention for the Protection of the Ozone Layer, v. 22.3.1985, abgedruckt in: ILM 26 (1987), 1529 ff.; Protocol on Substances that Deplete the Ozone Layer, v. 16.9.1987, ILM 26 (1987), 1550 ff.; hierzu ausführlich *OECD*, Trade Measures in Multilateral Environmental Agreements, 63 ff.

19 Basel Convention on the Control of Transboundary Movements of Hazardous Wastes and their Disposal, v. 22.3.1989, abgedruckt in: ILM 28 (1989), 649 ff. Vgl. hierzu näher *OECD*, Trade Measures in Multilateral Environmental Agreements, 97 ff.

Hiernach kann der Handel mit vom Aussterben bedrohter Tier- und Pflanzenarten bzw. der Im- und Export von ozonschädigenden Substanzen sowie gefährlichen Abfällen verboten oder zumindest beschränkt werden. Überschneidungen zwischen Handels- und Umweltinteressen ergeben sich speziell für den hier zu untersuchenden Tropenholzmarkt auch aus dem Tropical Timber Agreement (ITTA). Anders als in den soeben erwähnten Umweltabkommen finden zwar auch im ITTA umweltpolitische Anliegen ihre Erwähnung; da das Tropenholzabkommen als Rohstoffabkommen aber in erster Linie auf die Ausweitung des Tropenholzhandels ausgerichtet ist[21], sind die Vertragsstaaten nach Art. 36 ITTA ausdrücklich nicht zu Maßnahmen der Beschränkung oder des Verbots des internationalen Handels mit Holz oder Holzprodukten berechtigt[22]. Das Spannungsverhältnis zwischen den Grundsätzen des freien Welthandels, die sich vorrangig im WTO/GATT-Vertragswerk widerspiegeln, und einer nicht unbedeutenden Anzahl internationaler und regionaler Umwelt- und Ressourcenschutzabkommen, die ebenfalls Handelsbestimmungen enthalten, ist angesichts unterschiedlicher Inhalte und Zielsetzungen noch sehr umstritten und nicht abschließend geklärt[23]. Dies gilt insbesondere für diejenigen Staaten, die zwar Mitglied der Welthandelsorganisation WTO, nicht aber auch des handelsbeschränkenden Umweltschutzabkommens sind[24]. Bislang wurde die GATT-Konformität internationaler

---

[20] Siehe bereits zum Washingtoner Artenschutzabkommen (CITES) die Ausführungen im 2. Teil, S. 145 ff. sowie *OECD*, Trade Measures in Multilateral Environmental Agreements, 11 ff.

[21] Siehe zum ITTA in den Fassungen von 1983 und 1994 bereits S. 163 ff.

[22] Vgl. nachfolgend zur Auslegung von Art. 36 ITTA S. 370 ff.

[23] Zur Vereinbarkeit der handelsrelevanten Vorschriften des Washingtoner Artenschutzabkommens, des Baseler Übereinkommens sowie des Montrealer Protokolls mit dem WTO-Regelwerk siehe: *Amilien*, Conflicting international policies in tropical timber trade, Environmental Conservation 1996, 29 ff.; *Baker*, Protection, Not Protectionism, Vanderbilt Journal of Transnational Law 1993, 437, 442 ff.; *Brack*, Reconciling the GATT, RECIEL 1997, 112 ff.; *Ewing/Tarasofsky*, The „Trade & Environment" Agenda, 10 ff.; *Knorr*, Umweltschutz, nachhaltige Entwicklung und Freihandel, 85 ff.

[24] Allerdings stellt heute die überwiegende Mehrzahl der WTO-Mitglieder auch die überwiegende Mehrheit innerhalb der genannten Umweltverträge dar: 82 % der Parteien zum Montrealer Protokoll i.d.F. von 1992 sind auch WTO-Mitglieder, 81 % beim Washingtoner Artenschutzübereinkommen und 80 % beim Basler Übereinkommen (vgl. *Biermann*, Internationale Umweltverträge im Welthandelsrecht, 21, sowie die dortigen Übersichten, 69 ff.).

Umweltschutzabkommen in den GATT-Streitbeilegungsverfahren aber noch nie in Frage gestellt[25]. Dennoch existieren bereits einige Vorschläge, die das Verhältnis zwischen handelsrelevanten Vorschriften in multilateralen Umweltschutzabkommen und dem GATT/WTO-Regelwerk näher zu definieren versuchen[26].

3. Umweltschutzrelevante Bestimmungen im GATT/WTO-Vertragswerk[27]

Die Zulässigkeit von handelsbeschränkenden Maßnahmen aus Umweltschutzgründen wird heute in erster Linie durch das internationale Handelsrecht geregelt. Für den Warenverkehr, der auch den Handel mit Tropenholz und Tropenholzprodukten umfaßt, gilt diesbezüglich das Allgemeine Zoll- und Handelsabkommen (GATT) als Teil des Übereinkommens zur Errichtung der Welthandelsorganisation (World Trade Organization, WTO), mit welchem die Regelungen der internationalen Handelsbeziehungen einen weltumspannenden institutionellen Rahmen erhalten haben[28].

a) GATT 1947

Das GATT-Abkommen von 1947, das die Liberalisierung des internationalen Handelsverkehrs durch die Reduzierung von Zöllen und nichttarifären Handelsbeschränkungen verfolgt, erwähnt weder den Begriff der Umwelt noch den des Umweltschutzes ausdrücklich. Dies ist mit der sich nach Ende des zweiten Weltkriegs bestehenden Interes-

---

[25] Vgl. zu potentiellen Konflikten: *Brack*, Reconciling the GATT, RECIEL 1997, 112, 114 ff.; *Helm*, Sind Freihandel und Umweltschutz vereinbar?, 123; *Reiterer*, The WTO-Ministerial Conference, Austrian Review of Int. and European Law 1997, 107, 110.

[26] *Schoenbaum*, International Trade and Protection of the Environment, AJIL 1997, 268, 281.

[27] Zusammenfassung in *Nordström/Vaughan*, Trade and Environment, Annex I, 77 ff.; einen guten Überblick gibt auch das „background document" des High Level Symposium on Trade and Environment, 15./16.März 1999, 11 ff.

[28] Vgl. zur Errichtung der WTO: *Jansen*, Die neue Welthandelsorganisation, EuZW 1994, 333, 334 ff.; *Ipsen/Haltern*, Rule of Law in den internationalen Wirtschaftsbeziehungen, RIW 1994, 717, 718 ff.; *Senti*, WTO - System und Funktionsweise der Welthandelsordnung, 64 ff.

senlage zu erklären, die auf den Wiederaufbau einer funktionsfähigen Weltwirtschaft ausgerichtet war. Zudem sind besorgniserregende umweltschädigende Ereignisse verstärkt erst Anfang der 70er Jahre aufgetreten. Handelsbeschränkungen aufgrund von Umweltvorschriften tangieren dennoch einige der Kernbestimmungen und Prinzipien des GATT[29], wie den Nichtdiskriminierungsgrundsatz mit seinen beiden Ausprägungen der Meistbegünstigung (Art. I)[30] und der Inländergleichbehandlung (Art. III)[31] sowie das Verbot mengenmäßiger Beschränkungen (Art. XI).

Ein indirekter Bezug zum Umweltschutz wird lediglich durch zwei Ausnahmeregelungen in Art. XX GATT hergestellt[32]. Handelssanktionen sind nach Art. XX GATT möglich, wenn diese nicht zu einer willkürlichen und ungerechtfertigten Diskriminierung zwischen Ländern, in denen gleiche Verhältnisse bestehen, oder zu einer verschleierten Beschränkung des internationalen Handels führen[33]. Art. XX (b) GATT erlaubt „Maßnahmen zum Schutz des Lebens und der Gesundheit von Menschen, Tieren und Pflanzen"; möglich sind nach Art. XX (g) GATT auch „Maßnahmen zur Erhaltung erschöpflicher Naturschätze", soweit

---

29 Siehe hierzu ausführlicher *Beise/Oppermann/Sander*, Grauzonen im Welthandel, 37 ff.

30 *General Most Favoured Nations Treatment*: Der Meistbegünstigungsgrundsatz verpflichtet eine Vertragspartei, die einem anderen Staat, ob WTO-Mitglied oder nicht, Handelsvergünstigungen für eine Ware einräumt, diese auch „unverzüglich und bedingungslos" auf alle anderen Vertragsstaaten zu erstrecken. Vgl. einführend *Senti*, WTO - System und Funktionsweise der Welthandelsordnung, 159 ff.

31 *National Treatment on Internal Taxation and Regulation*: Das Gebot der Inländerbehandlung ergänzt das Diskriminierungsverbot des Art. I. GATT. Art III GATT verbietet die Schlechterstellung von ausländischen gegenüber gleichartigen inländischen Waren durch staatliche Maßnahmen nach Überschreiten der Zollgrenze. Dies gilt v.a. im Hinblick auf die Steuer- und Abgabenbelastung (Abs. 2) und den Erlaß von absatzrelevanten Rechts- und Verwaltungsvorschriften (Abs. 4). Vgl. hierzu *Senti*, WTO - System und Funktionsweise der Welthandelsordnung, 182 ff.

32 Vgl. zu umweltrelevanten Bestimmungen der WTO auch *Senti*, WTO - System und Funktionsweise der Welthandelsordnung, 294 ff.

33 Diese den Abschnitten (a) bis (j) vorangestellten allgemeinen Anforderungen werden auch als „chapeau" des Art. XX GATT bezeichnet.

diese darauf gerichtet sind, den heimischen Produktions- und Konsumbeschränkungen mehr Effizienz zu verleihen[34].

b) GATT 1994

Mit dem erfolgreichen Abschluß der Uruguay-Runde zum GATT im Jahr 1994[35], die nicht nur zu bemerkenswerten Zollsenkungen, sondern mit der Schaffung der WTO[36] auch zu einer institutionellen und materiellen Neuordnung und Erweiterung des Welthandelssystems geführt hat[37], fand auch die Frage der Wechselwirkungen zwischen internationalen Handelsaktivitäten und der Umwelt offiziell Eingang in das GATT-Vertragswerk.

Die Umweltthematik, die ursprünglich nicht Gegenstand der Verhandlungen der Uruguay-Runde sein sollte[38], erlangte unter dem Schlagwort „Greening the GATT" zunehmend an Publizität im Vorfeld des UN-Umweltgipfels von Rio de Janeiro 1992, in dessen Rahmen ebenfalls das Thema Handel und Umwelt zur Sprache gebracht wurde[39]. Die beiden Anfang der 90er Jahre als „Thunfischfälle" bekannt gewordenen Streitfälle zwischen den USA und Mexiko sowie zwischen den USA und der EG um ein US-amerikanisches Importverbot für Thunfische trugen ebenfalls zu einer Verstärkung der Umweltdebatte innerhalb der

---

[34] Vgl. näher zu Entstehungsgeschichte und Inhalt von Art. XX GATT: *Charnovitz*, Exploring the Environmental Exceptions in GATT Article XX, JWT 1991, Nr. 5, S. 37, 43 ff.

[35] Vgl. zusammenfassend zu den Ergebnissen der Uruguay-Runde: *Hauser/Schanz*, Das neue GATT, 56 ff.; *Stoll*, Die WTO, ZaöRV 1994, 241, 252 ff.; *Benedek*, Die neue Welthandelsorganisation (WTO) und ihre internationale Stellung, VN 1995, 13 ff.; *Senti*, WTO - System und Funktionsweise der Welthandelsordnung, 154 ff.

[36] Die WTO nahm zum 1.1.1995 ihre Arbeit auf; mittlerweile verfügt sie über 137 Mitgliedstaaten, 35 Industrie- sowie 102 Entwicklungs- und Reformländer (Stand: Juni 2000).

[37] *Stoll*, Die WTO, ZaöRV 1994, 241, 243 f.

[38] *Gramlich*, GATT und Umweltschutz, AVR 1995, 131, 136.

[39] Vgl. zusammenfassend zu den Ergebnissen der Rio-Konferenz im Hinblick auf Handel und Umwelt: *Petersmann*, International Trade Law and International Environmental Law, JWT 1993, Nr. 1, S. 45, 48 ff.

GATT-Verhandlungen bei[40]. Eine 1991 eingesetzte GATT-Arbeitsgruppe zu „Environmental Measures and International Trade“[41] befaßte sich daraufhin eingehend mit möglichen Konflikten zwischen GATT-Vorschriften und handelsbezogenen Bestimmungen in multilateralen Umweltübereinkommen und den diesbezüglichen Grundsätzen und Vorschlägen in der Rio-Deklaration[42] und der Agenda 21[43]. In beiden - rechtlich unverbindlichen - Vereinbarungen wird betont, daß umweltbezogene handelspolitische Maßnahmen weder ein Instrument willkürlicher oder ungerechtfertigter Benachteiligung noch eine versteckte Beschränkung des internationalen Handels darstellen sollen. Insbesondere wird ein Verzicht auf unilaterale Maßnahmen zur Bewältigung grenzüberschreitender oder globaler Umweltprobleme gefordert.

Durch die partielle Schwerpunktverlagerung der Verhandlungen sind Veränderungen im GATT/WTO-Regelwerk vorgenommen worden, welche den Umweltschutzaspekten in den internationalen Handelsbeziehungen stärker als bisher Rechnung tragen. In der Schlußakte der Uruguay-Runde[44] sind nunmehr an zahlreichen Stellen Umweltbelange aufgeführt:

---

[40] Siehe zum US-amerikanischen Importverbot für Thunfisch gegenüber Mexiko: Panel-Bericht v. 16.8.1991: „United States - Restriction on Imports of Tuna“, ILM 30 (1991), 1598 ff. (nachfolgend US-Tuna/Dolphin I); zum diesbezüglichen Streit zwischen der EG und den USA siehe den Panel-Bericht v. 16.6.1994: „United States - Restriction on Imports of Tuna“, ILM 33 (1994), 839 ff. (nachfolgend US-Tuna/Dolphin II). Vgl. ausführlicher zu den „Thunfischfällen“ S. 414 ff.

[41] Die Einrichtung dieser Gruppe wurde zwar schon im Vorfeld der Stockholmer Umweltkonferenz 1971 für erforderlich gehalten, dennoch dauerte es beinahe 20 Jahre, bis „EMIT“ auf Betreiben der EFTA-Staaten erstmals im Herbst 1991 zusammengerufen wurde (vgl. *Gramlich*, GATT und Umweltschutz, AVR 1995, 131, 132).

[42] Vgl. Prinzip 12 der Erklärung von Rio zu Umwelt und Entwicklung, S. 200, Anm. 272.

[43] Vgl. Agenda 21, Kapitel 2 (Internationale Zusammenarbeit zur Beschleunigung nachhaltiger Entwicklung in Entwicklungsländern, insbesondere Ziff. 2.19 ff.) sowie Kapitel 39 (Internationale Rechtsinstrumente und -mechanismen, Ziff. 39.3 d).

[44] Am 15.4.1994 wurden in Marrakesch die knapp 500 Seiten umfassende Schlußakte verabschiedet. Der Hauptteil normiert die Errichtung der WTO (Agreement Establishing the World Trade Organization) und enthält weitere internationale Verträge in den Anhängen 1A bis 4. Annex 1A bezieht sich auf den Warenhandel und beinhaltet wiederum 14 Einzelabkommen, u.a. das Ab-

Die umweltorientierte Neuausrichtung fand u.a. Eingang in die Präambel des Übereinkommens zur Errichtung der WTO. Danach soll die Förderung des Handels mit dem Schutz und der Erhaltung der Umwelt in Einklang stehen, um eine nachhaltige Entwicklung zu gewährleisten. Da die Organe der WTO die in der Präambel niedergelegten Zielsetzungen bei allen von ihnen zu treffenden Entscheidungen, auch im Rahmen von Streitschlichtungsverfahren grundsätzlich zu beachten haben, ist der Umweltschutz nun formal und sprachlich zu einem festen Bestandteil geworden und als übergeordnete Zielsetzung sämtlicher Vertragsbestandteile des WTO-Regelwerks anzusehen[45]. Die bereits erwähnten Ausnahmeregelungen in den Artikeln XX (b) und (g) des GATT-Abkommen von 1947 sind nicht nur unverändert in das „neue" GATT 1994[46] übernommen, sondern in ähnlicher Form auch in andere internationale Handelsübereinkommen integriert worden[47]. Auch das

---

kommen über technische Handelshemmnisse; Annex 1A1 etabliert das GATT in revidierter Fassung („GATT 1994"). Annex 2 enthält Regeln zur Streitbeilegung, Annex 3 normiert den handelspolitischen Überprüfungsmechanismus (Trade Policy Review Mechanism, TPRM), in Annex 4 befinden sich vier plurilaterale Handelsabkommen, die nach dem „single package"-Ansatz nicht für alle Vertragsstaaten verbindlich sind; hierzu gehört auch das Übereinkommen über das Öffentliche Beschaffungswesen. Im letzten Teil der Schlußakte sind Ministerentscheidungen und Deklarationen, u.a. auch der Beschluß über Handel und Umwelt, enthalten.

Abdruck der wichtigsten Dokumente der Schlußakte in: ILM 33 (1994), 1125, 1143 ff.; BGBl. 1994 II, 1442 ff. (englisch), 1624 ff. (deutsch); BT-Drucks. 12/7986 v. 16.6.1994 (dort nur Abdruck der Texte, die nicht in die nationale Gesetzgebungszuständigkeit fallen). Vgl. ausführlich zur Gliederung der Schlußakte: *Jackson*, The World Trade Organization, 37 ff.; *Ipsen/Haltern*, Rule of Law in den internationalen Wirtschaftsbeziehungen, RIW 1994, 717, 718.

45 *Knorr*, Umweltschutz, nachhaltige Entwicklung und Freihandel, 53. Die zunehmende Bedeutung der nachhaltigen Entwicklung ergibt sich auch aus der Entscheidung der WTO-Berufungsinstanz im sog. *Shrimp/Turtle*-Fall (Appellate-Body: „United States - Import Prohibition of Certain Shrimp and Shrimp Products", 12.10.1998, ILM 38 [1999], 118 ff., Ziff. 153; dazu ausführlicher S. 331 ff.

46 Das GATT 1947 in seiner bisherigen Form existiert juristisch selbständig neben der WTO weiter, seine Vorschriften sind aber gleichzeitig Bestandteil des GATT 1994 geworden; deutsche Fassung des GATT 1994 abgedruckt in: *Hummer/Weiss*, Vom GATT '47 zur WTO '94, 553 ff.

47 Vgl. ausführlicher zu Umweltschutzbestimmungen in WTO-Abkommen: *Diem*, Freihandel und Umweltschutz in GATT und WTO, 53 ff.; *Senti*, Um-

Streitschlichtungsverfahren innerhalb der WTO ist als Reaktion auf die zunehmende Verknüpfung von Handel und Umwelt und daraus resultierenden Konflikten um die Möglichkeit erweitert worden, Umweltschutzexperten zur Erörterung der im Einzelfall relevanten ökologischen Zusammenhänge zu befragen[48].

Auch nach Abschluß der Uruguay-Runde bleibt das GATT-Recht dennoch in erster Linie mit Zoll- und Handelsfragen befaßt und hat sich keineswegs zur Hauptaufgabe gemacht, Belange des globalen Umweltschutzes zu fördern; vielmehr steht auch weiterhin die Sicherstellung der Liberalisierung des freien Welthandels mit dem Ziel der Steigerung der Produktion und des internationalen Warenaustauschs sowie der Erschließung von Ressourcen im Vordergrund. Diese Schlußfolgerungen ergeben sich auch aus einer neuen Studie des WTO-Sekretariats „Tade and the Environment"[49], die zu folgenden Ergnissen gelangt:

Zum einen wird wirtschaftliches Wachstum nicht als umweltschädigend, sondern als unentbehrliche Vorausssetzung für einen effektiven Umweltschutz angesehen; effektive Umweltschutzmaßnahmen wirkten sich zudem nicht nachteilig auf den Wettbewerb aus, sondern würden vielfach gerade die wirtschaftliche Entwicklung unterstützen. Schließlich betont die WTO-Studie die Bedeutung einer guten Regierungsführung (Good Governance) und eines gehobenen Bildungsniveaus für einen effektiven Umweltschutz[50].

Mit der Klärung des grundsätzlichen Verhältnisses des WTO-Handelssystems zu umweltschutzrelevanten Aspekten beschäftigt sich das mit Unterzeichnung der Schlußakte von Marrakesch eingesetzte Komittee für Handel und Umwelt[51] als Nachfolger der GATT-Arbeitsgruppe EMIT. Dies ist keine leichte Aufgabe angesichts der Tatsache, daß die ca. 26.000 Seiten des WTO-Rechts seit 1995 auf zur Zeit knapp 220 in-

---

weltschutz im Welthandel, Die Friedenswarte 1998, 63, 68; *Knorr*, Umweltschutz, nachhaltige Entwicklung und Freihandel, 54 ff.

48 Siehe Art. 13 Abs. 2 des „Understanding on Rules and Procedures Governing the Settlement of Disputes" (Abdruck in: *Jackson*, The World Trade Organization, 145 ff.). Dazu auch *Knorr*, Umweltschutz, nachhaltige Entwicklung und Freihandel, 58.

49 Vgl. *Nordström/Vaughan*, Trade and Environment, 1999.

50 *Nordström/Vaughan*, Trade and Environment, 57.

51 Committee on Trade and Environment (CTE), eingesetzt durch den Beschluß der Minister über Handel und Umwelt vom 14.4.1994 (abgedruckt in: ILM 33 [1994], 1267 ff.; *Hummer/Weiss*, Vom GATT '47 zur WTO '94, 542 ff.).

ternationale Umweltübereinkommen stoßen, die zum größten Teil schon vor dem Abschluß der Uruguay-Runde vereinbart worden sind[52].

Zum zehn Themenbereiche umfassenden Arbeitsprogramm des Ausschusses für Handel und Umwelt gehört u.a. die Überprüfung des Verhältnisses zwischen Vorschriften des multilateralen Handelssystems zu völkerrechtlichen Umweltübereinkommmen und nationalen Handels- und Umweltpolitiken, wie etwa Ökosteuern oder Verpackungs-, Kennzeichnungs- und Recyclingregeln[53]. Anders als der Bereich der Sozialstandards hat die Umweltthematik in ihren handelsrelevanten Bezügen damit einen festen Arbeitsschwerpunkt innerhalb der WTO erhalten[54]. Was den Handel mit Forstprodukten betrifft, so haben die Vorbereitungen für eine neue - wenn auch zunächst in Seattle gescheiterte - WTO-Handelsrunde[55] die Tendenz erkennen lassen, daß auch die WTO die nachhaltige Waldbewirtschaftung als Voraussetzung für eine größtmögliche öffentliche Nutznießung der Wälder ansieht[56].

Ein Kernproblem in der Auseinandersetzung um Handel und Umwelt liegt in der Frage, unter welchen Voraussetzungen Handelsbeschränkungen aufgrund legitimer Umweltschutzziele gestattet und protektionistische Maßnahmen abgewehrt werden können. Die aufgeworfene Frage ist zum Gegenstand einiger wichtiger GATT-Streitbeilegungsver-

---

52 *Hilf*, Freiheit des Welthandels contra Umweltschutz?, NVwZ 2000, 481, 482.

53 Vgl. zusammenfassend zu den bisherigen Arbeiten des CTE die Ausführungen von *Tarasofsky*, The WTO Committee on Trade and Environment, Max Planck Yearbook of UN law 1999, 471, 473 ff.; siehe auch *Ewing/Tarasofsky*, The „Trade & Environment" Agenda, 5 ff.; *Reiterer*, The WTO Ministerial Conference, Austrian Review of Int. and European Law 1997, 107 ff.; *Schoenbaum*, International Trade and Protection of the Environment, AJIL 1997, 268, 269 ff.

54 *Hilpold*, Die Fortentwicklung der WTO-Ordnung, RIW 1998, 90, 98; siehe auch *Shaw*, Trade and Environment, RECIEL 1997, 105.

55 Vgl. hierzu *Gramlich*, Seattle - oder: Die Welthandelsorganisation in der Krise?, VRÜ 1999, 60 ff.; *Senti*, WTO - System und Funktionsweise der Welthandelsordnung, 691 ff.

56 WTO-Doc. WT/GC/W/221 v. 28.6.1999, Preparations for the 1999 Ministerial Conference, Negotiations on Forestry and Fishery Products, Nr. 12: „Forests can only fully provide public benefits when used in a sustainable manner through proper operations ...".

fahren[57] geworden, in denen ein Staat einseitig erlassene Handelsbeschränkungen mit Umweltschutzgründen zu begründen versuchte[58]. Reichweite und Auslegung der umweltrelevanten Vorschriften des GATT/WTO-Regelwerks, insbesondere der in Art. XX GATT enthaltenen Ausnahmen mit Umweltrelevanz, Art. XX (b) und (g) GATT, wurden erstmals 1982 durch ein Schiedsgericht in dem noch unter der Ägide des GATT '47 entflammten Streits zwischen den USA und Kanada um ein amerikanisches Importverbot für Thunfisch aus Kanada untersucht, das mit dem Argument verhängt wurde, die gefährdeten Thunfischbestände vor der Westküste Kanadas zu schützen[59]. In den bisher entschiedenen Fällen ist die Grundtendenz der Schiedsgerichte erkennbar, bei der Auslegung und Anwendung des Art XX GATT dem

---

[57] In der Uruguay-Runde wurden durch das „Understanding on Rules and Procedures Governing the Settlement of Disputes" die verschiedenen Streitschlichtungsverfahren der einzelnen Abkommen des GATT/WTO-Regelwerks vereinheitlicht und modifiziert. Panel-Entscheidungen werden nunmehr entgegen der bisherigen Regelung automatisch für die Streitparteien verbindlich, soweit sie nicht durch den Konsens der neu gegründeten Streitschlichtungsstelle (Dispute Settlement Body, DSB) blockiert werden oder eine Streitpartei beabsichtigt, Berufung einzulegen, über die die neu geschaffene Berufungsinstanz (Standing Appellate Body) entscheidet. Vgl. ausführlich zum neuen Streitschlichtungsmechanismus: *Croome*, Guide to the Uruguay Round Agreements, 27 ff.; *Jackson*, The World Trade Organization, 72 ff.; *Petersmann*, The GATT/WTO Dispute Settlement System, 66 ff.; *Senti*, WTO - System und Funktionsweise der Welthandelsordnung, 134 ff.; *Vermulst/Driessen*, An Overview of the WTO Dispute Settlement System, JWT 1995, Nr. 2, 131 ff.

[58] Vgl. ausführlich zu GATT-Streitbeilegungsverfahren mit Umweltbezügen: *Charnovitz*, Environment and Health Under WTO Dispute Settlement, The Int. Lawyer 1998, 901 ff.; *Diem*, Freihandel und Umweltschutz in GATT und WTO, 24 ff. und 206 f.; *Petersmann*, The GATT/WTO Dispute Settlement System, 95 ff. Siehe zu den Entscheidungen der Schiedsgerichte auch *Nordström/Vaughan*, Trade and Environment, Annex I, 82 ff. sowie <http://www.wto.org/wto/dispute/distab.htm>.

[59] Panel-Bericht: „United States - Prohibition of Imports of Tuna and Tuna Products from Canada", angenommen am 22.2.1982, GATT BISD 29 S/91 ff. Der „Fischstreit" fand einige Jahre später unter umgekehrten Vorzeichen seine Fortsetzung, als die USA 1987 ein von Kanada erlassenes Exportverbot für bestimmte Hering- und Lachsarten in unverarbeiteter Form rügten, vgl. Panel-Bericht: „Canada - Measures Affecting Exports of Unprocessed Herring and Salmon", angenommen am 22.3.1988, GATT BISD 35 S/98 ff. Vgl. zusammenfassend zur GATT/WTO-Streitschlichtungspraxis zu Art. XX (b), (d) und (g) GATT: WTO-Doc. WT/CTE/W/53 v. 30.7.1997.

Grundsatz des freien Handels Vorrang vor umweltpolitisch motivierten Handelsbeschränkungen einzuräumen. Bemerkenswert ist dennoch, daß von den sechs Panelberichten zu Umweltfragen unter dem GATT '47[60] drei Entscheidungen nicht durch den GATT-Rat angenommen worden sind und insofern keine Bindungswirkung zwischen den am Streit beteiligten Parteien entfalten[61].

Die Panel-Praxis zu Art. XX GATT hat sich unter dem GATT/WTO-System ab 1995 nicht grundlegend geändert. In der WTO sind bislang sechs Fälle, die sich mit umweltrechtlichen Fragen beschäftigen, entschieden worden. Als diesbezüglicher „leading case" gilt die Entscheidung zum US-amerikanischen Importverbot für Garnelen, das zum Schutz von Meeresschildkröten erlassen wurde[62]; das eingesetzte Schiedsgericht bekräftigte erneut, daß Art. XX im Lichte der Ziele des GATT ausgelegt werden müsse und hielt im Ergebnis das von den USA einseitig verhängte amerikanische Importverbot insofern für GATT-widrig, als es bereits den eingangs in Art. XX GG niedergelegten allgemeinen Anforderungen (sog. „Chapeau"-Klausel) widersprechen würde[63]. Hiernach darf eine auf Art. XX GATT gestützte Maßnahme nicht derart angewendet werden, daß sie zu einer willkürlichen und unge-

---

60 Vgl. hierzu zusammenfassend das „background document" des High Level Symposium on Trade and Environment (Anm. 27 in diesem Teil), Ziff. 123 ff.

61 Vgl. *Petersmann*, The GATT/WTO Dispute Settelement System, 95 ff.; nicht angenommen wurden bislang die beiden „*Thunfisch*-Fälle" sowie der Panel-Bericht „United States - Taxes on Automobiles" v. 11.10.1994, ILM 33 (1994), 1397 ff.

62 Panel-Bericht: „United States - Import Prohibition of Certain Shrimp and Shrimp Products" vom 15.5.1998, ILM 37 (1998), 834 ff.: Die USA hatten zum Schutz der durch Anlage I des Washingtoner Artenschutzabkommens besonders geschützten Meeresschildkröten ein Importverbot für Shrimps gegenüber Drittstaaten verhängt („Section 609"), sofern diese Staaten nicht nachweisen konnten, daß sie ein vergleichbares Schutzprogramm wie die USA anwandten und die Lieferung mit einem entsprechenden Etikett versahen. Die vom Importverbot besonders betroffenen Länder Indien, Malaysia, Pakistan und Thailand hielten das Importverbot für GATT-widrig und riefen deswegen 1997 die WTO-Streitschlichtungsorgane an. Vgl. ausführlicher zu diesem Fall: *Howse*, The Turtles Panel, JWT 1998, Nr. 5, S. 73 ff.; *Beyerlin*, Umweltvölkerrecht, 323 f.; *Trachtman*, The Domain of WTO Dispute Resolution, Harvard Int. Law Journal 1999, 333, 356 ff.; *Ohlhoff*, Beteiligung von Verbänden und Unternehmen in WTO-Streibeilegungsverfahren, EuZW 1999, 139 ff.

63 Vg. hierzu *Mann*, Of Revolution and Results, YIEL 1998, 28, 30 ff.

rechtfertigten Diskriminierung zwischen Ländern, in denen gleiche Verhältnisse bestehen, oder zu einer verschleierten Beschränkung des internationalen Handels führt. Das erstinstanzliche Streitbeilegungspanel sah sich daher nicht mehr veranlaßt, die fraglichen Maßnahmen der USA anhand der speziellen Ausnahmetatbestände für Umweltbelange, Art. XX (b) und (g) GATT, zu prüfen.

Das Berufungsgericht folgte im Ergebnis dieser Argumentation, allerdings mit einer bemerkenswerten Neuerung hinsichtlich der Bewertung des Verhältnisses zwischen Handel und Umwelt[64]. Die Tatsache, daß sich eine nationale Umweltschutzmaßnahme handelsbeschränkend auswirke, dürfe nicht dazu führen, daß diese Maßnahmen a priori nie nach Art. XX GATT zu rechtfertigen seien; ansonsten ginge der Charakter dieser GATT-Norm als Ausnahmevorschrift verloren. Das Berufungsgremium befand daher, daß methodisch die Ausnahmetatbestände der Art. XX (a) bis (j) GATT vor dem Einleitungssatz zu prüfen seien. Das Berufungsgericht verwies darauf, daß das Übereinkommen zur Errichtung der WTO schon in seiner Präambel neben der Ausweitung des Handels mit Waren und Dienstleistungen auch die optimale Nutzung der natürlichen Ressourcen im Einklag mit dem Ziel einer nachhaltigen Entwicklung erwähne und insofern zwei auf den ersten Blick gegenläufige Ziele verfolge[65]. Eine einseitige, lediglich an der Förderung des Freihandels ausgerichtete Spruchpraxis entspreche deshalb nicht dem Zweck des Vertrages und finde in ihm keine Grundlage.

Letztendlich erachtete das Berufungsgericht die strittige US-amerikanische Handelsgesetzgebung für grundsätzlich rechtfertigungsfähig nach Art. XX (g) GATT, das Importverbot genügte jedoch auch nach Ansicht des Appellate Body nicht den in Art. XX GATT vorangestellten allgemeinen Anforderungen. Bei der Auslegung der „Chapeau-

---

64 Bericht des Appellate-Body: „United States - Import Prohibition of Certain Shrimp and Shrimp Products" vom 12.10.1998, ILM 38 (1999), 118 ff. Vgl. näher hierzu: *Berger*, Unilateral Trade Measures to Conserve the World's Living Resources, Columbia Journal of Environmental Law 1999, 355, 359 ff.; *Cone*, The Appellate Body, JWT 1999, Nr. 2, S. 51 ff.; *Hohmann*, Der Konflikt zwischen freiem Handel und Umweltschutz in WTO und EG, RIW 2000, 88, 93 f.; *Mavriodis*, Trade and Environment after the Shrimps-Turtles Litigation, JWT 2000, Nr. 1, S. 73 ff.; *Shaffer*, The U.S. Shrimp-Turtle Appellate Body Report, in: ICTSD, Bridges between Trade and Sustainable Development, Vol. 2 Nr. 7, Okt. 1998, 9 ff.

65 Bericht des Appellate-Body: „United States - Import Prohibition of Certain Shrimp and Shrimp Products", Ziff. 152 f.

Klausel“ bezog sich der Appellate Body erneut auf die Präambel des WTO-Übereinkommens mit ihren Hinweisen auf eine nachhaltige Entwicklung und den Umweltschutz. Demzufolge seien allen WTO-Mitgliedern unter Einhaltung besonderer Rechtmäßigkeitsvoraussetzungen die erforderlichen Handlungsspielräume zur Ergreifung effektiver Umweltschutzmaßnahmen eingeräumt[66].

Obwohl die Vereinigten Staaten im Ergebnis doch zur Aufhebung des Importverbots verurteilt worden sind, erkennt die Shrimps/Turtle-Entscheidung erstmalig an, daß alle WTO-Mitglieder durch ihre Handelspolitik legitimen öffentlichen Umweltschutzinteressen dienen können. Der Shrimps/Turtle-Fall kann daher als Durchbruch hin zur verstärkten Beachtung von Umweltschutzinteressen bei Handelsstreitigkeiten angesehen werden. Ob und inwieweit künftig nach Maßgabe der Shrimps/Turtle-Entscheidung umweltpoltische Ziele bei der Beurteilung handelsbeschränkender Maßnahmen verstärkt Berücksichtigung finden werden, bleibt abzuwarten[67] - dies gilt nicht zuletzt auch für handelsbeschränkende Maßnahmen zum internationalen (Tropen-) Waldschutz[68]. Jedenfalls signalisiert die Entscheidung des Appellate Body, daß auch das GATT ‘94 im Kontext multilateraler Umweltverträge auszulegen ist[69] und Umweltaspekte bei der Entscheidung über die Rechtmäßigkeit von Handelsrestriktionen verstärkt zu berücksichtigen sind.

---

[66] Bericht des Appellate-Body: „United States - Import Prohibition of Certain Shrimp and Shrimp Products“, Ziff. 185 f. Vgl. hierzu ausführlicher: *Hilf*, Freiheit des Welthandels contra Umweltschutz?, NVwZ 2000, 481, 485; *Shaffer*, The U.S. Shrimp-Turtle Appellate Body Report, in: ICTSD, Bridges between Trade and Sustainable Development, Vol. 2 Nr. 7, Okt. 1998, 9, 11.

[67] Diesbezüglich kritisch: *Charnovitz*, Environment and Health Under WTO Dispute Settlement, The Int. Lawyer 1998, 901, 920.

[68] Vgl. hierzu *Berger*, Unilateral Trade Measures to Conserve the World’s Living Resources, Columbia Journal of Environmental Law 1999, 355, 389 ff.

[69] Bericht des Appellate-Body: „United States - Import Prohibition of Certain Shrimp and Shrimp Products“, Ziff. 129 ff.: Bei der Auslegung des Merkmals „natürliche Ressource“ im Rahmen von Art. XX (g) GATT greift das Berufungsgericht beispielsweise auf das Washingtoner Artenschutzabkommen und die Bonner Konvention zum Schutz wildlebender Arten zurück.

II. Umweltpolitische Dimensionen des internationalen Holzhandels

Bevor näher auf die handels- und umweltpolitischen Konflikte im Bereich der internationalen Forst- und Holzwirtschaft einzugehen ist, soll nachfolgend kurz die Bedeutung des Rohstoffs und Energieträgers Holz in der weltwirtschaftlichen Entwicklung dargestellt werden.

1. Globale Entwicklung der internationalen Holzmärkte

Innerhalb der vergangenen Jahrzehnte hat sich der Weltholzhandel hinsichtlich der Produktgruppenstruktur erheblich gewandelt. Der Anteil der jährlich exportierten Menge von industriell genutztem Rundholz an den Gesamtexporterlösen aus dem Handel mit Holzprodukten ist von 15 % (1970) auf 8 % (1996) gefallen. Dagegen hat die Bedeutung der Produktgruppen Holzplatten sowie Papier und Pappe deutlich zugenommen[70]. Eine ähnliche Tendenz zeigen auch die Importwerte im Weltholzhandel auf[71]. Insgesamt betrachtet hat die Bedeutung von Rohstoffen und Halbwaren für den internationalen Holzhandel abgenommen, während der Anteil von höherwertigen Halbfertig- und Fertigwaren deutlich gestiegen ist[72].

---

[70] *Bourke/Leitch*, Trade Restrictions, 6.

[71] *Ollmann*, Weltmarkt Holz, 6 f. Siehe dazu auch Abbildung 18, S. 33.

[72] *Barbier*, Impact of the Uruguay Round, 2; *Thoroe/Ollmann*, Holz in der Weltwirtschaft, 23, 30.

Abbildung 47

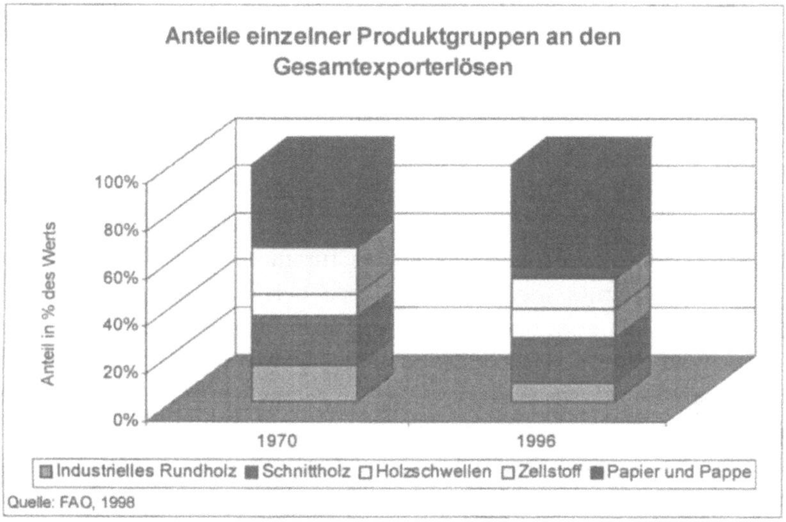

Die Zahl der Teilnehmer am internationalen Handel mit Holz hat sich in den letzten Jahren ständig vergrößert. Angesichts der ungleichen Verteilung der globalen Waldbestände hat sich im Produktbereich Holz und Papier ein intensiver internationaler Güteraustausch entwickelt. Zahlreiche Länder sind zugleich Import- und Exportländer. Der weitaus größte Anteil der weltweiten Exporterlöse aus dem Holzhandel entfällt mit 85 % auf die Industriestaaten (1998)[73].

Die zunehmende internationale Arbeitsteilung und Spezialisierung, die sich im Zuge des Globalisierungsprozesses in einer starken Ausweitung des intra-industriellen Handels niederschlägt, erstreckt sich auch auf die Entwicklung des Außenhandels mit Holz und Holzprodukten. Dominant ist vor allem der Intra-Handel Westeuropas: auf ihn entfallen allein 30 % des gesamten Weltholzhandels[74]. Auch die Staaten des NAFTA-Blocks (USA, Kanada und Mexiko) verzeichnen einen steigenden Intra-Handel mit Holzprodukten. Die dritte große Handelsregion ist der Pazifische Raum, in dem neben dem weltweit größten Holzimporteur Japan auch China, Südkorea, Singapur und Thailand durch einen Anstieg

---

[73] Vgl. dazu Abbildung 23 auf S. 38.

[74] *Thoroe/Ollmann*, Holz in der Weltwirtschaft, 23, 26.

sowohl des heimischen Verbrauchs als auch der Holzexporte an Einfluß gewinnen[75].

2. Der internationale Tropenholzmarkt

Die sich auf den internationalen Holzmärkten entwickelnden Handelsströme erhalten auch wichtige Hinweise zur Wirksamkeit möglicher Handelsbarrieren und ihrer Auswirkungen auf den Tropenholzhandel.

Die Bedeutung des Tropenholzhandels für die Vernichtung der tropischen Waldbestände wird in der öffentlichen Diskussion und in den Medien oftmals überbewertet. Im Vergleich zu den Waldverlusten, die bedingt sind durch Brennholznutzungen und Brandrodungen, ist der Export von Tropenhölzern nur zu einem relativ geringen Teil für Waldverluste und Walddegradierungen verantwortlich zu machen. Da der Großteil des jährlich eingeschlagenen Tropenholzes in den Entwicklungsländern selbst verbraucht wird, ist die Effektivität von Beschränkungen des Handels mit Tropenhölzern fragwürdig. Der Vorwurf der Tropenholzboykott-Kampagne in den 80er Jahren, nur der „Holzhunger" der Industrieländer verursache im wesentlichen die Waldzerstörung in den Tropen, ist angesichts der folgenden Zahlen nur schwer haltbar[76]:

Von der insgesamt jährlich eingeschlagenen Nutzholzmenge von rund 1,5 Mrd. m^3 stammen rund 19 % aus den tropischen Wäldern. Nur gut 7 % des tropischen Nutzholzes wird in Form von Rundhölzern exportiert[77]. Die Entwicklung in diesem Marktsegment ist rückläufig, wird allerdings kompensiert durch eine zu verzeichnende Steigerung des Exports von Halbfertig- und Fertigwaren. Bezogen auf das Nutzholzaufkommen in den Tropen beträgt der Export von unverarbeitetem Rundholz und Holzhalbwaren immerhin knapp 25 %. Betrachtet man jedoch den Anteil am Gesamtholzaufkommen in den Tropen (d.h. Brenn- und Nutzholz), so liegt auch dieser Exportanteil lediglich bei 4,4 %[78],

---

[75] *Barbier*, Impact of the Uruguay Round, 5.

[76] *König*, New Approaches, in: Wolfrum (Hrsg.), Enforcing Environmental Standards, 337, 344.

[77] *BReg.*, 6. Tropenwaldbericht, 5 f. mit Angaben für 1996.

[78] *BReg.*, 5. Tropenwaldbericht, S. 6: 1994 wurden noch 4,8 % des tropischen Gesamtholzaufkommens exportiert; der Rückgang ist durch eine Reduktion der Exportmenge aus dem asiatischen Raum zu erklären (von dort aus

hinsichtlich des weltweiten Gesamtholzaufkommens sogar nur bei etwa 2 %. Der internationale Tropenholzhandel stellt damit keinesfalls die Hauptursache für den weltweit zu verzeichnenden Rückgang der Tropenwälder dar[79].

Abbildung 48: Export von tropischem Nutzholz, einschließlich Holzhalbwaren, nach Tropenregionen 1996

Tropenregion	Exportmenge		Anteil vom **Gesamtholzaufkommen** der Region	Anteil vom **Nutzholzeinschlag** der Region
	Mio. m^3	%	%	
Afrika	7,9	11,1	1,5	17,8
Amerika	9,9	14,0	2,8	8,8
Asien/Ozeanien	53,1	74,9	7,3	41,1
Gesamt	70,9	100	4,4	24,8

Quelle: 6. Tropenwaldbericht der Bundesregierung, 1999

Dennoch ist unbestreitbar, daß für einige Länder mit großen Tropenwaldvorkommen die Exporteinnahmen von Tropenholzprodukten einen wichtigen ökonomischen Faktor darstellen und ihnen ein nicht unbeachtlicher negativer Einfluß auf die Waldflächenentwicklung zuzuschreiben ist. So entfielen 1998 rund 19 % der Gesamterlöse aus dem Export von tropischem Holzprodukten auf Indonesien. Hohe Exporterlöse verzeichneten auch Malaysia (14 %) und Brasilien (13 %)[80].

wurden 1996 noch nur 7,3 % des Gesamtholzaufkommens exportiert; 1994 waren es noch 10 %).

[79] So auch *Simula*, Timber Certification Initiatives, in: Zarrilli/Jha/Vossenaar (Hrsg.), Eco-Labelling and International Trade, 206, 207.

[80] Vgl. Abbildung 41, S. 117 sowie *FAO*, Yearbook of Forest Products 1998, 226 ff.

Brasilien, das gemessen an der Gesamtwaldfläche die weltweit höchste jährlichen Abholzungsraten pro Jahr aufweist[81], verzeichnet auch den höchsten Rundholzeinschlag, aber nur 1,1 % des industriell genutzten Rundholzes wird exportiert[82]. Allerdings weisen die innerhalb der 90er Jahre deutlich gestiegenen Exporterlöse in Brasilien auf die wachsende Bedeutung des Landes als größten tropischen Exporteur von Zellstoff hin[83]. Allein anhand der exportierten Rundholzmenge läßt sich also nicht mehr ein zwingender Zusammenhang zwischen der Exportquote und der Abholzungsmenge bzw. den dadurch bedingten Waldverlusten ableiten, vielmehr sind vorrangig die Exporte der in den einzelnen Tropenländern weiterverarbeiteten Holzprodukte und Holzfertigwaren zu berücksichtigen.

Hinsichtlich der Beziehung zwischen der globalen Waldzerstörung und dem Holzhandel ist auch zu bedenken, daß über 60 % der Tropenholzmenge von den ostasiatischen Staaten (v.a. Japan, China, Südkorea, Taiwan) importiert werden. Allein auf die Holzeinfuhr nach Japan entfallen 28,5 % der weltweiten Tropenholzimporte, dies entspricht einem Anteil von 1,2 % des jährlichen Gesamtholzaufkommens in den Tropen[84]. Dagegen gelangen nur knapp 11 % aller Tropenholzimporte in die EU und etwa 7 % in die USA und Kanada[85]. Angesichts dieser Zahlen könnte nur die mehrheitliche Beteiligung der asiatischen Hauptimporteure an Importrestriktionen für Tropenhölzer eine gewisse Umlenkung der Handelsströme im Tropenholzhandel bewirken, nicht aber mengenmäßige Einfuhrrestriktionen eines einzelnen Abnehmerlandes für Tropenholz[86].

---

[81] In absoluten Zahlen ausgedrückt gingen zwischen 1990 und 2000 mehr als 22 Mio. ha Wald verloren; angesichts der enormen Gesamtwaldfläche Brasiliens entspricht dies jedoch nur einem prozentualen Rückgang um jährlich 0,4 % (siehe näher hierzu S. 91 ff.).

[82] *FAO*, Yearbook of Forest Products 1998, 23, 27.

[83] Innerhalb von nur 6 Jahren sind die Exporterlöse für Holzprodukte in Brasilien von 1,8 Mrd. US-$ (1992) auf 2,4 Mrd. US-$ (1998) gestiegen (vgl. *FAO*, Yearbook of Forest Products 1996, 225; *FAO*, Yearbook of Forest Products 1998, 227).

[84] *BReg.*, 6. Tropenwaldbericht, 6.

[85] *Ibid.*

[86] *König*, New Approaches, in: Wolfrum (Hrsg.), Enforcing Environmental Standards, 337, 361; *Knorr*, Umweltschutz, nachhaltige Entwicklung und Frei-

3. Liberalisierung der internationalen Handelsbeziehungen auf den Holzmärkten

a) Zollreduzierungen

Während der 50er und 60er Jahre war der internationale Holzhandel noch mit Zollsätzen in einer Größenordnung zwischen 10 und 20 % belastet; mittlerweile spielen Zölle für den Weltholzhandel insgesamt betrachtet kaum noch eine Rolle. Im Rahmen der Welthandelsrunden des GATT erfolgte ein zügiger Abbau des Zollschutzes in diesem Marktsegment[87]. In der Uruguay-Runde haben die Industrieländer ihre Zölle für die Warenkategorie Holz von durchschnittlich 2,0 % auf fast 1,1 % sowie für Papier von 3,5 % auf nahezu 0 % gesenkt[88]; dies entspricht einer Reduzierung für sämtliche Holzprodukte um durchschnittlich fast 70 %. Der Anteil der zollfreien Importe der Industrieländer in dieser Warengruppe ist von 50 % auf 85 % angestiegen. Für weitere 6 % liegt der Zollsatz zwischen 0,1 und 5 %[89].

Auch wenn sich einige Entwicklungsländer in der Uruguay-Runde ebenfalls zu erheblichen Zollsenkungen verpflichtet haben, liegen die Zollsätze im Durchschnitt noch höher als in den Industriestaaten[90]. Sie sollen aber auch dort für Holzprodukte von 4,6 % auf 1,7 % gesenkt werden[91]. Ausnahmen von diesem allgemein zu verzeichnenden Trend der Zollreduktionen bzw. -eliminierungen sind z.B. für Brasilien festzustellen, wo für durchweg alle Holzprodukte die Zolltarife erhöht wer-

---

handel, 35; so auch schon *Primo Braga*, Tropical Forests and Trade Policy, in: Low (Hrsg.), International Trade and the Environment, 173, 192.

87 Im Rahmen der Uruguay-Runde wurden die Zölle insgesamt um durchschnittlich 40 % gesenkt (vgl. *Stoll*, Die WTO, ZaöRV 1994, 241, 279; zur Zollreduzierung in den verschiedenen GATT-Handelsrunden siehe: *Tietje*, Normative Grundstrukuren, 39).

88 Kanada, die USA, die EU und Japan beabsichtigen ebenso wie andere Hauptimporteure, einschließlich Finnland, Neuseeland und Südkorea, eine Eliminierung der Zolltarife für Papier und Pappe (vgl. *Bourke*, The Uruguay Round-Results, ITTO Tropical Forest Update 1996/2, 12; *Bourke/Leitch*, Trade Restricitons, 24).

89 *Thoroe/Ollmann*, Holz in der Weltwirtschaft, 23, 28.

90 Vgl. *Bourke/Leitch*, Trade Restrictions, 32; *ITTO*, Annual Review and Assessment of the World Timber Situation 1997, 23. Vgl. näher zu den Auswirkungen der Uruguay-Runde auf den asiatisch-pazifischen Holzhandel: *Brown*, The Implications of the GATT Uruguay Round, 10 ff.

91 *Barbier*, Impact of the Uruguay Round, 17.

den sollen[92]. Nach Einführung der beabsichtigten Zollreduktionen zwischen 2000 und 2004 wird für die Haupt- importeure in den Industrie- und Entwicklungsländern eine Ausweitung des Holzhandels zwischen 340 und 472 Mio. US-$ bzw. 0,4 % gegenüber 1991 vorhergesagt, wovon der größte Anteil auf die Industriestaaten entfallen wird[93]. Trotz der positiven Handelseffekte der Uruguay-Runde auf den Weltholzhandel sind die Zollreduktionen dennoch nicht zu hoch zu gewichten, zumal sich die Zölle schon vor der Uruguay-Runde auf einem relativ niedrigen Niveau befanden[94].

b) Abbau nichttarifärer Handelshemmnisse

In die Konzessionsverhandlungen der Uruguay-Runde ist neben der Zollreduzierung auch der Abbau sog. nichttarifärer Handelshemmnisse einbezogen worden[95]. Nichttarifäre Handelshemmnisse haben eine bedeutende Rolle im internationalen Handelsverkehr eingenommen: Untersuchungen zufolge ist mindestens ein Drittel des Welthandels durch den Einsatz nichttarifärer Handelshemmnisse betroffen[96]. Soweit Staaten protektionistische Maßnahmen einsetzen, wird in der Regel von sog. „nichttarifären Handelshemmnissen" gesprochen; dieser Begriff wird für alle Beschränkungen aufgrund eines staatlichen Eingriffs verwendet, die nicht in einem Zolltarif oder in einer zollgleichen Abgabe bestehen[97]. Nichttarifäre Handelshemmnisse haben unterschiedliche Erscheinungsformen. Beispiele hierfür sind mengenmäßige Beschränkungen (Kontingente; Ein- und Ausfuhrverbote), technische Handels-

---

[92] *Bourke/Leitch*, Trade Restrictions, 25.

[93] *Barbier*, Impact of the Uruguay Round, 22 ff.

[94] *Barbier*, Impact of the Uruguay Round, 28.

[95] Die nichttarifären Handelshemmnisse sind in die Konzessionslisten des Marrakesch-Protokolls des GATT 1994 aufgenommen worden (Anhang IV: Concessions on Non-Tariff Measures); die Mitgliedstaaten haben sich aber nach Nr. 5 der Auslegungsvereinbarung zu Art. II Abs. 1 (b) GATT vorbehalten, derartige Handelshemmnisse jederzeit anfechten zu können (abgedruckt in: ILM 33 [1994], 1156 f.; *Hummer/Weiss*, Vom GATT '47 zur WTO '94, 561 ff.).Vgl. näher zu nichttarifären Handelshemmnissen *Senti*, WTO - System und Funktionsweise der Welthandelsordnung, 236 ff.

[96] *Tietje*, Normative Grundstrukturen, 34.

[97] Vgl. näher zur Begriffsbestimmung: *Tietje*, Normative Grundstrukturen, 30 ff.

hemmnisse, Verpackungsvorschriften, Sicherheits-, Gesundheits- und Umweltstandards oder Subventionen[98].

Zu einem großen Teil werden nichttarifäre Handelshemmnisse faktisch von Privatrechtssubjekten vollzogen; Staaten nehmen ofmals nur mittelbar Einfluß auf diese handelsbeschränkenden Aktvitäten. Bei derartigen privaten Maßnahmen stellt sich das Problem, inwieweit der Staat als möglicher Verursacher und damit gleichzeitig als Zuordnungssubjekt nichttarifärer Handelshemmnisse in die völkerrechtliche Verantwortung genommen werden kann[99]. Bedeutung kommt daher der Frage zu, wie genau zwischen privaten und staatlichen handelsbeschränkenden Maßnahmen unterschieden werden kann.

Die Wirkungen nichttarifärer Handelshemmnisse auf die Märkte sind im Gegensatz zu Zollreduktionen weniger eindeutig und zahlenmäßig schwerer zu erfassen. Während sich die Auswirkungen der Zollsenkungen auf die Entwicklung des internationalen Holzmarktes einigermaßen konkret beschreiben lassen, sind die Effekte der nichttarifären Handelshemmnisse auf den Handel mit Holzprodukten schwieriger zu bestimmen[100]. Mit der rückläufigen Entwicklung der Zollsätze nach der Tokyo-Runde ist seit Mitte der 80er Jahre ein paralleler Anstieg der nichttarifären Handelshemmnisse für Holzprodukte festzustellen[101]. Da der internationale Handel mit Holz und Holzprodukten als mehr oder weniger bedeutsame Ursache für die Entwaldung und zunehmende Degradation vor allem in den Tropen verantwortlich gemacht wird, haben nicht nur etliche Verbraucherstaaten, sondern auch einige Erzeugerstaaten zum Schutz der Wälder unilaterale, d.h. von bestehenden internationalen Konventionen unabhängige handelsbeschränkende Maßnahmen erlassen, die gemessen an ihrer jeweiligen Zielsetzung unterschiedliche Auswirkungen auf den internationalen (Tropen-) Holzhandel haben und wegen ihrer möglichen Wirkung als nichttarifäres Handelshemmnis rechtlich umstritten sind[102].

---

[98] Vgl. *Herdegen*, Internationales Wirtschaftsrecht, 118 f.

[99] Einleitend dazu *Tietje*, Normative Grundstrukturen, 32.

[100] *Bourke/Leitch*, Trade Restrictions, 12; siehe auch *Callister*, Illegal Tropcial Timber Trade, 32.

[101] *Barbier*, Impact of the Uruguay Round, 10 ff.

[102] Siehe allgemein zu nichttarifären Handelshemmnissen im Tropenholzhandel: *Barbier u.a.*, The Economics of the Tropical Timber Trade, 101 f.

4. Unilaterale Handelsbeschränkungen

Weniger die im Washintoner Artenschutzabkommen vorgesehenen unterschiedlichen Import- und Exportbeschränkungen für derzeit 26 geschützte tropische Baumarten[103] als vielmehr zahlreiche unilaterale handelsbeschränkende Maßnahmen stehen derzeit in der internationalen Diskussion um die Zulässigkeit von Handelsrestriktionen im internationalen Holzhandel[104]. Neben Exportzöllen werden mengenmäßige Beschränkungen der Ausfuhren als handelsbeschränkende Maßnahmen eingesetzt, die ergänzt werden durch Importzölle oder -kontingente in den Einfuhrnationen sowie sog. „Ökosiegel", „grüne" Zertifikate oder andere Umweltkennzeichen[105].

a) Exportbeschränkungen

Bereits Anfang der 80er Jahre sind in einigen Entwicklungsländern mit bedeutenden Tropenholzvorkommen Exportrestriktionen für unverarbeitete Rundhölzer erlassen worden. Exportregulierende Maßnahmen, wie etwa Exportsteuern, die Beschränkung der Ausfuhr bestimmter Holzarten, die Einführung von Quotenregelungen[106] oder gar das Ver-

---

[103] Vgl. näher zum Konflikt von Export- und Importbeschränkungen im Washingtoner Artenschutzabkommen mit dem GATT, auf den nachfolgend nicht näher eingegangen wird: *Diem*, Freihandel und Umweltschutz in GATT und WTO, 76 ff. und 111 ff.; *Shih*, Multilateralism and the Case of Taiwan, JWT 1996, Nr. 3, S. 109, 118 ff.

[104] Unilaterale Handelsbeschränkungen werden mitunter zur Durchsetzung bestimmter Umweltschutzinteressen genutzt, sei es zum Schutz nationaler, extraterritorialer oder auch globaler Umweltgüter. Damit diese einseitig verhängten Handelsmaßnahmen nicht als umweltpolitische Instrumente für einen „grünen Protektionismus" mißbraucht werden, soll eine Reihe von Zusatzabkommen im WTO/GATT-Regelwerk die Reduzierung nichttarifärer Handelsbeschränkungen beeinflussen. Eine Schlüsselrolle kommt dabei dem Übereinkommen über technische Handelshemmnisse sowie dem Übereinkommen über die Anwendung sanitärer und phytosanitärer Maßnahmen zu (siehe näher hierzu *Knorr*, Umweltschutz, nachhaltige Entwicklung und Freihandel, 55).

[105] Vgl. zum Überblick *Bourke/Leitch*, Trade Restrictions, 12 ff.; *Callister*, Illegal Tropcial Timber Trade, 32 ff. Siehe zu tarifären und nichttarifären Handelshemmnissen in den Mitgliedstaaten der ITTO: *ITTO*, Annual Review and Assessment of the World Timber Situation 1997, 177 ff.

[106] Quotenregelungen gelten beispielsweise in Kamerun, wo Holzverarbeitungsfirmen in den ersten 5 Jahren ihrer Tätigkeit nur 30 % des eingeschlagenen

bot von Rohholzexporten, dienten in erster Linie der Förderung der einheimischen Holzverarbeitungsindustrie in den Tropenwaldländern[107]. Nicht nur im südostpazifischen Raum (v.a. in Indonesien[108], Malaysia und Papua-Neuguinea[109]), sondern auch in Afrika sind die Kontrollen der Tropenholzausfuhr in den 90er Jahren verschärft worden[110]. Durch höherwertige veredelte Holzprodukte sollten die Exporteinnahmen für Tropenholz gesteigert und die Beschäftigungsrate im Forstsektor erhöht werden. Der von offizieller Seite oftmals als Rechtfertigung für Exportverbote angeführte ökologische Aspekt tritt gegenüber den wirtschaftlich motivierten Erwägungen aber regelmäßig in den

---

Holzes exportieren dürfen (*ITTO*, Annual Review and Assessment of the World Timber Situation 1997, 188 f.).

[107] *Bourke/Leitch*, Trade Restrictions, 12.

[108] Indonesien beschloß bereits 1980, den Export von unverarbeitetetem Tropenholz per Gesetz zu reduzieren; 1986 erfolgte ein vollständiges Exportverbot. Damit sollten Anreize für den Aufbau der einheimischen holzverarbeitenden Industrie geschaffen und ein Signal gegen das unkontrollierte Abholzen der Tropenwälder gesetzt werden. Folge des Exportverbots war neben dem Rückgang der Rundholzexporte eine drastische Steigerung der exportierten Sperrholzmenge von 70.000 m^3 im Jahr 1978 auf 8,5 Mio. m^3 1997 (*FAO*, Yearbook of Forest Products 1997, 112). Damit liefert Indonesien heute ein Drittel der weltweit exportierten Sperrholzmenge. Das Rundholzexportverbot war trotz des Anstiegs des Schnitt- und Sperrholzexports mit Einnahmeeinbußen verbunden, die zwischen 1981 und 1989 bei insgesamt 2,5 Mrd. US-$ bzw. 14 % lagen; auch standen dem Verlust von 14.000 Arbeitsplätzen nur 4.400 neue Arbeitsplätze in Sägemühlen gegenüber. Die EG beanstandete eine Verletzung von Art. XI GATT, unterließ aber eine offizielle Beschwerde beim GATT, da schließlich bilaterale Verhandlungen zwischen der EU und Indonesien dazu führten, daß 1992 das Exportverbot aufgehoben und dafür die Besteuerung von Rundholzexporten wieder eingeführt wurde (vgl. *Manurung/Buongiorno*, Effects to the ban on tropical log exports, Journal of World Forest Resource Management 1997, 21, 36 ff.; siehe auch *Elliesen*, Umweltschutz durch Handelsbeschränkung, epd-Entwicklungspolitik 11/93, 17; *Rege*, GATT Law and Environment-Related Issues, JWT 1994, Nr. 3, S. 95, 141 f.).

[109] Nach Malaysia und Gabun war Papua-Neuguinea 1999 der weltweit drittgrößte Exporteur von tropischem Rundholz (vgl. *ITTO*, Annual Review and Assessment of the World Timber Situation 1999, 17).

[110] Ghana, Gabun und Kamerun erheben Exportzölle zwischen 10 und 30 % für unverarbeitetes Tropenholz (*Bourke/Leitch*, Trade Restrictions, 16).

Hintergrund[111]. Die Exportrestriktionen führen zwar in der Regel zunächst zu einer deutlichen Senkung des eingeschlagenen Holzvolumens, doch mit dem Ausbau der einheimischen Sperrholzindustrie erreicht der Holzeinschlag innerhalb kurzer Zeit, wie das Beispiel Indonesien zeigt, wieder sein Ausgangsniveau[112].

Mittlerweile sind wichtige Tropenholzexportnationen wie Malaysia und Indonesien dazu übergegangen, die auferlegten Exportbeschränkungen aufzuheben und durch Exportsteuern zu ersetzen[113]. Auch einige andere ostasiatische Staaten, die in den 70er und 80er Jahren Exportverbote für Tropenholz eingeführt hatten, sind angesichts der Ineffektivität der exportregulierenden Maßnahmen wieder davon abgewichen, zumal die Zerstörung der Tropenwälder auf diese Weise nur kurzfristig aufgehalten werden konnte und vielfach durch die verhängten Exportverbote sogar noch beschleunigt worden ist[114]. Kontraproduktiv wirkten sich die exportbeschränkenden Maßnahmen etwa auf die Philippinen auf, wo eine deutliche Ausweitung des Holzschmuggels und des illegalen Handels festgestellt werden konnte[115]. Das thailändische Exportverbot hat den Druck auf die Wälder der Nachbarstaaten Myanmar und Laos noch erhöht[116].

Exportbeschränkungen in den Entwicklungsländern haben insgesamt zu einer Veränderung der Produktgruppenstruktur im internationalen (Tropen-) Holzhandel, insbesondere zu einem Anstieg des Sperrholzhandels beigetragen. Es wird weiterhin mit einer Zunahme der verschiedenen Formen von Exportbeschränkungen gerechnet[117].

---

[111] *Barbier*, Impact of the Uruguay Round, 30; *Thompson/Duggie*, Political Economy of the Forestry Industry in Indonesia, Journal of Contemporary Asia 1996, 352, 363.

[112] *Thiele*, Wirtschaftspolitische Optionen zum Schutz tropischer Wälder, 52.

[113] *Barbier*, Impact of the Uruguay Round, 31.

[114] *Dauvergne*, A Model of Sustainable International Trade in Tropical Timber, Int. Environmental Affairs 1997, 3, 8.

[115] Vgl. dazu *Callister*, Illegal Tropical Timber Trade, 10, 58 ff.

[116] *Varangis/Primo Braga/Takeuchi*, Tropical Timber Trade Policies, 14 f. mit weiteren Beispielen für Exportbeschränkungen im südostasiatischen Raum. Siehe hierzu im Internet unter <http://gurukul.ucc.american.edu/ted/thailog.htm>.

[117] *Bourke/Leitch*, Trade Restrictions, 17.

b) Importbeschränkungen

Importbeschränkungen im internationalen Holzhandel reichen von mengenmäßigen Beschränkungen über inländische Verkaufssteuern bis hin zur Gruppppe der Umweltstandards und gesundheitspolitischen Regulierungen, die zwar keine Handelsbeschränkungen im formalen Sinne darstellen, die dennoch erhebliche Auswirkungen auf den Handel haben und die vielen Staaten Schwierigkeiten hinsichtlich des Marktzugangs bereiten können[118]. Hierzu zählen etwa Vorschriften zur Einhaltung bestimmter Produktionsmethoden, wie z.B. Beschränkungen für mit bestimmten Chemikalien behandelte Hölzer, aber auch Verpakkungvorschriften. Insbesondere Regelungen über das Recycling von Altpapier haben signifikante Auswirkungen auf den Handel mit Papier und Papierprodukten[119].

Einseitig erlassene Importbeschränkungen zum Schutz bestimmter Umweltgüter können als marktwirtschaftliche Mechanismen direkt das Verhalten ausländischer Unternehmungen beeinflussen. Eine Reduzierung der Importmenge kann aber auch über eine Änderung des Verbraucherverhaltens im Importland gesteuert werden, u.a. durch die obligatorische Kennzeichnung umweltschädlicher oder durch die freiwillige Kennzeichnung umweltfreundlicher Produkte. Im Laufe der 90er Jahre sind auch für das Produkt Holz zahlreiche Umweltkennzeichen auf nationaler und internationaler Ebene entwickelt worden, mit nachfolgend noch näher zu untersuchenden Auswirkungen auf den Handel[120]. Österreich war das erste Land, das 1992 eine Kennzeichnung für Tropenholz und Tropenholzprodukte gesetzlich verbindlich festschreiben wollte, beließ es aber aufgrund starker Proteste der tropischen Erzeugerstaaten schließlich bei einer freiwilligen Kennzeichnung[121].

Große Aufmerksamkeit im Zusammenhang mit der umstrittenen Verwendung von Tropenholz und Tropenholzprodukten haben auch die

---

[118] Vgl. ausführlich zu Importbeschränkungen im internationalen Holzhandel: *Bourke/ Leitch*, Trade Restrictions, 12 ff. mit weiteren Beispielen.

[119] So wurden 1996 weltweit ca. 110 Mio. t Altpapier als Rohstoff bei der Papierproduktion eingesetzt und substituierten damit rund 320 Mio. m^3 Holz. Bis 2010 wird ein Anstieg der Altpapiermenge auf über 180 Mio. t erwartet (vgl. *Ollmann*, Weltmarkt Holz, 12).

[120] Vgl. zu den Kennzeichnungsinitiativen im internationalen Holzhandel nachfolgend, S. 357 ff.

[121] Vgl. zum Fall des österreichischen Kennzeichnungsgesetzes näher S. 374 ff.

von einigen westlichen Industriestaaten erhobenen mengenmäßigen Importbeschränkungen, Verbraucherboykotte und Verwendungsverbote von Behörden für tropisches Holz erlangt, mit denen der Holzeinschlag im Exportland beeinflußt werden sollte. Angesichts der vielfachen negativen Auswirkungen des Rückgangs der Tropenwälder, insbesondere im Hinblick auf die Artenvielfalt, faßte das niederländische Kabinett sogar einen Beschluß, wonach der Import tropischer Hölzer in die Niederlande ab 1995 verboten und die Kennzeichnung von Tropenholz gesetzlich vorgeschrieben werden sollte[122]. Dieser Vorschlag mußte jedoch später auf Druck der EU sowie der beiden wichtigen Tropenholzproduzenten Indonesien und Malaysia wieder zurückgenommen werden[123].

aa) Tropenholzkampagne und Tropenholzboykott

Obwohl die Bedeutung von Tropenholz in Deutschland und in Europa gemessen am Gesamtholzverbrauch mengenmäßig eher gering ist, riefen seit Anfang der 80er Jahre Umweltverbände der westlichen Industrienationen zum Boykott von Tropenholz auf, zumeist verbunden mit der Forderung nach einem Importverbot für tropische Hölzer und Holzprodukte[124]. Die Begriffe „Tropenholzverbrauch" und „Tropenholzzerstörung" wurden nahezu synonym verwandt.

Der Export von Tropenholz nach Europa ging aufgrund des Boykotts zwar in einigen Marktsegmenten deutlich zurück[125], ansonsten hatte die Aktion aber eher Signalwirkung auf politischer Ebene. Die fortschreitenden Waldflächenverluste in den Tropen wurden durch den Boykott jedenfalls nicht aufgehalten. Vielmehr sank der ökonomische Wert des gehandelten Tropenholzes; die Verunsicherung vieler tropenholzerzeu-

---

122 *Tietje*, Voluntary Eco-Labelling progammes, JWT 1995, Nr. 5, S. 123, 129.

123 Nachweis bei *Diem*, Freihandel und Umweltschutz in GATT und WTO, 148, Fn. 802.

124 Vgl. zu den Argumenten der Vertreter eines Tropenholzboykotts: *Harms*, Einkaufsbummel im Holzparadies?, in: Niemitz (Hrsg.), Das Regenwaldbuch, 163, 167 ff.

125 In Deutschland war der Tropenholzboykott v.a. im Do-it-yourself-Bereich (Baumärkte) erfolgreich; hier ging der Verbrauch von Tropenholz und Tropenholzprodukten um 80 % zurück. Eine spürbare Reduzierung des Gesamtverbrauchsvolumens erfolgte dagegen im Hochbau nicht (Fenster, Türen, Treppen, Böden, Wände etc.), vgl. *Brockmann/Hemmelskamp/Hohmeyer*, Zertifiziertes Tropenholz und Verbraucherverhalten, 50.

gender Länder infolge des Preisverfalls führte in einigen Fällen zu weiteren Landnutzungsänderungen, um produktive Kautschuk- oder Ölpalmplantagen anzulegen. Der Prozeß der großflächigen Waldzerstörung in den Tropen wurde damit jedenfalls weiter in Gang gehalten[126]. Außerdem sind Tropenholzprodukte entgegen der Intention der Tropenholzboykott-Initiatoren und -Befürworter zum Teil durch andere, ökologisch bedenklichere Produkte wie Aluminium und Kunststoffe ersetzt worden[127].

Zählte der Boykottaufruf bis Anfang der 90er Jahre zu den wichtigsten Strategien der Nichtregierungsorganisationen[128], wurde erstmals 1994 in der Frankfurter Erklärung der deutschen Umweltverbände zu Kennzeichnungsinitiativen für Holz und Holzprodukte eine Abkehr von der Forderung nach einem pauschalen Boykott von Tropenholz signalisiert[129]. Vielmehr wird nun die Herkunftskennzeichnung für Holz und Holzprodukte aus einer ökologisch und sozial verträglichen Waldnutzung als Instrument zur Förderung nachhaltiger Waldbewirtschaftung grundsätzlich positiv bewertet, wenngleich der Ruf nach einem Tropenholzboykott bei vielen Unmweltverbänden noch nicht verklungen ist[130].

---

[126] *Beyse*, Mögliche Auswirkungen eines Boykotts, Forst und Holz 1989, 429, 430 ff.

[127] *Droste/Schardt*, Holzzertifizierung, 2.

[128] Das Umweltbundesamt zählte 1989 in Deutschland insgesamt 73 nichtstaatliche Organisationen, die zu einem pauschalen Tropenholzboykott aufriefen (vgl. *Brockmann/Hemmelskamp/Hohmeyer*, Zertifiziertes Tropenholz und Verbraucherverhalten, 45).

[129] Abdruck der Frankfurter Erklärung in: *Hartenstein/Schmidt*, Planet ohne Wälder?, 213 ff. Vgl. dazu auch den Kommentar im Holz-Zentralblatt vom 17.8.1994, 1499.

[130] *Brockmann/Hemmelskamp/Hohmeyer*, Zertifiziertes Tropenholz und Verbraucherverhalten, 3. Während die großen international tätigen Umweltverbände, wie WWF, Greenpeace und Friends of the Earth Mitglieder der Akkreditierungsorganisation *Forest Stewardship Council (FSC)* sind, bestehen gerade bei vielen kleineren Umweltorganisationen noch erhebliche Vorbehalte gegenüber der Kennzeichnung von Holz aus nachhaltiger Waldbewirtschaftung; sie bevorzugen vielmehr die Fortsetzung der bekannten Boykottpolitik. Vgl. z.B. *Hoss*, Boykott von Tropenholz ist (noch) sinnvoll, in: Landeszentrale für Politische Bildung/Wirtschaftsministerium Baden-Württemberg (Hrsg.), UmweltGerechte Zukunft, 228 ff.; *Maráz/Franzl*, Ist der kommunale Tropenholzverzicht noch zeitgemäß?, 13.

bb) Verwendungsbeschränkungen von Tropenholz für öffentliche Baumaßnahmen

Angesichts der internationalen Diskussion um einen Tropenholzverzicht setzte sich der deutsche Städte- und Gemeindebund Anfang 1989 dafür ein, anstelle von Tropenhölzern bei öffentlichen Baumaßnahmen verstärkt heimisches Holz zu verwenden[131]. Im kommunalen Beschaffungs- und Bauwesen hatte sich der Einsatz von Tropenholz über Jahre hinweg als vielseitiges und gegenüber Beton, Kunststoff und Stahl relativ preiswertes Material erwiesen. Neben den dekorativen Eigenschaften zeichnet sich Tropenholz vor allem durch seine technischen Verwendungsvorteile, wie etwa Witterungsbeständigkeit, Haltbarkeit, Astfreiheit, Härte und Formstabilität aus[132]. Zu den wichtigsten kommunalen Einsatzbereichen von Tropenholz zählen der Hoch- und Tiefbau, Hafen- und Wasserbau sowie der Garten- und Landschaftsbau. Im Hochbau wird Tropenholz v.a. für Fenster, Türen, Einbauten, Treppen, Wandverkleidungen, Fußböden und Parkett eingesetzt. Im Tiefbau findet Tropenholz Verwendung für Brücken und Stege, Lärmschutzwände und Zäune[133].

Auch der Deutsche Städtetag appellierte im Januar 1989 an die Bundesregierung, Tropenholz nur zu importieren, soweit ökologisch vertretbare Prinzipien der Forst- und Landwirtschaft in tropischen Ländern eingeführt würden[134]. Ebenso verpflichtet das Anfang der 90er Jahre gegründete Klima-Bündnis zwischen europäischen Städten und den indianischen Organisationen des Amazonasbeckens[135] seine Mitglieder

[131] Nachweis bei *Brockmann/Hemmelskamp/Hohmeyer*, Zertifiziertes Tropenholz und Verbraucherverhalten, 45.

[132] *Quadflieg*, Konzept zur Harmonisierung, 135.

[133] *IfS*, Leitfaden zur Vermeidung von Tropenholz im kommunalen Bereich, 10.

[134] *IfS*, Leitfaden zur Vermeidung von Tropenholz im kommunalen Bereich, 14 f.

[135] Das Klima-Bündnis hat sich 1992 als Verein konstituiert; die Mitgliedschaft steht grundsätzlich allen europäischen Kommunen sowie jeder indigenen Vereinigung der tropischen Regenwälder offen. Mitbegründer des Klima-Bündnisses ist der internationale Dachverband der Indianerorganisationen des Amazonasbeckens COICA. Neben dem Verzicht auf Tropenholz strebt das Klima-Bündnis eine Halbierung der CO_2-Emissionen bis zum Jahr 2010 sowie einen Verzicht auf FCKWs an; außerdem werden die Indianervölker Amazoniens bei ihren Bemühungen um den Erhalt des tropischen Regenwaldes, insbesondere bei der Anerkennung und Durchsetzung ihrer territorialen, sozialen

zum Verzicht auf die Verwendung von Tropenholz[136]. Die Verzichtsbekundigungen beschränken sich nicht nur auf Bauprojekte der öffentlichen Hand, sondern sind teilweise zugleich verbunden mit einer entsprechenden Empfehlung an private Bauherren, kein Tropenholz zu kaufen und entsprechende Ersatzbaustoffe für tropische Hölzer zu verwenden[137]. Dem Klimabündnis sind mittlerweile fast 860 Kommunen aus 11 europäischen Staaten beigetreten[138].

Das Klimabündnis hält allerdings einen generellen Tropenholzboykott für nicht durchsetzbar und unrealistisch. Langfristiges Ziel der Selbstverpflichtungen der Gemeinden ist es daher, Importbeschränkungen für Holz aus nicht nachhaltiger Bewirtschaftung sowie eine Kennzeichnung für Holz aus nachhaltiger Waldbewirtschaftung durchzusetzen, die auch nichttropische Hölzer mit einbeziehen[139]. Die Selbstverpflichtung zum Tropenholzverzicht im kommunalen Beschaffungswesen soll aber so lange aufrecht erhalten werden, wie eine nachhaltige Waldbewirtschaftung und deren zuverläßliche Kontrolle nicht garantiert sind. In letzter Zeit ist eine gewisse Annnäherung an eine Zertifi-

---

und kulturellen Rechte unterstützt. Die Ziele des Klima-Bündnisses sind in dem „Manifest Europäischer Städte zum Bündnis mit den Indianervölkern Amazoniens" niedergelegt; die Zustimmung zum Manifest ist Grundlage für den Beitritt von Kommunen und Regenwaldvölkern zum Klima-Bündnis (vgl. *Klima-Bündnis e.V.*, Das Klima-Bündnis der europäischen Städte mit indigenen Völkern der Regenwälder, 3).

136 Wörtlich heißt es dazu im o.g. Manifest des Klimabündnisses: „Durch die Verteidigung der Wälder und Flüsse tragen sie [die amazonischen Indianervölker] dazu bei, daß unsere Erdatmosphäre für die zukünftigen Generationen als grundlegende Bedingung für ein menschliches Leben erhalten bleibt. Holz aus tropischen Regenwäldern darf deshalb weder importiert noch verwendet werden".

137 *Enders u.a.*, Tropenholz in Kassel, 30.

138 Allein 430 Kommunen aus Deutschland sind Mitglied des Klima-Bündnisses. Stand: Juni 2000, <http://www.klimabuendnis.org>.

139 *Klima-Bündnis e.V.*, Das Klima-Bündnis der europäischen Städte mit indigenen Völkern der Regenwälder, 6: Das Klima-Bündnis hält zwar weiterhin an dem Verzicht auf Tropenholz aus Raubbau und Primärwäldern in der kommunalen Beschaffung fest; ein entsprechender Verwendungsverzicht wird nunmehr aber auch auf Hölzer aus nichttropischen Regionen ausgedehnt (vgl. die „Resolution des Klimabündnis/Alianza del Clima e.V. zur Zertifizierung von Tropenholz" in: *Klima-Bündis e.V.*, Zertifizierung von [Tropen-] holz, 33).

zierung nach Maßgabe des Forest Stewardship Council (FSC) erfolgt[140]. Diese Tendenz ist auch in Gemeinden und Städten anderer Indudustriestaaten festzustellen; in den USA (beispielsweise in New York), in Großbritannien und in den Niederlanden (Haard voor Houd) haben sich ebenfalls einige Kommunen verpflichtet, nur noch von einer unabhängigen Zertifizierungsorganisation gekennzeichnetes Tropenholz aus nachhaltiger Waldbewirtschaftung zu verwenden[141].

In Deutschland ist nicht nur auf Kommunal-, sondern auch auf Bundesebene zum Verwendungsverzicht für Tropenholz aufgerufen worden. Das Bundesverkehrsministerium erließ Anfang 1989 ein Verwendungsverbot von Tropenholz für den Bundesstraßen- und Bundeswasserstraßenbau[142]. Danach sollte auf den Einsatz von Tropenhölzern sowohl beim Bundesfernstraßenbau als auch bei Bau- und Unterhaltungsmaßnahmen der Wasserschiffahrtsverwaltung verzichtet und Ersatzbaustoffe verwendet werden. Ebenso haben einige Landesregierungen zum Verwendungsverzicht von tropischen Hölzern bei Landesbauten und Unterhaltungsmaßnahmen aufgefordert[143].

---

[140] *Maráz/Franzl*, Ist der kommunale Tropenholzverzicht noch zeitgemäß?, S. 11 f. In diese Richtung tendiert beispielsweise der Ratsbeschluß der Stadt Bonn (Amtsblatt der Bundesstadt Bonn vom 29.2.1996, 207, DS-Nr. 9501219 N) zum Verzicht auf umweltschädliche Materialien bei städtischen Bau- und Unterhaltungsmaßnahmen. Dort heißt es unter 1.1: „Beim Kauf und bei der Durchführung von Baumaßnahmen ist grundsätzlich auf einheimisches Holz zurückzugreifen, um lange Transportwege zu vermeiden. Auf den Kauf von Hölzern aus tropischen Regenwaldgebieten sowie aus den borealen Wäldern, den Regenwäldern an der nordamerikanischen Pazifikküste und der Waldtundra in Kanada sowie den ehemaligen Ländern der Sowjetunion und deren Verwendung bei der Durchführung von Baumaßnahmen ist zu verzichten. Dies gilt nicht für Holz aus nachhaltig bewirtschafteten Wäldern, das mit dem Siegel einer vom FSC/CIFOR akkreditierten Organisation gekennzeichnet ist". Vgl. als Gegenbeispiel den Ratsbeschluß der Stadt Velbert/NRW (*Zumbroich*, Verzicht auf tropische Harthölzer in der Kommune, LÖLF-Mitteilungen 3/89, 28 ff.), wonach bei der öffentlichen Beschaffung ganz auf Tropenhölzer zu verzichten ist.

[141] *Bourke/Leitch*, Trade Restrictions, 18 f.; *Rametsteiner*, Sustainable Forest Management Certification, 116.

[142] Erlaß BW 21/14.70.01 - 06/12 VA 89 vom 24.1.1989; Erlaß BW 21/14.70.01 - 06/20 VA 89 vom 8.2.1989; Allgemeines Rundschreiben Straßenbau Nr. 2/1989 StB 11/14.80.00/15 Va 89 vom 27.1.1989.

[143] Vgl. für NRW den derzeit noch gültigen Gemeinsamen Runderlaß d. Ministers für Stadtentwicklung, Wohnen und Verkehr, d. Ministers für Wirtschaft,

Im Frühjahr 1997 hat das Bundesverkehrsministerium allerdings die Verwendungsverbote von Tropenholz für den Bundesstraßen- und Bundeswasserstraßenbau von 1989 wieder aufgehoben mit der Begründung, daß Boykotte und Verwendungsbeschränkungen von Tropenholz nicht geeignet seien, den Rückgang der Tropenwälder aufzuhalten[144]. Durch einen erneuten Erlaß des Bundesverkehrsministeriums von Februar 1998 ist nunmehr bei Beschaffungs- oder Baumaßnahmen im Falle einer Nutzung von Tropenholz nach den Möglichkeiten des Marktes Holz aus nachhaltiger Waldbewirtschaftung, das mit einem glaubwürdigen Zertifikat versehen ist, zu verwenden, um einen zusätz-

---

Mittelstand und Technologie u. d. Ministers für Umwelt, Raumordnung und Landwirtschaft v. 1.6.1989: „Bei Neu-, Um- und Erweiterungsbauten, bei der Bauunterhaltung und beim Innenausbau in landeseigenen Gebäuden sind bevorzugt in gemäßigten Zonen angebaute Holzarten zu verwenden“, MBL. NW. 1989, 934. Nunmehr gilt für NRW ein neuer Runderlaß über Umweltschonendes Bauen - III A 4 B 1027 - 1 - v. 21.12.1998, MBl. NW. 1999, 12, wonach Tropenhölzer und Hölzer aus borealen Wäldern bei Baumaßnahmen des Landes nicht mehr verwendet werden dürfen, es sei denn, eine international anerkannte Zertifizierung bescheinigt den Forstbetrieben eine nachhaltige Waldbewirtschaftung (unter Hinweis auf den FSC). Diese Verwendungsbeschränkungen nach Nr. 3.1.3.2.5 sind aufgrund des noch nicht abgeschlossenen Notifizierungsverfahrens aber noch nicht in Kraft. - Im Erlaß des Hessischen Ministers für Finanzen vom 24.1.1990 (Staatsanzeiger 8/1990, 309, Verwendung tropischer Edelhölzer bei der Errichtung und Ausstattung von Bauten des Landes), heißt es: „Bei der Errichtung und Ausstattung von Bauten des Landes ist ab sofort auf die Verwendung von Produkten, die ganz oder zum Teil aus tropischen Edelhölzern bestehen, zu verzichten. Es soll vielmehr auf einheimische bzw. europäische Hölzer zurückgegriffen werden. Dieses Verwendungsverbot soll zumindest solange gelten, bis ein eindeutiges Nachweisverfahren über die Herkunft von tropischen Hölzern aus geordneter Plantagen- und Forstwirtschaft sichergestellt ist. Damit soll das Bemühen unterstützt werden, die tropischen Wälder nur noch im Sinne des ‚Nachhaltigkeitsgrundsatzes‘ zu nutzen“ (vgl. hierzu auch *Enders u.a.*, Tropenholz in Kassel, 34 f.). - Der Hamburger Senat faßte am 3.12.1996 den Beschluß, nur noch Tropenholz zu verwenden, das die Gewähr dafür bietet, ausschließlich aus nachhaltiger Forstwirtschaft zu stammen. Der entsprechende Nachweis muß durch ein international anerkanntes Zertifizierungssystem erbracht werden. Die Hamburger Umweltbehörde stufte in einer Mitteilung vom 18.3.1997 den FSC als entsprechend anerkanntes Zertifizierungssystem ein (vgl. MittVw 1997, 87).

[144] Erlaß BW 21/14.70.01 - 6/21 VA 97 vom 30.4.1997. Die Aufhebung der 1989er Erlasse wurde von der ITTO in ihrem Jahresbericht positiv vermerkt (vgl. *ITTO*, Annual Review and Assessment of the World Timber Situation 1997, S. 24, 183).

lichen Anreiz für eine ökologisch und ökonomisch sinnvolle Nutzung der Tropenwälder zu schaffen[145].

In diesem Erlaß zeigt sich die in der Tropenholzdiskussion seit einigen Jahren zu beobachtende Tendenz, daß gegenüber einem pauschalen Aufruf zum Tropenholzboykott nunmehr mehrheitlich die Kennzeichnung von Holzprodukten aus einer nachhaltigen Waldbewirtschaftung zum Schutz der Wälder propagiert wird.

cc) (Tropen-) Holzkennzeichnung

Die über einige Jahre hinweg hochemotional geführte Tropenholzboykott-Kampagne in Westeuropa und den USA, welche die Öffentlichkeit für die Problematik der drohenden Zerstörung der tropischen Regenwälder sensibilisierte, gab den Anstoß für Überlegungen zur Kennzeichnung von umweltverträglich produziertem Tropenholz. Die Zahl der Zertifizierungs- und Kennzeichnungsverfahren einschließlich der Verwendung sog. „Ecolabel“ oder „Ökosiegel“ für Holz und Holzprodukte aus nachhaltiger Forstbewirtschaftung ist in den letzten Jahren stark gestiegen. Die Debatte um die Zerstörung von Natur- oder Primärwäldern und um nachhaltige Bewirtschaftungssysteme beschränkt sich dabei längst nicht mehr nur auf die Tropenwaldregionen, sondern hat sich auch auf die borealen und temperierten Wälder ausgedehnt; dementsprechend wird vermehrt ein Nachweis für nachhaltig produziertes Holz auch aus der borealen und temperierten Klimazone für erforderlich gehalten.

Der Anteil des Tropenholzes, das in unverarbeiteter oder verarbeiteter Form auf die internationalen Märkte gelangt, ist bedeutend für die Feststellung, welche Marktanteile gekennzeichnetes Holz erlangen kann und welche tropischen Erzeugerstaaten von Zertifizierungsinitiativen am meisten tangiert werden und möglicherweise handelsbeschränkenden Maßnahmen ausgesetzt sind[146]. Je höher der Exportanteil des Hol-

---

[145] Erlaß W13/14.70.01-6/21 VA 98 vom 26.2.1998. Dieser Erlaß betont im Gegensatz zum Hamburger Beschluß, der ausdrücklich eine Zertifizierung nach FSC-Maßstäben verlangt, daß bei Beschaffungs- oder Baumaßnahmen nur Tropenholz verwendet werden soll, das mit einem *glaubwürdigen Zertifikat* versehen ist, ohne daß eine Festlegung auf bestimmte Zertifizierungs- oder Kennzeichnungsorganisationen erfolgt.

[146] *Crossley/Primo Braga/Varangis*, Is there a Commercial Case for Tropical Timber Certification?, in: Zarrilli/Jha/Vossenaar (Hrsg.), Eco-Labelling and International Trade, 228, 230 ff.

zes gemessen an der nationalen Holzproduktion des Erzeugerlandes, und je gewichtiger der Marktanteil an Exporten in Länder der EU oder in die USA ausfällt, desto wahrscheinlicher ist eine Berührung mit Kennzeichnungsinitiativen der Industrieländer. Dies gilt vor allem für die afrikanischen Tropenwaldländer, deren Hauptabsatzmärkte für tropisches Rundholz zu über 60 % in den EU-Staaten liegen. Anders verhält es sich bei den asiatischen Tropenholzexporteuren, die hauptsächlich auf dem Wege des Intrahandels in asiatische Konsumentenstaaten exportieren.

(1) Duales System der Zertifizierung von Forstbetrieben und Kennzeichnung von Holz

Wurde Anfang der 90er Jahre das Thema der Zertifizierung von Forstbetrieben und der Kennzeichnung von Holz lediglich vereinzelt diskutiert, hat es sich mittlerweile zu einem der wichtigsten Themen in der forst- und holzwirtschaftlichen Diskussion entwickelt[147]. Um begrifflichen Unklarheiten zu begegnen, die im Zusammenhang mit der „Zertifizierung“ und „Kennzeichnung“ von Holz immer wieder auftauchen, ist zunächst voranzustellen, daß nicht das Holz an sich, sondern die Bewirtschaftungsqualität des Forstbetriebes zertifiziert wird; es erfolgt sodann eine Kennzeichnung von Holz und Holzprodukten, die aus einem entsprechend zertifizierten Forstbetrieb stammen[148]. Das zweistufige Verfahren aus Zertifizierung und Kennzeichnung ist erforderlich, zumal sich die Methode der nachhaltigen Waldbewirtschaftung nicht in der Holzqualität selbst manifestiert und als solche auch nicht erkannt werden kann, ohne daß die Produktionskette bis zum Erzeugerbetrieb lückenlos zurückverfolgt wird[149]. Dem dualen Zertifizierungssystem vorgeschaltet ist die Akkreditierung der Zertifizierungsstellen durch eine international anerkannte Akkreditierungsstelle. Als maßgebliche

---

[147] *Initiative Tropenwald*, Arbeitsbericht 1992-1997, 9.

[148] Im deutschen wie im englischen Sprachgebrauch werden die Begriffe „Zertifizierung“ bzw. „certification“ sowie „Kennzeichnung“ und „ecolabelling“ im Zusammenhang mit der Holzzertifizierung in uneinheitlicher Weise für die verschiedenen Verfahrensstufen gebraucht. Vgl. zu den Schlüsseldefinitionen *Bass/Simula*, Independent Certification/Verification of Forest Management, 3 ff.

[149] *Schardt*, Zertifizierung von Forstwirtschaft und Kennzeichnung von Holzprodukten, Holz-Zentralblatt v. 29.4.1998, 788.

Organisation auf Nichtregierungsebene hat der FSC bislang neun Zertifizierungsinitiativen akkreditiert[150].

Die Förderung der nachhaltigen Waldbewirtschaftung beinhaltet mithin zwei voneinander zu unterscheidende Teilbereiche: Zum einen die Zertifizierung von Forstbetrieben im Erzeugerland (Konformitätsbescheinigung über die forstliche Bewirtschaftungsqualität des Erzeugerbetriebes), bei der mit Hilfe von Kriterien und Indikatoren konkrete Anforderungen an die nachhaltige Bewirtschaftung von Wäldern definiert werden; zum anderen die Überwachung der Verwendung des zertifizierten Holzes über die verschiedenen Stufen des Produktflusses („chain of custody") durch Abholzungs-, Transport- und Veredelungsprozesse im Erzeugerland bis hin zur Kennzeichnung des zertifizierten und überwachten Endprodukts im Verbraucherland[151]. Die Kennzeichnung erfolgt anhand entsprechender Waren- oder Gütezeichen, die letztendlich Einfluß auf das Verbraucherverhalten ausüben. Garantiert wird die Übereinstimmung mit einem bestimmten waldbaulichen Produktionsprozeß; die Kennzeichen beeinhalten dagegen keine Aussage über die technische Qualität des Holzes.

Bei der Kennzeichnung von Holz und Holzprodukten aus nachhaltig bewirtschafteten Forstbetrieben handelt es sich mithin um ein marktwirtschaftliches Anreizinstrument, welches neben seiner Steuerungsfunktion zur Förderung der nachhaltigen Waldbewirtschaftung auch eine Marketingfunktion erfüllt, mit der Wettbewerbsvorteile gegenüber nichtzertifzierten Produkten erreicht werden sollen[152]. Damit stellt die Zertifizierung und Kennzeichnung neben den zahlreichen Bestrebungen auf politischer Ebene[153] sowie den direkt in der Forstbewirtschaftung ansetzenden Methoden eine dritte, marktorientierte Kategorie innerhalb der praktizierten Maßnahmen zum internationalen Schutz der Wälder dar[154].

Interesse an dem Instrument der Holzkennzeichnung zeigen in erster Linie die Hauptimporteure von Holz in Europa, insbesondere Deutschland, die Niederlande und Großbritannien, während auf den asiatisch-pazifischen Importmärkten, v.a. in Japan, Südkorea und Chi-

---

[150] Vgl. bereits ausführlich zum FSC die Ausführungen im 2. Teil, S. 276 ff.

[151] *Droste/Schardt*, Holzzertifizierung, 4.

[152] Vgl. hierzu ausführlich: *Quadflieg*, Konzept zur Harmonisierung, 262 ff.

[153] Siehe dazu allgemein die Ausführungen im 2. Teil.

[154] *OECD*, Agriculture and Forestry, 52 ff.

na, nur wenig oder noch gar kein entsprechendes Interesse festzustellen ist. Bei den Holzexportländern stoßen Holzkennzeichnungssysteme vor allem auf das Interesse derjenigen Staaten, deren Hauptabsatzmärkte in Europa und in den USA liegen; dazu zählen Kanada, Malaysia, Indondesien sowie Finnland und Schweden[155].

Angesichts der in den vergangenen Jahren zu verzeichnenden deutlichen Zunahme der zertifizierten Waldflächen gelangen auf die internationalen Holzmärkte immer mehr Zertifikate und Kennzeichen, die Herkunftsnachweise und/oder Hinweise auf bestimmte ökologische Aspekte enthalten. Ein möglicher Mißbrauch von Umweltzeichen fragwürdiger Herkunft[156] wird daher ebenso befürchtet wie eine unsachgemäße Ausdehnung der Kennzeichen auf nicht nachhaltig bewirtschaftetes Holz, insbesondere bei zusammengesetzten Produkten[157]. Neben internationalen und regionalen Harmonisierungsbemühungen bei der Entwicklung von Kriterien und Indikatoren für eine nachhaltige Waldbewirtschaftung ist in einigen westlichen Industrienationen[158], aber zunehmend auch in bedeutenden Tropenwaldländern, wie in Indonesien[159], Malaysia, Brasilien[160] sowie in den Mitgliedstaaten der

---

[155] *FAO*, SOFO 1999, 44; siehe auch *Bourke/Leitch*, Trade Restritions, 21.

[156] Nach Aussage der Umweltorganisation *Pro Regenwald* konnten bislang in Deutschland schon mehrere Fälle der Fälschung bzw. des Mißbrauchs des FSC-Holzsiegels festgestellt werden. So wurden im Herbst 1997 beim ersten großen Einsatz zertifizierter Tropenhölzer bei öffentlichen Bauvorhaben (Bau von Buhnen an der Ostseeküste in Rostock mit der brasilianischen Tropenholzart Acaricuara) 40 % nichtzertifizierte Hölzer als FSC-deklarierte Hölzer geliefert (Pro Regenwald News-Letter Nr. 11, Sept. 1998, 3; siehe auch Hamburger Abendblatt vom 23.6.1997).

[157] In Gabun wurde beispielsweise ein deutscher Holzkonzern von der FSC-akkreditierten Zertifizierungsorganisation SGS zunächst zertifiziert; aufgrund etlicher Proteste von Umweltverbänden wegen Nichteinhaltung der FSC-Grundsätze ruht aber jetzt die FSC- Zertifizierung. Vgl. *o. V.*, Mahagoni für alle, Der Spiegel 6/1997, 162, 164; *Kiekens*, Certification, 19 f. Siehe zu dieser Problematik auch *Simula*, Timber Certification Initiatives, in: Zarrilli/Jha/Vossenaar (Hrsg.), 206, 215.

[158] Vgl. zu den dortigen Zertifizierungs- und Kennzeichnungsinitiativen nachfolgend, S. 360 ff.

[159] Indonesien war das erste tropische Erzeugerland, das eine Entscheidung zugunsten der Holzzertifizierung getroffen hatte. Bereits 1993 wurde die „Lembaga Ecolabelling Indonesia“ gegründet. Auf Grundlage der entwickelten Kriterien ist eine Überprüfung aller bestehenden Konzessionen eingeleitet worden; diese sollte spätestens bis zum Jahre 2000 abgeschlossen sein und somit

African Timber Organization (ATO), mit dem Aufbau oder der Planung eigener Zertifizierungsstellen begonnen worden. Dabei gehen die Initiativen nicht nur von Umweltverbänden, sondern auch von der Forst- und Holzwirtschaft sowie von Gewerkschaften aus[161]. Auch die ITTO hat bereits Anfang der 90er Jahre Prinzipien, Kriterien und Indikatoren für eine nachhaltige Bewirtschaftung von Tropenwäldern aufgestellt, hält sich jedoch bei der Entwicklung von Holzzertifizierungs- und -kennzeichnungssystemen zurück und tritt auch nicht als Akkreditierer von Zertifizierungsorganisationen auf[162]. Es bestehen seitens der ITTO noch zu viele Bedenken und Vorbehalte hinsichtlich möglicher handelsbeschränkender Wirkungen und Diskriminierungen gegenüber bestimmten Holzprodukten[163].

---

auch als Instrument genutzt werden, das ITTO-Ziel 2000 zu erreichen. Noch offen ist, ob und inwieweit Indonesien zertifiziertes Holz auch für Exportmärkte kennzeichnen lassen wird (vgl. *Initiative Tropenwald*, Arbeitsbericht 1992-1997, 15; *Salim/Djalins/Suntana*, Forest product trade and certification, in: Proceedings of the XI. World Forestry Congress, Vol. 4, Area E, Topic 22, 149 ff.).

[160] 1991 wurde mit der Entwicklung eines Zertifizierungsprogramms für die brasilianischen Wälder unter dem Namen CERFLOR begonnen. 1996 unterzeichnete die brasilianische Forstgesellschaft ein technisches Kooperationsabkommen mit dem brasilianischen Zertifizierungsprogramm (ABNT). Seit März 1997 werden durch ein technisches Komitee, in dem Repräsentanten der Regierung, Produzenten, NGOs und Forschungsinstitutionen vertreten sind, Prinzipien, Kriterien und Indikatoren für die Zertifizierung von Wäldern (keine Primärwälder!) entwickelt. Die fünf Hauptprinzipien des freiwilligen Programms beziehen sich auf den Erhalt der Biodiversität, die Nachhaltigkeit erneuerbarer forstlicher Ressourcen, die Bewahrung der Wasser-, Boden- und Luftqualität, die ökologische, ökonomische und soziale Entwicklung von Forstgebieten sowie die Vereinbarkeit mit gesetzlichen Regelungen. Vgl. WTO-Doc. WT/CTE/W/108 v. 16.2.1999: Environmental Certification for Leather and Forestry Products, Ziff. 9 ff.

[161] In Deutschland wurde der Vorschlag für eine Kennzeichnung von Holzprodukten erstmals 1990 von der Gewerkschaft Holz und Kunststoff sowie vom Umweltbundesamt formuliert (vgl. *Initiative Tropenwald*, Arbeitsbericht 1992-1997, 6).

[162] Vgl. zur Zertifzierungs- und Kennzeichnungsdebatte innerhalb der ITTO näher: *Elliott*, Forest Certification, 104 ff.

[163] WTO-Doc. WT/CTE/W/89 v. 20.7.1998: Communication from the Secretatriat of the ITTO, Ziff. IV. B.

(2) Zertifizierungs- und Kennzeichnungsinitiativen

Allein in Europa existieren etwa 15 verschiedene Systeme der Zertifizierung, Kennzeichnung und Herkunftsbezeichnung von Holz, die sich teilweise aber noch in der Entwicklung befinden[164]. Die Abgrenzung von Zertifizierungs- zu Kennzeichnungsmaßnahmen bereitet zuweilen Schwierigkeiten, da beide Prozesse sowohl unabhängig voneinander als auch in Kombination miteinander durchgeführt werden können. Alle Systeme der Zertifizierung und Kennzeichnung beruhen durchweg auf freiwilliger Basis, ein obligatorisches Kennzeichnungssystem wird lediglich in den Niederlanden kontrovers diskutiert[165].

(a) Zertifizierung des Forstbetriebes

Die forstliche Zertifizierung bezieht sich auf ein spezifisches Waldgebiet, man spricht von der sog. forstlichen Bewirtschaftungseinheit (Forest Management Unit, FMU). Hinsichtlich der weltweit ergriffenen Zertifizierungsinitiativen, die sich bislang überwiegend auf Wirtschaftswälder beziehen, ist ein besonderes Engagement in Europa und Nordamerika festzustellen.

Eine sensible Frage bei der Zertifizierung des Forstbetriebes stellt diejenige nach den anzuwendenden Kriterien und Indikatoren für eine nachhaltige Waldbewirtschaftung dar. Die weltweit größten Zertifizierungsinitiativen legen die zehn Kriterien und entsprechenden Indikatoren des FSC zugrunde; durch eine massive Unterstützung seitens großer Umweltorganisationen verfügt der FSC, dessen Maßstäbe inzwischen von einigen FSC-Ländergruppen modifiziert und erweitert worden sind[166], über eine hohe öffentliche Akzeptanz. Über 65 % der nach FSC-Maßgabe zertifizierten Waldflächen befinden sich in Europa bzw. 51 % in den Staaten der EU[167]. Das internationale FSC-Gütesiegel für Holz aus nachhaltiger Waldbewirtschaftung wird an einen zertifizierten Betrieb vergeben, soweit die Ansprüche des Zertifizierers und die Prin-

---

[164] Stand: Juni 1998, vgl. die Studie der *Europan Working Group on Timber Chain of Custody (ETC)*, Final Report, 12 ff. Ein Überblick über weltweite Zertifizierungsmaßnahmen in der Forstwirtschaft bereits in: *Bundesministerium für Umwelt, Jugend und Familie (Österr.)*, Timber Labelling, 34 ff.

[165] Siehe dazu näher S. 452 f.

[166] Vgl. die FSC-Standards für Großbritannien, Schweden und Deutschland in: *ETC*, Final Report, Annex 9-11.

[167] Stand: November 2000, vgl. <http://www.fscoax.org>.

zipien und Kriterien des FSC erfüllt sind. Das FSC-Gütesiegel und/oder das Gütezeichen der Zertifizierungsorganisation kann vom Forstunternehmer über den Holzhandel, die verarbeitende Holzindustrie und die Vermarktung an den Endverbraucher weitergegeben werden. Die korrekte Verwendung des FSC-Gütesiegels über die gesamte Verarbeitungskette obliegt der Sorgfalt der beteiligten Firmen und der Kontrolle der FSC-akkreditierten Zertifizierer[168]. Beim FSC vermischen sich insofern die Ebenen der Akkreditierung, Zertifizierung und Holzkennzeichnung.

Neben dem international ausgerichteten FSC sind auf nationaler Ebene ebenfalls zahlreiche Zertifizierungs- und Kennzeichnungssysteme entwickelt worden[169]. Auch in Deutschland existieren mehrere Zertifizierungsinitiativen, die verschiedene Konzepte der ökologischen Forstwirtschaft präsentieren und von unterschiedlichen Umweltverbänden unterstützt werden[170].

---

[168] Problematisch ist die Verfolgung der Verarbeitungskette des zertifizierten Holzes vor allem bei Produkten, die sowohl aus zertifiziertem als auch aus nichtzertifiziertem Holz bzw. weiteren Materialien hergestellt werden, wie z.B. Pappe und Papier. Konnte beispielsweise bislang das FSC-Gütesiegel nur auf Endprodukten erscheinen, die zu 100 % aus zertifiziertem Holz hergestellt werden, erlaubt nun eine neue Regelung des FSC auch die Vergabe des Siegels für Produkte, die zu mindestens 70 % aus zertifiziertem Holz hergestellt worden sind (vgl. *ETC*, Final Report, 15) .

[169] Zum Überblick vgl. *Elliott*, Forest certification, Annex 3.2.

[170] Aufbauend auf einer vom Naturschutzbund Deutschland (NABU) entwickelten Konzeption für den naturnahen Waldbau vergibt die *Eco Timber GmbH* ein gleichnamiges Kennzeichen. Dieses Konzept orientiert sich an den Richtlinien der Arbeitsgemeinschaft Naturgemäße Waldwirtschaft (ANW). Ebenfalls an diesen Richtlinien ausgerichtet ist das vom *Naturland e.V.* vergebene Holzzertifikat, das gekennzeichnet ist durch einen vollständigen Verzicht auf nicht einheimische Baumarten sowie die Einrichtung von Schutzflächen. Dieses Konzept erhält Unterstützung von den Umweltverbänden Greenpeace, BUND, Robin Wood und dem WFF (dazu näher *Reinold*, Die Naturland Zertifizierung von Wald, Forst und Holz 1998, 441 f.). Einige kommunale Forstbetriebe haben bereits Zertifikate von Naturland und Eco Timber erhalten, diese Initiativen sind noch nicht vom FSC akkreditiert worden (Nachweise in AFZ/Der Wald 21/1998, 1326; siehe auch *Schmidt*, Waldpolitik und nachhaltige Entwicklung, 33). Siehe zu weiteren Zertifizierungsinitiativen in Europa: *ETC*, Final Report, 17; *Kiekens*, Certification, 8 ff.; *Hansen/Juslin*, The Status of Forest Certification in the ECE Region, 18 ff.

Kanada hat ebenfalls einen eigenen Weg zur Zertifizierung der nachhaltigen Forstwirtschaft eingeschlagen, um sich bewußt vom FSC abzugrenzen. Für den weltgrößten Exporteur von Holz und Holzprodukten hat die *Canadian Standards Association (CSA)* in Anlehnung an die ISO Umweltmanagementnormen (ISO 14001) Standards entwickelt, nach der sich kanadische Forstbetriebe zertifizieren lassen können. Anders als etwa beim FSC wird aber weder der Wald noch das bewirtschaftende Unternehmen zertifiziert, sondern das angewandte Bewirtschaftungssystem in einem bestimmten Waldgebiet[171]. Bislang ungelöst ist hierbei die Frage der Produktkennzeichnung, ein entsprechendes System wird noch erarbeitet.

(b) Umweltmanagement-Systeme

In die Gruppe der Zertifizierungs- und Kennzeichnungssysteme werden auch sog. Umweltmanagementsysteme eingeordnet. Dazu zählt eine Zertifizierung nach den ISO-Normen 14001 und 14004, an die auch das kanadische System angelehnt ist; eine Produktkennzeichnung ist hierbei allerdings nicht erlaubt[172]. Die ISO hat speziell für die Forstwirtschaft und Holzindustrie ein Dokument zur Implementierung der ISO-Normen 14001 und ISO 14004 entwicklet (ISO/TR 14061)[173]. Einer Befragung von Unternehmen der Holz- und Papierwirtschaft in Europa zufolge bevorzugen 60 % die ISO als Nachweis für eine nachhaltige Waldbewirtschaftung; der FSC erhielt dagegen nur wenig Zustimmung (12 %)[174]. In der holz- und papierverarbeitenden Industrie genießt neben der ISO-Zertifizierung v.a. in Österreich, Deutschland und Schweden das weit verbreitete europäische Umweltmanagementsy-

---

171 Siehe näher zur CSA: *Kiekens*, Certification, 8 f.; WTO-Doc. WT/CTE/W/81; G/TBT/W/61 v. 11.3.1998: Forests: A National Experience, Contribution by Canada; ausführlich auch *Elliott*, Forest certification, Chapter 5 - Forest certification in Canada, 267 ff.

172 *Schardt*, Zertifizierung von Forstwirtschaft und Kennzeichnung von Holzprodukten, Holz-Zentralblatt v. 29.4.1998, 788 f. Vgl. näher zur ISO die obigen Ausführungen im 2. Teil, S. 280 f.

173 *Hansen/Juslin*, The Status of Forest Certification in the ECE Region, 11 f.; vgl. auch *Lally*, ISO 14000 and Environmental Cost Accounting, Law and Policy in Int. Business 1998, 501, 510 f.

174 *Rametsteiner u.a.*, Potential markets for certified forest products in Europe, 20; *Kühn*, Einstellung in der Holz- und Papierwirtschaft zur Zertifizierung, Forst und Holz 1998, 450, 451.

stem EMAS (Eco-Management and Auditing Scheme)[175] eine relativ hohe Akzeptanz[176].

(c) Holzkennzeichnung

Die für die nachfolgende Untersuchung wichtigste Maßnahme ist die der eigentlichen Holzkennzeichnung. Generell soll mittels der Produktkennzeichnung die Aufmerksamkeit der Verbraucher auf umweltfreundliche Produkte bzw. auf umweltfreundliche Weise hergestellte Produkte gelenkt werden, bei denen die positiven Umwelteigenschaften im Vergleich zu anderen Produkten nicht ohne weiteres zu erkennen sind[177]. Für die Akzeptanz der Holzkennzeichen sowohl bei öffentlichen als auch bei privaten Verbrauchern ist die Glaubwürdigkeit des verwendeten Zertifikats entscheidend. Es muß gewährleistet sein, daß das ausgezeichnete Rohholz über die Verarbeitungskette und den Zwischenhandel bis zum Endmarkt den Ansprüchen des Zertifikats „Holz aus nachhaltiger Bewirtschaftung" gerecht wird[178]. Da der Anteil der Rundholzimporte am gesamten Tropenholzimport zunehmend von Halbfertig- und Fertigwaren verdrängt wird, ist es unerläßlich, die korrekte Verwendung der Zertifikate vom Forstbetrieb bis hin zum Endverbraucher sicherzustellen. Daher dient die Kennzeichnung der Transparenz und Glaubwürdigkeit des Kontrollverfahrens und hat angesichts des bereits aufgetretenen Mißbrauchs von Gütesiegeln an Bedeutung gewonnen.

Vorreiter in Europa bei der Entwicklung von Kennzeichnungssystemen für nachhaltig produziertes Holz sind die Niederlande. Das nationale Ökosiegel „Hallmark" gilt gleichermaßen für importiertes und einhei-

---

[175] EMAS wurde eingeführt durch die EG-Umwelt-Audit-Verordnung vom 29.6.1993, Abdruck in: ABl. der EG, Nr. L 168/1 vom 10.7.1993. Siehe näher zum freiwilligen System der Bewertung und Verbesserung des Umweltschutzes in gewerblichen Unternehmen: *Grafé-Buckens*, Old and New EMAS, European Environmental Law Review 1997, 300 ff.; *Hansen/Juslin*, The Status of Forest Certification in the ECE Region, 14 f.; *Roht-Arriaza*, Private Voluntary Standard-Setting, YIEL 1995, 107, 114 ff.

[176] Vgl. ausführlich zur Anwendung von EMAS sowie zu weiteren Umweltmangementsystemen im Forstbereich in Norwegen und Schweden: *ETC*, Final Report, 13 f.

[177] *Forstbauer/Parker*, The Role of Ecolabeling, Journal of Environmental Law and Litigation 1996, 165, 168 ff.

[178] *Quadflieg*, Konzept zur Harmonisierung, 240.

misches Holz und kann nur vergeben werden, wenn bestimmte von der Regierung vorgegebene Mindeststandards erfüllt werden[179]. Da die Niederlande mehr als 90 % des benötigten Holzes importieren, kommt dieser unilateralen Maßnahme eine bedeutende extraterritoriale Wirkung zu. Soweit ersichtlich, handelt es sich - mit Ausnahme des paneuropäischen Holzkennzeichens, das zur Zeit auf EU-Ebene unter Beteiligung der Mitgliedstaaten entwickelt wird - um das bislang einzige Holzkennzeichensystem in Europa, das eine staatliche Einflußnahme und Kontrolle des Vergabeverfahrens vorsieht[180]. Alle weiteren in Europa existierenden Holzkennzeichnungssysteme sind von privaten Organisationen ins Leben gerufen worden[181].

In Deutschland hat sich die *Initiative zur Förderung nachhaltiger Waldbewirtschaftung (ifw)*, die 1997 als Nachfolgeorganisation der 1992 gegründeten *Initiative Tropenwald (ITW)*[182] ihre Arbeit aufnahm,

---

[179] *Kiekens*, Certification, 11 f., 33 f.: Die niederländische Regierung hat in einem offiziellen Papier (Ministry of Agriculture, Nature Management and Fisheries, „Timber Certification and Sustainable Forest Management", TK 1996-1997, 25273, no. 1, 12.3.1997) Prinzipien, Kriterien und Indikatoren aufgestellt, die über die Einhaltung der nationalen forstspezifischen Gesetze hinausgehen und sich auch auf nachhaltige Forstmanagementsysteme, Zertifizierungssysteme und -organisationen sowie die Holzverarbeitungskette beziehen. Das System sieht keine Zertifizierung, sondern die Überprüfung vor, ob eine von einer unabhängigen Organisation zertifizierte Forstbewirtschaftungseinheit mit den Mindestvoraussetzungen der niederländischen Regierung übereinstimmt. Die Einhaltung der Kriterien überwacht die seitens der Holzindustrie mit Unterstützung der niederländischen Regierung gegründete Organisation „Keurhout". Vgl näher hierzu *ETC*, Final Report, 18, 35 sowie Annex 7. Näher hierzu S. 482 ff.

[180] *Kiekens*, Certification, 33.

[181] Vgl. einführend zu den in Finnland, Schweden, Norwegen, Österreich, Frankreich, Großbritannien, Belgien und Deutschland existierenden Kennzeichnungssystemen für Holz: *ETC*, Final Report, 18 ff.; *Hansen/Juslin*, The Status of Forest Certification in the ECE Region, 16 ff.

[182] Trägerverbände der 1992 in der Rechtsform eines Vereins gegründeten Initiative Tropenwald sind der Hauptverband der Deutschen Holz- und Kunststoffe verarbeitenden Industrie (GHK), der Verein Deutscher Holzeinfuhrhäuser (VDH) und die Gewerkschaft Holz und Kunststoff (GHK). Kernpunkt ihrer „Gemeinsamen Erklärung zum Schutz der tropischen Wälder" vom 10.2.1992 ist die Forderung nach dem „Herkunftsnachweis für nachhaltig bzw. umweltverträglich gewonnene tropische Hölzer und deren Folgeprodukte, da nur so Importeure und Verbraucher unterscheiden können, ob es sich um Holz aus nachhaltiger und raubbauartiger bzw. illegaler Nutzung handelt" (*Initiative

zum Ziel gesetzt, mit einem eigenen Lizenzsystem die Herkunft des gekennzeichneten Holzes aus zertifizierten Forstbetrieben zu garantieren[183], da eine einfache Weitergabe der Zertifikate des Ursprungsbetriebes über Importeure und Verarbeiter bis hin zum Endverbaucher technisch kaum durchführbar ist[184]. Die Konzeption der *ifw* basiert insofern auf der organisatorischen Trennung von Zertifizierung einerseits und Produktkennzeichnung andererseits. Aufgabe der *ifw* ist es, die korrekte Verwendung der Zertifikaten in den Verbraucherländern sicherzustellen. Das Warenzeichen wird nur für Produkte oder Produktbestandteile, bei denen die Herkunft des Holzes aus nachhaltiger Bewirtschaftung durch eine unabhängige dazu legitimierte Zertifizierungsstelle bescheinigt wurde, vergeben. Die *ifw* versteht sich insofern als „europäischer Counterpart" bestehender Zertifizierungsinitiativen aus den Tropenholzerzeugerländern, will zukünftig aber auch zertifziertes Holz aus anderen Regionen einbeziehen[185]. Das Warenzeichen differenziert nur hinsichtlich der forstlichen Qualität der Bewirtschaftung (kontrolliert oder nachhaltig), nicht zwischen den Herkunftsgebieten und Ursprungsbetrieben.

Für den Verbraucher bedeutet die Zertifizierung von Forstbetrieben und eine entsprechende Kennzeichnung von Erzeugnissen aus nachhaltig bewirtschafteten (Tropen-) Waldbeständen eine Qualitätssicherung

---

Tropenwald, Arbeitsbericht 1992-1997, 5 f.; siehe zur ITW auch *König*, New Approaches, in: Wolfrum (Hrsg.), Enforcing Environmental Standards, 337, 362 ff.).

183 Die *ifw* garantiert durch die Vergabe des eingetragenen Warenzeichens „pro silva", daß Massivholzprodukte oder Produktbestandteile aus zertifizierten Forstbetrieben stammen. Die *ifw* versteht sich dabei weder als Alternative noch als Konkurrenz zu den verschiedenen bestehenden Zertifizierungsinitiativen; vielmehr werden die Grundsätze und Kriterien des FSC von der *ifw* unterstützt, die vom FSC akkreditierten Zertifizierer werden auch automatisch von *ifw* als legitimierte Zertifizierer anerkannt. Die *ifw* akkreditiert und zertifiziert selbst nicht, sondern beschränkt sich auf die Durchführung der Kennzeichnung von Holz und Holzprodukten, die aus zertifizierten Forstbetrieben stammen. Das *ifw*-System überprüft die Holzarten, aus denen gekennzeichnete Produkte hergestellt werden, die Mengen und das betriebliche Dokumentations- und Identifikationssystem des zertifizierten Betriebes zur klaren Unterscheidung von Holz aus zertifizierten und nichtzertifizierten Quellen (*Droste/Schardt*, Holzzertifizierung, 7 f.; *ITW*, Holz-Zertifizierung, 17).

184 *Schardt*, Holzzertifizierung - Chance und Herausforderung für die Holzwirtschaft, Holz-Zentralblatt v. 18.11.1994, 2281, 2286.

185 *Droste/Schardt*, Holzzertifizierung, 8.

für umweltgerechte Herstellungsverfahren. Sie verschafft ihm die Möglichkeit, dieses Kriterium bei seiner Kaufentscheidung zwischen verschiedenen Materialien und Anbietern zu berücksichtigen. Allerdings setzt eine derartige Kennzeichnung von Holzprodukten ein großes Umweltbewußtsein und einen hohen Informationsgrad beim Verbraucher über die internationale Forstpolitik und Holzeinschlagspraktiken, aber auch über soziale und ökonomische Verhältnisse in den Herkunftsländern voraus[186].

Die Marktanteilsentwicklung eines gekennzeichneten Produkts auf freiwilliger Basis wird aber nicht nur vom Konsumentenverhalten und von den Reaktionen im Sinne des klassischen Zusammenspiels von Nachfrage und Angebot beeinflußt[187]; vielmehr hängt die Frage, ob es künftig einen Markt für zertifizierte Produkte geben wird, auch ab von den bislang wenigen, aber vergleichsweise prominenten Befürwortern auf der Hersteller- und Händlerseite sowie regierungsunabhängigen Umweltschutzorganisationen nach dem Vorbild der WWF-Buyers' Groups[188] in Großbritannien[189].

(d) Herkunftsdeklaration

Nicht in das grundsätzlich zweistufige Verfahren von Holzzertifizierung und Kennzeichnung lassen sich sog. Herkunftsdeklarationen einordnen. Der Deutsche Forstabsatzfonds vergibt beispielsweise ein Herkunftszeichen für deutsche Forstbetriebe, versehen mit der Aufschrift „Aus nachhaltiger Forstwirtschaft, gewachsen in Deutschlands Wäl-

---

186 *Hartenstein/Schmidt*, Planet ohne Wälder?, 96.

187 *Brockmann/Hemmleskamp/Hohmeyer*, Zertifiziertes Tropenholz und Verbraucherverhalten, 27; *Michaelowa*, Trade and Labelling of Timber and Timber Products, Außenwirtschaft 1997, 561, 564.

188 Aufgrund der zunächst schwachen Marktnachfrage nach zertifiziertem Holz hat der WWF zuerst 1991 in Großbritannien, inzwischen aber auch in anderen europäischen Ländern sowie in den USA Käufergruppen (Buyers' Groups) gegründet; Mitglieder sind Betriebe der Holzwirtschaft (Verarbeitung und Handel), die sich zur Förderung und Vermarktung der auf FSC-Basis zertifizierten Holzprodukte verpflichtet haben. Vgl. hierzu *Hansen/Juslin*, The Status of Forest Certification in the ECE Region, 28 ff. Siehe näher zu der in Deutschland gegründeten „Gruppe '98": *ETC*, Final Report, 16 sowie *Initiative Tropenwald*, Arbeitsbericht 1992-1997, 11.

189 *Kahkonen*, Schlafender Markt für Produkte aus zertifiziertem Holz, AFZ/Der Wald 12/1998, 641.

dern"[190]. Hierbei werden nur die Herkunft und die Einhaltung der deutschen Forstgesetze deklariert, eine Zertifizierung erfolgt nicht[191]. Bislang ist die Kennzeichnung noch auf Rundholz und Schnittholz beschränkt und erreicht somit nicht unmittelbar den Endverbraucher[192].

(e) Pan-europäische Zertifizierungsinitiative (PEFC)

Angesichts unterschiedlicher Initiativen im Zertifizierungs- und Kennzeichnungsprozeß ist im Rahmen der „Pan-European Forest Certification Initiative (PEFC)" gemeinsam von der Forstwirtschaft und von europäischen Waldbesitzerverbänden Ende Juni 1999 ein eigenes EU-Logo für nachhaltig bewirtschaftete Wälder auf der Grundlage der Kriterien und Indikatoren des Helsinki-Prozesses[193] ins Leben gerufen worden[194]. Da die Märkte für wichtige Holzprodukte schon heute international eng miteinander verflochten sind, ist es erforderlich, auch das Instrument der Zertifizierung bzw. Kennzeichnung in einem internationalen Rahmen auszugestalten und einzusetzen, wenn es die beab-

---

[190] Vgl. hierzu näher AFZ/Der Wald 16/1996, 888 f.; *ETC*, Final Report, 19.

[191] Ähnliche Deklarationssysteme existieren auf europäischer Ebene auch in Großbritannien, Österreich, Frankreich und Belgien (vgl. *ETC*, Final Report, 19; *Kiekens*, Certification, 12 ff.).

[192] *Schardt*, Zertifizierung von Forstwirtschaft und Kennzeichnung von Holzprodukten, Holz-Zentralblatt v. 29.4.1998, 788 f. Einer Umfrage zufolge rechnen aber 75 % der Forstexperten in Deutschland damit, daß sich das Herkunftszeichen durchsetzen wird, während einer Zertifizierung nach FSC (14 %) oder ISO (8 %) nur geringe Chancen eingeräumt werden (*Kühn/Becker*, Kennzeichnung von Holz aus nachhaltiger Forstwirtschaft, AFZ /Der Wald 12/1998, 639, 640).

[193] Siehe dazu bereits ausführlicher im 2. Teil, S. 265 ff.

[194] *Steenbock*, Das Ende des Glaubenskrieges, AFZ/Der Wald 17/1999, 888, 889: Im Juli 1999 wurde der Deutsche Forstzertifzierungsrat in Bonn gegründet, womit die Grundlage für die Vergabe des PEFC-Gütezeichens für Holz aus deutschen Wäldern geschaffen wurde. Vgl. hierzu auch *Kommission der EG*, Mitteilung über eine Strategie der Europäischen Union für die Forstwirtschaft, 18.11.1998, KOM (1998) 649 endg., 24 f. Vgl. zur Entwicklung eines europäischen Nachhaltigkeitszertifikats auch die „Dessauer Erklärung des Deutschen Forstwirtschaftsrats" vom 9.6.1998, AFZ/Der Wald 17/1998, 879; *Urban*, Noch ein Holz-Ökosiegel?, Süddeutsche Zeitung vom 16.2.1999.

sichtigte Steuerungsfunktion entfalten soll[195]. Bislang beteiligen sich Organisationen aus 17 europäischen Ländern aktiv an diesem System. Das PEFC berücksichtigt vor allem die Besitzstrukturen der europäischen Forstwirtschaft, die sich durch flächenmäßig relativ kleine Betriebe auszeichnen[196], indem auch eine Überprüfung der Nachhaltigkeit auf regionaler Ebene (für Deutschland sind dies die Bundesländer) vorgesehen ist[197]. Werden in einer Waldregion die Zertifizierungskriterien nach PEFC erfüllt, so können alle Waldbesitzer dieser Region die Lizenz zur Führung des PEFC-Zertifikats erhalten. Das Verfahren der regionalen Zertifizierung unterscheidet sich von der FSC-Zertifizierung insoweit, als der FSC in der Regel einzelbetriebliche Zertifizierungen vornimmt.

Die Glaubwürdigkeit der Kennzeichnung soll durch eine ausreichende Überprüfung der Konformität von Standards und Leistungskriterien gewährleistet werden[198]. Bis Mitte des Jahres 2001 sind bereits über 36 Mio. ha Wald zertifiziert und mit dem PEFC-Logo versehen worden[199]. Zu bedenken ist aber, daß das an den Leitlinien für die nachhaltige Bewirtschaftung der Wälder in Europa orientierte Holzsiegel in Konkur-

---

[195] Vgl. ausführlich zum Holzzertifizierungsprozeß in Europa: *Rametsteiner*, Sustainable Forest Management Certification, 67 ff.

[196] In Deutschland beträgt die durchschnittliche Waldbesitzfläche nur 3,5 ha (AFZ/Der Wald 17/1998, 879). Im Vergleich dazu ergibt sich bei den weltweit mit dem FSC-Zertifikat versehenen Forstbetrieben eine Durchschnittsfläche von 86.000 ha; dies entspricht fast der Waldfläche des Saarlandes (AFZ/Der Wald 21/1998, 1326).

[197] Bundesweit sind bisher über 2,3 Mio. ha Waldfläche zertifiziert (vgl. PEFC News-Letter Nr. 5, Okt. 2000).

[198] Vgl. näher zum Produktkettennachweis bzw. zur Beteiligung an der „chain-of custody“: PEFC-News-Letter Nr. 4, Juli 2000.

[199] Vgl. <http://www.pefc.org>. Seitens der deutschen Forstwirtschaft ist bislang eine einzelbetriebliche Zertifizierung vor allem von den Privatwaldbesitzern abgelehnt worden; zum einen angesichts der mit der Zertifizierung verbundenen Aufwendungen und Kosten, zum anderen mit Hinweis auf das schon seit rund 200 Jahren praktizierte traditionelle Grundprinzip der Nachhaltigkeit in der deutschen Forstwirtschaft (vgl. *Becker/Karmann*, Holz aus nachhaltiger Forstwirtschaft, Holz-Zentralblatt v. 12.7.1996, 1324, 1327). Nur ein Drittel der Forstexperten in Deutschland befürwortet daher grundsätzlich eine Zertifzierung, der Rest rechnet damit, daß die Nachfrage nach Massivholzprodukten mit Nachhaltigkeitskennzeichen in den nächsten Jahren gering bleiben und einen Marktanteil von 10 % nicht übersteigen wird. (*Kühn/Becker*, Kennzeichnung von Holz aus nachhaltiger Forstwirtschaft, AFZ /Der Wald 12/1998, 639, 640).

renz tritt zum international bereits weitgehend anerkannten Forest Stewardwship Council, nach dessen Kriterien schon große Waldflächen in Europa zertifiziert worden sind[200]. Bis zum Jahre 2005 soll der Marktanteil an PEFC- bzw. FSC-gekennzeichnetem Holz in Europa - nach optimistischen Schätzungen - von derzeit knapp 3 % auf 25 bis 45 % steigen[201]. Die holzverwertende und holzverarbeitende Industrie begrüßt prinzipiell das europäische Nachhaltigkeitszertifikat, da sich die europäische Forstwirtschaft auf diese Weise dem Zertifizierungsprozeß öffnet[202].

dd) Zusammenfassung

Mittlerweile steht zertifiziertes Holz aus nichttropischen Ländern bereits in größerem Umfang auf dem deutschen Markt zur Verfügung. Auch mit der Markteinführung von Tropenholz aus zertifizierten Forstbetrieben ist in Deutschland begonnen worden. Die Sensibilisierung der Verbraucher im Hinblick auf Umweltfragen hat v.a. in den westlichen Industrienationen Märkte für ökologisch akzeptable Produkte eröffnet. Dies gilt auch hinsichtlich des Produkts „Holz". Verbraucher sind in einem engen Rahmen bereit, durch höhere Preise die nachhaltigen Bewirtschaftungsmethoden für Holz und entsprechend gekennzeichnete Holzprodukte zu honorieren[203]. Obwohl seit Anfang 1997 ein beträchtlicher Anstieg der zertifizierten Forstflächen zu verzeichnen ist, steht das Warenangebot von gekennzeichneten Holzprodukten bislang aber noch in keinem Verhältnis zum Umfang der zertifizierten Flächen[204]. Noch ist der Marktanteil gerade von zertifiziertem

---

[200] *Steenbock*, Das Ende des Glaubenskrieges, AFZ/Der Wald 17/1999, 888, 890. Ein Vergleich der ökologischen Standards der Waldzertifizierung von PEFC und FSC findet sich im Internet unter <www.forstzertifizierungsrat.de/deutschland/synopse.htm>.

[201] Vgl. dazu die Untersuchung von *Rametsteiner*, Sustainable Forest Management Certification, 131 ff.

[202] *Klima-Bündnis e. V.*, Zertifizierung von (Tropen-) holz, 26.

[203] Verschiedene Studien seit 1991 haben ergeben, daß Verbraucher gewillt sind, Zuschläge von bis zu 25 % für gekennzeichnetes Holz zu zahlen (*Rametsteiner*, Sustainable Forest Management Certification, 111 f.); siehe auch *Kahkonen*, Schlafender Markt für Produkte aus zertifiziertem Holz, AFZ/Der Wald 12/1998, 641.

[204] *Schardt*, Zertifizierung von Forstwirtschaft und Kennzeichnung von Holzprodukten, Holz-Zentralblatt v. 29.4.1998, 788.

Tropenholz weltweit sehr gering. Die Hauptgründe hierfür liegen zum einen darin, daß viele Tropenholznationen nur geringe Mengen oder gar kein Holz exportiereren, da ein bedeutender Teil der Holzproduktion der Deckung der Bedürfnisse der einheimischen Märkte dient. Zudem wird zertifiziertes Holz in den wichtigsten Tropenholzimportstaaten der Welt (Japan, China, Taiwan, Thailand und Südkorea) noch nicht nachgefragt[205]. Mangelndes Interesse findet sich auch in den Ländern Süd- und Osteuropas[206]; lediglich in den waldreichen nord- und mitteleuropäischen exportorientierten Nationen sowie in zunehmendem Maße auch in den USA und in Kanada entwickelt sich langsam ein Markt für gekennzeichnetes Holz[207].

Keine der drei großen Produktionsregionen für Tropenholz - Südostasien, Lateinamerika und Afrika - hängt aber in signifikanter Weise von diesen Verbrauchermärkten für zertifiziertes Tropenholz ab. Vor allem Malaysia und Indonesien exportieren hauptsächlich nach Asien, Lateinamerika produziert in erster Linie für den eigenen Markt. Allein Afrika steht hinsichtlich des Tropenholzhandels in enger Beziehung zu Europa, exportiert aber verstärkt nach Südeuropa und in letzter Zeit auch nach Asien[208].

Bei der Einführung eines Zertifizierungssystems für nachhaltig erwirtschaftetes Holz stellt vor allem der Kostenfaktor ein Problem dar, so-

---

[205] Zu diesem Ergebnis kommt die FAO-Asia-Pacific Forestry Commission anläßlich eines Seminars über Zertifizierungsfragen im Mai 2000 (FO:APFC/ 2000/10).

[206] *ETC*, Final Report, 6.

[207] Vgl. *Kühn*, Einstellung in der Holz- und Papierwirtschaft zur Zertifizierung, Forst und Holz 1998, 450, 451: Einer Befragung in der Holz- und Papierindustrie in Deutschland zufolge wollen zwar zwei Drittel der Befragten Holz aus zertifizierter Forstwirtschaft in Zukunft einsetzen, sie gehen aber nicht davon aus, daß derartiges Holz in den nächsten 5 Jahren für den Handel eine wichtige Rolle spielen wird. Auch wird die zunehmende Bereitschaft von Kunden, für umweltfreundliches Holz höhere Preise zu zahlen, nur von rund einem Drittel der Befragten erwartet (vgl. hierzu ausführlich die Studien von *Rametsteiner u.a.*, Potential markets for certified forest products in Europe, 17 ff. sowie von *Hansen/Juslin*, The Status of Forest Certification in the ECE Region, 28 ff.).

[208] 42 % des 1997 aus Gabun exportierten Tropenholzes war für China bestimmt (vgl. *Kiekens*, Certification, 17). Siehe näher zur Auswirkung von Holzkennzeichnungssystemen in Europa auf die Bewirtschaftungsweise der Tropenwälder *Rametsteiner*, Sustainable Forest Management Certification, 125 ff.

wohl im Hinblick auf die Durchführung nachhaltiger Bewirtschaftungsmethoden (die Mehrkosten belaufen sich auf schätzungsweise 10-20 %[209]), als auch hinsichtlich der durch die Zertifizierung des Betriebes und der nachfolgenden Kontrollen anfallenden Kosten[210]. Zudem steht vor allem in Entwicklungsländern nicht genügend qualifiziertes Personal zur Durchführung nachhaltiger Forstmanagementmethoden zur Verfügung; außerdem herrscht - nicht nur in den Entwicklungsländern - in der Bevölkerung weitgehende Unkenntnis über die Bedeutung eines Holzzertifikats und den Begriff der nachhaltigen Waldbewirtschaftung[211].

Trotz bestehender Unsicherheiten bezüglich der Effektivität von Zertifizierungs- und Kennzeichnungsinitiativen zur Verbesserung von Forstmanagementpraktiken im Sinne der Nachhaltigkeit[212], wird das Instrument der Holzzertifizierung in Zukunft für die Hauptimportländer von (Tropen-) Holz eine zunehmend wichtige Rolle spielen, auch wenn die Absätzmärkte für Holz aus zertifizierten Forstbetrieben derzeit nur langsam wachsen[213]. Daß dieses marktwirtschaftliche Instrument über ökonomische Ziele hinaus auch eine Bewußtseinsschärfung der Bevölkerung für die Bedrohung der Waldbestände und letztendlich auch tatsächliche positive Auswirkungen auf die ökologische Beschaf-

---

[209] *Crossley/Primo Braga/Varangis*, Is there a Commercial Case for Tropical Timber Certification?, in: Zarrilli/Jha/Vossenaar (Hrsg.), Eco-Labelling and International Trade, 228, 244.

[210] Siehe *Elliott*, Certification and Eco-Labelling, in: Zarrilli/Jha/Vossenaar (Hrsg.), Eco-Labelling and International Trade, 251, 259 f.

[211] *Rametsteiner u.a.*, Potential markets for certified forest products in Europe, 11; für die Entwicklungsländer vgl. *Nguiffo*, Zertifizierung von Tropenholz in Kamerun, in: Abschlußbericht zur Fachtagung Tropenholzzertifizierung auf dem Prüfstand, 46, 49 f.; *Aguirre*, Eco „green" labelling of timber in Costa Rica, in: Proceedings of the XI. World Forestry Congress, Vol. 4, Area E, Topic 22: Forest products trade and certification, 159, 160 ff.

[212] Vgl. hierzu auch die skeptische Aussage der gemeinsamen „Forest Alliance" von Weltbank und WWF anläßlich ihres „Forest Certification/Verfication Workshop" vom 9.-10.11.1999, <www-esd.worldbank.org/wwf>. Kritisch auch *Rametsteiner*, Sustainable Forest Management Certification, 148 ff.

[213] *Rametsteiner*, Sustainable Forest Management Certification, 110 ff.; *Simula*, Timber Certification Initiatives, in: Zarrilli/Jha/Vossenaar (Hrsg.), Eco-Labelling and International Trade, 206, 225. Sehr kritisch dagegen: *Kiekens*, Certification, 14 ff.

fenheit der Wälder haben wird, bleibt weiterhin ein intensiv zu verfolgendes Ziel.

B. Die völkerrechtliche Zulässigkeit unilateraler Handelsbeschränkungen für Tropenholz

Handelsbeschränkende Maßnahmen zum Schutz der Tropenwälder bewegen sich im konfliktträchtigen Bereich zwischen Umweltschutz und Freihandel und bedürfen daher einer näheren Untersuchung und rechtlichen Überprüfung hinsichtlich ihrer Vereinbarkeit mit den Regeln des GATT/WTO-Vertragswerks sowie mit den einschlägigen Vorschriften des Internationalen Tropenholzabkommens. Dies gilt sowohl für die soeben beschriebenen Zertifizierungs- und Kennzeichnungsinitiativen für Holz und Holzprodukte als auch für die von Seiten etlicher Kommunen und einiger Landesregierungen ausgesprochenen Verwendungsverbote von Tropenholz, einschließlich entsprechender Empfehlungen an private Bauträger. Verwendungsbeschränkungen für tropische Holzprodukte sind insbesondere seit der Novellierung des Internationalen Tropenholzabkommens (ITTA) im Jahre 1994 rechtlich umstritten. So hat auch das Bundesverkehrsministerium 1997 die Verwendungsverbote von Tropenholz aus dem Jahr 1989 mit der Begründung wieder aufgehoben, daß die Bundesregierung nach dem am 1.1.1997 in Kraft getretenen überarbeiteten ITTA nicht mehr berechtigt sei, Verwendungsverbote von Tropenholz zu ergreifen[214].

I. Völkerrechtliche Zulässigkeit nationaler Verwendungsverbote von Tropenholz

Bezugnehmend auf die soeben erwähnte Begründung des Bundesverkehrsministeriums für die Aufhebung seines Verwendungsverbots für Tropenholz erfolgt zunächst eine Überprüfung nationaler Verwendungsverbote am Maßstab des Internationalen Tropenholzabkommens. Ob Verwendungsverbote des weiteren den Vorschriften des GATT/WTO-Regelsystems standhalten, ist in einem weiteren Schritt zu untersuchen.

---

[214] Erlaß BW 21/21.14.70.01 - 6/21 VA 97 vom 30.4.1997.

Wie bereits gezeigt, unterstützen viele Kommunen, die dem Klimabündnis angeschlossen sind oder sich in sonstiger Weise für den Schutz der Tropenwälder einsetzen, einen vollständigen Verzicht auf Tropenholz bzw. Tropenholzprodukte bei öffentlichen Bauvorhaben. Gleiches gilt auch noch für einige Landesregierungen. Auf Bundesebene beschränkt sich der Verzichtsaufruf neuerdings auf nicht nachhaltig produziertes Tropenholz. Obwohl auch in anderen westlichen Industrienationen ähnlich lautende Verzichtsbekundigungen geäußert werden[215], konzentrieren sich die nachfolgenden Ausführungen auf die in Deutschland existenten Verwendungsbeschränkungen für den öffentlichen Bausektor.

1. Zulässigkeit nationaler Verwendungsverbote nach dem ITTA

Das ITTA aus dem Jahre 1983 ist durch das neuverhandelte und am 1.1.1997 in Kraft getretene ITTA 1994 abgelöst worden[216].

a) Art. 36 ITTA

In Art. 36 ITTA findet sich in Kapitel X [Verschiedene Bestimmungen] unter dem Titel „Nichtdiskriminierung" eine für nationale Verwendungsverbote einschlägige Norm. Diese während der Neuverhandlungen zum ITTA in das Abkommen eingefügte Vorschrift bestimmt, daß sich aus dem Übereinkommen keine Berechtigung dazu ergibt, Maßnahmen zur Beschränkung oder zum Verbot des internationalen Handels mit Holz und Holzerzeugnissen anzuwenden, soweit derartige Maßnahmen die Einfuhr und Verwendung von Holz und Holzerzeugnissen betreffen[217]:

---

[215] Vgl. *Bourke/Leitch*, Trade Restrictions, 18 f.

[216] Nach Art. 3 ITTA ist aber die 1983 errichtete Internationale Tropenholzorganisation (ITTO) bestehengeblieben. Vgl. bereits ausführlich zu den beiden ITTA-Abkommen sowie zur ITTO und ihrem obersten Organ, dem ITTC, die Ausführungen im 2. Teil, S. 162 ff.

[217] Diese Regelung gilt gem. Art. 46 Abs. 1 ITTA zunächst bis Ende 2000; die vierjährige Laufzeit des Abkommens ist vom Internationalen Tropenholzrat (ITTC) Ende 2000 aber noch einmal um weitere drei Jahre verlängert worden.

„Nothing in this Agreement authorises the use of measures to restrict or ban international trade in, and in particular as they concern imports of and utilisation of, timber and timber products".

Ob und inwieweit sich aus der Vorschrift des Art. 36 ITTA ein völkerrechtliches Verbot für nationale Verwendungsbeschränkungen von Tropenholz oder von Holz, das nicht aus einer nachhaltigen Waldbewirtschaftung stammt, ergibt, ist weiter durch Auslegung dieser Norm zu ermitteln. Das ITTA als internationales Rohstoffabkommen stellt einen völkerrechtlichen Vertrag dar. Die Interpretation des Art. 36 ITTA richtet sich folglich nach der Kodifizierung der vom Völkerrecht anerkannten Auslegungsregeln in Art. 31 und 32 der Wiener Vertragsrechtskonvention[218].

Nach Art. 31 Abs. 1 WVK ist ein Vertrag „nach Treu und Glauben, in Übereinstimmung mit der gewöhnlichen, seinen Bestimmungen in ihrem Zusammenhang zukommenden Bedeutung und im Lichte seines Zieles und Zweckes auszulegen". Damit erkennt die WVK an, daß der Parteiwille in erster Linie im Vertragstext zum Ausdruck kommt. Des weiteren sind Anlagen, Protokolle, spätere Übereinkünfte und Übungen sowie sonstige anwendbare Völkerrechtssätze gem. Art. 31 Abs. 2, 3 WVK zu berücksichtigen.

aa) Wortlaut

Auszugehen ist zunächst vom Wortlaut des Art. 36 ITTA. Die Norm beschränkt sich ausdrücklich nicht nur auf den Handel mit Tropenholz und Tropenholzprodukten, sondern bezieht sich auf alle Arten von Hölzern. Des weiteren nimmt Art. 36 ITTA keine Eingrenzung hinsichtlich der Bewirtschaftungsform vor. Daher scheinen auch handelsbeschränkende Maßnahmen bezogen auf nicht nachhaltig produziertes (Tropen-) Holz nach Maßgabe des Art. 36 ITTA nicht gerechtfertigt zu sein. Dies mag verwundern angesichts der Tatsache, daß die Förderung der nachhaltigen Tropenwaldbewirtschaftung sowie des Handels mit nachhaltig produziertem Tropenholz im Vertragstext des ITTA gleich mehrfach betont werden.

---

[218] Wiener Übereinkommen über das Recht der Verträge vom 23.5.1969 (WVK); BGBl. 1985 II, 927 ff. Vgl. zu den Auslegungsmethoden nach der WVK: *Vitzthum*, Begriff, Geschichte und Quellen des Völkerrechts, in: ders. (Hrsg.), Völkerrecht, 6, 78 ff.

Der Wortlaut wirft des weiteren Fragen auf im Hinblick darauf, daß Art. 36 ITTA unter dem Titel der „Nichtdiskriminierung“ lediglich bestimmt, daß das „Übereinkommen nicht dazu *berechtigt*, Maßnahmen zur Beschränkung oder zum Verbot des internationalen Handels mit Holz und Holzerzeugnissen anzuwenden“. Aus dem Wortlaut ergibt sich nicht eindeutig, inwieweit allein von einer fehlenden *Berechtigung* zu beschränkenden Maßnahmen auf ein *völkerrechtliches Verbot* unilateraler oder multilateraler Handelsbeschränkungen geschlossen werden kann. Insofern bedarf diese Frage einer weiteren Interpretation der Vorschrift des Art. 36 ITTA.

bb) Teleologische Auslegung

Nach Art. 31 Abs. 1 WVK sind für die Auslegung einer Norm auch Ziel und Zweck des völkerrechtlichen Vertrages heranzuziehen. Wie sich aus den in Art. 1 ITTA angeführten Zielsetzungen des Vertrages sowie aus der Präambel ergibt, beabsichtigt das ITTA in erster Linie eine Ausweitung des internationalen *Tropenholz*marktes[219]; auf den internationalen Holzhandel im allgemeinen beziehen sich nur wenige Zielsetzungen[220].

Gegenüber der Betonung der ökonomischen Aspekte findet aber auch die Förderung der nachhaltigen Forstwirtschaft und des Handels mit nachhaltig produziertem (Tropen-) Holz ausdrücklich mehrfache Erwähnung. Neben der Präambel (Abs. 2, 5, 7, 8) beziehen sich folgende „objectives“ des ITTA in Art. 1 auf den Begriff der Nachhaltigkeit: Beitrag des ITTA zum Prozeß der nachhaltigen Entwicklung - Art. 1 (c); Verbesserung der Voraussetzungen für die Durchsetzung der Ausfuhr von Tropenholz aus nachhaltig bewirtschafteten Beständen bis zum Jahr 2000 - Art. 1 (d); Ausweitung und Diversifizierung des internationalen Handels mit Tropenholz aus nachhaltig bewirtschafteten Beständen - Art. 1 (e); Stärkung der Weiterverarbeitung von Tropenholz aus nachhaltig bewirtschafteten Beständen in den Erzeugermitgliedstaaten zur Förderung von Industrialisierung und Beschäftigung -

---

[219] Vgl. Präambel Abs. 2 und 6 sowie Art. 1 (e): „to promote the expansion and diversification of international trade in tropical timber“.

[220] Vgl. Art. 1 (a): ITTA als Konsultationsrahmen für die internationale Zusammenarbeit und Strategieentwicklung hinsichtlich aller einschlägigen Aspekte der internationalen Holzwirtschaft; Art. 1 (h): Größere Transparenz der internationalen Holzmärkte; Art. 1 (n): Förderung der Weitergabe von Informationen über den internationalen Holzmarkt.

Art. 1 (i); Verbesserung der Vermarktung und des Vertriebs von Tropenholzexporten aus nachhaltig bewirtschafteten Beständen - Art. 1 (k); Entwicklung nationaler Strategien, die u.a. die nachhaltige Nutzung und Erhaltung holzerzeugender Wälder zum Gegenstand haben - Art. 1 (l). Der neu eingerichtete Bali-Partnerschaftsfonds für die nachhaltige Bewirtschaftung der Tropenwälder (Art. 21 ITTA) soll Investitionen der Erzeugerländer für eine nachhaltige Forstwirtschaft finanziell unterstützen.

Die in Kapitel VII festgelegten Maßnahmen zur Erreichung der in Art. 1 genannten Ziele betonen dagegen verstärkt die vordergründigen ökonomischen Aspekte des ITTA. So sieht Art. 27 ITTA neben der Einsetzung eines Ausschusses für Wirtschafts- und Marktinformation sowie eines Ausschusses für die Holzindustrie auch die Einsetzung eines Ausschusses für Wiederaufforstung und Waldbewirtschaftung vor. Allerdings tritt auch hier der ökologische Aspekt in den Hintergrund: Selbst in der Aufgabenzuweisung des Aussschusses für Wiederaufforstung und Waldbewirtschaftung in Art. 27 Abs. 2 ITTA findet der Begriff der „Nachhaltigkeit" keinerlei Erwähnung.

Die Zielsetzungen des ITTA beinhalten damit von ihrer Konzeption her einerseits die Einführung der nachhaltigen Bewirtschaftungsform in den Erzeugerländern; um dieses Ziel vom Jahr 2000 an zu erreichen[221], soll aber auf Maßnahmen verzichtet werden, mit denen die wirtschaftliche Situation der Erzeugerländer auf den internationalen Holzmärkten sowohl im Hinblick auf nachhaltig als auch auf nicht nachhaltig produziertes (Tropen-) Holz beeinträchtigt werden könnte[222]. Das in Art. 1 (b) ITTA aufgeführte Ziel, mit dem Tropenholzabkommen ein Konsultationsforum zur Verbreitung nichtdiskriminierener Praktiken im Holzhandel zu schaffen, findet damit seine Entsprechung in Art. 36 ITTA[223]. Allein aus den „objectives" des ITTA läßt sich aber noch nicht darauf schließen, daß handelsbeschränkende Maßnahmen verboten sein sollen.

---

[221] Vgl. hierzu bereits die Ausführungen im 2. Teil, S. 167 ff.

[222] *König*, New Approaches, in: Wolfrum (Hrsg.), Enforcing Environmental Standards, 337, 356.

[223] Vgl. hierzu auch WTO-Doc. WT/CTE/W/89 v. 20.7.1998: Communication from the Secretariat of the International Tropical Timber Organization, Ziff. IV.C.

cc) Historische Auslegung

Fraglich ist, ob sich ein konkreteres Ergebnis mittels einer historischen Interpretation des Art. 36 ITTA ergibt, die gem. Art. 32 WVK als ergänzende Auslegungsmethode herangezogen werden kann. Art. 36 ITTA wurde u.a. in Reaktion auf das österreichische Kennzeichnungsgesetz für Tropenholz in den Vertragstext aufgenommen[224]. Diskriminierungen von Tropenholz aufgrund handelsbeschränkender Importmaßnahmen, wie sie das österreichische Kennzeichnungsgesetz vorsah, sollten mithin für die Laufzeit des Vertrages unterbunden werden:

Österreich unternahm 1992 als erstes Land der Welt einen Vorstoß zum Schutz der Tropenwälder durch die gesetzliche Einführung einer Kennzeichnungspflicht[225], wonach alle in Österreich in den Verkehr gebrachten Tropenhölzer und Tropenholzprodukte mit den Kennzeichen „aus Tropenholz" oder „beinhaltet Tropenholz" auszuzeichnen waren[226].

Die obligatorische Kennzeichnung war verbunden mit der freiwilligen Zertifizierung von Holz aus nachhaltig bewirtschafteten Forstbeständen. Zusätzlich wurde eine Erhebung von Importsteuern auf Tropenholz in Höhe von 70 % beschlossen. Von diesen Einnahmen und einem neu zu schaffenden Fonds in Höhe von 17 Mio. US-$ sollten Projekte zum Schutz der tropischen Wälder finanziert werden[227]. Trotz der vor-

---

[224] *Humphreys*, Forest Politics, 125. In der Stellungnahme der EG auf der 3. Neuverhandlungskonferenz zum ITTA in Genf im Oktober 1993 wurde betont, „that unilateral trade measures cannot be taken".

[225] Bundesgesetz zur Kennzeichnung von Tropenhölzern und Tropenholzprodukten sowie zur Schaffung eines Gütezeichens für Holz und Holzprodukte aus nachhaltiger Nutzung, in: BGBl. (Österreich) 309/1992, 381 ff. Das Kennzeichnungsgesetz trat am 1.9.1992 in Kraft. Siehe dazu die Verordnung des Bundesministers für Umwelt, Jugend und Familie über die Kennzeichnung von Tropenhölzern, Tropenholzprodukten und Produkten, die Tropenholz beinhalten, in: BGBl. (Österreich) 539/1992, 2447 ff.

[226] Vgl. näher zur österreichischen Gesetzesinitiative: *Benedek*, Handlungsmöglichkeiten Österreichs zur Beschränkung der Imports von Tropenholz, 35 ff.; *Chase*, Tropical forests and trade policy, Third World Quarterly 1993, 749, 760 ff.; *Ginzky*, Saubere Produkte, schmutzige Produktion, 19 f.; *König*, New Approaches, in: Wolfrum (Hrsg.), Enforcing Environmental Standards, 337, 357 ff.; *Rabl*, Freiwilliges Holz-Gütezeichen aus Österreich, Österreichische Forstzeitung 2/1995, 6.

[227] *Dawkins*, Ecolabelling, in: Wolfrum (Hrsg.), Enforcing Environmental Standards, 501, 528.

gesehenen finanziellen Unterstützung der Tropenwaldländer trugen die ASEAN-Staaten unter der Führung Malaysias und einige nichttropische Staaten wie Japan, Kanada, Neuseeland und Australien eine Beschwerde beim GATT vor; sie drohten mit Vergeltungsmaßnahmen für österreichische Firmen in Malaysia und Indonesien sowie mit dem Ausschluß Österreichs aus der ITTO[228]. Die von Österreich beabsichtigten Regelungen wurden als handelsdiskriminierend und GATT-widrig sowie als unvereinbar mit den entsprechenden Grundsätzen der Rio-Deklaration[229] und der Waldgrundsatzerklärung[230] empfunden, da das Gesetz einerseits eine Kennzeichnungspflicht und keine freiwillige Regelung vorschrieb, und andererseits, weil nur Holz aus tropischen Wäldern dieser Kennzeichnungspflicht unterliegen sollte. Außerdem wurde der Vorwurf erhoben, daß der wachsenden Zerstörung der Tropenwälder durch die österreichische Regelung kein Einhalt geboten werden könnte[231].

Aufgrund des Protests der ASEAN-Staaten sah sich Österreich gezwungen, die Besteuerung im Dezember 1992 auszusetzen, hielt zunächst aber noch am Gesetz zur Kennzeichnung fest, welches schließlich in geänderter Form nur noch die freiwillige Kennzeichnung von Holz aus allen Waldgebieten zum Gegenstand hatte[232]. Konsequenter-

---

228 *Forstbauer/Parker*, The Role of Ecolabeling, Journal of Environmental Law and Litigation 1996, 165, 178. Die ASEAN-Staaten stellten fest: „The quality mark requirement, although not mandatory, is an attempt by Austria to unilaterally decide what constitutes sustainably-managed forests when there is still no international consensus on the criteria and determination of sustainably-managed forests. In doing so, a dangerous precedent has been set and, if left unchecked, may trigger similiar actions in other countries and lead to further market access restrictions on tropical timber and tropical timber products" (Abdruck in: *Cameron*, The GATT and the Environment, in: Sands [Hrsg.], Greening International Law, 100, 109).

229 Prinzip 12 der Rio-Deklaration, vgl. S. 200, Anm. 272.

230 Grundsätze 13 und 14 Waldgrundsatzerklärung, siehe dazu bereits S. 193.

231 Auch wenn die von Österreich importierten Tropenholzmengen aus Indonesien und Malaysia zum damaligen Zeitpunkt mit jährlich rund 50.000 t nicht übermäßig groß waren, befürchteten diese Staaten Einbußen ihrer marktbeherrschenden Stellung in den westlichen Industriestaaten, sollten diese dem Beispiel Österreichs folgen. In Österreich sank die Importmenge im Zuge der Tropenholzdiskussion innerhalb von zwei Jahren auf 16.000 t.

232 Das ursprüngliche Kennzeichnungsgesetz wurde geändert in das „Bundesgesetz zur Schaffung eines Gütezeichens für Holz und Holzprodukte aus nachhaltiger Nutzung", in: BGBl. (Österreich) 228/1993, 2315 ff. Die Regelun-

weise ist daher eine Entscheidung durch ein GATT-Panel, ob die österreichische Regelung, wie von den ASEAN-Staaten vorgetragen, gegen die Nichtdiskrimierungsgrundsätze des GATT sowie das Abkommen über technische Handelshemmnisse verstoßen hätte, obsolet geworden[233].

Betrachtet man vor diesem Hintergrund den Willen und die Motive der Mitgliedstaaten, die über die Fassung des zweiten ITTA verhandelten, so setzten sich einerseits die Erzeugerländer im Hinblick auf die negativen Erfahrungen mit dem österreichischen Kennzeichnungsgesetz und den gerade noch abgewendeten Folgen insofern durch, als das Abkommen keine Berechtigung zu importbeschränkenden Maßnahmen verleiht. Andererseits konnte von den Verbraucherländern verhindert werden, das von den Produzentenländern vorgeschlagene eindeutige Verbot für unilaterale oder multilaterale Handelsbeschränkungen in den Gesetzeswortlaut aufzunehmen. Die Industrieländer waren nicht bereit, ähnlich stringente Regelungen, wie sie in den Prinzipien 13 oder 14 der - rechtlich unverbindlichen - Walderklärung der Rio-Konferenz zum Ausdruck gekommen sind, zu akzeptieren. Im Text des ITTA sollte keine völkerrechtliche Verpflichtung zum Verzicht auf handelsbeschränkende Maßnahmen verankert werden; eine diesbezügliche Entscheidung sollte vielmehr dem internationalen Handelsrecht überlassen werden[234]. Dies ergibt sich auch aus einer Stellungnahme der ITTO aus dem Jahre 1998, in der es wie folgt heißt:

> "While it is generally understood that the appropriate international forum to deal with the issue of trade discrimination remains in the WTO, the provison of Article 36 of the ITTA, 1994 is meant to prevent the use of the Agreement as a basis for discrimination particulary against tropical forest and timber"[235].

---

gen zur obligatorischen Kennzeichnung sind danach zum 1.4.1993 außer Kraft getreten. Vgl. auch zur Entwicklung eines Vergabesystems für ein freiwilliges Gütezeichen für Holz- und Holzprodukte aus nachhaltiger Nutzung: *Buck/ Rametsteiner*, Feasibility-Study Holzzertifizierungs-Kontrollsystem, 12 ff.

[233] Vgl. aber auf S. 458 ff. eine eingehende Untersuchung zur Konformität obligatorischer Kennzeichnungsregelungen für (Tropen-) Holz mit dem GATT/WTO-Regelwerk.

[234] *Schally*, Forests: Toward an International Legal Regime?, YIEL 1993, 30, 47; *König*, New Approaches, in: Wolfrum (Hrsg.), Enforcing Environmental Standards, 337, 355.

[235] WTO-Doc. WT/CTE/W/89 v. 20.7.1998: Communication from the Secretariat of the International Tropical Timber Organization, Ziff. IV.C.

Die Tatsache, daß die Bestimmungen des Art. 36 ITTA nur für Einfuhren, nicht jedoch für Ausfuhren gelten, obwohl einige wichtige Tropenholzländer wie Indonesien auch restriktive exportregulierende Maßnahmen eingeführt haben, ist mit dem voreilig akzeptierten globalen Konzessionspaket zu erklären[236]. Art. 36 ITTA stellt insofern eine Kompromißlösung zwischen den Erzeuger- und Verbraucherländern dar.

b) Ergebnis

Weder aus Sinn und Zweck des Art. 36 ITTA noch aus der Verhandlungsgeschichte zum ITTA 1994 läßt sich demnach ein völkerrechtliches *Verbot* für nationale Verwendungsbeschränkungen von Tropenholz entnehmen.

2. Zulässigkeit nationaler Verwendungsbeschränkungen für Tropenholz nach dem GATT/WTO-Vertragswerk

Da sich folglich aus dem ITTA kein völkerrechtliches Verbot für nationale Verwendungsverbote herleiten läßt, ist dieser Aspekt anhand der Vorschriften des GATT/WTO-Vertragswerks zu untersuchen. Das GATT 1994 enthält allgemeine Regelungen für den internationalen Warenaustausch. Einzelne Sektoren, wie etwa die Agrarwirtschaft[237] und die Textilwirtschaft[238], sind Sonderregelungen unterworfen worden. Da für den Handel mit (Tropen-) Holz kein besonderes Abkommen vereinbart worden ist, unterfällt dieser Bereich den allgemeinen Vorschriften über den Warenverkehr nach dem GATT. Daneben ist für die Untersuchung auch das plurilaterale Abkommen über das öffentliche Be-

---

[236] *Europäische Kommission*, Vorschläge für einen Beschluß des Rates über die Unterzeichnung des ITTA, KOM(95) 542 endg., 10.1.1996, 5.

[237] Übereinkommen über die Landwirtschaft/Agreement on Agriculture (Abdruck in: BT-Drucks. 12/7986 v. 16.6.1994, 33 ff., 58 ff.; *Hummer/Weiss*, Vom GATT '47 zur WTO '94, 853 ff.); siehe auch die plurilateralen internationalen Übereinkünfte über Milcherzeugnisse/International Dairy Agreement (*Hummer/Weiss*, *ibid.*, 1182 ff.) und über Rindfleisch/International Bovine Meat Agreement (*Hummer/Weiss*, *ibid.*, 1175 ff.).

[238] Übereinkommen über Textilwaren und Bekleidung/Agreement on Textiles and Clothing (BT-Drucks. 12/7986 v. 16.6.1994, 114 ff./155 ff.; *Hummer/Weiss*, Vom GATT '47 zur WTO '94, 907 ff.).

schaffungswesen von Relevanz, da sich die fraglichen Verwendungsbeschränkungen und -verbote in erster Linie auf öffentliche Bauten beziehen. Zur Anwendung gelangen könnte auch das Abkommen über Technische Handelshemmnisse, soweit man in der Waldbewirtschaftung im Sinne des Nachhaltigkeitsprinzips eine technische Vorschrift im Sinne dieses Abkommens versteht.

a) Vereinbarkeit von Verwendungsverboten mit dem Übereinkommen über technische Handelshemmnisse (TBT)

Das in der Uruguay-Runde ausgehandelte Abkommen über technische Handelshemmnisse[239] ersetzt den im Rahmen der Tokyo-Runde (1973-1979) vereinbarten Normenkodex[240]. Dieser wurde vor dem Hintergrund der gestiegenen Anzahl technischer Vorschriften[241], welche mit der erfolgreichen Zollsenkung der vorangegangenen Handelsrunden eine immer größere Bedeutung erlangt und zu versteckten Handelsdiskriminierungen geführt hatten, erlassen. Das nunmehr inhaltlich ergänzte und veränderte TBT-Abkommen sieht nicht nur verbesserte Regelungen hinsichtlich technischer Anforderungen und Standards vor, es schenkt auch dem Umweltschutz mehr Beachtung als sein Vorgänger von 1979.

In der Präambel findet sich eine dem Wortlaut des Art. XX (b) GATT ähnliche Erklärung. Danach müssen Maßnahmen zum Schutz des Lebens und der Gesundheit von Menschen, Tieren oder Pflanzen oder zum Schutz der Umwelt so angewendet werden, daß sie nicht zu einer willkürlichen und ungerechtfertigten Diskriminierung zwischen Län-

---

[239] Übereinkommen über Technische Handelshemmnisse/Agreement on Technical Barriers to Trade (kurz TBT-Abkommen), abgedruckt in: BT-Drucks. 12/7986 v. 16.6.1994, 186 ff./205 ff.; *Hummer/Weiss*, Vom GATT '47 zur WTO '94, 929 ff. Teilweise wird dieses Abkommen auch als „Standard-Code" bezeichnet (siehe *Ginzky*, Saubere Produkte, schmutzige Produktion, 159). Vgl. allg. zum TBT-Abkommen *Senti*, WTO - System und Funktionsweise der Welthandelsordnung, 521 ff.

[240] Übereinkommmen über technische Handelshemmnisse, kurz „Normenkodex", vom 12.4.1979, ILM 18 (1979), 1079 ff.

[241] In den 80er Jahren wurden beim GATT ungefähr 200 mit dem Umweltschutz begründete technische Handelshemmnisse angemeldet; außerdem wurden ca. 170 technische Handelshemmnisse zum Schutz von Sicherheit und Gesundheit der Menschen notifiziert (vgl. *Ginzky*, Saubere Produkte, schmutzige Produktion, 192).

dern, in denen gleiche Verhältnisse bestehen, oder zu einer verschleierten Beschränkung des internationalen Handels führen[242]. Des weiteren sieht Art. 2 Abs. 2 TBT von der Hauptverpflichtung des Übereinkommens, durch technische Vorschriften keine unnötigen Handelshindernisse zu schaffen, auch allgemeine Ausnahmen zugunsten des Umweltschutzes vor. Als legitime Ziele sind in diesem Zusammenhang die in Art. XX (b) GATT aufgeführten und soeben benannten Umweltziele aufgeführt[243]. Allerdings sind bisher in keinem Fall Maßnahmen mit Umweltrelevanz unter Berufung auf die Bestimmungen des TBT-Abkommens vor ein GATT-Streitschlichtungspanel gebracht worden[244].

aa) Anwendbarkeit des TBT-Abkommens

Ziel des TBT-Abkommens ist die Vermeidung von Handelsbeschränkungen, die aufgrund technischer Regelungen entstehen. Ein pauschales Verwendungsverbot für Tropenholz, das unabhängig von der Bewirtschaftungsform ausgesprochen wird, wird vom Anwendungsbereich des TBT-Abkommens insofern nicht erfaßt, als hierdurch keine technischen Anforderungen - weder an die Ware noch an ihre dazugehörigen Verfahren oder Erzeugungsmethoden - gestellt werden. Etwas anderes könnte jedoch für Verwendungsverbote gelten, die sich lediglich gegen Tropenholz aus nicht nachhaltiger Forstbewirtschaftung

---

[242] Vgl. zu den umweltrelevanten Bestimmungen des Übereinkommens über technische Handelshemmnisse: *Helm*, Sind Freihandel und Umweltschutz vereinbar?, Anhang 6.3.

[243] Art. 2 Abs. 2 TBT-Abkommen lautet:

„Members shall ensure that technical regulations are not prepared, adopted or applied with a view to or with the effect of creating unnecessary obstacles to international trade. For this purpose, technical regulations shall not be more trade-restrictive than necessary to fulfil a legitimate objective, taking account of the risks non-fulfilment would create. Such legitimate objectives are, *inter alia*: ... protection of human health or safety; animal or plant life or health, or the environment. In assessing such risks, relevant elements of consideration are, *inter alia*, available scientific and technical information, related processing technology or intended end-uses of products". Zu beachten ist, daß sich Art. 2 nur auf technische Vorschriften von Stellen der Zentralregierung bezieht; für lokale Regierungsstellen und nichtstaatliche Stellen findet sich in Art. 3 Abs. 1 TBT-Abkommen eine Verweisung auf die Bestimmungen des Art. 2.

[244] *Brack*, Reconciling the GATT, RECIEL 1997, 112, 116.

richten, wie dies das Bundesverkehrsministerium durch Erlaß vom Februar 1998 geregelt hat. Bei derartigen Verwendungsbeschränkungen könnte auf die „nachhaltige Bewirtschaftung“ als technische Anforderung abgestellt werden.

Diesbezüglich ist vorrangig die Frage zu klären, ob staatliche Verwendungsverbote für Tropenholz aus nachhaltiger Bewirtschaftung in den Anwendungsbereich des TBT-Abkommens fallen. Das Übereinkommen über technische Handelshemmnisse gilt unabhängig neben den Vorschriften des GATT für alle Waren, einschließlich industrieller und landwirtschaftlicher Produkte (Art. 1 Abs. 3 TBT-Abkommen). Ausgenommen sind jedoch nach Art. 1 Abs. 4 TBT-Abkommen Einkaufsspezifikationen („purchasing specifications“), die von staatlichen Stellen für die Erzeugung oder den Verbrauch durch staatliche Stellen erstellt werden. Diesbezüglich wird auf das Übereinkommen über das öffentliche Beschaffungswesen verwiesen[245].

Die bereits erwähnten Erlasse auf Bundes-, Landes- und Kommunalebene zu Verwendungsbeschränkungen für Tropenholz bei öffentlichen Baumaßnahmen nehmen idR ausdrücklich Bezug auf die „Verwendung“, nicht auf den „Kauf“ von Tropenholz. Da der Kauf von Tropenholz durch öffentliche Beschaffungsstellen aber notwendigerweise einer konkreten Verwendung dieses Holzes vorausgeht und Art. 1 Abs. 4 TBT-Abkommen ausdrücklich Einkaufsspezifikationen für den *Verbrauch* durch staatliche Stellen erwähnt, sind folglich auch diejenigen Erlasse vom Anwendungsbereich des TBT-Abkommens ausgeschlossen, die sich nur für einen Verzicht der *Verwendung* von Tropenholz bzw. Tropenholz aus nicht nachhaltiger Waldbewirtschaftung aussprechen.

Etwas anderes gilt jedoch für die auf Kommunalebene ausgesprochenen Empfehlungen an private Bauträger, bei Bauvorhaben ebenfalls kein Tropenholz bzw. nur Tropenhoz aus nachhaltiger Waldbewirtschaftung zu verwenden. So faßte beispielsweise die Stadt Kassel 1988 den Beschluß, auch private Bauherren in geeigneter Weise über den Ersatz für tropische Hölzer zu informieren[246]. Derartige ausschließlich an Private gerichtete Empfehlungen zum Verzicht auf Tropenholz werden nicht von der Verweisungsnorm des Art. 1 Abs. 4 TBT-Abkommen erfaßt, da sie nicht den Verbrauch durch staatliche Stellen beinhalten. Diese

---

[245] Vgl. näher zum Übereinkommen über das öffentliche Beschaffungswesen/Agreement on Government Procurement, S. 388 ff.

[246] *Enders u.a.*, Tropenholz in Kassel, 30.

Empfehlungen von staatlichen Stellen sind daher, soweit sie auf den Verzicht von Tropenholz aus nicht nachhaltiger Waldbewirtschaftung gerichtet sind und damit möglicherweise eine technische Anforderung aufstellen, anhand des TBT-Abkommens zu überprüfen.

(1) Abgrenzung zwischen Produkt- und Produktionsstandards

Anforderungen an die Art und Weise der Bewirtschaftung der Tropenwaldbestände beziehen sich auf die Produktion des Tropenholzes. Problematisch ist, ob derartige Anforderungen vom Anwendungsbereich des TBT-Abkommens erfaßt werden.

Nach den in Anhang 1 des Abkommens enthaltenen Legaldefinition fallen in den Anwendungsbereich des TBT-Abkommens grundsätzlich technische Regulierungen - sei es in Form von zwingenden technischen Vorschriften oder freiwilligen Standards -, die sich auf das Produkt beziehen[247]. Im Bereich der umweltbezogenen technischen Vorschriften oder Standards[248] soll mittels dieser sogenannten Produktstandards ein von dem Produkt selbst ausgehender unerwünschter Umwelteffekt vermieden werden[249]. Produktstandards dienen also der Kontrolle der Umweltauswirkungen eines Produktes während und nach seiner Nutzung, nicht jedoch bei dessen Herstellung. Sie regeln beispielsweise die

---

[247] Anhang 1 des TBT-Abkommens lautet:

"... 1. Technical regulation: Documents which lay down product characteristics or their related processes and production methods, including the applicable administrative provisions, with which compliance is mandatory ...

2. Standard: Document approved by a recognized body, that provides, for common and repeated use, rules, guidelines or characteristics for products or related processes and production methods, with wich compliance is not mandatory ...".

[248] Die Anzahl der technischen Reglierungen mit handelsbeschränkender Wirkung, für die eine Meldepflicht gegenüber dem WTO-Sekretariat besteht (Art. 2.9 TBT-Abkommen), hat sich innerhalb der letzten Jahre ständig erhöht. 1999 wurden 84 umweltbezogene technische Vorschriften oder Standards gemeldet, dies entspricht bereits 12,5 % aller Gesamtnotifikationen im Rahmen des TBT-Abkommens (1991 waren es erst 35 bzw. 9,7 %). Mehr als 20 % der Meldungen entfielen 1999 z.B. auf Fahrzeuge und Maschinen, 10 % auf Treibstoffe und 8 % auf Ozon zerstörende Substanzen. Vgl. WTO-Doc. WT/CTE/W/143 v. 22.6.2000: Environmental Database (EDB) for 1999, Ziff. 5 ff.

[249] *Brockmann/Osório-Peters/Bergmann*, Umweltstandards im internationalen Handel, 4.

physikalischen oder chemischen Eigenschaften eines Produktes oder die zulässigen Schadstoffemissionen während des Gebrauchs (z.B. Abgasnormen für Pkw), sie finden ihren Niederschlag aber auch in Bestimmungen zu Verpackung und Auszeichnung (z.B. Kennzeichnung umweltgefährdender bzw. umweltfreundlicher Produkte durch Ökosiegel[250]) sowie in Abfallbeseitigungs- und Recyclingvorschriften.

Während die Regelungen des Normenkodex aus der Tokyo-Runde noch auf diese Produktstandards beschränkt waren[251], ist der Anwendungsbereich des überarbeiteten TBT-Abkommens um sog. Produktionsmethoden erweitert worden[252]. Die Änderung erfolgte vor dem Hintergrund, daß von Produktionsmethoden oftmals umweltschädlichere Auswirkungen ausgehen können als von dem Produkt selbst[253]. Mit der Erweiterung des Anwendungsbereichs sollte zudem einer möglichen Umgehung der Verpflichtungen aus dem Normenkodex durch technische Spezifikationen in Form von Produktions- und Prozeßmethoden Einhalt geboten werden[254].

Entsprechend der in Anhang 1 des TBT-Abkommens gewählten Formulierung bezüglich *product characteristics or their related processes and production methods* umfaßt das TBT-Abkommen neben Produktcharakteristika nun auch Herstellungs- und Bearbeitungsverfahren

---

[250] Von 1995 bis 1999 wurden im Rahmen des revidierten TBT-Abkommens schon fast 100 umweltbezogene Kennzeichnungsregelungen notifiziert, vgl. WTO-Doc. WT/CTE/W/150 v. 29.6.2000, Information relevant to the consideration of the market access effects of eco-labelling schemes, Ziff. IV. A.

[251] Vgl. zur Verhandlungsgeschichte des Abkommens: *Zedalis*, The Environment and the Technical Barriers to Trade Agreement, Netherlands Int. Law Review 1997, 185, 190 ff.

[252] Vgl. einführend zum Problem der Produkt- und Produktionsstandards: *Helm*, Sind Freihandel und Umweltschutz vereinbar?, 63; *Brockmann/Osorio-Peters/Bergmann*, Umweltstandards im internationalen Handel, 4 ff.; *OECD*, Processes and Production Methods, 11 ff.; *Snape/Lefkovitz*, Searching for GATT's Environmental Miranda, Cornell Int. Law Journal 1994, 777, 778 ff.; *Stevens*, Trade and the Environment: The PPMs Debate, in: Lang (Hrsg.), Sustainable Development and International Law, 239 ff.; *Senti*, WTO - System und Funktionsweise der Welthandelsordnung, 315 f.

[253] *Schlagenhof*, Trade Measures Based on Environmental Processes and Production Methods, JWT 1995, Nr. 6, S. 123, 132.

[254] *Wha Chang*, GATTing a Green Trade Barrier, JWT 1997, Nr. 1, S. 137, 143.

(Process and Production Methods, sog. PPMs)[255], aber nur, soweit sich diese wiederum auf Produktcharakteristika beziehen. Derartige, dem Produkt „anhaftende“ und durch Untersuchung des Produkts feststellbare produktbezogene PPMs liegen vor, wenn die bei der Herstellung verwendeten Stoffe als Rückstandswerte im Produkt nachgeweisen werden können (z.B. Hormone in der Rinderzucht)[256]. Die Unterscheidung zwischen Produktstandards und Produktionsstandards gestaltet sich in der Praxis aber als schwierig, da oftmals Unklarheiten darüber herrschen, ob das Verfahren oder das Produkt Gegenstand der Reglementierung ist und sich beide Arten von Umweltstandards mitunter überschneiden[257].

Während der Einsatz und die WTO/GATT-Konformität der verbreiteten Produktcharakteristika weitestgehend unstrittig sind, soweit diese gleichermaßen für inländische und importierte Waren gelten und keine verschleierte Beschränkung des internationalen Handels darstellen[258], werfen die unmittelbar mit dem Produktionsprozeß zusammenhängenden Effekte hinsichtlich ihrer Vereinbarkeit mit dem internationalen Handelsrecht noch etliche Fragen auf.

(2) Nicht produktbezogene Herstellungs- und Produktionsmethoden

Wendet man die genannten Unterscheidungsmerkmale für Produkt- und Produktionsstandards auf die Bewirtschaftung der Tropenwälder nach den Grundsätzen der nachhaltigen Waldbewirtschaftung an, so läßt sich mit den obigen Ausführungen bereits feststellen, daß sich die

---

[255] Siehe zur Begriffsbestimmung *Rege*, GATT Law and Environment-Related Issues, JWT 1994, Nr. 3, S. 95, 112 ff.; *UNEP/IISD*, Environment and Trade - A Handbook, 42.

[256] *Weiß*, Gibt es eine EU-Inländerdiskriminierung?, EuR 1999, 499, 502; siehe auch *Brockmann/Osório-Peters/Bergmann*, Umweltstandards im internationalen Handel, 6.

[257] Eine Unterscheidung wird teilweise anhand der Umweltintensität von Produkt und Verfahren vorgenommen; danach liegt ein Produktstandard vor, wenn das Produkt als solches umweltschädlich ist, demgegenüber ist von einem Produktionsstandard auszugehen, wenn die Produktion umweltintensiv ist und sich das Produkt umweltneutral verhält (vgl. *Weiher*, Nationaler Umweltschutz und Internationaler Warenverkehr, 20).

[258] *Petersmann*, Trade and Protection of the Environment after the Uruguay Round, in: Wolfrum, Rüdiger (Hrsg.), Enforcing Environmental Standards, 165, 174 f.

Anbaumethode weder auf Produkteigenschaften noch auf die Qualität der Ware „Tropenholz“ an sich auswirkt. Ein Verwendungsverbot für nicht nachhaltig produziertes (Tropen-) Holz knüpft vielmehr an eine bestimmte Produktionsmethode an, die sich nicht in der Produktqualität des Holzes manifestiert, zumal weder an dessen physikalischen Eigenschaften noch am Endverbrauch dieser Ware eine Veränderung eintritt[259].

Bislang ungeklärt ist, ob herstellungsbezogene Anforderungen ohne Auswirkungen auf die Produktqualität (sog. non-product-related PPMs), zu denen auch die Anbaumethode von Wäldern zählt, ebenfalls unter den Begriff der technischen Regulierungen fallen und damit vom Anwendungsbereich des TBT-Abkommens erfaßt werden[260]. Diese Frage gehört mit zu den vorrangigen Problemen, mit denen sich das WTO-Komitee über Handel und Umwelt (Committee on Trade and Environment, CTE) seit Beginn seiner Sitzungen Mitte 1992 beschäftigt[261]. In seinem ersten Bericht an die WTO-Ministerkonferenz in Singapur im November 1996 konnte das CTE noch keine konkreten Empfehlungen zu den strittigen Punkten geben[262]. Auch die Arbeiten des CTE seit dem Ministertreffen in Singapur sind diesbezüglich ergeb-

---

[259] Etwas anderes könnte allenfalls im Hinblick auf den Einsatz von Chemikalien und Pestiziden bei der Bewirtschaftung gelten; hier ist ein Nachweis der Verwendung dieser Mittel auch noch im Holzprodukt denkbar.

[260] Vgl. zum Meinungsstreit: *Gesser*, Canada‘s Environmental Choice Program, Harvard Int. Law Journal 1998, 501, 538 ff.; *Helm*, Sind Freihandel und Umweltschutz vereinbar?, 112; *Howse/Regan*, The Product/Process Distinction, EJIL 2000, 249 ff.; *Jackson*, Comments on Shrimp/Turtle and the Product/Process Distinction, EJIL 2000, 303 ff.; *Stevens*, Trade and the Environment: The PPMs Debate, in: Lang (Hrsg.) Sustainable Development and International Law, 239 ff.; *Schoenbaum*, International Trade and Protection of the Environment, AJIL 1997, 268, 288 ff.; *Tietje*, Voluntary Eco-Labelling programmes, JWT 1995, Nr. 5, S. 123, 134 ff.; *Ward*, Trade and Environment Issues, RECIEL 1997, 139, 142 ff.; *Wha Chang*, GATTing a Green Trade Barrier, JWT 1997, Nr. 1, S. 137, 140 ff.

[261] Vgl. näher zu Aufgaben und Diskussionen innerhalb des CTE: *Tarasofsky*, The WTO Committee on Trade and Environment, Max Planck Yearbook of UN law 1999, 471, 473 ff.

[262] WTO-Doc. WT/CTE/W/40 v. 12.11.1996: Report (1996) of the Committee on Trade and Environment; siehe dazu auch *Stephenson*, Standards, the Environment and Trade Facilitation, JWT 1997, Nr. 6, S. 137, 156; *Reiterer*, The WTO Ministerial Conference, Austrian Review of Int. and European Law 1997, 107, 109.

nislos verlaufen, betont wird aber stets die Notwendigkeit einer entsprechenden Regelung, ob und in welchem Umfang nicht-produktbezogene PPMs vom TBT-Abkommen erfaßt werden sollen[263].

Nach der neuen Definition von technischen Vorschriften und Standards im TBT-Abkommen sind bei einer engen Auslegung des Wortlauts des Anhangs 1 *(product characteristics or their related processes and production methods)* Produktionsvorschriften grundsätzlich nur dann zulässig, wenn sie einen Einfluß auf die materiellen Produkteigenschaften haben, sich also unmittelbar auf Qualitäts- oder Leistungsmerkmale einer Ware auswirken. Bei einer weiten Interpretation würde die Einbeziehung von PPMs ohne Auswirkungen auf das Produkt eine substantielle Erweiterung der im GATT erlaubten Maßnahmen zum Schutz der Umwelt selbst darstellen[264]. Nach herrschender Ansicht fallen daher nicht produktbezogene PPMs nicht in den Anwendungsbereich des TBT-Abkommens[265]. Diese Auffassung wird offiziell auch von der WTO vertreten und ergibt sich darüber hinaus aus der Verhandlungsgeschichte über die Einbeziehung von PPMs in das TBT-Abkommen[266]. Auf Vorschlag Mexikos wurde in der Definition für „technical regulations" die Formulierung „characteristics for products or related processes and production methods" durch „produkt characteristics or *their* related processes and production methods" ersetzt. Hierdurch sollten ausdrücklich nicht produktionsbezogene PPMs vom Anwendungsbe-

---

[263] Vgl. zusammenfassend zur Eco-Labelling-Diskussion im CTE das Background Dokument „Outline" des High Level Symposium on Trade and Environment, 15.-16.3.1999, Ziff. IV (3).

[264] *Helm*, Sind Freihandel und Umweltschutz vereinbar?, 112.

[265] So *Tietje*, Voluntary Eco-Labelling programmes, JWT 1995, Nr. 5, S. 123, 134; *Rege*, GATT Law and Environment-Related Issues, JWT 1994, Nr. 3, S. 95, 110; *Schlagenhof*, Trade Measures Based on Environmental Processes and Production Methods, JWT 1995, Nr. 6, S. 123, 132; *Schoenbaum*, International Trade and Protection of the Environment, AJIL 1997, 268, 291; *Weiher*, Nationaler Umweltschutz und Internationaler Warenverkehr, 154.

[266] Vgl. zur Verhandlungsgeschichte der Legaldefinitionen „technical regulations" und „standards": WTO-Doc. WT/CTE/W/10; WT/TBT/W/11 v. 29.8.1995: Negotiating History of the Coverage of the Agreement on Technical Barriers to Trade with regard to Labelling Requirements, Voluntary Standards, and Processes and Production Methods Unrelated to Product Characteristics, Ziff. 103 ff.; siehe auch *Zedalis*, The Environment and the Technical Barriers to Trade Agreement, Netherlands Int. Law Review 1997, 186, 190 ff.

reich des TBT-Abkommens ausgenommen werden[267]. Die ebenfalls von Mexiko vorgeschlagene Übertragung der neuen Formulierung auf die unverbindlichen „standards“ stieß zwar bei den Delegierten auf Zustimmung, konnte jedoch kurz vor Abschluß der Verhandlungen nicht mehr offiziell in einem Beschluß bestätigt werden, der bislang auch nicht nachgeholt worden ist[268].

bb) Ergebnis

Produktionsstandards, die sich nicht im Produkt manifestieren, wie die nachhaltige Bewirtschaftungsform von (Tropen-) Wäldern, fallen somit nach bisher herrschender Ansicht (noch) nicht in den Anwendungsbereich des TBT-Abkommens. Allerdings deutet sich möglicherweise nach der Entscheidung des Appellate Body im Shrimps/Turtle-Fall eine Trendwende an hin zur Berücksichtigung auch nicht-produktbezogener PPMs, da das Berufungsgericht Handelsrestriktionen, die sich nicht auf Produktcharakteristika beziehen, nicht mehr ausdrücklich vom Anwendungsbereich der WTO/GATT-Regeln ausgenommen hat. Die in dem US-amerikanischen Gesetz vorgeschriebene Garnelen-Fang-Methode hatte keinen Einfluß auf die Qualität des Produkts „Garnele“ an sich; dennoch entsprach die gesetzliche Regelung den Erfordernissen des Art. XX (g) GATT[269]. Eine ausdrückliche Übertragung dieses Ergebnisses auf das TBT-Abkommen ist bislang jedoch nicht erfolgt.

Es ist letztendlich festzuhalten, daß Verwendungsbeschränkungen für Tropenholz aus nicht nachhaltiger Waldbewirtschaftung ebensowenig am Regelungsgehalt des Abkommens über technische Handelshemmnisse zu messen sind wie pauschale Tropenholzverwendungsverbote.

---

[267] Vgl. WTO-Doc. WT/CTE/W/10; WT/TBT/W/11 v. 29.8.1995: Negotiating History, Ziff. 145 f.: „... it was agreed that the worlds ‚or related‘ should be inserted into the phrase ‚... products, processes and production methods ...‘. Mexico made it clear that the intent was to exclude PPMs unrelated to the characteristics of a product from the coverage of the Agreement“.

[268] WTO-Doc. WT/CTE/W/10; WT/TBT/W/11 v. 29.8.1995: Negotiating History, Ziff. 150. Siehe zu dieser Problematik auch: *Wha Chang*, GATTing a Green Trade Barrier, JWT 1997, Nr. 1, S. 137, 144 ff.

[269] *Mann*, Of Revolution and Results, YIEL 1998, 28, 31.

b) Vereinbarkeit von Verwendungsverboten mit dem GATT 1994

Folglich sind die fraglichen staatlichen Verwendungsbeschränkungen sowie entsprechende Empfehlungen an Private anhand der maßgeblichen Vorschriften des GATT 1994 zu überprüfen, das die von den Mitgliedstaaten zu beachtenden Grundprinzipien für den internationalen Warenaustausch enthält. Dies sind insbesondere das Meistbegünstigungsprinzip (Art. I), der Inländergleichbehandlungsgrundsatz (Art. III) und das Verbot nichttarifärer Handelshemmnisse (Art. XI). Die zahlreichen Ausnahmebestimmungen des GATT von diesen Grundsätzen sind in einer Reihe von Handelsabkommen ergänzt worden, welche die Vorgaben des GATT weiterführen oder einschränken.

aa) Privilegierung für staatliche Beschaffungsmaßnahmen

Im Hinblick auf generelle Verwendungsverbote für Tropenholz oder Beschränkungen auf nachhaltig produzierte Tropenhölzer, die für die Beschaffung von öffentlichen Stellen sowohl auf Bundes- als auch auf Landes- und Kommunalebene aufgestellt worden sind, stellt sich zunächst die Frage nach möglichen Sondervorschriften und Privilegierungen, zumal nach Art. III Abs. 8 (a) und Art. XVII Abs. 2 GATT das staatliche Beschaffungswesen von den zwei Nichtdiskriminierungsgrundsätzen der Meistbegünstigung und der Inländergleichbehandlung explizit ausgeklammert worden ist[270].

Aus Art. III GATT [Gleichstellung ausländischer mit inländischen Waren auf dem Gebiet der inneren Abgaben und Rechtsvorschriften] ergibt sich nach Abs. 8 (a), daß „Gesetze, Verordnungen oder sonstige Vorschriften über die Beschaffung von Waren durch staatliche Stellen" vom Anwendungsbereich dieses Artikels ausgeschlossen sind, „sofern die Waren für staatliche Zwecke, nicht aber für den kommerziellen Verkauf erworben werden". Für Maßnahmen des öffentlichen Beschaffungswesens gilt insofern eine Privilegierung vom Grundsatz der Inländergleichbehandlung. Aus Art. XVII [Staatliche Handelsunternehmen] Abs. 2 iVm Abs. 1 (a) GATT ist zudem zu entnehmen, daß Warenkäufe von Staatshandelsunternehmen, sofern diese zur Deckung eines unmittelbaren staatlichen Bedarfs bzw. zum Letztverbrauch für staatliche

---

[270] Vgl. näher zu den Ausnahmen für das öffentliche Beschaffungswesen von den Grundsätzen der Meistbegünstigung und der Inländergleichbehandlung: *Kunnert*, WTO-Vergaberecht, 78 ff.; *Haase*, Internationale Harmonisierung des öffentlichen Auftragswesens, 37.

Zwecke getätigt werden, vom Grundsatz der Meistbegünstigung ausgenommen sind[271].

Das Prinzip der Inländergleichbehandlung und die Meistbegünstigungsklausel nach dem GATT gelten also nur für Beschaffungen der Vertragsstaaten, die zum Weiterverkauf gedacht sind. Bei der Nutzung von Tropenhölzern für den Bau oder die Ausbesserung öffentlicher Straßen- und Wasserwege ist eine derartige kommerzielle Verwendung ausgeschlossen. Folglich handelt es sich um öffentliche Beschaffungsmaßnahmen, für die nur eine eingeschränkte Bindung der Vertragsparteien an die Grundsätze des GATT besteht, insbesondere hinsichtlich der beiden Nichtdiskriminierungsgrundsätze.

Soweit aber ein Staat Vertragspartei des WTO-Übereinkommmens über das öffentliche Beschaffungswesen ist, in welchem die Prinzipien der Inländergleichbehandlung und der Meistbegünstigung ebenfalls verankert sind, unterliegen Beschaffungsmaßnahmen, die nach wie vor als „Hochburgen der Diskriminierung" eingestuft werden[272], trotz des ausdrücklichen Ausschlusses im GATT den beiden Diskriminierungsgrundsätzen[273].

bb) Abkommen über das öffentliche Beschaffungswesen (GPA)

Das öffentliche Beschaffungswesen war ursprünglich vom Regelungsbereich des GATT vollständig ausgenommen[274]. Erst im Rahmen der Tokyo-Runde (1973-1979) einigten sich die GATT-Vertragsparteien auf ein außerhalb des eigentlichen GATT-Systems stehendes Abkommen

---

[271] Der Begriff „staatliche Unternehmen" in Art. XVII GATT wird dergestalt interpretiert, daß die in Art. XVII Abs. 2 GATT enthaltene Privilegierung vom Meistbegünstigungsprinzip für alle öffentlichen Beschaffungsmaßnahmen gilt (vgl. hierzu *Reich*, The New GATT Agreement on Government Procurement, JWT 1997, Nr. 2, S. 125, 143 ff.; *Kunnert*, WTO-Vergaberecht, 78 ff.). Siehe auch die Vereinbarung über die Auslegung des Artikels XVII des GATT 1994, Abdruck in: *Hummer/Weiss*, Vom GATT '47 zur WTO '94, 746 ff.; ILM 33 (1994), 1157 f.

[272] *OECD*, Kein Wohlstand ohne offene Märkte, 78.

[273] Siehe hierzu sogleich, S. 405 ff.

[274] Die Beschäftigung mit dem öffentlichen Beschaffungswesen ist zurückzuführen auf eine Initiative der Entwicklungsländer, die sich von der Öffnung der öffentlichen Beschaffungsmärkte neben zusätzlichen Exportchancen v.a. spezifische Präferenzregelungen in diesem Sektor erhofften (vgl. *Kunnert*, WTO-Vergaberecht, 91).

über das öffentliche Beschaffungswesen, das auch unter dem Namen "Regierungskauf- oder Vergabekodex" bekannt geworden und 1981 in Kraft getreten ist[275]. Ziel des GATT-Kodex war es, durch eine Liberalisierung des Vergabewesens protektionistischen Tendenzen nationaler Vergabeordnungen, insbesondere Diskriminierungen ausländischer Hersteller und Waren, entgegenzuwirken[276]. Der Kodex beschränkte seinen sachlichen Anwendungsbereich zunächst auf Warenlieferungen und bezog sich dabei nur auf Verträge von zentralen Beschaffungsbehören bzw. -stellen[277]. Die Anzahl der Mitglieder, überwiegend westliche Industriestaaten, war eher gering[278].

Nach dem neu gefaßten GATT 1994 bleiben das „government procurement" betreffende Angelegenheiten weiterhin den spezifischen Regelungen des Beschaffungsübereinkommens vorbehalten. In der Uruguay-Runde wurde der GATT-Kodex von 1979 nach 15 Jahren Geltungsdauer durch eine Neukodifikation im Rahmen der WTO ersetzt. Das Agreement on Government Procurement (GPA) wurde am 14.4.1994 in Marrakesch unterzeichnet und ist zum 1.1.1996 in Kraft getreten[279]. Das „neue" Abkommen über das öffentliche Beschaffungs-

---

[275] Agreement on Government Procurement (GPA) vom 12.4.1979, GATT BISD 26 S/33 ff.; deutsche Fassung abgedruckt in: ABl. der EG, Nr. L 71/44 vom 17.3.1980. Geändert durch das Protokoll zur Änderung des Übereinkommens über das Öffentliche Beschaffungswesen vom 2.2.1987 (ABl. der EG, Nr. L 345/25 vom 9.12.1987), wodurch der zunächst auf Warenlieferungen beschränkte sachliche Anwendungsbereich auf Miet-, Pacht- und Leasingverträge ausgedehnt worden ist.

[276] *Haase*, Internationale Harmonisierung des öffentlichen Auftragswesens, 53.

[277] Vgl. näher zum sachlichen und persönlichen Anwendungsbereich des Vergabe-Kodex: *Kunnert*, WTO-Vergaberecht, 112 ff.

[278] Vertragsstaaten waren neben den damaligen EG-Staaten Finnland, Hongkong, Japan, Kanada, Norwegen, Österreich, Schweden, Schweiz, Singapur, USA und Israel. Einen Beobachterstatus erlangten 34 Staaten, zum großen Teil Entwicklungsländer (vgl. *Kunnert*, WTO-Vergaberecht, 101, Fn. 470 sowie S. 228 f.).

[279] Übereinkommen über das öffentliche Beschaffungswesen; abgedruckt in: ABl. der EG, Nr. L 336/273 vom 23.12.1994 (engl. Fassung) sowie ABl. der EG, Nr. C 256/1 vom 3.9.1996 (deutsche Fassung). Das GPA ist bislang von der EU und ihren 15 Mitgliedstaaten sowie von Japan, China, Korea, Israel, Kanada, Südkorea, Singapur, Schweiz, Liechtenstein, Norwegen, den Niederlanden für Aruba sowie den USA unterzeichnet worden. Vgl. zur Entwicklung der Mitgliedzahlen: *Reich*, The New GATT Agreement on Government Procurement,

wesen zählt zu den in Anhang 4 des WTO-Abkommens aufgenommenen plurilateralen Abkommen. Das bedeutet, daß die WTO zwar den gemeinsamen institutionellen Rahmen für die Wahrnehmung der Handelsbeziehungen zwischen ihren Mitgliedern und Angelegenheiten im Zusammenhang mit dem GPA übernimmt, aber eine WTO-Mitgliedschaft noch keine Rechte und Pflichten hinsichtlich des Beschaffungsübereinkommens begründet[280].

(1) Anwendungsbereich

Das GPA baut auf dem GATT-Kodex auf und folgt weitgehend dessen Struktur, hat aber einen größeren Anwendungsbereich und ist darüber hinaus auch inhaltlich erweitert worden[281]. Das GPA schließt neben Warenlieferungen nunmehr auch bestimmte Dienst- und Bauleistungen mit ein, die für jeden Vertragsstaat selbständig definiert werden[282]. Dementsprechend bezieht sich Art. I Abs. 2 GPA auf „Beschaffungsaufträge jeder vertraglichen Form". Inwieweit dies auch für Verwen-

---

JWT 1997, Nr. 2, S. 125, 134; siehe auch im Internet unter <http://www.wto.org/govt/agrmnt.htm>.

Obwohl die Bundesrepublik Deutschland das Abkommen unterzeichnet hat, ist eine Ratifizierung unterblieben, da die Bundesregierung mittlerweile eine ausschließliche Vertragsschlußkompetenz der EG im Bereich des Abkommens anerkennt (siehe *Dörr*, Die HOAI und das EG-Vergaberecht, EuZW 1997, 37, 40 f.; vgl. auch das Urteil des EuGH in der Rechtssache C-360/93 [EuZW 1996, 403], in der sich der Gerichtshof zum ersten Mal mit der Frage der Außenkompetenzen der Gemeinschaft im Bereich des öffentlichen Beschaffungswesens geäußert hat; siehe hierzu die Anmerkung von *Prieß*, Das Öffentliche Auftragswesen im Jahre 1996, EuZW 1997, 391, 392 f.).

280 Vgl. Art. II Abs. 3 WTO-Übereinkommen; siehe hierzu näher *Kunnert*, WTO-Vergaberecht, 200 f.; *Senti*, WTO - System und Funktionsweise der Welthandelsordnung, 664 ff.

281 Vgl. zusammenfassend *de Graaf/King*, Towards a More Global Government Procurement Market, The Int. Lawyer 1995, 435, 445 ff.; *Gramlich*, Das Recht der öffentlichen Aufträge nach Abschluß der Uruguay-Runde, RIW 1995, 793, 797 ff.; *Prieß*, Das neue GATT-Abkommen und Europäisches Gemeinschaftsrecht, Europäisches Vergaberecht 3/93, 21 ff.

282 Bau- und Dienstleistungen unterliegen nur insoweit dem Anwendungsbereich des Abkommens, als sie in die abschließende Aufzählung der Anlagen 4 (Dienstleistungen) und Anlagen 5 (Bauleistungen) des Anhangs I GPA entweder ausdrücklich aufgenommen oder nicht ausdrücklich ausgeklammert worden sind.

dungen von Tropenholz bei öffentlichen Bauten gilt, soll nachfolgend untersucht werden.

(a) Öffentlicher Auftraggeber

Nach Art. I Abs. 1 GPA findet das Gesetz Anwendung auf alle Gesetze, Vorschriften, Verfahren und Praktiken, die Beschaffungsaufträge der unter dieses Übereinkommen fallenden Beschaffungsstellen betreffen. Wurden früher nur Aufträge von Einrichtungen auf gesamtstaatlicher Ebene vom GATT-Kodex erfaßt, ist der Begriff des öffentlichen Auftraggebers im GPA insofern erweitert worden, als nunmehr auch Aufträge von nachgeordneten Körperschaften auf Landes- und Kommunalebene den Regelungen des WTO-Vergabeübereinkommens unterfallen. Der genaue Anwendungsbereich richtet sich gem. Art. I Abs. 1 GPA für jede Vertragspartei nach dem von ihr eingereichten Anhang I[283], in welchem diejenigen Beschaffungsstellen und Dienstleistungen aufgelistet sind, auf die sich die völkerrechtliche Bindung erstrecken soll. Nach Anlage 1 des Anhangs I (zentrale Beschaffungsstellen) sind für Deutschland sämtliche Bundesministerien aufgeführt. Des weiteren fallen nach Anlage 2 auch eine Reihe von dezentralen Einheiten in den Anwendungsbereich des Abkommens. Neben bundes-, landes- und gemeindeunmittelbaren Körperschaften, Anstalten und Stiftungen des öffentlichen Rechts werden für Deutschland in Abschnitt 2 der Anlage 2 auch bestimmte juristische Personen des Privatrechts genannt. Hierzu hierzu gehören auch Einrichtungen auf dem Gebiet des Bauwesens und der Wohnungswirtschaft (Stadtplanung, Stadtentwicklung, Wohnungsunternehmen und Wohnraumvermittlung)[284]. Über den Kreis der expli-

---

[283] Siehe zum aktuellen Stand der Anlagen <http://www.wto.org/govt/agrmnt.htm>. Auszugsweiser Abdruck der Anhänge in: *Kunnert*, WTO-Vergaberecht, 521 ff.

[284] Auch im deutschen Vergaberecht können gewisse Unternehmen in privater Trägerschaft unter den Begriff des „öffentlichen Auftraggebers" gefaßt werden, sofern sie „im Allgemeininteresse liegende Aufgaben nicht gewerblicher Art" wahrnehmen. Vgl. zu der der am 1.1.1999 in Kraft tretenden Neuregelung durch das Vergaberechtsänderungsgesetz vom 29.5.1998 (abgedruckt in BGBl. I 1998, Nr. 59, S. 2510), wonach das Vergaberecht jetzt einheitlich im Sechsten Teil des Gesetzes gegen Wettbewerbsbeschränkungen (§§ 106-138) geregelt wird und die bisherigen Regelungen der §§ 57a-c HGrG aufgehoben worden sind: *Boesen*, Das Vergaberechtsänderungsgesetz im Lichte der europarechtlichen Vorgaben, EuZW 1998, 551, 554 ff.; *Pietzcker*, Die neue Gestalt des Vergaberechts, ZHR 1998, 427, 434 ff.

zit in den Anhängen aufgeführten Institutionen hinaus soll das Abkommen auch dann zum Tragen kommen, wenn staatliche Einrichtungen (private) Unternehmen zur Anwendung bestimmter Vergaberichtlinien verpflichten. Auch diese dürfen nicht gegen die Verpflichtungen zur Gleichbehandlung in- und ausländischer Anbieter bzw. Waren oder Dienstleistungen verstoßen (Art. I Abs. 3 GPA).

Soweit der Bund, aber auch Länder und Kommunen durch entsprechende interne Verwaltungsvorschriften in Form von Erlassen oder Ratsbeschlüssen dazu aufrufen, auf den Einsatz von Tropenholz bei öffentlichen Bauten zu verzichten, unterliegen diese Regelungen folglich dem Anwendungsbereich des GPA.

(b) Empfehlungen und Informationen für private Bauträger

Der persönliche Anwendungsbereich des GPA ist also auf die Beschaffung öffentlicher Stellen, zu denen auch bestimmte Unternehmen in privater Trägerschaft gezählt werden, beschränkt. Dies ist unproblematisch, soweit es um die seitens der Bundesregierung ausgesprochenen Verwendungsverbote mit Geltung für die nachgeordneten Behörden im Bereich des Straßenbaus und der Wasser- und Schiffahrtsverwaltung geht. Davon abzugrenzen sind jedoch die auf Kommunalebene ausgegebenen Empfehlungen an private Bauträger, bei privaten Bauvorhaben ebenfalls kein Tropenholz zu verwenden[285]. Derartige ausschließlich an Private gerichtete Empfehlungen zum Verzicht auf Tropenholz unterliegen nach den obigen Ausführungen nicht den Sonderregelungen dieses Abkommens, sondern sind anhand der allgemeinen Regelungen des GATT zu überprüfen. Hierauf wird an späterer Stelle noch ausführlicher eingegangen[286].

(c) Schwellenwerte

Ausschlaggebend für die Anwendbarkeit des Übereinkommens auf die Beschaffung öffentlicher Stellen ist des weiteren das Erreichen bestimmter Mindestwerte für Lieferungen, Dienstleistungen und Bauaufträge (Art. I Abs. 4 GPA). Die Schwellenwerte sind ebenfalls in den Anhängen des Abkommens festgelegt worden, differenziert nach den

---

285 Siehe dazu bereits S. 349.

286 Vgl. S. 396.

zuständigen, tätig werdenden Stellen[287]. Die Mindestwertbeträge für die Beschaffung zentralstaatlicher Stellen liegen gem. Anlage 1 des Anhangs I für Lieferverträge und Dienstleistungen bei einem Vertragswert von über 130.000 Sonderziehungsrechten (SZR)[288] und von 5 Mio. SZR bei Bauleistungen. Für nachgeordnete Körperschaften sieht die Anlage 2 Schwellenwerte von 200.000 SZR für Lieferaufträge und Dienstleistungen vor. Für Bauaufträge gelten ebenfalls 5 Mio. SZR[289]. Umgerechnet liegt damit der Schwellenwert für Beschaffungsstellen des Bundes bei etwa 260.000 DM[290], bei regionalen und lokalen Verwaltungsträgern bei 400.000 DM und für Bauaufträge auf allen Ebenen bei ca. 10.000.000 DM.

In Art. II GPA ist die Ermittlung des Auftragswerts präzisiert und gesondert geregelt worden. Wie sich aus Art. II Abs. 1 GPA ergibt, bezieht sich der Schwellenwert auf das Volumen einer Auftragsvergabe. Da nach Art. II Abs. 3 GPA Beschaffungsaufträge nicht in der Absicht aufgeteilt werden dürfen, die Anwendung des GPA zu unterlaufen, ist der Gesamtbedarf für eine Beschaffungsmaßnahme Grundlage für den Schwellenwert, nicht der einzelne Bauabschnitt. Für konkrete Bau- oder sonstige Beschaffungsmaßnahmen lassen sich folglich die Schwellenwerte nach diesen Maßstäben berechnen[291]. Auf Schwierigkeiten stößt man jedoch hinsichtlich der Auftragsmindestwerte, wenn - wie hier - lediglich Verbote für den Einsatz tropischer Hölzer bzw. Empfehlungen für den Verzicht auf Tropenholz ausgesprochen werden, aber eben keine konkrete Projektplanung vorliegt. Hier stellt sich die Frage, inwieweit die Berechnung der Schwellenwerte überhaupt nach Maßga-

---

287 Auszugsweiser Abdruck der Anhänge in: *Kunnert*, WTO-Vergaberecht, 521 ff.

288 Sonderziehungsrechte („special drawing rights") des Internationalen Währungsfonds (IWF) stellen eine künstliche Rechnungseinheit dar, die hauptsächlich als Reservemedium Verwendung findet und die internationale Liquiditätsversorgung von den Schwankungen des Goldpreises und der Zahlungsbilanzentwicklung der Einzelstaaten unabhängig machen soll. Die Sonderziehungsrechte ergänzen insofern die traditionellen Währungsreserven der Mitgliedstaaten (vgl. *Herdegen*, Internationales Wirtschaftsrecht, 52, 228; *Kunnert*, WTO-Vergaberecht, 97, Fn. 446).

289 *Gramlich*, Das Recht der öffentlichen Aufträge, RIW 1995, 793, 798.

290 Siehe zu den Gegenwerten der bei öffentlichen Aufträgen anzuwendenden Schwellenwerte: ABl. der EG, Nr. C 22/2 vom 23.1.1998.

291 Vgl. näher zur den Grundsätzen der Ermittlung des Auftragswertes: *Kunnert*, WTO-Vergaberecht, 222 ff.

be des Art. II GPA erfolgen kann, da ein Auftragswert als solcher noch nicht existiert.

Nach Art. II Abs. 4 GPA ist Grundlage für die Bewertung mehrerer Aufträge entweder der tatsächliche oder aber der geschätzte Wert von ähnlichen Wiederholungsaufträgen, die im vorhergehenden Steuerjahr oder in den vergangenen zwölf Monaten vergeben worden sind. Überträgt man diese Berechnungsmethode, wäre danach anhand des Finanzvolumens zu schätzen, in welchem Umfang Aufträge ohne das Tropenholzverbot im Zeitraum eines Jahres vergeben worden wären. Soweit dann ein bestimmter Schwellenwert erreicht würde, käme das GPA zur Anwendung.

(2) Sonderbehandlung von Entwicklungsländern

Bezogen auf den nur eingeschränkten Anwendungsbereich des Beschaffungsabkommens stellt sich das Problem, daß bislang hauptsächlich Industrie- und Schwellenländer Vertragsstaaten des GPA geworden sind, der Kreis der Mitgliedstaaten aus Entwicklungsländern und potentiellen Tropenholzerzeugerstaaten aber nach wie vor sehr klein ist.

Obwohl das GPA in Art. V eine differenzierte Behandlung von Entwicklungsländern unter Berücksichtigung ihrer besonderen Entwicklungs- , Finanz- und Handelsbedürfnisse verlangt, sind bislang nur wenige Entwicklungsländer Vertragsparteien des GPA geworden bzw. erwägen einen Beitritt[292]. Den Vorzugsregelungen kommt angesichts des gegenwärtig fast ausschließlich auf Industriestaaten begrenzten Kreises der Vertragsparteien nur eine geringe praktische Bedeutung zu[293].

---

[292] Da sich hinsichtlich der Sonderregelungen für Entwicklungsländer durch die Neufassung des WTO-Vergabekodex inhaltlich keine nennenswerten Änderungen ergeben haben, ist die Attraktivität für einen Beitritt der Entwicklungsländer weiterhin gering geblieben. Die Zurückhaltung wird im wesentlichen darauf zurückgeführt, daß für Entwicklungsländer zwar anläßlich ihres Beitritts (Art. V Abs. 4) oder nach erfolgtem Beitritt (Art. V Abs. 5) Ausnahmeregelungen gelten, diese aber zuvor mit den übrigen Vertragsparteien, d.h. mit den Industrieländern, verhandelt werden müssen. Der Erfolg hängt somit von der individuellen Verhandlungsstärke des Entwicklungslandes bzw. dem „good will" der Gegenseite ab. Auf Kritik stoßen seitens der Entwicklungsländer auch die relativ hohen Schwellenwerte (vgl. *Kunnert*, WTO-Vergaberecht, 124 f.; siehe hierzu auch *Haase*, Internationale Harmonisierung des öffentlichen Auftragswesens, 166 ff.).

[293] *Kunnert*, WTO-Vergaberecht, 234.

(3) Diskriminierungsverbot

Wie bereits angesprochen, verpflichtet auch das GPA die Vertragsstaaten bei der Vergabe öffentlicher Aufgaben sowohl zur Einhaltung des Inländergleichbehandlungsgebots als auch des Meistbegünstigungsprinzips[294]. Diese Grundsätze sind in Art. III Abs. 1 GPA[295] verankert und werden auch in der Präambel zum GPA aufgeführt[296]. Das Diskriminierungsverbot für das öffentliche Auftragswesen soll damit die Chancengleichheit bei der Vergabe öffentlicher Aufträge wahren.

Also müßten auch Bundes-, Landes- und Kommunalbehörden bei der öffentlichen Beschaffung von Tropenholz diese dem GATT zugrundeliegenden Prinzipien beachten. Im Unterschied zu den in Art. I Abs. 1

---

[294] Hierbei sei angemerkt, daß das GPA den Begriff der „Nichtdiskriminierung" nicht als Oberbegriff für die beiden Ausprägungen der „Inländergleichbehandlung" und der „Meistbegünstigung" verwendet, sondern in einem engeren Sinne als Synonym für „Meistbegünstigung".

[295] Art. III Abs. 1 GPA [National Treatment and Non-discrimination] lautet:

„With respect to all laws, regulations, procedures amd practices regarding government procurement covered by the Agreement, each Party shall provide immediately and unconditionally to the products, services and suppliers of other Parties offering products or services to the Parties, treatment no less favourable than:

(a) that accorded to domestic products, services and suppliers; and

(b) that accorded to products, services and suppliers of any other party".

[296] Damit deckt sich die Konzeption des Grundsatzes der Nichtdiskiminierung - abgesehen von der nunmehrigen Einbeziehung der Dienstleistungen - mit der entsprechenden Vorschrift im Vorläuferabkommen, Art. II GATT-Kodex. Der GATT-Kodex aus dem Jahre 1979 gilt als eine der ersten Vergaberegelungen auf internationaler Ebene, die eine direkte oder latente Diskriminierung ausländischer Anbieter aus Vertragsstaaten verhindern sollte. Maßgeblich an der Entwicklung beteiligt waren die USA, die in den 70er Jahren trotz ihrer eigenen „buy national"-Praktiken die Bevorzugung einheimischer Lieferanten durch die EG-Staaten, insbesondere in Großbritannien, Frankreich und Deutschland, kritisierten. Das Diskriminierungsverbot im öffentlichen Auftragswesen geht auf den anglo-amerikanischen Rechtskreis, insbesondere auf das US-amerikanische Anti-Trustrecht zurück, das erstmals das Verbot von wettbewerbsbeschränkenden Qualitätsbestimmungen sowie die Gewährung unterschiedlicher Preise und Lieferbedingungen für gleichartige Lieferungen und Leistungen enthielt (sog. Clayton Act vom 15.10.1914, vgl. näher *Haase*, Internationale Harmonisierung des öffentlichen Auftragswesens, 147, 149; zurückhaltender hinsichtlich des US-amerikanischen Einflusses dagegen *Kunnert*, WTO-Vergaberecht, 84 f.).

und Art. III GATT normierten Diskrimierungsgrundsätzen gelten die Vereinbarungen des GPA jedoch nur gegenüber den WTO-Vertragsstaaten, die zugleich auch das GPA ratifiziert haben. Im Bereich der öffentlichen Aufträge bleibt also die Beschränkung des Marktzugangs für Waren und die Bevorzugung nationaler Dienstleistungen außerhalb des GPA weiterhin gestattet. Konsequenterweise können die GPA-Vertragsstaaten auf dem Gebiet des öffentlichen Beschaffungswesens inländische Produkte gegenüber Produkten aus Nicht-GPA-Staaten bevorzugen[297]. Unternehmen, die sich gegenüber einer auswärtigen öffentlichen Beschaffungsstelle auf die Einhaltung der Prinzipien der Nichtdiskriminierung berufen wollen, müssen sich daher im Einzelfall zunächst über die in den Anhängen des GPA aufgeführten Besonderheiten der entsprechenden Vertragsstaaten Gewißheit verschaffen.

(4) Zwischenergebnis

Das Abkommen über das öffentliche Beschaffungswesen kodifiziert ein Diskriminierungsverbot lediglich für Bieter aus Vertragsstaaten. Auf diese Weise kommen letztlich die eigentlich nach Art. III Abs. 8 (a) sowie Art. XVII Abs. 2 GATT ausgeschlossenen Prinzipien der Meistbegünstigung und der Inländergleichbehandlung über Art. III Abs. 1 GPA zur Geltung; alle weiteren zu beachtenden Grundprinzipien des internationalen Handelsrechts ergeben sich uneingeschränkt aus dem GATT 1994. Für Empfehlungen oder Informationen an private Bauträger gelten die Sonderregelungen des GPA nicht, sie sind ausschließlich anhand der GATT-Vorschriften zu messen.

cc) Verbot mengenmäßiger Beschränkungen nach Art. XI GATT

Neben möglichen, nachfolgend noch im einzelnen zu untersuchenden Verstößen gegen die Nichtdiskriminierungsgrundsätze[298] ist zunächst als erste zentrale Vorschrift des GATT, gegen die sowohl staatliche Verwendungsbeschränkungen für Tropenholz als auch entsprechende Empfehlungen an Private verstoßen könnten, das Verbot mengenmäßiger Beschränkungen aus Art. XI zu untersuchen. Mengenmäßige Be-

---

[297] Vgl. hierzu ausführlich *Reich*, The New GATT Agreement on Government Procurement, JWT 1997, Nr. 2, S. 125, 142 ff.

[298] Vgl. ausführlicher S. 405 ff.

schränkungen sind nach dem GATT verboten, da sie eine nicht transparente, für den Exporteur nur schwer kalkulierbare und oftmals diskriminierende handelsbeschränkende Maßnahme darstellen können[299].

Nach Art. XI Abs. 1 GATT soll die Wareneinfuhr oder -ausfuhr weder durch Verbote noch durch Beschränkungen in Form von Kontingenten, Ein- und Ausfuhrbewilligungen oder sonstigen Maßnahmen auf eine bestimmte Menge oder einen bestimmten Warenwert begrenzt werden. Erlaubt sind danach nur Handelsbeschränkungen durch Zölle, Steuern oder sonstige Abgaben[300]. Dem Wortlaut der Vorschrift zufolge ist zwischen der Art einer Maßnahme (Quoten, Lizenzen oder sonstige Maßnahmen) und deren Wirkung (Verbot oder Beschränkung) zu differenzieren[301].

Nationale Verwendungsverbote von Tropenholz können sich zwar auf die Quantität der Tropenholzimporte auswirken, sie regeln aber nicht direkt den Import und fallen somit nicht unter die in Art. XI Abs. 1 GATT genannten klassischen Instrumente quantitiativer Handelsbeschränkungen. Gleiches gilt für die von einigen Kommunen ausgesprochenen Verwendungsempfehlungen an private Bauträger; auch sie beeinflussen allenfalls in indirekter Weise über das Verbraucherverhalten die importierte Tropenholzmenge. Insofern könnten die zu untersu-

---

299 *Benedek*, Handlungsmöglichkeiten Österreichs zur Beschränkung der Imports von Tropenholz, 12.

300 Art. XI Abs. 1 GATT lautet: „No prohibitions or restrictions other than duties, taxes or other charges, whether made effective through quotas, import or export licences or other measures, shall be instituted or maintained by any contracting party on the importation of any product of the territory of any other contracting party or on the exportation or sale for export of any product destined for the territory of any other contracting party".

Art. XI GATT läßt auch Ausnahmen vom Verbot mengenmäßiger Beschränkungen zu. Insbesondere erlaubt Abs. 2 (a) vorübergehende Ausfuhrverbote und -beschränkungen, um einen kritischen Mangel an Lebensmitteln oder anderen für die ausführende Vertragspartei wichtigen Waren zu verhüten oder zu beheben. Der Begriff der „anderen wichtigen Waren" schließt auch erschöpfbare natürliche Ressourcen mit ein. Als Beispiel hierfür ist das Exportverbot für unverarbeitetes Nutzholz aus öffentlichen Waldbeständen im *U.S. Forest Resources Conservation and Shortage Relief Act* von 1990 zu nennen, dessen GATT-Konformität mit der genannten Ausnahmeregelung begründet wurde. Art. XI Abs. 2 GATT ist bisher nur selten zur Rechtfertigung von Handelsrestriktionen herangezogen worden (vgl. *Helm*, Sind Freihandel und Umweltschutz vereinbar?, 78 m.w.N.).

301 *Tietje*, Normative Grundstrukturen, 278.

chenden Verwendungsverbote sowie die entsprechenden Empfehlungen zum Verzicht auf Tropenholz möglicherweise als „sonstige Maßnahmen" klassifiziert werden mit der Wirkung einer „Beschränkung" im Sinne i.S.v. Art. XI Abs. 1 GATT.

(1) Abgrenzung zwischen Art. XI Abs. 1 und Art. III Abs. 4 GATT

Da sich ein Verwendungsverbot zunächst auf importierte Holzprodukte bezieht und erst eine sinkende Nachfrage spürbare Auswirkungen auf die Importmenge haben kann, stellt sich die Frage, ob Maßnahmen wie das Tropenholzverwendungsverbot, das sich auf Waren bezieht, die bereits die Zollgrenze überschritten haben, nicht eher in den Anwendungsbereich des Art. III GATT fallen. Dieser Artikel verbietet eine Schlechterstellung von importierten gegenüber inländischen Waren durch staatliche Maßnahmen, die in den inländischen Warenkreislauf gelangt sind. Art. III GATT enthält insofern eine Verpflichtung zur Nichtdiskriminierung importierter Waren durch innere Abgaben oder interne Regelungen[302]. Nach dem hier einschlägigen Art. III Abs. 4 S. 1 GATT darf ein Staat durch nationale Reglementierungen über den Verkauf, das Angebot, den Einkauf, die Beförderung, Verteilung oder Verwendung im Inland ausländischen Waren keine schlechtere Behandlung zuteil werden lassen als gleichartigen inländischen Produkten.

---

[302] Art. III GATT enthält verschiedene Diskriminierungstatbestände. Während Abs. 1 die Generalklausel darstellt, beziehen sich die Abs. 2 und 3 auf Diskriminierungen im Fiskalbereich, Abs. 4 auf sonstige Diskriminierungen allgemeinerer Art und Abs. 5 auf die Verpflichtung zur Verwendung nationaler Produkte u.a. bei der Produktion oder Veredlung von Waren.

Die für den vorliegenden Fall wichtigen Vorschriften lauten:

- Art. III Abs. 1 GATT: „The contracting parties recognize that internal taxes and other international charges, and laws, regulations and requirements affecting the internal sale, offering for sale, purchase, transportation, distribution or use of products, and internal quantatitive regulations requiring the mixture, processing or use of products in specified amounts or proportions, should not be applied to imported or domestic products so as to afford protection to domestic production".

- Art. III Abs. 4 S. 1 GATT: „The products of the territory of any contracting party imported into the territory of any other contracting party shall be accorded treatment no less favourable than that accorded to like products of national origin in respect of all laws, regulations and requirements affecting the internal sale, offering for sale, purchase, transportation, distribution or use".

Bislang ist durch ein GATT-Panel nicht eindeutig darüber entschieden worden, ob sich die Anwendungsbereiche von Art. III Abs. 4 und Art. XI Abs. 1 GATT überschneiden[303].

Für die Lösung des Konkurrenzverhältnisses zwischen beiden Vorschriften gibt allein der Gesetzestext nur wenig Anhaltspunkte. Ausgehend vom Wortlaut werden von Art. XI Abs. 1 GATT Maßnahmen erfaßt, die den Import der Ware betreffen („importation"), während Art. III GATT von internen handelspolitischen Maßnahmen bezogen auf importierte Produkte („imported goods") spricht. Eine Abgrenzung sog. interner Maßnahmen zu unmittelbar nur den Import der Ware betreffenden Maßnahmen ist jedenfalls bei denjenigen Beschränkungen schwierig, die zwar *de iure* den Import zulassen, ihn aber wie im vorliegenden Fall faktisch auf Null reduzieren bzw. erheblich erschweren können.

Eine ausführliche Diskussion zum Verhältnis von Art. XI Abs. 1 und Art. III Abs. 4 GATT findet sich in der Panel-Entscheidung zum kanadischen „Foreign Investment Review Act"[304]. Das umstrittene Gesetz sah vor, daß ausländische Unternehmen nur dann Investitionen in Kanada tätigen durften, wenn sie bevorzugt kanadische Produkte kauften. Das Panel hatte sich mit der Frage zu beschäftigen, ob die hierdurch von den USA behauptete Diskriminierung ausländischer Anbieter der fraglichen Produkte auf dem kanadischen Markt an Art. III oder Art. XI GATT zu messen war. Das Panel bestätigte die kanadische Ansicht, wonach grundsätzlich zwischen Maßnahmen betreffend den Import von Waren, wie in Art. XI Abs. 1 GATT ausdrücklich regelt, und importierten Waren, auf die sich Art. III Abs. 4 GATT bezieht, zu unterscheiden sei. Für verschiedene Regelungsbereiche dieser Vorschriften spreche, daß Art. III Abs. 4 GATT zumindest teilweise überflüssig sei, wenn Art. XI Abs. 1 GATT alle internen Maßnahmen umfasse. Des weiteren würden die Ausnahmetatbestände des Art. XI Abs. 2 GATT auch für Art. III Abs. 4 GATT gelten; dies stehe aber dem Regelungsgehalt der Diskriminierungsvorschrift des Art. III GATT entgegen[305].

---

303 *Ginzky*, Saubere Produkte, schmutzige Produktion, 162.

304 Panel Bericht: „Canada - Administration of the Foreign Investment Review Act", angenommen am 7.2.1984, GATT BISD 30 S/140 ff. Vgl. näher zum „FIRA"-Panel: *Tietje*, Normative Grundstrukturen, 226.

305 GATT BISD 30 S/140 ff., Ziff. 5.14: „... The Panel shares the view of Canada that the General Agreement distinguishes between measures affecting the 'importation' of products, which are regulated in Art. XI:1, and those affecting 'imported products', which are dealt with in Article III. If Article XI:1 were

Diese auch in späteren Entscheidungen bestätigte Auffassung[306] des Panel verdeutlicht, daß es für die Abgrenzung von Art. XI und Art. III GATT auf den Zeitpunkt ankommt, in dem eine hoheitliche Maßnahme ein ausländisches Produkt erstmals betrifft[307]. Erfolgt die Einwirkung bereits an der Grenze im Zeitpunkt des Imports, ist Art. XI GATT anwendbar, zeigen sich die Wirkungen erst, nachdem die Ware bereits die Zollgrenze überschritten hat und sich auf dem inländischen Markt befindet, liefert Art. III GATT den Prüfungsmaßstab[308].

Neben dieser systematischen Auslegung kann auch die teleologische Betrachtung der Normen Aufschluß über das maßgebliche Abgrenzungskriterium geben. Aus dem allgemeinen Grundsatz des Art. III Abs. 1 GATT[309] folgerte das Panel im Streitfall „United States - Section

---

interpreted broadly to cover also internal requirements, Article III would be partly superfluous. Moreover, the exceptions to Article XI:1, in particular those contained in Article XI:2, would also apply to internal requirements restricting imports, which would be contrary to the basic aim of Article III. The Panel did not find, either in the drafting history of the General Agreement or in previous cases examined by the Contracting Parties, any evidence justifying such an interpretation of Article XI. For these reasons, the Panel, noting that purchase undertaking do not prevent the importation of goods as such, reached the conclusion that they are not inconsistent with Article XI:1".

[306] Panel-Bericht: „US-Tuna/Dolphin I" v. 16.8.1991, ILM 30 (1991), S. 1598 ff., Ziff. 5.8-5.14. Siehe auch den Panel-Bericht: „Canada - Import, Distribution and Sale of Certain Alcoholic Drinks by Provincial Marketing Agencies", angenommen am 18.2.1992, GATT BISD 39 S/27 ff., Ziff. 5.6. In diesem Fall wurde allerdings die Entscheidung offengelassen, ob die als GATT-widrig eingestuften Zugangsbeschränkungen für den Verkauf von importiertem Bier in Kanada (kanadisches Bier konnte an mehr Verkaufsstellen verkauft werden als importiertes Bier) gegen Art. XI Abs. 1 oder Art. III Abs. 4 GATT verstießen. Siehe auch schon den diesbezüglichen Streit zwischen Kanada und der EG aus dem Jahre 1988, GATT BISD 35 S/37 ff., Ziff. 4.26. - Zur Abgrenzungsfrage von Art. XI Abs. 1 und Art. III Abs. 4 GATT vgl. auch den Panel-Bericht: „United States - Measures Affecting Alcoholic and Malt Beverages", angenommen am 19.6.1992, GATT BISD 39 S/206 ff., Ziff. 5.63.

[307] *Tietje*, Normative Grundstrukturen, 227 f.

[308] Siehe hierzu bereits den Panel-Bericht: „ Italien - Discrimination against Imported Agricultural Machinery", angenommen am 23.10.1958, GATT BISD 7 S/60 ff., Ziff. 11: „... the intention of the drafters of the Agreement was clearly to treat the imported products in the same way as the like domestic products once they had been cleared through customs ...".

[309] Vgl. zum Wortlaut der Vorschrift Anm. 302 in diesem Teil.

337 of the Tariff Act of 1930"[310], daß Art. III Abs. 4 GATT die Wettbewerbsbedingungen zwischen Importwaren und einheimischen Produkten schützen soll; diese Vorschrift habe insofern die *Ausgestaltung* einer Marktsituation zwischen in- und ausländischen Konkurrenzprodukten zum Gegenstand. Dagegen befasse sich Art. XI GATT mit Regelungen, die bereits die *Entstehung* einer Wettbewerbslage auf den inländischen Markt verhindern sollen[311]. Nach dieser Betrachtung sind Art. III GATT und Art. XI GATT dergestalt voneinander abzugrenzen, daß Art. III GATT betroffen ist, wenn die staatliche Maßnahme nur mittelbare Wirkung entfaltet und die Letztentscheidung den Marktteilnehmern vorbehalten bleibt[312], Art. XI GATT dagegen einschlägig ist, soweit das Wirtschaftsgeschehen unmittelbar durch die in dieser Norm aufgeführten Maßnahmen beeinflußt wird.

Allerdings ist zu beachten, daß bei Art. XI Abs. 1 GATT tendenziell eine weitreichende Interpretation des Merkmals der „sonstigen Maßnahme" erfolgt, die weit über den Begriff der klassischen mengenmäßigen Importbeschränkung hinausgeht. Als Beleg hierfür dienen zwei Panel-Entscheidungen, die sich mit der Festsetzung von Mindestimport- bzw. Mindestexportpreisen beschäftigt haben. In der ersten Entscheidung aus dem Jahr 1978 folgte das Panel der von den USA vertretenen Ansicht, daß der von der EG verlangte Mindesteinfuhrpreis für Tomatenkonzentrate eine importbeschränkende Maßnahme im Sinne von Art. XI Abs. 1 GATT darstellte[313]. Anders als bei der Entscheidung des FIRA-Panel stellte die Mindestpreisregelung eine direktere Beschränkung des Imports dar. Die Entscheidung zu Mindestimportpreisen wurde - übertragen auf die Regelung von Mindestpreisanforderungen beim Export von Produkten - im sog. „Halbleiterfall"[314] bestätigt. Danach ge-

---

[310] Panel-Bericht: „United States - Section 337 of the Tariff Act of 1930", angenommen am 7.11.1989, GATT BISD 36 S/345 ff., Ziff. 5.13.

[311] Vgl. zu diesem Fall auch *Weiher*, Nationaler Umweltschutz und Internationaler Warenverkehr, 118.

[312] *Tietje*, Normative Grundstrukturen, 228.

[313] Panel Bericht: „EEC - Programme of Minimum Import Prices, Licences and Surety Deposits for Certain Processed Fruits and Vegetables", angenommen am 18.10.1978, GATT BISD 25 S/68 ff., Ziff. 4.9.

[314] Panel-Bericht: „Japan - Trade in Semi-Conductors", angenommen am 4.5.1988, GATT BISD 35 S/116 ff., Ziff. 49 ff. In diesem von der EG gegenüber Japan angestrengten Verfahren ging es um einen 1986 zwischen den USA und Japan geschlossenen Vertrag über den Handel mit Halbleitern. Japan sicherte zu, den Export von Halbleitern in die USA im Hinblick auf die Herstellungs-

währt Art. XI Abs. 1 GATT durch den Hinweis auf „other measures" einen umfassenden Schutz vor allen Maßnahmen, die sich negativ auf die Dispositionsmöglichkeit der Wirtschaftssubjekte auswirken[315]; der Eingriffstatbestand der Vorschrift ist anhand faktischer Gegebenheiten des Wirtschaftslebens weit zu bestimmen[316].

Aus den erwähnten, für die Abgrenzung von Art. III Abs. 4 und XI GATT einschlägigen Panel-Entscheidungen ergibt sich bezüglich der Verwendungsbeschränkungen für Tropenholz, daß sich diese zunächst nicht in direkter Weise auf den Import auswirken, sondern den Handel erst nach Hinzutreten weiterer Kausalfaktoren beschränken. Dies gilt in besonderem Maße für entsprechende Empfehlungen von Kommunen, kein Tropenholz zu verwenden, da die Kaufentscheidung letztendlich beim Bürger liegt. Insofern läßt sich die Auffassung vertreten, daß die Einfuhr von Tropenholz als solche nicht berührt wird und daher nach Maßgabe des Art. III Abs. 4 GATT zu überprüfen ist, ob Tropenholz bzw. nicht nachhaltig produziertes Tropenholz in bezug auf die *Ausgestaltung* der internen Wettbewerbssituation schlechter gestellt werden als vergleichbares inländisches Holz.

Als lediglich interne umwelt- und wirtschaftspolitische Maßnahmen könnten Verwendungsbeschränkungen aber auch bewirken, daß der

---

kosten und Verkaufspreise zu beobachten und unverhältnismäßig niedrige Verkaufspreise zu verhindern. Dieses sog. „third-country monitoring" sollte verhindern, daß die USA auf dem Halbleitermarkt aufgrund dortiger hoher Preise isoliert werden. Die für das „third-country monitoring" eingesetzten Maßnahmen des japanischen Wirtschaftsministeriums waren rechtlich unverbindlich und ohne Außenrechtswirkung. Dennoch handelten zahlreiche private Halbleiterproduzenten entsprechend den Ratschlägen des Ministeriums, was im Ergebnis zu einem kontinuierlichen Anstieg der Weltmarktpreise für Halbleiterprodukte führte. Die EG argumentierte, daß das in Japan praktizierte informelle Verfahren einer Exportüberwachung von Halbleiterchips eine unzulässige Beschränkung der Ausfuhren nach Art. XI Abs. 1 GATT darstellte, da hierdurch die Marktsituation für Halbleiterprodukte künstlich beeinflußt worden sei. Das Panel folgte dieser Einschätzung und entschied, daß die Regelung von Mindestexportpreisen am Maßstab des Art. XI Abs. 1 GATT zu messen sei. Siehe zusammenfassend zum „Halbleiterfall": *Tietje*, Normative Grundstrukturen, 391 ff.

[315] GATT BISD 35 S/116 ff., Ziff. 104: „The Panel noted that this wording was comprehensive; it applied to all measures instituted or maintained by a contracting party prohibiting or restricting the importation, exportation or sale for export of products".

[316] Vgl. *Tietje*, Normative Grundstrukturen, 282.

Anreiz zur Ausfuhr von Tropenhölzern bestimmten Tropenholzexportstaaten genommen wird, wenn sich die handelsbeschränkenden Maßnahmen als effektiv genug erweisen, um den Absatz von Tropenholz im Inland drastisch zu senken. Auf diese Weise könnte *de facto* eine mengenmäßige Importbeschränkung für Tropenholz oder Tropenholz aus nicht nachhaltiger Bewirtschaftung i.S.v. Art. XI Abs. 1 GATT erfolgen, so daß es auch um die Frage geht, ob die *Entstehung* einer Wettbewerbslage auf dem inländischen Markt behindert wird, soweit man das weite Verständnis mengenmäßiger Beschränkungen in dieser Norm berücksichtigt.

Hinsichtlich der Abgrenzungsfrage ergibt sich insoweit kein eindeutiges Ergebnis. Fraglich ist, inwieweit eine zwingende Entscheidung für die Anwendung von Art. XI Abs. 1 oder Art. III Abs. 4 GATT überhaupt erforderlich ist, zumal auch in ähnlich gelagerten Fällen offengelassen wurde, gegen welchen der beiden Artikel die zu überprüfenden Maßnahmen verstießen. Eine entsprechende Entscheidung wurde in dem bereits erwähnten Fall zu Beschränkungen für Importbier in Kanada[317] für überflüssig gehalten, da sich die beklagte Partei nicht auf eine lediglich Art. XI Abs. 1 GATT betreffende Ausnahmevorschrift (Art. XI Abs. 2 oder Art. XII GATT) berufen hatte und einer Entscheidung keine praktische Konsequenz für die Lösung des Falles zukam[318]. Gleiches gilt auch hier; die Anwendung spezifischer Ausnahmetatbestände für Art. XI Abs. 1 GATT kommt nicht in Betracht. Soweit Verwendungsbeschränkungen gegen Art. XI Abs. 1 GATT oder Art. III Abs. 4 GATT verstoßen, sind diese Verstöße allenfalls nach Maßgabe der allgemeinen Ausnahmeregelungen des Art. XX GATT zu rechtfertigen.

Nachfolgend sind daher die Verwendungsbeschränkungen der Vollständigkeit halber sowohl am Maßstab des Verbots mengenmäßiger Beschränkungen als auch anhand des Inländergleichbehandlungsgebots zu überprüfen.

---

[317] Panel Bericht: „Canada - Import, Distribution and Sale of Certain Alcoholic Drinks by Provincial Marketing Agencies", angenommen am 18.2.1992, GATT BISD 39 S/27 ff.

[318] GATT BISD 39 S/27 ff., Ziff. 5.6.

Wettbewerbssituation schlechter gestellt wird als vergleichbares inländisches Holz.

Für staatliche Verwendungsverbote für Tropenholz ergibt sich der Grundsatz der Inländergleichbehandlung aus Art. III Abs. 1 (a) GPA, für alle anderen Empfehlungen an Private aus Art. III Abs. 4 S. 1 GATT, wonach gleichartige einheimische und importierte Produkte hinsichtlich ihres Markzugangs gleich zu behandeln sind[324].

Soweit Tropenholz und inländisches Holz als „gleichartige" Produkte bzw. „like products" i.S.v. Art. III Abs. 4 GATT eingestuft werden können, ist eine unterschiedliche Behandlung hinsichtlich des Marktzugangs, wie sie durch die Verwendungsverbote und Empfehlungen erfolgt, nicht zulässig. Art. III Abs. 1 (a) GPA läßt im Vergleich zu Art. III Abs. 4 GATT eine entsprechende Formulierung wie „like product" vermissen; es werden lediglich „domestic products" erwähnt[325]. Aus der Präambel zum GPA wird ersichtlich, daß das maßgebliche Kriterium für den Inländergleichbehandlungsgrundsatz im GPA die Gleichbehandlung von „foreign products" und „domestic products" sein soll, um inländische Waren zu schützen[326]. Damit folgt das GPA der in Art. III Abs. 1 GATT enthaltenen Werteentscheidung, wonach Differenzierungsregelungen zwischen inländischen und ausländischen Produkten nicht mit dem Ziel der Protektion der heimischen Produktion erfolgen dürfen. Insofern bleiben Auslegungs- und Interpretationsprobleme bei Art. III Abs. 4 GATT auch relevant für die Überprüfung der Vereinbarkeit von staatlichen Verwendungsbeschränkungen mit dem Inländergleichbehandlungsprinzip. Daher erfolgt die weitere Prüfung am Maßstab des Art. III Abs. 4 S. 1 GATT, zumal keine signifikanten Unterschiede in der Formulierung des Grundsatzes der Inländergleich-

---

[324] Art. III Abs. 4 S. 1 GATT: „The products of the territory of any contracting party imported into the territory of any other contracting party shall be accorded treatment no less favourable than that accorded to *like products* of national origin ...".

[325] Art. III Abs. 1 GPA: ... each Party shall provide immediately and unconditionally to the products, services and suppliers of other Parties offering products or services to the Parties, treatment no less favourable than: (a) that accorded to *domestic products*, services and suppliers; ...".

[326] In der Präambel des GPA heißt es dazu: „Regocnizing that laws, regulations, procedures and practices regarding government procurement should not be prepared, adopted or applied to foreign or domestic products ... so as to afford protection to domestic products ...".

behandlung in den maßgeblichen Normen des GATT und des WTO-Beschaffungsübereinkommens bestehen.

(1) Auslegung des Begriffs „like products"

Zunächst ist in bezug auf Empfehlungen an Private, kein Tropenholz zu verwenden, zu prüfen, ob Tropenholz und nichttropisches Holz als „gleichartige Produkte" i.S.v. Art. III Abs. 4 GATT ungleich behandelt werden.

Der Begriff des „like product" ist als solcher in Art. III GATT nicht definiert[327]; der Wortlaut des Art. III Abs. 4 GATT bietet wenig Hinweise zur Konkretisierung dieses Merkmals[328]. Ein diesbezüglicher Rückblick auf die GATT-Verhandlungen ist im Ergebnis ebenfalls wenig hilfreich, da auch das Preparatory Committee keine Definition des Begriffs „like product" erarbeitete. Insofern gibt es keine eindeutige allgemeingültige Begriffsbestimmung dieses Tatbestandsmerkmals.

(a) Frühere GATT-Panel Praxis

Die frühere Rechtspraxis der GATT-Panel orientierte sich bei der Frage der Gleichartigkeit von Produkten an der Einordnung der Produkte in die nationalen Zolltarife der Vertragsparteien. Das WTO/GATT-System kennt keine verbindlichen Vorschriften, wie die Zollklassifizierung zu erfolgen hat; gleichartige Waren dürfen aber nicht aufgrund nationaler Zollklassifizierung unterschiedlichen Zolltarifen zugeordnet werden. Es besteht also eine Vermutung, daß Produkte, die demselben Zolltarif zugeordnet werden, auch gleichartige Produkte sind[329]. In einem Panel-Bericht aus dem Jahr 1989 über Importzölle für bestimmte Holzbalken schloß sich das Gericht der Auffassung Japans an, daß die

---

[327] Vgl. näher zur Auslegung und Begriffsbestimmung von „like product": *Berg*, An Economic Interpretation of „Like-Product", JWT 1996, Nr. 2, S. 195 ff.; *Diem*, Freihandel und Umweltschutz in GATT und WTO, 153 f.; *Fauchald*, Environmental Taxes and Trade Discrimination, 158 ff.; *Ginzky*, Saubere Produktion, schmutzige Produkte, 166 ff.; *Helm*, Sind Freihandel und Umweltschutz vereinbar?, 91 ff.; *Tietje*, Normative Grundstrukturen, 209 ff., 234 ff.; *Weiher*, Nationaler Umweltschutz und internationaler Warenverkehr, 122 ff.; *Zedalis*, A Theory of the GATT „Like" Procduct, Vanderbilt Journal of Transnational Law 1994, 33 ff.

[328] *Tietje*, Normative Grundstrukturen, 210.

[329] *Ibid.*, 211.

tierungen zum Schutz der inländischen Erzeugung ergriffen worden seien[338]. Selbst wenn ausländische Hersteller von der nationalen Maßnahme nachteiliger betroffen wären als inländische, müßten nicht zwangsläufig gleichartige Waren vorliegen und damit ein Verstoß gegen Art. III Abs. 4 GATT bejaht werden. Zur Beurteilung der Gleichartigkeit sei vielmehr in einem zweiten Schritt anhand des sog. „aim-and-effect test" sowohl auf die Zielsetzung als auch auf die anschließenden Auswirkungen der Maßnahme abzustellen. Eine Maßnahme bezwecke dann den Schutz der inländischen Erzeugung, wenn eine Änderung der Wettbewerbsbedingungen zugunsten des inländischen Produkts angestrebt werde und sich nicht lediglich als zufällige Folge eines legitimen Politikziels erweise[339].

Wenn sich aus der zweistufigen Betrachtung ergibt, daß eine protektionistisch motivierte hoheitliche Maßnahme zwischen inländischen und ausländischen Produkten differenziert, kann vermutet werden, daß gleichartige Produkte vorliegen. Fehlt dagegen eine protektionistisch motivierte hoheitliche Maßnahme, ist demnach auch die Ungleichbehandlung an sich identischer Waren grundsätzlich mit Art. III Abs. 4 GATT vereinbar[340].

Die nationalen Verwendungsverbote von Tropenholz für öffentliche Beschaffungsmaßnahmen sowie Empfehlungen zu einem pauschalen

---

[338] Panel-Bericht „United States - Measures Affecting Alcoholic and Malt Beverages", angenommen am 19.6.1992, GATT BISD 39 S/206, Ziff. 5.25; 5.71. In dieser Entscheidung befand das Panel, daß Bier mit niedrigem und Bier mit höherem Alkoholgehalt, selbst bei an sich gleichen physikalischen Eigenschaften, nicht als „gleichartige" Produkte i.S.v. Art. III Abs. 4 GATT zu behandeln waren, da die Differenzierung in mehreren US-amerikanischen Gesetzen lediglich dem Schutz der menschlichen Gesundheit diente und keine protektionistischen Absichten zur Favorisierung des einheimischen Bieres mit niedrigerem Alkoholgehalt gegenüber importiertem Bier mir höherem Alkoholgehalt verfolgte. Vgl. ausführlicher zu diesem Fall: *Petersmann*, International Trade Law and International Environmental Law, JWT 1993, Nr. 1, S. 45, 64; *Weiher*, Nationaler Umweltschutz und internationaler Warenverkehr, 125.

[339] Diese Interpretation des Begriffs „like product" machte sich auch das GATT-Panel im Verfahren zu amerikanischen Kfz-Steuern aus dem Jahre 1994 zu eigen, vgl. Panel-Bericht: „United States - Taxes on Automobiles", nicht angenommen, ILM 33 (1994), 1397 ff., Ziff. 5.7-5.10. Vgl. näher hierzu: *Helm*, Sind Freihandel und Umweltschutz vereinbar?, 96 ff.; *Weiher*, Nationaler Umweltschutz und internationaler Warenverkehr, 128 ff.

[340] *Diem*, Freihandel und Umweltschutz in GATT und WTO, 154; *Tietje*, Normative Grundstrukturen, 238.

Verwendungverzicht auf Tropenholz haben teilweise zu einem verstärkten Einsatz von einheimischen Hölzern als Ersatz für Tropenhölzer geführt[341]. Ob die Steigerung der Verwendung von heimischen Hölzern allerdings bezweckt war, ist äußerst fraglich; die Verwendungsverbote verfolgen in erster Linie den Schutz der tropischen Regenwälder und zielen weniger darauf ab, der heimischen Holzindustrie bessere Wettbewerbschancen gegenüber Tropenholz einzuräumen[342].

Ausgehend von dieser Intention der Verwendungsbeschränkungen gelangt man zu dem Ergebnis, daß mangels protektionistischer Ambitionen Tropenholz und heimisches Holz nach der beschriebenen Panel-Praxis keine „gleichartigen" Produkte darstellen und ihre unterschiedliche Behandlung hinsichtlich der Verwendung nach diesem Interpretationsansatz nicht gegen den Inländergleichbehandlungsgrundsatz aus Art. III Abs. 4 GATT verstößt[343].

(b) Neuere Entwicklung in den Panel-Berichten

Die Beurteilung eines Produkts als „gleichartig" anhand von Ziel und Auswirkungen der hoheitlichen Maßnahme ist aber in jüngeren Panel-Berichten insofern kritisiert worden, als nicht notwendigerweise nur ein Ziel, sondern oftmals mehrere Gründe und Motive einer handelsbeschränkenden Maßnahme zugrundeliegen. Hinsichtlich der Prüfung, ob eine protektionistische Maßnahme bezweckt ist, können diese Ziele zu einem durchaus gegenteiligen Ergebnis führen. Die GATT/WTO-Rechtspraxis zum „like-product" hat daher in einem Streit zwischen den USA und Japan über die Erhebung von Steuern auf bestimmte alkoholische Getränke[344] den „aim-and-effect test" verworfen und hin-

---

[341] Im Hinblick auf öffentliche Beschaffungsstellen liegen keine genaueren Zahlen vor, es ist deshalb auf Untersuchungen zu den Auswirkungen der pauschalen Boykottaufrufe zahlreicher NGOs für Tropenholz zurückzugreifen, vgl. S. 346, Anm. 125.

[342] Siehe die diesbezügliche Begründung des Bundesverkehrsministeriums in: Allgemeines Rundschreiben Straßenbau Nr. 2/1989, StB 11/14.80.00/15 Va 89 vom 27.1.1989.

[343] Zu diesem Ergebnis gelangt auch *Diem*, Freihandel und Umweltschutz in GATT und WTO, 154.

[344] Panel-Bericht: „Japan - Taxes on Alcoholic Beverages", vom 11.7.1996, WTO-Doc. WT/DS8/R; WT/DS10/R; WT/DS11/R, Ziff. 6.16: „The Panel also noted that very often there is a multiplicity of aims that are sought through en-

sichtlich der Interpretation des Begriffs „like product" wieder auf die alte Panelpraxis sowie den Bericht der Arbeitsgruppe zu „Border Tax Adjustments" aus dem Jahre 1970 zurückgegriffen[345]. Die Gleichartigkeit von Waren ist folglich nicht mehr danach zu beurteilen, ob mit der fraglichen Maßnahme die heimische Erzeugung protektioniert werden soll, vielmehr ist von Fall zu Fall die Gleichartigkeit einer Ware anhand von Indizien und Kriterien zu bestimmen[346]. Als Begründung führt das Panel im soeben erwähnten Streitfall an, daß eine Partei ansonsten für eine handelsbeschränkende Maßnahme einen nach Art. III GATT erlaubten nicht-protektionistischen Grund angeben und damit die Ausnahmebestimmungen des Art. XX GATT umgehen könnte[347]; dem ist zuzustimmen.

---

actment of legislation and it would be a difficult exercise to detemine which aim or aims should be determinative for applying the aim-and-effect test".

[345] Report of the Working Party on *Border Tax Adjustments*, GATT BISD 18S/97, Ziff. 8: "... the interpretation of the term should be examined on a case-by-case basis. This would allow a fair assessment in each case of the different elements that constitute a 'similar' product. Some criteria were suggested for determining, on a case-by-case basis, whether a product is 'similar': the product's end-uses in a given market; consumers' tastes and habits, which change from country to country; the product's properties, nature and quality".

[346] Panel-Bericht: „Japan - Taxes on Alcoholic Beverages", vom 11.7.1996, WTO-Doc. WT/DS8/R; WT/DS10/R; WT/DS11/R, Ziff. 6.14 ff. Das Panel bewertete bei der entscheidenden Frage, ob Wodka und japanische Shochu gleichartige Produkte sind, die physikalischen Eigenschaften und den Endgebrauch beider Getränke; diesbezüglich stellte das Panel die Gleichartigkeit der Ware fest und bezog sich auf einen ähnlich gelagerten Fall aus dem Jahr 1987 (Panel-Bericht: „Japan - Customs Duties, Taxes and Labelling Practices on Imported Wines and Alcoholic Beverages", angenommen am 10.11.1987, GATT BISD 34 S/83 ff., Ziff. 5.7). Diese Auffassung wurde vom Appellate-Body am 4.10.1996 bestätigt, WTO-Doc. WT/DS8/AB/R; WT/DS10/AB/R; WT/DS11/AB/R. Ein weiterer Panel-Bericht: „Canada - Certain Measures Concerning Periodicals", vom 14.3.1997, WTO-Doc. WT/DS31/R folgt ebenfalls diesem Interpretationsansatz. Vgl. hierzu *Charnovitz*, Environment and Health Under WTO Dispute Settlement, The Int. Lawyer 1998, 901, 904 f.

[347] Panel-Bericht: „Japan - Taxes on Alcoholic Beverages", vom 11.7.1996, Ziff. 6.17: „The Panel further noted that the list of exceptions contained in Article XX of GATT 1994 could become redundant or useless because the aim-and-effect test does not contain a definitive list of grounds justifying departure from the obligations that are otherwise incorporated in Article III".

Nach der neueren Panel-Praxis ist daher wieder von Fall zu Fall zu prüfen, ob ein gleichartiges Produkt im Sinne von Art. III Abs. 4 GATT vorliegt oder nicht.

(c) Zwischenergebnis

Hinsichtlich der Frage, ob Tropenholz und einheimisches Holz aus temperierten Wäldern „gleichartige Produkte" i.S.v. Art. III Abs. 4 GATT sind, ist insofern auf die bisherige „case-to-case"-Methode der früheren Panel-Berichte zurückzugreifen[348]. Nach den diesbezüglichen Erwägungen sind Tropenholz und nichttropisches Holz als gleichartige Produkte i.S.v. Art. III Abs. 4 GATT einzustufen.

(2) Diskriminierung nach Herstellungs- und Verarbeitungsverfahren

Bezüglich der Substituierbarkeit von einheimischem Holz durch Tropenholz läßt sich mit gut vertretbaren Argumenten die Gleichartigkeit beider Waren bejahen. Fraglich ist, ob man aber nicht im Hinblick auf die umweltschädliche Produktionsart der nicht nachhaltigen Waldbewirtschaftung die Gleichartigkeit von Tropenholz und inländischem Holz verneinen und konsquenterweise einen Verstoß gegen Art. III Abs. 4 GATT ablehnen müßte. Die unterschiedliche Behandlung von Waren nach ihrer Umweltverträglichkeit stellt keine verbotene Diskriminierung i.S.v. Art. III GATT dar, wenn schon die Umweltschädlichkeit eines Produkts zur Verneinung des Merkmals der Gleichartigkeit ausreicht. Die Ungleichbehandlung von Produkten aus Umweltschutzgründen wird von Staaten immer wieder damit zu begründen versucht, daß nicht das Produkt an sich, sondern die Produktionsmethoden dieser Produkte dermaßen unterschiedlich seien, daß schon aus diesem Grunde eine Gleichartigkeit und damit ein Verstoß gegen Art. III Abs. 4 GATT ausscheide[349]. Art. III GATT erwähnt aber ausdrücklich nur das Produkt an sich und nicht das Produktionsverfahren[350]; innerhalb

---

[348] Siehe bereits S. 408 f.

[349] Vgl. näher zu dieser Problematik: *Diem*, Freihandel und Umweltschutz in GATT und WTO, 155 ff.; *Ginzky*, Saubere Produktion, schmutzige Produkte, 164 ff.; *Howse/Regan*, The Prodcut/Process Distinction, EJIL 2000, 249, 253 ff.; *Tietje*, Normative Grundstrukturen, 209 f.; *Weiher*, Freihandel und Umweltschutz in GATT und WTO, 151 ff.

[350] Art. III GATT spricht in drei Absätzen jeweils von Produkten, nicht von Produktionsprozessen: Art. III Abs. 1 GATT („internal taxes ... affecting the

der Diskussion um ökologisch motivierte nichttarifäre Handelshemmnisse bereitet die Auslegung des in Art. III Abs. 4 und sonstigen GATT-Vorschriften verwendeten Begriffs des „product“ daher erhebliche Schwierigkeiten.

(a) Einschlägige Panel-Praxis in den „Thunfischfällen“

Mit der Frage der Zulässigkeit von Importbeschränkungen wegen umweltschädigender Produktionsformen gem. Art. III Abs. 4 GATT haben sich die beiden Anfang der 90er Jahre entschiedenen und bislang vom GATT-Rat nicht angenommenen „Thunfischfälle“ beschäftigt. Ähnliche Probleme hat auch ein seitens der USA verhängtes Importverbot für Garnelen aufgeworfen, das zum Schutz bestimmter Schildkrötenarten erhoben worden ist[351]. Umstritten ist in all diesen Fällen, ob Importwaren nur deswegen im Inland eine nachteiligere Behandlung erfahren dürfen, weil sie in ihrem Herkunftsstaat unter möglicherweise umweltgefährdenden Bedingungen produziert worden sind.

Gegenstand der Thunfischfälle war zunächst eine von Mexiko, später auch von den Staaten der EG eingebrachte GATT-Beschwerde gegen amerikanische Einfuhrbeschränkungen und Etikettierungsvorschriften für Thunfisch und Thunfischerzeugnisse[352]. Die USA hatten ein Im-

---

internal sale ... of *products*“), Art. III Abs. 2 GATT („The *products* ... shall not be subject to ...“) und in Art. III Abs. 4 GATT („The *products* ... shall be accorded treatment ...“).

[351] Panel-Bericht „United States - Import Prohibition of Certain Shrimp and Shrimp Products“, 15.5.1998, ILM 37 (1998), 834 ff.

[352] 1990 wandten sich Mexiko und zwei Jahre später die EG gemeinsam mit den Niederlanden gegen den US-amerikanischen „Marine Mammal Protection Act“ von 1972. Durch das Gesetz sollte das beiläufige Töten von Meeressäugern beim gewerblichen Fischfang verhindert werden. Für die inländische Thunfischfischerei wurden daher bestimmte Fangtechniken vorgeschrieben, um das Leben von Delphinen nicht zu gefährden, zugleich wurden Höchstmengen für getötete Delphine festgesetzt. Des weiteren wurde der Import von Fisch- und Fischprodukten aus Ländern, die über kein vergleichbares Ordnungsrecht zum Schutz von Meeressäugetieren verfügten, untersagt. Die amerikanische Regierung verbot auf der Grundlage des „Marine Mammal Protection Act“ den Import einer bestimmten Thunfischart u.a. aus Mexiko, wo auf delphinunfreundliche Weise Fangmethoden praktiziert wurden. Zugleich untersagte die Regierung den Import über Drittstaaten, wovon auch die EG betroffen war. In Übereinstimmung mit den Auffassungen Mexikos und später auch der EG stellten die Panel eine Vertragsverletzung durch die USA fest. Beide Berichte

portverbot für Thunfisch und Thunfischprodukte verhängt, bei deren Fang eine bestimmte Anzahl von Delphinen getötet wurden. Die USA argumentierten, daß Thunfisch, der mit delphinfreundlichen Methoden gefischt würde, nicht mit Thunfisch zu vergleichen sei, bei dessen Fang es zu einer Gefährdung von Delphinen komme. Die auf unterschiedlich umweltintensive Weise gefangenen Thunfische seien daher nicht als „gleichartige“ Waren i.S.d. Art. III Abs. 4 GATT anzusehen, das Importverbot verstoße folglich nicht gegen den Inländergleichbehandlungsgrundsatz.

Das Panel entschied, daß die US-amerikanischen Bestimmungen über Fangmethoden keinen Einfluß auf die Eigenschaften des Thunfisches als solchen ausübten, da es für die Qualität des Thunfischs gleichgültig sei, ob er mit Netzen gefangen werde, welche Delphine verschonten oder nicht. Da das Importverbot nur das Produkt selbst und nicht die Fangmethoden zum Gegenstand habe, sei Art. III GATT grundsätzlich nicht anwendbar. Selbst wenn Art. III GATT einschlägig sei, stelle das Thunfisch-Importverbot einen Verstoß gegen Art. III Abs. 4 GATT dar, da unterschiedliche Produktionsmethoden die Gleichartigkeit der Produkte nicht beeinflußten[353].

Demzufolge ist die Ungleichbehandlung von gleichartigen Waren wegen der unterschiedlichen Umweltschädlichkeit der Herstellungsverfahren nach Art. III Abs. 4 GATT nicht zulässig. Dieses Ergebnis wurde

---

sind bislang von den Vertragsparteien nicht angenommen worden und entfalten folglich nach den Grundsätzen des GATT 1947 keine Rechtswirkung.

Siehe zum Importverbot gegenüber Mexiko den Panel-Bericht: „US-Tuna/Dolphin I“ vom 16.8.1991, ILM 30 (1991), 1598 ff.; zum diesbezüglichen Streit zwischen der EG und den USA siehe den Panel-Bericht: „US-Tuna/Dolphin II“ vom 16.6.1994, ILM 33 (1994), 839 ff. Vgl. ausführlicher zu den *„Thunfisch-*Fällen“: *von Bogdandy*, Internationaler Handel und nationaler Umweltschutz, EuZW 1992, 243, 244 ff.; *Charnovitz*, Environmentalism Confronts GATT Rules, JWT 1993, Nr. 2, S. 37 ff.; *Diem*, Freihandel und Umweltschutz in GATT und WTO, 33 ff., 40 ff.; *Kingsbury*, The Tuna-Dolphin Controversy, YIEL 1994, 1, 11 ff.; *Petersmann*, The GATT/WTO Dispute Settlement System, 101 ff.; *Skilton*, GATT and the Environment in Conflict, Cornell Int. Law Journal 1993, 455, 457 ff.; *Snape/Lefkovitz*, Searching for GATT's Environmental Miranda, Cornell Int. Law Journal 1994, 777, 782 ff.

353 Panel-Bericht: „US-Tuna/Dolphin I“, Ziff. 5.14: „The Panel noted that the MMPA regulates the domestic harvesting of yellofin tune to reduce the incidental taking of dolphin, but that these regulations could not be regarded as being applied to tuna products as such because they would not directly regulate the sale of tuna and could not possibly affect tuna as a product“.

von einem zweiten Panel im Thunfischstreit bestätigt[354] und fügt sich in eine Reihe von Entscheidungen ein, die jeweils zu dem Ergebnis gelangt sind, daß Kriterien, die die Herkunft oder Herstellungsmodalitäten eines Produktes betreffen, nichts an der „Gleichartigkeit" der Produkte ändern, solange sie sich nicht in der Qualität der Ware an sich manifestieren[355].

Fraglich ist, ob sich dieses Ergebnis ohne weiteres auf nicht nachhaltig produziertes Tropenholz übertragen läßt. Gerade durch die Deklaration von Holz aus nachhaltiger Forstwirtschaft soll der Verbraucher auch die ökologischen Leistungen eines in den tropischen Regionen wachsenden Baumes in seine Kaufentscheidung einbeziehen und insofern Umweltaspekte bei der Produktion berücksichtigen können. In diesem Zusammenhang ist daher zu überlegen, ob nicht nur der materiellen Zusammensetzung einer Ware, sondern auch den immateriellen Werten bei der Beurteilung der „Gleichartigkeit" eine stärkere Bedeutung zukommen sollte[356].

Der Nichtdiskriminierungsgrundsatz dient der Sicherung des Bestands komparativer Kostenvorteile auf dem Weltmarkt. Die Theorie komparativer Kostenvorteile setzt aber Unterschiede in den Produktionsmethoden und -bedingungen voraus, um eine wohlfahrtssteigernde internationale Arbeitsteilung zu erreichen[357]. Wenn folglich Unterschiede in

---

354 Panel-Bericht: „US-Tuna/Dolphin II", Ziff. 5.9.

355 Die Frage, ob dem Produkt vorgelagerte Umstände, insbesondere Herstellungsbedingungen, ein Kriterium für die Ungleichbehandlung von Waren darstellen, war bereits Gegenstand eines der ersten Panel-Verfahren. Siehe hierzu den Panel-Bericht „Belgian Familiy Allowances", abgedruckt in GATT BISD 1 S/59 ff.: Das Panel entschied, daß die von staatlichen Stellen in Belgien beim Kauf ausländischer Produkte erhobene Abgabe von 7,5 % auf den Kaufpreis, wenn in dem Ursprungsland kein dem belgischen entsprechendes System von Familienbeihilfen bestand, ein irrelevantes Kriterium für die Diskriminierung zwischen gleichartigen Waren darstellte. Bestätigt wurde diese Linie in weiteren Panel-Entscheidungen, wie z.B. im Streitfall: „Spain - Tariff Treatment of Unroasted Coffee", GATT BISD 28 S/102 ff., Ziff. 4.6: Danach liefern weder geographische Gegebenheiten oder Anbaumethoden noch die Verarbeitungsweise der Kaffeebohne einen hinreichenden Grund für die unterschiedliche Behandlung von Kaffeesorten.

356 So der Vorschlag von *Helm*, Sind Freihandel und Umweltschutz vereinbar?, 96.

357 Die Theorie des „comparative advantage" stellt das Leitprinzip der internationalen Wirtschaftsordnung dar. Diese Theorie geht von einer Ungleichverteilung der Güter in der Welt aus. Der Außenhandel soll über die hiermit ver-

der Ressourcenausstattung oder in technologischen Entwicklungen einen zulässigen Anknüpfungspunkt in den Nichtdiskriminierungsvorschriften aus Art. III Abs. 4 und Art. I Abs. 1 GATT darstellten und damit die Nichtvergleichbarkeit von international konkurrierenden Produkte begründen würden, liefe die Theorie des „comparative advantage" leer[358].

Zudem zeigt sich in der Spruchpraxis der GATT-Panel die gefestigte Tendenz, daß ausgehend vom Wortlaut des Art. III GATT nur Reglementierungen von dieser Norm erfaßt werden, die das Produkt an sich betreffen, nicht aber das zugrundeliegende Produktionsverfahren[359]. Nach den oben dargestellten Panel-Berichten sind verschieden hergestellte, ansonsten aber identische Waren somit als „like products" i.S.v. Art. III Abs. 4 GATT einzustufen. Eine umweltschädliche Produktionsart - sei es nun der delphinunfreundliche Fang von Thunfisch oder die nicht nachhaltige Waldbewirtschaftung - ändert also nichts an der Tatsache, daß zwei an sich gleichartige Produkte ungleich behandelt werden.

---

bundene Arbeitsteilung in der Staatengemeinschaft im Hinblick auf Unterschiede in der Ressourcenausstattung, vorhandene Arbeitskapazitäten und technologische Entwicklungen den hieran beteiligten Volkswirtschaften wirtschaftliche Vorteile einräumen (vgl. *Herdegen*, Internationales Wirtschaftsrecht, 43; siehe auch *Gesser*, Canada's Environmental Choice Program, Harvard Int. Law Journal 1998, 518 f.).

[358] *Weiher*, Nationaler Umweltschutz und Internationaler Warenverkehr, 156; *Tietje*, Normative Grundstrukturen, 210; *ders.*, Voluntary Eco-Labelling programmes, JWT 1995, Nr. 5, S. 123, 143.

[359] Vgl. dazu nur den Panel-Bericht: „US-Tuna/Dolphin II", Ziff. 5.8: „... Article III calls for a comparison between the treatment accorded to domestic and imported like *products*, not for a comparison of the policies or practices of the country of origin with those of the country of importation". Im Ergebnis so auch *Schoenbaum*, International Trade and Protection of the Environment, AJIL 1997, 268, 291; *Tietje*, Voluntary Eco-Labelling programmes, JWT 1995, Nr. 5, S. 123, 139; *Weiher*, Nationaler Umweltschutz und Internationaler Warenverkehr, 157.

Kritisch dagegen zur Begründung der fehlenden Anwendbarkeit von Art. III Abs. 4 GATT auf Importbeschränkungen wegen umweltschädigender Produktionsformen: *Ginzky*, Saubere Produkte, schmutzige Produktion, 165 f.; *Howse/Regan*, The Product/Process Distinction, EJIL 2000, 249, 253 ff. Gegen eine strikte Trennung von dem Produkt als solchem und Produktionsmethoden auch: *Diem*, Freihandel und Umweltschutz in GATT und WTO, 100.

(b) Zwischenergebnis

Unterschiedliche Produktionsmethoden rechtfertigen es daher nicht, Tropenholz, das aus einer nicht nachhaltigen Waldbewirtschaftung stammt, und einheimisches Holz als nicht gleichartige Waren i.S.v. Art. III Abs. 4 GATT einzustufen, zumal sich die nachhaltige Herstellungsweise von Tropenholz im Produkt selbst nicht manifestiert und die bisherigen Panel-Entscheidungen keinen Raum für die Berücksichtigung immaterieller Werte eines Produkts zulassen.

(3) Ungleichbehandlung

Weiterhin ist daher zu prüfen, ob die gleichartigen inländischen und ausländischen Produkte (einheimisches Holz aus temperierten Wälden und tropisches Holz) auch ungleich behandelt werden. Eine Ungleichbehandlung im Sinne von Art. III Abs. 4 GATT liegt dann vor, wenn eine hoheitliche Maßnahme die Rahmenbedingungen einer fairen Wettbewerbslage zu Lasten ausländischer Produkte im Verhältnis zu gleichartigen inländischen Produkten negativ beeinflußt[360]. Auch Art. III Abs. 1 GPA verbietet parallel eine Ungleichbehandlung von inländischen und ausländischen Waren.

Tropenholz bzw. Tropenholz aus nicht nachhaltiger Waldbewirtschaftung unterliegt den Verwendungsbeschränkungen, einheimisches Holz dagegen nicht. Inwieweit durch die fraglichen Maßnahmen die Wettbewerbsbedingungen für tropisches Holz und Tropenholzprodukte aber tatsächlich eingeschränkt werden, ist angesichts der Tatsache, daß das konkrete Ausmaß der Auswirkungen auf das importierte Tropenholz nur schwer zu beziffern ist, schwierig zu bestimmen. Hier stellt sich die Frage nach den qualifizierten Anforderungen einer nach Art. III Abs. 4 GATT unzulässigen Ungleichbehandlung.

Aus Art. III Abs. 4 GATT läßt sich nur entnehmen, daß ausländischen Produkten „treatment no less favourable that that accorded to like products of national origin" zu gewähren ist. In bisherigen Panel-Entscheidungen wurden konkret nachweisbare Auswirkungen auf das Handelsvolumen eines Mitgliedsstaates nicht für erforderlich gehalten, da vom Verbot des Art. III GATT bereits hoheitliche Maßnahmen erfaßt seien, die das Risiko einer Diskriminierung enthielten[361].

---

360 *Tietje*, Normative Grundstrukturen, 241 f.

361 Vgl. beispielsweise den Panel-Bericht: „United States - Taxes on Petroleum and Certain Imported Substances", angenommen am 17.6.1987, GATT

Danach stellen also die Verwendungsbeschränkungen für Tropenholz bzw. Tropenholz aus nicht nachhaltiger Bewirtschaftung eine Ungleichbehandlung i.S.v. Art. III Abs. 4 GATT bzw. Art. III Abs. 1 (a) GPA dar, ohne daß es konkreterer Angaben über die Auswirkungen auf das Handelsvolumen betroffener Tropenholzerzeugerstaaten bedarf.

(4) Ergebnis

Generelle Verwendungsbeschränkungen für Tropenholz im Rahmen des öffentlichen Beschaffungswesens sowie entsprechende Empfehlungen an Private verstoßen folglich gegen das Inländergleichbehandlungsgebot aus Art. III Abs. 1 (a) GPA bzw. Art. III Abs. 4 GATT. Da die Ungleichbehandlung gleichartiger Waren aufgrund der unterschiedlichen Umweltschädlichkeit der Herstellungsverfahren nach Art. III Abs. 4 GATT nicht zulässig ist, würden auch Empfehlungen, nur Tropenholz aus nachhaltiger Forstbewirtschaftung zu verwenden, den Inländergleichbehandlungsgrundsatz verletzen. Da sich auch Art. III Abs. 1 (a) GPA ausdrücklich nur auf Waren und nicht auf die Produktion bezieht und insbesondere die Präambel des GPA darauf abgestellt, daß keine Protektion inländischer Produkte erfolgen soll („so as to afford protection to domestic *products*"), ändern auch im öffentlichen Beschaffungswesen aufgestellte Anforderungen an Waldbewirtschaftungsmethoden nichts an der Tatsache, daß inländische und ausländische Holzprodukte ungleich behandelt werden.

ee) Meistbegünstigungsprinzip, Art. I Abs. 1 GATT bzw. Art. III Abs. 1 (b) GPA

Fraglich ist, ob nationale Verwendungsverbote darüber hinaus gegen den Meistbegünstigungsgrundsatz gem. Art. 1 Abs. 1 GATT[362] bzw.

BISD 34 S/136 ff., Ziff. 5.1.9: „Art. III:2, first sentence, cannot be interpreted to protect expections on export volumes; it protects expections on the competitive relationship between imported and domestic products".

362 Art. I Abs. 1 GATT lautet:

„With respect to customs duties and charges of any kind imposed on or in connection with importation or imposed on the international transfer of payments for imports or exports, and with respect to the method of levying such duties and charges, and with respect to all rules and formalities in connection with importation and exportation, and with respect to all matters referred to in paragraphs 2 and 4 of Article III, any advantage, favour, privilege or immunity

Art. III Abs. 1 (b) GPA[363] verstoßen. Nach diesem Grundsatz dürfen Waren, die von einem Land aus einem anderen Vertragsstaat importiert oder in einen anderen Vertragsstaat exportiert werden, keine nachteiligere Behandlung erfahren als gleichartige Produkte aus einem Drittstaat. Die Bedingungen, zu denen Waren exportiert oder importiert werden, sind unverzüglich und bedingungslos auf vergleichbare Waren anderer Staaten anzuwenden. Das Meistbegünstigungsprinzip enthält insoweit einen Gleichbehandlungsgrundsatz für die Beziehungen zwischen den Mitgliedstaaten. Eine Diskriminierung i.S.d. Art. I GATT liegt nicht vor, wenn eine Handelsbeschränkung an länderneutrale Bedingungen geknüpft ist und jeder Staat einseitig entscheiden kann, ob er diese Bedingungen erfüllen will oder nicht[364].

Inhaltlich bezieht sich diese Verplichtung auf jede staatliche Maßnahme, die den grenzüberschreitenden Warenfluß direkt oder indirekt beeinflußt und hierdurch einem Handelspartner einen Vorteil („advantage, favour, privilege or immunity") gewährt, denselben Vorteil aber einem anderen Handelspartner versagt[365]. Insofern unterliegen auch generelle Tropenholzverwendungsverbote sowie entsprechende Einschränkungen für nicht nachhaltig produziertes Tropenholz diesem Nichtdiskriminierungsgrundsatz.

Ebenso wie in Art. III Abs. 4 GATT ist Bezugspunkt für eine Ungleichbehandlung gem. Art. I Abs. 1 GATT das Erfordernis gleichartiger Waren, die von einer handelspolitischen Maßnahme betroffen sein müssen. Hinsichtlich der Definition des Begriffs „like product" ist auf

---

granted by any contracting party to any product originating in or destined for any other country shall be accorded immediately und unconditionally to the like product originating in or destined for the territories of all other contracting parties".

[363] Art. III Abs. 1 (b) GPA: „... each Party shall provide immediately and unconditionally to the products, services and suppliers of other Parties offering products or services to the Parties, treatment no less favourable than: (b) that accorded to products, services and suppliers of any other party".

[364] *Diem*, Freihandel und Umweltschutz in GATT und WTO, 181.

[365] Das Merkmal der Vorteilsgewährung ist ausdrücklich nur in Art. I Abs. 1 GATT erwähnt, nicht aber in Art. III Abs. 1 (b) GPA; dies hat aber bislang in der Panel-Praxis noch nicht zu maßgeblichen Interpretationsproblemen geführt. Vgl. *Tietje*, Normative Grundstrukturen, 205, mit ausführlichen Nachweisen zur einschlägigen Spruchpraxis der GATT-Panel.

die obigen Ausführungen zu Art. III Abs. 4 GATT zu verweisen[366] und das Merkmal vorliegend zu bejahen.

Da sich generelle Verwendungsverbote von Tropenholz unabhängig von der Art der Bewirtschaftungsmethode gegen alle tropenholzexportierenden Länder richten, ist diesbezüglich keine Ungleichbehandlung innerhalb der Gruppe der Tropenholzexporteure gegeben. Stellt man hinsichtlich des Erfordernisses des „like products" jedoch darauf ab, daß Tropenholz im Hinblick auf seine Verwendung „gleichartig" in bezug auf Holz aus temperierten oder borealen Wäldern ist, so liegt ein Verstoß gegen das Meistbegünstigungsprinzip vor, wenn nichttropisches Holz keinen Verwendungsbeschränkungen unterliegt.

Eine Ungleichbehandlung vergleichbarer Sachverhalte i.S.v. Art. I Abs. 1 GATT ist auch gegeben bei Verwendungsbeschränkungen von Tropenhölzern, die nicht aus einer nachhaltigen Waldbewirtschaftung stammen. Nach gefestigter GATT-Panelpraxis hat die Produktionsmethode keinen Einfluß auf die Frage nach der Gleichartigkeit oder Ungleichartigkeit im Sinne der Nichtdiskriminierungsvorschriften aus Art. III Abs. 4 und Art. I Abs. 1 GATT. An sich gleichartige Produkte wie Tropenholz und nichttropisches Holz bleiben mithin gleichartig, die Produktionsweise nach dem Nachhaltigkeitspinzip hat diesbezüglich keinen Einfluß auf die Klassifizierung als „like product" [367].

Das Nachhaltigkeitsprinzip in der Forstwirtschaft stellt eine länderneutrale Bedingung dar, die in allen Waldzonen der Erde durchgeführt werden kann, wenn auch standortbedingt zum Teil unterschiedliche Anforderungen an den Nachhaltigkeitsbegriff gestellt werden müssen. Das der Nachhaltigkeit zugrundliegende Verständnis von einer gleichen Berücksichtigung ökonomischer, ökologischer und sozialer Belange in der Forstwirtschaft ist jedoch unabhängig von bestimmten Klimazonen und kann daher überall im überkommenen Sinne angewandt werden. Daher verstoßen Verwendungsverbote oder -beschränkungen für nicht nachhaltiges Tropenholz gegen das Meistbegünstigungsprinzip aus Art. I Abs. 1 GATT, soweit Holz aus außertropischen Ländern ungeachtet der Produktionsmethode keinerlei Beschränkungen hinsichtlich der Verwendung bei öffentlichen oder privaten Bauten unterliegt.

Damit liegt sowohl ein Verstoß gegen Art. I Abs. 1 GATT, bezogen auf Empfehlungen an private Bauherren, als auch gegen Art. III Abs. 1 (b)

---

366 Siehe oben, S. 405 ff.

367 Siehe zu dieser Frage bereits die obigen Ausführungen auf S. 413 ff.

GPA bezüglich Verwendungsbeschränkungen im Rahmen des öffentlichen Beschaffungswesens vor.

ff) Rechtfertigung nach Art. XX GATT

Die festgestellten Verstöße gegen Art. XI Abs. 1 GATT bzw. Art. III Abs. 4/Art. III Abs. 1 (a) GPA sowie gegen Art. I Abs. 1 GATT/Art. III Abs. 1 (b) GPA sind aber möglicherweise nach den einschlägigen Ausnahmevorschriften des GATT bzw. GPA gerechtfertigt.

Im GATT konkretisiert Art. XX unter dem Titel „General Exceptions" in insgesamt zehn Ausnahmetatbeständen, zu welchen unterschiedlichen Zwecken und unter welchen Voraussetzungen die Vertragsstaaten trotz entgegenstehender Verpflichtungen aus dem GATT handelsbeschränkende Maßnahmen ergreifen können. Ein Verstoß gegen GATT-Vorschriften kann gerechtfertigt sein, wenn einer der in Art. XX (a) – (j) GATT aufgeführten Tatbestände vorliegt. Obwohl der Begriff „Umwelt" in Art. XX GATT nicht ausdrücklich erwähnt wird[368], sind für nationale Umweltschutzmaßnahmen vor allem die Rechtfertigungstatbestände aus Art. XX (b) und (g) GATT von Bedeutung[369]. Art. XX (b)

[368] Die Erweiterung des Anwendungsbereichs des Artikels XX um einen eigenständigen Tatbestand „Umwelt" gehört zu einer der Hauptforderungen in der Diskussion um eine „grüne" Reform des GATT (vgl. *Brockmann/Osório-Peters/Bergmann*, Umweltstandards im internationalen Handel, 64; *Reiterer*, GATT/WTO: Internationaler Handel und Umwelt, Außenwirtschaft 1994, 477, 483; *WBGU*, Jahresgutachten 1995, 191 ff.). *Ginzky*, Saubere Produkte, schmutzige Produktion, 276 ff., schlägt die Aufnahme eines eigenständigen Rechtfertigungstatbestands in Art. XX GATT für Importbeschränkungen wegen umweltschädigender Produktionsformen vor. *Biermann*, Internationale Umweltverträge im Welthandelsrecht, 58, spricht sich für einen Auslegungsbeschluß nach Art. IX Abs. 2 WTO-Übereinkommen aus, durch den Art. XX (b) und (g) GATT verbindlich ausgelegt und dahingehend konkretisiert werden könnte, als umweltpolitisch motivierte Handelsbeschränkungen mit extraterritorialer Wirkung oder mit Bezug auf Herstellungsverfahren nur dann gestattet sind, wenn diese ausdrücklich in einem derjenigen internationalen Umweltverträge vorgeschrieben werden, die in einer Anlage zum Auslegungsbeschluß aufgelistet sind.

[369] Die einschlägigen Bestimmungen des Art. XX GATT lauten:

„Subject to the requirement that such measures are not applied in a manner which would constitute a means of arbitrary or unjustifiable discrimination between countries where the same conditions prevail, or a disguised restriction

GATT privilegiert Maßnahmen zum Schutz des Lebens und der Gesundheit von Menschen, Tieren und Pflanzen, von Art. XX (g) GATT sind handelsbeschränkende Maßnahmen zur Erhaltung erschöpflicher Naturschätze gedeckt.

Angesichts des Charakters des Art. XX GATT als Ausnahmetatbestand besteht die Gefahr, daß umweltpolitische Bemühungen vorgeschoben werden, um einen anderen Staat durch protektionistische Maßnahmen zur Änderung seiner Umweltpolitik zu zwingen. Statistisch gesehen stellt Art. XX GATT die maßgebliche Vorschrift dar, nach der Staaten den Einsatz nichttarifärer Handelshemmnisse rechtfertigen[370]. Daher enthalten die Ausnahmetatbestände besondere Einschränkungen: Art. XX (b) GATT verlangt, daß die Maßnahme zur Erreichung des Ziels „notwendig" ist, nach Art. XX (g) GATT müssen Handelsbeschränkungen in Verbindung mit inländischen Erhaltungsmaßnahmen für erschöpfliche Naturschätze ergriffen werden[371].

Für alle Handelsbeschränkungen auf Grundlage dieser Ausnahmeregelungen gilt außerdem aus den einleitenden Bestimmungen in Art. XX GATT, daß mit den nationalen Maßnahmen keine willkürlichen und ungerechtfertigten Diskriminierungen zwischen Ländern, in denen gleiche Verhältnisse bestehen, verbunden sein und die getroffenen Maßnahmen nicht zu einer verschleierten Beschränkung des internationalen Handels führen dürfen[372].

---

on international trade, nothing in the Agreement shall be construed to prevent the adoption of enforcement by any contracting party of measures:

... (b) necessary to protect human, animal or plant life or health;

... (g) relating to the conservation of exhaustible natural resources if such measures are made effective in conjunction whith restrictions on domestic production or comsumption".

[370] *Tietje*, Normative Grundstrukturen, 310.

[371] Die Abgrenzung zwischen Art. XX (b) und (g) GATT ist in den bisherigen Panelberichten nicht erörtert worden; vielmehr werden beide Vorschriften teilweise parallel geprüft.

[372] Mit dieser Formulierung wiederholt Art. XX GATT in modifizierter Form sowohl das Meistbegünstigungsprinzip als auch das Gebot der Inländergleichbehandlung. Die einleitenden Voraussetzungen haben bislang nur eine nachgeordnete Rolle bei der Überprüfung von Art. XX GATT gespielt; der Schwerpunkt lag vielmehr bei der Auslegung der Einzelbestimmungen. Ein neuer dogmatischer Ansatz ist in der Entscheidung des Appellate-Body: „United States - Standards for Reformulated and Conventional Gasoline", angenommen am 20.5.1996, ILM 35 (1996), 603, 626 ff. zu sehen, wonach die in

Art. XX GATT enthält keine Verfahrensvorschriften, so daß die Anwendung und Interpretation der Ausnahmetatbestände in erste Linie den Streitschlichtungsorgangen von GATT/WTO vorbehalten ist. In einer Reihe von Entscheidungen gerade zur Zulässigkeit ökologisch motivierter Schutzmaßnahmen haben sich etliche Interpretationsprobleme ergeben, die nachfolgend vor dem Hintergrund der Tropenholz-Verwendungsbeschränkungen näher beleuchtet werden sollen.

(1) Schutz von Leben und Gesundheit von Menschen, Tieren und Pflanzen, Art. XX (b) GATT, Art. XXIII GPA

Nach Art. XX (b) GATT hat jede Vertragspartei das Recht, notwendige Maßnahmen zum Schutz des Lebens und der Gesundheit von Menschen, Tieren und Pflanzen zu ergreifen. Eine entsprechenden Formulierung findet sich auch in Art. XXIII Abs. 2 GPA. Nicht mit den Bestimmungen des Vergabeübereinkommens konform gehende Maßnahmen können danach nur getroffen werden, wenn diese der Verfolgung bestimmter Politikziele dienen; dazu zählt auch der Schutz des Lebens und der Schutz von Menschen, Tieren und Pflanzen[373]. Somit können

---

Art. XX GATT aufgeführten Diskriminierungsvoraussetzungen als Typ „sui generis" einzuordnen sind (siehe näher hierzu WTO-Doc. WT/CTE/W/53 v. 30.7.1997: GATT/WTO Dispute Settlement Practice Relating to Article XX, Paragraphs (b), (d) and (g) of GATT, Ziff. 17; *Ginzky*, Saubere Produkte, schmutzige Produktion, 173 ff.; *Schoenbaum*, International Trade and Protection of the Environment, AJIL 1997, 268, 274 ff.).

Daß den einleitenden Voraussetzungen des Art. XX GATT mehr Beachtung zukommt, zeigt auch der Panel-Bericht: „United States - Import Prohibition of Certain Shrimp and Shrimp Products" vom 15.5.1998, ILM 37 (1998), 37 ff. und dessen Bestätigung durch den Appellate-Body vom 12.10.1998, ILM 38 (1999), 118 ff. Beide Entscheidungen verneinten eine Rechtfertigung des US-amerikanischen Importverbots für Garnelen, da dieses nicht den allgemeinen Anforderungen des Art. XX GATT genügte. Vgl. näher *Howse*, The Turtles Panel, JWT 1998, Nr. 5, S. 73, 81 ff.; *Shaffer*, The U.S. Shrimp-Turtle Appellate Body Report, in: ICTSD, Bridges between Trade and Sustainable Development, Vol. 2 Nr. 7, Okt. 1998, 9 ff. Siehe zu diesem Fall bereits die Ausführungen auf S. 331 ff.

373 Art. XXIII Abs. 2 GPA: „Subject ot the requirement that such measures are not applied in a manner which would constitute a means of arbitrary or unjustifiable discrimination between countries where the same conditions prevail or a disguised restriction on international trade, nothing in this Agreement shall be construed to prevent any Party from imposing or enforcing measures:

sowohl staatliche Verwendungsbeschränkungen über Art. XXIII GPA als auch an Private gerichtete Empfehlungen über Art. XX (b) GATT möglicherweise gerechtfertigt werden. Da beide Rechtfertigungstatbestände gleiche Voraussetzungen haben, erfolgt nachfolgend eine gemeinsame Prüfung dieser Normen.

Die Vergabe bzw. Nichtvergabe öffentlicher Aufträge als Instrument zur Verfolgung umweltpolitischer Ziele ist aufgrund der zunehmenden Sensibilisierung der Öffentlichkeit für Belange des Umweltschutzes und der Erkentnnis, daß Naturressourcen nicht unerschöpflich zur Verfügung stehen, verstärkt ins Blickfeld des öffentlichen Auftragswesens gerückt[374]. Die Instrumentalisierung des Umweltschutzes im Bereich der öffentlichen Verwaltung stellt sich als ein Problem der sog. beschaffungs- oder vergabefremden Kriterien dar[375]. Da das Vergabeverfahren grundsätzlich die Wirtschaftlichkeit der Haushaltsführung öffentlicher Auftraggeber sowie funktionierende Wettbewerbsbedingungen gewährleisten soll, wird diskutiert, ob und inwieweit überhaupt in zulässiger Weise politische Ziele verfolgt werden können, die mit der Durchführung des Auftrags in keinem unmittelbaren Zusammenhang stehen[376].

Zunächst ist zu untersuchen, ob die fraglichen Verwendungsbeschränkungen für Tropenholz dem Schutz von Leben und Gesundheit von Menschen, Tieren und Pflanzen dienen. Vom allgemein gehaltenen Wortlaut des Art. XX (b) GATT her scheinen nur Maßnahmen erfaßt zu sein, die primär dieses Ziel verfolgen. Soweit durch Tropenwaldrodungen die Bäume selbst und die dort beheimatete Vielfalt von Flora

---

necessary to protect public morals, order or safety, human, animal or plant life or health ...“.

[374] *Elverfeld*, Europäisches Recht und kommunales öffentliches Auftragswesen, 165. Siehe zu dieser Problematik auch: *Brenner*, Umweltschutz als Zuschlagskriterium, Jahrbuch für Umwelt- und Technikrecht 1997, 141, 149 ff.; *Rengeling*, Umweltschutz durch Vergabe oder Nichtvergabe öffentlicher Aufträge, FS R. Lukes, 169 ff.

[375] Unter dem Begriff des beschaffungsfremden Kriteriums werden eine Reihe von Anforderungen an die Auftragsdurchführung oder die Eigenschaften des Anbieters gefaßt, die weniger das Ziel der effizienten Bedarfsdeckung also vielmehr bestimmte sozial- oder wirtschaftspolitische Ziele verfolgen, wie z.B. die Frauenförderung oder die Ausbildung von Lehrlingen (vgl. dazu *Riese*, Vergaberecht, 200 ff.).

[376] Kritisch zum Ausschluß von Tropenholz bei öffentlichen Beschaffungsaufträgen: *Pietzcker*, Die neue Gestalt des Vergaberechts, ZHR 1998, 427, 465.

und Fauna zerstört werden, ist die Anwendung des Art. XX (b) GATT unproblematisch, da durch die Verwendungsbeschränkungen gerade beabsichtigt wird, die Wälder in den Tropen und die dort beheimateten vielfältigen Tier- und Pflanzenarten zu schützen. Nach herrschender Ansicht umfaßt Art. XX (b) GATT darüber hinaus auch Umweltschutzmaßnahmen, die die Gesundheit oder das Leben von Menschen, Tieren und Pflanzen insofern nur mittelbar schützen, als eine diesbezügliche Betroffenheit noch nicht definitiv festzustellen ist[377]. Dies gilt auch hinsichtlich des Beitrags der Waldrodungen zur globalen Klimaerwärmung: Die großflächige Abholzung der tropischen Waldbestände verändert das regionale und globale Klima in einem bislang noch nicht abschließend erforschtem Ausmaß, wodurch die Lebensverhältnisse der Menschen, Tieren und Pflanzen über eine weitere Kausalkette betroffen werden[378]. Insofern ist hier die Ausnahmevorschrift des Art. XX (b) GATT in doppelter Hinsicht tangiert.

(a) Extraterritoriale Wirkung nationaler Schutzmaßnahmen

Sowohl durch die auf nationaler als auch auf Landes- und Kommunalebene ausgesprochenen Verwendungsverbote oder -empfehlungen sollen zwar die Tropenwälder als natürliche Ressourcen geschützt werden. Problematisch ist aber, daß sich Tropenwälder außerhalb des Gebiets der Bundesrepublik und damit außerhalb der territorialen Souveränität befinden. Regelungen über die Verwendung von Tropenholz sowohl im öffentlichen als auch im privatem Bereich, insbesondere Beschränkungen auf Tropenholz aus nachhaltiger Bewirtschaftung, können daher die Hoheitsrechte der Erzeugerländer betreffen.

Grundsätzlich erstreckt sich die territoriale Hoheitsgewalt eines Staates nur auf das eigene Staatsgebiet, für welches die Rechtsverhältnisse aller inländischen Tiere und Pflanzen souverän geregelt werden können[379]. Daß Handelsbeschränkungen zum Schutz nationaler Umweltgüter zulässig sind, ist allgemein anerkannt. Ob aber auch eine Maßnahme zum Schutz von Tieren und Pflanzen außerhalb des eigenen Territoriums, mithin von sog. extraterritorialen Umweltgütern im Rahmen der Rechtfertigungsnorm des Art. XX (b) GATT zulässig ist, ist in der

---

377 *Ginzky*, Saubere Produkte, schmutzige Produktion, 177.

378 Vgl. ausführlich zu den ökologischen und sozialen Folgen der Tropenwaldvernichtung die Ausführungen im 1. Teil, S. 124 ff.

379 Siehe hierzu *Verdross/Simma*, Universelles Völkerrecht, 643 ff.

Rechtspraxis der einschlägigen GATT-Panelentscheidungen zu Art. XX GATT umstritten[380].

(aa) Enge Auslegung im ersten „Thunfischfall"

Das Streitschlichtungspanel im ersten Thunfischstreit zwischen den USA und Mexiko überprüfte unter der Stichwort „extraterritoriale Anwendung"[381], ob ein Staat im Sinne von Art. XX (b) GATT nur Handelsbeschränkungen zur Erhaltung von Naturschätzen erlassen darf, die seiner Hoheitsgewalt unterfallen, oder ob auch die Verfolgung von extraterritorialen Umweltschutzzielen erfaßt wird. Das Panel vertrat die Ansicht, daß unilaterale Maßnahmen zum Schutz von Umweltgütern außerhalb der eigenen Hoheitsgewalt nicht auf Art. XX (b) GATT gestützt werden können. Danach sind handelsbeschränkende Maßnahmen aus umweltpoltischen Gründen ausgeschlossen, die im Gebiet eines anderen Staates oder für fremde Staatsangehörige außerhalb des eigenen Hoheitsgebietes gelten[382].

Das Panel begründete seine Entscheidung wie folgt: Der Wortlaut des Art. XX (b) GATT, der sich nicht explizit auf nationale Umweltgüter beschränke - anders als beispielsweise XX (f) GATT, der ausdrücklich von Maßnahmen zum Schutz nationalen Kulturgutes spricht -, ließe im Unklaren, ob diese Vorschrift auch Maßnahmen zum Schutz des Lebens und der Gesundheit von Menschen, Tieren und Pflanzen außerhalb des eigenen Territoriums erlaube[383]. Aus der Verhandlungsge-

---

[380] Einführend *Epiney*, Welthandel und Umwelt, DVBl. 2000, 77, 82.

[381] Diese Bezeichnung ist ungenau, da die untersuchte Importbeschränkung für Thunfisch im Hoheitsgebiet der USA angewandt wurde, so daß zutreffender von „extraterritorialer Wirkung" gesprochen werden sollte (siehe *von Bogdandy*, Internationaler Handel und nationaler Umweltschutz, EuZW 1992, 243, 245).

[382] Vgl. zur Auslegung des Art. XX (b) GATT im ersten Thunfischfall: *Charnovitz*, Exploring the Environmental Exceptions in GATT Article XX, JWT 1991, Nr. 5, S. 37, 48 ff.; *Cheyne*, Environmental unilateralism and the WTO/GATT System, Georgia Journal of Int. and Comp. Law 1995, 433, 452 ff.; *Diem*, Freihandel und Umweltschutz in GATT und WTO, 112 ff.; *Helm*, Sind Freihandel und Umweltschutz vereinbar?, 81 ff.; *Weiher*, Nationaler Umweltschutz und Internationaler Warenverkehr, 158 ff.; WTO-Doc. WT/CTE/W/53 v. 30.7.1997: GATT/WTO Dispute Settlement Practice Relating to Article XX, Paragraphs (b), (d) and (g) of GATT, Ziff. 18 ff.

[383] Panel-Bericht: „US-Tuna/Dolphin I", Ziff. 5.25.

schichte des GATT folgerte das Panel aber, daß Art. XX (b) GATT nach dem Willen der Unterzeichnerstaaten nicht den Schutz fremder Rechtsgüter, sondern nur Maßnahmen zum Schutz von Rechtsgütern des Importstaats rechtfertigen sollte[384].

Das Panel wies mit Blick auf Sinn und Zweck des Art. XX (b) GATT darauf hin, daß es zwar jedem Staat freistehe, seine eigenen Standards zum Schutz des Lebens und der Gesundheit von Menschen, Tieren und Pflanzen zu setzen; allerdings reiche diese Befugnis nicht soweit, daß mittels Importbeschränkungen extraterritoriale Umweltziele verfolgt werden könnten. Auf diese Weise würde das Recht der Exportländer zu einer eigenständigen Umweltpolitik beeinträchtigt und das durch die GATT-Vorschriften gesicherte System des Freihandels in Frage gestellt werden. Die multilateral angelegte Handelsordnung des GATT könnte dann nur noch einer begrenzten Anzahl von Vertragsstaaten mit identischen inländischen Regelungen Rechtssicherheit in bezug auf den Handel bieten. Einseitig ergriffene Maßnahmen zum Schutz von Umweltgütern außerhalb der eigenen Hoheitsgewalt könnten demzufolge nicht auf Art. XX (b) GATT gestützt werden[385].

Verwendungsverbote bzw. Empfehlungen zum Verzicht auf Tropenholz, die sich auf extraterritoriale Umweltgüter auswirken und die die staatliche Souveränität der Erzeugerländer betreffen, können einen indirekten Einfluß auf die Einschlagpraktiken in fremdem Hoheitsgebiet ausüben. Umweltschädliche Produktionsmethoden außerhalb des eigenen Territoriums, die nicht dem Prinzip der nachhaltigen Waldbewirtschaftung folgen, rechtfertigen grundsätzlich keine handelsbeschränkenden Maßnahmen, wie sie in Form der Verwendungsbeschränkungen

---

[384] Panel-Bericht: „US-Tuna/Dolphin I", Ziff. 5.26: Das Panel stützte sich bei seiner Interpretation der Entstehungsgeschichte auf den Text des New Yorker Vertragsentwurfs der Internationalen Handelsorganisation (ITO): „Thus, the record indicates that the concern of the drafters of Article XX (b) focuses on the use of sanitary measures to safeguard life or health of humans, animals or plants within the jurisdiction of the importing country". Kritisch zu dieser Argumentation des Panel: *Helm*, Sind Freihandel und Umweltschutz vereinbar?, 83 f.; mit der Begründung, daß die Extraterritorialität der Schutzmaßnahmen in Art. XX (b) und (g) GATT möglicherweise entweder gar nicht beachtet oder bewußt im Unklaren gelassen worden ist, da eine Festlegung als zu schwierig oder zu diesem Zeitpunkt als noch nicht notwendig erschien - traten doch vermehrt grenzüberschreitende Umweltprobleme erst Anfang der 80er Jahre auf.

[385] Panel-Bericht: „US-Tuna/Dolphin I", Ziff. 5.27.

erfolgt sind. Nach den Entscheidungsgründen im ersten Thunfischfall könnten sie folglich als Regelungen mit extraterritorialer Wirkung nicht auf den Ausnahmetatbestand des Art. XX (b) GATT gestützt werden.

Viele Vertreter in der Literatur folgten der Argumentation des Panel bezüglich der vermeintlichen Folgen einer extraterritorialen Anwendung des Art. XX (b) GATT und der damit einhergehenden Befürchtung, daß unter dem Deckmantel des Umweltschutzes die territoriale Souveränität der Staaten verletzt werden könnte. Die erste Thunfisch-Entscheidung wurde aber auch dahingehend scharf kritisiert, daß aus der vom Panel vorgenommenen Auslegung des Art. XX (b) GATT schwerwiegende Folgen für internationale Schutzmaßnahmen resultieren könnten. Es wurde darauf hingewiesen, daß es einer Vertragspartei beispielsweise im Hinblick auf den Artenschutz nicht möglich sei, wandernde Tierarten zu schützen, sobald sich diese außerhalb des eigenen Territoriums befänden[386].

(bb) Weite Auslegung im zweiten „Thunfischfall"

Im zweiten Thunfischfall zwischen den USA und der EG revidierte das Panel die Begründung zum ersten Thunfischstreit dergestalt, daß es unter dem GATT grundsätzlich auch möglich sei, handelsbeschränkende Maßnahmen zum Umwelt- und Ressourcenschutz mit extraterritorialer Wirkung durchzuführen[387]. Anders als noch in der ersten Thunfischentscheidung betonte das Panel nun hinsichtlich der Zulässigkeit extraterritorialer Maßnahmen, daß der Wortlaut des Art. XX (b) GATT alleine auf die Art und Weise der Anwendung nationaler Schutzmaßnahmen abstellen würde, nicht aber auf den Standort des zu schützenden Rechtsguts. Die entsprechenden Naturressourcen müßten sich notwendigerweise nicht im Territorium desjenigen Staates befinden, der

---

[386] *Weiher*, Nationaler Umweltschutz und Internationaler Warenverkehr, 159 mit weiteren Nachweisen.

[387] Panel-Bericht: „US-Tuna/Dolphin II", Ziff. 5.31 ff. Vgl. ausführlicher zu dieser Entscheidung: *Strom*, Another Kick at the Can: Tuna/Dolphin II, Canadian Yearbook of Int. Law 1995, 149 ff. Im Ergebnis wurde aber auch im zweiten „Thunfischfall" ein Verstoß gegen GATT-Vorschriften festgestellt; nunmehr allerdings mit der Begründung, daß der Zusammenhang des Importverbots mit Beschränkungen der inländischen Produktion oder des inländischen Verbrauchs nicht gegeben war.

das Importverbot verhängt[388]. Das Panel verwies darauf, daß Art. XX GATT außerhalb des Hoheitsgebiets liegende Objekte oder dort getätigte Maßnahmen nicht grundsätzlich ausschließen würde und führte als Beispiel Art. XX (e) GATT an, wonach Maßnahmen gegen Waren gerechtfertigt sind, die in ausländischen Strafvollzugsanstalten herstellt werden[389]. Daraus wurde die Schlußfolgerung gezogen, daß auch Art. XX (b) GATT nicht von vornherein auf den Schutz inländischer Umweltgüter beschränkt sei.

Diese Entscheidung steht im Widerspruch zu den Ergebnissen des ersten Thunfischfalles, in der noch erklärt worden war, daß Maßnahmen zum Schutz extraterritorialer Umweltgüter nicht von Art. XX GATT erfaßt würden. Damit hat sich das GATT-Panel den Unterzeichnerstaaten der Rio-Deklaration und der Agenda 21 angenähert, welche die grundsätzliche Zulässigkeit handelsbeschränkender Maßnahmen zur Bewältigung von grenzüberschreitenden oder weltweiten Umweltproblemen anerkannt haben, soweit diese Maßnahmen auf Grundlage eines internationalen Konsensus beschlossen werden[390]. Den beiden Rio-Erklärungen kommt zwar keine rechtliche Bindungswirkung zu, dennoch zeigen sie richtungsweisende Gedanken für das Verhältnis von Handel und Umweltschutz auf. Auch das CTE stellte in seinem Bericht 1996 fest, daß

> "multilateral solutions based on international cooperation and consensus as the best and most effective way for governments to tackle environmental problems of a transboundary or global nature"[391].

Nach der zweiten Panelentscheidung im Thunfischfall sind also auch handelsbeschränkende Maßnahmen mit Wirkung außerhalb des eigenen Hoheitsgebiets zum Schutz der Umwelt möglich[392]. Verwendungsbeschränkungen für Tropenholz mit extraterritorialer Wirkung können daher nach Art. XX (b) GATT bzw. Art. XXIII Abs. 2 GPA gerecht-

---

[388] Panel-Bericht: „US-Tuna/Dolphin II", Ziff. 5.20 zu Art. XX (g) bzw. Ziff. 5.31 zu Art. XX (b).

[389] Panel-Bericht: „US-Tuna/Dolphin II", Ziff. 5.16: „It could not there be said that the General Agreement proscribed in an absolute manner measures that related to things or actions outside the territorial jurisdiction of the party taking the measure".

[390] Vgl. Prinzip 12 der Rio-Deklaration sowie Kapitel 2.22 (i) der Agenda 21.

[391] WTO-Doc. WT/CTE/1 v. 12.11.1996: Report (1996) of the Committee on Trade and Environment, Ziff. 171.

[392] So auch *Epiney*, Welthandel und Umwelt, in: DVBl. 2000, 77, 82.

fertigt sein, soweit die nachfolgenden Voraussetzungen für diese Tatbestände erfüllt sind.

(b) Notwendigkeit der Maßnahme

Der Wortlaut des Art. XX (b) GATT verlangt, daß nationale Maßnahmen notwendig sein müssen, um das angestrebte Umweltziel zu erreichen („necessary to protect human, animal or plant life or health")[393].

Der Begriff „necessary", der zunächst für Art. XX (d) GATT interpretiert worden ist[394], mittlerweile aber ohne weiteres auch auf Art. XX (b) GATT übertragen wird[395], besagt, daß eine Vertragspartei eine Schutzmaßnahme nur dann ergreifen darf, wenn ihr keine GATT-konforme oder weniger vertragsverletzende Maßnahme zur Verfügung steht und der Vertragspartei zugemutet werden kann, diese Maßnahme auch zu ergreifen. Diese Regel von der am wenigsten handelsbeschränkenden Maßnahme kann verglichen werden mit der im deutschen Recht geläufigen Erforderlichkeitsprüfung innerhalb der Untersuchung der Verhältnismäßigkeit einer Maßnahme[396]. Der Begriff der Erforderlichkeit

---

[393] Bemerkenswerterweise wird der Begriff „necessary", der sowohl in Art. XX (b) GATT als auch in Art. XXIII Abs. 2 GPA ausdrücklich enthalten ist, in der deutschen Übersetzung nicht erwähnt; dort heißt es nur „Maßnahmen zum Schutz des Lebens und der Gesundheit von Menschen, Tieren und Pflanzen" (vgl. *Hummer/Weiss*, Vom GATT '47 zur WTO '94, 773). Ähnliches gilt auch für das noch zu untersuchende „relating to"-Erfordernis in Artikel XX (g), auch hier wird in der Übersetzung lediglich von „Maßnahmen zur Erhaltung erschöpflicher Naturschätze" gesprochen.

[394] Panel-Bericht: „US-Section 337 of the Tariff Act of 1930", GATT BISD 36S/345 ff., Ziff. 5.25 f.

[395] Das sog. „least-trade restrictive"-Erfordernis ist in nachfolgenden Verfahren und Entscheidungen immer wieder zitiert und auf andere Absätze des Art. XX GATT übertragen worden, so daß diesbezüglich schon von einer etablierten Rechtspraxis gesprochen werden kann (vgl. *Tietje*, Normative Grundstrukuren, 316). Siehe z.B. die Panel-Berichte: „Thailand - Restrictions on Imports of and Internal Taxes on Cigarettes", angenommen am 7.11.1990, GATT BISD 36S/200 ff., Ziff. 75 und „United States - Standards for Reformulated and Conventional Gasoline", angenommen am 20.5.1996, ILM 35 (1996), 274 ff., Ziff. 6.24.

[396] Vgl. weiterführend zur Frage, inwieweit das Kriterium der Notwendigkeit dem Verhältnismäßigkeitsgrundsatz aus der deutschen Rechtsdogmatik entspricht: *Diem*, Freihandel und Umweltschutz in GATT und WTO, 91 ff.;

öffnet den Weg, die unterschiedliche Eingriffsintensität möglicher handelsbeschränkender Maßnahmen in die Prüfung mit aufzunehmen[397].

(aa) Erfordernis einer Lösung auf internationaler Ebene

Auch das Panel im ersten Thunfischfall setzte sich mit dem Kriterium der „Notwendigkeit" bzw. mit der Regel der am wenigsten GATT-widrigen Maßnahme auseinander. Unter Hinweis darauf, daß eine Maßnahme nach Art. XX (b) GATT notwendig zur Erreichung des Umweltschutzziels sein muß, entschied das Panel, daß die USA nicht hinreichend bewiesen hätten, alle zumutbaren GATT-konformen Möglichkeiten zum Schutz der Delphine ausgeschöpft zu haben[398]. In den Hilfserwägungen zur Notwendigkeit des Importverbots entschied das Panel, daß die USA als weniger einschränkende Maßnahmen u.a. eine internationale Kooperation hätten anstreben müssen. Das Panel sah eine Lösung auf internationaler Ebene („negotiation of international cooperative arrangements") als vorzugswürdige Maßnahme auch im Hinblick darauf an, daß Delphine die Gewässer vieler Staaten und die Hohe See bevölkern[399].

Einen ähnlichen Ansatz findet man auch in der Entscheidung des Appellate Body zum Shrimps/Turtle-Fall[400]; auch hier wendet sich die Berufungsinstanz gegen die unilaterale Vorgehensweise der USA. In dieser Berufungsentscheidung wurde zwar für die Rechtfertigung nach Art. XX (g) GATT - anders als bei den beiden Thunfischentscheidungen - nicht verlangt, daß grenzüberschreitende Umweltmaßnahmen auf ein multilaterales Abkommen zu stützen sind, allerdings spielte für die Frage, ob konkret eine Diskriminierung bei der Anwendung vorlag, der Umstand, daß die USA keine ausreichenden internationalen Kooperera-

---

Ginzky, Saubere Produkten, schmutzige Produktion, 179; *Tietje*, Normative Grundstrukturen, 313 ff.

397 *Von Bogdandy*, Internationaler Handel und nationaler Umweltschutz, EuZW 1992, 243, 246.

398 Panel-Bericht: „US-Tuna/Dolphin I", Ziff. 5.28.

399 Panel-Bericht: „US-Tuna/Dolphin I", Ziff. 5.28; vgl. hierzu auch *Hohmann*, Der Konflikt zwischen freiem Handel und Umweltschutz in WTO und EG, RIW 2000, 88, 93.

400 Bericht des Appellate-Body: „United States - Import Prohibition of Certain Shrimp and Shrimp Products", 12.10.1998, ILM 38 (1999), 118 ff.

tionen zum Schutz der Schildkröten eingegangen waren, eine wichtige Rolle[401].

Hieraus läßt sich die Schlußfolgerung ableiten, daß bei extraterritorialen Umweltgütern eine internationale Vereinbarung, die Handelsbeschränkungen in einem bestimmten Rahmen zuläßt, gegenüber unilateralen Handelsrestriktionen die weniger einschneidende und damit erforderliche Maßnahme gem. Art. XX (b) GATT darstellt[402]. Selbst wenn man nach der Shrimps/Turtle-Entscheidung die Ansicht verfolgt, daß nun das Erfordernis, grenzüberschreitende Umweltmaßnahmen auf ein multilaterales Abkommen zu stützen, zu Gunsten des Prinzips der „multilateralen Kooperation" aufgegeben worden sei[403], so zeigt doch auch der Grundsatz der völkerrechtlichen Kooperation, daß vor dem Ergreifen einseitiger Maßnahmen zumindest versucht werden sollte, zu einer internationalen Verständigung oder Zusammenarbeit zu gelangen.

Der Grund für die Bevorzugung international vereinbarter Lösungen ist darin zu sehen, daß diese aufgrund der Vielzahl beteiligter Staaten eine relative Sicherheit dafür bieten, daß handespolitische Maßnahmen nicht zur Durchsetzung nationaler protektionistischer Interessen einge-

---

[401] Vgl. Bericht des Appellate-Body: „United States - Import Prohibition of Certain Shrimp and Shrimp Products", Ziff. 166 ff: Es wird z.B. festgestellt, daß sich die USA nicht ausreichend um den Schutz von Schildkröten im Rahmen von CITES bemüht hätten; des weiteren sei von den USA weder das sog. Bonner Übereinkommen zur Erhaltung der wandernden wildlebenden Tierarten, das in Annex I Seeschildkröten als bedrohte Tierart aufführt, noch die UN-Seerechtskonvention unterzeichnet worden; auch eine Ratifizierung des Übereinkommens über die biologische Vielfalt sei bislang unterblieben. Die diesbezüglichen Ausführungen des Appellate-Body erfolgen zwar (nachdem die Voraussetzungen des Art. XX (g) bejaht worden sind), im Rahmen der Prüfung der einleitenden Voraussetzungen des Art. XX GATT („unjustifiable discrimination"), lassen aber dennoch deutlich die Vorbehalte gegen unilaterale handelsbeschränkende Maßnahmen der Mitgliedstaaten sichtbar werden. Vgl. zu dieser Entscheidung die kritischen Ausführungen von *Hohmann*, Die WTO-Streitbeilegung in den Jahren 1998-1999, EuZW 2000, 421, 424; siehe auch *Schoenbaum*, The Decision in the Shrimp-Turtle Case, YIEL 1998, 36, 38; *Berger*, Unilateral Trade Measures to Conserve the World's Living Resources, Columbia Journal of Environmental Law 1999, 355, 365, 377; *Mavriodis*, Trade and Environment after the Shrimps-Turtles Litigation, JWT 2000, Nr. 1, S. 73, 77 ff.

[402] *Diem*, Freihandel und Umweltschutz in GATT und WTO, 151.

[403] So *Hilf*, Freiheit des Welthandels contra Umweltschutz?, NVwZ 2000, 481, 485.

setzt werden[404]. Anders als bei unilateralen Maßnahmen besteht in gewisser Weise ein Einigungszwang zwischen den potentiellen Vertragspartnern, der die Verfolgung einseitiger Wirtschaftsinteressen nur in beschränktem Umfang erlaubt[405].

(bb) Internationales Tropenholzabkommen als internationale Lösung?

Hinsichtlich der hier zu überprüfenden staatlichen oder kommunalen Maßnahmen, die die Verwendung von Tropenhölzern reduzieren oder gar völlig unterbinden wollen, könnte bezüglich einer international vereinbarten Lösung über die Zulässigkeit von handelsbeschränkenden Maßnahmen im internationalen Tropenholzhandel auf das Internationale Tropenholzabkommen zurückgegriffen werden. Als einschlägige Norm, die sich mit handelsbeschränkenden Maßnahmen auseinandersetzt, kommt allenfalls Art. 36 ITTO in Betracht. Art. 36 ITTO schreibt aber ausdrücklich vor, daß Maßnahmen zum Verbot oder zur Beschränkung des internationalen Handels mit Holz oder Holzerzeugnissen gerade nicht auf das Abkommen gestützt werden können. Insofern kann aus dem ITTA keine multilaterale Regelung entnommen werden, aus der sich die Zulässigkeit handelsbeschränkender Maßnahmen im internationalen Tropenholzhandel ergibt[406].

Fraglich ist in diesem Zusammenhang aber, ob hinsichtlich des Erfordernisses einer international vereinbarten Lösung nicht auch schon der ernsthafte Versuch, eine entsprechende internationale Übereinkunft zu treffen, eine GATT-konformere Alternative darstellen könnte[407]. Angesichts der Tatsache, daß bislang noch kein Mandat für die offizielle Aufnahme von Vertragsverhandlungen für ein internationales Wald-

---

[404] Kritisch hierzu: *Hohmann*, Freier Handel und Umweltschutz in WTO und EG, RIW 2000, 88, 99, der in dem generellen Vorrang von multilateralen Vereinbarungen vor unilateralen Umweltmaßnahmen einen Verstoß gegen das Vorsorgeprinzip sieht, soweit erhebliche Umweltrisiken zu befürchten sind (vgl. zum Vorsorgeprinzip allg. *Sand*, The Precautionary Principle, Indian Journal of Int. Law 2000, 1 ff.).

[405] *Helm*, Sind Freihandel und Umweltschutz vereinbar?, 131; *Weiher*, Nationaler Umweltschutz und Internationaler Warenverkehr, 164.

[406] Vgl. zur Intention des Art. 36 ITTA auch WTO-Doc. WT/CTE/W/89 v. 20.7.1998: Communication from the Secretariat of the International Tropical Timber Organization.

[407] Dieses Problem behandelt vertieft: *Diem*, Freihandel und Umweltschutz in GATT und WTO, 151 f.

schutzübereinkommen besteht, in dessen Rahmen notwendigerweise auch die Zulässigkeit handelsbeschränkender Maßnahmen im (Tropen-) Holzhandel geregelt werden müßte, existieren außerhalb des ITTA noch keine anderen Verhandlungslösungen mit den Erzeugerstaaten tropischer Hölzer. Nicht zu berücksichtigen sind im Sinne der ersten Thunfischentscheidung dabei wohl Verhandlungen von Staaten in internationalen Foren[408], wie etwa im UNFF, die sich auch mit Handelsrestriktionen im internationalen Holzhandel auseinandersetzen und gemeinsame Lösungen erarbeiten.

Überlegungen, ob nicht die westlichen Industrieländer vor der Festsetzung von Verwendungsverboten für Tropenhölzer in Verhandlungen mit den Erzeugerstaaten hätten treten müssen, sind insoweit obsolet, als das ITTA als diesbezüglich einschlägiges Vertragswerk bereits existiert und sich die Vertragsstaaten gerade dahingehend geeinigt haben, durch das ITTA keine handelsbeschränkenden Maßnahmen zuzulassen. Etwas anderes könnte sich allenfalls aus einer zukünftigen internationalen Waldkonvention ergeben.

Da Verwendungsbeschränkungen für Tropenholz mithin nicht eine vorangegangene multilaterale Einigung umsetzen, sondern lediglich eine einseitige Regelung mit extraterritorialer Wirkung darstellen, können sie gemäß der Panel-Entscheidung im ersten „Thunfischfall" nicht auf Art. XX (b) GATT gestützt werden. Insofern wäre es auch hier angemessener, einseitige Maßnahmen der Importstaaten zugunsten völkerrechtlich verbindlicher Übereinkommen mit den betroffenen Holzexportnationen zurückzustellen[409].

Die Verweisung eines Staats auf multilaterale Maßnahmen ist aber insofern nicht unproblematisch, als den Staaten bei der Auswahl der erforderlichen Mittel zur Verfolgung bestimmter Politikziele ein Beurteilungsspielraum zusteht und in diesen eingegriffen würde, wenn die Notwendigkeit einer Maßnahme wegen der bloßen theoretischen Mög-

---

[408] Vgl. Panel-Bericht: „US-Tuna/Dolphin I", Ziff. 5.28; hier wurden die Bemühungen der USA um ein Programm zum Schutz der Delphine im Rahmen der Inter-amerikanischen Tropischen Thunfisch-Kommission (IATTC), die Empfehlungen für das Management und den Erhalt von Thunfischbeständen im Ostpazifik ausgibt, nicht berücksichtigt (vgl. *Helm*, Sind Freihandel und Umweltschutz vereinbar?, 87).

[409] So auch schon die Forderung von: *Gornig/Silagi*, Vom Ökodumping zum Ökoprotektionismus, EuZW 1992, 753, 758.

lichkeit einer internationalen Kooperation abgelehnt würde[410]. Andererseits ist aber zu berücksichtigen, daß aufgrund der globalen Wirtschaftsverflechtungen ein Spannungsverhältnis zwischen einem weitreichendem nationalstaatlichen Souveränitätsanspruch und dem internationalen Freihandel besteht. In Zeiten fortschreitender globaler Interdependenzen verlangen daher auch die in Art. XX GATT aufgeführten politischen Ziele oftmals nach Regelungen, deren Effektivität und damit unmittelbare Ursachenbekämpfung nur international möglich ist[411].

Für Staaten besteht somit in der Regel die Pflicht, nicht auf unilateralem Wege, sondern durch internationale Verhandlungen eine weniger handelsbeschränkende und effektivere multilaterale Lösung herbeizuführen[412]. Bezogen auf die in vielen Ländern der Erde verbreiteten Tropenwälder ist es einzelnen Staaten nur schwer möglich, mittels unilateraler Regelungen effektive Maßnahmen zum Schutz und zur Erhaltung der Wälder sowie zur unmittelbaren Ursachenbekämpfung der weiterhin besorgniserregend hohen Abholzungsraten zu treffen. Gerade in diesem Bereich ist eine internationale Lösung notwendig, die auch die Regelung der Zulässigkeit handelsbeschränkender Maßnahmen zur Erreichung dieses Ziels umfassen müßte[413]. Die Vermeidung einseitiger Maßnahmen bei der Bewältigung von Umweltpoblemen außerhalb des Hoheitsbereichs des Einfuhrlandes entspricht ebenfalls den Grundsätzen der Rio-Deklaration und der Agenda 21. Auch nach der Walderklärung der UN-Umweltkonferenz von Rio sind einseitige, mit internationalen Verpflichtungen oder Übereinkünften unvereinbare Maßnahmen zur Beschränkung und/oder zum Verbot des internationalen Handels mit Holz oder anderen Forsterzeugnissen abzuschaffen oder zu vermeiden[414].

An dieser Stelle wird schon der grundlegende und bislang nur unbefriedigend gelöste Konflikt zwischen der Förderung des globalen Freihandels und dem internationalen Waldschutz deutlich: Auf der einen Seite besteht zwar die Pflicht, einseitig verhängte handelsbeschränkende Maßnahmen mit extraterritorialer Wirkung zum Schutz globaler Um-

[410] Vgl. *Weiher*, Nationaler Umweltschutz und Internationaler Warenverkehr, 165.

[411] *Tietje*, Normative Grundstrukturen, 323 f.

[412] *Tietje*, Normative Grundstrukturen, 324.

[413] Siehe bereits die Ausführungen zur Notwendigkeit einer globalen Waldkonvention im 2. Teil, S. 309 ff.

[414] Vgl. Grundsatz 14 der Walderklärung.

weltgüter zu unterlassen; solange es aber noch keine ausreichende Lösung auf internationaler Ebene gibt, stellen diese Maßnahmen jedenfalls ein Mittel unter vielen anderen nationalen Aktivitäten dar, die möglicherweise zur Reduzierung der Waldzerstörung beitragen können.

(cc) Zusätzliches Kriterium für das Notwendigkeitserfordernis

Die Voraussetzungen für das Notwendigkeitsmerkmal im Rahmen von Art. XX (b) GATT sind in der zweiten Thunfischentscheidung auf ein zusätzliches Kriterium gestützt worden. Maßnahmen zum Schutz von extraterritorialen Naturgütern können danach nur dann ergriffen werden, wenn andere Staaten nicht zur Änderung ihrer Umweltpolitik oder Praxis gezwungen werden. Das Panel vertrat die Ansicht, daß die grundlegenden Ziele und Grundsätze des GATT gefährdet seien, wenn Art. XX GATT den Vertragsparteien erlaube, Handelsmaßnahmen zu ergreifen, um andere Staaten auf diesem Weg zur Änderung ihrer Politik innerhalb ihres jeweiligen Territoriums zu zwingen[415]. Das Panel stellte daher die Frage, ob handelsbeschränkende Maßnahmen schon für sich allein genommen zur Erreichung des Umweltziels beitragen, oder ob sie die angestrebte Wirkung nur dann entfalten können, wenn die von der Maßnahme betroffenen Länder ihre Politik und Einstellung entsprechend modifizieren[416]. Soweit andere Staaten gezwungen werden, ihre Politik zu ändern und die Maßnahmen nur wirksam sind, wenn diese Änderungegen auch vorgenommen werden, können diese

---

[415] Panel-Bericht: „US-Tuna/Dolphin II", Ziff. 5.38: „If Article XX (b) were interpreted to permit contracting parties to deviate from the basic obligations of the General Agreement by taking trade measures to implement policies within their own jurisdiction, including policies to protect living things, the objectives of the General Agreement would be maintained. If however Article XX (b) were interpreted to permit contracting parties to impose trade embargoes so as to force other countries to change their policies within their jurisdiction, including policies to protect living things, and which required such changes to be effective, the objectives of the General Agreement would be seriously impaired".

[416] Das Panel verneinte diese Frage im zweiten Thunfischfall mit den Argumenten, daß ein direktes Importverbot für sich allein genommen den Delphinbestand nicht erhalten könnte, vielmehr müßten die betroffenen Länder sowohl ihre Politik als auch ihr Verhalten im Hinblick auf den Thunfischfang ändern. Vgl. Panel-Bericht: „US-Tuna/Dolphin II", Ziff. 5.23.

nicht als „notwendig" für den Schutz des Lebens und der Gesundheit von Tieren angesehen werden[417].

Auch nach dieser Erläuterung des „necessary"-Erfordernisses gelangt man hinsichtlich der fraglichen Verwendungsbeschränkungen von Tropenholz zu keinem anderen Ergebnis als nach der Regel der am wenigsten handelsbeschränkenden Maßnahme. Dies ergibt sich aus folgenden Überlegungen:

Ziel der Verwendungsbeschränkungen ist die Förderung des ressourcensparenden Umgangs mit dem Rohstoff Tropenholz sowie die Verringerung der Abholzungsgeschwindigkeit der tropischen Waldbestände. Durch die entsprechenden Maßnahmen der Verbraucherstaaten soll Einfluß auf die Umweltpolitik in den Tropenwaldländern in einer Weise ausgeübt werden, daß diese ihre bisherige Praxis im Umgang mit der natürlichen Ressource Wald ändern. Diese Intention lassen auch die einschlägigen staatlichen Erlasse zur Verwendung von Tropenholz erkennen. Im Aufhebungserlaß des Bundesverkehrsministeriums vom 26.2.1998 zur Verwendung tropischer Hölzer im Bundesfernstraßenbau heißt es, daß durch die Verwendung von Tropenholz aus nachhaltiger Waldbewirtschaftung ein zusätzlicher Anreiz für eine ökologisch und ökonomisch sinnvolle Nutzung der Tropenwälder geschaffen werden soll[418]. Auch das Hessische Finanzministerium unterstützt mit seinem Erlaß über die Verwendung tropischer Edelhölzer bei der Errichtung und Ausstattung von Bauten des Landes das Bemühen, die tropischen Regenwälder nur noch im Sinne des Nachhaltigkeitsgrundsatzes zu nutzen[419]. Die Verwendungsverbote stehen also nicht beziehungslos zu den Bewirtschaftungspraktiken in den Erzeugerländern.

Ob und in welchem Ausmaß Tropenwälder auf dem Territorium eines Staates nachhaltig bewirtschaftet werden, bedarf nicht zuletzt einer Entscheidung des jeweiligen Staates. Nur eine nationale Regelung in einem Tropenholzland könnte etwa durch eine gesetzlich vorgeschriebene Bewirtschaftungspraxis nach dem Nachhaltigkeitsprinzip oder durch die Ausweisung von Tropenwäldern als Naturschutzgebiete zum Erfolg der Verwendungsbeschränkungen beitragen. Ausgehend von der Zielsetzung der Verwendungsbeschränkungen beeinflussen diese daher die Umweltpolitik der Tropenwaldländer und überschreiten die Grenze dessen, was vom Streitschlichtungspanel in der zweiten Thunfischent-

---

417 Panel-Bericht: „US-Tuna/Dolphin II", Ziff. 5.39.

418 Erlaß W13/14.70.01-6/21 VA 98 vom 26.2.1998.

419 Erlaß vom 24.1.1990, Staatsanzeiger für das Land Hessen, 8/1990, 309.

scheidung hinsichtlich der Anforderungen an die Notwendigkeit ökologisch motivierter Maßnahmen mit extraterritorialer Wirkung festgelegt worden ist.

Tropenholzverwendungsverbote und -beschränkungen alleine reichen also nicht aus, um die Abholzungen zu reduzieren oder das Konzept der nachhaltigen Waldbewirtschaftung in den Erzeugerländern einzuführen oder auszuweiten. Die Maßnahmen sind daher nicht durch den Ausnahmetatbestand des Art. XX (b) GATT bzw. Art. XXIII Abs. 2 GPA gerechtfertigt.

(2) Schutz erschöpflicher Ressourcen gem. Art. XX (g) GATT

Es stellt sich daher die Frage nach der Anwendbarkeit des zweiten „Umwelt-Rechtfertigungstatbestandes" aus Art. XX (g) GATT. Nach Art. XX (g) GATT sind die Vertragsstaaten berechtigt, Maßnahmen zu ergreifen, die der Erhaltung erschöpflicher natürlicher Ressourcen dienen, solange diese mit Beschränkungen der inländischen Produktion oder des inländischen Verbrauchs einhergehen. Anders als Art. XX (b) GATT findet diese Ausnahmevorschrift keine gesonderte Entsprechung im GPA. Insofern können nur Empfehlungen für private Bauträger, die vom Anwendungsbereich des GPA und seinen Ausnahmetatbeständen nicht erfaßt werden, zusätzlich an der Rechtfertigungsnorm des Art. XX (g) GATT gemessen werden.

Ursprünglich war die Vorschrift des Art. XX (g) GATT nur als Ausnahmeregelung für Exportbeschränkungen zur Unterstützung von Erhaltungsmaßnahmen heimischer Ressourcen konzipiert[420]. In der Schiedsgerichtspraxis ist Art. XX (g) GATT aber überwiegend auch zur Rechtfertigung von Importbeschränkungen herangezogen worden[421], weil sich aus dem Wortlaut des Art. XX (g) GATT keine Beschränkung nur auf Exportregelungen entnehmen läßt. Er gilt mithin also auch für Empfehlungen, kein Tropenholz zu verwenden.

---

420 *Ginzky*, Saubere Produkte, schmutzige Produktion, 184.

421 Vgl. Panel-Bericht „USA-Prohibition of Imports of Tuna und Tuna Products from Canada", angenommen am 22.2.1982, GATT BISD 29 S/91 ff. Gegenstand dieses ersten einschlägigen Streitfalles mit Umweltbezug war ein umfassendes Importverbot der USA für Thunfisch und Thunfischprodukte aus Kanada, nachdem US-amerikanische Fischkutter innerhalb der damals von den USA noch nicht anerkannten kanadischen 200-Seemeilen Zone vor der Westküste Kanadas durch kanadische Behörden beschlagnahmt worden waren. Siehe dazu *Petersmann*, The GATT/WTO Dispute Settelement System, 95 ff.

(a) „Erschöpfliche natürliche Ressource"

Nach Art. XX (g) GATT sind die Vertragsstaaten nur zu Maßnahmen berechtigt, die der Erhaltung erschöpflicher natürlicher Ressourcen dienen. Bei Tropenholz müßte es sich folglich um eine „exhaustible natural resource" i.S.v. Art. XX (g) GATT handeln. Wurde dieser Begriff ursprünglich während der Vorbereitungsverhandlungen zum GATT i.S.v. Rohmaterialen oder Mineralien ausgelegt[422], qualifizierten später Panelberichte zu Art. XX GATT auch lebende Tiere und Pflanzen als „erschöpfliche natürliche Ressourcen" im Sinne dieser Vorschrift[423]. Nach der Panel-Entscheidung im zweiten Thunfischstreit kommt es nicht darauf an, ob es sich um eine bedrohte Art handelt oder nicht, maßgeblich ist nur, daß die Möglichkeit der Erschöpfung der Ressource besteht[424]. Folglich werden Maßnahmen des Artenschutzes, wie hier zum Schutz der Tropenwälder und der darin beheimateten Vielfalt von Tier- und Pflanzenarten von Art. XX (g) GATT erfaßt, ohne daß es darauf ankommt, ob es sich um spezifische, von der Ausrottung bedrohte Tier- und Pflanzenarten handelt.

(b) Extraterritoriale Anwendung

Die Argumentation zur extraterritorialen Anwendung von Art. XX (g) GATT entspricht im Ergebnis den Überlegungen der einschlägigen Panel-Berichte zu Art. XX (b) GATT. Das Panel im ersten Thunfischfall lehnte die extraterritoriale Anwendung des Art. XX (g) GATT mit ähnlicher Argumentation ab wie die extraterritoriale Anwendung des Art. XX (b) GATT: Die Grenze der Zulässigkeit von Maßnahmen sei auch bei Art. XX (g) GATT grundsätzlich entlang der Souveränitätsbereiche der Staaten zu ziehen. Ein Staat dürfe keine Sachverhalte im Ter-

---

[422] *Weiher*, Nationaler Umweltschutz und Internationaler Warenverkehr, 166; *Ginzky*, Saubere Produkte, schmutzige Produktion, 183.

[423] Panel-Bericht: „USA-Prohibition of Imports of Tuna und Tuna Products from Canada", angenommen am 22.2.1982, GATT BISD 29 S/91 ff., Ziff. 4.4; Panel-Bericht: „US-Tuna/Dolphin I", Ziff. 4.9.

[424] Panel-Bericht: „US-Tuna/Dolphin II", Ziff. 5.13; vgl. auch die Entscheidung des Appellate-Body im Shrimps/Turtle-Fall, wonach zu den erschöpflichen Ressourcen auch vom Aussterben bedrohte Tierarten, wie die Meeresschildkröten, gehören (ILM 38 [1999] 118 ff., Ziff. 127 ff.; dort heißt es unter Ziff. 129: „... 'exhaustible natural resources' ... must be read by a treaty interpreter in the light of contemporary concerns of the community of nations about the protection and conservation of the environment").

ritorium eines anderen Staates als Anknüpfungspunkt für Handelsbeschränkungen heranziehen. Die Rechtfertigung von Schutzmaßnahmen außerhalb des eigenen Hoheitsbereichs durch Art. XX (g) GATT würde es einem Staat erlauben, unilaterale Umweltstandards zu definieren, von der andere Vertragsstaaten nicht abweichen könnten, ohne ihre Rechte aus dem GATT zu gefährden[425].

Diese Schlußfolgerung werde durch den Wortlaut des Art. XX (g) GATT unterstützt, wonach Schutzmaßnahmen nur „im Zusammenhang mit Beschränkungen der inländischen Produktion oder des inländischen Verbrauchs angewendet werden" sollen. Eine effektive Kontrolle des Schutzes erschöpflicher Naturschätze sei nur innerhalb des eigenen Staatsgebiets möglich[426].

Demgegenüber stellte das Panel im zweiten Thunfischfall fest, daß es nach Art. XX (g) GATT nicht ausgeschlossen sei, auch Naturschätze außerhalb des eigenen Hoheitsbereichs zu schützen[427]. Art. XX (g) GATT sei auch auf unilaterale Maßnahmen zum Schutz sich außerhalb des staatlichen Territoriums befindlicher Rechtsgüter anwendbar. Zu diesem Ergebnis gelangt auch das Berufungsgremium im Shrimps/Turtle-Fall[428], indem es feststellt, daß von der Ausnahmeregel des Art. XX (g) GATT auch Handelsbeschränkungen erfaßt werden, die erschöpfliche Naturschätze außerhalb der Hoheitsgewalt des betreffenden Staates schützen sollen. Dies gilt folglich auch für die zu untersuchenden extraterritorialen Verwendungsbeschränkungen von Tropenholz.

Die erweiterte Auslegung des Art. XX (g) GATT hat aber nicht zur Folge, daß alle extraterritorial angewendeten Produktionsstandards

---

425 Panel-Bericht: „US-Tuna/Dolphin I", Ziff. 5.32.

426 Panel-Bericht: „US-Tuna/Dolphin I", Ziff. 5.31. Ähnlich auch die Argumentation im Panel-Bericht: „Canada - Measures Affecting Exports of Unprocessed Herring and Salmon" (nachfolgend: Canada - Herring/Salmon), angenommen am 22.3.1988, GATT BISD 35 S/ 98 ff., Ziff. 4.6.

427 Panel-Bericht: „US-Tuna/Dolphin II", Ziff. 5.20: ... the Panel could see no valid reason supporting the conclusion that the provisions of Article XX (g) apply only to policies related to the conservation of exhaustible natural resources located within the territory of the contracting party invoking the provision".

428 Vgl. dazu Bericht des Appellate-Body: „United States - Import Prohibition of Certain Shrimp and Shrimp Products", 12.10.1998, ILM 38 (1999), 118 ff.

zum Schutz der Umwelt gerechtfertigt werden können. Damit diese Rechtfertigungsnorm nicht zu protektionistischen Zwecken mißbraucht wird, müssen handelsbeschränkende Maßnahmen den näheren Erfordernissen des Art. XX (g) GATT und dem Mißbrauchsverbot der Präambel des Art. XX GATT entsprechen.

(c) Maßnahmen, die sich auf die Erhaltung beziehen („relating to")

Nach Art. XX (g) GATT ist erforderlich, daß sich die Handelsmaßnahmen auf die Erhaltung der erschöpflichen Naturschätze beziehen („relating to the conservation"). Es stellt sich die Frage, wann dieses Erfordernis erfüllt ist, zumal Maßnahmen nach Art. XX (g) GATT nicht „notwendig" oder „wesentlich" zur Erreichung des Schutzziels sein müssen, wie dies in anderen Absätzen des Art. XX GATT verlangt wird[429].

Da Art. XX (g) GATT keine Aussage darüber macht, wann eine Schutzmaßnahme die Erhaltung erschöpflicher Naturschätze betrifft, legte der Panelbericht im Streit um das kanadische Exportverbot von unverarbeitetem Hering und Lachs den Begriff „relating to" dahingehend aus, daß sich Art XX (g) GATT nicht allein auf Maßnahmen beschränke, die für die Erhaltung erschöpflicher Naturschätze notwendig oder wesentlich seien[430]. Nach Maßgabe des Panel sei Art. XX (g) GATT aber nicht als erweiterter Spielraum für handelspoltische Maßnahmen zu verstehen; vielmehr ergebe sich schon aus der Präambel des Art. XX GATT, daß Schutzmaßnahmen nur zur Verfolgung bestimmter (umwelt-) politischer Ziele zulässig seien. Das Panel folgerte daher aus der Formulierung in Art. XX (g) GATT, daß Schutzmaßnahmen in erster Linie auf die Ressourcenerhaltung gerichtet sein müßten („primarily aimed")[431]. Das „relating to"-Erfordernis wurde in der zweiten

---

[429] Vgl. Art. XX (a, b, d): „necessary to", Art. XX (j): „essential to". Siehe ausführlich zum Verhältnis der Begriffe „necessary to" und „relating to" im Rahmen von Art. XX GATT: *Tietje*, Normative Grundstrukturen, 313 ff. Das fehlende Erfordernis der Notwendigkeit der Maßnahme („necessity"), wie es in Art. XX (b) GATT vorausgesetzt wird, ist in der Entscheidung des Appellate-Body im Shrimp/Turtle-Fall auf die Prüfung innerhalb des „chapeau" des Art. XX GATT verlagert worden (vgl. ILM 38 [1999], 118 ff., Ziff. 167).

[430] Panel-Bericht: „Canada - Herring/Salmon", Ziff. 3.26.

[431] Panel-Bericht: „Canada - Herring/Salmon", Ziff. 4.6: "The Panel concluded for these reasons that, while a trade measure did not have to be necessary or essential to the conservation of an exhaustible natural resource, it had to

Thunfischentscheidung dahingehend präzisiert, daß bei der Prüfung, ob eine Maßnahme primär auf die Erhaltung erschöpflicher Ressourcen gerichtet ist, sowohl auf den Effekt als auch auf die Zielsetzung der nationalen Schutzmaßnahme einzugehen sei[432].

Diese strenge Interpretation wurde von der Berufungsinstanz im WTO-Streitschlichtungsverfahren Venezuela gegen die USA über US-amerikanische Normen für Benzin revidiert; danach genügt für die Rechtfertigung einer Schutzmaßnahme nach Art. XX (g) GATT, daß die entsprechende Maßnahmen nicht nur beiläufig („incidentally") oder versehentlich („inadvertently") die Erhaltung der Ressourcen bezweckt. Vielmehr muß zwischen beiden Komponenten eine Beziehung im Sinne einer „close and genuine relationship of ends and means" bestehen[433].

Diesen Kriterien entsprechen nicht nur Empfehlungen, die sich generell gegen die Verwendung von Tropenholz richten, sondern auch diejenigen, die nur Tropenholz aus nachhaltiger Forstbewirtschaftung zulassen wollen. Durch diese Maßnahmen soll nicht nur beiläufig, sondern sogar in erster Linie der Schutz der Tropenwälder verfolgt werden, so daß hiernach auch die strengeren Voraussetzungen der vorangegangen Panel-Entscheidungen erfüllt wären.

(d) In Verbindung mit inländischen Beschränkungen

Art. XX (g) GATT verlangt des weiteren, daß die Maßnahmen in Verbindung mit Beschränkungen der inländischen Produktion oder des inländischen Verbrauchs des erschöpflichen Naturschatzes angewendet werden.

---

be primarily aimed at the conservation of an exhaustible natural resource to be considered as 'relating to' conservation within the meaning of Article XX (g)". Siehe auch den Panel-Bericht: „United States - Taxes on Automobiles", vom 29.9.1994, ILM 33 (1994), 1397, Ziff. 5.60.

432 Panel-Bericht: „US-Tuna/Dolphin II", Ziff. 5.22: "The Panel agreed with the reasoning of the previous panel on the understanding that the words ‚primarily aimed at' referred not only to the purpose of the mattter but also to its effect on the conservation of the natural resource".

433 Bericht des Appellate-Body: „United States - Standards for Reformulated and Conventional Gasoline", angenommen am 20.5.1996, ILM 35 (1996), 603 ff., Nr. III B und C, insbesondere 623. Hierauf bezugnehmend auch der Bericht des Appellate-Body: „United States - Import Prohibitions of Certain Shrimp and Shrimp Products", 12.10.1998, ILM 38 (1999), 118 ff., Ziff. 136. Näher dazu *Schoenbaum*, The Decision in the Shrimp-Turtle Case, YIEL 1998, 36, 37.

Frühere GATT-Panel haben entschieden, daß eine Maßnahme nur dann im Zusammenhang mit Beschränkungen der inländischen Produktion oder des Konsums steht, wenn sie primär darauf gerichtet ist, die Wirksamkeit dieser inländischen Beschränkungen zu unterstützen[434]. Diese Rechtsprechung hat inländischen Produktions- und Verbrauchsbeschränkungen also eine zentrale Rolle zugewiesen. Dies ist damit zu erklären, daß die genannten Entscheidungen noch die extraterritoriale Anwendung bzw. Wirkung handelsbeschränkender Maßnahmen abgelehnt und den Grundsatz betont haben, daß ein Staat nur dann die Produktion oder den Verbrauch eines Naturschatzes wirksam kontrollieren könne, wenn Produktion oder Verbrauch auch innerhalb seiner Hoheitsgewalt stattfinden.

Da das Erfordernis der inländischen Beschränkungen an sich aber nur die Gewähr dafür bieten soll, daß die Handelsbeschränkungen nicht als Vorwand für protektionistische Ziele eingesetzt werden und zudem auch der Schutz extraterritorialer Naturschätze mittlerweile anerkannt worden ist, stellt sich die Frage, ob dem Merkmal „in Verbindung mit inländischen Beschränkungen“ noch eine Bedeutung in dem Sinne zukommt, daß handelsbeschränkende Maßnahmen den inländischen Produktions- und Verbrauchsbeschränkungen dienen müssen[435].

Nach der Entscheidung der Berufungsinstanz im Streit um das US-amerikanische Importverbot für Garnelen ist das Erfordernis „in Verbindung mit inländischen Beschränkungen“ schon erfüllt, wenn im Falle von importbeschränkenden Maßnahmen bezüglich natürlicher Ressourcen auch die Produktion oder die Verwendung bzw. der Verbrauch dieses Naturschatzes parallel dazu im Inland reduziert wird[436].

---

[434] Panel-Bericht: „Canada - Herring/Salmon“, Ziff. 4.6: „A trade measure could therefore in the view of the Panel only be considered to be made effective ‘in conjunction with’ production restriction if it was primarily aimed at rendering effective these restrictions“.

Vgl. auch die Entscheidung des Panel im Streitfall: „US-Tuna/Dolphin I“, Ziff. 5.3 sowie den Panel-Bericht: „United States - Standards for Reformulated and Conventional Gasoline“, 29.1.1996, ILM 35 (1996), 274 ff., Ziff. 6.38 f.

[435] *Diem*, Freihandel und Umweltschutz in GATT und WTO, 135.

[436] Bericht des Appellate-Body: „United States - Import Prohibitions of Certain Shrimp and Shrimp Products“, 12.10.1998, ILM 38 (1999), 118 ff., Ziff. 143, mit Bezug auf die Entscheidung des Appellate-Body im Fall: „United States - Standards for Reformulated and Conventional Gasoline“, angenommen am 20.5.1996, ILM 35 (1996), 603, 624 f.: „... is appropriately read as a requirement that the measures concerned impose restrictions, not just in respect of im-

Es sei zwar keine identische Behandlung von einheimischen und importierten Produkten erforderlich, würden aber Restriktionen für gleichartige Produkte im Inland unterlassen, dienten die handelsbeschränkenden Maßnahmen auch nicht in erster Linie den Schutzzielen des Art. XX (g) GATT[437].

Art. XX (g) GATT verlangt mithin lediglich, daß „Maßnahmen, die sich auf die Erhaltung erschöpflicher Naturschätze beziehen" und „inländische Beschränkungen" parallel angewendet werden müssen; nicht erforderlich ist dagegen, daß sich beide Maßnahmen gegenseitig ergänzen oder verstärken[438]. Dem Wortlaut des Art. XX (g) GATT zufolge reicht es aus, wenn entweder die inländische Produktion oder der inländische Verbrauch des gleichartigen Produkts beschränkt werden[439].

Für einheimisches Holz findet sich keine Entsprechung zu den Empfehlungen, die auf einen generellen Tropenholzverzicht gerichtet sind; dies gilt auch für diejenigen Empfehlungen, die nur Tropenholz aus nachhaltiger Bewirtschaftung zulassen. Um den Erfordernissen des Art. XX (g) GATT zu genügen, müßten entsprechende Verwendungsempfehlungen vielmehr darauf gerichtet sein, daß Private nur Holz aus nachhaltiger Waldbewirtschaftung verwenden dürften, unabhängig davon, ob es aus tropischen Regionen oder inländischen Forstbetrieben stammt.

Hier stellt sich aber insbesondere mit Blick auf die deutsche Forstwirtschaft, die für sich in Anspruch nimmt, schon seit jeher nach dem Konzept der Nachhaltigkeit zu wirtschaften, die Frage, ob nicht schon jetzt einheimisches Holz aus diesem Grund stets als „nachhaltig" zu be-

---

ported gasoline but also with respect to domesctic gasoline. The clause is a requirement of even-handedness in the imposition of restriction, in the name of conservation, upon the production or consumption of exhaustible natural resources".

437 Bericht des Appellate-Body: „United States - Standards for Reformulated and Conventional Gasoline", angenommen am 20.5.1996, ILM 35 (1996), 603, 625: " There is...no textual basis for requiring identical treatment of domestic and imported products. ...if *no* restrictions on domestically-produced like products are imposed at all, and all limitations are placed upon imported products alone, the measure cannot be accepted as primarily or even substantially designed for implementing conservationist goals. The measure would simply be naked discrimination for protecting locally-produced goods".

438 *Schoenbaum*, International Trade and Production of the Environment, AJIL 1997, 268, 279.

439 *Diem*, Freihandel und Umweltschutz in GATT und WTO, 140.

zeichnen ist und insofern bereits eine entsprechende inländische Beschränkung i.S.v. Art. XX (g) GATT vorliegt. Daß sich diese Frage nicht pauschal anhand der historischen Entwicklung des Nachhaltigkeitsprinzips in Deutschland beantworten läßt, zeigt schon die schwierige internationale Diskussion um die Kennzeichnung von Holz aus nachhaltig bewirtschafteten Wäldern und das Problem der gegenseitigen Anerkennung entsprechender Kriterien und Indikatoren zum Nachweis der Einhaltung des Nachhaltigkeitsgedanken in den Forstbetrieben[440]. Solange ein sichtbarer Nachweis für die Befolgung des Nachhaltigkeitspinzips nicht auch in den deutschen Forstbetrieben mittels entsprechender Kennzeichnungen gefordert wird, fehlt es bereits am Merkmal „in Verbindung mit inländischen Beschränkungen".

Eine Rechtfertigung über Art. XX (g) GATT ist damit ausgeschlossen.

(3) Ergebnis

Obwohl zweifelsohne die Erhaltung der Tropenwälder von vielfachem regionalen, aber auch globalen Interesse ist, entspricht es nicht der bisherigen GATT-Praxis, durch einseitige Maßnahmen die Politik anderer WTO-Mitgliedstaaten hinsichtlich ihres Umgang mit natürlichen Ressourcen zu beeinflussen oder gar mitzubestimmen. Die Verwendungsbeschränkungen für Tropenholz im Rahmen des öffentlichen Beschaffungswesens bzw. entsprechende Empfehlungen an private Bauherren, kein Tropenholz zu verwenden, sind daher weder nach der Vorschrift des Art. XX (b) GATT bzw. Art. XXIII GPA noch nach Art. XX (g) GATT zu rechtfertigen.

II. Völkerrechtliche Zulässigkeit der Kennzeichnung von (Tropen-) Holzprodukten

1. Einleitung

Durch die Zertifizierung und Kennzeichnung von Holz und Holzprodukten aus nachhaltiger Waldbewirtschaftung kann über eine gezielte Verbraucherinformation insbesondere der Marktzugang für Tropenholzprodukte in bestimmten Marktsegmenten, die von den Boykottmaßnahmen Ende der 80er/Anfang der 90er Jahre besonders betroffen

---

[440] Siehe dazu sogleich, S. 450 ff.

waren, gefördert werden[441]. Den Erzeugerländern wird hierdurch ein Anreiz gegeben, ihre Wälder nachhaltig und umweltfreundlich zu bewirtschaften, um die Ressourcen im eigenen Interesse langfristig zu erhalten und mit den auf nachhaltige Weise gewonnenen Holzprodukten am Markt von einem entsprechenden Imagevorteil zu profitieren. Das duale System der Holzzertifizierung stellt zwar ein marktorientiertes Anreizsystem zur Einführung, Durchführung und Förderung nachhaltiger Waldbewirtschaftung dar; es erweist sich auf der anderen Seite durch seine möglicherweise importbeschränkende Wirkung aber auch als potentielles nichttarifäres Handelshemmnis[442].

Unterschiedliche Warenzeichen und Zertifikate sowie nationale Herkunftsnachweise für tropisches und nichttropisches Holz konkurrierеren mittlerweile auf den nationalen und internationalen Holzmärkten mit einer Reihe weiterer Umweltkennzeichen[443]. Die Vielzahl nichtstaatlicher Organisationen im In- und Ausland, die auf diesem Gebiet entsprechende Umweltzeichen vergeben, verunsichert nicht nur Verbraucher, sondern erschwert auch die Transparenz der Zertifizierungs- und Kennzeichnungsverfahren.

---

[441] *ETC*, Final Report, 6.

[442] Vgl. *Kiekens*, Certification, 33: „ ... would market access be made conditional, at the level of each country, to a certification against processes and production methods as defined in the country, ... one could expect a dangerous multiplication of technical barriers to trade.“ Auch der ***Bundesverband des Deutschen Groß- und Außenhandels*** weist in seinem Memorandum "Zertifizierung als nichttarifäres Handelshemmnis" in Anhang 2 auf die potentiellen Verstöße der Produktkennzeichnung für Holz gegen internationale Handelsnormen hin. Siehe ebenso: *Barbier*, Impact of the Uruguay Round, 35; *Ruddell/Stevens/Bourke*, International Markt Access for Wood Products, in: ICTSD, Bridges between Trade and Sustainable Development, Vol. 3 Nr. 2, März 1999, 17.

[443] Vgl. einführend zu Umweltkennzeichen: *Dakwins*, Ecolabelling, in: Wolfrum (Hrsg.), Enforcing Environmental Standards, 501, 550 ff.; *Forstbauer/Parker*, The Role of Ecolabeling, Journal of Environmental Law and Litigation 1996, 165, 176 f.; *Gornig/Silagi*, Vom Ökodumping zum Ökoprotektionismus, EuZW 1992, 753 ff.; *OECD*, Eco-Labelling, 9 ff.; *Rege*, GATT Law and Environment-Related Issues, JWT 1994, Nr. 3, S. 95, 135; *Roht-Arriaza*, Private Voluntary Standard-Setting, YIEL 1995, 107 ff.; *Wha Chang*, GATTing a Green Trade Barrier, JWT 1997, Nr. 1, S. 137 ff.

2. Kennzeichnungsarten

a) Allgemeine und spezielle Umweltkennzeichen

Es stellt sich daher zunächst die Frage, in welche Kategorie von Umweltzeichen sich Holzkennzeichnungen einordnen lassen. Umweltzeichen werden unterteilt in allgemeine und spezielle Kennzeichen[444]. Allgemeine Umweltzeichen kennzeichnen die Erfüllung bestimmter Umweltkriterien für den gesamten Lebenszyklus eines Produkts[445]. Dies entspricht dem in der umweltpolitischen Diskussion zu beobachtenden Ansatz „von der Wiege bis zur Bahre" („from cradle to grave"), dem sich auch das multilaterale Handelsrecht verstärkt zuwendet, um die Handels- und Umweltproblematik auf allen Stufen der Produktion, des Handels, des Gebrauchs, der Entsorgung bzw. des Recycling zu lösen[446]. Für die allgemeine Umweltverträglichkeit eines Produkts wird schon seit 1978 in Deutschland der „Blaue Umweltengel"[447] sowie auf europäischer Ebene seit 1992 die „Euroblume" vergeben[448].

Mittels spezieller Umweltzeichen soll hingegen eine besondere Umwelteigenschaft einer Ware demonstriert werden. Ein Beispiel hierfür ist die Verwendung des Etiketts „Dolphin Safe" für Thunfisch und Thunfischprodukte, bei deren Fang bestimmte Methoden zum Schutz von

---

[444] Vgl. zur Differenzierung *Bundesministerium für Umwelt, Jugend und Familie (Österr.)*, Timber Labelling, 22 ff.; 73 ff.; *Markandya*, Eco-Labelling, in: Zarilli/Jha/Vossenaar (Hrsg.), Eco-Labelling and International Trade, 1, 2 f.; *Michaelowa*, Trade and Labelling of Timber and Timber Products, Außenwirtschaft 1997, 561, 564; *Rege*, GATT Law and Environment-Related Issues, JWT 1994, Nr. 3, S. 95, 133.

[445] Sog. Life-Cycle Analysis (vgl. näher zu LCAs: *Ward*, Trade and Environment Issues, RECIEL 1997, 139 ff.).

[446] *Reiterer*, GATT/WTO: Internationaler Handel und Umwelt, Außenwirtschaft 1994, 477, 486.

[447] Vgl. dazu *OECD*, Eco-Labelling, 25 ff.

[448] Verordnung (EG) Nr. 880/92 über ein gemeinschaftliches System zur Vergabe eines Umweltzeichens, Abl. der EG, Nr. L 99/1 v. 11.4.1992. Siehe auch Vorschlag der Kommission zur Revision dieser Verordnung in: ABl. der EG, Nr. C 114 v. 12.4.1997, KOM/96/0603 endg. Vgl. zum europäischen Umweltzeichen auch *OECD*, Eco-Labelling, 12 ff.; *Dawkins*, Ecolabelling, in: Wolfrum (Hrsg.), Enforcing Environmental Standards, 501, 566 f. Vgl. auch die Übersicht über nationale Kennzeichnungsprogramme in: WTO-Doc. WT/CTE/W/150 v. 29.6.2000: Information relevant to the consideration of the market access effects of eco-labelling schemes.

Delphinen eingehalten worden sind[449]. Spezielle Umweltzeichen können neben dem Hinweis auf eine bestimmte positive Umwelteigenschaft auch auf eine Umweltschädlichkeit der Ware hindeuten. Ein Beispielsfall für eine derartige negative Kennzeichnung ist die 1992 in Österreich eingeführte (und später wieder aufgehobene) Kennzeichnungspflicht für Tropenholzprodukte, die eine besondere Umweltschädlichkeit dieser Holzprodukte signalisieren sollte[450].

Die sich bislang auf dem Markt befindlichen Kennzeichen für Holz- und Holzprodukte sind mithin in die Kategorie der speziellen (positiven) Umweltkennzeichen einzuordnen, da nicht der gesamte Lebenszyklus des Holzes gekennzeichnet wird, sondern nur die Art und Weise der Bewirtschaftung nach ökologischen Gesichtspunkten; Aussagen über die technische oder ökologische Qualität von Transport und Holzverarbeitung enthalten die vergebenen Kennzeichen nicht[451].

b) Produkt- und Produktionskennzeichnung

Des weiteren ist grundsätzlich zwischen der Produkt- und der Produktionskennzeichnung zu unterscheiden. Bei letzterer geht es um die Einhaltung festgesetzter Kriterien im Herstellungsprozeß, die sich nicht notwendigerweise im Produkt selbst manifestieren müssen. Die Kennzeichnung von Holz und Holzprodukten aus zertifizierten Forstbetrieben - reine Herkunftszeichen ausgenommen - garantiert die Bewirtschaftungsqualität des Betriebes nach den Maßstäben des Nachhaltigkeitsprinzips, die sich aber nicht auf die Qualität des gekennzeichneten Holzes auswirkt, so daß es sich um eine Produktionskennzeichnung handelt.

Qualitätsaspekte werden im übrigen bis zu einem gewissen Grad durch die Handelsklassensortierung für Holz berücksichtigt[452]. Gleiches gilt auch für Holzkennzeichen, die ausdrücklich darauf hinweisen, daß das

---

[449] Vgl. Panel-Bericht: „US-Tuna/Dolphin I", Ziff. 5.41 ff. Siehe näher zu den Etikettierungsvorschriften im Thunfischfall: *Gesser*, Canada's Environmental Choice Program, Harvard Int. Law Journal 1998, 501, 520 ff.

[450] Siehe bereits zum österreichischen Kennzeichnungsgesetz, S. 374 ff.

[451] *Michaelowa*, Trade and Labelling of Timber and Timber Products, Außenwirtschaft 1997, 561, 564; *Barbier*, Impact of the Uruguay Round, 35.

[452] *Ott*, Zertifizierung als Instrument der Holzmarktpolitik, Holz-Zentralblatt v. 27.1.1997, 177 f.

Holz aus einer Plantagenbewirtschaftung stammt; hiermit soll auf eine angeblich ökologisch unbedenkliche Bewirtschaftungsweise der Wälder hingewiesen werden, die sich ebenfalls nicht in der Qualität des Endprodukts niederschlägt.

c) Obligatorische und freiwillige Umweltkennzeichen

Umweltzeichen lassen sich des weiteren in obligatorische und freiwillige Kennzeichen unterteilen[453]. Umweltzeichen auf freiwilliger Basis umfassen neben Selbstdeklarationen der Wirtschaft[454] (z.B. „100 % naturbelassen" oder „ohne Tierversuch getestet") auch sog. „Eco-Label"[455], bei denen entweder von staatlicher Seite (wie etwa das europäische Umweltzeichen, der „Blaue Engel" oder das kanadische „Environmental Choice-Program") oder aber von akkreditierten privaten Organisationen die Einhaltung bestimmter Bedingungen an die Umweltfreundlichkeit versichert wird (z.B. das US-amerikanische „Grean Seal"[456]).

Diese „Eco-Label", von denen verstärkt handelsbeschränkende Wirkungen ausgehen können, werden in die Katogorie der sog. „Third-Party Labelling Programmes" eingeordnet, die also von dritter unabhängiger Seite erteilt werden; hierzu zählen auch das FSC-Siegel sowie die Umweltzeichen der FSC-akkreditierten Holzzertifizierungsorgani-

---

[453] Zur Differenzierung siehe: *Hansen/Juslin*, The Status of Forest Certification in the ECE Region, 4 ff.; *Rege*, GATT Law and Environment-Related Issues, JWT 1994, Nr. 3, S. 95, 133 ff.; *Ward*, Trade and Environment Issues, RECIEL 1997, 139, 140.

[454] Diese Umweltzeichen werden als „Environmental Marketing Label" oder auch als „First-Party Labelling Programmes" bezeichnet; das Subkomitee SC3 der ISO erarbeitet eigene Richtlinien für diese als „Typ II" bezeichneten Selbstdeklarationen (vgl. *Henry*, ISO and Eco-Labelling, in: Zarrilli/Jha/Vossenaar [Hrsg.], Eco-Labelling and International Trade, 272 f.). Daneben existieren sog. „Second-Party Labelling Programmes", nach denen nicht nur einzelne Unternehmen, sondern bestimmte Industriezweige die Umweltfreundlichkeit ihrer Produkte deklarieren können (*Ewing/Tarasowsky*, The „Trade & Environment" Agenda, S. 29).

[455] Vgl. näher hierzu *Forstbauer/Parker*, The Role of Ecolabeling in Sustainable Forest Management, Journal of Environmental Law and Litigation 1996, 165 f.; *Gesser*, Canada's Environmental Choice Program, Harvard Int. Law Journal 1998, 501, 503 ff.

[456] Siehe zu „Green Seal" *OECD*, Eco-Labelling, 27 ff.

sationen[457]. Bereits 1989 wurde als weltweit erste Zertifizierungsinitiative das Programm *Smartwood* der NGO „Rain Forest Alliance" gegründet[458]. Weitere Zertifizierungsprogramme sind das *Forest Conservation Program* des Scientific Certification Systems (SCS) und das *Forestry QUALIFOR Programme* von SGS Silverconsult[459]. Diese drei Programme sind neben bislang sechs weiteren Zertifizierungsinitiativen vom FSC akkreditiert worden und gelten für alle Waldarten, sind also nicht auf tropische Waldbestände beschränkt.

In der internationalen Diskussion besteht weitgehend Einigkeit darüber, daß es sich bei der Kennzeichnung von Holz aus nachhaltiger Waldbewirtschaftung um ein freiwilliges, marktorientiertes Mittel zur Förderung der nachhaltigen Waldbewirtschaftung handeln muß[460]. Diese Forderung stellte bereits das International Panel on Forests (IPF) auf und ist auch von dem Nachfolgeorgan Intergovernmental Forum on Forests (IFF) nachdrücklich vertreten worden[461], nicht zuletzt aufgrund des Aufsehens, den die geplante Einführung einer obligatorischen Tropenholzkennzeichnung in Österreich Anfang der 90er Jahre erregt hatte.

Wie bereits erwähnt, betonen auch die derzeit bestehenden oder sich noch in der Entwicklung befindlichen Zertifizierungs- und Kennzeichnungsinitiativen für Holz und Holzprodukte durchweg das Prinzip der Freiwilligkeit. Dennoch wird der Gedanke einer Kennzeichnungspflicht für Holzprodukte, die aus den Tropen oder aus einer nicht nachhaltigen Waldbewirtschaftung stammen, weiterhin vereinzelt ver-

---

[457] Vgl. hierzu im Überblick: *ETC*, Final Report, 15 ff.

[458] Zum „Smart Wood Programme" vgl. *Lammerts van Bueren/Blom*, Hierarchical Framework, 71 ff.

[459] Ausführliche Darstellung bei *Michaelowa*, Trade and Labelling of Timber and Timber Products, Außenwirtschaft 1997, 561, 566 f.

[460] Vgl. nur *Barbier*, Impact of the Uruguay Round, 36 f.

[461] Siehe UN-Doc. E/CN.17/1997/12 v. 20.3.1997: Report of the Ad Hoc Intergovernmental Panel on Forests on its fourth session, Ziff. 124 f.; ebenso die Ergebnisse der zweiten Sitzung des IFF, UN-Doc. E/CN.17/IFF/1998/3 v. 19.6.1998: Programme Element II b: Trade and Environment, Ziff. 25 ff. Betont wird neben dem Prinzip der Freiwilligkeit des weiteren, daß die nichtdiskriminierende Verwendung von Zertifizierungs- und Kennzeichnungsinitiativen für Holz und Holzprodukte jeglicher Waldarten durch internationale Bemühungen sichergestellt werden soll. Hingewiesen wird auch auf die erforderliche Kompatibilität mit internationalen Abkommen, insbesondere mit dem GATT/WTO-Regelwerk.

folgt[462]. In den Niederlanden ist Anfang 1998 ein Gesetzesentwurf zur Kennzeichnung von Holzprodukten vorgelegt worden, der die Kennzeichnung von Holz aus FSC oder FSC-ähnlichen zertifizierten Wäldern mit grünen Siegeln und die Kennzeichnung mit roten Siegeln für Holz aus den übrigen Waldbeständen ab dem 1. Januar 2000 vorsieht[463]. Angesichts erheblicher Zweifel an der Kompatibilität des Instruments der obligatorischen Kennzeichnung mit internationalen Abkommen und dem ungeklärten Verhältnis zur freiwilligen Zertifizierung und Kennzeichnung von Holz und Holzprodukten in den Niederlanden und anderen Staaten sind Stellungnahmen der EU und der WTO eingeholt worden; die EU hat den Gesetzesvorschlag abgelehnt[464].

3. Vereinbarkeit der (Tropen-) Holzkennzeichnung mit dem GATT/WTO-Regelwerk

Die Kontroversen um die Einführung obligatorischer Kennzeichnungssysteme für Tropenholz bzw. Holz aus nicht nachhaltiger Bewirtschaftung machen eine Untersuchung notwendig, inwieweit Holzkennzeichen mit den Grundprinzipien des GATT/WTO-Regelsystems, insbesondere mit dem Abkommen über Technische Handelshemmnisse, in Einklang stehen[465].

Die wachsende Popularität von Umweltzeichen korrespondiert mit einer zunehmenden Besorgnis über die eventuell diskriminierende Natur und Unvereinbarkeit dieser Kennzeichen mit dem internationalen Handelsrecht. Vor allem aus Sicht der Entwicklungsländer, die zwar

---

[462] Die SPD-Bundestagsfraktion brachte beispielsweise in der 12. und 13. Legislaturperiode einen Gesetzesantrag zur obligatorischen Kennzeichnung von Holz und Holzprodukten aus allen Klimazonen ein. Gefordert wurde eine Herkunftsbezeichnung unter Angabe des Handelsnamens und des Ursprungslands, um dem Verbraucher eine Orientierungshilfe zu geben, solange noch keine einheitlichen Kriterien und ausreichenden Kontrollmöglichkeiten für den Nachweis einer nachhaltigen Bewirtschaftung existieren (vgl. BT-Drucks. 12/8109 v. 23.6.1994; BT-Drucks. 13/5212 v. 4.7.1996).

[463] „Draft Legislation regarding sustainably produced timber", Upper House, Assembly Year 1997-1998, 23 982, Nr. 279 vom 19.2.1998.

[464] *ETC*, Final Report, 10, 35.

[465] Die nachfolgende Untersuchung beschränkt sich auf die völkerrechtlichen Implikationen; ausgeklammert werden z.B. wettbewerbsrechtliche Aspekte der Öko-Siegel.

mittlerweile selbst mit dem Aufbau eigener Kennzeichnungsprogramme begonnen haben, bestehen noch erhebliche Bedenken gegenüber zahlreichen Initiativen der westlichen Industrienationen[466]. Dies gilt insbesondere im Hinblick auf diejenigen Produkte, die vorrangig die Exportinteressen der Entwicklungsländer tangieren, wie etwa Textilien, Stoffe, Papier und nicht zuletzt Tropenholz und Tropenholzprodukte[467].

a) Bisherige Panel-Entscheidungen

Hinsichtlich der Frage nach der Vereinbarkeit von Kennzeichnungsvorschriften mit dem GATT/WTO-System kann noch nicht auf eine aussagekräftige Entscheidungspraxis der GATT-Panel zurückgegriffen werden. Bislang ist kein obligatorisches Kennzeichnungssystem Gegenstand eines GATT-Streitschlichtungsverfahrens gewesen[468], lediglich die Panel-Entscheidung im ersten Thunfischfall zwischen den USA und Mexiko hat sich mit der Vereinbarkeit von freiwilligen Umweltzeichen mit den Vorschriften des GATT-Systems beschäftigt. Die Etikettierungsvorschriften des untersuchten „Dolphin Protection Consumer Information Act", nach denen die Verwendung des Umweltzeichens „Dolphin Safe" für Thunfischprodukte verboten war, soweit Thunfisch unter Überschreitung der erlaubten Tötungsquoten von Delphinen oder mit Treibnetzen gefangen wurde, sind im entschiedenen Fall als GATT-konform angesehen worden[469].

Anders als die zu untersuchenden Holzkennzeichen, die in die Kategorie der sog. „Third-Party Labelling Programms" einzuordnen sind, da

---

[466] Auf dieses Problem wies auch der Bericht des OECD-Ministerrats zu Handel und Umwelt von 1995 hin: „Eco-labelling schemes can raise particular trade concerns when they include production-related criteria which can discriminate against imports when they reflect exclusively the environmental conditions and preferences of the importing country. This may be particulary acute for developing countries and countries heavily depending on exports" (Nachweis in *OECD*, Eco-Labelling, 38).

[467] Vgl. *Jha/Zarrilli*, Eco-Labelling Initiatives as Potential Barriers to Trade, in: Zarrilli/Jha/Vossenaar (Hrsg.), Eco-Labelling and International Trade, 277 ff.

[468] *Michaelowa*, Trade and Labelling of Timber and Timber Products, Außenwirtschaft 1997, 561, 577.

[469] Panel-Bericht: „US-Tuna/Dolphin I", Ziff. 5.41 ff.

die Einhaltung bestimmter Kriterien von einer unabhängigen Seite garantiert wird, handelt es sich bei dem „Dolphin Safe"-Etikett um eine Selbstdeklaration der Wirtschaft, die als „First-Party Labelling Programme" einzustufen ist[470].

Die Relevanz dieser - nicht angenommenen - Panel-Entscheidung für die Beurteilung von Kennzeichnungsregelungen nach dem GATT ist daher als begrenzt einzustufen.

b) Vereinbarkeit von obligatorischen Kennzeichnungsregelungen mit dem GATT/WTO-Vertragswerk

Nach der Neukodifizierung des Abkommens über Technische Handelshemmnisse mit einem erweiterten Anwendungsbereich sind Kennzeichnungsregelungen in erster Linie an den Anforderungen des TBT-Abkommens zu messen[471]. Wie die nachfolgende Prüfung zeigen wird, kann aber auch dieses Übereinkommen nur in einem eng definierten Rahmen auf Kennzeichnungsvorschriften angewendet werden. Nach Art. 2 Abs. 2 TBT-Abkommen sind die Vertragsstaaten verpflichtet, technische Regulierungen in einer Art und Weise anzuwenden, daß sie keine unnötige handelsbeschränkende Wirkung entfalten. Fraglich ist zunächst, ob und inwieweit auch obligatorische Kennzeichnungsvorschriften vom Begriff der „technical regulations" i.S.v. Art. 2 Abs. 2 TBT-Abkommen erfaßt werden.

aa) Anwendbarkeit des TBT-Abkommens auf Kennzeichnungsprogramme, die auf nicht produktbezogenen PPMs basieren

Wie sich aus den in Anhang 1 des Abkommens enthaltenen Definitionen für technische Regulierungen ergibt, können diese in Form obligatorischer technischer Vorschriften oder freiwilliger Standards auch Kennzeichnungsvorschriften zum Gegenstand haben; dies ergibt sich aus dem jeweiligen Satz 2 der Begriffsbestimmungen[472]. Unstreitig ist,

---

[470] *Gesser*, Canada's Environmental Choice Program, Harvard Int. Law Journal 1998, 501, 522, 525.

[471] *Ward*, Trade and Environment Issues, RECIEL 1997, 139, 142.

[472] Anhang 1 TBT-Abkommen:

„1. Technical regulation: Documents which lay down product characteristics or their related processes and production methods, including the applicable administrative provisions, with which compliance is mandatory. It may also indaß technische Vorschriften und Standards auch produktbezogene PPMs umfassen, so daß Umweltzeichen, die sich auf das Produkt an sich beziehen, in den Anwendungsbereich des TBT-Abkommens fallen und seinen näheren Bestimmungen unterliegen. Soweit eine Holzkennzeichnungsregelung für Tropenholz die Produktionsweise der nachhaltigen Waldbewirtschaftung zum maßgeblichen Kritierium bestimmt, ist an dieser Stelle ebenso wie bei der Überprüfung der staatlichen Verwendungsbeschränkungen das Problem der umweltschutzmotivierten Produktionsstandards im Rahmen der „PPM-Debatte" zu erörtern[473]. Was die nicht auf die Qualität der Ware, sondern auf deren umweltschonende Produktion abstellenden Umweltzeichen angeht, ist fraglich, ob das TBT-Abkommen auch auf Kennzeichnungsprogramme, die an PPMs anknüpfen, die sich nicht in der Qualität des Produkts manifestieren, anzuwenden ist.

(1) Auslegung nach dem Wortlaut

Gemäß Anhang 1 Abs. 1 S. 1 TBT-Abkommen wird unter einer technischen Vorschrift ein *„document which lays down product characteristics or their related process and production methods"* verstanden. Satz 2 sieht vor, daß die Vorschrift *„also include or deal exclusively with ... labelling requirements as they apply to a product, process or production method"*. Der Wortlaut dieser Bestimmungen läßt zwei Interpreationen zu:

Die Mehrzahl der Mitglieder des CTE vertritt die Ansicht, daß in Anhang 1 Abs. 1 und 2 der gleichlautende zweite Satz, der ausdrücklich Kennzeichnungsregelungen erwähnt, nur eine nähere Erläuterung des ersten Satzes der entsprechenden Definition darstelle. Die Anforderungen an Kennzeichnungsvorschriften seien deshalb so zu verstehen, daß

---

clude or deal exclusively with terminology, symbols, packaging, marking or *labelling requirements as they apply to a product, process or production method.*

2. Standard: Document approved by a recognized body, that provides, for common and repeated use, rules, guidelines or characeristics for products or related processes and production methods, with wich compliance is not mandatory. It may also include or deal exclusively with terminology, symbols, packaging, marking or *labelling requirements as they apply to a product, process or production method"*.

[473] Siehe dazu oben, S. 338 ff.

sich diese auf produktbezogene Charakteristika oder ihre entsprechenden PPMs beschränkten[474].

Die Gegenauffassung folgert aus dem Beginn des zweiten Satzes mit „also", daß diesem Satz eine eigenständige Bedeutung zukomme und er unabhängig vom ersten Teil stehe[475]. Da im zweiten Satz die Formulierung „or (their) related" zwischen „products" und „processes" anders als in Satz 1 nicht enthalten sei, könnten auch Kennzeichnungsvorschriften erfaßt werden, die sich auf nicht produktbezogene PPMs beziehen. Diese Auffassung wird insbesondere von Kanada vertreten[476].

Da der Text des Anhangs 1 folglich Interpretationsmöglichkeiten offenläßt, ist durch einen Blick auf die Verhandlungsgeschichte festzustellen, ob sich hieraus nähere Anhaltspunkte bezüglich der Ausdehnung des Anwendungsbereichs auf nicht produktbezogene PPMs entnehmen lassen.

(2) Verhandlungsgeschichte

Die Intentionen während der Verhandlungen in der Uruguay-Runde gingen dahin, grundsätzlich nicht produktbezogene PPMs vom Anwendungsberich des TBT-Abkommens auszuschließen. Besonders deutlich wird dies in der auf Drängen Mexikos erfolgten Ergänzung der Definition der technischen Vorschriften um das Wort *„their"* in dem Passus „or related product and production methods", worauf bereits im Zusammenhang mit den untersuchten Verwendungsbeschränkungen für Tropenholz ausführlicher eingegangen worden ist[477].

Würde der zweite Satz der Definitionen für technische Vorschriften und Standards so verstanden werden, daß er auch auf nicht produktbe-

---

[474] WTO-Doc. WT/CTE/W/40 v. 12.11.1996: Report (1996) of the Committee on Trade and Environment, Ziff. 70. Dahingehend auch *OECD*, Processes and Production Methods, 11; *Ewing/Tarasofsky*, The „Trade & Environment" Agenda, 30; *Rege*, GATT Law and Environment-Related Issues, JWT 1994, Nr. 3, S. 95, 111; *Schoenbaum*, International Trade and Protection of the Environment, AJIL 1997, 268, 295; *Wha Chang*, GATTing a Green Trade Barrier, JWT 1997, Nr. 1, S. 137, 142; *Ward*, Trade and Environment Issues, RECIEL 1997, 139, 142 ff.

[475] *Ginsky*, Saubere Produkte, schmutzige Produktion, 193.

[476] WTO-Doc. WT/CTE/W/40 v. 12.11.1996: Report (1996) of the Committee on Trade and Environment, Ziff. 74.

[477] Vgl. dazu bereits die obigen Ausführungen, S. 385 f.

zogenen PPMs basierende Kennzeichnungsprogramme umfaßte, stünde dies in klarem Widerspruch zur Verhandlungsgeschichte des TBT-Abkommens[478]. Daraus ist die Schlußfolgerung abzuleiten, daß sich Kennzeichnungs-, Verpackungs- oder sonstige Deklarationserfordernisse nach Anhang 1 TBT-Abkommen nur auf Produkte an sich oder produktbezogene PPMs beziehen.

Trotz dieses eindeutigen Verhandlungshintergrundes wird teilweise versucht, mit Blick auf eine Entscheidung des WTO/TBT-Komitees aus dem Jahre 1995 zu Kennzeichnungsprogrammen die Einbeziehung nicht produktbezogener Umweltzeichen zu begründen[479]. Nach dieser Entscheidung sind alle Mitgliedstaaten verpflichtet, ihre obligatorischen technischen Vorschriften bekanntzugeben, die nicht auf internationalen Standards beruhen und bedeutende Auswirkungen für den Handel mit anderen Mitgliedstaaten haben können. Da diese Verpflichtung unabhängig von der im Kennzeichen enthaltenen Information ist[480], wird hieraus entnommen, daß auch nicht produktbezogene Charakteristika in Kennzeichnungsprogrammen erfaßt werden[481].

Die Entscheidung des Komittees von 1995 wurde in dieser Fassung bereits im Oktober 1992 fast wortgleich vom damaligen GATT/TBT-Komitee angenommen, also zu einer Zeit, als die Vertragsparteien in den Uruguay-Verhandlungen über die Modifzierung der Begriffsdefi-

---

478 *Wha Chang*, GATTing a Green Trade Barrier, JWT 1997, Nr. 1, S. 137, 146.

479 WTO-Doc. G/TBT/1/Rev.1 v. 10.8.1996: Decisions and Recommendations adopted by the Committee [on Technical Barriers to Trade] since 1 January 1995.

480 WTO-Doc. G/TBT/1/Rev.1 v. 10.8.1996: Decisions and Recommendations adopted by the Committee, Ziff. 8: „In conformity with Article 2.9 of the Agreement, Members are obliged to notify all mandatory labelling requirements that are not based substantially on a relevant international standard and that may have a significant effect on the trade of other Members. That obligation is not dependent upon the kind of information which is provided on the label, whether it is in the nature of a technical specification or not". In diesem Sinne auch WTO-Doc. G/TBT/5 v. 19.11.1997: First Triennial Review of the Operation and Implementation of the Agreement on Technical Barriers to Trade, Ziff. 12 e): "... the obligation to publish notices of draft standards containing voluntary labelling requirements under paragraph L of the Code ist not dependent upon the kind of information provided on the label."

481 Vgl. ausführlich zu diesem Interpretationsansatz: *Wha Chang*, GATTing a Green Trade Barrier, JWT 1997, Nr. 1, S. 137, 146 f.

nitionen in Anhang 1 debattierten und den Ausschluß nicht produktbezogener PPMs besonders betonten. Daher kann diese Entscheidung nicht zur Begründung einer Einbeziehung nicht produktbezogener PPMs herangezogen werden.

(3) Ergebnis

Obligatorische Kennzeichnungsvorschriften, die für bestimmte Produkte die Einhaltung nicht produktbezogener PPMs signalisieren sollen, sind folglich nicht am Maßstab des TBT-Abkommens zu messen. Dies gilt demzufolge auch für die Verpflichtung, (Tropen-) Holz und entsprechende Holzprodukte aus nicht nachhaltiger Waldbewirtschaftung zu kennzeichnen.

bb) GATT-Konformität obligatorischer Kennzeichnungsprogramme

Es stellt sich daher die weitere Frage, an welchem Maßstab Kennzeichnungsprogramme zu messen sind, die nicht unter die Definitionen des TBT-Abkommens fallen. Angesichts der teilweise erheblichen handelsbeschränkenden Wirkung von Aktionen, die auf nicht produktbezogenen PPMs beruhen, wäre es mit den Zielen des freien Welthandels unvereinbar, derartige vom TBT-Abkommen nicht erfaßte Regelungen nicht anhand des GATT überprüfen zu können.

(1) Verhältnis zwischen TBT-Abkommen und GATT 1994

Hinsichtlich des Verhältnisses zwischen dem GATT und dem TBT-Abkommen gilt der Grundsatz, daß im Falle eines Konflikts zwischen den Vorschriften des GATT und anderen Verträgen letztere vorrangig zur Anwendung gelangen[482]. Die Anwendung des GATT bleibt nach der Regel des *lex specialis derogat legi generali* ausgeschlossen, soweit ein anderes Abkommen ausdrücklich bestimmte Rechte und Pflichten hinsichtlich einer Handelsmaßnahme regelt, die sich an entsprechende Bestimmungen des GATT anlehnt[483]. Soweit das TBT-Abkommen die dem GATT eigene Bedingung der Nichtdiskriminierung statuiert und

---

[482] *Tietje*, Voluntary Eco-Labelling programmes, JWT 1995, Nr. 5, S. 123, 137.

[483] *Zedalis*, The Environment and the Technical Barriers to Trade Agreement, Netherlands Int. Law Review 1997, 186, 200 f.

Kennzeichnungsregelungen als technische Vorschriften im Sinne des TBT-Abkommens eingestuft werden können, sind die entsprechenden Nichtdiskriminierungsgrundsätze des GATT nicht mehr einschlägig. In denjenigen Fällen, in denen Kennzeichnungsprogramme aber nicht vom Anwendungsbereich des TBT-Abkommen erfaßt werden, bleiben, wie hier im Fall der obligatorischen Holzkennzeichen, die GATT-Vorschriften ausnahmslos anwendbar[484].

(2) Obligatorische Kennzeichnungsregelungen und die Nichtdiskriminierungsgrundsätze des GATT

Zu prüfen ist daher die Vereinbarkeit mit dem Grundsätzen der Nichtdiskriminierung aus Art. III Abs. 4 sowie Art. I Abs. 1 GATT. Wenn, wie im Falle des österreichischen Kennzeichnungsgesetzes, zwar einerseits die obligatorische Kennzeichnung von Tropenholz und Tropenholzprodukten vorgeschrieben, aber keine entsprechende Kennzeichnung für einheimische Hölzer verlangt wird, wird gegen Art. III Abs. 4 GATT verstoßen, da ausländische Waren nach der Einfuhr nicht schlechter behandelt werden dürfen als vergleichbare inländische Hölzer aus temperierten Wäldern. Soweit die Kennzeichnung von Tropenholz aus nicht nachhaltiger Waldbewirtschaftung gesetzlich vorgeschrieben wird, eine entsprechende Anforderungen an die Produktionsweise für inländisches Holz jedoch unterbleibt, liegt aufgrund einer Ungleichbehandlung von „like products“ ebenfalls ein Verstoß gegen Art. III Abs. 4 GATT vor, zumal unterschiedliche Produktionsmethoden keinen Einfluß auf die Einordnung von Produkten als „like product“ haben[485].

Soweit die Kennzeichnungspflicht darüber hinaus nur für Holzprodukte aus tropischen Regionen gilt, verstößt die Regelung auch gegen den Grundsatz der Meistbegünstigung aus Art. I Abs. 1 GATT, da Waren aus einem WTO-Vertragsstaat nicht wegen ihrer Herkunft gegenüber gleichartigen Waren aus einem anderen Land benachteiligt werden dürfen[486]. Länder, die über keine Tropenholzvorkommen verfügen,

---

[484] *Gesser*, Canada's Environmental Choice Program, Harvard Int. Law Journal 1998, 501, 539; *Tietje*, Voluntary Eco-Labelling programmes, JWT 1995, Nr. 5, S. 123, 137; *Ward*, Trade and Environment Issues, RECIEL 1997, 139, 142.

[485] Siehe dazu bereits in diesem Teil, S. 417.

[486] Österreich versuchte dem von den ASEAN-Staaten vorgehaltenen Verstoß gegen Art. I Abs. 1 GATT entgegenzusetzen, daß es sich bei dem Kenn-

können weiterhin ungehindert ihre Produkte importieren, während für Tropenholzexportländer durch die Kennzeichnungsregelung eine Handelsbeschränkung geschaffen wird[487]. Insofern liegt eine Ungleichbehandlung gleichartiger Produkte gem. Art. I Abs. 1 GATT vor.

Die obligatorische Holzkennzeichnung ist auch nicht über Art. XX (b) und (g) GATT zu rechtfertigen. Die Voraussetzung des Art. XX (g) GATT, daß die Maßnahmen „in Verbindung mit inländischen Beschränkungen" erfolgen müssen, ist solange nicht gegeben, wie nicht auch parallele Kennzeichnungsvorschriften für inländisches Holz erlassen werden[488]. Die obligatorische Kennzeichnung von Tropenholzprodukten stellt des weiteren keine notwendige Maßnahme gem. Art. XX (b) GATT dar. Zwar können nach den jüngsten Panel-Entscheidungen auch Handelsbeschränkungen zum Schutz von extraterritorialen Naturgütern ergriffen werden, aber nur insoweit, als andere Staaten hierdurch nicht zur Änderung ihrer Umweltpolitik oder Praxis gezwungen werden[489].

Für den Fall, daß handelsbeschränkende Maßnahmen die angestrebte Wirkung nur dann entfalten können, wenn die von der Importbeschränkung betroffenen Länder ihre Politik und Einstellung entsprechend modifizieren[490], sind diese nicht als „notwendig für den Schutz des Lebens und der Gesundheit von Pflanzen und Tieren" anzusehen[491]. So wie nationale Verwendungsbeschränkungen für Tropenholz zielen auch entsprechende Kennzeichnungsregelungen darauf ab, die

---

zeichnungsgesetz nicht um eine diskriminierende Regelung handelte, da diese sich auf alle Tropenholzprodukte unabhängig von der jeweiligen Länderherkunft bezog und insofern auch Tropenholz aus Österreich erfaßte. Da Österreich ersichtlich aber kein Tropenland ist, ging diese Argumentation ins Leere (vgl. *König*, New Approaches, in: Wolfrum [Hrsg.], Enforcing Environmental Standards, 337, 359).

[487] *Forstbauer/Parker*, The Role of Ecolabeling, Journal of Environmental Law and Litigation 1996, 165, 181; so auch *Schoenbaum*, International Trade and Protection of the Environment, AJIL 1997, 268, 295.

[488] *König*, New Approaches, in: Wolfrum (Hrsg.), Enforcing Environmental Standards, 337, 361.

[489] Siehe Panel-Bericht: „US-Tuna/Dolphin II", Ziff. 5.27.

[490] Panel-Bericht: „US-Tuna/Dolphin II", Ziff. 5.23. Vgl. hierzu *Diem*, Freihandel und Umweltschutz in GATT und WTO, 44.

[491] Siehe oben, S. 437 ff.

Tropenwaldländer verstärkt zur Einführung nachhaltiger Bewirtschaftungsmethoden zu bewegen.

Kennzeichnungsregelungen in den Importstaaten alleine sind jedoch nicht ausreichend, um die Abholzungsrate zu reduzieren oder das Konzept der nachhaltigen Waldbewirtschaftung in den Erzeugerländern einzuführen oder auszuweiten, vielmehr ist zugleich auch eine Änderung der nationalen Umweltpoltik der Erzeugerstaaten erforderlich. Regelungen, die die Deklaration von Tropenholz und/oder Tropenholzprodukten aus nachhaltiger Bewirtschaftung zwingend vorschreiben, sind daher nicht als „notwendig" im Sinne von Art. XX (b) GATT einzustufen.

(3) Ergebnis

Soweit die Vergabe von Holzkennzeichen für Tropenholz bzw. für Tropenholz aus nicht nachhaltiger Bewirtschaftung gesetzlich zwingend kodifiziert wird, verstoßen diese Regelungen gegen die Nichtdiskriminierungsgrundsätze des GATT aus Art. III Abs. 4 und Art. I Abs. 1 und sind weder nach Art. XX (b) noch nach Art. XX (g) GATT gerechtfertigt.

c) Vereinbarkeit von freiwilligen Holzzertifizierungs- und Kennzeichnungsinitiativen mit dem TBT-Abkommen

Des weiteren stellt sich die Frage nach der Vereinbarkeit der überwiegend freiwilligen Holzzertifizierungs- und Kennzeichnungsinitiativen mit dem GATT/WTO-System. Bei Zertifizierungs- und Kennzeichnungsprogrammen auf freiwilliger Basis sind die Auswirkungen auf den Handel mit Holz und Holzprodukten, anders als bei Zöllen oder mengenmäßigen Importbeschränkungen, nicht direkt spürbar. Es hängt letztlich von der Entscheidung des Endverbrauchers im Einfuhrland ab, ob er ein gekennzeichnetes Produkt kaufen will oder nicht und bereit ist, gegebenenfalls einen höheren Preis dafür zu entrichten. Über diese Entscheidungsfindung erfolgt keine direkte Importkontrolle wie bei den „klassischen" importbeschränkenen Maßnahmen, denkbar ist aber aber eine „de facto-Diskriminierung" für Produkte ohne entsprechende Kennzeichnung[492].

---

[492] *Tietje*, Voluntary Eco-Labelling programmes, JWT 1995, Nr. 5, S. 123, 129.

Vielfach wird seitens der Entwicklungsländer kritisiert, daß sich sowohl die Auswahl der zu zertifizierenden Produkte als auch die Entwicklung entsprechender Kriterien zu eng an den Gegebenheiten und Bedürfnissen des Industriestaates orientierten und insgesamt nicht transparent genug seien. Nicht zuletzt würden die mit der Zertifizierung und Kennzeichnung der Produkte verbundenen Kosten eine besondere Hürde für die Entwicklungsländer darstellen[493]. Da somit auch freiwillige Kennzeichnungsmaßnahmen als faktische Handelsbarriere empfunden werden, sind diese nachfolgend am Maßstab der Diskriminierungsgrundsätze des GATT und des Abkommens über technische Handelshemmnisse zu überprüfen.

aa) Anwendbarkeit des TBT-Abkommens

Das TBT-Abkommen regelt Verfahren der Harmonisierung und Standardisierung von technischen Anforderungen und hat dabei insbesondere die Regelung sog. freiwilliger Standards zum Gegenstand[494].

(1) Debatte um nicht produktbezogene PPMs

Zunächst ist der Frage nachzugehen, ob *freiwillige* Kennzeichnungsregelungen, die auf nicht produktbezogenen Prozeß- und Produktionsmethoden beruhen, in den Anwendungsbereich des TBT-Abkommens fallen. Mit dieser umstrittenen und noch nicht abschließend gelösten Problematik beschäftigt sich auch das CTE, allerdings sind die Ansichten über die Anwendbarkeit des TBT-Abkommens auf freiwillige Kennzeichnungsprogramme, die auf nicht produktbezogenen PPMs beruhen, geteilt. Eine einvernehmliche Lösung konnte bislang nicht gefunden worden[495].

Teilweise wird mit Blick auf die Verhandlungsgeschichte des TBT-Abkommens eine Einbeziehung der nicht produktbezogenen PPMs

---

[493] *Jha/Zarrilli*, Eco-Labelling Initiatives as Potential Barriers to Trade, in: Zarrilli/Jha/Vossenaar (Hrsg.), Eco-Labelling and International Trade, 277, 278; *Michaelowa*, Trade and Labelling of Timber and Timber Products, Außenwirtschaft 1997, 561, 568; *Wha Chang*, GATTing a Green Trade Barrier, JWT 1997, Nr. 1, S. 137, 138 f.

[494] Siehe bereits die obigen Ausführungen zum TBT-Abkommen, S. 378 ff.

[495] WTO-Doc. WT/CTE/W/40 v. 12.11.1996: Report (1996) of the Committee on Trade and Environment, Ziff. 55 ff. und 183 ff.

auch in bezug auf freiwillige Kennzeichnungsprogramme abgelehnt[496]. Andere Ansichten gehen wiederum davon aus, daß weder aus der Verhandlungsgeschichte noch aus dem Wortlaut des Anhangs 1 des Abkommens hervorgehe, daß entsprechende Kennzeichnungsprogramme a priori ausgeschlossen seien[497].

Im Hinblick auf die hier zu untersuchenden freiwilligen Kennzeichnungsprogramme ist insbesondere eine präzise Definition der freiwilligen „standards" erforderlich. Ebenso wie bei der Begriffsbestimmung der obligatorischen „technical regulation" ergibt sich aus dem Wortlaut nicht eindeutig, ob nicht produktbezogene PPMs als freiwillige „standards" vom Anwendungsbereich des TBT-Abkommens erfaßt werden. Auch dem in Anhang 3 des TBT-Abkommens enthaltenen „Kodex des Guten Verhaltens", der sich auf freiwillige Standards bezieht, läßt sich keine Aussage über Art und Umfang der erfaßten freiwilligen Kennzeichnungsprogamme entnehmen, da dieser Anhang wiederum auf die Begriffsbestimmungen des Anhangs 1 verweist.

Die bereits erwähnte Entscheidung des WTO/TBT-Komitees zu Kennzeichnungsprogrammen begründet ebenfalls nicht die Anwendbarkeit des Übereinkommens auf nicht produktbezogene freiwillige Kennzeichnungsprogramme[498], zumal diese Entscheidung zur Notifikationspflicht obligatorischer Kennzeichnungsprogramme keine Übertragung auf freiwillige Programme vorsieht. Auch aus den Uruguay-Verhandlungen zum TBT-Abkommen läßt sich kein anderes Ergebnis herleiten[499].

Damit bleibt festzuhalten, daß freiwillige Umweltzeichenprogramme, die auf nicht produktbezogenen PPMs beruhen, vom Anwendungsbereich des TBT-Abkommens nicht erfaßt werden. Folglich sind auch entsprechende freiwillige Holzkennzeichnungsinitiativen nicht am Maßstab des TBT-Abkommens, sondern an den allgemeinen Regeln des GATT zu messen.

---

[496] Vgl. dazu bereits S. 384 ff.

[497] WTO-Doc. WT/CTE/W/40 v. 12.11.1996: Report (1996) of the Committee on Trade and Environment, Ziff. 71.

[498] WTO-Doc. G/TBT/1/Rev.1 v. 10.8.1996: Decisions and Recommendations adopted by the Committee [on Technical Barriers to Trade] since 1 January 1995, Ziff. 8.

[499] Siehe oben, S. 385 f.

(2) Einbeziehung privater Kennzeichnungsprogramme

Zu erörtern wäre im Rahmen der Anwendbarkeit des TBT-Abkommen an sich noch die Problematik, ob und inwieweit freiwillige Kennzeichnungsregelungen, die von ausschließlich privaten Organisationen aufgestellt worden sind, überhaupt vom Übereinkommen erfaßt werden können. Dies ist fraglich im Hinblick darauf, als die Legaldefinition von „standard" eine gewisse nationale oder internationale Anerkennung („approved by a recognized body") der entsprechenden freiwilligen Regelung verlangt.

Eine Definition des Begriffs „recognized body" existiert aber nicht, auch ist unklar, von wem oder durch wen diese Stelle anerkannt sein muß[500]. Die Frage, ob ein Schema mit einem gewissen staatlichen Einfluß den Disziplinen des TBT-Abkommens unterliegt, dagegen private Regelungen, von denen ebenso handelsbeschränkende Wirkungen ausgehen können, aus dem Anwendungsbereich herausfallen, ist noch nicht in zufriedenstellender Weise beantwortet worden.

Nach den obigen Ausführungen sind aber freiwillige Holzkennzeichen, die auf nicht produktbezogenen PPMs beruhen, vom Anwendungsbereich des TBT-Abkommens ausgeschlcssen, unabhängig davon, ob es sich um staatliche oder staatliche unterstützte oder rein private Kennzeichnungsinitiativen handelt. Insofern erübrigt sich an dieser Stelle eine weitere Erörterung dieser Problematik. Die Frage stellt sich aber bei der nachfolgenden Überprüfung der Vereinbarkeit freiwilliger Holzkennzeichnungsprogramme mit den Vorschriften des GATT 1994[501].

bb) Ausblick

Mehrere Vorschläge sind im Rahmen des CTE und des TBT-Komitees zur Lösung der „PPM-Debatte" vorgebracht worden[502]. Kanada regte

---

[500] Vgl. näher hierzu *Ward*, Trade and Environment Issues, RECIEL 1997, 139, 143; *Roht-Arriaza*, Private Voluntary Standard-Setting, YIEL 1995, 107, 155. Als anerkannte Organisation im o.g. Sinne ist danach wohl die ISO anzusehen.

[501] Siehe sogleich, S. 466 ff.

[502] Norwegen strebt zusammen mit der EU die Schaffung eines „Code of Good Practice for Voluntary Eco-labelling" in Anlehnung an Annex 3 des TBT-Abkommens an; andere Vertreter geben einem unabhängigen multilateralen Abkommen innerhalb der WTO, aber außerhalb des TBT-Abkommens den Vorzug. Siehe zusammenfassend zu diesen und weiteren Vorschlägen: *Ewing/*

während der Beratungen an, in den Anwendungsbereich des TBT-Abkommens und des im Anhang 3 befindlichen „Kodex des guten Verhaltens für die Ausarbeitung, Annahme und Anwendung von Normen" (Code of Good Practice) sowohl private als auch staatliche obligatorische und freiwillige Ökosiegel-Programme aufzunehmen[503]. Umweltzeichen, die auf nicht produktbezogenen PPMs gestützt sind, aber auf mulitateral abgestimmten und anerkannten Richtlinien beruhen, sollen danach ebenfalls vom Anwendungsbereich des TBT-Abkommens erfaßt werden. Dieser Vorschlag ist aber auf den Widerstand vieler Entwicklungsländer gestoßen[504].

Eine abschließende Einigung zur Lösung der PPM-Problematik ist noch nicht erfolgt. Angesichts der zunehmenden Bedeutung von Kennzeichnungsvorschriften sind die in dieser Debatte noch weithin vorherrschenden Divergenzen zwischen Nord und Süd zukünftig zu beheben[505]. Hierfür ist erforderlich, daß die Einhaltung der Grundsätze der Transparenz und Nichtdiskriminierung gewährleistet werden, eine internationale Koordination bei der Entwicklung freiwilliger Umweltzei-

---

Tarasofsky, The „Trade & Environment" Agenda, 33 f.; *Tarasofsky*, The WTO Committee on Trade and Environment, Max Planck Yearbook of UN law 1999, 471, 477 f.; *Vossenaar*, Eco-Labelling and International Trade, in: Zarrilli/Jha/Vossenaar (Hrsg.), Eco-Labelling and International Trade, 21, 33.

[503] WTO-Doc. WT/CTE/W/21; G/TBT/W/21 v. 21.2.1996: Communications from Canada, Elements of a Possible Understanding on the TBT Agreement: Eco-labelling, Ziff. 7. Die kanadische Initiative mündete in einer vorläufigen Entscheidung über Umweltkennzeichen (WTO-Doc. WT/CTE/W/38; G/TBT/W/30 v. 24.7.1996: Draft Decision on Eco-Labelling Programmes). Kanada stellt in diesem Papier unter Ziff. 5 aber fest, daß „this Decision is not intended to prejudge whether measures related to non-product-related process and production methods are within the scope of [the TBT] Agreement". Siehe dazu auch *Gesser*, Canada's Environmental Choice Program, Harvard Int. Law Journal 1998, 501, 539; *Michaelowa*, Trade and Labelling of Timber and Timber Products, Außenwirtschaft 1997, 561, 572.

[504] Vgl. zur ablehnenden Haltung Ägyptens auf der CTE-Sitzung im März 1998 in Singapur: *WTO*, Trade and Environment Bulletin, PRESS/TE 023, 14.5.1998. Auch Brasilien lehnt eine diesbezügliche Ausdehnung des Anwendungsbereichs ab (vgl. *Tietje*, Voluntary Eco-Labelling programmes, JWT 1995, Nr. 5, S. 123, 133). Siehe dazu auch: *Gesser*, Canada's Environmental Choice Program, Harvard Int. Law Journal 1998, 501, 518.

[505] Vgl. hierzu auch die Stellungnahmen der Staaten auf dem WTO „High-Level Symposium on Trade and Environment" vom 15.-16.3.1999, *IISD*, Sustainable Developments, Vol. 12 Nr. 2, 22.3.1999.

chen erfolgt und die potentiellen Handelspartner bei der Festsetzung und Kontrolle von Umweltstandards beteiligt werden, soweit für sie die zu kennzeichnenden Produkte von besonderem Exportinteresse sind[506]. Nach dem Gedanken „mutual recognition and equivalency" sollte zudem eine gegenseitige Anerkennung von Kennzeichnungs- und Zertifizierungsprogrammen erfolgen, um die handelsbeschränkende Wirkung derartiger Initiativen zu verringern. Dieses Erfordernis der Harmonisierung gilt umso mehr, als es sich um grenzüberschreitende oder globale Umweltprobleme handelt, wie im Falle der anhaltenden Tropenwaldzerstörung[507].

d) Freiwillige Umweltkennzeichen und GATT-Konformität

Angesichts möglicher handelsbeschränkender Wirkungen von freiwilligen Kennzeichnungsprogrammen schließen sich zwei näher zu untersuchende Fragestellungen an: Verletzen die bislang existierenden Holzkennzeichnungsinitiativen auf freiwilliger Basis die im GATT/WTO-System niedergelegten Grundregeln des freien Handels, und ergibt sich angesichts der Tatsache, daß die Mehrzahl der gegenwärtig bestehenden Kennzeichnungsinitiativen für Holz auf privater Initiative beruhen, gegebenenfalls eine Unterbindungsverpflichtung des Staates für Handlungen dieser Organisationen, sofern diese gegen völkerrechtliche Normen verstoßen?

aa) Staatliche Einflußnahme auf private Kennzeichnungsinitiativen

Holzkennzeichnungsprogramme auf freiwilliger Basis können sowohl durch den Staat als auch von privaten Organisationen entwickelt werden. Der Grad der staatlichen Beteiligung fällt dabei unterschiedlich stark aus. Auch von nichtstaatlichen Organisationen oder sonstigen Einrichtungen initiierte Kennzeichnungsinitiativen können durch staatliche Interventionen, wie etwa finanzielle Zuschüssse, beeinflußt werden. Eine staatliche Einwirkung ist ebenfalls möglich über die von öffentlichen Beschaffungsstellen praktizierte Bevorzugung von gekennzeichneten Produkten; Holz aus nachhaltig bewirtschafteten Wäldern,

---

506 *OECD*, Processes and Production Methods, 43. Diesen Anforderungen soll auch das pan-europäische Holzzertifizierungsverfahren (PEFC) genügen (vgl. *ETC*, Final Report, 42).

507 *OECD*, Processes and Production Methods, 38 f.

das mit dem Siegel einer vom FSC akkreditierten Organisation gekennzeichnet ist, wird bereits teilweise vom Verwendungsverbot für Tropenholz in öffentlichen Bauten ausgenommen[508].

Da sich die Regelungen des GATT hinsichtlich des personellen Anwendungsbereichs grundsätzlich nur an die Regierungen der Mitgliedstaaten richten und keine handelsbeschränkenden Maßnahmen Privater erfassen[509], ist zunächst der Frage nachzugehen, ob freiwillige Ökosiegel mit möglicherweise handelsbeschränkender Wirkung, die von privaten Organisationen mit lediglich geringer oder gar ohne staatliche Unterstützung für bestimmte Holzprodukte vergeben werden, vom Anwendungsbereich des GATT/WTO-Regelungssystems erfaßt werden.

Aus der Verhandlungsgeschichte zum GATT 1947 ergibt sich zwar einerseits, daß restriktive Geschäftspraktiken Privater nicht unter das GATT fallen, da der Staat an sich nur für eigenes Vehalten verantwortlich ist[510]; dies wurde, bezogen auf Art. III Abs. 4 GATT, ausdrücklich von einer Panel-Entscheidung bestätigt[511]. Andererseits werden nichttarifäre Handelshemmnisse zum großen Teil faktisch von Privatrechtssubjekten vollzogen. Fraglich ist daher, ob vom Grundtatbestand der Staatenverantwortlichkeit auch handelsbeschränkende Maßnahme von

---

[508] So etwa der Ratsbeschluß der Stadt Bonn zum Verzicht auf umweltschädliche Baumaterialien (Amtsblatt der Bundesstadt Bonn vom 29.2.1996, S. 207, DS-Nr. 9501219 N; vgl. bereits S. 350, Anm. 140); auch der Hamburger Senat schließt Tropenholz, das aufgrund eines international anerkannten Zertifizierungssystems nachweislich aus nachhaltiger Forstbewirtschaftung stammt, von einem entsprechenden Verwendungsverbot aus. Diesbezüglich wird der FSC als anerkanntes Zertifizierungssystem angesehen.

[509] *Schlagenhof*, Trade Measures Based on Environmental Processes and Production Methods, JWT 1995, Nr. 6, S. 123, 147.

[510] *Wha Chang*, GATTing a Green Trade Barrier, JWT 1997, Nr. 1, S. 137, 156; *Tietje*, Normative Grundstrukturen, S. 367 mit weiteren Nachweisen.

[511] Panel-Bericht: „Canada - Administration of the Foreign Investment Review Act“, angenommen am 7.2.1984, GATT BISD 30/140, Ziff. 5.6: „The Panel felt ... that ... private contractual obligations ... should not adversely affect the rights which contracting parties ... possess under Article III:4 of the General Agreement“.

Privaten, die gegen völkerrechtliche Bestimmungen verstoßen, erfaßt werden[512].

bb) Völkerrechtliche Verantwortlichkeit für Handlungen Privater

Hinsichtlich der Verantwortlichkeit von Staaten für Handlungen von Privatpersonen ist zunächst ein Blick auf die europäische Rechtspraxis zu werfen. Im Fall der Behinderung von Agrarimporten durch französische Demonstranten hat der EuGH in seinem Urteil vom 9.12.1997[513] erstmals einen Verstoß Frankreichs gegen die Verpflichtungen aus Art. 30 iVm Art. 5 EGV angenommen, da Frankreich nicht alle erforderlichen und angemessenen Maßnahmen ergriffen habe, um eine Beeinträchtigung des freien Warenverkehrs von Obst und Gemüse durch Handlungen Privater zu verhindern.

Nach Art. 30 EGV sind mengenmäßige Beschränkungen sowie alle Maßnahmen gleicher Wirkung zwischen den Mitgliedstaaten untersagt. Nach der bisherigen Rechtsprechung des EuGH verstoßen nicht nur staatliche Regelungen und Verwaltungspraktiken, sondern auch rechtlich unverbindliche Maßnahmen eines Mitgliedstaates, die zu einer Bevorzugung der inländischen bzw. zur Benachteiligung eingeführter Erzeugnisse führen, gegen Art. 30 EGV[514]. Bislang ist aber zweifelhaft

---

[512] Vgl. einführend zu Grundlagen und Konzept der Staatenverantwortlichkeit: *Schröder*, Verantwortlichkeit, Völkerstrafrecht, Streitbeilegung und Sanktionen, in: Vitzthum (Hrsg.), Völkerrecht, 525, 530 ff.

[513] Rs. C-265/95 (Kommission/Frankreich), EuZW 1998, 84 ff. mit Anm. *Meier*. Zustimmend auch *Schwarze*, Zum Anspruch der Gemeinschaft auf polizeiliches Einschreiten, Europarecht 1998, 53 ff. In diese Richtung auch schon *Bleckmann*, Europarecht, Rdn. 1517, allerdings kritisch hinsichtlich privater Boykottaufrufe gegen ausländische Waren. Gegen eine ausschließlich auf staatlich festgelegte Regelungen beschränkte Anwendung des Verbots aus Art. 30 EGV bereits *Gornig/Silagi*, Vom Ökodumping zum Ökoprotektionimus, EuZW1992, 753, 756.

[514] Vgl. zum Fall einer faktischen Benachteiligung die Entscheidung des EuGH vom 24.11.1982 - Kommission/Irland, 249/91 - Slg. 1982, 4005: Die von der irischen Regierung finanzierte Kampagne der irischen Industrie nach dem Motto „Buy Irish“ zur Förderung des Absatzes und des Kaufs irischer Erzeugnisse, die u.a. die Etikettierung inländischer Waren mit dem Aufdruck „Guaranteed Irish“ vorsah, stufte der EuGH als eine gegen Art. 30 EGV verstoßene Maßnahme ein (siehe *Benedict*, Sekundärzwecke im Vergabeverfahren, 206 f.) Vgl. zum „Buy America Act“ von 1933, der einige diskriminierende Vorschrif-

gewesen, ob auch Personen des Privatrechts für ihre handelsbehindernden Praktiken, wie z.B. Boykottmaßnahmen oder Aufrufe zum ausschließlichen Kauf inländischer Waren, dem Grundsatz der Freiheit des Handelsverkehrs unterworfen sind, wie er in Art. 30 EGV zum Ausdruck kommt[515]. Nach der soeben erwähnten Entscheidung des EuGH im Fall Kommission/Frankreich kommt Art. 30 EGV nun auch dann zur Anwendung, wenn ein Mitgliedstaat Maßnahmen unterlassen hat, um gegen Beeinträchtigungen des freien Warenverkehrs einzuschreiten, deren Ursachen nicht auf den Staat zurückzuführen sind.

Der eigentlich neue Aspekt der Entscheidung betrifft mithin die Ausdehnung des Verbots mitgliedstaatlicher Störungsmaßnahmen des freien Warenverkehrs auf Formen vertragswidriger staatlicher Untätigkeit bei Handlungen von Privaten, welche den Binnenmarkt beeinträchtigen. Ausgangspunkt der EuGH-Entscheidung ist die Überlegung, daß nicht nur der Staat, sondern auch Private Ursachen setzen können, die den freien Warenverkehr gefährden oder behindern. Der EuGH unterwirft privates Handeln zwar nicht direkt der Verbotsnorm des Art. 30 EGV, legt den Mitgliedstaaten aber eine auf die Abwehr der durch die Privaten hervorgerufenen Störung bezogene Handlungspflicht auf[516].

Die Grundsätze des EuGH lassen sich nur dann übertragen, wenn es sich um ähnlich gravierende Störungen des freien Warenverkehrs handelt wie im Fall der französischen Grenzblockaden. Hinsichtlich der neuen Ansätze des EuGH ist daher zu fragen, ob auch im Völkerrecht eine Unterbindungsverpflichtung des Staates für das Handeln privater Organsiationen oder sonstiger Institutionen besteht, wenn entsprechende Maßnahmen eine diskriminierende Auswirkung auf den freien Welthandel haben. Hierzu ist zunächst auf die allgemeinen Prinzipien der Staatenverantwortlichkeit bei Aktivitäten von Privatrechtssubjekten, die gegen völkerrechtliche Grundsätze verstoßen, einzugehen.

---

ten enthält: *Europäische Kommission*, Report on United States Barriers to Trade and Investment 1998, 27 ff.

515 *Von der Groeben/Thiesing/Ehlermann,* Kommentar zum EU-/EG-Vertrag, Art. 30, Rdn. 301 ff.

516 *Schwarze*, Zum Anspruch der Gemeinschaft auf polizeiliches Einschreiten, Europarecht 1998, 53, 54. Das Europäische Parlament hat nunmehr einem Kommissionsvorschlag zugestimmt, wonach die Komission, sobald sie eine offenkundige, eindeutige und ungerechtfertigte Behinderung des freien Warenverkehrs feststellt, innerhalb einer Frist von fünf Tagen ein Verfahren gegen den nicht einschreitenden Mitgliedstaat eröffnen kann (vgl. EuZW 1999, 67).

Im Zusammenhang mit der völkerrechtlichen Verantwortlichkeit von Staaten für Handlungen Privater, welche das Vorliegen eines Völkerrechtsdelikts voraussetzt, spielt das mit der Zurechnung verbundene Problem, ob ein tatsächliches Verhalten als staatliche oder private Aktivität zu werten ist, ebenso eine entscheidende Rolle wie die Frage nach den Merkmalen des Völkerrechtsdelikts.

(1) Zurechnungskriterien im allgemeinen Völkerrecht

Staaten sind für ihnen zurechenbare Handlungen oder Unterlassungen, die gegen eine Norm des Völkerrechts verstoßen, dem oder den verletzten Völkerrechtssubjekten gegenüber verantwortlich[517]. Folglich kann ein Staat nur für eigenes Verhalten seiner Organe zur Verantwortung gezogen werden, soweit diese gegen eine Völkerrechtsnorm verstoßen haben; dies entspricht der völkerrechtlichen Praxis und der herrschenden Meinung im Schrifttum[518]. Ob auch Wirtschaftsmaßnahmen von Privatrechtssubjekten[519] von der Staatenverantwortlichkeit erfaßt werden, wird im allgemeinen Völkerrecht unter dem Aspekt der Zurechenbarkeit diskutiert.

Bestrebungen zur Kodifikation der Staatenverantwortlichkeit haben bislang lediglich zur Zusammenstellung von Regeln geführt, die nach Art eines unverbindlichen Kodex als Richtschnur der Staatenpraxis dienen[520]. Die Prinzipien der Staatenverantwortlichkeit und entsprechende Zurechnungskriterien sind insbesondere im Entwurf der UN-Völkerrechtskommission (*International Law Commission, ILC*) zur Staatenverantwortlichkeit geregelt[521].

---

[517] Siehe zu diesem im Völkerrecht allgemein anerkannten Grundsatz nur *Epiney*, Die völkerrechtliche Verantwortlichkeit von Staaten, 34; zur Einführung vgl. *Kimminich*, Einführung in das Völkerrecht, 498 ff.

[518] Vgl. *Schröder*, Verantwortlichkeit, Völkerstrafrecht, Streitbeilegung und Sanktionen, in: Vitzthum (Hrsg.), Völkerrecht, 525, 538; ausführlich mit weiteren Nachweisen *Tietje*, Normative Grundstrukturen, 368.

[519] Näher zum Begriff der Privatperson im Recht der Staatenverantwortlichkeit: *Epiney*, Die völkerrechtliche Verantwortlichkeit von Staaten, 99 ff.

[520] *Schröder*, Verantwortlichkeit, Völkerstrafrecht, Streitbeilegung und Sanktionen, in: Vitzthum (Hrsg.),Völkerrecht, 525, 530.

[521] Die ILC hat 1996 35 Artikel zur Staatenverantwortlichkeit (vorläufig) angenommen; dieser Entwurf ist in weiteren Beratungen mehrfach modifiziert worden; der derzeit aktuelle Entwurf zur Staatenverantwortlichkeit (Teil 1) ist

(a) Elemente des Völkerrechtsdelikts gem. Art. 3 ILC-Entwurf

Die Grundsätze der Staatenverantwortlichkeit verlangen neben dem Vorliegen einer objektiven Völkerrechtsverletztung, daß das zur Rechtsverletzung führende Verhalten als staatliches Verhalten zu werten ist. In Art. 2 des ILC-Entwurfs heißt es:

> „Every state is subject to the possibility of being held to have committed an internationally wrongful act entailing its international responsibility".

Die ILC hat in Art. 3 ihres Entwurf den „internationally wrongful act" durch zwei Elemente definiert: Zum einen muß als subjektives Element ein Verhalten (Handeln oder Unterlassen) festgestellt werden, das einem Staat nach dem Völkerrecht zuzurechnen ist; zudem muß dieses Verhalten gegen eine völkerrechtliche Verpflichtung vestoßen (objektives Element). Als Verbots- oder Gebotsnormen, deren Verletzung sich als deliktisches Verhalten darstellen, kommen vertragliche oder gewohnheitsrechtliche Normen oder allgemeine Rechtsgrundsätze im Sinne des Art. 38 Abs. 1 IGH-Statut in Betracht[522]. Das Vorliegen eines Völkerrechtsdelikts gem. Art. 3 ILC-Entwurf zieht die völkerrechtliche Verantwortlichkeit des jeweiligen Staats nach sich. Die Zurechung eines Verhaltens zu einem Staat ist dabei unabhängig von seinem Verstoß gegen das Völkerrecht zu bestimmen[523].

Bei der Untersuchung, ob ein „internationally wrongful act" im Sinne von Art. 3 ILC-Entwurf vorliegt, muß folglich die Feststellung eines dem Staat zurechenbaren Verhaltens der Prüfung einer möglichen Völkerrechtswidrigkeit vorausgehen. Die Zurechnung stellt insofern die notwendige Bedingung für das Vorliegen einer völkerrechtlichen Pflichtverletzung des jeweiligen Staates dar[524]. Scheidet trotz Vorliegens einer nichtstaatlichen Handlung oder Unterlassung eine Zurechung die-

---

abgedruckt in: EJIL 1999, 447 ff. (Stand: April 1999). Vgl. näher zur Arbeit der ILC: *Malanczuk*, Modern Introduction to International Law, 254 ff.; *Epiney*, Die völkerrechtliche Verantwortlichkeit von Staaten, 22 ff.; *Herdegen*, Völkerrecht, 348 ff.

[522] *Schröder*, Verantwortlichkeit, Völkerstrafrecht, Streitbeilegung und Sanktionen, in: Vitzthum (Hrsg.), Völkerrecht, 525, 532.

[523] Vgl. zu diesen beiden Elementen eines „internationally wrongful act": Art. 3 ILC-Entwurf, EJIL 1999, 447, sowie *Epiney*, Die völkerrechtliche Verantwortlichkeit von Staaten, 97.

[524] *Epiney*, Die völkerrechtliche Verantwortlichkeit von Staaten, 66.

ses Verhaltens zum Staat aus, kommt eine völkerrechtliche Pflichtverletzung des Staates schon nicht mehr in Betracht.

(b) Handlungen Privater und die Staatenverantwortlichkeit nach Art. 11 ILC-Entwurf

Die ILC hat sich in ihrem Kodifikationsentwurf mit der völkerrechtlichen Verantwortlichkeit von Staaten im Zusammenhang mit dem Verhalten Privater speziell in Art. 11 beschäftigt[525]. Handlungen von Privatpersonen, die nicht als Staatsorgane anzusehen sind, gelten nach Art. 11 Abs. 1 ILC-Entwurf grundsätzlich nicht als *act of the State* im völkerechtlichen Sinne. In Ausnahmefällen kann aber gem. Art. 11 Abs. 2 ILC-Entwurf privates Verhalten dem Staat zugerechnet werden, wenn die in den Artikeln 5 bis 10 ILC-Entwurf erwähnten Voraussetzungen erfüllt sind. Erwähnt sei hier lediglich Art. 8 (a) ILC-Entwurf, wonach Staaten auch verantwortlich sind für Entscheidungsträger, die außerhalb des Staatsapparates stehen und nicht formell zur Wahrnehmung öffentlicher Funktionen betraut sind, aber faktisch dieselbe Funktion wie jedes andere Staatsorgan ausüben und insofern *on behalf of that State* handeln. Das Handeln eines derartigen *de facto*-Staatsorgans setzt eine materielle und organisatorische Eingebundenheit des betreffenden Verhaltens in die Staatsorganisation voraus und erfordert eine effektive staatliche Kontrolle[526]. Nicht nur die faktische Beauftragung einer Privatperson mit der Wahrnehmung staatlicher Interessen kann eine völkerrechtliche Zurechnung begründen, denkbar ist dies auch bei einer bloßen Ermunterung; eine Zurechnung kann gegebenenfalls sogar bei einer reinen Duldung des privaten Verhaltens in Betracht kommen.

Der Staat kann also immer nur für eigenes Verhalten seiner klassischen oder *de facto*-Organe verantwortlich gemacht werden, eine mittelbare oder unmittelbare Zurechnung privaten Verhaltens erfolgt nicht. Soweit Privatpersonen handeln, die nicht als *de iure*- oder *de facto*-Organe zu

---

[525] Ausführlich zu Tragweite und Bedeutung des Art. 11 ILC-Entwurf: *Epiney*, Die völkerrechtliche Verantwortlichkeit von Staaten, 114 ff. Siehe auch *Malanczuk*, Modern Introduction to International Law, 259 f.

[526] Zum Begriff des *de facto*-Organs vgl. *Epiney*, Die völkerrechtliche Verantwortlichkeit von Staaten, 101 ff. Siehe hierzu auch den Teheraner Geiselfall, ICJ Rep. 1980, 3; der IGH bejahte die völkerrechtliche Verantwortlichkeit Irans für das Verhalten iranischer Studenten während einer Demonstration, da die Handlungen dieser Privatpersonen von den iranischen Behörden nicht unterbunden worden sind.

qualifizieren sind, wird der Staat nur dann zur Verantwortung gezogen, wenn diesbezüglich eine Völkerrechtsverletzung seiner eigenen Organe vorliegt[527]. Außerhalb der im ILC-Entwurf niedergelegten Kriterien kommt allenfalls eine Zurechnung über das im Völkergewohnheitsrecht verankerte Rechtsinstitut der staatlichen Solidaritätserklärung in Betracht, die die nachträgliche Übernahme privaten Handelns durch den Staat ermöglicht[528].

(2) Anwendbarkeit der völkerrechtlichen Zurechnungskriterien in der GATT/WTO-Rechtsordnung

Fraglich ist, ob die aufgezeigten Zurechnungskriterien aus dem allgemeinen Völkerrecht auch in der GATT/WTO-Rechtsordnung Anwendung finden können.

(a) Grundsätze über die Behandlung privater Aktivitäten im internationalen Handelsrecht

Zur Beantwortung dieser Frage ist zunächst kurz auf das Verhältnis von allgemeinem Völkerrecht zur GATT/WTO-Rechtsordnung einzugehen. Grundsätzlich steht das allgemeine Völkerrecht nicht in einem Rangverhältnis zum GATT/WTO-System, sondern vielmehr in einem potentiellen Gleichordnungsverhältnis[529]. Der GATT/WTO-Rechtsordnung kommt im Sinne des *lex-specialis*-Gedanken zwar eine Vorrangwirkung zu, das allgemeine Völkerrecht bleibt aber in Zweifelsfragen anwendbar[530]. Das GATT/WTO-System wird im Hinblick auf den weit gefaßten Regelungsgegenstand des Welthandels, der in zunehmendem Maße mit anderen Politikbereichen, gerade auch im Umweltsektor verflochten ist, nicht als ein sich geschlossener Rechtskreis im Sinne eines „self-contained regime" eingestuft, der sich gegen den Einfuß allgemeiner Regelungen des Völkerrechts sperrt[531]. Folglich können auch

---

527 *Epiney*, Die völkerrechtliche Verantwortlichkeit von Staaten, 109 f.

528 Vgl. ausführlich hierzu *Tietje*, Normative Grundstrukturen, 370 f.

529 *Seidl-Hohenveldern/Stein*, Völkerrecht, Rdn. 523; *Benedek*, Die Rechtsordnung des GATT, S. 382.

530 *Tietje*, Normative Grundstrukturen, 382 f.

531 So übereinstimmend *Benedek*, Die Rechtsordnung des GATT, 361; *Diem*, Freihandel und Umweltschutz in GATT und WTO, 60; *Mavriodis*, Das GATT als „self-contained" Regime, RIW 1991, 497, 501.

die Zurechnungskriterien des allgemeinen Völkerrechts neben der GATT/WTO-Rechtsordnung zur Anwendung gelangen.

Diese These ist jedoch nicht unumstritten. Teilweise wird ein Rückgriff auf die Zurechnungsgrundsätze des ILC-Entwurfs nicht für erforderlich gehalten, da das GATT im Gegensatz zum allgemeinen Völkerrecht auch privatrechtliche Handlungen erfassen würde[532]. Hierzu ist jedoch festzustellen, daß sich zwar das GATT ebenso wie andere internationale Handelsabkommen in einigen Vorschriften auf Aktivitäten bezieht, die auf nichtstaatlicher Basis beruhen, das Verhalten Privater dennoch nicht unmittelbar vom GATT/WTO-Regelsystem erfaßt wird, wie das Beispiel des Art. 8 TBT-Abkommen zeigt. Dort ist geregelt, daß die Mitgliedstaaten erforderliche Maßnahmen ergreifen sollen, um sicherzustellen, daß nichtstaatliche Vereinigungen innerhalb des staatlichen Territoriums bestimmmte Verpflichtungen aus dem TBT beachten[533]. Im Umkehrschluß läßt sich aus dieser Regelung, welche dem Staat eine Erfolgspflicht hinsichtlich des Verhaltens von Privatrechtssubjekten auferlegt, entnehmen, daß privatrechtliche Maßnahmen unmittelbar nicht von der GATT/WTO-Rechtsordnung erfaßt werden[534].

Ebenso wie nach den Grundsätzen des allgemeinen Völkerrechts wird auch im GATT *de iure* auf das staatliche Verhalten abgestellt, privaten Handlungen kommt insofern nur eine tatsächliche Bedeutung zu. Rechtliche Bedeutung erlangen die in Frage stehenden Handlungen von Privatrechtssubjekten im System der GATT/WTO-Rechtsordnung nur, wenn hierzu spezielle Normen existieren oder wenn sich nach den Zurechnungskriterien des allgemeinen Völkerrechts - insbesondere über die Rechtsfiguren des *de facto*-Staatsorgans oder der nachträglichen Solidaritätserklärung - ein tatsächliches privates Verhalten rechtlich als staatliche Maßnahme qualifizieren läßt[535]. Entscheidendes Kriterium ist hierbei stets die Effektivität der staatlichen Einflußnahme, wie die nachfolgenden einschlägigen GATT-Panelberichte zeigen werden.

---

[532] Nachweise zu dieser Ansicht bei *Tietje*, Normative Grundstrukturen, 383 f.

[533] Vgl. zu weiteren Hinweisen auf private Aktivitäten im GATT/WTO-Kontext: *Tietje*, Voluntary Eco-Labelling programmes, JWT 1995, Nr. 5, S. 123, 145 f.; *ders.*, Normative Grundstrukturen, 386 ff.

[534] *Tietje*, Normative Grundstrukturen, 385.

[535] *Tietje*, Normative Grundstrukturen, 395 f.

(b) Entscheidungspraxis der GATT-Panel zur Zurechenbarkeit

GATT-Panel sind immer wieder mit der Frage der Staatenverantwortlichkeit unter dem GATT-Rechtssystem für Aktivitäten von Privatrechtssubjekten konfrontiert worden. Die Problematik kam schon in einer Entscheidung aus dem Jahr 1960 zum Ausdruck, in der die von späteren Panel-Entscheidungen aufgegriffenen und weiterentwickelten Grundsätze zur Staatenverantwortlichkeit für private Handlungen skizziert wurden[536]. Nach dieser frühen Rechtsprechung kommt sowohl der Intensität als auch der Effektivität der staatlichen Einflußnahme auf private Handlungen eine maßgebliche Bedeutung zu bei der Feststellung, ob ein *act of the State* im Sinne der völkerrechtlichen Zurechnungskriterien vorliegt[537].

Näher beschäftigt mit der Zurechnungsfrage hat sich ein GATT-Panel 1988 in einem Streitfall über japanische Importrestriktionen für landwirtschaftliche Produkte[538], die von japanischen Landwirten und landwirtschaftlichen Organisationen verhängt wurden und denen unverbindliche Richtlinien ohne Sanktionsmöglichkeit der japanischen Regierung zugrunde lagen. In diesem Fall ging es um die Auslegung der Ausnahmeregelung in Art. XI Abs. 2 (c) (i) GATT, wonach das Verbot mengenmäßiger Beschränkungen keine Anwendung findet, wenn die Maßnahme dazu dient, die Menge der gleichartigen inländischen Erzeugnisse zu reduzieren. Das Panel untersuchte, welchen Einfluß die staatlichen unverbindlichen Richtlinien auf die privaten Importrestriktionen hatten und ob letztlich das private Verhalten als staatliche Maßnahme zu werten war. Das Panel folgte hierbei der Auffassung Japans, daß der Wortlaut des Art. XI Abs. 2 (c) GATT zwar keine Hinweise auf die Bedeutung des Begriffs der staatlichen Maßnahme enthielte, aber

---

[536] Panel-Bericht: „Review Pursuant to Article XVI:5", angenommen am 24.5.1960, GATT BISD 9S/188 ff., insb. Ziff. 12: Das Panel betonte, daß „the GATT does not concern itself with such action by private persons acting independently of their government ...". Die Frage, ob Subventionen privater Stellen ausnahmsweise der Notifikationspflicht des Art. XVI Abs. 1 GATT unterfielen, „depends upon the source of the funds and the extent of government action, if any, in their collection".

[537] Vgl. ausführlich zu dieser Problematik: *Tietje*, Normative Grundstrukturen, 388 ff.; *ders.*, Voluntary Eco-Labelling Programmes, JWT 1995, Nr. 5, S. 123, 147 ff.

[538] Panel-Bericht: „Japan: Restricitions on Imports of Certain Agricultural Products", angenommen am 22.3.1988, GATT BISD 35/163 ff., ebenso ILM 27 (1988), 1539 ff.

aus der Entstehungsgeschichte der Havanna-Charta geschlossen werden könne, daß es maßgeblich auf die Effektivität der staatlichen Maßnahme ankäme[539]. Das Effektivitätskriterium sah das Panel schließlich als erfüllt an, das streitige private Verhalten wurde als *de facto*-staatliches Verhalten der japanischen Regierung eingestuft. Damit wandte das Panel das gleiche Kriterium zur Bestimmung eines *act of State* an wie das allgemeine Völkerrecht.

Eine weitere bedeutende Entscheidung zur Abgrenzung von privaten zu staatlichen Aktivitäten stellt der ebenfalls 1988 entschiedene „japanische Halbleiterfall" dar[540]. Das Panel hatte sich mit der Frage auseinanderzusetzen, ob das zu Exportbeschränkungen führende Verhalten von privaten Halbleiterproduzenten, die sich an unverbindlichen Regierungsmaßnahmen orientierten, als mengenmäßige Beschränkung im Sinnne einer sonstigen Maßnahme gem. Art. XI Abs. 1 GATT zu werten war. Es untersuchte, inwieweit Produzenten durch die seitens der japanischen Regierung durchgeführte Überwachungspraxis des Exports von japanischen Halbleitern in die USA beeinflußt wurden. Das Panel gelangte schließlich zu dem Ergebnis, daß die Aktivitäten der privaten Produzenten *de facto* ausschließlich von der japanischen Regierung herrührten und daher an den Vorschriften des GATT zu messen waren[541]. Auch in diesem Fall war der Gesichtpunkt einer effektiven staatlichen Kontrolle von maßgeblicher Bedeutung für die Einordnung einer Maßnahme als *act of the State*.

Weiterführende Aussagen zur Zurechenbarkeit privaten Verhaltens finden sich schließlich in einer Panel-Entscheidung zu Importrestriktionen für bestimmte Apfelsorten, die von der EG gegenüber Chile verhängt

---

539 Panel-Bericht: „Japan: Restricitions on Imports of Certain Agricultural Products", GATT BISD 35S/163 ff., Ziff. 5.1.3.3: „... in interpreting the term 'restrict' for the purpose of paragraph (c), the essential point was that the measures of domestic restriction must effectively keep output below the level which it would have attained in the absence of restrictions".

540 Panel-Bericht: „Japan - Trade in Semi-Conductors", angenommen am 4.5.1988, GATT BISD 35 S/116 ff.; vgl. bereits ausführlich zu diesem Fall S. 401 f., Anm. 314.

541 Panel-Bericht: „Japan - Trade in Semi-Conductors", GATT BISD 35S/116 ff., Ziff. 117: „All theses factors led the Panel to conclude that an administrative structure had been created by the government of Japan which operated to exert maximum possible pressure on the private sector to cease exporting at prices below company-specified costs ...; in a manner to directly influence the behaviour of private companies".

wurden[542]. Durch die von der EG angeordneten Einfuhrlizenen sollte einer Überproduktion von Äpfeln im Gemeinsamen Markt begegnet und der Zusammenbruch des Apfelmarktes verhindert werden. Auch hier stellte sich die Frage, ob die Importrestriktionen zur Durchführung einer staatlichen Maßnahme erforderlich waren. Prüfungsmaßstab war wiederum die Vorschrift des Art. XI Abs. 2 (c) GATT. Das Panel kam unter Hinzuziehung der bereits erwähnten drei Entscheidungen erneut zu dem Ergebnis, daß importbeschränkende Maßnahmen von privaten Erzeugerorganisationen[543] als staatliche Maßnahmen im Sinne von Art. XI Abs. 2 (c) (i) GATT zu werten seien, zumal sie auf Grundlage einer hoheitlichen Maßnahme der EG erfolgten. Zudem seien die Handlungsmöglichkeiten der Erzeugerorganisationen vom Produktions- und Preisumfang bestimmt gewesen, der durch den Ministerrat festgelegt wurde. Außerdem erfolgten die erforderlichen Ausgleichszahlungen durch die EG[544].

(c) Ergebnis

Als Ergebnis dieser Entscheidungen ist festzuhalten, daß die Antwort auf die Frage, ob private Aktivitäten als staatliche Maßnahmen eingestuft werden können, abhängt von der Effektivität der staatlichen Einflußnahme. Entscheidend für die Einordnung einer Person oder Personengruppe als *de facto*-Organ ist, daß dem Staat noch ein maßgeblicher und ergebnisrelevanter Einfluß auf die Tätigkeiten Privater zukommt[545]. Private Aktiväten mit einem gewissen Grad an Autonomie verlieren ihren privaten Charakter dann, wenn sie in effektiver Weise durch die staatliche Regierung beeinflußt und kontrolliert werden. In

---

[542] Panel-Bericht: „European Economic Community Restrictions on Imports of Dessert Apples", angenommen am 22.6.1989, GATT BISD 36S/93 ff.

[543] Die Verordnung (EWG) Nr. 1035/72 des Rates vom 18.5.1972 über eine gemeinsame Marktorganisation für Obst und Gemüse, ABl. der EG, Nr. L 188/1 vom 20.5.1972 sieht vor, daß private Erzeugerorganisationen unter bestimmten Voraussetzungen beschließen können, Erzeugnisse vom Markt zu nehmen. Chile bestritt aufgrund dieser Regelung, daß die Importrestriktionen der EG zur Durchführung einer staatlichen Maßnahme erforderlich waren, da die Handlungen von Erzeugerorganisationen private Maßnahmen darstellten.

[544] Panel-Bericht: „European Economic Community Restrictions on Imports of Dessert Apples", GATT BISD 36S/93 ff., Ziff. 3.11.

[545] *Epiney*, Die völkerrechtliche Verantwortlichkeit von Staaten, 167.

diesem Falle können sie als *act of the State* i.S.d. des ILC-Entwurfs angesehen werden[546].

Ebenso wie die Zurechnungsgrundsätze aus dem allgemeinen Völkerrecht ist daher auch in der GATT/WTO-Rechtsordnung zu fragen, ob sich das private Verhalten so darstellt, daß es als Folge effektiver hoheitlicher Einflußnahme zu verstehen ist[547] und somit die anerkannten Grundsätze zu den *de facto*-Staatsorganen angewandt werden können.

(3) Freiwillige Holzkennzeichnungsverfahren und das Effektivitätskriterium

Anhand der dargestellten Zurechnungskriterien des allgemeinen Völkerrechts, die auch in der GATT/WTO-Rechtsordnung ihre Anwendung finden, ist im Bereich der administrativen Unterstützung verschiedener privater Holzkennzeichnungsinitiativen eine eingehende Einzelfallprüfung notwendig, um eine staatliche Zurechnung des privaten Verhaltens begründen und gegebenenfalls eine Überprüfung anhand einschlägiger Normen des GATT 1994 vornehmen zu können.

Eine allgemeine Feststellung, ob und inwieweit bei entsprechenden privaten Initiativen und Organisationen eine staatliche Einflußnahme und Kontrolle vorhanden ist[548], welche zur Bejahung eines *act of the State* und mithin zur Begründung der Staatenverantwortlichkeit führen könnte, gestaltet sich angesichts der Vielzahl unterschiedlicher Initiativen zur (Tropen-) Holzkennzeichnung als schwierig. Da bei kleineren Kennzeichnungsinitiativen, die ausschließlich von Nichtregierungsorganisationen unterstützt und durchgeführt werden, die staatliche Beeinflussung und Kontrolle allenfalls geringfügig ist oder gar offensichtlich ausgeschlossen werden kann[549], eignen sich für die Untersuchung

---

546 *Tietje*, Voluntary Eco-Labelling programmes, JWT 1995, Nr. 5, S. 123, 150.

547 *Simma*, Grundfragen der Staatenverantwortlichkeit, AVR 1986, 357, 371 will dies im Sinne einer „effektiven Herrschaftsordnung" verstanden wissen.

548 So ist beispielsweise beim europäischen Umweltzeichen die notwendige staatliche Kontrolle insofern gewährleistet, als es in jedem EU-Mitgliedstaat zuständige staatliche Stellen für die Vergabe des europäischen Umweltzeichens gibt (für Deutschland das Umweltbundesamt), welche über die Auswahl der Kriterien und die Vergabe des Umweltzeichens entscheiden und die Einhaltung der Vergabegrundlagen kontrollieren.

549 Dies gilt etwa für das in Deutschland vergebene Holzkennzeichen der NGO „Naturland" oder das vom Warenzeichenverband der holzverarbeiten-

nur solche Initiativen, die schon auf breite Zustimmung und Akzeptanz gestoßen sind oder bei denen ersichtliche Anhaltspunkte für eine staatliche Intervention bestehen.

Daher soll nachfolgend der auf dem Gebiet der Holzzertifizierung und -kennzeichnung einflußreiche und von großen international tätigen Umweltverbänden vielfach akzeptierte FSC auf staatliche Einwirkungsmöglichkeiten hin untersucht werden. Außerdem wird das freiwillige niederländische Kennzeichensystem „Keurhout" entsprechend überprüft. Anzumerken ist, daß diese und alle weiteren europäischen Kennzeichnungsprogramme nicht mehr zwischen Tropenholz und nichttropischem Holz bzw. nicht nachhaltig produziertem Tropenholz unterscheiden, wie es noch der Fall gewesen ist bei den (erfolglosen) Bestrebungen einer obligatorischen Kennzeichnungsregelung in Österreich und in den Niederlanden[550]; vielmehr werden nunmehr die Einhaltung des Nachhaltigkeitsprinzips und/oder weitere ökologische Gesichtspunkte zu maßgeblichen Kennzeichnungskriterien gemacht.

(a) Forest Stewardship Council

Der FSC ist derzeit der größte Akkreditierer für Holzzertifizierungsorganisationen. Nach seinen Grundsätzen und Kriterien sind mittlerweile schon fast 20 Mio. ha Land zertifiziert worden; die entsprechend zertifizierten Betriebe sind befugt, das FSC-Siegel zu verwenden. Nicht nur von seiten der Umweltorganisationen erfolgt eine breite Unterstützung, auch staatlicherseits bildet sich ein zunehmendes Interesse für den FSC heraus. Anhaltspunkte dafür sind Formulierungen in Beschlüssen zur Verwendung von (Tropen-) Holz bei öffentlichen Bauten, nach denen nur noch Holz aus FSC-zertifizierten Betrieben verwendet werden soll[551]. Hierdurch könnte sich faktisch eine Handelsbarriere für nicht gekennzeichnete Produkte ergeben[552]. Im Rahmen der gemeinsam von der Weltbank mit dem WWF durchgeführten „strategischen Allianz" mit dem Ziel, 200 Mio. ha Wald bis zum Jahr 2005 zu zertifzie-

---

den Industrie und Holzeinfuhrhäuser (Initiative zur Förderung nachhaltiger Waldbewirtschaftung e.V., ifw) ausgestellte Gütesiegel „pro silva".

[550] Siehe oben, S. 374 ff. sowie S. 346.

[551] Vgl. hierzu den Beschluß des Hamburger Senats vom 3.12.1996 und den Ratsbeschluß der Stadt Bonn vom 29.2.1996 (siehe S. 467, Anm. 508).

[552] Vgl. *OECD*, Eco-Labelling, 69.

ren[553], wird der FSC des weiteren auch von der Weltbank unterstützt[554]. Außerdem werden für den FSC über den WWF finanzielle Mittel der EU bereitgestellt[555]. Eine weitere staatliche Einflußnahme ist, soweit erkennbar, nicht vorhanden.

Vergleicht man die staatlichen Unterstützungsmaßnahmen für den FSC mit den zuvor dargestellten Panel-Berichten zur Staatenverantwortlichkeit, so sind diese keinesfalls ausreichend, um bereits dem Erfordernis der effektiven staatlichen Kontrolle zu entsprechen, da der FSC als Nichtregierungsorganisation seine Autonomie behält und keine hoheitlichen Maßnahmen die Zertifizierungsgrundsätze des FSC beeinflussen. Mangels effektiver staatlicher Beeinflussung und Kontrolle kann keine Zurechnung in dem Sinne erfolgen, daß das Verfahren des FSC als staatliches Verhalten zu werten ist. Ein Verstoß gegen die GATT-Regeln wegen einer objektiven Völkerrechtsverletzung liegt deshalb nicht vor[556].

Die WTO-Mitgliedstaaten könnten aufgrund dieses Ergebnisses dazu verleitet werden, überwiegend auf private Kennzeichnungsprogramme auszuweichen oder staatliche Programme zu privatisieren, um auf diese Weise ihre Verpflichtungen aus dem GATT zu umgehen. Da gerade auch private Kennzeichnungsprogramme negative Effekte auf den internationalen Handel haben, ist zu überlegen, ob nicht aus diesem Grunde dennoch eine staatliche Verantwortlichkeit begründet werden könnte. Eine derartige Modifizierung der soeben dargelegten allgemeinen Grundsätze der Zurechenbarkeit würde aber gegen die bisherige übereinstimmende Rechtsprechung der GATT-Panel verstoßen und

---

[553] Siehe dazu im 2. Teil, S. 217 f.

[554] Anläßlich der UN-Umweltkonferenz in New York 1997 betonte der Präsident der Weltbank, daß „the Bank will assist in increasing the number of forests and plantations which are being used and managed under certification from the Forest Stewardship Council, an international professional organization, from less than one percent of potential lands to more than seven percent ... (Nachweis bei *Kiekens*, Certification, 23).

[555] *Kiekens*, Certification, 27.

[556] Der Aspekt der Zurechnung in bezug auf das FSC-Programm wird bei *Forstbauer/Parker*, The Role of Ecolabeling, Journal of Environmental Law and Litigation 1996, 165, 182 nicht problematisiert.

nicht mit den Grundsätzen der völkerrechtlichen Verantwortlichkeit in Einklang stehen[557].

Soweit einem Staat (wie hier im Fall des FSC) das Verhalten der agierenden Privatpersonen oder -organisationen nicht zugerechnet werden kann, ist der Eintritt seiner Verantwortlichkeit lediglich auf der Grundlage der Verletzung ihm obliegender Verpflichtungen durch seine Organe in Betracht zu ziehen. Eine völkerrechtliche Verantwortlichkeit eines Staates für das Handeln Privater könnte sich allenfalls dann ergeben, wenn dem Staat im Zusammenhang mit dem Verhalten Privater bestimmte Verpflichtungen treffen. Es stellt sich sodann die Frage, inwieweit die jeweilige Verhaltensnorm staatliche Organe in die Pflicht zu einem ergebnisbezogenen Handeln nimmt, auf die Privatpersonen oder privaten Organisationen einzuwirken[558].

Die Vermeidung der Verletzung völkerrechtlicher Verpflichtungen liegt im Verantwortungsbereich des Staates. Es existiert allerdings keine allgemein völkerrechtliche Verpflichtung der Staaten, jegliche Beeinträchtigung von Rechten fremder Staaten zu verhindern[559]. Vielmehr obliegt dem Staat bezüglich des Verhaltens Privater die Pflicht zu Beachtung der nach den Umständen erforderlichen Sorgfalt oder Aufmerksamkeit („due diligence")[560]. Die Bestimmung der anzuwendenden „due diligence" kann für den jeweiligen Staat unter Berücksichtigung der vorliegenden Umstände nur im Einzelfall bestimmt werden, wobei nicht zuletzt die dem Staat auch in wirtschaftlicher Hinsicht zur Verfügung stehenden Mittel eine wichtige Rolle spielen. Dieser Aspekt der völkerrechtlichen Verantwortlichkeit der Staaten für eigenes rechtswidriges Verhalten im Zusammenhang mit Aktionen von Privatpersonen ist daher auch dann zu berücksichtigen, wenn sich ein Staat jeglicher Einflußnahme auf private Kennzeichnungsprogramme entzieht. Allerdings sind derzeit - auch im Hinblick auf die europäische Rechtspraxis[561] - keine derart massiven Verletzungen der Prinzipien des Freihandels

---

[557] So auch *Wha Chang*, GATTing a Green Trade Barrier, JWT 1997, Nr. 1, S. 137, 156.

[558] *Epiney*, Die völkerrechtliche Verantwortlichkeit von Staaten, 209 f.

[559] *Epiney*, Die völkerrechtliche Verantwortlichkeit von Staaten, 207.

[560] *Malanczuk*, Modern Introduction to International Law, 259; vgl. ausführlicher zu den inhaltlichen Merkmalen der „due diligence": *Epiney*, Die völkerrechtliche Verantwortlichkeit von Staaten, 217 ff.

[561] Vgl. dazu S. 468 ff.

durch private Kennzeichnungsprogramme zu befürchten, die ein staatliches Einschreiten erforderlich machen.

(b) Niederländisches Kennzeichnungssystem „Keurhout"

Anders als beim FSC sieht es im Fall des nationalen Kennzeichnungssystems in den Niederlanden aus; hier wird ein Gütesiegel für Holz aus nachhaltiger Waldbewirtschaftung durch eine private Organisation vergeben, die niederländische Regierung hat jedoch bestimmte Mindestanforderungen in bezug auf nachhaltige Forstmanagementpraktiken, Holzzertifizierungssysteme und -organisationen sowie die Holzverarbeitungskette in einem offiziellen Dokument aufgestellt[562]. Die Einhaltung dieser an den Prinzipien und Kriterien des FSC und der ITTO angelehnten Kriterien überwacht die seitens der Holzindustrie mit Unterstützung der niederländischen Regierung gegründete Organisation „Keurhout". Das niederländische System stellt bislang auf europäischer Ebene die einzige Holzkennzeichnungsmaßnahme dar, die eine staatliche Einflußnahme und Kontrolle des Vergabeverfahrens vorsieht[563]. Hier ist wohl eine effektive Kontrolle im Sinne der völkerrechtlichen Zurechnungskriterien gegeben, so daß das niederländische System nachfolgend am Maßstab des GATT gemessen wird.

cc) Überprüfung der GATT-Vereinbarkeit freiwilliger Kennzeichnungsprogramme am Beispiel des niederländischen „Keurhout"

Das Vorliegen eines Völkerrechtsdelikts setzt als zweites Element die Verletzung einer internationalen Verpflichtung des Staates durch das ihm zurechenbare Verhalten voraus.

(1) Art. IX Abs. 1 GATT

Kennzeichnungsregelungen wie die niederländische Variante, die auf nicht produktbezogenen PPMs beruhen, könnten gegen Art. IX Abs. 1 GATT verstoßen. Ausgehend von Art. IX GATT mit dem Titel „Ursprungsbezeichnungen" stellte aber bereits das Panel im ersten Thunfischfall fest, daß der Anwendungsbereich des Art. IX Abs. 1 GATT

---

[562] Vgl. dazu schon oben, S. 360 f. sowie *Kiekens*, Certification, 34; *Rametsteiner*, Sustainable Forest Management Certification, 99 f.

[563] *Kiekens*, Certification, 33; *ETC*, Final Report, 18 ff.

neben Herkunftskennzeichen keine anderen Kennzeichnungen und Beschriftungen erfaßt. Beschriftungen und Kennzeichnungen, die sich neben der Herkunft noch auf andere Eigenschaften des Produktes beziehen, sind folglich nicht am Maßstab des Art. IX GATT, sondern an den allgemeinen Diskriminierungsgrundsätzen des GATT zu messen[564].

Da es sich bei dem niederländischen Kennzeichnungssystem nicht um eine reine Herkunftsbezeichnung handelt, kommt ein Verstoß gegen Art. IX Abs. 1 GATT damit nicht in Betracht.

(2) Art. III Abs. 4 GATT

Fraglich ist, ob durch die niederländische Regelung der Inländergleichbehandlungsgrundsatz aus Art. III Abs. 4 GATT verletzt worden ist. Um nach dem niederländischen System ein Holzprodukt kennzeichnen zu können, muß die entsprechende Forstbewirtschaftungseinheit, aus der das zu kennzeichnende Holz stammt, den von der niederländischen Regierung aufgestellten Kriterien entsprechen. Niederländische Produzenten selbst haben aber ebenso wie andere europäische Länder, die im internationalen Vergleich über relativ kleine Bewirtschaftungseinheiten verfügen, Schwierigkeiten, die von der niederländischen Regierung aufgestellten Kriterien zu erfüllen, da das an den Maßstäben des FSC und der ITTO ausgelegte Kennzeichnungssystem keine Sonderregelungen oder Ausnahmen für kleinere Betriebe beinhaltet[565]. Da das niederländische Prinzip jedoch ohne Einschränkung sowohl für ausländische als auch für niederländische Forstbetriebe gilt, liegt keine Ungleichbehandlung gleichartiger Produkte vor.

(3) Art. I Abs. 1 GATT

Art. I Abs. 1 GATT fordert, daß alle Vorteile, Vergünstigungen, Vorrechte oder Befreiungen, die einer Vertragspartei für eine Ware gewährt werden, unverzüglich und bedingungslos für alle gleichartigen Waren anderer Vertragsparteien gewährt werden. Die niederländische Regelung differenziert weder nach verschiedenen Ländergruppen noch nach Waldregionen. Ein Verstoß gegen den Meistbegünstigungsgrundsatz

---

[564] Panel-Bericht: „US-Tuna/Dolphin I", Ziff. 5.41. Siehe hierzu auch *Wha Chang*, GATTing a Green Trade Barrier, JWT 1997, Nr. 1, S. 137, 149; *Tietje*, Voluntary Eco-Labelling programmes, JWT 1995, Nr. 5, S. 123, 142.

[565] Vgl. *Kiekens*, Certification, 34.

könnte daher nur unter dem Gesichtspunkt in Betracht kommen, daß ausländische Produzenten, die nicht die von der niederländischen Regierung aufgestellten Kriterien erfüllen und keine Kennzeichnung ihrer Produkte erhalten, der Zugang zum niederländischen Holzmarkt erschwert wird.

Nach Ansicht des Panel im ersten Thunfischfall verstieß die freiwillige, aber staatlich gestützte Etikettierung nicht gegen den Grundsatz der Meistbegünstigung aus Art. I Abs. 1 GATT, da die Kennzeichnungsvorschriften unterschiedslos gegenüber all denjenigen Staaten Anwendung fanden, welche die von den USA bekämpften Fangtechniken praktizierten. Thunfischprodukte hätten sowohl mit als auch ohne Etikett auf dem US-amerikanischen Markt verkauft werden können. Das Recht zum freien Verkauf von Thunfisch oder Thunfischprodukten stünde nicht in Abhängigkeit von der Einhaltung bestimmter Fangmethoden, denn alleine die Wahl des Verbrauchers für Thunfischprodukte mit entsprechendem Etikett würde über mögliche Marktvorteile entscheiden[566].

Wie soeben erwähnt, bestehen gewisse Schwierigkeiten für kleinere Betriebe, die erforderlichen Kriterien zu erfüllen. Ansonsten gewährt das niederländische System aber allen Produzenten gleiche Marktchancen; eine Bevorzugung von Holzprodukten aus bestimmten Ländern erfolgt nicht. Zudem beruht das System auf dem Prinzip der Freiwilligkeit; der Marktzugang für gekennzeichnete Produkte ist in erster Linie abhängig vom Verbraucherverhalten, nicht von der Einhaltung der von der niederländischen Regierung aufgestellten Kriterien.

---

[566] Panel-Bericht: „US-Tuna/Dolphin I", Ziff. 5.42 f.: „The labelling provisions...do not restrict the sale of tuna products; tuna products can be sold freely both with and without the ‚Dolphin Safe' label. Nor do these provisions establish requirements that have to be met in order to obtain an advantage from the government. Any advantage which might possibly result from access to this label depends on the free choice by consumers go give preference to tuna carrying the 'Dolphin Safe' label. The labelling provisions therefor did not make the right to sell tuna or tuna products, nor the access to a government-conferred advantage affecting the safe of tuna or tuna products, conditional upon the use of tuna harvesting methods".

Siehe näher hierzu: *Diem*, Freihandel und Umweltschutz in GATT und WTO, 160; *Tietje*, Voluntary Eco-Labelling programmes, JWT 1995, Nr. 5, S. 123, 150 f.; *Gesser*, Canada's Environmental Choice Program, Harvard Int. Law Journal 1998, 501, 520 ff.; *Ward*, Trade and Environment Issues, RECIEL 1997, 139, 142.

Um eine unter dem Gesichtspunkt der Betriebsgröße eventuell auftretende Ungleichbehandlung zu vemeiden, sollte das niederländische System diesem Kriterium durch Sonderregelungen oder Anpassungen ihrer Prinzipien begegnen. Diesen spezifischen Aspekt der Betriebsgröße in der europäischen Forstwirtschaft berücksichtigt nunmehr auch die Pan-Europäische Zertifizierungsinitiative PEFC[567].

(4) Ergebnis

Am niederländischen Beispiel zeigt sich die Schwierigkeit, allgemeingültige nicht produktbezogene Kriterien für die Vergabe von Holzkennzeichen zu bestimmen, ohne dabei die Nichtdiskriminierungsgrundsätze des GATT zu verletzen. Bestrebungen zur Kodifizierung von Kennzeichnungssystemen bedürfen daher notwendigerweise der internationalen Abstimmung, etwa im Rahmen des WTO-Komitees für Handel und Umwelt[568]. Als positives Beispiel ist in diesem Zusammenhang die bereits erwähnte Pan-Europäische Zertifizierungsinitiative zu nennen, die als eine ihrer wesentlichen Voraussetzungen für ein Zertifizierungs- und Kennzeichnungssystem den Aspekt der Nichtdiskriminierung besonders betont[569].

Soweit folglich Holzproduzenten aus allen Waldgebieten der Erde ein gleicher Zugang zu einem Kennzeichnungssystem auf freiwilliger Basis ermöglicht wird, liegt kein Verstoß gegen die Diskriminierungsgrundsätze des GATT vor. Zwischen einer zulässiger Handelsbeschränkung

---

[567] Siehe dazu die obigen Ausführungen, S. 364 ff.

[568] Vgl. diesbezüglich auch die Vorschläge anläßlich des „WTO High-Level Symposium on Trade and Environment" vom 15.-16.3.1999, die sich für eine verstärkte Berücksichtigung umweltspezifischer Belange in der WTO ausgesprochen haben; siehe näher dazu *IISD*, Sustainable Developments, Vol. 12 Nr. 2, 22.3.1999.

[569] Vgl. das Technische Dokument der PEFC, „Rahmen für eine Pan-Europäische Zertifizierung von Wäldern": Gemeinsame Elemente und Anforderungen, Stand: 30.5.1999. Die vom PEFC zugrundegelegten Zertifizierungskriterien basieren auf den sechs pan-europäischen Kriterien für eine nachhaltige Waldbewirtschaftung, die den gemeinsamen Rahmen für das PEFC bilden (vgl. dazu bereits die Ausführungen zum Helsinki-Prozeß auf S. 265 ff. sowie unter <http://www.pefc.org/lisbon.htm>). Durch die eingeräumte Möglichkeit zur Entwicklung nationaler und regionaler Zertifizierungskriterien unter Beachtung nationaler rechtlicher Erfordernisse und politischer Vorgaben soll eine eventuelle Diskriminierung kleiner Waldbesitzgrößen vermieden werden.

und einer diskriminierenden Maßnahme besteht jedoch eine enge Gradwanderung, die maßgeblich abhängig ist von den aufgestellten Kriterien, die für die Vergabe des Holzkennzeichens erfüllt werden müssen.

Kriterien und Indikatoren internationaler Zertifizierungsinitiativen sind nicht unter allen örtlichen Bedingungen der beteiligten Staaten relevant; so können bestimmte Nachhaltigkeitskriterien, wie beispielsweise die Erhaltung der Artenvielfalt, in einem kleinen Forstbetrieb nur unzureichend beurteilt werden. Aus diesem Grunde ist eine Spezifizierung der Kriterien auf nationaler oder regionaler Ebene unter Wahrung der Prinzipien der Freiwilligkeit, Transparenz und Kosteneffizienz entsprechend den jeweiligen nationalen Verhältnissen erforderlich, wobei die Einhaltung der Standards durch unabhängige Zertifizierungsstellen zu kontrollieren ist.

Summary

1. Forests belong to the most important ecosystems of the world. In 2000 it was estimated that forests, including natural forests and forest plantations, cover 3.86 million hectares or approximately one third of the global terrestrial surface. Due to their diverse and important economic, social, and environmental services, trees and forests represent an indispensable element of human living conditions. Almost half of the world's forests are affected by human activities, artificially created by either afforestation or reforestation or through use and forest management.

2. Forest areas have remained largely unchanged in size in the temperate and northern latitudes (so-called boreal forests), but have significantly declined in the tropics. Between 1990 and 2000, the extent of the world's forests decreased by some 90 million hectares: there was an increase of 13 million hectares in developed countries as a result of afforestation measures, but a considerable net loss of more than 100 million hectares in developing nations; this means an estimate of forest cover change in natural forest in developing countries of an annual loss of 0,65 %, compared with 15.5 million hectares or 0,7 % per year over the decade 1980 - 1990. While the threat to global forests remains serious, there are strong indications that the rate of deforestation is slowing down. The analysis of the new Forest Resources Assessment 2000 by the UN Food and Agriculture Organization (FAO) shows that the global rate of net forest loss has slowed to 9 million hectares per year, a rate 20 percent lower than the global figure previously reported in 1995.

3. Forests play a central role in the conservation of the world's biological diversity. It is estimated that tropical forests provide habitat to about 50 - 90 % of all known plant and animal species. "Biodiversity hot spots" are found in mountains, notably in the tropical eastern Andes and the Atlantic forests of Brazil; other important centres can be found on tropical islands, like Mauritius, Madagascar and Jamaica. Deterioration and loss of forest ecosystems under the impact of humans have led to an hitherto unprecedented rate of extinction of biological diversity. Protecting biological diversity is an essential factor in maintaining forest function.

4. Most forest losses occurr in the world's tropical regions, while in Europe, North America and the former USSR the total forest area is

slowly increasing. Forest areas of the temperate and boreal zone suffer not so much from deforestation but from changes in forest conditions. In many countries a significant percentage of trees are recorded to show over 25 % defoliation, although the causes and significance of these figures are not fully clear. Forests in the developed regions are threatened by so-called new types of forest damage, which are attributable to a multitude of influences. One central factor is air pollution, particularly in Central and Eastern Europe, where forests are coming under increasing stress from sulphur dioxide, nitrous oxides, ammonia, ozone, and acid rain.

5. The qualitative impoverishment of forests is also a severe problem in the boreal zone. Forest quality has reached alarming proportions meanwhile in the former Soviet Union, particularly in Siberia. Regions with a well developed infrastructure have been substantially overharvested. On the other hand Russia's vast areas covered by forests serve as reservoirs by storing carbon in biomass and soils, thereby helping to minimize the release of greenhouse gases. Boreal and temperate forests which are slightly increasing in area, are net carbon sinks. Thus, not only tropical forests but also forest areas of the temperate and northern zones are increasingly moving into the focus of public attention.

6. The demand for food for an increasing world population will continue to put pressure on forest lands. Further forest losses amounting to approximately 90 million hectares for agricultural land in developing countries are expected by the FAO by 2010. If deforestation should continue at its current rate world-wide, it is to be feared that the area of tropical forest will be reduced from its current 2 billion hectares to 600000 million hectares within the next 50 years. Moreover, there are predictions indicating that all tropical rainforests will be annihilated within the next few decades.

7. The dimension and manifestation as well as the direct and underlying causes for the ongoing process of deforestation are manifold, and they differ greatly from region to region. To a large extent, the ongoing decline of the world's forests is due to increasing population figures and economic growth. The effect of population and economic growth on demand for food and forest products can be illustrated by past consumption trends. Since 1960 world population almost more than doubled from 3 billion to today's 6 billion; the world merchandise trade in volume rose by the factor 16 since 1950.

8. There is a complex network of connections between the population explosion and the phenomena of poverty, over-exploitation of resources, and environmental destruction. Particularly in developing

countries, population growth is a powerful force inducing people to clear existing forest areas for cultivation. This tendency to re-dedicate natural forests increasingly to agriculture used to be common in Europe in former centuries, and it has been rapidly spreading in tropical regions since the middle of the 20th century. In the early 1990s, it was estimated that a total area of about 4.7 billion hectares was used for agriculture world-wide, while a hundred years ago, no more than 2.5 billion hectares were used for this purpose. While the total amount of cultivated land in Europe decreased by 6 % between 1990 and 1980, it tripled in the tropical regions of Africa, and even quadrupled in Southeast Asia.

9. In order to meet the needs for wood and non-wood products of a growing population, forest areas are converted into plantations for products like oil-palm, coconut, and rubber or cash crops, such as soy beans and other feed stuffs. Almost 85 % of forest plantations are located in the Asian and Pacific regions. Particularly in Indonesia, Malaysia, and Thailand, new plantations have come to play an increasingly important role in the agricultural sector. In addition, slash-and-burn clearing accelerates the destruction of tropical forests. Used for many years in the tropics as an important process in controlling the growth of forests, slash-and-burn practices are now applied to clear forest land for export crops and to make room for settlers from overpopulated regions. These fires cause severe environmental pollution, potentially also affecting neighboring countries, as happened in Indonesia in 1997-1998.

10. Wood is the predominant commercial product from forests. In many countries, particularly in the tropics and northern latitudes, forests and timber trade form an important sector of the economy, as well as representing a major source of foreign currency. The consumption of wood is steadily increasing world-wide: Within 30 years, the total amount of timber products grew from 2.2 billion m^3 in 1965 to 3.27 billion m^3 in 1998. About half the volume of roundwood required world-wide is produced in the United States, China, India, Brazil, and Canada. 54 % of the total amount of timber logged in 1998 was consumed for fuelwood and charcoal, while the remainder was used for industrial production, i.e. logs, sawnwood and wood-based panels. The overall pattern of production and consumption of wood products vary between developed and developing countries: In developed countries, where 23 % of the global population live, industrial roundwood is consumed at almost three times the rate of the developing countries; developing countries, on the other hand, produce and consume ten times as much firewood as the industrialized nations.

11. Trade liberalization through the global reduction or elimination of tariffs or other non-tariff barriers with important impacts on importers and exporters has intensified the global trade in all product categories. International trade in forest products has increasingly been expanding with the growing number of countries exporting and importing various forest products. Over the past few decades, the configuration of product groups in the global timber trade has changed considerably. Industrial roundwood's share of the value of global exports steadily declined, while the share of both wood-based panels, and paper and paperboard increased. The sector of paper and paperboard now accounts for approximately 45 % of the total value of world forest product exports. From 1965 to 1995 global paper consumption more than quadrupled. These trends reflect the increasing importance of higher value forest products in global trade.

12. The global forest product market is highly regionalized with important trading blocs in Western Europe and North America. Nevertheless, there has also been increasing trade between developing countries of the Pacific Rim, which are the main exporters of raw tropical timber. However, tropical timber exports represent only a fairly small share of world's roundwood production (2 %), and only 4.4 % of the tropical wood production enters international trade. Thus, tropical timber trade cannot be considered the major cause of the ongoing decline of tropical forests world-wide.

13. The vast majority of developing country exports comes from Asia (around 75 %), which dominates the export of wood-based panels, logs, sawnwood and paper products. For some Asian countries, forest product exports are of major significance as a source of foreign exchange earning: In 1998, Indonesia and Malaysia have emerged as the dominant world exporters of tropical timber products by value (3.4 billion respectively 2.5 billion US-$). On the other hand, a number of Asian countries have also increased their imports from outside the region. Japan alone accounted for 35 % of all tropical wood imports in 1997; developing countries with expanding economies, notably China, have also increased their share of global imports. Some developing countries like the Philippines and Thailand are even moving from being net exporters to being net importers of tropical wood products.

Although Latin American exports of all timber products, including pulp and paper, still represent only 2.8 % of the regional tropical roundwood production, they have an increasing impact on the international trade in tropical wood products, dominated by Brazil. African tropical countries play only a subordinated role in tropical timber exports, with major markets in the European Union.

14. Very likely, the next decades will be characterized by shifts in the supply and demand of tropical timber. On the one hand, the supply of some of the main exporters of tropical timber will soon be exhausted, while on the other hand, demand from developing countries will increase because of high population-growth rates and improved living standards. Since 1970, there has been an substantial increase in fuelwood consumption by 60 %, reaching almost 1.75 billion m^3 in 1997. Over the 1970-1994 period, developing countries expanded their share of global consumption for fuelwood and charcoal from 84 % to 90 %. In Africa, for example, fuelwood consumption grew about 3 % per annum between 1980 and 1994 and about 2.2 % between 1994 and 1998. In the future, fuelwood, charcoal and wood energy will remain important as a traditional source of energy in developing countries; demand is expected to increase at a rate of about 1.1 % per year until 2010; then developing countries will consume eleven times more firewood as compared to the industrialized nations.

However, on the other hand, demand for industrial wood is also predicted to grow substantially at an annual rate of about 1.7 % between 1996 to 2010. Although developed countries will continue to dominate the market in absolute terms, developing countries will take an increasing share in this growth. In so far, in some developing countries tropical forests are expected to reach their capacity or even exceed it in the near future.

15. The underlying causes of forest destruction are various and differ from region to region, just as forests perform highly diverse economic, ecological, and social functions. The increasing international awareness of forest-related issues has led to a number of existing instruments on the international, regional, and local level concerning the management and protection of forests. At the moment, the international regime regulating forest-related aspects is composed by different instruments and arrangements addressing only specific sectors of the forestry issue. Some of these instruments are legally binding, like global or regional conventions; several other programmes, initiatives and concepts without any legally binding force have been launched in the past decades, too. What is still missing is a specific international legal framework to deal with forests in their entirety.

The existing strategies concerning forest-related issues include a number of concepts and regulations with a potentially significant contribution to the sustainable development approach with its three dimensions of ecological, economic and social acceptability. In addition, the multitude of global and regional initiatives with cross-sectoral linkages to technical, social and economic aspects give guidance to policy-makers for actions in support of sustainable management, conservation and development of forests. Nevertheless, regarding the various benefits of forests on the one hand and the regional and global dimensions of the ongoing forest destruction on the other hand, the different existing instruments are not adequate to regulate the complexity of all forest sector issues.

16. In order to safeguard the role of forests in the natural regimen, as well as their socio-economic and cultural importance, further coordination and harmonization of objectives and priorities of forest policy are necessary to avoid undue fragmentation of forest issues among many initiatives. Regarding the global dimensions of the very diverse forest services - such as carbon storage, the conservation of biodiversity and genetic resources, the maintenance of a balanced hydrological cycle, soil conservation, and the preservation of natural heritage, cultural values and knowledge -, the issue of forests represents a major challenge to international cooperation. What is more, to combat world-wide deforestation and forest degradation, a closer participation of stakeholders, including local communities and indigenous peoples, timber industries, and non-governmental organizations would be useful.

17. It is one of the major disadvantages of international discussions on forest issues that the question of whether forests belong to the category of "common heritage of mankind", such as parts of the Antarctica, the deep-sea bed or the outer space, or at least to the level of "common concerns of mankind", like the conservation of biological diversity, is not yet resolved. Depending on the outcome of that debate, it will have to be determined whether or not forests should be regulated by a global instrument. The international debate remains heavily burdened by these sovereignty concerns. Whereas most developing countries nowadays recognize forests as national commons within their jurisdiction and sovereignty, the above mentioned complex global or regional functions of forests are now increasingly being understood and acknowledged as well. In order to bring forward the international discussion about an effective instrument against the loss and degradation of the world's forests, it will be indispensable that both developing and developed countries with large proportions of the total forest land cover are willing to give up, to a certain extent, the sovereignty over their natural resources.

18. States generally have very different perspectives on what constitutes a global issue. Efforts to draft an international legal instrument on for-

ests, which will inevitably affect the sovereign rights of states, will almost certainly trigger strong resistance, especially from the side of developing countries. This will reflect a country's readiness to treat forests as a global common as opposed to considering it sovereign domain, taking into consideration possible restrictions of use and of higher costs, i.e. due to measures of protection for forest areas. Thus, any move towards a legally binding convention will necessitate a high level of consensus among states on the question of sovereignty and - closely related - of possible financial compensation.

19. Due to a growing awareness of the global dimensions for tropical deforestation, calls for limiting or banning tropical timber imports by non-governmental organizations and consumers have arisen in many industrialized countries with strong environmental lobbies since the early 1990s. These calls rely on the presumption that export trade has contributed significantly to forest degradation in the tropics. Protectionist practices have often been considered an essential strategy to overcome the pressures on the world's forests. At the same time, comprehensive consumer-led boycotts of tropical timber as well as local or sub-national government bans on the use of tropical timber, with possible negative effects on market access of (tropical) timber are controversial, because of their potential discriminatory effect and for constituting a non-tariff barrier to trade. Although the impact of bans and boycotts on the international trade of tropical timber was relatively small, these measures did focus public attention on the ongoing forest destruction in the tropics.

20. The main target of unilateral trade measures relating to forest protection has usually been set on tropical timber. However, more recently, efforts have been made to extend such restrictions to unsustainable timber extraction practices in temperate and boreal forest areas as well. Today, many consumer interests see forest certification and eco-labelling schemes, which provide a quality mark for timber and timber products from sustainably managed resources, as a means of achieving sustainable forest management. The forest certification movement has taken off rapidly through multi-stakeholder initiatives, largely in Western Europe and North America. The two main international approaches are those of the Forest Stewardship Council (FSC) and the International Standardization Organization (ISO). But there are also regional certification initiatives, including those of the African Timber Organization (ATO) or the Pan-European Forest Certification (PEFC); major exporting countries such as Indonesia, Malaysia, Canada and the

European Nordic countries are actively developing their own national certification schemes.

The World Bank/WWF Alliance for Forest Conservation and Sustainable Use has set a target of 200 million hectares to be certified by 2005, evenly divided between tropical and temperate/boreal forests. However, among the main exporters of tropical timber, interest in certification and labelling-issues is still low: it is notable that only 12 % of forests independently certified to meet the criteria of FSC (which has certified over 20 million ha world-wide) are situated in tropical regions. In this respect, it is still uncertain whether certification will significantly contribute to improve forest management in developing countries with the highest rates of deforestation.

21. During the last decades, the interlinkage between trade and environment is increasingly becoming an important issue in international trade relations. Unilateral trade-measures in many developed countries, like quantitative restrictions or bans of "unsustainably produced" timber to protect the world's (tropical) forests, are reflecting the correlation between the per capita income and the increasing environmental awareness of citizens to intensify the pressure on national governments to establish measures for the protection of the environment. The growing interest for environmental issues in societies with higher incomes is not only concentrated on the domestic environment, but increasingly tries to influence the environmental policy of foreign countries by unilateral trade measures. Whether or not being used intentionally for these purposes, such regulations may lead to trade distortion and discrimination. There is considerable debate as to whether unilateral controls under the guise of environmental protection are compatible with WTO/GATT rules.

22. In this context it can be referred to the problem of public environmental restrictions with regard to the utilization of tropical timber in government procurement and corresponding requirements for private clients. These unilateral measures have to be regarded as discriminatory and therefore as being inconsistent with Article III para. 4 GATT respectively Article III para 1 lit. a GPA (national treatment obligation) and Article I para. 1 GATT respectively Article III para. 1 lit. b GPA (most-favoured nation treatment).

The same goes for public recommendations to use only tropical timber produced in a sustainable manner; they also violate the discrimination clauses of GATT and GPA because distinguishing products on the basis of their environmental friendliness does not affect the likeness of products: according to the GATT-Panel practice, the discrimination articles only call for a comparison between the treatment accorded to domestic and imported like *products*, not for a comparison of the policies or practices of the country of origin with those of the country of importation.

23. According to the GATT-Panel Report concerning the second tuna-dolphin dispute between the EEC/Netherlands and the United States, the exceptions of Article XX lit. b and g GATT are also applicable to policies related to the conservation of exhaustible natural resources or living things located outside the jurisdiction of the importing country. But the panel also concluded that measures taken in order to force other countries to change their policies could not be considered to be "necessary" for the protection of animal life or health within the meaning of Article XX lit. b GATT, and that such measures have to be made effective in conjunction with restrictions on domestic production or consumption (Article XX lit. g GATT).

Regarding public requirements concerning the restricted use of tropical timber, they are influencing the policy of the tropical exporting countries in a manner to change national forest practices and therefore do not meet the "necessity"-requirement in Article XX lit. b GATT. To be consistent with Article XX lit. g GATT, public requirements have to promote not only the sustainable forest management in tropical countries, but necessarily domestic sustainable forest practices as well.

24. From a trade law perspective, promoting the certification and labelling of (tropical) timber products may raise the question whether the distinctions drawn between unsustainably produced tropical timber and timber products from other forest regions are legitimate or are disguised trade barriers and, hence, illegal. First of all a distinction has to be made between the unilateral introduction of a mandatory and a voluntary labelling scheme: An example for a mandatory labelling scheme is the Australian legislation of 1992 ("Federal Law for the Labelling of Tropical Timber and Timber Products from Sustainable Exploitation"), which triggered vehement protests by producing countries - with the consequence that Australia dropped the mandatory labelling scheme and extended the scope of voluntary certification quality mark to timber from all types of sustainably managed forests. The Australian Labelling Law, although no formal GATT panel decision has been initiated, would have been considered to be in violation of GATT obligations, being inconsistent with the most-favoured-nation clause in Article I para. 1 GATT and the national-treatment clause in Article III para. 4 GATT with no justification under Article XX lit. b and g GATT.

Today, most labelling approaches are implemented on a private basis and therefore cannot be characterized as an *act of the state* and are outside the scope of the GATT/WTO disciplines, even when they have adverse effects on trade - presupposed that the private activities in question are not effectively influenced and determined by a government. For this case, voluntary eco-labelling programmes including government involvement may avoid a potential conflict with the GATT/WTO legal system as they are open to all importers and their environmental criteria apply equally to all countries. Moreover, to be in conformity to GATT trade requirements, a voluntary international certification scheme should respect national sovereignty, be cost-effective and be based on transparent and credible internationally recognized guidelines that are compatible with the specific local conditions affecting each producer.

25. The instruments of timber labelling and market-oriented forest certification schemes still continue to be the centre of privat-sector initiatives. Forest certification systems are seen by many as tools to influence industry and trade to contribute to sustainable forest management. However, certification systems, even when they are consistent with international law in accordance with the requirements mentioned above, are no sufficient alternative to an holistic international legal instrument for the protection of all kind of forests; nevertheless, they can play an important complementary role in the ongoing international policy dialogue on forests, together with regulation, incentives and other instruments.

26. In recent years, the potential of unilateral trade measures as a tool for maintaining and promoting sustainable forest management in the producing countries was, with few exceptions, quite low. Regarding eco-labelling and certification, there is a considerable effort under way to certify forests under various independent systems in several countries, but completed exercises are still few. Certainly, FSC-endorsed certification and other international or national certification approaches will continue to increase rapidly in the next decade, intending to influence the forest policy process not only in the temperate and boreal forest regions, but also in tropical countries.

To ensure that eco-labelling and certification schemes will finally arrive, the development of appropriate international criteria and standards is necessary. This can be seen as even more important when looking at the growing complexity and globalization of timber trade markets.

27. Despite their potential use as trade barriers and the possible negative impact on market access of (tropical) timber, unilateral trade restrictions

at least act as a signal to combat the ongoing forest destruction, as long as an international agreement on global forests is still missing.

Nevertheless, regarding the diverse causes and effects of the global forest decline, unilateral trade-measures do not adequately allow for the multitude of aspects involved in protecting and utilizing all kind of forests. They constitute no effective method to protect the world's forests; therefore multilateral agreements and concepts are indispensable.

28. At the UN Conference on Environment and Development in Rio de Janeiro 1992 (UNCED), several legal instruments were adopted with direct bearing on the use and management of forests. Although a legally binding agreement on forests was not secured by the Rio-Conference, chapter 11 of the Agenda 21 recognizes the cross-sectoral nature of forests as well as their socio-economic benefits and environmental services, thereby actually representing the most detailed instrument of global forest protection. Another soft-law instrument, the so-called Forest Principles ("Non-Legally Binding Authoritative Statement of Principles for a Global Consensus on the Management, Conservation and Sustainable Development of All Types of Forests") defines a worldwide basis for the management and conservation not only of tropical but also of forests in the temperate and boreal zone. In addition to these principles, UNCED agreed on the terms of three conventions - the Framework Convention on Climate Change, the Convention on Biological Diversity and the Convention to Combat Desertification - which are relevant to, but not exclusively concerned with forests and forestry. These international environmental agreements have underlined the importance of sustainable forest management practices.

Thus, the UNCED follow-up dialogue relating to forests mainly aimed at casting the concept of sustainable development into a more concrete shape by formulating guidelines, criteria and indicators for the management, conservation, and sustainable development of all types of forests. Major intergovernmental initiatives on forestry have been launched following the Rio-Conference, including the ongoing international processes, aiming at developing criteria and indicators for sustainable forest management, covering about 85 % of the world-wide forests area at the moment.

29. Apart from the global debate on forest issues, several regional forest-related legal agreements have also been elaborated after the UN-Conference in 1992; some of them have not yet entered into force. Regional agreements, however, often tend to support the national economies of the countries involved and reaffirm the sovereign right of countries over their forest resources, allowing countries flexibility to

manage their natural resources pursuant to their own environmental and development goals and policies. Although some regional treaties address specific environmental issues they alone will not be sufficient to reach the goals of conservation and sustainable use of forests without the cooperation of the international community.

30. One proposal is to regulate forest related issues under the Framework Convention on Climate Change (FCCC), emphasizing the role of forests as carbon sources and sinks, or under the Convention on Biological Diversity (CBD), aiming at the conservation of (forest-based) biological diversity. This approach would have the advantage that existing institutions like the secretariats of the conventions or the Global Environment Facility (GEF), serving as a (provisional) financial mechanism of FCCC and CBD, could be utilized. The proponents of this approach further argue with the time-consuming negotiation and implementation of a "new instrument" at great cost.

31. Many attempts have been made to establish consensus on an international instrument on forests, thus leading to the question of a proper legal framework. In this context, the option to regulate forest related issues in a protocol to the Biodiversity Convention, although not concerned with forests per se, has often been suggested. Like the FCCC, the CBD is a framework convention that may be complemented by protocols to further develop the international law applying to forests. Indeed, with a view to the acceleration of the decline of global forests, the negotiation of a protocol to the CBD would avoid both the effort and the cost of elaborating a separate forest convention, including the establishment of another secretariat. A protocol could build on internationally-agreed objectives and a basic institutional framework of the Biodiversity Convention.

32. However, the CBD has only the potential to cover particular aspects of sustainable forest management. As mentioned above, the CBD aims at the conservation of biological diversity (as forests are the primary habitat for animals and plants), the sustainable use of its components and the fair and equitable distribution of the benefits derived from using genetic resources. Apart from these main objectives, the CBD does not necessarily reflect for instance the role of forests in preserving climate or the issue of international timber trade. A protocol to the CBD could therefore not cover the entirety of factors that require international forest regulation.

33. The same would apply to a protocol to the FCCC on forests. It would primarily be concerned with the ecological role of forests as a carbon sink. It might be effective in regulating biomass and carbon is-

sues, but it would not cover many other regional and global forest services in different climate regions. After all, forest specific issues still play a secondary role in the FCCC, even if the Kyoto-Protocol, adopted at the third Conference of the Parties in 1997, now contains provisions for developed countries to take into account afforestation, reforestation, and deforestation and other agreed land use, land-use change, and forestry activities (LULUCF) in meeting their commitments of reducing greenhouse gas emissions between 2008 and 2012. Thus, the carbon sequestration potential of trees is recognized. However, the Protocol is still awaiting ratification by most countries and many of the rules that make that protocol operational are still lacking. Many details of how carbon emissions from sources and removals by sinks from forestry activities can be calculated or verified remain unclear and have to be clarified. Finally, at COP-6 held in Bonn in July 20001, negotiators could achieve an agreement on operational details for commitments on reducing emissions of greenhouse gases under the Kyoto-Protocol, with issues relating to LULUCF turning out to be a particular sticking point.

34. In order to avoid fragmentation of forest issues among many initiatives, a legally-binding global forest convention would fulfill various forest-related commitments under a holistic framework.

Looking at the history of attempts to negotiate an international convention of forests, major intergovernmental initiatives have been launched following UNCED in 1992, including the work of the Intergovernmental Panel on Forests (IPF). IPF completed its work in 1997; various matters, however, were left pending, including the question of a legal instrument to protect the world's forests. Therefore, the UN General Assembly at its special session in June 1997 (UNGASS), reviewing progress made in implementing Agenda 21, decided to continue the intergovernmental policy dialogue on forests through the establishment of the ad hoc open-ended Intergovernmental Forum on Forests (IFF) under the aegis of the Commission on Sustainable Development (CSD). After four sessions, the IFF issued its final report in 2000; because of divergent views among countries, a general agreement on the need for a global legally binding instrument on forests remained elusive. Nevertheless, as a result of the IFF's deliberations and proposals, a new UN Forum on Forests, established in October 2000 by the UN Economic and Social Council (ECOSOC), is now considering the parameters of a mandate for developing a legal framework on all types of forests, including financial provisions, within five years. In so far, the discussion about a legal framework of forests will continue.

35. The different positions of states, NGOs, and the private forest sector towards a global forest protection concept have been partly changed considerably over the last ten years. At the Rio Conference in 1992, the goal of industrialized nations, which was to start negotiations on a legally binding forest convention, or at least to agree on a convention mandate, could not be accomplished because of the irreconcilable differences between developed and developing countries. While the results of the Rio Conference were largely influenced by the North-South conflict, five years later, at UNGASS, neither the industrialized nations nor the developing countries formed any homogenous group. Instead, the participating nations formed coalitions which shifted with every single issue so as to promote the interests of a particular nation or state group.

36. In the area of conflict between sovereign rights over natural resources and global requirements for protecting the environment, support for a global forest convention will depend on a sufficient political will for such a legally binding treaty; the central question in this context is whether sovereign states will voluntarily decide to cooperate in the management of regional and global forest problems. Additionally, public awareness, mainly in the tropical countries, has to be raised for the necessity and urgency of taking immediate and concrete steps towards the sustainable use of the world's forests, as they provide not only economic, but also a range of social and environmental benefits and therefore are serving as a basis for human life in the future.

37. A holistic global forest convention would be advantageous because of its comprehensive approach covering all major aspects related to the management, conservation, and development of all kinds of forests. Another argument in favor of a forest convention, dealing with forests in their entirety, is that it would avoid fragmentation of forest issues among many initiatives. The issues of global forest conservation would benefit from a permanent international platform which would serve not only to continue but also to strengthen cooperation in forest matters. Moreover, an international convention would elevate forest concerns to a higher rank within the UN system. Besides, more institutional or technical capacities could be mobilized and the international dialogue on innovative funding mechanisms within the forestry sector would continue, like for example a fifth focal area of the GEF concerning forest issues.

38. Another advantage of a legally binding convention as opposed to non-legallybinding options of sustainable forest management is that it would further enhance the acceptance of indispensable measures to

protect the forest area in the countries concerned. Nevertheless, the effectiveness of such an undertaking would depend on the extent to which it is supportive and synergistically related to other relevant instruments. A new forest convention would necessarily need to be complementary to and harmonized with existing legal agreements, notably those covering biological diversity conservation (like the Convention on Biological Diversity and the Convention on International Trade in Endangered Species of Wild Fauna and Flora, CITES), climate change and carbon sinks (Framework Convention on Climate Change) and the protection against desertification (Convention to Combat Desertification).

39. Following the model of the UN Convention to Combat Desertification, one option for a legally binding forest convention would be a framework or constitutive instrument with special Annexes, outlining how the agreement is to be implemented by national and regional action programmes. The principal purpose of this mechanism would be to take into account the diverse underlying causes of forest destruction in different developed and developing regions of the world. Furthermore, it would recognize that the ongoing forest destruction is first and foremost based on local and regional factors, and that there are still no effective regional instruments to combat the depletion of forests. Indeed, to facilitate effective implementation of such a forest convention, it would be necessary to formulate stronger obligations in the text of the convention itself than the Desertification Convention does.

40. Regardless of which international instrument will eventually be selected to protect the world's forests, the following prerequisites will contribute to a successful progress in negotiating global forest issues:

Current efforts to develop guidelines, criteria and indicators of sustainable forest management have to be supported; in addition, the further development of participatory national forest programmes aiming at the integration of all relevant actors and institutions is necessary.

Because of the distributional interests of multi-stakeholders in the global forest debate, such as forestry industries, consumers, local communities, private property owners and indigenous peoples, interlinkages with trade and agricultural politics as well as with minority people's rights are essential.

The present situation calls for world-wide and well-coordinated action to preserve the global forest resources. The potential for synergy and the avoidance of overlapping or even counterproductive policies and procedures can only be explored through a careful analysis of existing international legal and non-legally binding instruments and institutions affecting forests and through close cooperation between these different processes.

Literaturverzeichnis

Abramovitz, Janet N., Vom Wert der Natur, in: Worldwatch Institute (Hrsg.), Zur Lage der Welt 1997 - Daten für das Überleben unseres Planeten, 136 ff.

— Taking a Stand: Cultivation a New Relationship with the World's Forests, in: Worldwatch Paper 140, April 1998.

Adede, Andronico O., The Road to Rio: The Development of Negotiations, in: Campiglio, Luigi u.a. (Hrsg.), The Environment after Rio: International Law and Economics, London u.a. 1994, 3 ff.

Adelmann, Karin, Verfehlte Reiseziele, in: Akzente (GTZ), Heft 4, 1996, 8 ff.

Aguilar, Grethel/González, Marco, Regional Legal Arrangements for Forests: the Case of Central America, in: Tarasofsky (Hrsg.), Assessing the International Forest Regime, Gland 1999, 111 ff.

Aguirre, Juan Antonio, Eco „green" labelling of timber in Costa Rica: characteristics and policy implications, in: Proceedings of the XI. World Forestry Congress, Antalya/Türkei, 13.-22.10.1997, Vol. 4, Area E: The economic contribution of forestry to sustainable development, Topic 22: Forest products trade and certification, 159 ff.

Alexandratos, Nikos, World Agriculture: Towards 2010, FAO, Rom 1995.

Alexandrowicz, George W., International Legal Instruments and Institutional Arrangements: A Discussion Paper, in: Canadian Council on International Law (Hrsg.), Global Forests and International Environmental Law, London 1996, 315 ff.

Alexeyev, V.A./Tchmyr, A.F., The state of Russian boreal forests: impact of natural processes and human activity, in: Proceedings of the XI. World Forestry Congress, Antalya/Türkei, 13.-22.10.1997, Vol. 6, Area H: Eco-Regional Review, Topic 38.1: Boreal forests, 137 ff.

Almeida, Anna L. de/ Campari, Joao S., Sustainable Settlement in the Brazilian Amazon, Washington 1995.

Almeida, Oriana T. de/Uhl, Christopher, Developing a Quantitative Framework for Sustainable Resource-Use Planning in the Brazilian Amazon, in: World Development 1995, 174 ff.

Amelung, Torsten/Diehl, Markus, Deforestation of Tropical Rain Forests - Economic Causes and Impact on Development, Kieler Studien Nr. 241, Tübingen 1992.

Amilien, Caroline, Conflicting international policies in tropical timber trade, in: Environmental Conservation 1996, 29 ff.

Angelsen, Arild, Shifting Cultivation and „Deforestation": A Study from Indonesia, in: World Development 1995, 1713 ff.

Arbeitsgemeinschaft Regenwald und Artenschutz e.V. (ARA), Das Regenwaldmemorandum, in: ARA-konkret 1, Bielefeld 1994.

Arnold, J.E.M., Managing forests as common property, FAO Forestry Paper 136, Rom 1998.

Arts, Bas, Nachhaltige Entwicklung - Eine begriffliche Abgrenzung, in: Peripherie 1994, Nr. 54, S. 6 ff.

Auer, Marc, Für die Erhaltung der Arten und ihrer Lebensräume - Das Übereinkommen der Vereinten Nationen über die biologische Vielfalt, in: VN 1994, 168 ff.

Bail, Christopher, Das Klimaschutzregime nach Kyoto, in: EuZW 1998, 457 ff.

Baker, Betsy, Protection, Not Protectionism: Multilateral Environmental Agreements and the GATT, in: Vanderbilt Journal of Transnational Law 1993, 437 ff.

Banholzer, Kai, Joint Implementation: Ein nützliches Instrument des Klimaschutzes in Entwicklungsländern?, Wissenschaftszentrum Berlin für Sozialforschung (WZB), FS II 96-405, 1996.

Barber, Charles Victor/Schweithelm, James, Trial by Fire - Forest Fires and Forestry Policy in Indonesia's Era of Crisis and Reform, World Resources Institute 2000.

Barbier, Edward, Impact of the Uruguay Round on International Trade in Forest Products, FAO, Rom 1996.

Barbier, Edward/Burgess, Joanne/Bishop, Joshua/Aylward, Bruce, The Economics of the Tropical Timber Trade, London 1994.

Barthod, Ch., La Conférence des Nations-Unies sur l 'Environnement et le Développement et la Forêt, in: Revue Forestière Française 1993, 7 ff.

Bass, Stephen/Simula, Markku, Independent Certification/Verification of Forest Management - Backgroundpaper for the World Bank/WWF Alliance Workshop, Washington D.C., 9.-10. November 1999.

Becker, Gero/Karmann, Marion, Holz aus nachhaltiger Forstwirtschaft, in: Holz-Zentralblatt vom 12.7.1996, 1324 ff.

Beise, Marc/Oppermann, Thomas/Sander, Gerald G., Grauzonen im Welthandel - Protektionismus unter dem alten GATT als Herausforderung an die neue WTO, Baden-Baden 1998.

Bekhechi, Mohammed A., Une nouvelle étape dans le développement du droit international de l'environnement: La Convention sur la désertification, in: Revue Générale de Droit Int. Public 1997, 5 ff.

Bellefontaine, Ronald, The exchange of experience and state of the art in sustainable forest management (SFM) by ecoregion: dry tropical forests, in: Proceedings of the XI. World Forestry Congress, Antalya/Türkei, 13.-22.10.1997, Vol. 6, Area H: Eco-Regional Review, Topic 38.4: Dry tropical forests, 213 ff.

Benedek, Wolfgang, Die Rechtsordnung des GATT aus völkerrechtlicher Sicht, Berlin, Heidelberg 1990.

— Studie über Handlungsmöglichkeiten Österreichs zur Beschränkung der Importe von Tropenholz im Hinblick auf deren Völkerrechtskonformität nach dem GATT, Graz 1992.

— Die neue Welthandelsorganisation (WTO) und ihre internationale Stellung, in: VN 1995, 13 ff.

Benedick, Richard E., Das fragwürdige Kyoto-Klimaprotokoll – Unbeachtete Lehren aus der Ozongeschichte, Wissenschaftszentrum Berlin für Sozialforschung (WZB), FS II 98-407, 1998.

Benedict, Christoph, Sekundärzwecke im Vergabeverfahren, Heidelberg 2000.

Berg, Gerald C., An Economic Interpretation of „Like-Product", in: JWT 1996, Nr. 2, S. 195 ff.

Berger, Joseph Robert, Unilateral Trade Measures to Conserve the World's Living Resources: An Environmental Breakthrough for the GATT in the WTO Sea Turtle Case, in: Columbia Journal of Environmental Law 1999, 355 ff.

Beyerlin, Ulrich, Rio-Konferenz 1992: Beginn einer neuen globalen Umweltrechtsordnung?, in: ZaöRV 1994, 124 ff.

— Staatliche Souveränität und internationale Umweltschutzkooperation - Gedanken zur Entwicklung des Umweltvölkerrechts, in: Beyerlin, Ulrich u.a. (Hrsg.), Recht zwischen Umbruch und Bewahrung: Völkerrecht, Europarecht, Staatsrecht; Festschrift für Rudolf Bernhard, Berlin, Heidelberg 1995, 937 ff.

— Umweltvölkerrecht, München 2000.

Beyerlin, Ulrich/Marauhn, Thilo, Rechtsetzung und Rechtsdurchsetzung im Umweltvölkerrecht nach der Rio-Konferenz 1992, Berichte des Umweltbundesamts 3/97, Berlin 1997.

Beyse, Rudolf, Mögliche Auswirkungen eines Boykotts und/oder Importverbots für tropische Hölzer und Holzprodukte, in: Forst und Holz 1989, 429 ff.

Biermann, Frank, Umweltvölkerrecht - Eine Einführung in den Wandel völkerrechtlicher Konzeptionen zur Weltumweltpolitik, Wissenschaftszentrum Berlin für Sozialforschung (WZB), FS II 97-402, 1997.

— Internationale Umweltverträge im Welthandelsrecht - Zur ökologischen Reform der Welthandelsorganisation anläßlich der geplanten „Millenniumsrunde“, Wissenschaftszentrum Berlin für Sozialforschung (WZB), FS II 90-403, 1999.

Biermann, Frank/Simonis, Udo Ernst, Plädoyer für eine Weltorganisation für Umwelt und Entwicklung, in: Wissenschaftszentrum Berlin für Sozialforschung (WZB), FS II 98-406, 1998.

Bilsborrow, Richard, Population, Development and Deforestation: Some recent Evidence, in: Population, Environment and Development, Proceedings of the United Nations Expert Group Meeting on Population, Environment and Development, 20.-24.1.1992, New York 1994, 117 ff.

Birnie, Patricia, The Case of the Convention on Trade in Endangered Species, in: Wolfrum, Rüdiger (Hrsg.), Enforcing Environmental Standards: Economic Mechanism as Viable Means?, Berlin, Heidelberg 1996, 233 ff.

Birnie, Patricia/Boyle, Alan, International Law and the Environment, Oxford 1992.

— Basic Documents on International Law and the Environment, Oxford 1995.

Bleckmann, Albert, Europarecht, 6. Aufl., Köln u.a. 1997.

Bleischwitz, Raimund, Die Globalisierung der Umweltpolitik - Ein Überblick und ausgewählte Materialien zum Schutz der Ozonschicht, der Tropenwälder und des Erdklimas, Materialien und Studien der Stiftung Entwicklung und Frieden, Reihe Interdependenz Nr. 7, Bonn 1991.

Böhringer, Christoph/Stronzik, Marcus/Vogt, Carsten, Nur ein Tropfen auf den heißen Stein, in: FAZ v. 28.11.2000, 15.

Boer, Ben, Developments in International Environmennal Law Relating to Forests, in: Environmental and Planning Law Journal 1997, 378 ff.

Boesen, Arnold, Das Vergaberechtsänderungsgesetz im Lichte der europarechtlichen Vorgaben, in: EuZW 1998, 551 ff.

Bogdandy, Armin von, Internationaler Handel und nationaler Umweltschutz: Eine Abgrenzung im Lichte des GATT, in: EuZW 1992, 243 ff.

Bond, Andrew, Protecting the World's Biodiversity, in: Environment matters at the World Bank, Annual Review 1997, 54 f.

Bothe, Michael/Kurzidem, Thomas/Schmidt, Christian (Hrsg.), Amazonia and Siberia - Legal Aspects of the Preservation of the Environment and Development in the Last Open Spaces, London u.a. 1993.

Botkin, Daniel B./Talbot, Lee M., Biological Diversity and Forests, in: Sharma, Narendra P. (Hrsg.), Managing the World's Forests, 1992, 47 ff.

Bouckaert, Bodewijn/Groosman, Britt, Can Bartolus Save the Tiger? - Reflections on the use of property rights for land-based biodiversity conservation, in: VRÜ 1999, 454 ff.

Bourke, I.J., The Uruguay Round Results - an Overview, in: ITTO Tropical Forest Update 1996/2, 12 ff.

Bourke, I.J./Leitch, Jeanette, Trade Restrictions and the Impact on International Trade in Forest Products, FAO, Rom 1998.

Boydak, Melih/Dogru, Muzaffer, The exchange of experience and state of the art in sustainable forest management (SFM) by ecoregion: mediterranean forests, in: Proceedings of the XI. World Forestry Congress, Antalya/Türkei, 13.-22.10.1997, Vol. 6, Area H: Eco-Regional Review, Topic 38.3: Mediterranean forests, 179 ff.

Boyle, Alan, The Convention on Biological Diversity, in: Campiglio, Luigi u.a. (Hrsg.), The Environment after Rio: International Law and Economics, London u.a. 1994, 111 ff.

Brack, Duncan, Reconciling the GATT and Multilateral Environmental Agreements with Trade Provisions: The Latest Debate, in: RECIEL 1997, 112 ff.

— The *Shrimp-Turtle* Case: Implications for the Multilateral Environmental Agreement - World Trade Organization Debate, in: YIEL 1998, 13 ff.

Breidenich, Clare/Magraw, Daniel/Rowley, Anne/Rubin, James W., The Kyoto Protocol to the United Nations Framework Convention on Climate Change, in: AJIL 1998, 315 ff.

Breier, Siegfried, Kleine Schritte in Kyoto, in: VN 1998, 31 ff.

— Die Rolle der Europäischen Union bei der dritten Vertragsstaatenkonferenz der Klimarahmenkonvention in Kyoto, in: europa blätter 1998, 36 ff.

— Die geschlossene völkerrechtliche Vertretung der Gemeinschaft am Beispiel der 3. Vertragsstaatenkonferenz der Klimarahmenkonvention in Kyoto, in: EuZW 1999, 11 ff.

Brenner, Michael, Umweltschutz als Zuschlagskriterium im Verfahren der öffentlichen Auftragsvergabe, in: Jahrbuch des Umwelt- und Technikrechts 1997, 141 ff.

Bright, Chris, Zur Ökologie der Klimaveränderung, in: Worldwatch Institute (Hrsg.), Zur Lage der Welt 1997 - Daten für das Überleben unseres Planeten, 107 ff.

Brock, Lothar/Hessler Stephan, The Colonization of Amazonia: Constellation of Interests and Conflict Potentials, in: Bothe, Michael/Kurzidem, Thomas/Schmidt, Christian (Hrsg.), Amazonia and Siberia - Legal Aspects of the Preservation of the Environment and Development in the Last Open Spaces, London u.a. 1993, 57 ff.

Brockmann, Karl Ludwig/Hemmelskamp, Jens/Hohmeyer, Olav, Zertifiziertes Tropenholz und Verbraucherverhalten - Einfluß einer Zertifizierung von Tropenholz aus nachhaltig und umweltgerecht bewirtschafteten Wäldern auf das Nachfrageverhalten in der Bundesrepublik Deutschland, Heidelberg 1996.

Brockmann, Karl Ludwig/Osório-Peters, Suhito/Bergmann, Heidi, Umweltstandards im internationalen Handel, Stuttgart 1998.

Brockmann, Karl Ludwig/Stronzik, Marcus/Bergmann, Heidi, Emissionsrechtehandel - eine neue Perspektive für die deutsche Klimapolitik nach Kioto, Heidelberg 1999.

Brooks, David J., Demand for wood and forest products: macroeconomic and management issues, in: Proceedings of the XI. World Forestry Congress, Antalya/Türkei, 13.-22.10.1997, Vol. 4, Area E: The economic contribution of forestry to sustainable development, Topic 21: Demand for forest procducts, consumption patterns and marketing, 93 ff.

Brown, Chris, The Implications of the GATT Uruguay Round and other Trade Arrangements of the Asia-Pacific Forest Products Trade, FAO Asia-Pacific Forestry Sector Outlook Study, April 1997.

Brown, Page/Kete, Nancy, Forests and Land Use Projects, in: Goldemberg, José (Hrsg.), Issues & Options, The Clean Development Mechanism, UNDP 1998, 170 ff.

Brown, Sandra, Management of Forests for Mitigation of Greenhouse Gas Emissions, in: IPCC (Hrsg.), Climate Change 1995 - Impacts, Adaptations and Mititgation of Climate Change; Scientific-Technical Analyses, Cambridge 1996, 737 ff.

— Forests and climate change: role of forest lands as carbon sinks, in: Proceedings of the XI. World Forestry Congress, Antalya/Türkei, 13.-22.10.1997, Vol. 1, Area A: Forest and Tree Resources, 117 ff.

Brown Weiss, Edith (Hrsg.), Environmental change and international law: New challenges and dimensions, Tokyo 1992.

Bruckmeier, Karl, Strategien Globaler Umweltpolitik - „Umwelt und Entwicklung“ in den Nord-Süd-Beziehungen, Münster 1994.

Brunnée, Jutta, A Conceptual Framework for an International Forests Convention: Customary Law and Emerging Principles, in: Canadian Council on International Law (Hrsg.), Global Forests and International Environmental Law, London 1996, 41 ff.

Brunnée, Jutta/Nollkaemper, André, Between the forests and the trees - an emerging international forest law, in: Environmental Conservation 1996, 307 ff.

Buck, Alexander/Rametsteiner, Ewald, Feasibility-Study: Holzzertifizierungs-Kontrollsystem, in: Schriftenreihe des Bundesministeriums für Umwelt, Jugend und Familie (Österreich), Band 11/1997, Wien 1997.

Bundesministerium für Ernährung, Landwirtschaft und Forsten (BML), Das potentielle Rohholzaufkommen in Deutschland bis zum Jahr 2020 - Ergebnisüberblick -, Bonn 1996.

— Dauerbeobachtungsflächen zur Umweltkontrolle im Wald - Erste Ergebnisse (Level II-Programm), Bonn 1997.

Bundesministerium für Umwelt, Jugend und Familie (Österreich), Timber Labelling - A Quality Mark for Timber and Timber Products - Options to be considered, in: Schriftenreihe der Sektion I des BMUJF, Wien, Dezember 1994.

Bundesministerium für Umwelt, Naturschutz und Reaktorsicherheit (BMU), Umweltpolitik, Konferenz der Vereinten Nationen für Umwelt und Entwicklung im Juni 1992 in Rio de Janeiro - Dokumente - Klimakonvention, Konvention über die biologische Vielfalt, Rio-Deklaration, Walderklärung, Bonn 1992.

— Umweltpolitik, Konferenz der Vereinten Nationen für Umwelt und Entwicklung im Juni 1992 in Rio de Janeiro - Dokumente - Agenda 21, Bonn 1992.

— Gemeinsam umgesetzte Aktivitäten zur globalen Klimavorsorge, Bonn 1996.

— Auf dem Weg zu einer nachhaltigen Entwicklung in Deutschland - Bericht der Bundesregierung anläßlich der VN-Sondergeneralversammlung über Umwelt und Entwicklung 1997 in New York, Bonn 1997.

— Klimaschutz in Deutschland: Zweiter Bericht der Regierung der Bundesrepublik Deutschland nach dem Rahmenübereinkommen der Vereinten Nationen über Klimaänderungen, Bonn 1997 [zitiert: 2. Klimaschutzbericht].

— Übersicht über die Anhangsänderungsanträge der 10. WA-Vertragsstaatenkonferenz in Harare, Simbawe, 9.- 20. Juni 1997

Bundesministerium für Umwelt, Naturschutz und Reaktorsicherheit/ Bundesministerium für wirtschaftliche Zusammenarbeit und Entwicklung (BMU/BMZ), Gemeinsamer Bericht über die Ergebnisse der VN-Sondergeneralversammlung zur Überprüfung der Umsetzung der Rio-Ergebnisse im Juni 1997 in New York, Bonn, Juli 1997.

Bundesministerium für wirtschaftliche Zusammenarbeit und Entwicklung (BMZ), Sektorpapier Tropenwald, BMZ aktuell Nr. 14, Januar 1992.

— Entwicklungspolitische Zusammenarbeit mit Brasilien - Tropenwalderhaltung und Umweltschutz -, BMZ aktuell Nr. 15, Januar 1992.

— Förderung von Waldvölkern im Rahmen des Tropenwaldprogramms - Entwicklungspolitische Bewertung und Perspektiven -, BMZ aktuell Nr. 62, Januar 1996.

— Energie in der deutschen Entwicklungszusammenarbeit, BMZ materialien Nr. 96, März 1997.

— Rio-Konferenz Umwelt und Entwicklung - 5 Jahre danach -, BMZ aktuell Nr. 80, Juni 1997.

— Die Fähigkeit zum Umwelt- und Ressourcenschutz in Entwicklungsländern stärken - Beiträge der Entwicklungszusammenarbeit, Bonn 1997.

— Tropenwalderhaltung und Entwicklungszusammenarbeit, Bonn 1997.

Bundesregierung, Bericht der Bundesregierung über die Konferenz der Vereinten Nationen für Umwelt und Entwicklung im Juni 1992 in Rio de Janeiro, BT-Drucks. 12/3380 v. 30.9.1992.

— Bericht der Bundesregierung an den Deutschen Bundestag über ihre laufenden Aktivitäten zur Tropenwalderhaltung - 3. Tropenwaldbericht, BT-Drucks. 12/5403.

— Schutz und Bewirtschaftung der Tropenwälder - 4. Tropenwaldbericht der Bundesregierung, BT- Drucks. 13/1859 v. 29.6.1995.

— Schutz und Bewirtschaftung der Tropenwälder - 5. Tropenwaldbericht der Bundesregierung, BT-Drucks. 13/8100 v. 25.6.1997.

— Schutz und Bewirtschaftung der Tropenwälder - 6. Tropenwaldbericht der Bundesregierung, BT-Drucks. 14/1340 v. 25.6.1999.

— Treibhausgasinventare für die Bundesrepublik Deutschland für die Jahre 1990 bis 1998, Jahresbericht der Bundesregierung 1999 an das Sekretariat der Klimarahmenkonvention der Vereinten Nationen.

— Waldzustandsbericht der Bundesregierung 2000 – Ergebnis des forstlichen Umweltmonitoring, BT-Drucks. 14/4967 v. 1.12.2000.

— Gesamtwaldbericht der Bundesregierung, Juli 2001.

Bundesverband des Deutschen Groß- und Außenhandels e.V., Memorandum - Zertifizierung als nichttarifäres Handelshemmnis, 1999.

Burger, Dietrich, Aufforstung und andere forstliche CO_2-Stragtegien, in: Entwicklung und ländlicher Raum 1/1994, 11 ff.

Burger, Julian, Die Wächter der Erde - Vom Leben sterbender Völker, Hamburg 1991.

Burhenne, Wolfgang E. (Hrsg.), International Environmental Law - Multilateral Treaties/Droit international de l'environnement - Traités multilatéraux/Internationales Umweltrecht - Multilaterale Verträge, Textsammlung, London, Stand: 53. Ergänzungslieferung 1999.

Burns, William C., The International Convention to Combat Desertification: Drawing a Line in the Sand?, in: Michigan Journal of Int. Law 1995, 831 ff.

Buß, Thomas, Legal Principles in International Environmental Relations, in: Dolzer, Rudolf/Thesing, Josef (Hrsg.), Protecting our Environment - German Perspectives on a Global Challenge, Konrad-Adenauer-Stiftung, Sankt Augustin 2000, 307 ff.

Byron, Neil, The Advantages and Disadvantages of a Legally-binding Global Forests Convention, in: EFI News 1/1997, 7.

Byron, Neil/Arnold, Michael, What Futures for the People of the Tropical Forests? in: World Development 1999, 789 ff.

Callister, Debra J., Illegal Tropical Timber Trade: Asia-Pacific, Cambridge 1992.

Cameron, James, The GATT and the Environment, in: Sands, Philippe (Hrsg.), Greening International Law, London 1993, 100 ff.

Canadian Council of Forest Ministers, Forest Regeneration in Canada 1975-1992, Ottawa 1996.

— Compendium of Canadian Forestry Statistics 1996, Ottawa 1997.

Carazo, Victor R., Analysis and prospects of the Tarapoto proposal: criteria and indicators for the sustainability of the Amazonian forest, in: Proceedings of the XI. World Forestry Congress, Antalya/Türkei, 13.-22.10.1997, Vol. 6, Area H: Eco-Regional Review, Topic 37.3: The Tarapoto Proposal, 73 ff.

Center for International Forestry Research (CIFOR), Testing Criteria and Indicators for the Sustainable Management of Forests: Phase 1, Final Report, Jakarta 1996.

Charnovitz, Steve, Exploring the Environmental Exceptions in GATT Article XX, in: JWT 1991, Nr. 5, S. 37 ff.

— Environmentalism Confronts GATT Rules - Recent Developments and New Opportunities, in: JWT 1993, Nr. 2, S. 37 ff.

— Free Trade, Fair Trade, Green Trade: Defoggin the Debate, in: Cornell Int. Law Journal 1994, 459 ff.

— Environment and Health Under WTO Dispute Settlement, in: The Int. Lawyer 1998, 901 ff.

Chase, Brian F., Tropical forests and trade policy: the legality of unilateral attempts to promote sustainable development under the GATT, in: Third World Quarterly 1993, 749 ff.

Cheyne, Ilona, Environmental unilateralism and the WTO/GATT System, Georgia Journal of Int. and Comp. Law 1995, 433 ff.

Choudhury, Junaid K., Sustainable management of coastal mangrove forest development and social needs, in: Proceedings of the XI. World Forestry Congress, Antalya/Türkei, 13.-22.10.1997, Vol. 6, Area H: Eco-Regional Review, Topic 38.6: Mangroves and other coastal forests, 267 ff.

Churchill, Robin, The Contribution of Existing Agreements for the Conservation of Terrestrial Species and Habitats to the Maintenance of Biodiversity, in: Bowman, Michael/Redgwell, Catherine (Hrsg.), International Law and the Conservation of Biological Diversity, London u.a. 1996, 71 ff.

Club de Bruxelles (Hrsg.), Sustainable Management of Forests and Derivative Products in Europe and the rest of the World - what shoud European policy be? Conference proceedings (21.-23.5.1997), Brüssel 1997.

— What Forestry Strategy (-ies) for the European Union?, Brüssel 1997.

Colchester, Marcus, The International Tropical Timber Organization - Kill or Cure for the Rainforests?, in: Transnational Associations 4/1991, 226 ff.

Cone, Sydney M., The Appellate Body, the Protection of Sea Turtles and the Technique of „Completing the Analysis", in: JWT 1999, Nr. 2, S. 51 ff.

Corcelle, Guy, 20 ans après Stockholm: La Conférence des Nations Unies de Rio de Janeiro sur l'Environnement et le Développement: Point de Départ ou Aboutissement?, in: Revue du Marché commun et de l'Union européenne 1993, 107 ff.

Cording, Ulrich, Internationales Tropenholz-Abkommen: Wichtiger Schritt nach vorn, in: Entwicklung - Development 1985, Nr. 20, S. 30 ff.

Croome, John, Guide to the Uruguay Agreements, Genf 1999.

Crossley, Rachel/Primo Braga, Carlos A./Varangis, Panayotis N., Is there a Commercial Case for Tropical Timber Certification?, in: Zarrilli, Simonetta/Jha, Veena/Vossenaar, René (Hrsg.), Eco-Labelling and International Trade, New York 1997, 228 ff.

Cullet, Philippe/Kameri-Mbote, Annie Patricia, Joint implementation and forestry projects: conceptual and operational fallacies, in: Int. Affairs 1998, 393 ff.

Current, Dean/Lutz, Ernst/Scherr, Sara, Costs, Benefits, and Farmer Adoption of Agroforestry, in: Weltbank (Hrsg.), Agriculture and the Environment, Washington D.C. 1998, 323 ff.

Dauvergne, Peter, A Model of Sustainable International Trade in Tropical Timber, in: Int. Environmental Affairs 1997, 3 ff.

Davis, Patsy, Carbon Forestry Projects in Developing Countries: Legal Issues and Tools, Forest Trends, Washington D.C. 2000.

Dawkins, Kristin, Ecolabelling: Consumer Right-to-Know or Restrictive Business Practice?, in: Wolfrum, Rüdiger (Hrsg.), Enforcing Environmental Standards: Economic Mechanism as Viable Means?, Berlin, Heidelberg 1996, 501 ff.

Desai, Bharat, Towards Sustainable Forest Management: Need for a Forest Convention?, in: Background Paper zu Topic 37 (Technical Progamme) des 11. Weltforstkongresses in Anatalya/Türkei, 13.-22.10.1997.

Deutsche Stiftung Weltbevölkerung (DSW), Bevölkerung und nachhaltige Entwicklung - Fünf Jahre nach Rio, Hannover 1998.

— 6 Milliarden - Weltbevölkerungsbericht 1999, Hannover 1999.

Deutsche Stiftung Weltbevölkerung (DSW)/United Nations Population Fund (UNFPA), Frauen und Männer - getrennte Welten?, Weltbevölkerungsbericht 2000, Hannover 2000.

Diefenbacher, Hans, Ökotourismus - ein schwarzer Schimmel?, in: Blätter für deutsche und internationale Politik 8/1997, 1004 ff.

Diem, Andreas, Freihandel und Umweltschutz in GATT und WTO, Baden-Baden 1996.

Dömpke, Stephan/Gündling, Lothar/Unger, Julia, Schutz und Nutzung biologischer Vielfalt und die Rechte indigenerVölker, Studie des Forums Umwelt & Entwicklung, Bonn 1996.

Dörr, Oliver, Die HOAI und das EG-Vergaberecht, in: EuZW 1997, 37 ff.

Dolzer, Rudolf, Die internationale Konvention zum Schutz des Klimas und das allgemeine Völkerrecht, in: Beyerlin, Ulrich u.a. (Hrsg.), Recht zwischen Umbruch und Bewahrung: Völkerrecht, Europarecht, Staatsrecht; Festschrift für Rudolf Bernhard, Berlin, Heidelberg 1995, 957 ff.

— The Global Environmental Facility - towards a new concept of the common heritage of mankind?, in: Alfredsson, Gudmundur/Macalister-Smith, Peter (Hrsg.), The Living Law of Nations, Kehl u.a. 1996, 331 ff.

— Verkehrswesen und Klimapolitik in der Dritten Welt: zugleich ein allgemeiner Beitrag zur internationalen Klimapolitik, Heidelberg 1998.

— Formulating, Funding, and Implementing the Concept of Worldwide Environmental Protection, in: Dolzer, Rudolf/Thesing, Josef (Hrsg.), Protecting our Environment - German Perspectives on a Global Challenge, Konrad-Adenauer-Stiftung, Sankt Augustin 2000, 267 ff.

Dolzer, Rudolf/Buß, Thomas, The Environment in International Trade and Investment Law, in: Dolzer, Rudolf/Thesing, Josef (Hrsg.), Protecting our Environment - German Perspectives on a Global Challenge, Konrad-Adenauer-Stiftung, Sankt Augustin 2000, 327 ff.

Dolzer, Rudolf/Kreuter-Kirchhof, Charlotte, Climate Protection in International Environmental Law, in: Dolzer, Rudolf/Thesing, Josef (Hrsg.), Protecting our Environment - German Perspectives on a Global Challenge, Konrad-Adenauer-Stiftung, Sankt Augustin 2000, 25 ff.

Donoso, José Antonio, Perspectives on temperate forest management, in: Proceedings of the XI. World Forestry Congress, Antalya/Türkei, 13.-22.10.1997, Vol. 6, Area H: Eco-Regional Review, Topic 38.2: Temperate forests, 153 ff.

Downes, David R., Global Forest Policy and Selcted International Instruments: A Preliminary Review, in: Tarasofsky, Richard (Hrsg.), Asessing the International Forest Regime, Gland 1999, 63 ff.

Droste, Hans-Joachim/Schardt, Stefan, Holzzertifizierung - Ein Beitrag der Holzwirtschaft zum Erhalt der Wälder, Studie der Initiative Tropenwald, Berlin.

Dudley, Nigel, Forest Innovation - a joint project of IUCN, GTZ and WWF, WWF-Studie, November 1998.

Ebert, Susan/Schneider, Thomas W., Vergleichende Darstellung der Inhalte bestehender Kriterien- und Indikatorenkataloge für eine nachhaltige Waldbewirtschaftung, Arbeitspapier, Hamburg 1995.

Ehrmann, Markus, Die erste Vertragsstaatenkonferenz der UN-Klimakonvention: Ergebnisse des Berliner Klimagipfels, in: NVwZ 1996, 347 ff.

— Die Genfer Klimaverhandlungen, in: NVwZ 1997, 874 ff.

— Die Globale Umweltfazilität, in: ZaöRV 1997, 565 ff.

El-Lakany, M.H., Criteria and indicators for sustainable forest management in the Near East, in: Proceedings of the XI. World Forestry Congress, Antalya/Türkei, 13.-22.10.1997, Vol. 6, Area H: Eco-Regional Review, Topic 37.6: The Near East Process, 107 ff.

Elliesen, Tillmann, Umweltschutz durch Handelsbeschränkung? - Das indonesische Exportverbot für unverarbeitetes Tropenholz, in: epd-Entwicklungspolitik 11/93, 17 ff.

Elliott, Chris, Forest Certification: Analysis from a Policy Network Perspective, Lausanne 1999.

Elliott, David P., Certification and Eco-Labelling of Timber and Timber Products, in: Zarrilli, Simonetta/Jha, Veena/Vossenaar, René (Hrsg.), Eco-Labelling and International Trade, New York 1997, 251 ff.

Elverfeld, Dirk Johannes, Europäisches Recht und kommunales öffentliches Auftragswesen, Köln u.a. 1992.

Enders, Gisela u.a., Tropenholz in Kassel - Deutschland und die Ökologie der Welt, Universität - Gesamthochschule Kassel 1994.

Engelhardt, Wolfgang/Weinzierl, Hubert, Der Erdgipfel: Perspektiven für die Zeit nach Rio, Bonn 1993.

Engelhardt, Wolfgang, The End of Biodiversity - The Extinction and Extermination of Animal Species, in: Dolzer, Rudolf/Thesing, Josef (Hrsg.), Protecting our Environment - German Perspectives on a Global Challenge, Konrad-Adenauer-Stiftung, Sankt Augustin 2000, 53 ff.

Enquête-Kommission „Schutz der Erdatmosphäre" des Deutschen Bundestages (Hrsg.), Klimaänderung gefährdet globale Entwicklung - Zukunft sichern - Jetzt handeln, 1. Bericht der Enquête-Kommission des 12. Dt. Bundestages, Bonn 1992 [zit.: Enquête-Bericht (1992)].

— Schutz der grünen Erde - Klimaschutz durch umweltgerechte Landwirtschaft und Erhalt der Wälder, 3. Bericht der Enquête-Kommission des 12. Dt. Bundestages, Bonn 1994 [zitiert: Enquête-Bericht (1994)].

Enquête-Kommission „Vorsorge zum Schutz der Erdatmosphäre" des Deutschen Bundestages (Hrsg.), Schutz der tropischen Wälder - eine internationale Schwerpunktaufgabe, 2. Bericht der Enquête-Kommission des 11. Dt. Bundestages, Bonn 1990, zugleich BT- Drucks. 11/7220 v. 24.5.1990 [zitiert: Enquête-Bericht (1990)].

Epiney, Astrid, Die völkerrechtliche Verantwortlichkeit von Staaten für rechtswidriges Verhalten im Zusammenhang mit Aktionen Privater, Baden-Baden 1992.

— Welthandel und Umwelt – Ein Beitrag zur Dogmatik der Art. III, IX, XX GATT, in: DVBl. 2000, 77 ff.

Erdmann, Karl-Heinz/Nauber, Jürgen, Der deutsche Beitrag zum UNESCO-Programm „Der Mensch und die Biosphäre" (MAB) im Zeitraum Juli 1992 bis Juni 1994, Bonn 1995.

Erhart, Manuela, Tropenwaldschutz durch Bodenbesitzreform und nachhaltige Bewirtschaftung - Der Fall Dominikanische Republik, Marburg 1995.

Esty, Daniel C., Ökologisierung des GATT - oder ein „GATT" für die Umwelt, in: Jahrbuch Ökologie 1996, 89 ff.

Europäische Kommission, Grünbuch über die Beziehungen zwischen der Europäischen Union und den AKP-Staten an der Schwelle zum 21. Jahrhundert - Herausforderungen und Optionen für eine neue Partnerschaft, Luxemburg 1997.

— Report on United States Barriers to Trade and Investment, Brüssel 1998.

Europan Working Group on Timber Chain of Custody (ETC), Final Report - „European Pilot Project on Timber Certification". Reference - No. B 7-8110/96/827/D4/EH, Berlin, Dezember 1998.

Ewing, Kenneth P./Tarasofsky, Richard G., The „Trade & Environment" Agenda: Survey of Major Issues and Proposals - From Marrakesh to Singapore, IUCN Environmental Policy and Law Paper No. 33, Gland 1997.

Fauchald, Ole Kristian, Environmental Taxes and Trade Discrimination - A Legal Analysis of Rules Concerning National Treatment, Most-Favoured-Nation, General Exceptions, and Nullification or Impairment in GATT 1994, Oslo 1996.

Feist, Christian, Von Rio nach Berlin - Die Aktivitäten der Vereinten Nationen auf den Gebieten des Umwelt- und Klimaschutzes, in: JuS 1997, 490 ff.

Feldt, Heidi, Der Oriente wird zerstört - Die Erdölförderung im ecuadorianischen Regenwald, in: Rasper, Martin (Hrsg.), Landräuber: Gier und Macht - Bodenschätze contra Menschenrechte, ökozid 11, Gießen 1995, 126 ff.

Fenner, Rudolf, Borealer Wald und Artenvielfalt - Abschied von einem allzu vertrauten Begriff, in: Ökozidjournal Nr. 7, 1994, 8 ff.

— Überblick über die Bedrohung und Vorschläge zum Schutz borealer Wälder, in: Essener Geographische Arbeiten, Bd. 25, 1994, 99 ff.

Flavin, Christopher, Das Vermächtnis von Rio, in: Worldwatch Institute (Hrsg.), Zur Lage der Welt 1997 - Daten für das Überleben unseres Planeten, 11 ff.

Food and Agriculture Organization of the United Nations (FAO), Agriculture: towards 2010, Rom 1993.

— Agriculture: Towards 2015/30, Technical Interim Report, Rom 2000.

— Environmentally sound forest harvesting, Rom 1997.

— Forest Resources Assessment 1990 - Tropical Countries, FAO Forestry Paper 112, Rom 1993.

— Forest Resources Assessment 1990 - Global Synthesis, FAO Forestry Paper 124, Rom 1995.

— Forest Resources Assessment 1990 - Survey of tropical forest cover and study of change processes, FAO Forestry Paper 130, Rom 1996.

— Forest Resources Assessment 2000 - Global Forest Cover Map, Working Paper 19, Rom 1999.

— Forestry statistics today for tomorrow 1945-1993 ... 2010, Rom 1995.

— Global forest products - consumption, production, trade and prices: global forest products model projections to 2010, Working Paper: GFPAS/WP/01, Rom 1999.

— Provisional Outlook for Global Forest Products – Consumption, Production and Trade to 2010, Rom 1997.

— State of the World's Forests 1997, Rom 1997.

— State of the World's Forests 1999, Rom 1999.

— The Road from Rio: Mowing Forward in Forestry, Rom 1994.

— The State of Food and Agriculture 1994. Forest Development and Policy Dilemmas, Rom 1994.

— Yearbook of Forest Products 1994, Rom 1996.

— Yearbook of Forest Products 1995, Rom 1997.

— Yearbook of Forest Products 1996, Rom 1998.

— Yearbook of Forest Products 1997, Rom 1999.

— Yearbook of Forest Products 1998, Rom 2000.

Food and Agriculture Organization of the United Nations/International Tropical Timber Organization (FAO/ITTO), Expert Meeting on Harmonisation of Criteria and Indicators for Sustainable Forest Management, Rom 1995.

Forest Stewardship Council (FSC), Principles and Criteria for Natural Forest Management, Oaxaca/Mexiko 1995.

Forstbauer, Kristine/Parker, John, The Role of Ecolabeling in Sustainable Forest Management, in: Journal of Environmental Law and Litigation 1996, 165 ff.

Forster, Malcolm J./Osterwoldt, Ralph U., Nature conservation and terrestrial living resources, in: Sand, Peter H. (Hrsg.), The Effectiveness of International Environmental Agreements - A Survey of Existing Legal Instruments, Cambridge 1992, 59 ff.

Forum Umwelt und Entwicklung (Hrsg.), Waldschutz und naturnahe Waldnutzung, Bonn 1996.

— Der Wald als Klimaretter?, Bonn 1998.

Franke, Angela, Freier Welthandel und umweltverträgliche Entwicklung, in: ifo-Schnelldienst 21/96, 15 ff.

French, Duncan, Developing States and International Environmental Law: The Importance of Differentiated Responsibilities, in: Int. and Comparative Law Quarterly 2000, 35 ff.

French, Hilary F., Handel in Einer Welt - Welthandel und Umwelt in Einklang bringen, in: Worldwatch Paper 11, Schwalbach/Ts. 1995.

Fuchs, Alexander, Lösungsansätze für den Konflikt zwischen Ökonomie und Ökologie im tropischen und subtropischen Regenwald am Beispiel der Mata Atlântica Brasiliens, Kölner Forschungen zur Wirtschafts- und Sozialgeographie, Bd. 45, Köln 1996.

Gan, Lin/Naess, Lars Otto/Kasa, Sjur/O' Brien, Karen L., Reforestation and Climate Change Mitigation - A Background Study for Joint Implementation in China and Indonesia, in: Center for International Climate and Environmental Research, Oslo, Report 1998/3.

Garba, Mohammmed L., The initiatives of the African Timber Organization on criteria and indicators for sustainable forest management, in: Proceedings of the XI. World Forestry Congress, Antalya/Türkei, 13.-22.10.1997, Vol. 6, Area H: Eco-Regional Review, Topic 37.8: The ATO Initiative, 127 ff.

Gardner-Outlaw, Tom/Engelman, Robert, Mensch, Wald! Report über die Entwicklung der Weltbevölkerung und die Zukunft der Wälder, Hannover 1999.

Gebauer, Uwe/Rembold, Fritz, Legalisierung von Landtiteln - ein Schlüssel zum Tropenwaldschutz?, in: Entwicklung und ländlicher Raum 1/1998, 24 ff.

Gesser, Avi, Canada's Environmental Choice Program: A Model for a „Trade-Friendly" Eco-Labeling Scheme, in: Harvard Int. Law Journal 1998, 501 ff.

Ginzky, Harald, Saubere Produktion, schmutzige Produktion - Eine Untersuchung zu Importbeschränkungen wegen umweltschädigender Produktionsformen, Düsseldorf 1997.

Global Environment Facility (GEF), Annual Report of the Global Environment Facility, Fiscal Year 1997, Washington D.C. 1997.

– Relations with Conventions, GEF/C.10/7 v. 3.10.1997.

– Project Performance Report 1998 (Incorporating the Project Implementation Review), Washington D.C. 1998.

– Study of GEF's Overall Performance, Washington D.C. 1998.

– Valuing the Global Environment - Actions & Investments for a 21st Century, Washington D.C. 1998.

Global Forest Watch Canada, Canada's Forests at a Crossroads: An Assessment in the Year 2000, World Resources Institute, Washington D.C. 2000.

Glück, Peter/Tarasofsky, Richard/Byron, Neil/Tikkanen, Ilpo, Options for Strengthening the International Legal Regime for Forests, European Forest Institute, Joensuu (Finnland) 1997.

Goldberg, Donald u.a., Carbon Conservation: Climate Change, Forests and the Clean Development Mechanism, Center for International Environmental Law, CEDARENA, Washington D.C. 1998.

Goldemberg, Deborah/Legget, Kristina/Yamin, Farhana, Forests, in: YIEL 1998, 312 ff.

Gore, Al, Wege zum Gleichgewicht - Ein Marshallplan für die Erde, 4. Aufl., Frankfurt/Main 1992.

Gornig, Gilbert/Silagi, Michael, Vom Ökodumping zum Ökoprotektionismus - Umweltzeichen im Lichte von EWG-Vertrag und GATT, in: EuZW 1992, 753 ff.

Goy, Georg C., Holz - ein Bioenergieträger mit Zukunft?, in: DIW-Wochenbericht 26/99.

Graaf, Gerad de/King, Matthew, Towards a More Global Government Procurement Market: The Expansion of the GATT Government Procurement Agreement in the Context of the Uruguay Round, in: The Int. Lawyer 1995, 435 ff.

Grafé-Buckens, Anne, Old and New EMAS: Challenges for the European Eco-Management and Audit Scheme, in: European Environmental Law Review 1997, 300 ff.

Gramlich, Ludwig, GATT und Umweltschutz - Konflikt oder Dialog? Ein Thema für die neunziger Jahre, in: AVR 1995, 131 ff.

– Das Recht der öffentlichen Aufträge nach Abschluß der Uruguay-Runde des GATT, in: RIW 1995, 793 ff.

– Seattle - oder: Die Welthandelsorganisation in der Krise?, in: VRÜ 1999, 60 ff.

Graßl, Hartmut, Klimaänderung durch Abholzung in den Tropen, in: Entwicklung und ländlicher Raum 1/1992, 7 ff.

Grayson, A.J. (Hrsg.), The World's Forests: International Initiatives since Rio, Oxford 1995.

Grayson, A.J./Maynard, W.B. (Hrsg.), The World's Forests - Rio + 5: International Initiatives Towards Sustainable Management, Oxford 1997.

Groeben, Hans von der/Thiesing, Jochen/Ehlermann, Claus-Dieter (Hrsg.), Kommentar zum EU-/EG-Vertrag, Bd. 1, Artikel A-F EUV, Artikel 1-84 EGV, 5. Aufl., Baden-Baden 1997.

Grubb, Michael, The Kyoto Protocol - A Guide and Assessment, London 1999.

Gündling, Lothar, UNCED und die Entwicklung des Umweltvölkerrechts, in: EA 1992, 251 ff.

Gupta, Joyeeta, The Climate Change Convention and Developing Countries: From Conflict to Consensus?, Dordrecht u.a. 1997.

Haase, Cordula, Internationale Harmonisierung des öffentlichen Auftragswesens, Frankfurt/Main 1997.

Hagen, Paul E. u.a., International Environmental Law, in: The Int. Lawyer 1997, 627 ff.

Hajost, Scott A., The Role of the United States, in: Campiglio, Luigi u.a. (Hrsg.), The Environment after Rio: International Law and Economics, London u.a. 1994, 15 ff.

Handl, Günther, The Legal Mandate of Multilateral Development Banks as Agents for Change toward Sustainable Development, in: AJIL 1998, 642 ff.

Hansen, Eric/Juslin, Heikki, The Status of Forest Certification in the ECE Region, Geneva Timber and Forest Discussion Paper, 1999, ECE/TIM/DP/14.

Hardcastle, Patrick, ITTO's Libreville Action Plan, in: ITTO Tropical Forest Update 1998/3.

Hardtke, Marcus/Wolters, Jürgen, Nachhaltige Nutzung und die neuen Instrumente des Rio-Prozesses - Eine kritische Betrachtung aus dem Blickwinkel des Artenschutzes -, in: Bundesamt für Naturschutz (Hrsg.), Nachhaltige Nutzung, Bonn 1998, 37 ff.

Harms, Gerriet, Einkaufsbummel im Holzparadies? Verzicht auf Hölzer aus Primärwäldern und sinnvolle Alternativen, in: Niemitz,

Carsten (Hrsg.), Das Regenwaldbuch, Berlin, Hamburg 1991, 163 ff.

Hartenstein, Liesel/Schmidt, Ralf, Planet ohne Wälder? Plädoyer für eine neue Waldpolitik, Bonn 1996.

Has, Michael/Zaochnaia, Tian, The Present Situation of Indigenous Peoples in Siberia, in: Bothe, Michael/Kurzidem, Thomas/ Schmidt, Christian (Hrsg.), Amazonia and Siberia - Legal Aspects of the Preservation of the Environment and Development in the Last Open Spaces, London u.a. 1993, 269 ff.

Hasel, Kurt, Zur Geschichte der Waldverwüstung in Deutschland und ihrer Überwindung durch Forstwirtschaft, in: Zeitschrift für Wirtschaftsgeographie 2/1993, 117 ff.

Haub, Carl, Das Weltbevölkerungswachstum, 2. Aufl., Hannover 1997.

Hauchler, Ingomar (Hrsg.), Globale Trends 1996, Frankfurt/Main 1995.

Hauff, Volker (Hrsg.), Unsere gemeinsame Zukunft - Der Brundtland-Bericht der Weltkommission für Umwelt und Entwicklung, Greven 1987.

Hauselmann, Pierre, ISO inside out - ISO and Environmental Management, WWF International Discussion Paper, August 1996.

Hauser, Heinz/Schanz, Kai-Uwe, Das neue GATT - Die Welthandelsordnung nach Abschluß der Uruguay-Runde, 2. Aufl., München, Wien 1995.

Heblik, Daniela, Mangroven: Waldsterben im Gezeitentakt, in: Akzente (GTZ), Heft 2, 1997, 13 ff.

Heintze, Hans-Joachim, The Protection of Indigenous Peoples under the ILO Convention, in: Bothe, Michael/Kurzidem, Thomas/ Schmidt, Christian (Hrsg.), Amazonia and Siberia - Legal Aspects of the Preservation of the Environment and Development in the Last Open Spaces, London u.a. 1993, 310 ff.

Held, David/McGrew, Anthony/Goldblatt, David/Perraton, Jonathan, Global Transformations - Politics, Economics and Culture, Oxford 1999.

Helm, Carsten, Sind Freihandel und Umweltschutz vereinbar? - Ökologischer Reformbedarf des GATT/WTO-Regimes, Berlin 1995.

— A Policy for Trade and the Environment in a Global Economy, in: Economics 1997, 94 ff.

Henn, Heike, Der UNCED-Vorbereitungsprozeß - Handel um Naturerhaltung und Entwicklungsfinanzierung, Stiftung Entwicklung und Frieden, Working paper, Bonn 1992.

Henry, John, ISO and Eco-Labelling, in: Zarrilli, Simonetta/Jha, Veena/ Vossenaar, René (Hrsg.), Eco-Labelling and International Trade, New York 1997, 272 ff.

Herdegen, Matthias, Internationales Wirtschaftsrecht, 2. Aufl., München 1995.

— Völkerrecht, München 2000.

Herkendell, Josef/Pretzsch, Jürgen (Hrsg.), Die Wälder der Erde - Bestandsaufnahme und Perspektiven, München 1995.

Hilf, Meinhard, Freiheit des Welthandels contra Umweltschutz?, in: NVwZ 2000, 481 ff.

Hilpold, Peter, Indigene Völker und Regenwald - Darstellung der Problematik anhand des Beispiels der Yanomani-Indianer, in: Journal für Entwicklungspolitik 1996, 31 ff.

— Die Fortentwicklung der WTO-Ordnung - Materielle und institutionelle Aspekte unter besonderer Berücksichtigung der Ministerkonferenz von Singapur und der nachfolgenden Umsetzungsmaßnahmen, in: RIW 1998, 90 ff.

Hönerbach, Frank, Verhandlung einer Waldkonvention - Ihr Ansatz und ihr Scheitern, Wissenschaftszentrum Berlin für Sozialforschung (WZB), FS II 96-404, 1996.

Hoering, Uwe, Über allen Wipfeln ist Ruh': Das Follow-up der „Wald-Erklärung" von Rio, in: epd-Entwicklungspolitik 9/10 1993, 30 ff.

Hohmann, Harald, Präventive Rechtspflichten und -prinzipien des modernen Umweltvölkerrechts, Berlin 1992.

— Ergebnisse des Erdgipfels von Rio - Weiterentwicklung des Umweltvölkerrechts durch die UN-Umweltkonferenz von 1992, in: NVwZ 1993, 311 ff.

— Der Konflikt zwischen freiem Welthandel und Umweltschutz in WTO und EG, in: RIW 2000, 88 ff.

— Die WTO-Streitbeilegung in den Jahren 1998-1999, in: EuZW 2000, 421 ff.

Homey, Georg/Wahl, Peter, Vereinte Nationen und Umwelt, UN Basis-Informationen 1993.

Honerla, Susan, Abschlußbericht zum Forschungsvorhaben „Erarbeitung wissenschaftlicher Grundlagen für künftige Verhandlungen über eine Waldkonvention“, Hamburg 1996.

— Elemente einer Waldkonvention, Hamburg 1996.

— Erste Schritte für ein international rechtsverbindliches Instrument über Wälder: Konsensfindung hinsichtlich des Verhandlungsgegenstands und Erarbeitung von Grundregeln über die Bewirtschaftung, die Erhaltung und die nachhaltige Entwicklung der Wälder, Hamburg, 1996.

Hoogstraten, Steven van, The Effectiveness of International Law with Regard to Endangered Species, in: Annuaire de l'AAA 1984/85/86, 157 ff.

Hoss, Willi, Boykott von Tropenholz ist (noch) sinnvoll, in: Landeszentrale für politische Bildung/Wirtschaftsministerium Baden-Württemberg (Hrsg.), UmweltGerechte Zukunft – Entwicklung und Wandel in Nord und Süd, Kongreß 1995, 228 ff.

Howse, Robert, The Turtles Panel - Another Environmental Disaster in Geneva, in: JWT 1998, Nr. 5, S. 73 ff.

Howse, Robert/Regan, Donald, The Product/Process Distinction - An Illusory Basis for Disciplining 'Unilateralism' in Trade Policy, in: EJIL 2000, 249 ff.

Huber, B., Internationaler Zertifizierungs-Zug nicht mehr zu stoppen, in: AFZ/Der Wald 6/1996, 322 ff.

Hughes, Elaine L., Forests, Forestry Practices and the Living Environment, in: Canadian Council of International Law (Hrsg.), Global Forests and International Environmental Law, London 1996, 81 ff.

Hummer, Waldemar, Schutz der indigenen Bevölkerung und des tropischen Regenwaldes, in: Borsdorf, Axel (Hrsg.) Lateinamerika - Krise ohne Ende?, Innsbrucker Geographische Studien, Bd. 21, 1994, 101 ff.

Hummer, Waldemar/Weiss, Friedl, Vom GATT '47 zur WTO '94, Wien 1997.

Humphreys, David, Forest Politics - The Evolution of International Cooperation, London 1996.

Hupke, Klaus-Dieter, Nachhaltige Bemerkungen zur wissenschaftlichen Karriere eines Modeworts, in: Geographische Rundschau 2/1998, 122 f.

Hurrell, Andrew, Brazil and the International Politics of Amazonian Deforestation, in: Hurrell, Andrew/Kingsbury, Benedict (Hrsg.), The International Politics of the Environment, Oxford 1992, 398 ff.

Initiative Tropenwald (itw), Holz-Zertifizierung: Struktur und Verfahren, Berlin, September 1995.

— Arbeitsbericht der Initiative Tropenwald 1992 - 1997, Berlin 1997.

Institut für Stadtforschung und Strukturpolitik GmbH, Leitfaden zur Vermeidung von Tropenholz im kommunalen Bereich, Oktober 1991.

Intergovernmental Seminar on Criteria and Indicators for Sustainable Forest Management, (ISCI)), Background Report 1: Achievements in the Development of Criteria and Indicators for Sustainable Forest Management, Helsinki, Aug. 1996.

International Monetary Fund (IMF), Annual Report 1999, Washington D.C. 1999.

International Panel on Climate Change (IPCC), Radiative Forcing of Climate Change - The 1994 Report of the Scientific Assessment Working Group of IPCC - Summary for Policymakers, 1994.

— Climate Change 1995 - The Science of Climate Change, Summary for Policymakers and Technical Summary of the Working Group I Report, 1996.

— Zusammenfassungen für politische Entscheidungsträger und Synthesebericht - Zweiter umfassender IPCC-Bericht, Bern 1996 [zitiert: Zusammenfassung 2. IPCC-Bericht].

— Revised 1996 IPCC Guidelines for National Greenhouse Gas Inventories, 1997.

— Land Use, Land-Use Change, and Forestry - Summary for Policymakers, 2000.

International Tropical Timber Organization (ITTO), Annual Review and Assessment of the World Timber Situation 1997, Yokohama 1998.

— Annual Review and Assessment of the World Timber Situation 1999, Yokohama 2000.

International Union for the Conservation of Nature (IUCN), Threats of Forest Protected Areas, November 1999.

Ipsen, Knut, Völkerrecht, 4. Aufl., München 1999.

Ipsen, Knut/Haltern, Ulrich R., Rule of Law in den internationalen Wirtschaftsbeziehungen: Die Welthandelsorganisation, in: RIW 1994, 717 ff.

Jackson, John H., The World Trade Organization - Constitution and Jurisprudence, London, New York 1998.

— Comments on Shrimp/Turtle and the Product/Process Distinction, in: EJIL 2000, 303 ff.

Jäger, J./Ferguson, H. L., Climate Change: Science, Impacts and Policy - Proceedings of the Second World Climate Conference, Cambridge 1991.

Jahnke, M., Intergovernmental Forum on Forests: First Session, in: Environmental Policy and Law 1997, 460 ff.

Jansen, Bernhard, Die neue Welthandelsorganisation (World Trade Organization - WTO), in: EuZW 1994, 333 ff.

Jha, Veena/Zarrilli, Simonetta, Eco-Labelling Initiatives as Potential Barriers to Trade: A Viewpoint from Developing Countries, in: Zarrilli, Simonetta/Jha, Veena/Vossenaar, René (Hrsg.), Eco-Labelling and International Trade, New York 1997, 277 ff.

Johnston, Sam, The Convention on Biological Diversity: The Next Phase, in: RECIEL 1997, 219 ff.

Jones, Norman, World Bank Experience in Implementing Forest Technologies, in: Quarterly Journal of Int. Agriculture 1994, 150 ff.

Jones, Tom, Economic Globalisation and the Environment: An Overview of the Linkages, in: OECD, Globalisation and the Environment - Perspectives from OECD and Dynamic Non-Member Economies, Paris 1998, 17 ff.

Kahkonen, Anu, Schlafender Markt für Produkte aus zertifiziertem Holz, in: AFZ/Der Wald 12/1998, 641.

Kasimbazi, Emmanuel, Sustainable Development in International Tropical Timber Agreements, in: Journal of energy & natural resources law 1996, Bd. 2, 137 ff.

Kay, David A., Umweltpolitik durch die Vereinten Nationen - Probleme und Perspektiven nach der Stockholmer Konferenz über die Umwelt des Menschen, in: EA 1973, 259 ff.

Kehr, Kurt, Nachhaltig denken - Zum sprachgeschichtlichen Hintergrund und zur Bedeutungsentwicklung des forstlichen Begriffes der „Nachhaltigkeit“, in: Schweizerische Zeitschrift für Forstwesen 1993, 595 ff.

Khalastchi, Ruth/Mackenzie, Ruth, The Conservation and Sustainable Use of Forest Biological Diversity: The Role of the Convention on Biological Diversity, in: Tarasofsky, Richard (Hrsg.), Assessing the International Forest Regime, Gland 1999, 37 ff.

Kiekens, Jean-Pierre, Certification: International Trends and Forestry and Trade Implications, Environmental Strategies Europe (ESE), Brüssel, November 1997.

Kiernan, Michael, Internationaler Sachstand des Zertifizierungsprozesses im Forest Stewardship Council (FSC), in: Abschlußbericht zur Fachtagung Tropenholzzertifizierung auf dem Prüfstand, Berlin 20.11.1996, 20 ff.

Kilian, Michael, Umweltschutz durch Internationale Organisationen, Berlin 1987.

Kimminich, Otto, Einführung in das Völkerrecht, 6. Aufl., Tübingen, Basel 1997.

Kingsbury, Benedict, The Tuna-Dolphin Controversy, The World Trade Organization, and the Liberal Project to Reconceptualize International Law, in: YIEL 1994, 1 ff.

Kishor, Nalin M./Constantino, Luis F., Nachhaltige Forstwirtschaft: Ist sie wettbewerbsfähig?, in: Finanzierung & Entwicklung, Dez. 1994, 36 ff.

Kiss, Alexandre, The Rio Declaration on Environment and Development, in: Campiglio, Luigi u.a. (Hrsg.), The Environment after Rio: International Law and Economics, London u.a. 1994, 55 ff.

Kiss, Alexandre/Shelton, Dinah, International Environmental Law, New York, London 1991.

— International Environmental Law - 1994 Supplement, New York, London 1994.

Klemm, Andreas, Die Global Environment Facility, in: RIW 1998, 921 ff.

Klemmer, Paul, Ressourcen- und Umweltschutz um jeden Preis?, in: Voss, Gerhard (Hrsg.), Sustainable Development - Leitziel auf dem Weg in das 21. Jahrhundert, Köln 1994, 22 ff.

Klima-Bündnis e.V., Das Klima-Bündnis der europäischen Städte mit indigenen Völkern der Regenwälder, Frankfurt am Main 1995.

— Zertifizierung von (Tropen-) holz, Frankfurt a.M. 1999.

Klingebiel, Stephan, Globale Umweltfazilität - NGOs und Regierungen der 3. Welt wollen Reform, in: epd-Entwicklungspolitik 9/10 1993, 22 ff.

Kloss, Dirk, Umweltschutz und Schuldentausch - Neue Wege der Umweltschutzfinanzierung am Beispiel lateinamerikanischer Tropenwälder, Frankfurt/Main 1994.

Knabe, Wilhelm, Klimaänderung, Wälder und Forstwirtschaft - Zentrale Aspekte der Gefährdung der Wälder und der Möglichkeiten der Anpassung der Bewirtschaftung oder der Minderung schädlicher Einwirkungen, in: Enquête-Kommission „Schutz der Erdatmosphäre" des Deutschen Bundestags (Hrsg.), Bd. 2: Wälder, Studienprogramm, Bonn 1994, Studie D.

Knorr, Andreas, Umweltschutz, nachhaltige Entwicklung und Freihandel - WTO und NAFTA im Vergleich, Stuttgart 1997.

König, Doris, New Approaches to Achieve Sustainable Management of Tropical Timber, in: Wolfrum, Rüdiger (Hrsg.), Enforcing Environmental Standards: Economic Mechanism as Viable Means?, Berlin, Heidelberg 1996, 337 ff.

Kohona, Palitha T.B., The WTO and Trade and Environment Issues - Future Directions, in: World Competition 1997, 87 ff.

Kolk, Ans, Forests in International Environmental Politics – International Organisations, NGOs and the Brazilian Amazon, Utrecht 1996.

Kreditanstalt für Wiederaufbau/Gesellschaft für Technische Zusammenarbeit (KfW/GTZ), Sektorpapier Tropenwald: Brasilien, Amazonas, in: Lateinamerika. Analysen-Daten-Dokumen-tation, 1992, Heft 19, S. 69 ff.

Kreditanstalt für Wiederaufbau (KfW), Das Tropenwaldschutzprogramm in Brasilien PP/G7, Frankfurt a.M., Oktober 1999.

Kühn, Tobias, Einstellungen in der Holz- und Papierwirtschaft zur Zertifizierung der Forstwirtschaft in Deutschland, in: Forst und Holz 1998, 450 ff.

Kühn, Tobias/Becker, Michel, Kennzeichnung von Holz aus nachhaltiger Forstwirtschaft, in: AFZ/Der Wald 12/1998, 639 ff.

Kürzinger, Edith/Schipulle, Hans Peter, Desertifikationskonvention - Ein Lehrstück für den Rio-Folgeprozeß?, in: Entwicklung und Zusammenarbeit 1996, 8 ff.

Kuhlmann, Wolfgang, Schutz der Wälder - Voraussetzungen und Optionen für eine internationale Vereinbarung, Bonn 1994.

— Verpaßte Chance für den Waldschutz, in: Forum Umwelt & Entwicklung (Hrsg.), 5 Jahre nach Rio, Rundbrief 1/1997, 14 f.

Kunnert, Gerhard, WTO-Vergaberecht: Genese und System sowie Einwirkungen auf das EG-Vergaberegime, Baden-Baden 1998.

Kuusela, Kullervo, The boreal forests: an overview, in: Unasylva 170, 1992, 3 ff.

Lässig, Reinhard, Biodiversität erhalten - eine globale Aufgabe, in: AFZ 10/1995, 527 ff.

Lally, Amy Pesapane, ISO 14000 and Environmental Cost Accounting: The Gateway to the Global Market, in: Law and Policy in Int. Business 1998, 501 ff.

Lammerts van Bueren, Erik M./Blom, Esther M., Hierarchical Framework for the Formulation of Sustainable Forest Management Standards, The Tropenbos Foundation, Leiden 1997.

Lang, Winfried, Internationaler Umweltschutz - Völkerrecht und Außenpolitik zwischen Ökonomie und Ökologie, Wien 1989.

— Sustainable Development and International Law, London u.a. 1995.

Lanly, Jean-Paul, Forestry and woodland resources, in: Proceedings of the XI. World Forestry Congress, Antalya/Türkei, 13.-22.10.1997, Vol. 1, Area A: Forest and Tree Resources, 3 ff.

Leal, Luis Costa, The pan-European process, in: Proceedings of the XI. World Forestry Congress, Antalya/Türkei, 13.-22.10.1997, Vol. 6, Area H: Eco-Regional Review, Topic 37.2: The Helsinki Process, 53 ff.

Leisinger, Klaus, Landknappheit und Kultivierung von Grenzböden, in: Deutsche Gesellschaft für die Vereinten Nationen e.V./Deutsche Stiftung Weltbevölkerung (Hrsg.), Weltbevölkerung und Entwicklung - Die Herausforderungen des globalen Bevölkerungswachstums, Bonn, Hannover 1993, 51 ff.

Liedeker, Heiko, Die Waldkampagnen des WWF, in: Forstliche Forschungsberichte München 172/1998: Waldbewirtschaftung und Holzimage: Konzepte und Probleme, 77 ff.

Lipmann, David, The Russian forest industry during the transitional period, in: Unasylva 179, 1994, 19 ff.

Liski, J./Karjalainen, T. et al., Trees as carbon sinks and sources in the European Union, in: Environmental Science & Policy 2000, 91 ff.

Long, Bill L., International Environmental Issues and the OECD 1950 – 2000: An Historical Perspective, OECD 2000.

Ludwig, Klemens, Bedrohte Völker - Ein Lexikon nationaler und religiöser Minderheiten, 2. Aufl., München 1990.

Lücke, Jörg, Universales Verfassungsrecht, Völkerrecht und Schutz der Umwelt - Von der nationalen Daseinsvorsorge zur internationalen Zukunftsvorsorge am Beispiel des Klimaschutzes, in: AVR 1997, 1 ff.

Lührs, Georg, Leben und Überleben in Trockengebieten - Das Übereinkommen der Vereinten Nationen zur Bekämpfung der Wüstenbildung, in: VN 1995, 61 ff.

Luff, David, An Overview of International Law of Sustainable Development and a Confrontation between WTO Rules and Sustainable Development, in: Revue Belge de Droit International 1996, 90 ff.

Lund, H. Gyde, A „forest" by any other name, in: Environmental Science & Policy 1999, 125 ff.

M'Hirit, Omar, Mediterranean forests: ecological space and economic and community wealth, in: Unasylva 197, 1999, 3 ff.

MacMillan, Gordon, At the End of the Rainbow? - Gold, Land and People in the Brazilian Amazon, London 1995.

Madhvani, Anand, An Asessment of Data on ODA Financial Flows in the Forest Setor, Forest Policy and Environment Group, Overseas Development Institute, April 1999.

Maffei, Maria Clara, Evolving Trends in the International Protection of Species, in: GYIL 1993, 131 ff.

Maffei, Maria Clara/Pineschi, Laura/Scovazzi, Tullio/Treves, Tullio (Hrsg.), Participation in World Treaties on the Protection of the Environment - A Collection of Data, London u.a. 1996.

Maier, Jürgen, Reale und fiktive Rechnungen, in: VN 2000, 17 ff.

Maini, Jag S./Schmithüsen, Franz, An International Instrument on Forests, in: ETH Zürich, Professur Forstpolitik und Forstökonomie, Departement Wald- und Holzforschung, Arbeitsberichte, Internationale Reihe Nr. 91/5, Zürich 1991.

Malanczuk, Peter, Sustainable development: some critical thoughts in the light of the Rio Conference, in: Ginther, Konrad/Denters, Erik/de Waart, Paul (Hrsg.), Sustainable Development and Good Governance, Dordrecht u.a. 1995, 23 ff.

— Die Konferenz der Vereinten Nationen über Umwelt und Entwicklung (UNCED) und das internationale Umweltrecht, in: Beyerlin, Ulrich u.a. (Hrsg.), Recht zwischen Umbruch und Bewahrung: Völkerrecht, Europarecht, Staatsrecht; Festschrift für Rudolf Bernhard, Berlin, Heidelberg 1995, 985 ff.

— Akehurst's Modern Introduction to International Law, 7. Aufl., London 1997.

Mann, Howard, Of Revolution and Results: Trade-and-Environment Law in the Afterglow of the Shrimp-Turtle Case, in: YIEL 1998, 28 ff.

Manurung, Togu/Buongiorno, Joseph, Effects of the ban on tropical log exports on the forestry sector of Indonesia, in: Journal of World Forest Resource Management 1997, 21 ff.

Maráz, László/Franzl, Sylvia, Ist der kommunale Tropenholzverzicht noch zeitgemäß? Zur Diskussion um die Zertifizierung von Holz, Studie des Klima-Bündnisses e.V., Frankfurt/Main 1996.

Markandya, Anil, Eco-Labelling: An Introduction and Review, in: Zarrilli, Simonetta/Jha, Veena/Vossenaar, René (Hrsg.), Eco-Labelling and International Trade, New York 1997, 1 ff.

Marshall, George, FAO and Tropical Forestry, in: The Ecologist 1991, Nr. 2, 69 ff.

Martens, Jens, Abstieg vom Erdgipfel - Fünf Jahre nach Rio: 19. UN-Sondergeneralversammlung mit ernüchternder Bilanz, in: VN 1997, 137 ff.

— Rio plus 5 - Vor der Sondergeneralversammlung: Die UNO zieht Bilanz, in: epd-Entwicklungspolitik 8/97, 19 ff.

— Kompendium der Gemeinplätze - Die „Agenda für die Entwicklung“: Chronologie eines gescheiterten Verhandlungsprozesses, in: VN 1998, 47 ff.

Marzik, Ulf, Völkerrechtlicher Naturschutz und nachhaltige Entwicklung in Übersee, in: VRÜ 1997, 545 ff.

Matthews, Emily/Payne, Richard/Rohweder, Mark/Murray, Siobhan, Pilot Analysis of Global Ecosystems - Forest Ecosystems, World Resources Institute 2000.

Matthews, Paul, Problems related to the Convention on the International Trade in Endangered Species, in: Int. and Comparative Law Quarterly 1996, 421 ff.

Mavriodis, Petros C., Das GATT als „self-contained" Regime, in: RIW 1991, 497 ff.

— Trade and Environment after the Shrimps-Turtles Litigation, in: JWT 2000, Nr. 1, S. 73 ff.

McConnell, Fiona, The Biodiversity Convention - A Negotiating History, London u.a. 1996.

McMahon, John, International expectations for sustainable forestry: a view from the U.S. forest industry, in: New Forests 1999, 329 ff.

Mendez, Luis Barrera, Environmental Law and the Regional Approach: The Amazon Pact, in: Bothe, Michael/Kurzidem, Thomas/ Schmidt, Christian (Hrsg.), Amazonia and Siberia - Legal Aspects of the Preservation of the Environment and Development in the Last Open Spaces, London u.a. 1993, 199 ff.

Mensah, Chris K., The Role of the Developing Countries, in: Campiglio, Luigi u.a. (Hrsg.), The Environment after Rio - International Law and Economics, London u.a. 1994, 33 ff.

Mercer, D. Evan/Soussan, John, Fuelwood Problems and Solutions, in: Sharma, Narendra P. (Hrsg.), Managing the World's Forests, 1992, 177 ff.

Michaelowa, Axel, Trade and Labelling of Timber and Timber Products, in: Außenwirtschaft 1997, 561 ff.

Moser, Claudio, Entwicklung oder Zerstörung? - Probleme der Weltmarktintegration Amazoniens am Beispiel der Region Carajás, in: Materialien zum GKKE [Gemeinsame Konferenz Kirche und Entwicklung] - Dialogprogramm, Heft D 10, 2. Aufl., Bonn 1995.

Myers, Norman, The Anatomy of Environmental Action: The Case of Tropical Deforestation, in: Hurrell, Andrew/Kingsbury, Benedict (Hrsg.), The International Politics of the Environment, Oxford 1992, 430 ff.

— The world's forests: problems and potentials, in: Environmental Conservation 1996, 156 ff.

Nabuurs, G.J./Dolman, A.J. et al., Article 3.3 and 3.4 of the Kyoto Protocol: consequences for industrialised countries' commitment, the monitoring needs, and possible side effects, in: Environmental Science & Policy 2000, 123 ff.

Natural Resources Canada, The State of Canada's Forests 1995-1996, Ottawa 1996.

Neef, Andreas/Heidhues, Franz, Afrikanisches Bodenrecht und agroforstliche Innovationen am Beispiel des Niger, in: Entwicklung und ländlicher Raum 5/1993, 19 ff.

New Zealand Ministry of Foreign Affairs and Trade (Hrsg.), United Nations Handbook 2000, Wellington 2000.

Newcombe, Ken/Blaser, Jürgen/Canby, Kerstin, The World Bank and Forests, in: Weltbank, Environment matters at the World Bank, Annual Review 1998, 56 ff.

Nguiffo, Samuel Alain, Zertifizierung von Tropenholz in Kamerun, in: Abschlußbericht zur Fachtagung Tropenholzzertifizierung auf dem Prüfstand, Berlin 20.11.1996, 46 ff.

Nießlein, Erwin, Elemente einer Waldkonvention, in: Enquête-Kommission „Schutz der Erdatmosphäre" des Deutschen Bundestags (Hrsg.), Bd. 2: Wälder, Studienprogramm, Bonn 1994, Studie C.

Nogueira, Vicente de, Ecological Aspects of Development in Amazonia, in: Bothe, Michael/Kurzidem, Thomas/Schmidt, Christian (Hrsg.), Amazonia and Siberia - Legal Aspects of the Preservation of the Environment and Development in the Last Open Spaces, London u.a. 1993, 1 ff.

Nordström, Hakan/Vaughan, Scott, Trade and Environment, WTO-Special Studies 4, Genf 1999.

o. V., The CITES Timber Working Group, in: ITTO Tropical Forests Update, Sept. 1995, 4.

— Nur Dialog und Berücksichtigung der Marktgesetze können bei der Tropenwaldproblematik Erfolg bewirken, in: Holz-Zentralblatt 1995, 2157, 2163.

— Mahagoni für alle, in: Der Spiegel 6/1997, 162 ff.

— Land Degradation, in: UN Chronicle Nr. 2, 1997, 26 ff.

— Sustainable resources management in the Pacific, in: The Courier Nr. 166, Nov./Dez. 1997, 94 ff.

— Process on implementation of the Montreal process, in: Proceedings of the XI. World Forestry Congress, Vol. 6, Area H, Topic. 37.1: The Montreal Process, 21 ff.

— ITTO process in the development of criteria and indicators for the measurement of sustainable tropical forest managment, in: Proceedings of the XI. World Forestry Congress, Vol. 6, Area H, Topic 37.7: The ITTO Process, 117 ff.

Oberndörfer, Dieter, Schutz der tropischen Regenwälder durch Entschuldung, München 1989.

Oberthür, Sebastian/Ott, Hermann E., The Kyoto-Protocol – International Climate Policy for the 21st Century, Berlin 1999.

Odendahl, Kerstin, Die Umweltpflichtigkeit der Souveränität: Reichweite und Schranken territorialer Souveränitätsrechte über die Umwelt und die Notwendigkeit eines veränderten Verständnisses staatlicher Souveränität, Berlin 1998.

Ohlhoff, Stefan, Beteiligung von Verbänden und Unternehmen in WTO-Streitbeilegungsverfahren - Das Shrimps-Turtle-Verfahren als Wendepunkt?, in: EuZW 1999, 139 ff.

Ollmann, Heiner, Der internationale Handel mit Holz und Holzprodukten, in: Studenteninitiative Wirtschaft & Umwelt e.V. (Hrsg.), Welthandel und Umweltschutz - wie handeln wir ökologisch?, Münster 1996, 109 ff.

— Holzbilanzen 1994 - 1997 für die Bundesrepublik Deutschland, Arbeitsbericht des Instituts für Ökonomie 98/2, Bundesforschungsanstalt für Forst- und Holzwirtschaft, Hamburg 1998.

— Die Tropenholzeinfuhr der Bundesrepublik Deutschland 1960 - 1997, Arbeitsbericht des Instituts für Ökonomie der Bundesforschungsanstalt für Forst- und Holzwirtschaft, Hamburg 1998.

— Weltmarkt Holz - Globale Handelsströme für Holz und Holzprodukte, Vortrag, Hamburg 1999.

Organization for Economic Cooperation and Development (OECD), Agriculture and Forestry: Identification of Options for Net Greenhouse Gas Reduction, OCDE/GD(97)74, Paris 1997.

— Capacity Development in Environment - Principles in Practice, Paris 1997.

— Eco-Labelling: Actual Effects of Selected Programmes, OCDE/GD(97)105, Paris 1997.

— Investing in Biological Diversity - The Cairns conference, Paris 1997.

— Processes and Production Methods (PPMs): Conceptual Framework and Considerations on Use of PPM-based Trade Measures, OCDE/GD(97)137, Paris 1997.

— Kein Wohlstand ohne offene Märkte - Vorteile der Liberalisierung von Handel und Investitionen, Paris 1998.

— Action Against Climate Change – The Kyoto Protocol and Beyond, Paris 1999.

— National Climate Policies and the Kyoto Protocol, Paris 1999.

— Trade Measures in Multilateral Environmental Agreements, Paris 1999.

Ott, Hermann E., The Kyoto Protocol to the UN Framework Convention on Climate Change - Finished and Unfinished Business, Wuppertal 1998.

Ott, Wilfried, Zertifizierung als Instrument der Holzmarktpolitik, in: Holz-Zentralblatt vom 27.1.1997, 177 f.

Otto, Hans-Jürgen, Baum ab - ja bitte: Nachhaltige Nutzung als Ausweg aus der ökonomischen und ökologischen Waldkrise, in: FAZ vom 4.2.1997.

Pagiola, Stefano u.a., Biodiversität in den Vordergrund der Agrarentwicklung rücken, in: Finanzierung & Entwicklung, März 1998, 38 ff.

Pallemaerts, Marc, International Environmental Law from Stockholm to Rio: Back to the Future?, in: Sands, Philippe (Hrsg.), Greening Interntional Law, London 1993, 1 ff.

Palm-Risse, Martina, Noch eine Chance für den blauen Planeten: Der Schutz des Weltklimas mittels des UN-Rahmenübereinkommens, in: VN 1992, 122 ff.

Persson, Reidar/Janz, Klaus, Assessment and monitoring of forest and tree resources, in: Proceedings of the XI. World Forestry Congress, Antalya/Türkei, 13.-22.10.1997, Vol. 1, Area A: Forest and Tree Resources, 17 ff.

Petersmann, Ernst-Ulrich, International Trade Law and International Environmental Law - Prevention and Settlement of International Environmental Disputes in GATT, in: JWT 1993, Nr. 1, S. 45 ff.

— Trade and Protection of the Environment after the Uruguay Round, in: Wolfrum, Rüdiger (Hrsg.), Enforcing Environmental Standards: Economic Mechanism as Viable Means?, Berlin, Heidelberg 1996, 165 ff.

— The GATT/WTO Dispute Settlement System - International Law, International Organizations and Dispute Settlement, London 1997.

Pfaff, Alexander u.a., The Kyoto protocol and payments for tropical forest: An interdisciplinary method for estimating carbon-offset supply and increasing the feasibility of a carbon market under the CDM, in: Ecological Economics, 2000, 203 ff.

Pietzcker, Jost, Die neue Gestalt des Vergaberechts, in: ZHR 1998, 427 ff.

Pilardeaux, Benno, Bodenschutz für Trockengebiete: in: VN 2000, 19 ff.

Pleydell, Geoffrey/Johnson, Steven, Tropical Timber Trade Trends: 1987-1996, in: ITTO Tropical Forest Update 1997/1, 13.

Pohl, Manfred, Japanische Tropenholzimporte, Stand und Probleme, in: NORD-SÜD aktuell, 1990, 98 ff.

Poker, Jutta, Bestandsaufnahme und Gefährdung der borealen Wälder: Ursachen und Folgen ihrer Zerstörung sowie künftige Entwicklung, in: Enquête-Kommission „Schutz der Erdatmosphäre“ des Deutschen Bundestags (Hrsg.), Bd. 2: Wälder, Studienprogramm, Bonn 1994, Studie A.

— Bestandsaufnahme und Gefährdung der temperierten Wälder der Nordhemisphäre, in: Enquête-Kommission „Schutz der Erdatmosphäre“ des Deutschen Bundestags (Hrsg.), Bd. 2: Wälder, Studienprogramm, Bonn 1994, Ergänzung zu Studie A.

Pontecorvo, Concetta Maria, Interdependence between Global Environmental Regimes: The Kyoto Protocol on Climate Change and Forest Protection, in: ZaöRV 1999, 709 ff.

Posey, Darrell, High noon am Rio Xingú - Der Kampf der Kayapó-Indianer gegen das Staudamm-Projekt Altamira, in: Rasper, Martin (Hrsg.): Landräuber: Gier und Macht - Bodenschätze contra Menschenrechte, ökozid 11, Gießen 1995, 164 ff.

Prieß, Hans-Joachim, Das neue GATT-Abkommen und Europäisches Gemeinschaftsrecht, in: Europäisches Vergaberecht 3/94, 21 f.

— Das Öffentliche Auftragswesen im Jahre 1996, in: EuZW 1997, 391 ff.

Primo Braga, Carlos Alberto, Tropical Forests and Trade Policy: The Cases of Indonesia and Brazil, in: Low, Patrick (Hrsg.), International Trade and the Environment, World Bank Discussion Paper No. 159, Washington D.C. 1992, 173 ff.

Prins, Kit/Korotkov, Alex, The forest sector of economies in transition in Central and Eastern Europe, in: Unasylva 179, 1994, 3 ff.

Pro Tempore Secretariat of the Amazon Cooperation Treaty, Proposal of Criteria and Indicators for Sustainability of the Amazon Forest - Results of the Regional Workshop, Lima, Sept. 1995.

Przyborowska-Klimczak, Anna, Protection of Wildlife in International Law, in: Polish Yearbook of Int. Law, 1991-1992, 161 ff.

Pulvenis, Jean-Francois, The Framework Convention on Climate Change, in: Campiglio, Luigi u.a. (Hrsg.), The Environment after Rio: International Law and Economics, London u.a. 1994, 71 ff.

Quadflieg, Uta, Konzpet zur Harmonisierung des Konflikts zwischen ökonomisch ertragreichem und ökologisch verträglichem Tropenholzeinschlag, Baden-Baden 1998.

Rabl, Konrad, Freiwilliges Holz-Gütezeichen aus Österreich, in: Österreichische Forstzeitung 2/1995, 6.

Rametsteiner, Ewald u.a., Potential Markets for Certified Forest Products in Europe, European Forest Institute, Discussion Paper 2, Oktober 1998.

— Sustainable Forest Management Certification - Frame Conditions, System Designs and Impact Assessment, EU research project FAIR CT95-766, Wien 2000.

Rege, Vinod, GATT Law and Environment-Related Issues Affecting the Trade of Developing Countries, in: JWT 1994, Nr. 3, S. 95 ff.

Regenwälder Kampagne, Indigene Völker und Wald - Statusbericht, Empfehlungen und Perspektiven für die bundesdeutsche Politik, Bielefeld 1993.

Reich, Arie, The New GATT Agreement on Government Procurement - The Pitfalls of Plurilateralism and Strict Reciprocity, in: JWT 1997, Nr. 2, S. 125 ff.

Reinold, Martin, Die Naturland Zertifizierung von Wald, Forst und Holz 1998, 441 ff.

Reiterer, Michael, GATT/WTO: Internationaler Handel und Umwelt - Bilanz der GATT- Arbeitsgruppe über „Environmental Measures and International Trade“ (EMIT) sowie der Uruguay-Runde, in: Außenwirtschaft 1994, 477 ff.

— The WTO Ministerial Conference - The Committee on Trade and Environment: Highlights of the Report to Ministers and Outlook on Future Work, in: Austrian Review of Int. and European Law 1997, 107 ff.

Rengeling, Hans-Werner, Umweltschutz durch Vergabe oder Nichtvergabe öffentlicher Aufträge, in: Leßmann, Herbert u.a. (Hrsg.), Festschrift für Rudolf Lukes, Köln, Berlin 1989, 169 ff.

Resor, James P., Debt-for-nature swaps: a decade of experience and new directions for the future, in: Unasylva 188, 1997, 15 ff.

Rest, Alfred, Die rechtliche Umsetzung der Rio-Vorgaben in der Staatenpraxis, in: AVR 1996, 145 ff.

Riese, Christoph, Vergaberecht: Grundlagen - Verfahren - Rechtsschutz, Berlin 1998.

Robin Wood (Hrsg.), Boreale Wälder, Hamburg 1993.

Robinson, Nicholas A. (Hrsg.), AGENDA 21: Earth's Action Plan, IUCN Environmental Policy & Law Paper No. 27, New York, London 1993.

Roht-Arriaza, Naomi, Private Voluntary Standard-Setting, the International Organization for Standardization, and International Environmental Lawmaking, in: YIEL 1995, 107 ff.

Rosencranz, Armin, Preserving the Environment of Siberia, in: Bothe, Michael/Kurzidem, Thomas/Schmidt, Christian (Hrsg.), Amazonia and Siberia - Legal Aspects of the Preservation of the Environment and Development in the Last Open Spaces, London u.a. 1993, 78 ff.

Rowe, Raymond/Sharma, Narendra/Browder, John, Deforestation: Problems, Causes, and Concerns, in: Sharma, Narendra P. (Hrsg.), Managing the World's Forests, 1992, 33 ff.

Rudel, Tom/Roper, Jill, The Paths to Rain Forest Destruction: Cross-national Patterns of Tropical Deforestation, 1975-90, in: World Development 1997, 53 ff.

Ruddel, Steven/Stevens, James A./Bourke, I.J., International Market Access for Wood Products: Post-Uruguay Round Issues, in: ICTSD, Bridges between Trade and Sustainable Development, Vol. 3 Nr. 2, März 1999, 17 ff.

Ruffert, Matthias, Zu den Ergebnissen der Konferenz der Vereinten Nationen für Umwelt und Entwicklung, in: Jahrbuch des Umwelt- und Technikrechts 1993, 397 ff.

Rüster, Bernd/Simma, Bruno/Bock, Michael (Hrsg.), International Protection of the Environment: Treaties and Related Documents, Bde. I - XXX, Dobbs Ferry, New York 1975.

Sa, Anthony de, The Prospects for an International Environmental Agreement on Forests, in: Int. Environmental Affairs 1998, 18 ff.

Salati, E. u.a., Forests: The Role in Global Change, with Special Reference to the Brazilian Amazon, in: Jäger, J./Ferguson, H. L. (Hrsg.), Climate Change: Science, Impacts and Policy, Cambridge 1991, 391 ff.

Salim, Emil/Djalins, Upik/Suntana, Asep, Forest product trade and certification: an Indonesian scheme, in: Proceedings of the XI. World Forestry Congress, Antalya/Türkei, 13.-22.10.1997, Vol. 4, Area E: The economic contribution of forestry to sustainable development, Topic 22: Forest products trade and certification, 149 ff.

Sand, Peter H., International Environmental Law After Rio, in: EJIL 1993, 377 ff.

— Trusts for the Earth: New International Financial Mechanisms for Sustainable Development, in: Lang, Winfried (Hrsg.), Sustainable Development and International Law, London u.a. 1995, 167 ff.

— Whither CITES? The Evolution of a Treaty Regime in the Borderland of Trade and Environment, in: EJIL 1997, 29 ff.

— The Precautionary Principle, in: Indian Journal of Int. Law 2000, 1 ff.

Sands, Philippe, Principles of international environmental law, Volume I: Frameworks, standards and implementation, New York 1995.

— International Courts and the Application of the Concept of „Sustainable Development“, in: Max Planck Yearbook of United Nations Law 1999, 389 ff.

Saunders, Philip M., Development Assistance Issues Related to a Convention on Forests, in: Canadian Council on International Law (Hrsg.), Global Forests and International Environmental Law, London 1996, 265 ff.

Schally, Hugo M., Forests: Toward an International Legal Regime?, in: YIEL 1993, 30 ff.

Schanz, Heiner, Forstliche Nachhaltigkeit - Sozialwissenschaftliche Analyse der Begriffsinhalte und -funktionen, Schriften aus dem Institut für Forstökonomie der Universtität Freiburg, Band 4, 1996.

Schardt, Stefan, Holzzertifizierung - Chance und Herausforderung für die Holzwirtschaft, in: Holz-Zentralblatt vom 18.11.1994, 2281 u. 2286.

— Zertifizierung von Forstwirtschaft und Kennzeichnung von Holzprodukten, in: Holz-Zentralblatt vom 29.4.1998, 788 f.

Schippmann, Uwe, Tropenhölzer und internationaler Artenschutz, in: Holz-Zentralblatt 1994, Teil 1: S. 1317 ff.; Teil 2: S. 1333 ff.

Schlagenhof, Markus, Trade Measures Based on Enviornmental Processes and Production Methods, in: JWT 1995, Nr. 6, S. 123 ff.

Schlamadinger, Bernhard/Marland, Gregg, Land Use & Global Climate Change - Forests, Land Management, and the Kyoto Protocol, Pew Center on Global Climate Change, 2000.

Schmidt, Olaf, Der Begriff der Nachhaltigkeit und seine Entwicklung am Beispiel des Forstwesens, in: Bundesamt für Naturschutz (Hrsg.), Nachhaltige Nutzung, Bonn 1998, 27 ff.

Schmidt, Ralf, Waldpolitik und nachhaltige Entwicklung, Studie der Friedrich-Ebert-Stiftung, Bonn 1997.

Schmithüsen, Franz, Walderhaltung als Aufgabe einer internationalen Zusammenarbeit, in: Schweizerische Zeitschrift für Forstwesen 1995, Nr. 2, S. 79 ff.

— Proposal on the Structure and Content of an International Instrument for the Protection, Conservation and Development on Forests, in: ETH Zürich, Professur Forstpolitik und Forstökonomie, Departement Wald- und Holzforschung, Arbeitsberichte, Internationale Reihe Nr. 96/5, Zürich 1996.

Schmithüsen, Franz/Ponce-Nava, Diana, A Selection of Texts of International Conventions and other Legal Instruments Relating to Forests, in: ETH Zürich, Professur Forstpolitik und Forstökonomie, Departement Wald- und Holzforschung, Grundlagen und Materialien Nr. 96/2, Zürich 1996.

Schmithüsen, Franz/Spinnler, Martin, FAO Basisdaten zur Waldfläche der Erde und zur globalen Rundholznutzung, in: ETH Zürich,

Professur Forstpolitik und Forstökonomie, Departement Wald- und Holzforschung, Arbeitsberichte, Internationale Reihe Nr. 91/5, Zürich 1993.

Schmitz, Angela/Stephan, Petra, Die Weltkonferenz zu Umwelt und Entwicklung in Rio de Janeiro 1992 - Ausweg aus dem Interessendschungel?, in: Messner, Dirk/Nuscheler, Franz (Hrsg.), Weltkonferenzen und Weltberichte - Ein Wegweiser durch die internationale Diskussion, Bonn 1996, 175 ff.

Schneider, Thomas W., Internationale Aktivitäten zur Umsetzung der Ergebnisse von Rio, in: AFZ 15/1993, 788 ff.

— Der UNCED-Folgeprozeß aus forstlicher Sicht, in: AFZ 23/1993, 1217 ff.

— Was ist Sustainable Development of Forests?, in: AFZ 23/1993, 1220 ff.

— Kriterien und Indikatoren für eine nachhaltige Bewirtschaftung der Wälder, in: AFZ 20/1994, 1093 f.

— Kriterien und Indikatoren für eine nachhaltige Bewirtschaftung der Wälder, in: AFZ 4/1995, 184 ff.

— Der UNCED-Nachfolgeprozeß zum Thema Wälder, in: AFZ 19/1995, 1026 ff.

— Vierte und letzte Sitzung des IPF, in: AFZ/Der Wald 8/1997, 447 ff.

— Der internationale Dialog zum Thema „Wälder“, in: AFZ/Der Wald 14/1997, 762 ff.

— Der internationale forstpolitische Dialog 5 Jahre nach Rio, in: AFZ/Der Wald 6/1998, 314 ff.

Schneider, Thomas W./Ebert, Susan, Kriterien und Indikatoren für eine nachhaltige Bewirtschaftung der Wälder, in: AFZ/Der Wald 14/1995, 770 ff.

Schneider, Thomas W./Honerla, Susan, Stand der internationalen Aktivitäten zum Thema „Wälder“, in: AFZ/Der Wald 22/1996, 1240 ff.

Schneider, Thomas/Lorenz, Susanne, Die Umweltkonferenz von Rio - Wertung der Ergebnisse aus forstlicher Sicht, in: Zeitschrift für Ökologie und Naturschutz 2 (1993), 49 ff.

Schoenbaum, Thomas J., International Trade and Protection of the Environment: The Continuing Search for Reconciliation, in: AJIL 1997, 268 ff.

— The Decision in the Shrimp-Turtle Case, in: YIEL 1998, 36 ff.

Schröder, Jobst-Michael, Waldprodukte und ihr Potential zur Erhaltung tropischer Feuchtwälder, in: Geographische Rundschau 1997, 39 ff.

Schröder, Meinhard, Sustainable Development - Ausgleich zwischen Umwelt und Entwicklung als Gestaltungsaufgabe der Staaten, in: AVR 1996, 251 ff.

— Sustainable Development - Handlungsmaßstab und Instrument zur Sicherung der Überlebensbedingungen künftiger Generationen? - Rechtswissenschaftliche Überlegungen -, in: Kastenholz, H.G./Erdmann, K.H./Wolff, M. (Hrsg.), Nachhaltige Entwicklung - Zukunftschancen für Mensch und Umwelt, Berlin u.a. 1996, 157 ff.

— Verantwortlichkeit, Völkerstrafrecht, Streitbeilegung und Sanktionen, in: Vitzthum, Wolfgang Graf (Hrsg.), Völkerrecht, Berlin, New York 1997, 525 ff.

Schwarze, Jürgen, Zum Anspruch der Gemeinschaft auf polizeiliches Einschreiten der Mitgliedstaaten bei Störungen des grenzüberschreitenden Warenverkehrs durch Private, in: Europarecht 1998, 53 ff.

Schwarze, Reimund, Activities implemented jointly: another look at the facts, in: Ecological Economies 2000, 255 ff.

Seidl-Hohenveldern, Ignaz/Stein, Torsten, Völkerrecht, 10. Aufl., Köln u.a. 2000.

Senti, Richard, Die wachsende Bedeutung des Umweltschutzes im Welthandel und die Macht des Stärkeren, in: Die Friedenswarte 1998, 63 ff.

— WTO - System und Funktionsweise der Welthandelsordnung, Zürich 2000.

Serageldin, Ismail, Umweltverträgliche Gestaltung der Entwicklung, in: Finanzierung & Entwicklung, Dez. 1993, 6 ff.

Serôa da Motta, Ronaldo, The Economics of Biodiversity in Brazil: The Case of Forest Conversion, in: OECD, Investing in Biological Diversity, Paris 1997, 283 ff.

Seymour, Frances J./Dubash, Navroz K., The Right Conditions: The World Bank, Structural Adjustment, and Forest Policy Reform, World Resources Institute, Washington D.C. 2000.

Shaffer, Gregory, The U.S. Shrimp-Turtle Appellate Body Report: Setting Guidelines toward Moderating the Trade-Environment Conflict, in: ICTSD, Bridges between Trade and Sustainable Development, Vol. 2 Nr. 7, Oktober 1998, 9 ff.

Sharma, Narendra/Rowe, Raymond, Bewirtschaftung der Wälder der Welt, in: Finanzierung & Entwicklung, Juni 1992, 31 ff.

Shaw, Sabrina, Trade and Environment: The Post-Singapore WTO Agenda, in: RECIEL 1997, 105 ff.

Shepherd, Gill/Richards, Michael/Schreckenberg, Kate (Hrsg.), The EU Tropical Forestry Sourcebook, 1998.

Shih, Wen-Chen, Multilateralism and the Case of Taiwan in the Trade Environment Nexus - The Potential Conflict between CITES and GATT/WTO, in: JWT 1996, Nr. 3, S. 109 ff.

Shihata, Ibrahim, F.I., The World Bank in a Changing World – Selected Essays and Lectures – Volume II, The Hague, London, Boston 1995.

— The World Bank's Contribution to the Development of International and Environmental Law, in: Hafner, Gerhard u.a. (Hrsg.), Liber americorum: Professor Ignaz Seidl-Hohenveldern in honour of his 80th birthday, The Hague, London, Boston 1998, 631 ff.

Shilling, John D., Überlegungen zur Verschuldung und Umwelt, in: Finanzierung & Entwicklung, Juni 1992, 28 ff.

Shiva, Vandana, Forestry Myths and the World Bank - A critical review of Tropical Forests: A Call for Action, in: The Ecologist 1987, Nr. 4/5, 142 ff.

Shvidenko, Anatoly/Nilsson, Sten, Are the Russian forests disappearing?, in: Unasylva 188, 1997, 57 ff.

Siegert, Florian/Eckhardt, Bernd/Kuntz, Steffen, Radarsatelliten erkunden tropische Regenwälder, in: Geographische Rundschau 2/1998, 78 ff.

Simma, Bruno, Grundfragen der Staatenverantwortlichkeit in der Arbeit der International Law Commission, in: AVR 1986, 357 ff.

Simula, Markku, Timber Certification Initiatives and their Implications for Developing Countries, in: Zarrilli, Simonetta/Jha, Veena/Vossenaar, René (Hrsg.), Eco-Labelling and International Trade, New York 1997, 207 ff.

Sjaastad, Espen/Bromley, Daniel, Indigenous Land Rights in Sub-Saharan Africa: Appropriation, Security and Investment Demand, in: World Development 1997, 549 ff.

Skala-Kuhmann, Astrid, Rechtliche Instrumente zur Förderung der nachhaltigen Nutzung und zum Schutz der forstlichen Ressourcen im internationalen Zusammenhang, Eschborn 1996.

— The Forest Partnership Agreement - Outline of the Concept and Considerations from a Legal Point of View, 1997.

— Implementation of the IPF Proposals for Action in Light of Relevant International Legally-Binding Instruments, in: Tarasofsky, Richard (Hrsg.), Assessing the International Forest Regime, Gland 1999, 13 ff.

Skilton, Thomas E., GATT and the Environment in Conflict: The Tuna-Dolphin Dispute and the Quest for an International Conservation Strategy, in: Cornell Int. Law Journal 1993, 455 ff.

Skupnik, Wilfried, Konferenz der Vereinten Nationen über die menschliche Umwelt, in: VN 1972, 111 ff.

Snape, William J./Lefkovitz, Naomi B., Searching for GATT's Environmental Miranda: Are „Process Standards" Getting „Due Process?", in: Cornell Int. Law Journal 1994, 777 ff.

Soares, Guido F. S., The Impact of International Law on the Protection of the Amazon Region and the Further Development of Environmental Law in Brazil, in: Bothe, Michael/Kurzidem, Thomas/Schmidt, Christian (Hrsg.), Amazonia and Siberia - Legal Aspects of the Preservation of the Environment and Development in the Last Open Spaces, London u.a. 1993, 208 ff.

Southgate, Douglas, Policies Contribution to Agricultural Colonization of Latin America's Tropical Forests, in: Sharma, Narendra P. (Hrsg.), Managing the World's Forests, 1992, 215 ff.

Sprinz, Detlef, Internationale Klimapolitik, in: Die Friedenswarte 1998, 25 ff.

Statistisches Bundesamt, Statistisches Jahrbuch für das Ausland 1996, Wiesbaden 1996.

Stavenhagen, Rodolfo, Indigene Rechte. Einige konzeptuelle Probleme, in: Cech, Doris u. a. (Hrsg.), TIERRA - indigene Völker, Umwelt und Recht, Frankfurt/Main, Wien 1994, 17 ff.

Steenbock, Reimer, Das Ende des Glaubenskrieges, in: AFZ/Der Wald 17/1999, 888 ff.

Steer, Andrew, Zehn Grundsätze des neuen Umweltschutzes, in: Finanzierung & Entwicklung, Dez. 1996, 4 ff.

Steinberg, Richard H., Trade-Environment Negotiations in the EU, NAFTA, and WTO: Regional Trajectories of Rule Development, in: AJIL 1997, 231 ff.

Steinlin, Hansjürg, The Decline of Tropcial Forests, in: Quarterly Journal of Int. Agriculture 1994, 128 ff.

— Tropenwälder, in: Raubbau am tropischen Regenwald, Freiburger Universitätsblätter, Heft 105, Sept. 1989, 23 ff.

Stephenson, Sherry M., Standards, the Environment and Trade Facilitation in the Western Hemisphere, in: JWT 1997, Nr. 6, S. 137 ff.

Stevens, Candice, Trade and the Environment: The PPMs Debate, in: Lang, Winfried (Hrsg.), Sustainable Development and International Law, London u.a. 1995, 239 ff.

Stewart, Gwyneth G., Enforcement Problems in the Endangered Species Convention: Reservations regarding the Reservation Clauses, in: Cornell Int. Law Journal 1981, 429 ff.

Stoll, Peter-Tobias, Die WTO: Neue Welthandelsorganisation, neue Welthandelsordnung - Ergebnisse der Uruguay-Runde des GATT, in: ZaöRV 1994, 241 ff.

Strom, Thorsten H., Another Kick at the Can: Tuna/Dolphin II, in: Canadian Yearbook of Int. Law 1995, 149 ff.

Succow, Michael, Herausforderung Biologische Vielfalt - der Beitrag Deutschlands für die globalen Anstrengungen zum Schutz der Biodiversität, in: Naturschutzbund Deutschland (Hrsg.), Biologische Vielfalt in Deutschland, Bonn 1997, 7 ff.

Suhlrie, Dietrich, Entwaldung Afrikas - Eine Katastrophe oder nur ein weiteres Katastrophenszenario?, in: Zeitschrift für Wirtschaftsgeographie 2/1993, 78 ff.

Suhrbier, Mona, The Present Situation of Indigenous People in the Amazon Region, in: Bothe, Michael/Kurzidem, Thomas/Schmidt, Christian (Hrsg.), Amazonia and Siberia - Legal Aspects of the Preservation of the Environment and Development in the Last Open Spaces, London u.a. 1993, 257 ff.

Suplie, Jessica, Globale Biodiversitätspolitik - Konvention und Protokolle, in: Simonis, Udo Ernst (Hrsg.), Weltumweltpolitik - Grundriß und Baustein eines neuen Politikfeldes, Berlin 1996, 119 ff.

Szekely, Alberto, The Legal Protection of the World's Forests after Rio '92, in: Campiglio, Luigi u.a. (Hrsg.), The Environment after Rio: International Law and Economics, London u.a. 1994, 65 ff.

Taal, Bai-Mass, Criteria and indicators for sustainable forest management in dry-zone Africa, in: Proceedings of the XI. World Forestry Congress, Antalya/Türkei, 13.-22.10.1997, Vol. 6, Area H: Eco-Regional Review, Topic 37.4: The Dry Zone Africa Process, 89 ff.

Taiga Rescue Network, The Taiga Trade - a report on the production, consumption and trade of boreal wood products, Jokkmokk (Schweden) 1995.

Tan, Alan Khee-Jin, Forest Fires of Indonesia: State Responsibility and International Liability, in: International and Comparative Law Quarterly 1999, 826 ff.

Tarasofsky, Richard G., The International Forests Regime - Legal and Policy Issues, Gland 1995.

— The Global Regime for the Conservation and Sustainable Use of Forests: An Assessment of Progress to Date, in: ZaöRV 1996, 668 ff.

— Policy planning without a legally-binding framework? - The case of national forest programmes, unveröffentlicht, 1998.

— (Hrsg.), Assessing the International Forest Regime, Gland 1999.

— The WTO Committee on Trade and Environment: Is it making a Difference?, in: Max Planck Yearbook of United Nations Law 1999, 471 ff.

Tarlock, A. Dan, Exclusive Sovereignty Versus Sustainable Development of a Shared Resource: The Dilemma of Latin American Rainforest Management, in: Texas Int. Law Journal 1997, 37 ff.

Terborgh, John, Diversity and the Tropical Rain Forest, New York 1992.

Theobald, Christian, Sustainable Develoment - ein Rechtsprinzip der Zukunft?, in: ZRP 1997, 439 ff.

Thiele, Rainer, Wirtschaftspolitische Optionen zum Schutz tropischer Wälder - Eine quantitative Analyse für Indonesien, Kieler Studien Nr. 278, Tübingen 1996.

Thiele, Rainer/Wiebelt, Manfred, Tropenwaldmanagement: Ein Balanceakt zwischen Schutz und Raubbau, Kieler Diskussionsbeiträge Nr. 282, Kiel 1996.

Thomas, Vinod/Belt, Tamara, Wachstum und Umwelt: Verbündete oder Feinde?, in: Finanzierung & Entwicklung, Juni 1997, 20 ff.

Thompson, Herb/Duggie, James, Political Economy of the Forestry Industry in Indonesia, in: Journal of Contemporary Asia 1996, 352 ff.

Thoroe, Carsten/Ollmann, Heinrich, Holz in der Weltwirtschaft - Die wirtschaftliche Bedeutung von Holz als Rohstoff und Handelsgut, in: Bericht der 16. Dreiländer Holztagung/10. Joanneum Research Fachtage, 2.-5.11.1997, Graz, 23 ff.

Thorsell, Jim/Sigaty, Todd, A Global Overview of Forest Protected Areas on the World Heritage List, in: IUCN Working Paper 3, Gland 1997.

Tietje, Christian, Voluntary Eco-Labelling programmes and Questions of State Responsibility in the WTO/GATT Legal System, in: JWT 1995, Nr. 5, S. 123 ff.

— Normative Grundstrukturen der Behandlung nichttarifärer Handelshemmnisse in der WTO/GATT-Rechtsordnung - Eine Untersuchung unter besonderer Berücksichtigung des Countertrade, Berlin 1998.

Töpfer, Klaus, UN-Kommission für nachhaltige Entwicklung, in: Jahrbuch Ökologie 1996, 96 ff.

Totten, Michael, Getting it Right: Emerging Markets for Storing Carbon in Forests, World Resources Institute, 1999.

Toulmin, Camilla, The Desertification Convention, in: Dodds, Felix (Hrsg.), The Way Forward - Beyond Agenda 21, London 1997, 55 ff.

Trachtman, Joel P., The Domain of WTO Dispute Resolution, in: Harvard Int. Law Journal, 1999, 333 ff.

Ulrich, B./Puhe, J., Auswirkungen der zukünftigen Klimaveränderung auf mitteleuropäische Waldökosysteme und deren Rückkopplungen auf den Treibhauseffekt, in: Enquête-Kommission

„Schutz der Erdatmosphäre" des Deutschen Bundestags (Hrsg.), Bd. 2: Wälder, Studienprogramm, Bonn 1994, Studie B.

United Nations Economic Commission for Europe (UN-ECE)/European Commission (EC), North American Timber Trends Study, Geneva Timber and Forest Study Papers No. 9, ECE/TIM/SP/9, New York, Genf 1996.

— European Timber Trends and Prospects: Into the 21st Century, Geneva Timber and Forest Study Papers No. 11, ECE/TIM/SP/11, New York, Genf 1996.

— Forest and Forest Industries - Country Fact Sheets, Geneva Timber and Forest Study Papers No. 12, ECE/TIM/SP/12, New York, Genf 1997.

— Forest Condition in Europa - 2000 Technical Report, Genf, Brüssel 2000.

— Der Waldzustand in Europa - Kurzbericht 1997, Genf, Brüssel 1997.

— Der Waldzustand in Europa - Kurzbericht 1998, Genf, Brüssel 1998.

— Der Waldzustand in Europa - Kurzbericht 1999, Genf, Brüssel 1999.

— Der Waldzustand in Europa - Kurzbericht 2000, Genf, Brüssel 2000.

United Nations Economic Commission for Europe (UN-ECE)/Food and Agriculture Organization of the United States (FAO), The Forest Resources of the Temperate Zones, The UN-ECE/FAO 1990 Forest Resource Assessment, Volume I: General Forest Resource Information, ECE/TIM/62, New York 1992.

— Forest Resources of Europe, CIS, North America, Australia, Japan and New Zealand (industrialized temperate/boreal countries): UN-ECE/FAO Contribution to the Global Forest Resources Assessment 2000.

United Nations Environment Programme (UNEP), Global Environment Outlook, New York, Oxford 1997.

United Nations Environment Programme (UNEP)/International Institute for Sustainable Development (IISD), Environment and Trade - A Handbook, 2000.

United Nations Environment Programme (UNEP)/World Conservation Monitoring Centre (WCMC), Global Biodiversity – Earth's living resources in the 21st century, 2000.

United Nations Population Division, World Population Prospects: The 1998 Revision, New York 1998.

— World Population Projections to 2150, New York 1998.

United Nations Population Fund (UNFPA), The State of World Population 1998 - The New Generations, New York 1998.

Unmüssig, Barbara, Zwischen Hoffnung und Enttäuschung: Die Konferenz der Vereinten Nationen über Umwelt und Entwicklung (UNCED): eine erste Bewertung, in: VN 1992, 117 ff.

Upton, Christopher/Bass, Stephen, The Forest Certification Handbook, London 1995.

Urban, Martin, Noch ein Holz-Ökosiegel?, in: Süddeutsche Zeitung vom 16.2.1999.

Urff, Winfried von, Ernährung, in: Opitz, Peter J. (Hrsg.), Weltprobleme, 4. Aufl., Bonn 1995, 213 ff.

Varangis, Panayotis N./Primo Braga, Carlos A./Takeuchi, Kenji, Tropical Timber Trade Policies - What Impact Will Eco-Labelling Have?, in: The World Bank, Policy Research Working Papers - International Trade, 1993.

Verdross, Alfred/Simma, Bruno, Universelles Völkerrecht - Theorie und Praxis, 3. Aufl., Berlin 1984.

Verein Deutscher Holzeinfuhrhäuser e.V., Jahresbericht für das Geschäftsjahr 1995, Bremen 1995.

Vereinte Nationen (Hrsg.), Earth Summit+5: Fünf Jahre nach Rio - Die Klimarahmenkonvention der Vereinten Nationen, New York, Bonn 1997.

— Earth Summit+5: Fünf Jahre nach Rio - Die Konvention der Vereinten Nationen über biologische Vielfalt: Eine konstruktive Antwort auf ein weltweites Problem, New York, Bonn 1997.

— Earth Summit+5: Fünf Jahre nach Rio - Die Konvention der Vereinten Nationen zur Bekämpfung der Wüstenbildung: Eine neue Antwort auf ein jahrhundertealtes Problem, New York, Bonn 1997.

Vermulst, Edwin/Driessen, Bart, An Overview of the WTO Dispute Settlement System and its Relationship with the Uruguay Round Agreements, in: JWT 1995, Nr. 2, S. 131 ff.

Vernier, Gérard, The Lomé IV mid-term review, in: The Courier Nr. 155, Jan./Feb. 1996, 8 ff.

Vitzthum, Wolfgang Graf, Raum, Umwelt und Wirtschaft im Völkerrecht, in: ders. (Hrsg.), Völkerrecht, Berlin, New York 1997, 393 ff.

— Begriff, Geschichte und Quellen des Völkerrechts, in: ders. (Hrsg.), Völkerrecht, Berlin, New York 1997, 6 ff.

Vossenaar, René, Eco-Labelling and International Trade: The Main Issues, in: Zarrilli, Simonetta/Jha, Veena/Vossenaar, René (Hrsg.), Eco-Labelling and International Trade, New York 1997, 21 ff.

Ward, Halina, Trade and Environment Issues in Voluntary Eco-labelling and Life Cycle Analysis, in: RECIEL 1997, 139 ff.

Ware, David, The Amazon Treaty: A Turning Point in Latin American Cooperation?, in: Texas Int. Law Journal 1980, 117 ff.

Wassermann, Ursula, UNCTAD: International Tropical Timber Agreement, in: JWT 1984, 89 ff.

Weiher, Birgit, Nationaler Umweltschutz und Internationaler Warenverkehr, Baden-Baden 1997.

Weinstein, Jeremy, Innovative financing and forest conservation, in: Environmental Finance, Juni 2000, 23 ff.

Weiß, Wolfgang, Gibt es eine EU-Inländerdiskriminierung?, in: EuR 1999, 499 ff.

Weißenburger, Ulrich, Zur Entwicklung des Umweltschutzes in der russischen Föderation, in: DIW-Wochenbericht 14/95, 292 ff.

— Umweltschutz in Rußland: Rückläufige Emissionen, aber zunehmende Störfallrisiken, in: DIW-Wochenbericht 13/96, 209 ff.

— Nukleare Umweltgefährdung in Rußland, in: DIW-Wochenbericht 21/96, 359 ff.

Wells, Amanda/Mackenzie, Ruth/Yamin, Farhana, Forests, in: YIEL 1994, 264 ff.

Weltbank, Weltentwicklungsbericht 1992 - Entwicklung und Umwelt, Frankfurt/Main, Wien 1992.

— Russia - Forest Policy during Transition, Washington D.C. 1997.

— World Development Report 1997 - The State in a changing World, Washington D.C. 1997.

— Environment matters at the World Bank - Annual Review, Washington D.C. 1998.

— New Opportunities for Development: The Desertification Convention, Washington D.C. 1998.

— Jahresbericht 1998, Washington D.C. 1998.

— Jahresbericht 1999, Washington D.C. 1999.

— A Review of the World Bank's 1991 Forest Strategy and Its Implementation, Volume I: Main Report, Volume II: Annexes, 2000.

Wha Chang, Seung, GATTing a Green Trade Barrier: Ecolabelling and the WTO Agreement on Technical Barriers to Trade, in: JWT 1997, Nr. 1, S. 137 ff.

Whitmore, T.C., Tropische Regenwälder - Eine Einführung, Heidelberg u.a. 1993.

Wicke, Lutz, Der Ökologische Marshallplan, Frankfurt/Main, Berlin 1989.

Wiebelt, Manfred, Stopping Deforestation in the Amazon: Trade-off between Ecological and Economic Targets?, in: Weltwirtschaftliches Archiv 1995, 542 ff.

Wijewardana, Don, Criteria and Indicators for Sustainable Forest Manssagement, in: ITTO Tropical Forest Update 1998/3.

Williams Silveira, Mary P., United Nations Commission on Sustainable Development, in: YIEL 1995, 555 ff.

Wissenschaftlicher Beirat Globale Umweltveränderungen (WBGU), Welt im Wandel: Die Gefährdung der Böden, Bonn 1994 [zitiert: Jahresgutachten 1994].

— Welt im Wandel: Wege zur Lösung globaler Umweltprobleme, Bonn 1995 [zitiert: Jahresgutachten 1995].

— Ziele für den Klimaschutz 1997 - Stellungnahme zur dritten Vertragsstaatenkonferenz der Klimarahmenkonvention in Kyoto, Bremerhaven 1997.

— Die Anrechnung biologischer Quellen und Senken im Kyoto-Protokoll: Fortschritt oder Rückschlag für den globalen Umweltschutz?, Bremerhaven 1998 [zitiert: Sondergutachten 1998].

— Welt im Wandel: Erhaltung und nachhaltige Nutzung der Biosphäre, Jahresgutachten 1999.

Witsch, Günter, Von Rio nach Kyoto - Die großen Umweltkonferenzen der Vereinten Nationen in den 90er Jahren, Münster 1999.

Wolfrum, Rüdiger/Stoll, Peter-Tobias, Der Zugang zu genetischen Ressourcen nach dem Übereinkommen über die biologische Vielfalt und dem deutschen Recht, Berlin 1996.

Wolters, Jürgen, Die Arche wird geplündert, in: ders. (Hrsg.), Leben und Leben lassen. Biodiversität - Ökonomie, Natur- und Kulturschutz im Widerstreit, Gießen 1995, 11 ff.

Woodliffe, John, Biodiversity and Indigenous Peoples, in: Bowman, Michael/Redgwell, Catherine (Hrsg.), International Law and the Conservation of Biological Diversity, London u.a. 1996, 255 ff.

Woodwell, George, The Role of Forests in Climatic Change, in: Sharma, Narendra P. (Hrsg.), Managing the World's Forests, 1992, 75 ff.

World Commission on Environment and Development, Our Common Future, Oxford 1987.

World Commission on Forests and Sustainable Development (WCFSD), Possible Mandate, Key Issues, Strategy and Work Plan, Massachusetts 1993.

— Annual Progress Report, Genf 1996.

— Our Forests - Our Future, Summary Report, Winnipeg 1999.

World Meterological Organization (WMO), Annual Report 1998, WMO-No. 895, Genf 1999.

World Rainforest Movement, Rainforest Destruction - Causes, Effects & False Solutions, Penang 1990.

World Resources Institute (WRI), The Last Frontier Forests - Ecosystems & Economies on the Edge, Washington D.C. 1997.

World Resources Institute/United Nations Environment Programme/United Nations Development Programme/The World Bank (Hrsg.), Welt-Ressourcen 1994-95, 4. Ergänzungslieferung 4/95.

— World Resources 1996-97 - A Guide to the Global Environment: The Urban Environment, New York, Oxford 1996.

— World Resources 1998-99 - A Guide to the Global Environment: Environmental Change and Human Health, New York, Oxford 1998.

World Trade Organization (WTO), Annual Report 1998, Vol. I - Special topic: Globalization and trade, Washington D.C. 1998.

— Annual Report 1999, Washington D.C. 1999.

World Wide Fund For Nature (WWF), Guide to Forest Certification, 1997.

World Wide Fund For Nature, International Union for the Conservation of Nature (WWF/IUCN), Wälder zum Leben - Ein Handbuch von WWF und IUCN zum Thema „Wald", Gland 1996.

Yamin, Farhana, The CSD Reporting Process: A Quiet Step Forward for Sustainable Development, in: Yearbook of Int. Co-operation on Environment and Development 1998/99, 51 ff.

Zapata, Juan Blas, The Central American process of sustainable development, in: Proceedings of the XI. World Forestry Congress, Antalya/Türkei, 13.-22.10.1997, Vol. 6, Area H: Eco-Regional Review, Topic 37.5: The Central American Process of Lepaterique, 97 ff.

Zedalis, Rex J., A Theory of the GATT „Like" Product Common Language Cases, in: Vanderbilt Journal of Transnational Law 1994, 33 ff.

— The Environment and the Technical Barriers to Trade Agreement - Did the Reformulated Gasoline Panel miss a Golden Opportunity?, in: Netherlands Int. Law Review 1997, 186 ff.

Zenk, Günther, Pilotprogramm zur Erhaltung brasilianischer Regenwälder, in: Lateinamerika. Analysen-Daten-Dokumentation, 1992, Heft 19, S. 65 ff.

Zirnstein, Gottfried, Ökologie und Umwelt in der Geschichte, Marburg 1994.

Zumbroich, Thomas, Verzicht auf tropische Harthölzer in der Kommune, in: Mitteilungen der Landesanstalt für Ökologie, Landschaftsentwicklung und Forstplanung NW 3/89, 28 ff.

Zwaag, David van der/MacKinlay, Douglas, Towards a Global Forests Convention: Getting Out of the Woods and Barking Up the Right Tree, in: Canadian Council on International Law (Hrsg.), Global Forests and International Environmental Law, London 1996, 1 ff.

Sachregister

Max-Planck-Institut für ausländisches öffentliches Recht und Völkerrecht

Beiträge zum ausländischen öffentlichen Recht und Völkerrecht

Hrsg.: J. A. Frowein, R. Wolfrum

Bde. 27–59 erschienen im Carl Heymanns Verlag KG Köln, Berlin (Bestellung an: Max-Planck-Institut für Völkerrecht, Im Neuenheimer Feld 535, 69120 Heidelberg); ab Band 60 im Springer-Verlag Berlin, Heidelberg, New York, London, Paris, Tokyo, Hong Kong, Barcelona

---

155 Frank *Schorkopf:* **Die Maßnahmen der XIV EU-Mitgliedstaaten gegen Österreich – Möglichkeiten und Grenzen einer „streitbaren Demokratie" auf europäischer Ebene.** 2002. XIII, 217 Seiten. Geb. € 64,95

152 Hans-Joachim *Cremer*, Thomas *Giegerich*, Dagmar *Richter*, Andreas *Zimmermann* (Hrsg.): **Tradition und Weltoffenheit des Rechts. Festschrift für Helmut Steinberger.** 2002. XVI, 1483 Seiten. Geb. € 199,–

151 Nico *Krisch:* **Selbstverteidigung und kollektive Sicherheit.** 2001. VIII, 449 Seiten. Geb. 169,90 DM

150 Beate *Schulte zu Sodingen:* **Der völkerrechtliche Schutz der Wälder : nationale Souveränität, multilaterale Schutzkonzepte und unilaterale Regelungsansätze.** 2002. XXXI, 575 Seiten. Geb. € 99,95

149 Mahendra *Singh:* **German Administrative Law in Common Law Perspective.** 2001. XXXI, 377 Seiten. Geb. 169,90 DM

148 Utz *Remlinger:* **Die Einwirkung des Gemeinschaftsrechts auf die Rückabwicklung rechtswidriger Beihilfeverhältnisse.** 2001. XXVI, 393 Seiten. Geb. 169,90 DM

147 Dagmar Patricia *Stroh:* **Die nationale Zusammenarbeit mit den Internationalen Straftribunalen für das ehemalige Jugoslawien und für Ruanda.** 2002. XXVII, 395 Seiten. Geb. € 84,95

146 Rainer *Grote*, Thilo *Marauhn* (Hrsg.): **Religionsfreiheit zwischen individueller Selbstbestimmung, Minderheitenschutz und Staatskirchenrecht – Völker- und verfassungsrechtliche Perspektiven.** 2001. VIII, 632 Seiten. Geb. 199,90 DM

145 Silja *Vöneky:* **Die Fortgeltung des Umweltvölkerrechts in internationalen bewaffneten Konflikten.** 2001. XXVIII, 593 Seiten. Geb. 199,90 DM

144 Niels *Krüger:* **Anwendbarkeit von Umweltschutzverträgen in der Antarktis.** 2000. XXII, 360 Seiten. Geb. 159,– DM

143 Bettina *Kellersmann:* **Die gemeinsame, aber differenzierte Verantwortlichkeit von Industriestaaten und Entwicklungsländern für den Schutz der globalen Umwelt.** 2000. XXII, 380 Seiten. Geb. 159,– DM

142 Beate *Rudolf:* **Die thematischen Berichterstatter und Arbeitsgruppen der UN-Menschenrechtskommission.** 2000. XXVI, 663 Seiten. Geb. 229,– DM

141 Andreas *Zimmermann:* **Staatennachfolge in völkerrechtliche Verträge.** 2000. L, 960 Seiten. Geb. 298,– DM

140 Christoph *Benedict:* **Sekundärzwecke im Vergabeverfahren.** 2000. XXXII, 323 Seiten. Geb. 149,– DM

139 Clemens *Ladenburger:* **Verfahrensfehlerfolgen im französischen und im deutschen Verwaltungsrecht.** 1999. XXIV, 534 Seiten. Geb. 198,– DM

138 Britta *Specht:* **Die zwischenstaatliche Geltung des Grundsatzes *ne bis in idem*.** 1999. XXII, 237 Seiten. Geb. 119,– DM

137 Hans-Konrad *Ress:* **Das Handelsembargo.** 2000. XXVI, 532 Seiten. Geb. 186,– DM

136 Georg *Nolte:* **Eingreifen auf Einladung.** 1999. XXXIV, 699 Seiten. Geb. 218,– DM

135 Volkmar *Götz*, Peter *Selmer*, Rüdiger *Wolfrum* (Hrsg.): **Liber amicorum Günther Jaenicke – Zum 85. Geburtstag.** 1998. XXV, 1038 Seiten. Geb. 298,– DM

134 Peter *Rädler:* **Verfahrensmodelle zum Schutz vor Rassendiskriminierung.** 1999. XVII, 454 Seiten. Geb. 148,– DM

133 Volker *Röben:* **Die Einwirkung der Rechtsprechung des Europäischen Gerichtshofs auf das Mitgliedstaatliche Verfahren in öffentlich-rechtlichen Streitigkeiten.** 1998. XXX, 478 Seiten. Geb. 168,– DM

132 Frank *Hoffmeister:* **Menschenrechts- und Demokratieklauseln in den vertraglichen Außenbeziehungen der Europäischen Gemeinschaft.** 1998. XXII, 654 Seiten. Geb. 186,– DM

131 Stefan *Schuppert:* **Neue Steuerungsinstrumente im Umweltvölkerrecht am Beispiel des Montrealer Protokolls und des Klimaschutzrahmenübereinkommens.** 1998. XXII, 297 Seiten, Geb. 128,– DM

130 Jochen Abr. *Frowein*, Thilo *Marauhn* (Hrsg.): **Grundfragen der Verfassungsgerichtsbarkeit in Mittel- und Osteuropa.** 1998. IX, 583 Seiten. Geb. 178,– DM

129 David *Weissbrodt*, Rüdiger *Wolfrum* (Eds.): **The Right to a Fair Trial.** 1997. X, 779 Seiten. Geb. 198,– DM

128 Stefan *Lehr:* **Einstweiliger Rechtsschutz und Europäische Union.** 1997. XXXVI, 693 Seiten (12 Seiten English Summary). Geb. 198,– DM

127 Grace *Nacimiento:* **Die Amerikanische Deklaration der Rechte und Pflichten des Menschen.** 1997. XII, 208 Seiten (14 Seiten English Summary). Geb. 98,– DM

126 Ralf *Alleweldt:* **Schutz vor Abschiebung bei drohender Folter oder unmenschlicher oder erniedrigender Behandlung oder Strafe.** 1996. XXI, 228 Seiten (7 Seiten English Summary). Geb. 98,– DM

125 Rüdiger *Wolfrum* (Ed.): **Enforcing Environmental Standards: Economic Mechanisms as Viable Means?** 1996. VIII, 640 Seiten. Geb. 198,– DM

124 Christian *Walter:* **Vereinte Nationen und Regionalorganisationen.** 1996. XX, 407 Seiten (5 Seiten English Summary). Geb. 128,– DM

123 Gunnar *Schuster:* **Die Internationale Anwendung des Börsenrechts.** 1996. XXV, 729 Seiten (3 Seiten English Summary). Geb. 220,– DM

122 Michael J. *Hahn:* **Die einseitige Aussetzung von GATT-Verpflichtungen als Repressalie.** 1996. XVIII, 439 Seiten (4 Seiten English Summary). Geb. 148,– DM

121 Jochen Abr. *Frowein*/Rüdiger *Wolfrum*/Gunnar *Schuster* (Hrsg.): **Völkerrechtliche Fragen der Strafbarkeit von Spionen aus der ehemaligen DDR.** 1995. XVI, 193 Seiten. Geb. 98,– DM

120 **Recht zwischen Umbruch und Bewahrung. Festschrift für Rudolf Bernhardt.** 1995. XVI, 1397 Seiten. Geb. 398,– DM

119 Werner *Meng:* **Extraterritoriale Jurisdiktion im öffentlichen Wirtschaftsrecht.** 1994. XXIV, 810 Seiten (16 Seiten English Summary). Geb. 198,– DM

118 Rainer *Hofmann:* **Grundrechte und grenzüberschreitende Sachverhalte.** 1994. XVIII, 374 Seiten (5 Seiten English Summary). Geb. 148,– DM

117 Rudolf *Bernhardt* (Ed.): **Interim Measures Indicated by International Courts.** 1994. XII, 156 Seiten. Geb. 98,– DM

116 Thilo *Marauhn:* **Der deutsche Chemiewaffen-Verzicht.** 1994. XXII, 400 Seiten (7 Seiten English Summary). Geb. 128,– DM

MIX
Papier aus verantwortungsvollen Quellen
Paper from responsible sources
FSC® C105338

If you have any concerns about our products,
you can contact us on
ProductSafety@springernature.com

In case Publisher is established outside the EU,
the EU authorized representative is:
Springer Nature Customer Service Center GmbH
Europaplatz 3, 69115 Heidelberg, Germany

Printed by Libri Plureos GmbH
in Hamburg, Germany